Jürgen Neffe
DARWIN

Jürgen Neffe

DARWIN
Das Abenteuer des Lebens

C. Bertelsmann

Die Fahrt der Beagle wird zitiert nach: Charles Darwin, *Die Fahrt der Beagle*.
Deutsch von Eike Schönfeld. © 2006 marebuchverlag, Hamburg.

FSC
Mix
Produktgruppe aus vorbildlich
bewirtschafteten Wäldern und
anderen kontrollierten Herkünften
Zert.-Nr. SGS-COC-1940
www.fsc.org
© 1996 Forest Stewardship Council

Verlagsgruppe Random House FSC-DEU-0100
Das für dieses Buch verwendete FSC-zertifizierte Papier *EOS*
liefert Salzer, St. Pölten.

1. Auflage
© 2008 by C. Bertelsmann Verlag, München,
einem Unternehmen der Verlagsgruppe Random House GmbH
Umschlaggestaltung: R·M·E Roland Eschlbeck und Rosemarie Kreuzer
Satz: Ditta Ahmadi, Berlin
Karten: © GEO Rainer Droste
Globen: Peter Palm, Berlin
Druck und Bindung: GGP Media GmbH, Pößneck
Printed in Germany
ISBN 978-3-570-01091-4

www.cbertelsmann.de

»Wenn das Leben, wie die Dichter sagen, ein Traum ist, so sind es auf einer Reise gewiss die Visionen, welche am besten dazu taugen, die lange Nacht zu vertreiben.«

Charles Darwin,
»Die Fahrt der Beagle«

Für Dich

Inhalt

	Prolog	11
1	England und Nordatlantik	25
2	Kapverdische Inseln	33
3	Salvador de Bahia	47
4	Rio de Janeiro	63
5	Uruguay	79
6	Südatlantik	89
7	Pampa und Buenos Aires	101
8	Patagonien	123
9	Feuerland	141
10	Falklandinseln	161
11	Antarktis	173
12	Kap Hoorn	193
13	Vom Atlantik zum Pazifik	207
14	Südchile	215
15	Santiago und Nordchile	239
16	Galápagos	265
17	Osterinsel	293
18	Tahiti	311
19	Neuseeland	331
20	Sydney und Blue Mountains	355

21	Canberra und Melbourne	373
22	Tasmanien	385
23	Cocos-Inseln	401
24	Mauritius	415
25	Südafrika	429
26	St. Helena und Ascension	451

ANHANG

Zitatnachweise	472
Quellen und Literatur	504
Dank	512
Personenregister	519
Ortsregister	524
Bildnachweis	528

Prolog

Sie haben mir die Lotsenkabine zugewiesen, steuerbord Raum 408, auf Deck 3 der Aliança Pampas: ein Containerschiff, knapp hundertfünfzig Meter lang und nicht mal fünfundzwanzig Meter breit – ein kleiner Zubringer nur für die Riesen, die sich andernorts durch die sieben Meere arbeiten. Drei auf drei Meter Behaglichkeit made in China, nicht gerade hübsch, aber praktisch eingerichtet. Die härteste Matratze meines Lebens, aber zwei Luken gen Westen, wo vorhin die Sonne nach ihrer üblichen Nordrunde ein glutrot loderndes Gemälde hinterließ.

Warum nicht hier beginnen, auf dem Wasser, im südlichen Atlantik, der uns so klein macht in seinem dunklen Unmaß? In einem Moment, da uns alle auf diesem Planeten etwas verbindet, das älter ist als das Leben selbst. Heute begehen wir Equinox, den Tag der gleich langen Nacht, in Grönland wie in Feuerland, im Tropengürtel wie daheim in Europa. Oder hier, wo meine Kerze gerade brennt, ungefähr fünfzig Meilen vor der Küste Patagoniens, ein paar Glockenschläge vor Mitternacht. Zweimal im Jahr nur vereint uns der Gleichtakt von Tag und Nacht, zwölf Stunden Sonnenlicht für jeden Ort auf Erden. Eine kindliche Gefühlslage aus Stolz, Heimweh und Gerechtigkeitsfreude hat mich ein Licht in mein Kabinenfenster stellen lassen.

Wir fahren von Montevideo Richtung Süden nach Puerto Deseado, zum Hafen der Sehnsucht, etwa auf gleicher Breite wie Le Havre im Norden. Siebzehneinhalb Knoten, Kurs 217 Südwest. Dort warten Tiefkühlcontainer, mit Fisch und Shrimps und anderem gefrorenen Meeresgetier gefüllt, jeder mehr als dreißig Tonnen schwer. Fischfang im Süden, Kaufkraft im Norden – eine dürre Linie im dichten Netzwerk der Handelswege zum Ausgleich von Angebot und Nachfrage. Die Menschheitsmaschine versorgt sich mit Nahrung. Vierzig Tonnen

Diesel pro Fahrtag für ein Sonderangebot beim Discounter in Deutschland oder North Dakota.

Sieben beindicke Kolben, fast das einzige Deutsche auf diesem Schiff einer deutschen Reederei, haben meinen Knochen längst ihre Schlagfolge beigebracht. Jetzt suchen sie mein Gemüt, wo schon das sanfte Rollen der Aliança Pampas seinen Platz gefunden hat. Das Pendeln des Kalenders an der Wand folgt lässig dem leichten Auf und Ab des Horizonts. In den hiesigen Breiten fängt heute der Frühling an, mein heimisches Jahrbuch verzeichnet Herbstbeginn. Wasser wirbelt hier rechtsherum durch den Abfluss des Waschbeckens, und die Sonne steht mittags im Norden. Wäre die Uhr auf der Südhalbkugel erfunden worden, liefen ihre Zeiger andersherum. Und der Globus daheim stünde auf dem Kopf.

»Half moon, calm sea«, hat Petro Khokhlov versprochen, und der Halbmond ist dem Wort des Kapitäns bislang nachgekommen. Eben ist er im Westen der Sonne gefolgt, die See zeigt sich weiterhin magenfreundlich und der Schiffsführer entspannt. Ruhiges Wetter und reibungslose Fahrt erlebt der Master als leichteren Dienst mit zufriedener Mannschaft. Die Crew-Liste führt achtzehn Mann. Fast alle haben sich erst hier auf dem Schiff kennengelernt. Unter Khokhlov, mit seinen fünfundfünfzig Jahren Ältester an Bord, rangieren fünf weitere Ukrainer, dann zwei Russen. Alle einfachen Arbeiten erledigen die Filipinos der Deckmannschaft.

Der Dritte Offizier und Benjamin heißt Yuriy Kovalchuk, kommt aus der Ukraine, ist größer, als er wirkt, und wirkt kräftiger, als er ist. Äußert er sich dienstlich, dann spricht er, als fülle er gerade ein Formular aus. Privat lässt er sich zu Geständnissen hinreißen, die kein anderer Offizier so machen würde. Mit seinen zweiundzwanzig Jahren ist Yuriy genauso jung, wie Charles Darwin war, als er im Dezember 1831 an Bord eines Vermessungsschiffs namens Beagle – Spürhund – von Plymouth aus England verließ. Es gibt kein Bild des jungen Abenteurers aus dieser Zeit. Das nächstbeste zeigt ihn vier Jahre nach seiner Heimkehr als gereiften Mann von über dreißig.

Doch ein Stück weit wie Yuriy will ich mir den jungen Charles vorstellen, als sich ihm überraschend die Chance seines Lebens bietet: ein wenig milchgesichtig, mit der nebelblassen Haut der Nordeuropäer, im Eifer leicht rotwangig, mitunter schüchtern und verträumt, dabei aber schlau, hungrig, neugierig und lernwillig. Einer, der alles richtig machen möchte und weiß, was er will, ohne genau zu wissen, was das ist.

An diesem Tag vergangenes Jahr kam ich von Nordwales nach Hause und hörte erstmals von dieser Reise, vertraut Darwin vor fast genau 175 Jahren seinem Tagebuch an, ungefähr in derselben Position, die wir gerade durchlaufen. *Während der vergangenen Woche hat es mich oft bewegt, wie anders als heute meine Lage und meine Ansichten damals waren: Es amüsiert mich, mir meine Überraschung vorzustellen, hätte mir damals in den Bergen von Wales irgendjemand ins Ohr geflüstert: An diesem Tag nächstes Jahr wirst du vor der Küste Patagoniens kreuzen.*

Mir geht es im Moment nicht viel anders. Vor gut einem Jahr stand ich im Museum für Naturgeschichte in New York vor einer wandgroßen Reproduktion jener Weltkarte, die mit feinen Linien die Route von Darwins Reise nachzeichnet und sich heute im Kleinformat in meinem Gepäck befindet. Hätte mir damals jemand anvertraut, ich würde sechzehn Monate später vor den Gestaden Argentiniens auf einem Containerschiff durch den nächtlichen Atlantik fahren, hätte ich nicht minder überrascht reagiert als der junge Reisende in der Fantasie seiner Rückblende.

Doch dann, im kühlen Museum, geschieht etwas Unerwartetes, eine jener scheinbar nebensächlichen Begebenheiten, die dem Lebensweg urplötzlich eine neue Richtung geben. Eine zierliche Frau mit zusammengebundenem weißem Haar und schwarzem Hängekleid, eine von denen, deren Schönheit auch im Alter nicht vergeht, führt eine Gruppe Jugendlicher vor die Karte mit Darwins Route. Keine tobende Meute, sondern eine lauschende Schar, so hält die kleine Dame ihre Begleiter in Bann. Sie gibt ihnen lange Zeit zum Schauen, dann sagt sie einen einzigen Satz in die andächtige Stille: »Hier könnt ihr sehen, wo die Natur zu ihm gesprochen hat.«

In diesem Moment habe ich meinen Entschluss gefasst. Als Biologe ist mir Darwins Evolutionslehre vertraut, als Wissenschaftshistoriker auch seine Lebensgeschichte mit der Weltumrundung als frühzeitigem Höhepunkt. Doch was ist auf der Reise, der einzigen seines Lebens, mit ihm passiert und was in ihm? Wie hat sich der Amateur unter den Naturkundlern, ein junger Mann ohne jede formale Ausbildung, während der fünf Jahre in einen Forscher verwandelt, der bald alle anderen überragen würde? Wie der angehende Priester in einen rationalen Denker, der sich später von Gott abwenden und das kalt wirkende Bild einer Entwicklung ohne Plan zeichnen würde, einer sich selbst überlassenen Schöpfung?

Was hat ihn als weisen Alten, längst zur Ikone gereift, in seinen Erinnerungen schreiben lassen: *Die Reise der ›Beagle‹ ist das bei weitem bedeutungsvollste Ereignis in meinem Leben gewesen*? Um das herauszufinden, will ich ihm nachfahren, ganz allein seine Strecke hinter mich bringen, die Orte aufsuchen, wo sich sein Erwachen und sein Sinneswandel vollzogen haben könnten – aber auch moderne Forscher und Labore, in denen der Mensch das Leben erforscht oder sich zum Autor der Evolution aufgeschwungen hat und versucht, Gott zu spielen.

Das Leben wird oft mit einer Reise verglichen. Aber gleichen Reisen nicht umgekehrt auch dem Leben? Beide haben einen Anfang und ein Ende, Geburt und Tod, dazwischen liegen Kindheit, Jugend, Reife und Alter. Eine Reise lässt sich darum ebenso wenig wiederholen wie ein Leben. Wer es dennoch versucht, vergeht sich an seinen Träumen. Was wir suchen, finden wir ohnehin nicht. Aber mit ein wenig Glück entdecken wir etwas, dem wir bisher nicht nachgespürt haben. In diesem Punkt will ich mir Darwin zum Vorbild nehmen: Er zieht los, als habe er von Anfang an verstanden, dass eine Weltreise dazu da ist, sich ein Bild von der Welt zu machen.

Die Fahrt der Beagle hat Darwin nicht nur um den Globus geführt. Sie steht am Beginn einer geistigen Reise, die unser heutiges Selbstverständnis als Menschen begründet. Als Erster formuliert er eine weltumspannende Theorie des Lebens und stellt die menschliche Existenz wie die aller Lebewesen auf eine natürliche, materielle Grundlage. Wir gehen alle auf denselben Ursprung zurück. Unsere Stammbäume bilden zusammen den Baum des Lebens. Erst vor erdgeschichtlich kurzer Zeit hat sich unsere Linie von der anderer Urmenschen getrennt, davor von Vormenschen, Affen, Plazenta-, Säuge- und Wirbeltieren, Vielzellern, Einzellern, Bakterien.

Nicht ein planender Gott hat die überbordende Vielfalt des Lebens erschaffen, sondern ein planloser Prozess, in dem sich Zufall und Notwendigkeit verbinden. Wir haben uns wie alle anderen Lebewesen (gemeinsame Abstammung) durch den Mechanismus der natürlichen

Auslese (Selektion) allmählich zu dem entwickelt (Evolution), was wir sind. Seit Darwin wissen wir, was die Welt des Lebendigen im Innersten zusammenhält: ihre Geschichte. Als Begründer eines neuen Weltbilds steht er im Rang eines Kopernikus.

Doch die narzisstische Kränkung, die Darwin der Menschheit zugefügt hat, reicht tiefer als der Verlust unserer zentralen Stellung im kopernikanischen Kosmos: Indem Darwin uns den Tieren zurechnet, raubt er uns den Sonderstatus, nach dem Vorbild des Schöpfers erschaffen worden zu sein. Das hat ihn wie keinen anderen Wissenschaftler zur Reizfigur gemacht – und seine Lehre anfällig für vielfältigen Missbrauch. Bibeltreue Kreationisten sehen in ihm den Antichrist und rufen zum heiligen Krieg gegen die Evolutionstheorie auf. Nationalisten, Rassisten und Eugeniker beschwören ihn, wenn sie den besseren Menschen propagieren. Sein Schlagwort vom Überleben des Tauglichsten, dem *Survival of the fittest*, ist zur Kampfparole kompromissloser Sozialdarwinisten geworden, die einer gnadenlosen Konkurrenz- und Ellenbogengesellschaft das Wort reden.

Andrerseits steht Evolution, die mit Darwins Namen verbunden ist wie das Kreuz mit Jesus, am Anfang der Weltformel des Lebens. Darwins wissenschaftliche Erben haben sie so weit entschlüsselt, dass wir inzwischen mit Geburtenkontrolle, Retortenbabys und gentechnisch veränderten Organismen die Evolution in die eigenen Hände genommen haben. Gleichzeitig sind wir selbst zum größten Evolutionsfaktor geworden. Wir haben unseren Heimatplaneten durch Überbevölkerung, Ressourcenausbeutung und Artenzerstörung an die Grenzen seiner Belastbarkeit gebracht. Als äußerst erfolgreiche Spezies besitzen wir sogar die Mittel, uns – vorsätzlich – selbst auszulöschen.

Noch lange bleibe ich im Museum vor der Karte unserer Erde stehen, auf der sich die Kontinente und Küsten nur in ihren Konturen zeigen, und folge dem dünnen Strich des Beagle-Kurses. Kanaren, Kapverden, Rio, Montevideo, Buenos Aires, Pampa und Patagonien, Feuerland und die Falklandinseln, die Gegend um Kap Hoorn, Beagle-Kanal und Magellanstraße, die Küste Chiles, Anden und Atacama, Galápagos und Tahiti, Neuseeland, Australien und Tasmanien, die Cocos-Inseln, Mauritius und nach einem kurzen Stopp in Kapstadt die kleinen Eilande St. Helena und Ascension.

Namen, mit denen wir etwas verbinden, erzeugen innere Bilder.

Deshalb unternehmen wir jede Reise, ob wir wollen oder nicht, schon vor dem Aufbruch immer wieder in unserer Vorstellung. Vor dem geistigen Auge tauchen Silhouetten auf, Straßen und Städte, Menschen mit unterschiedlichen Gesichtern, Gewohnheiten, Lebensweisen. Wir sehen Inseln vor uns und Strände, Buchten, Berge, Täler, Flüsse, ganze Landschaften mit Gebirgen, Ebenen, Wäldern, exotischen Pflanzen und fremden Tieren.

Da erging es Darwin mit Sicherheit nicht anders als mir. So wie ich ihm folge, fügte er sich den Vorgaben der englischen Admiralität. Jeder Ort, den ich auf Darwins Spuren erreiche, ist am 11. November 1831 vom Geographical Office der königlichen Marine in dessen Anforderungskatalog für die Beagle-Expedition exakt festgelegt worden.

Eine festgelegte Route engt ein, schafft aber auch eine Art von Stabilität. Die Einschränkung der äußeren vergrößert die innere Freiheit, den vorgegebenen Rahmen mit eigenen Inhalten zu füllen. Die beste Art des Reisens ist daher das Reisen mit einem Zweck oder einem vorgegebenen Thema. *Sollte mich jemand um Rat fragen, bevor er eine lange Reise unternimmt*, schreibt Darwin, als er am Ende seiner fünfjährigen Exkursion Bilanz zieht, *würde meine Antwort davon abhängen, ob er eine ausgeprägte Neigung für einen Wissenszweig besitzt, welche dadurch gefördert werden könnte*. So wie Darwin sich ein Bild von der Welt gemacht hat, um daraus ein radikal neues Weltbild zu entwerfen, so bin ich aufgebrochen, um mir ein Bild von seiner Welt zu machen und es an unserer heutigen zu messen.

Oben auf der Brücke, drei Treppen über meiner Kabine, stehen die Offiziere zusammen und schauen schweigend in die anbrechende Nacht. Es herrscht eine Art Stille, wie sie nur die Männerwelt kennt. Fern im Westen, wo kurz zuvor die Sonne versunken ist, blinken vereinzelt Lichter vom Festland herüber. Der Mondschein bricht sich im Spiel der Wellen. Die Sterne haben ihr maßloses Zelt aufgeschlagen.

Das ist so eine Stunde, in der Heim- und Fernweh zusammenprallen, in der auch die härtesten Kerle in sich versinken oder mit sanftem Tenor, bevor sie wehmütig werden, mächtige Bilder im nächtlichen Himmel lesen: von den Meeren, die sie befahren, weil es irgendwo an Rindfleisch fehlt, an Tintenfisch oder Garnelen; von den Häfen, die sie anlaufen, und den Mädchen, die in kein Märchen passen wollen; von den Herren, denen sie dienen, ohne sie zu kennen; vom fernen Zuhause irgendwo in dieser großartigen Trostlosigkeit, ihren Frauen und Kindern, der studierenden Tochter, dem krabbelnden Enkel, vom Gemüsegarten hinterm Haus, das sie gerade abbezahlen, von den Plänen für die Zeit nach dem Reisen, an die sie selbst nicht so recht glauben.

Schau dich niemals um. Das ist die erste Regel aller Reisenden. Was geschehen ist und getan, das hat die Zeit für immer verfestigt. Schau nach vorn, dorthin, wo dein Wille noch wirken kann. Stell dich der Zukunft, den Herausforderungen der Stunde, deines Lebens, wenn sie an der Reihe sind.

Der Tag, an den sich Darwin vor der Küste Patagoniens in seinem Tagebuch so lebhaft erinnert, ist der 29. August 1831, wenige Monate vor dem großen Aufbruch. Beseelt von seinen Erlebnissen, kehrt er am Ende einer mehrtägigen Wanderung durch das nördliche Wales in sein Elternhaus in Shrewsbury zurück, einer aufgeräumten Kleinstadt nahe der englisch-walisischen Grenzlinie. Sein Geburtshaus, »The Mount«, steht in seiner schlichten Architektur noch so da wie damals – wie gemacht für die Abteilung der Finanzbehörde, die inzwischen darin Platz gefunden hat. Dort erwartet ihn ein Brief, wie man ihn nur einmal im Leben bekommt. Plötzlich verlangt ihm das Schicksal etwas ab, mit dem es ihn bis dahin weitgehend verschont hat: eine Entscheidung.

Bis zu dieser Stunde hat Darwin sein Dasein ziemlich ungezwungen und leichtlebig auf Kosten seines Vaters vertrödelt. Ein vergnügter Nichtsnutz, der keinem etwas zuleide tut, außer den Tieren, die er als begeisterter Jäger und guter Schütze in großer Zahl erlegt. Er hat noch nicht einen Penny durch Arbeit verdient, die Schule eher lustlos hinter sich gebracht, das Medizinstudium in Edinburgh nach vier Semestern geschmissen und die zwei Jahre Theologie in Cambridge allenfalls halbherzig erledigt.

Aber dort hat er Alexander von Humboldt gelesen, und seitdem hat er einen Traum: Er will auf dessen Spuren nach Teneriffa fahren. Nur deshalb hat er begonnen, Spanisch zu lernen. Nur deshalb hat er sich einen Inklinometer aus London kommen lassen und das Mobiliar in seinem Zimmer ein ums andere Mal anders schräg gestapelt, um mit dem Gerät die Neigungsgrade zu vermessen, als seien es Gesteinsschichten. Und nur deshalb hat er soeben seine geologische Exkursion durch Nordwales beendet, die er dank seiner Verbindungen gemeinsam mit Adam Sedgwick, einem der wichtigsten Erdkundler seiner Zeit, unternehmen durfte.

Ohne das Vorbild Humboldts wäre aus Darwin vermutlich ein Kirchenmann geworden, der in Oxford oder Cambridge als Professor sein Auskommen gefunden und seinen mehr oder weniger beachtlichen Beitrag zur Naturforschung geleistet hätte. Ohne die Abenteuer und Schriften des Deutschen gäbe es nicht das Jahrhundertbuch des Briten über *Die Entstehung der Arten*, das er achtundzwanzig Jahre später mit den Worten beginnt: *Als ich mich als Naturforscher an Bord des ›Beagle‹ befand, war ich aufs höchste überrascht durch gewisse Merkwürdigkeiten in der Verbreitung der Tiere und Pflanzen Südamerikas sowie durch die geologischen Beziehungen der gegenwärtigen Bewohner dieses Erdteils zu den früheren.*

Für die Chance, die sich nun bietet, sind Darwins frisch erworbene Kenntnisse, besonders die in der Geologie, kaum zu überschätzen. Der Brief kommt aus Cambridge, geschrieben von seinem Mentor, dem vormaligen Geologie- und jetzigen Botanikprofessor John Henslow. Der hatte ihm die Grundlagen der Pflanzenkunde nähergebracht und dabei seine außergewöhnlichen Talente erkannt: Neugier, Beobachtungsgabe und die Fähigkeit, in großen Zusammenhängen zu denken. Dabei schloss er ihn so sehr ins Herz, dass seine Kollegen bereits über Darwin flüsterten: »Der Mann, der mit Henslow spazieren geht.«

Das Anliegen in dem Brief scheint äußerst dringend. »Man hat mich gebeten«, lautet der entscheidende Satz, »einen Naturforscher als Begleiter von Kapitän FitzRoy zu empfehlen, den die Regierung beauftragt hat, den äußersten Süden von Amerika zu vermessen.« Der Schiffsführer werde beileibe nicht jeden akzeptieren, nur einen echten Gentleman, den er sich mehr als Gefährten denn als reinen Sammler von Steinen und Knochen, Pflanzen und Tieren wünsche.

»Die Reise wird zwei Jahre dauern, und wenn Sie reichlich Bücher mitnehmen, können Sie alles schaffen, was Sie möchten.« Und dann noch die Mahnung: »Kurz gesagt denke ich, dass sich nie eine bessere Gelegenheit bot für einen Mann mit Eifer und Geist.« So spricht ein Freund und Gönner. »Haben Sie nicht den leisesten Zweifel oder Sorgen wegen Ihrer mangelnden Qualifikation«, schließt das Schreiben. »Denn ich versichere Ihnen, Sie sind genau der Mann, nach dem die suchen.«

Eben erst hat Darwin seine Teneriffareise um ein Jahr verschieben müssen. Er hat sich schon damit abgefunden, noch einmal zwei Semester Theologie in Cambridge abzusitzen. Und nun das. Noch weiß er keine Details, hat keine Ahnung von der Route. Er kennt auch nicht den Menschen, den er begleiten soll – außer dem einen Satz Henslows: »Kapitän FitzRoy ist ein junger Mann.« Noch muss er den Streit mit seinem Vater durchstehen, der die Reise ablehnt, weil er sie für eine teure Zeitverschwendung hält – und doch eine Hintertür offenhält: »Wenn du irgendeinen Mann von gesundem Menschenverstand finden kannst, der dir den Rat gibt zu gehen, so will ich meine Zustimmung geben.«

Der Rest ist schnell erzählt. Hätte Darwins Onkel Josiah Wedgwood, der angesehene Porzellanfabrikant und wahrhaft ein Mann von gesundem Menschenverstand, nicht umgehend jeden der acht Einwände seines Schwagers in überzeugender Weise widerlegt und damit den Weg frei gemacht für den Neffen, dann wäre die Evolutionslehre heute wahrscheinlich nicht mit dem Namen Darwin verbunden und die Tagundnachtgleiche in den Gewässern vor Argentinien ohne mein Kerzenlicht geblieben. Doch er hatte das Glück, dass ihm sein Vater im maßgeblichen Moment die Freiheit gab, erstmals allein über seinen Lebensweg zu befinden.

Darwins Altersgenossen Yuriy Kovalchuk, dem Dritten Offizier an Bord der Aliança Pampas, steht der Schritt aus dem väterlichen Schatten noch bevor. Er ist erst zum dritten Mal auf großer Fahrt und sagt, er wolle Seemann werden, genau wie sein Papa. Der hat als Chefingenieur gar nicht weit von hier auf einem anderen Frachtschiff Heuer gefunden. Vor dem Sohn liegen noch die beiden Ränge des Zweiten und des Leitenden Offiziers, bis er schließlich als Kapitän auf der Brücke das Sagen haben kann. Wenn man ihn allerdings dort sieht, so allein auf der nächtlichen Wache hoch oben über der schwarzen See, dann verwischen sich die Grenzen zwischen Wollen und Sollen, Auftrag und Neigung.

Als Darwin am 12. Februar 1809 auf die Welt kommt, erhält er wie ein Vermächtnis die Vornamen zweier Ärzte – den seines Vaters Robert und den von dessen verstorbenem Bruder Charles. Dem Toten wird die Ehre durch den Rufnamen für den Neffen erwiesen. Auch »Bobby«, wie seine drei älteren Schwestern den Jungen nennen, soll

Arzt werden wie schon sein Vater und dessen Vater. Damit ist bereits das Wichtigste über Darwins Jugend gesagt. Außer, dass er seit seinem achten Lebensjahr ohne Mutter aufwachsen muss. Susannah Darwin, geborene Wedgwood, stirbt im Juli 1817, vermutlich an Bauchfellentzündung. Sie hinterlässt drei Töchter und zwei Söhne. Sohn Charles, der Jüngste, hat sie fast nur krank gekannt. Später wird er sich kaum noch an sie erinnern können. Nach ihrem Tod wird in der Familie nicht mehr von ihr gesprochen.

Vier Jahre vor Charles hat sie dessen Bruder Erasmus geboren, der mit der Bürde eines bedeutenden Namens ins Leben geht: Der Großvater Erasmus Darwin gehörte als erfolgreicher Arzt, Intellektueller, Dichter und politischer Kopf zu den bekanntesten Männern Englands. In den besseren Kreisen hat der Name Darwin großes Gewicht – er steht für Geist und Liberalität, aber auch für einen robusten Geschäftssinn. Zudem hat sich der Großvater, ohne den Vorgang zu verstehen, bereits Gedanken über Evolution gemacht. Damit hinterlässt er seinen Enkeln einen unerledigten Auftrag, den aber nicht Erasmus, sondern Charles erfüllen wird, nachdem ihn an jenem Tag Ende August 1831 die Chance seines Lebens ereilt.

Bis dahin hat er sich intuitiv lebensklug allen Festlegungen verweigert. Dem väterlichen Willen hat er sich allenfalls halbherzig gebeugt. Dafür musste er sich vom Vater übel beschimpfen lassen: »Du interessierst dich für nichts außer Schießen, Hunde und Rattenfangen, und du wirst dir selbst und deiner ganzen Familie zur Schande gereichen!« Wie jemand, der lieber auf die Ehe verzichtet, als einen Falschen zu heiraten, lässt er sich aller Schelte zum Trotz auf nichts ein, was nicht seinem Herzen entspricht. Mit der Sicherheit einer üppigen Erbschaft im Rücken kann er sich das auch leisten. Und im Nachhinein behält er recht damit, in stiller Sturheit auf seine Gelegenheit gewartet zu haben. Als ruhiger Rebell und schwarzes Schaf, das sich zeitlebens seinem Erzeuger beweisen muss, erfüllt er alle Voraussetzungen für einen außergewöhnlichen Lebensweg.

Auf der Aliança Pampas kann ich in der Person des Dritten Offiziers das Gegenmodell in Augenschein nehmen – den Jungen, der seinem Vater auf dessen eigenem Gebiet nacheifern will. Yuriy Kovalchuk wäre nicht der Erste, der daran scheitert. Draußen, auf der Brücke nach Steuerbord, hat er in der Milde der Nacht von seiner Freundin daheim in der Ukraine gesprochen und dabei geschluckt. Das wird er sich abgewöhnen müssen, wenn er einmal Zehntausende Tonnen unter sich haben will und eine Mannschaft, die er heil in den nächsten Hafen bringen muss. Beim ersten heftigen Unwetter vor ein paar Monaten, gesteht er kleinmütig, habe er sich ernsthaft gefragt, ob das wirklich das Richtige für ihn sei, das Seemannsleben.

Wir werden sehen, wie Darwin sich bei der ersten ernsten Herausforderung ebenfalls mit Selbstzweifeln plagen wird. Doch zunächst setzt er alles daran, um den Platz auf der Beagle zu bekommen. Er trifft sich in London mit Kapitän FitzRoy. Die beiden jungen Männer verstehen sich auf Anhieb – keineswegs selbstverständlich für zwei, die den entgegengesetzten Enden des politischen Spektrums zuneigen. Darwin, in der Whig-Tradition einer unitaristisch orientierten Familie aufgewachsen, steht aufseiten der Liberalen. Der durch und durch aristrokatische Robert FitzRoy, ein illegitimer Nachfahre König Charles' II., engagiert sich für die Gegenseite, die bis heute unter der Bezeichnung Tories bekannt ist. Eines verbindet die beiden zu diesem Zeitpunkt allerdings noch: der anglikanisch geprägte Glaube an Gott und die Schöpfung.

In seiner ungezwungenen Arglosigkeit lässt Darwin erst gar keine Zweifel daran aufkommen, der Richtige zu sein – selbst als FitzRoy mit physiognomischem Kennerblick kurz die Eignung des Jüngeren wegen der Form seiner Nase in Frage stellt. Der Kapitän ist wahrscheinlich einfach froh, auf einen so umgänglichen, ambitionierten jungen Mann aus gutem Hause und mit tadellosen Manieren zu stoßen. Er gibt dem anderen die erhoffte Zusage. Die beiden schließen für die Zeit ihrer Reise einen bisweilen brüchigen Pakt. Danach entwickeln sie sich rasch auseinander und werden zu erbitterten Gegnern.

Mit Yuriy und seinem Kapitän könnte die Sache, wenn alles gut geht, genau umgekehrt verlaufen. Petro Khokhlov, groß und bullig, mit flinken Blicken aus engen Schlitzen, stellt dar, was man einen mit allen Wassern getauften Seebären nennt. Wenn er lacht, dann tut er es mit seinem ganzen Körper. Aber wenn er wütend aufbraust und sein cholerisches Blut zur Ader lässt, dann reichen halbe Silben und knappe Gesten, dass jeder seine Ansagen versteht und widerspruchslos befolgt.

Noch sind die beiden einander nicht grün, wobei klar ist, wer den

Ton angibt bei diesem ungleichen Paar. Am Morgen nach der goldenen Nacht haben sich der Himmel und die Miene des Masters verfinstert. *Mittags befanden wir uns ein Stück südlich von Port Desire* – das heutige Puerto Deseado. Vor dem schwarz verhangenen Horizont zeichnet sich kaum wahrnehmbar der Schattenriss der kleinen patagonischen Hafenstadt in die Regenschwaden. Damals gab es hier noch keine Siedlung. *Es blies weiterhin frisch, und verstärkte sich in der Mitte des Tages zum heftigsten Sturm, den ich je gesehen habe.* Bei dem Orkan kann das Schiff nicht einlaufen. Wir müssen hier draußen vor Anker gehen und ruhigeres Wetter abwarten.

Yuriy steht in schwerer Montur auf dem Vordeck. Er versucht zu verbergen, dass er friert und leidet. Zu seinem Unglück und gleichzeitig zu seinem Glück hat sich ihm mit dem raubeinigen, manchmal auch finster polternden Khokhlov eine echte Prüfung in den Lebensweg gestellt. Der weiß, dass Yuriy noch schwankt, und will ihm die Entscheidung erleichtern. Durch Härte.

Als Dritter Offizier muss Yuriy die Befehle zum Ankern auf Englisch an die Mannschaft weitergeben und sie gleichzeitig gegen das Tosen des Sturms per Funkgerät an den Kapitän auf der Brücke zurückschreien. »Give up chain!?« – »Give up chain!« So machen es Seeleute schon seit alten Tagen. Darwin muss das unzählige Male gehört haben. Ein Befehl gilt erst als verstanden, wenn er klar und deutlich wiederholt worden ist. Doch Yuriy kann es Khokhlov nicht recht machen. Wenn der nicht augenblicklich sein Echo vernimmt, und zwar in der Weise, wie er es hören will, brüllt er los. Alle an Bord können die Reifeprüfung über ihre Walkie-Talkies mitverfolgen. Wie der eine verzweifelt versucht, alles den erlernten Vorschriften gemäß richtig zu machen, und wie es ihm immer wieder auf Ukrainisch aus dem Gerät entgegenbellt. In der Muttersprache flucht es sich leichter.

Vermutlich hat Yuriy die Offiziersschule mit Bestnoten abgeschlossen. Aber die eigentliche Schule ist hier. Beim Ankern auf stürmischer See. Und wie er ankern kann, der Kapitän. Präzise auf den Punkt, so wie Fahrkünstler einzuparken verstehen. Er steht draußen auf der Brücke, schaut aufs aufgepeitschte Wasser und schreit seine Anordnungen in den Äther: »Stop engine!« – »Stop engine!«, kommt es prompt von der Maschine zurück.

Eine Weile bleibt das Ringen zwischen Lehrer und Schüler auf der

Kippe. Dann zeigen die Schläge Wirkung. Mehr und mehr findet der Jüngere seinen eigenen Ton, brüllt den Männern seine Anordnungen zu – exakt so, wie sie es gewöhnt sind und wie sie es unter diesen Bedingungen auch brauchen: nicht als nachgebetete Worte des anderen, sondern als Befehle aus eigener Kraft.

Jetzt rollt die zweite Ankerkette unten genauso ab, wie es der Kapitän oben will. Das schwere Schiff kann sich sicher im Meeresboden verhaken. Aus dem Funkgerät gleiten in sanftem Bass runde, russisch klingende Worte. Yuriy steht der Schrecken noch im Gesicht. Aber er hat bestanden. Denn er hat verstanden. Das zeichnet einen guten Schüler wohl aus. Und einen guten Lehrer erst recht.

Am nächsten Morgen hat sich das Wetter beruhigt. Die Anker werden eingeholt, die Maschine wird gestartet. Sieben Kolben setzen sich in Bewegung, das Herz der Aliança Pampas schlägt. Wir fahren das kleine Stück Richtung Westen vorbei an der Pinguininsel in den Sund von Puerto Deseado. Ich sitze allein in der Offiziersmesse. Da kommt Yuriy, frisch geduscht und rasiert und in Freizeitkleidung, und setzt sich mir gegenüber an den Tisch. Er wirkt verändert, trotz der Spuren von Anspannung irgendwie gelöst.

»Ich habe nachgedacht.« Er schaut mich aus seinen blauen Augen geradewegs an. In den letzten Tagen bin ich für ihn zu einer Art Vertrauensperson auf Zeit geworden. Wem sollte er sich auch sonst öffnen? Erwachsenwerden ist ein ziemlich einsames Geschäft. »Mir bleiben genau zwei Möglichkeiten: Entweder ich halte das hier durch, oder ich gebe auf. Dazwischen gibt es nichts.«

Genau darauf kommt es an. Du musst bestimmen, wie viel vom Buch deines Lebens du selber schreiben willst. Und kannst. Davon hängt alles Weitere ab. Die Entscheidung kann dir niemand abnehmen. Meistens gibt es einen einzigen Moment, in dem sie fällt – oder nicht. Zweiundzwanzig Jahre sind kein schlechtes Alter dafür, die Welt zu umarmen. Darwin versteht das genau. Als ihm sein künftiger Kapitän die Route zeigt, ist seine Stunde gekommen.

Ich weiß, wie sich das anfühlt. Jede Fahrt beginnt mit der ersten Idee. Die Karte im Kopf, sie will sich mit Leben füllen. Das Werk aus dürren Strichen verlangt nach Bildern. Plötzlich weiß man, was man zu tun hat. Wenn es stimmt, dass auch Reisen eine Reife durchlaufen, dann hat in diesem Moment das Abenteuer des Lebens begonnen.

1
England und Nordatlantik

Warten in Plymouth · Seekrank · Verhinderte Landung in Teneriffa · Der Sammler · Vor den Kapverden

Es war keine leichte Geburt. Allein die Wehen zogen sich über mehr als acht Wochen hin. Darwin hat ihre Phasen sorgfältig dokumentiert. Am 24. Oktober 1831 beginnt er in Devonport, dem Marinehafen von Plymouth, sein Reisetagebuch: *Nach angenehmer Fahrt von London abends hier angekommen.* So banal beginnen die aufregendsten Abenteuer. Das Schreiben bietet ihm während der folgenden fünf Jahre – so lange dauert die Reise schließlich – Halt und Heimat für seine Gedanken.

Tags darauf geht er zum ersten Mal an Bord der Beagle. Einige Wochen zuvor hat er sie noch im Dock gesehen, wo sie *mehr einem Wrack glich als einem Schiff mit dem Auftrag, die Welt zu umsegeln.* Jetzt empfängt sie ihn *in einem Zustand von Geschäftigkeit und Durcheinander.* Überall wird gesägt und gehämmert, geputzt und gestrichen. Kapitän FitzRoy hat eine Totalrenovierung des einstmaligen Küstenfrachters angeordnet. Die Brigg erhält ein neues Deck. Es wird gleichzeitig so weit angehoben, dass darunter etwas mehr Raum zum Atmen entsteht.

Am folgenden Tag wird sich Darwin der Enge an Bord bewusst. *Meine eigene private Ecke erscheint mir so klein, dass ich die Sorge nicht loswerde, viele meiner Dinge zurücklassen zu müssen.* Sosehr sich Planer, Schiffsschreiner und -zimmerleute auch bemühen, den Platz an Bord bestmöglich zu nutzen, das Volumen des Dreimasters können auch sie nicht verändern: Auf knapp achtundzwanzig Metern Länge bei nicht einmal zehn Metern maximaler Breite müssen neben zehn Kanonen und Munition, Vorräten für Monate, Ausrüstung für alle Fälle und Instrumenten für die Vermessung der Küsten, Buchten und Inseln insgesamt vierundsiebzig Menschen mit ihrer persönlichen Habe Platz finden.

Mir bleiben nur ein Koffer und mein kleiner Rucksack, um meine Habseligkeiten zu verstauen. Kleidung für alle Klimazonen, für Tropen, Wüsten, Steppen, Hochgebirge und arktische Gefilde. Badelatschen neben Wanderstiefeln, Moskitonetz neben Wollmütze und Handschuhen, leichter Schlafsack, Waschzeug und Erste-Hilfe-Set, Taucherbrille und Schnorchel, Ersatzbrillen, Telefon, Kamera, Fernglas, Lupe, allerlei Ladegeräte, ein Satz Tage- und Notizbücher, Stifte. Nur für das Wichtigste fehlt der Platz: Literatur.

Darwin kann auf eine Bordbibliothek von rund hundert Büchern zurückgreifen – Reiseberichte, Bestimmungswerke, Monografien. Meine Bibliothek mit all seinen Schriften, die viele Bände füllen, mit Karten, Material über Länder und Leute, mit historischen Stichen, Briefen und dazu noch eine stattliche Sammlung von Musikstücken und ein paar Hörbüchern wiegt nicht mehr als der Laptop, auf dem sie gespeichert sind. Wo Darwin Tausende Steine, Fossilien, Skelette, Bälge, Felle, Insekten, Muscheln, eingelegte Meerestiere und getrocknete Pflanzen sammelt und in Kisten und Fässern nach Hause schickt, will ich mich auf gewichtlose Souvenirs beschränken. Nichts bringen, nichts mitnehmen außer Bildern und Geschichten.

Unter allen Mitreisenden genießt Darwin eine Sonderstellung. Da er dank seines Vaters selbst für die Kosten der Passage aufkommt, kann er sich im Rahmen der Route frei bewegen. Er trägt keine Verantwortung außer für sich selbst. Noch geht er davon aus, innerhalb weniger Wochen aufbrechen zu können. Seinem Bruder Erasmus schreibt er nach London: *Was für ein herrlicher Tag wird der 4. November für mich sein. Mein zweites Leben wird dann beginnen, und er soll für den Rest meines Lebens wie ein Geburtstag sein.*

Dieser Tag verstreicht jedoch wie der nächste und die darauf folgenden, ohne dass an eine Abreise überhaupt zu denken ist. Am 12. November kehrt Darwin begeistert von einem Besuch auf der Beagle zurück. *Die Männer waren gerade damit fertig, sie zu streichen, und natürlich waren die Decks klar und die Dinge verstaut. Zum ersten Mal fühlte ich eine Art maritimer Leidenschaft; niemand konnte sie ohne Bewunderung betrachten.* 21. November: *Brachte alle meine Bücher und Instrumente an Bord der Beagle.* 23. November: *Dies war ein sehr wichtiger Tag in den Annalen der*

Beagle. Um ein Uhr wurde sie aus ihrer Vertäuung gelöst und segelte fast eine Meile bis Barnett Pool. Hier wird sie bleiben, bis der Tag der Abreise kommt.

Dort, in den Gewässern vor Plymouth, nehme ich erstmals die Spur der Beagle auf, nachdem ich wochenlang Darwins Lebensspuren durch England gefolgt bin – vom Geburtshaus in Shrewsbury über die Universitätsstadt Cambridge, wo ich in die heiligen Hallen des Darwin-Archivs vorgelassen wurde und seinen greisen Ururenkel Richard Darwin Keynes besuchte, über London bis zu seinem Wohnhaus im Dörfchen Downe in Kent, wo er alle wichtigen Werke verfasst hat. Im Hafen beginnt das Fragen, das mich auf der gesamten Reise begleiten wird. Die meisten Seeleute wissen von dem Schiff und seinem berühmten Passagier, kennen aber keine Details. Von hier sind schon so viele Weltreisende und Auswanderer aufgebrochen, dass Darwin kein besonderes Interesse zuteilwird. Ein Gefühl für alte Schiffe, höre ich immer wieder, könne ich mir genauso gut auf der nachgebauten Mayflower verschaffen. Doch ich will kein falsches Schiff, sondern den echten Ort.

Dann hilft mir das Glück, dem der Reisende oft mehr verdankt als Planung und Verstand. Ein alter, wetterharter Kapitän auf einem Ausflugsboot, er nennt sich Adrian, entpuppt sich als kundiger Hobbyhistoriker. Die Werft in Devonport, sagt er, wo die Beagle im Dock lag, sei heute militärisches Sperrgebiet. Aber die Stelle in Barnett Pool, wo sie so lange vor Anker ihrer Abfahrt harrte, kenne er genau. Kein Passagier protestiert, als er auf dem Weg über den Sund, der Devon von Cornwall trennt, einen Umweg macht, um mir den damaligen Liegeplatz der Brigg zu zeigen. Steuerbord liegt Plymouth mit seinen Promenaden und weißen Fassaden, den Jachthäfen und der alten Marinekaserne, die gerade in eine Anlage mit Bars, Lofts und Luxusapartments umgebaut wird. Vor uns das grüne Hügelland von Cornwall, und backbord hinter der Einfahrt zur Bucht, lockend und bedrohlich, die offene See. Von hier geht es grenzenlos in alle Welt.

»Damals der beste Startpunkt für Schiffe«, erklärt der Kapitän und steuert gefährlich schnell auf den Kiesstrand von Barnett Pool zu. »Kein Problem.« Er zeigt auf den Monitor seines Echolotgeräts. Das Ufer fällt fast senkrecht auf vierzig Meter Tiefe ab. Erst kurz vor dem Strand dreht er bei. »Das ist eine der besten Stellen, um auf das richtige Wetter zu warten. Von hier kann man fast an Land hüpfen. Ein paar Ruderschläge nur, das ist alles.« Kaum Dünung, nur ein leichtes Lüftchen weht im Windschutz der Küste.

Noch nächtigt Darwin an Land. Seine Ungeduld wächst mit jedem Tag. 30. November: *Alle meine Gedanken drehen sich um die Zukunft, und nur mit größter Schwierigkeit kann ich über ein anderes Thema reden oder nachdenken.* 4. Dezember: *Ich schreibe dies erstmals an Bord, es ist nun etwa ein Uhr, und ich beabsichtige, in meiner Hängematte zu schlafen.* Dann, nach wochenlangem Ausharren, macht sich erstmals eine Spur von Missmut breit. 5. Dezember: *Seit Mittag bläst ein schwerer Sturm aus Süden und vielleicht werden wir den Hafen nicht verlassen können. ... Ich kehrte sehr verzweifelt nach Hause zurück, beabsichtige aber, mir noch ein letztes Mal das Schlafen in einem sicheren festen Bett zu gönnen.* 7. Dezember: *Es wird von Tag zu Tag ermüdender, so lange im Hafen zu bleiben ...*

Am 10. Dezember soll es endlich losgehen. *Um 9 Uhr holten wir unsere Anker ein und segelten kurz nach 10 los ... wir hatten eine angenehme Fahrt, bis wir den Wellenbrecher umschifften ... wo mein Elend begann. Mir ging es bald ziemlich schlecht, und in dem Zustand blieb ich bis zum Abend. ... Ich litt entsetzlichst; solch eine Nacht habe ich noch nie verbracht, allenthalben nichts als Qualen.* 11. Dezember: *Es ging so weiter bis Sonntagmorgen, als beschlossen wurde, nach Plymouth zurückzukehren und dort bis zu einem günstigeren Wind zu bleiben.*

In der Zange zwischen lähmendem Warten und der niederschmetternden Vorstellung der Fahrt auf See macht er sich am selben Tag Mut gegen die wachsende Verzweiflung. *Nachdem ich nun so viel Zeit hatte, mir meine Meinung zu bilden, bin ich sicher, dass es recht war, das Angebot anzunehmen; dennoch halte ich es für fragwürdig, wie weit es zum Lebensglück beitragen wird. – Falls ich gesund bleibe und heimkehre und dann noch die mentale Stärke besitze, mich ruhig im Leben einzurichten, wird mein jetziger und künftiger Einsatz an Verdruss und an Wunsch nach Bequemlichkeit reichlich belohnt werden.* 13. Dezember: *Die grundsätzlichen Ziele sind 1. Sammeln, beobachten und lesen in allen Zweigen der Naturgeschichte, die ich irgendwie bewältigen kann. ... Wenn ich nicht genug Energie aufbringe, mich selber während der Reise ständig zum Fleiß zu bewegen, welch großartige und außergewöhnliche Gelegenheit mich zu bessern würde ich wegwerfen. – Möge ich dies niemals auch nur einen Augenblick lang vergessen, dann habe ich vielleicht noch einmal die Chance, meinen Geist zu schärfen, die ich wegwarf, während ich in Cambridge war.*

Womöglich hätte Darwin keinen heilsameren Schock erleben können als dieses zermürbende Vorspiel zur Reise seines Lebens. Sollte anfangs noch sein jungenhafter Leichtsinn im Spiel gewesen sein, so blasen ihm jetzt die Unrast des Geistes und das Elend seines Körpers alle Flausen aus dem Kopf. Zum ersten Mal fühlt der junge Mann so etwas wie Pflicht – und übernimmt Verantwortung, für sich und für die eigene Existenz. Nach all der Unentschiedenheit, den vergebenen Chancen, vergeudeten Jahren und Enttäuschungen für seinen Vater weiß er nun, dass er aus diesem Lebensgeschenk das Beste machen muss – wie ein guter Kartenspieler das Blatt erkennt, das so nie wiederkommt. In diesem Moment muss er sich selbst versprochen haben, dass sich der Einsatz auch lohnen soll.

Die Geburt der Reise ist in vollem Gang. Doch sie steckt, um im Bild zu bleiben, im Geburtskanal fest, und das Wechselspiel aus Wehen und Momenten der Erleichterung nimmt kein Ende. 14. Dezember: *Befehle werden ausgegeben, morgen abzusegeln.* Das Wetter verhindert den Start. 17. Dezember, die nächste Selbstermunterung: *Der Reiz des Neuen, mich auf einem Schiff zu Hause zu wissen, hat sich noch nicht verbraucht, auch habe ich nicht aufgehört, über mein außergewöhnliches Glück zu staunen, etwas teilhaftig zu werden, das ich mir in meinen wildesten Träumen niemals vorstellen konnte. Wenn es begehrenswert ist, die Welt zu sehen, was für eine seltene und ausgezeichnete Möglichkeit ist dies.*

Mittlerweile scheint sich Darwin auch mit dem Schlimmsten angefreundet zu haben, obwohl ihm die eigentliche Feuertaufe noch bevorsteht: die Fahrt auf offenem Ozean. Doch eingesperrt in der schützenden Bucht von Barnett Pool, wird ihm diese Aussicht von Tag zu Tag gleichgültiger. Er zeigt erste Anzeichen eines typischen Gefängniskollers: Sollen sie mich schlagen und treten, Hauptsache, ich komme hier raus.

19. Dezember: *Die Chancen stehen bestens, dass wir morgen absegeln. – Das Lichten der Anker wird mit allgemeiner Freude bejubelt werden.* 21. Dezember: *Wir starteten um 11 Uhr mit einer leichten Brise aus NW ... Während der mittleren Wache änderte der Wind seine Richtung, und um 4 Uhr ... blies der Sturm aus SW. Der Kapitän schonte das Schiff, und wir kehrten mit elf Knoten die Stunde zu unserem guten alten Heimplatz zurück.*

Die Geduld des Menschen lässt sich nur bis zu einem bestimmten Punkt strapazieren. Am ersten Weihnachtstag entlädt sich die Spannung der gesamten Mannschaft in einem heillosen Besäufnis. 25. Dezember: *Im Augenblick befindet sich kein nüchterner Mann an Bord.* 26. Dezember: *Ein schöner Tag, und ein geeigneter, um abzusegeln. – Die Gelegenheit wurde versäumt dank der Trunkenheit und beinahe völligen Abwesenheit der Crew.* Der Kapitän verhängt drastische Strafen. Statt in See zu stechen, verbringen etliche Seeleute den ganzen Tag in schweren Ketten, die vier schlimmsten Übeltäter werden wegen Aufsässigkeit sogar ausgepeitscht. *Was für ein unglücklicher Beginn, so früh so viele unserer besten Männer bestrafen zu müssen.* Dann brechen die Aufzeichnungen ab.

Erst elf Tage später kann Darwin wieder einen Stift halten und in sein Tagebuch schreiben. Den Eintrag datiert er auf den 27. Dezember zurück, den endgültigen Abreisetag der Beagle. Zwischenzeitlich hat er sich beinahe die Seele aus dem Leib gekotzt. *Ich werde nun die gesamten, teuer erkauften Erfahrungen schildern, die ich mit der Seekrankheit gemacht habe. Zuallererst ist das Elend übermäßig und übersteigt bei Weitem alles, was sich eine Person, die nie mehr als ein paar Tage auf See war, überhaupt vorstellen kann. Ich fand die einzige Linderung in horizontaler Lage ... Vor der Abfahrt habe ich oft gesagt, dass ich keinen Zweifel hätte, dass ich dieses gesamte Unternehmen häufig bereuen würde, aber ich dachte kaum, mit welcher Inbrunst ich das einmal tun würde. Mir war so schlecht, dass ich nicht einmal aufstehen konnte, um Madeira zu sehen.*

Dann schließlich, am 6. Januar 1832, scheint sein Schicksalsgott Gnade walten zu lassen. Die Beagle steuert durch ruhigere Gewässer auf die Kanarischen Inseln zu. Mit dem so lange herbeigesehnten ersten Landgang auf Teneriffa soll die Reise nun endlich ihr Leben beginnen. Der schneebedeckte Vulkangipfel des Teide mit seinen gut 3700 Metern Höhe thront über den Wolken. Darwin hat noch nie einen so hohen Berg gesehen. Innere Bilder beginnen, sich an äußeren zu messen. Zum ersten Mal schildert er unmittelbar seine Eindrücke. Und seine Begeisterung: *Es ist nun beinahe 11 Uhr, und ich muss einen weiteren Blick auf dieses lang ersehnte Objekt meiner Begierde werfen.*

Doch dann. *Oh Elend, Elend.* Als sie gerade eine halbe Meile vor Santa Cruz, der Hauptstadt von Teneriffa, die Anker werfen wollen, kommt ein Boot längsseits, und dessen Kapitän macht ihnen die niederschmetternde Mitteilung, dass die Besatzung der Beagle wegen einer Cholera-Epidemie in England zwölf Tage in strengster Quarantäne bleiben müsse und das Schiff nicht verlassen dürfe. Kapitän

FitzRoy überlegt nicht lange, lässt die Segel wieder setzen und Kurs auf die Kapverdischen Inseln nehmen, die anders als die Kanaren unbedingt angelaufen werden müssen.

»Keine Mühen sollen gescheut werden«, heißt es in der Anordnung des Geographical Office, »die Position zu verifizieren.« Selbst ein Zeitverlust von ein paar Tagen sollte kein Hinderungsgrund sein, um in »einer Serie chronometrischer Beobachtungen« den exakten Längengrad der kapverdischen Hauptstadt Porto Praya festzustellen.

Anders als die Kenntnis der Breitengrade, die sich allein anhand himmlischer Konstellationen wie Sonnenstand, Sternen- und Planetenposition mithilfe von Karten, Tabellen und präzisen Messinstrumenten haargenau bestimmen lassen, hängt die Ermittlung der geografischen Länge entscheidend von der Exaktheit der mitgeführten Uhren ab. Beide Informationen zusammen gehören zu den unverzichtbaren Basisdaten, mit denen Seeleute in den Weiten der Ozeane ihren Standort berechnen und einsame Inseln ansteuern können, Tausende Kilometer von nichts umgeben als dem immer gleichen Auf und Ab gewaltiger Ozeane. Heute nutzen sie Satellitenortung.

Der Standard für die Weltzeit, nach der die Beagle reist, wird an Greenwich, London, gemessen. Dort verläuft gemäß weltweiter Übereinstimmung der sogenannte Nullmeridian. Jeder Ort hat, je nach seiner Position auf dem Erdball, seine eigene Ortszeit bezogen auf Greenwich. Sie hängt vom Moment des jeweiligen Mittags ab, also davon, um wie viel früher oder später dort die Sonne im Zenit steht – ausgedrückt in Grad östlich oder westlich von Greenwich. Umgekehrt kann ein Kapitän auf hoher See, vereinfacht gesagt, durch das relativ simple Feststellen der Mittagsstunde mithilfe seiner Chronometer sehr genau die Position seines Schiffes in Längengraden bestimmen. Kapitän FitzRoy hat zum Vergleich zweiundzwanzig sorgfältig verpackte Präzisionschronometer in seine Kabine bringen lassen.

Kanaren, Kapverden – den Seeleuten auf der Beagle ist es einerlei, wo sie das erste Mal den Fuß an Land setzen. Nur einer ist untröstlich. »Dies war eine große Enttäuschung für Mr Darwin, der die Hoffnung hegte, den Gipfel zu besuchen«, notiert FitzRoy. »Ihn zu sehen – zu ankern und auf dem Sprung sein, an Land zu gehen, und dann gezwungen werden, sich zu entfernen ohne die leiseste Aussicht, Teneriffa wieder zu erblicken –, bedeutete für ihn ein wahrhaft großes Unglück.«

Die Insel wird auch »un pequeño continente« genannt, ein kleiner Kontinent mit allen Klimazonen, reichhaltiger Flora und Fauna, wie Darwin sie nur aus Büchern kennt, vor allem von Humboldt, der die vielen einheimischen Arten ebenso preist wie die einmalige Lavalandschaft im Hochland um den Teide. *Wir haben vielleicht einen der interessantesten Orte auf der Welt verlassen, gerade in dem Moment, als wir nahe genug waren, dass jeder Gegenstand, ohne sie zu befriedigen, unsere äußerste Neugier weckte.*

Und dann fängt er an zu schreiben. Wie unter Zwang zur Ersatzhandlung schildert er aus der Ferne die Form der Hügel und Täler Teneriffas, beschreibt die Kirchen der Stadt und die Farbe ihrer Häuser, die Geschützreihen, über denen leuchtend die Fahne des spanischen Königreichs weht. Lange behalten sie die Insel achtern im Blick, bis schließlich nur noch die Spitze des Teide über den Horizont lugt.

Doch der Geist spukt weiterhin in Darwins Kopf herum: *Schon kann ich Humboldts Begeisterung für tropische Nächte verstehen.* Sonnenuntergänge begeistern ihn, überschwänglich begrüßt er den Übertritt in die Tropen und vergleicht die frühsommerliche Witterung mit dem verregneten Elend in England. Eben so wie jeder Reisende in Urlaubsstimmung. Bei dem prächtigen Wetter hat sich sogar Darwins Seekrankheit verflüchtigt. Doch dann, am 10. Januar, passiert etwas, das wie eine Wendemarke seine Biografie in Vorher und Nachher teilt: Der Naturforscher in ihm bricht sich unweigerlich Bahn. Er wirft ein improvisiertes Netz aus Fahnentuch aus und lässt es hinter dem Schiff durchs Wasser gleiten. *Am Abend holte ich eine Masse kleiner Tiere hoch, und morgen freue ich mich auf eine größere Ausbeute.* Am nächsten Morgen nimmt er seine Beute in Augenschein und bestaunt den Reichtum der Farben und Formen. *Es erzeugt ein Gefühl des Wunders, dass so viel Schönheit zu so einem geringen Zweck erschaffen worden sein soll.*

Wie immer er das in diesem Moment auch meint: Hier meldet er erstmals Zweifel an der Schöpfung an. Warum sollte Gott beim Bestücken der Natur mit Lebewesen so verschwenderisch verfahren sein?

Am 16. Januar 1832 um elf Uhr nähert sich die Beagle St. Jago, heute São Tiago, der Hauptinsel des Kapverdischen Archipels. Um drei Uhr geht sie vor der Hauptstadt Porto Praya, heute Praia geschrieben, vor Anker. Nichts kann Darwin jetzt mehr aufhalten. Er geht erstmals in der Fremde an Land.

2
Kapverdische Inseln

Ankunft in São Tiago · Das Prinzip Vergleich · Die Spur der Steine · Darwins Initiation · Die weiße Schicht · Ausflug ins Inselinnere · Ein Junge namens Sydney

Die besten Reisen beginnen mit dem geringsten Ballast. Überflüssiges hinter sich lassen, Gewissheiten aufgeben, frei und offen für das Neue loswandern – dabei alles erwarten, ohne etwas zu erwarten. Je mehr Gewicht wir über Bord werfen, desto leichter können wir uns einlassen auf das Spiel von Zufall und Schicksal, dem wir das Leben verdanken. Das Großartigste, was wir in der Fremde finden können, sind ohnehin wir selbst.

Die großen Reisenden wissen das. Auch der junge Darwin muss es gespürt haben, als ihm die kapverdische Hauptinsel São Tiago erstmals die Gelegenheit gibt, die Beagle zu verlassen und ein Land zu erforschen. Zunächst zeigt er sich noch ernüchtert. *Die Umgebung von Porto Praya bietet von See her ein trostloses Bild.* Mein Urteil fällt kaum günstiger aus. Ich habe noch kein Land erlebt, dessen Name so wenig zu seiner Wirklichkeit passt. Nur ein paar Wochen im Jahr, während und kurz nach der Regenzeit, zeigt es sich »verde«, grün, die übrige Zeit fast flächendeckend staubtrocken und graubraun.

Nach der Landung verändert sich der Eindruck. Da *besitzt die neuartige Ansicht eines gänzlich unfruchtbaren Landes eine Erhabenheit, die mehr Vegetation verderben könnte.* Unverstellt von Wäldern und Bewuchs, heben sich in scharfen Linien finstere Rücken vom diesig blauen Himmel ab. *Der Horizont wird von einer unregelmäßigen Kette erhabener Berge eingefasst. Die Landschaft ist, durch die diesige Atmosphäre dieses Klimas betrachtet, von hohem Reiz, wenn denn ein Mensch, der frisch von See kommt, überhaupt etwas anderes als sein eigenes Glück fassen kann.*

Über die Kanten der Höhenzüge stoßen weiße Passatwolken, die sich strichgerade in nichts auflösen. Längst erloschen der einst aus dem Ozean emporgestiegene Vulkan, dem dieses Eiland Form und Existenz verdankt. Abermillionen Jahre hatte das Wasser Zeit, tiefe Täler und dramatische Schluchten in die Gesteinsmassen zu schneiden. Dabei hat es ausladende, angenehm klimatisierte Hochebenen zurückgelassen. Außerhalb der Hauptstadt Praia mit ihren vielen unverputzt betongrauen, eng auf eng in die Seitentäler gedrückten Behausungen verleiht menschlicher Einfluss dem Land mit Terrassen, Obstplantagen, Agavenhecken und blühenden Gärten in den wenigen bewässerten Talsohlen hier und da sogar einen fast lieblichen Charakter.

Nach seinem ersten Landgang notiert Darwin: *Es war ein wunderbarer Tag für mich, als ob man einem Blinden Augen schenkte – er ist überwältigt von dem, was er sieht, und kann es zu Recht nicht begreifen. Das sind meine Gefühle, und so mögen sie bleiben.* Er macht das Beste, was ein Reisender auf unbekanntem Terrain im ersten Augenblick tun kann: Instinktiv begegnet er dem Unbekannten mit den unschuldigen Augen eines Neugeborenen, das zum ersten Mal die Welt in ihrem Licht erfasst. Noch geblendet von der Helligkeit, begreift er sie als Bündel von Fragen, die nach Antworten verlangen. Indem er diesen Blick zulässt, öffnet er seine Optik bis hin zur Totalen, in der alle seine Entdeckungen, Erlebnisse und Erkenntnisse Platz finden sollen.

Tastend bewegt er sich durch ein Wunderland. Noch ohne den strengen Sezierblick des Naturforschers lässt er Entzücken und Missfallen gleichermaßen zu. Ein Kokoshain darf einfach ein Kokoshain sein, die Banane schmeckt ihm nicht, denn sie ist *leicht widerlich süß*, er genießt erstmals *das unaussprechliche Vergnügen, auf einer wilden und verlassenen Insel unter der tropischen Sonne umherzuwandern.*

Diesen Ort haben weder Humboldt noch Darwins andere Vorbilder je betreten oder beschrieben. Von Anfang an ist er auf seine eigene Urteilskraft angewiesen. Dabei stellt er sein wichtigstes mentales Werkzeug auf die Probe, das ihm bis zum letzten Tag seiner Reise, wenn man so will, auch seines Lebens, helfen wird, sein Weltbild zu formen: Er vergleicht.

Damit tut er bewusst genau das, was das Leben, wie wir es kennen, vom Rest der Materie unterscheidet. Die Fähigkeit, zu erkennen, zu vergleichen und zu entscheiden, könnte Leben sogar ausmachen. Jedes

Wesen, das Information aus seiner Umgebung aufnehmen kann, setzt sie zu seinem inneren Zustand in Beziehung. Schon eine Amöbe weiß, wohin sie sich bewegen muss, um an Nahrung zu gelangen. Alles, was unsere Sinne uns vermitteln, vergleichen wir bewusst oder unbewusst mit dem, was wir bereits wissen und kennen. Nur so können wir die Welt beurteilen, Neues erkennen und Entscheidungen fällen.

Selbst Moleküle, die kleinstmöglichen Körpern gleichen, »wissen« aufgrund ihrer Form, welche anderen zu ihnen passen oder nicht. Wenn sie einander nahekommen, können sie in fast allen Fällen nichts miteinander anfangen und bleiben neutral – so wie auch die allermeisten Lebewesen ohne gegenseitigen Einfluss nebeneinanderher leben. Sobald aber zwei Moleküle zueinanderpassen und sich finden, können sie sich mehr oder weniger fest verbinden und ganze Kaskaden von Abläufen auslösen.

Wenn man so will, finden und verbinden sich schon auf molekularer Ebene Partner, die Affinitäten zueinander besitzen. So gesehen steht eine Urform der Partnerschaft am Anfang des Lebens, der Ursprung der Liebe. Nur wer zur Verbindung fähig ist, findet den anderen. Das setzt sich fort bei den Zellen, die sich zu Geweben verschweißen, Organen, die Organismen bilden, ja sogar allen Individuen, deren Existenz sich nur aus Sicht der Gemeinschaft verstehen lässt. Gemeinsam können sie – wie Hammerkopf und Hammerstiel oder Pianist und Piano – Eigenschaften besitzen, die jedem Einzelnen fehlen. Dieses »Emergenz« genannte Phänomen durchzieht die Geschichte des Lebens wie ein roter Faden.

Im weiteren Sinne bildet das Zusammenwirken einzelner Einheiten sogar einen Grundpfeiler allen irdischen Lebens. Ei und Spermium müssen einander (über Oberflächenmoleküle) zunächst erkennen, bevor sie sich vereinigen können. Das Gleiche gilt für ihre jeweiligen Erbsubstanzen. Passen diese nicht gut genug zusammen, kommt es nicht zur Entwicklung von Embryo und Organismus. Die Grenzen können zwar fließend sein, doch wenn sie eindeutig sind, sprechen Biologen von eigenen Arten – jenes Phänomen, über das Darwin sein Leben lang nachdenken wird, ohne auch nur die Spur von molekularen Vorgängen zu kennen.

Über die Artenfrage besteht unter Fachleuten bis heute so große Uneinigkeit, dass manche sogar vorschlagen, den Artbegriff ganz zu streichen. Die tauglichste Definition fasst diejenigen Lebewesen in einer Spezies zusammen, die miteinander zeugungsfähige Nachkommen haben können und damit eine Fortpflanzungsgemeinschaft bilden. An den Grenzen, die Darwin immer wieder beschäftigt haben, stehen zum Beispiel Esel und Pferd. Sie gehören zwar unterschiedlichen Arten an, stehen sich biologisch aber so nahe, dass sie gemeinsam Nachwuchs zeugen können. Doch die Maultiere (Vater Esel) und Maulesel (Mutter Eselin) sind steril.

Von Beginn seiner Reise an setzt Darwin praktisch alles, was ihm wichtig erscheint, zueinander in Beziehung und stellt Zusammenhänge her. Sollte nur ein Faktor herausgehoben werden, der sein Erfolgsrezept verstehen lässt, dann diese Bereitschaft, alles an allem zu messen und jedes Detail als Baustein eines wahrhaft gigantischen Puzzles zu begreifen. Dieses Universelle macht das Geniale an Darwins Arbeit aus.

Bei alledem gestattet er sich zu Beginn, das zu sein, was er ist: ein ziemlicher Anfänger. Vor allem auf dem Gebiet der Biologie tritt er praktisch ohne fundiertes Vorwissen an, sieht man von den Käfern ab, die er schon als Junge gesammelt hat, ein paar englischen Pflanzen und einigen niederen Meeresorganismen, zu denen er während seines verpatzten Medizinstudiums in Edinburgh Zugang gefunden hat. Er beobachtet fast beliebig, sammelt praktisch ohne System ins Blaue hinein, hier ein paar Gewächse, dort ein paar Tiere.

Mitunter macht er Entdeckungen, die den Fachleuten längst bekannt sind, wie etwa die *chamäleonartige Fähigkeit* des Tintenfisches, sich unterschiedlichen Untergründen farblich anzupassen. »Ein Kind mit einem neuen Spielzeug könnte nicht entzückter gewesen sein, als er in St. Jago war«, schreibt Kapitän FitzRoy an Admiral Beaufort in London. Darwin jubelt: *Ich befinde mich häufig in der Lage des Esels zwischen zwei Bündeln von Heu – so viele schöne Tiere bringe ich im Allgemeinen mit nach Hause.*

Doch schon bei diesen ersten tastenden Schritten leistet Darwin etwas Erstaunliches, weshalb ihn Verhaltensforschung und Ökologie heute gleichermaßen als einen ihrer Begründer feiern: Er beobachtet die Lebewesen nicht nur in Aufbau und Gestalt, sondern auch in ihrer Lebensweise. *Der häufigste Vogel ist ein Eisvogel* (ALCEDO IAGOENIS), *der zahm auf den Zweigen der Rizinusölpflanze hockt und sich von dort auf*

Heuschrecken und Eidechsen stürzt. Auch wenn er den Vogel hier einer falschen Art zuschreibt – jede Kreatur hat neben ihrem Haben auch ein Sein, jeder Organismus verhält sich, bewegt und ernährt sich, kämpft, kommuniziert und pflanzt sich fort. Erst beide zusammen, Haben und Sein, ergeben ein umfassendes Bild.

Darwin ermittelt die Nahrungsquellen einer Art der großen Meeresschnecke APLYSIA, bis heute ein beliebtes Forschungsobjekt der Nervenphysiologen. Dieser Hinterkiemer *ernährt sich von dem feinen Seegras, das zwischen den Steinen im trüben und seichten Wasser wächst: Im Magen habe ich mehrere Steinchen gefunden, wie im Muskelmagen eines Vogels.* Und wieder findet er einen Vergleich: *Diese Schnecke stößt, wird sie gestört, eine sehr blasse violettrote Flüssigkeit aus, die das Wasser im Umkreis von einem Fuß verfärbt. Neben diesem Verteidigungsmittel verursacht ein scharfes Sekret eine scharfe, stechende Empfindung ähnlich jener, die von* Physalia, *also Portugiesischen Galeeren, erzeugt werden.*

Genau diese detaillierten Beobachtungen und Gegenüberstellungen werden ihm später helfen, die Entstehung der Arten zu begreifen: Oft sind es, wie bei den berühmten Finken auf Galápagos, unterschiedliche Verhaltensweisen, etwa bei Fortpflanzung oder Ernährung, die trotz nahezu identischem Äußeren eine Aufspaltung in separate Spezies einleiten.

An den Korallen bewundert er deren *erlesene Schönheit,* gemessen an ihren unscheinbaren Verwandten in Schottland. *Niemals in den wildesten Luftschlössern hatte ich mir einen so guten Bauplan vorstellen können. ... Noch weniger hatte ich je erwartet, dass meine Hoffnungen, sie zu sehen, einmal in Erfüllung gehen würden.*

Korallen schlagen die Brücke zu jenem Gebiet, auf dem Darwin gleich bei seinem ersten Landgang eine Art wissenschaftlicher Initiation erlebt: *Geologie ist zurzeit meine Hauptbeschäftigung.* Dank seines Schnellkurses in den walisischen Bergen bringt er praktisches und dank eines bemerkenswerten Umstands auch fundiert theoretisches Vorwissen mit: Kapitän FitzRoy hat ihm als Willkommensgeschenk den druckfrischen Band 1 der »Geologischen Prinzipien« von Charles Lyell überreicht, des damals wohl berühmtesten Erdkundlers Englands, wenn nicht der Welt. Darwins Cambridger Mentor Henslow hat ihm die Lektüre wärmstens ans Herz gelegt, ihn aber gleichzeitig davor gewarnt, »unter keinen Umständen die darin vertretenen Ansichten zu akzeptieren«.

Darwin hat »seinen« Lyell bereits sorgfältig studiert, als er auf den Kapverden an Land geht. Binnen weniger Tage traut sich der Anfänger zu, die Geologie der Insel São Tiago in groben Zügen verstanden zu haben. Sein sicheres Gespür für die wahren Verhältnisse an der Erdoberfläche hat ihn von Anfang an auf den richtigen Weg durch das Labyrinth der Gesteine und ihrer Schichtungen geführt. *Für den Geologen muss die erste Untersuchung vulkanischer Felsen ein denkwürdiger Zeitpunkt sein, und kaum weniger für den Naturforscher der erste Ausbruch von Bewunderung, Korallen auf ihrem Heimatfelsen wachsen zu sehen.*

Zu jener Zeit teilt sich die geologische Fachwelt in zwei Lager. Die »Katastrophisten« gehen davon aus, dass sich der Zustand des Planeten nur als Resultat gewaltiger Umwälzungen in der Vergangenheit erklären lässt – kataklystische, vermutlich von einer höheren Macht bewirkte Ereignisse wie die in der Bibel beschriebene »Sintflut«. Dieser Denkrichtung neigen Henslow und Adam Sedgwick zu, dem Darwin nach der gemeinsamen Exkursion in Wales letztlich die Mitfahrgelegenheit auf der Beagle zu verdanken hat. Sedgwick hat Henslow den Tipp gegeben, Darwin vorzuschlagen.

Charles Lyell steht im Gegenlager aufseiten der »Gradualisten«. Nach denen bräuchte es, um das aktuelle Bild der Erde zu verstehen, weder göttlichen Einfluss noch zielgerichtet formende Mächte in der Vergangenheit, sondern allein dieselben Gestaltungskräfte der Natur mit Vulkanismus, Vergletscherungen, Erdbeben und Erosion, wie sie auch heute noch zu beobachten sind. Die Oberfläche des Globus sieht Lyell in ständiger Auf-und-ab-Bewegung wie ein unendlich langsames Schwappen, das die Kontinente und Inseln anhebt oder absenkt.

Lyell gebührt wie keinem anderen das Verdienst, die Geologie erstmals als historische Wissenschaft etabliert und in seinen packenden, nach wie vor lesenswerten Schriften nacherzählt zu haben. Ohne ihn und sein Denken wäre aus Darwin niemals der Mann geworden, der die Biologie endgültig um die Dimension der Zeit erweiterte. So wie Humboldt in ihm den Entdeckergeist weckt, so wird Lyell zum geistigen Geburtshelfer des analytischen Denkers Darwin. Wie niemand vor ihm wird er die Welt über die Scheidelinie zwischen toter und lebendiger Materie hinweg als dynamisches System begreifen. Geologie und Gradualismus geben seinen Vorstellungen von Raum und Zeit die richtigen Größenordnungen von Takt und Maß. Dabei gelingt dem jungen Mann gleich zu Beginn seiner Karriere ein Schritt von erstaunlicher Eigenständigkeit: Er macht sich Lyells Denkweise in der Geologie zu eigen, ohne dessen theologische Sichtweise der Biologie zu übernehmen.

Im festen Glauben an die Schöpfung lehnt Lyell wie die meisten Koryphäen seiner Zeit die Idee von der Veränderlichkeit der Arten ab, wie immer neue Fossilienfunde sie nahelegen könnten. Solch evolutionäres Gedankengut gilt ihnen als Teufelszeug. Es stellt das religiöse Fundament und damit Gottes Allmacht infrage, der alle Arten, wie sie auf der Erde zu finden sind und waren, einzeln erschaffen hat.

Darwin tritt seine Reise als angehender anglikanischer Geistlicher im tiefen Vertrauen auf den Kreationismus an, die biblisch verbriefte Schöpfungsgeschichte. Eines jedoch unterscheidet den so harmlos wirkenden, stets freundlichen Weltreisenden von der Mehrzahl seiner Alters- und Zeitgenossen und vor allem von Kapitän FitzRoy: Auf der Suche nach neuen, wissenschaftlich begründeten Wahrheiten ist ihm nichts heilig. Erst diese innere Freiheit erlaubt es ihm, alles in Frage zu stellen und schließlich auch das Wirken des Schöpfers in Zweifel zu ziehen.

Nur aus dieser Sicht lässt sich verstehen, dass Darwin gleich zu Beginn seiner Reise eine erste eigenständige Entdeckung gelingt, die für ihn zu einer Art Erweckungserlebnis wird. *Damals dämmerte zum ersten Male der Gedanke in mir, dass ich vielleicht ein Buch über die Geologie der verschiedenen von uns besuchten Länder schreiben könnte, und das durchschauerte mich mit Entzücken.* Der tollkühne Gedanke eines blutjungen Amateurs, der vor allem eines verrät: sein Streben nach dem großen Wurf.

Ein *vollkommen horizontales weißes Band* durchzieht etwa fünfzehn Meter über dem Meeresspiegel die Stirnseite der Steilküste um die Hauptstadt Praia. Es braucht keine besonderen Kenntnisse in Geologie, um diese helle Schicht auszumachen. Doch hinter dem Hafen und den wuchtigen Treibstofftanks, da, wo sie nicht unter der wachsenden Stadt und ihren Schutthalden verschwunden ist, verhindern Zäune den Zugang. Bleibt die kleine Insel Santa Monica in der Bucht von Praia, damals »Quail Island« genannt. Dort hatte die Beagle-Mannschaft ihre Zelte aufgeschlagen. Durch mein Fernglas kann ich die

Stelle deutlich erkennen, wo Darwin eine Skizze der Gesteinslagen mit dem weißen Band anfertigte und die erste echte Entdeckung seiner Reise machte. Da muss ich hin. Doch wie? Die Insel ist unbewohnt und offiziell nicht zu erreichen.

Im Hafen versuche ich mich auf Spanisch verständlich zu machen, aber die Fischer und Bootsbesitzer stellen sich taub. Ich biete ihnen fürstliche Beträge, und es besteht kein Zweifel, dass sie mich bestens verstehen. Doch je mehr ich auslobe, desto verstockter zeigen sie sich, als liege auf der Insel ein Fluch. Als befürchteten sie, ich könnte mit ihrer Hilfe etwas Unrechtmäßiges anstellen, wo bis vor nicht allzu langer Zeit Delinquenten gefangen gehalten worden sind. Die Ruinen stehen bis heute auf dem kahlen Eiland, dicke, größtenteils eingefallene Gefängnismauern mit, dem Rostfraß zum Trotz, kräftigen Gittern in den Fenstern.

Da mache ich das Gleiche, was Darwin in solchen Situationen tat: Ich nehme mir einen ortskundigen Führer und Übersetzer. Er heißt Aristide und erinnert mich an den Präsidenten Haitis mit gleichem Namen, dem die Amerikaner seinerzeit in sein rechtmäßig erlangtes Amt verholfen haben. Er sieht aus wie sechzehn, ist aber schon siebenundzwanzig. Sein kurz geschnittenes Haar ist ein Stück weit aus der Stirn gewichen, er hat helle Augen von irgendeinem portugiesischen Vorfahren, randlose Brille, dunkle Haut.

Mit Talent und Temperament gelingt es ihm, einen jungen Bootsbesitzer für meine Sache zu interessieren – und mir eine Lektion für den Rest meiner Reise zu erteilen: Die Wahrheit führt am wahrscheinlichsten ans Ziel. Mit Worten und Gesten lässt er den Mann teilhaben an Darwins Entdeckung, beschreibt ihm mein Projekt, für das ich eigens von Europa angereist bin, lässt es vor seinen Augen scheitern, wenn ich das weiße Band nicht aus der Nähe in Augenschein nehmen kann. Eine 50-Euro-Note, das Wochenverdienst eines Arbeiters, zerstreut schließlich letzte Bedenken. Der Mann nimmt das Geld, wirft seinen Außenbordmotor an und lädt ein paar Freunde ein, die durch Aristides Agitation neugierig geworden sind.

Kurz vor der Insel hält er an. Näher könne er nicht heran. Sein Boot sei für den steinigen Strand nicht ausgelegt. Ich protestiere. Deutlich kann ich die Schichtungen erkennen, wie Darwin sie gezeichnet hat: blaues Wasser, grauer Fels, weißes Band, schwarze Lava. Darüber die

Ruinen des Gefängnisses. »Das wollten Sie doch sehen«, sagt er. »Ich muss auf die Insel«, entgegne ich, »das Gestein in Händen halten, untersuchen, fotografieren.« Ich halte dem Bootsmann Fernglas, Lupe und Kamera unter die Nase. »Soll ich damit etwa schwimmen?«

Während mein Mut gerade zu sinken beginnt, weil die Burschen keine Anstalten machen, sich zu rühren, übersetzt Aristide meine Aufregung in einen beeindruckenden Wortschwall. Der Mann schaut abwechselnd ihn und mich mit großen Augen an. Irgendetwas muss ihn überzeugt haben. Er fährt noch ein Stück näher an den Strand, springt ins brusttiefe Wasser, winkt mich auf seinen Rücken, ich steige auf, halte meine Ausrüstung über den Kopf, und so gelange ich schließlich per Huckepack auf Darwins Insel.

Am Strand muss ich mich über Bauschutt, wassergeglättete Baumstämme, verrostende Maschinenteile und die Gerippe havarierter Schiffe bis zu der Stelle vorarbeiten, wo Darwin gestanden haben könnte. Erst eine waghalsige Klettertour auf halbe Höhe der Steilküste führt endlich ans ersehnte Ziel. *Bei näherer Untersuchung erkennt man, dass diese weiße Schicht aus kalkhaltiger Materie besteht, in der zahlreiche Muschelschalen eingelagert sind, von denen die meisten oder alle noch an der umliegenden Küste vorkommen.*

Ich berühre *die bröckelige Masse,* greife mir ein loses Stück heraus, zerbrösele es und lasse die Krümel durch meine Finger rinnen. Hier also ist es passiert, hier hat Darwin seine Initiation erlebt. Vor meinem inneren Auge gerät die Erde in Bewegung und spannt ihre geologische Raumzeit auf. Was ich in der Hand halte, war einmal Meeresgrund. Korallenstücke, Austernschalen, Gehäuse von Muscheln und Schnecken. Dann schiebt sich bei einem Vulkanausbruch flüssige Lava ins Wasser und legt sich auf die Schicht. Bis sich durch die Hitze die Masse *an manchen Stellen in einen kristallinen Kalkstein umgewandelt* hat. Da der Druck der Lava die Schicht aber erst wenig verfestigt hat und die eingelagerten Muschelarten bis heute nicht ausgestorben sind, schließt Darwin: Die Eruption liegt aus erdgeschichtlicher Sicht nicht weit zurück.

Damit hat er alles beisammen. Mit Lyells Gradualismus der allmählichen Hebungen und Senkungen im Hinterkopf schließt er, durchaus mutig angesichts des Zeitgeistes und gemessen an seinen Erfahrungen, dass hier durch Kräfte aus dem Erdinnern eine ehemalige Küstenlinie über den Meeresspiegel emporgehoben worden sein muss – und zwar so sanft und gleichmäßig, dass die Schicht fast ungebrochen parallel zur Küstenlinie verläuft. Die Brandung hat sie freigelegt, nun ist ihre Geschichte in der Steilküste zu lesen wie in einem offenen Buch.

Eigenständig beschreibt und erklärt Darwin die bis dahin unbekannte Geologie eines Stückes unserer Erde und stellt eine Hypothese auf. Damit unternimmt er seinen ersten entscheidenden Schritt in die Welt der Wissenschaft. In der Logik der Erdgeschichte fängt er bei den Steinen an. Es ist der Beginn eines Weges, der ihn am Ende der Reise stolz erklären lässt: *Ich, ein Geologe.*

Am nächsten Tag hat Aristide einen Freund mitgebracht, den er seinen »Schüler« nennt. Der ist tatsächlich erst sechzehn, wirkt aber wie dreizehn, ein kurz gewachsenes Kerlchen mit O-Beinen, schiefem Mund und so viel Verstand, dass es mir immer wieder die Sprache verschlägt. Der Junge heißt Sydney, und dass er mir heute noch so lebendig vor Augen steht wie sonst kaum jemand während der Reise, hat mit der Art seiner Fragen zu tun, die bei meinen Vorlieben im deutschen Fußball beginnen und bis in die Tiefen des Darwinismus reichen.

Ich lege den beiden Darwins Berichte vor, sie führen mich auf seinen Wegen über ihre Insel. Wir wandern durch das staubtrockene Land von der Küste aus in die Berge, vorbei an einer Schnapsbrennerei inmitten der Nachschub liefernden Zuckerrohrfelder, kommen an kleinen Gehöften vorbei, wo Frauen sich an Waschbrettern abrackern und ihre Kinder bei unserem Erscheinen sofort in die dunkle Hütte schicken, damit sie uns Früchte und Wasser bringen. Von Praia nähern wir uns dem *Flag Staff Hill*. *Wir überquerten eine ausgedehnte Ebene von Tafelland. Auf dem ganzen Abschnitt gab es kaum ein grünes Blatt.* Stattdessen Millionen bunter und an jedem verdörrten Zweig im elenden Passat flatternde Plastikfetzen in einem müllübersäten Schuttfeld zwischen Flughafen und Gewerbegebiet.

Endlich gelangen wir an einen Ort, der *nahe dem Mittelpunkt der Insel gelegen war* und noch halbwegs Darwins Beschreibungen entspricht. *Die Szenerie von St. Domingo ist, anders als das überwiegend düstere Gepräge der Insel, von einer gänzlich unerwarteten Schönheit.* Das Städtchen liegt wie eine Oase *in einer Talsohle und ist umgrenzt von hohen, zerklüfteten Wänden geschichteter Lava*. Bei der Kirche, die schon zu Darwins Zeiten über der Ortschaft thront, klopfe ich so lange an die schwere Tür der Pfarrei, bis ein verknittertes Mütterchen erscheint. Sie erklärt uns, der Pfarrer halte gerade seinen Mittagsschlaf und wünsche nicht gestört zu werden.

Nichts ist unmöglich, bevor man es versucht hat. Auch eine Regel für Reisende. Ich erläutere ihr mein Anliegen mit Aristides Hilfe, so, wie er es vorher mit dem Fischer am Hafen getan hat. Er spricht leise, ich aber so laut, dass der Geistliche, sollte er wach sein, drinnen versteht, was hier draußen vor sich geht. Tatsächlich taucht hinter der Haushälterin schließlich eine nicht ganz bis oben zugeknöpfte Soutane auf. Der Pfarrer, ein leicht gebeugter, europäischstämmiger Mann jenseits der achtzig, dem die schwere Brille von der Nase rutscht, spricht Englisch. Er hat die Stichworte vernommen und will nicht glauben, dass Darwin damals »seine« Kirche aufgesucht hat.

Ehrlich gesagt habe er nicht einmal gewusst, dass der junge Weltreisende den Kapverden einen Besuch abgestattet hat. Damit steht der Geistliche nicht allein. Niemand, nicht einmal die Mitarbeiter im Archiv unten am Hafen, scheint je davon gehört zu haben, dass Anfang 1832 ein bedeutender Reisender seinen Fuß auf ihre Insel gesetzt hat. Der Pfarrer schließt seinen obersten Knopf und erklärt, dass seine Kirche mit Darwin im Reinen sei. Schon Pius XII. habe 1950 den Willen des Vatikans bekundet, die Möglichkeit einer Evolution des menschlichen Körpers ins Auge zu fassen, und Johannes Paul II. habe 1996 mit ausdrücklichem Hinweis auf die nach wie vor bestehenden Zweifel seines Vorgängers verkündet, dass die Evolutionstheorie mehr als eine Hypothese sei.

»Und, Vater, was bedeutet das für Sie?« Lange sieht er mich an, dann den hochgewachsenen Aristide, endlich auch den kleinen Sydney, der das Ganze mit gespannter Aufmerksamkeit verfolgt, bis seine Augen meine wiedergefunden haben. »Der Mensch«, sagt er endlich, »ist ein seltsames Tier.« Und nun gedenke er, seinen Mittagsschlaf fortzusetzen.

Darwin und sein Begleiter haben sich auf dem Weg verirrt und sind nach Fuentes geraten. Wir nehmen das Sträßchen zu dem Dorf, das vollkommen ungeschützt dem heißen, beißenden Wind ausgeliefert ist. Einsam neigen sich zwergwüchsige Akazien gegen den kargen Boden. *Ihre Spitzen waren von dem steten Passat auf eigentümliche Weise gebeugt worden – einige sogar im rechten Winkel zum Stamm.*

Unsere Ankunft bleibt nicht lange unbemerkt. Schon springen Kinder um uns herum, dann erscheint vor seinem Haus der Dorfvorsteher Adriano. Den Namen Darwin habe er noch nie gehört, aber das Wort Evolution, damit könne er etwas anfangen. Was der damalige Besucher seines Dorfes genau gesagt habe, will der Sechsunddreißigjährige wissen. »Alle Lebewesen haben die gleiche Abstammung«, antworte ich, »wir sind alle miteinander verwandt, am nächsten mit den Affen ...« Er lacht und zeigt eine Reihe blendend weißer Zähne. »Ach, diese Geschichte. Ich glaube auch an Evolution. Die Menschen entwickeln sich immer weiter, so wie die Spieler in einem Spiel immer besser werden. Aber das Spiel verändert sich nicht. Ich denke nicht, dass wir vom Affen abstammen.« – »Was wäre daran so schlimm?« – »Das hat Gott nicht gewollt. Wir sind wie er, er ist wie wir, aber nicht wie ein Affe. Wer das sagt, beleidigt ihn.«

Sydney verfolgt das alles stumm und wach. Doch als das Dorf hinter uns liegt, ist er nicht mehr zu halten. Er will jetzt alles wissen. Wer dieser Darwin sei, dem ich da hinterherreiste, und was es mit der gemeinsamen Abstammung und der Bibel auf sich habe. Ich bleibe stehen, breche einen Zweig ab und zeichne nicht zum letzten Mal auf meiner Reise mit Strichen in den feinen Staub am Wegesrand einen Baum, der sich immer weiter verzweigt. »Alle Lebewesen haben einen gemeinsamen Ursprung. Wir sind alle miteinander verwandt. Unsere Stammbäume bilden zusammen den Baum des Lebens.«

Der Junge lauscht aufmerksam. Dass alle Lebewesen sich fortpflanzen und dazu neigen, möglichst viele Nachkommen hervorzubringen, ist ihm nicht unbekannt. Neun Geschwister habe er, sagt Sydney. Dass sich alle Nachkommen voneinander unterscheiden, weil sich in jedem Kind aufs Neue die Erbanlagen der Eltern mischen, muss ihm auch niemand erklären.

Geduldig lässt er sich berichten, dass Darwin als Erster die Vielfalt irdischen Lebens einschließlich des Menschen auf natürliche Weise verstanden habe. Dass bei einem Überschuss an Nachkommen im Durchschnitt eher diejenigen selbst wieder Nachwuchs hervorbrächten, die besser an die Umwelt angepasst seien. Dass sich dabei vorteilhafte Eigenschaften durchsetzten und von Generation zu Generation ausbreiteten, ohne dass es dazu göttlicher Eingriffe bedürfe. Dass sich damit ganze Arten von Lebewesen allmählich an äußere Bedingungen anpassen und weiterentwickeln könnten.

In keinem Moment macht Sydney den Eindruck, als ob er etwas nicht verstehe. Wissbegierig saugt er alles auf, was er hört, wiederholt manche Punkte, stellt kluge Zwischenfragen, findet selbst Beispiele. Und doch habe ich das Gefühl, dass er nicht bekommt, was er will. Irgendetwas arbeitet in ihm, ohne dass er es ausspricht. Er macht es wie Darwin: Er vergleicht und sucht seinen Platz im Weltbild, das Darwin entworfen hat. Instinktiv spürt er die Widersprüche auf. Als wir uns trennen, sagt er: »Ich möchte dich in mein Haus einladen und meiner Mutter vorstellen.«

Wie hätte ich Nein sagen können? Somit erlaube ich mir wenige Tage nach meiner ersten Landung etwas, das zum Element meiner gesamten Reise werden soll: Ich gebe Plan und Zufall die gleiche Chance, folge Kopf und Bauch, bleibe auf Darwins Spur, verlasse aber seinen Weg und begebe mich an die Westküste der Insel São Tiago, wo er nie war. Mich reizt die still fermentierende Fantasie dieses Jungen.

Sydneys »Haus« befindet sich in Ribeira da Barca, direkt unten am kleinen Kiesstrand, wo die Fischer ihre bunten Boote liegen haben. Aufgerissene Kopfsteinpflastergassen, heruntergekommene Kolonialbauten und kleine schattige Parks erzählen die gar nicht so ferne Geschichte eines Landes, das erst 1975, nach dem Ende der Militärdiktatur in Portugal, seine Unabhängigkeit erlangt hat.

Vier Wände aus Betonsteinen, nur innen verputzt, eine Eingangstür, über der außen ein Kreuz hängt, und ein Fenster, durch das die Brise weht. Draußen hat Sydney in großen hellblauen Buchstaben seinen Namen auf die Fassade gemalt, nachdem sein Vater die Familie wegen einer anderen Frau verlassen hat. Drinnen in der Mitte ein runder, mit weißer Spitze gedeckter Tisch.

An der hellblau gestrichenen Wand Sammelrahmen mit Familienfotos, keines zeigt den Erzeuger der Kinder. Dazu zwei dunkle Nebengelasse hinter Vorhängen, in einem die Toilette, im anderen Matratzen: Das ist der Raum, in dem es Sydneys Mutter gelingt, sich selbst und sieben ihrer zehn Kinder ein behagliches Heim zu schaffen.

»Grogue oder Ponche?«, fragt sie. Beides hebt sie in Plastikflaschen auf. Ich probiere den Punsch. Jede Familie hat ihr eigenes Rezept. Ihrer schmeckt besonders fruchtig. Auf die Schnelle bereitet sie eine kleine Mahlzeit zu, frischer Fisch, gebraten, mit Gemüse und Kartoffeln.

Kein Geld für die höhere Schule, erklärt sie, ihr Junge müsse sich alles selber beibringen. Liest alles, was er in die Hände kriegt, wartet, bis im Fernsehen Englisch gesprochen wird, spricht Sätze nach, die er nicht schreiben kann. Geistig steht Sydney mir näher als viele meiner Landsleute. Wir beide sind Kinder der gleichen Biologie, aber nicht der gleichen Kultur. Hätten wir bei der Geburt die Rollen getauscht, dann säße ich jetzt an diesem Tisch und fragte ihn über seinen Werdegang und sein Leben aus.

Sydney zögert eine Weile, als habe er Angst, eine Dummheit zu sagen. Dann fragt er: »Wenn das alles so stimmt mit der Evolution, bei der sich die Tüchtigsten durchsetzen – warum darf ich dann nicht studieren?«

3
Salvador de Bahia

Die Bucht von Allerheiligen · Grundkurs Geologie · Darwins Studienjahre · Zufall und Wahrscheinlichkeit · Darwin und die Sklaverei · Mata Atlantica · Ein seltenes Gras

Am ersten Morgen in der Neuen Welt krabbeln Ameisen aus meinem Laptop, schwarz und winzig genug, um hinter einer Stecknadel Platz zu finden. Erst ein paar, dann Hunderte, eine nach der anderen, direkt aus den Tiefen der Tastatur. Wie sie dorthin gekommen sind, was sie dort suchen – keine Ahnung. Vielleicht fressen die Biester inzwischen Bauteile von Prozessoren. Zuzutrauen wäre es ihnen. Neue Nahrungsquelle, neue Nische, neue Form der Spezialisierung – vor allem darum dreht sich dieser brodelnde Kosmos namens Brasilien. Überleben durch Kreativität oder Brutalität, Anpassen oder Verdrängen.

Unmittelbarer Schaden lässt sich nicht feststellen. Darwins Tagebuch erscheint so auf dem Monitor, wie ich es am Vorabend zurückgelassen habe. Die Zeilen, die ich gefettet habe, ragen nach wie vor aus dem Text: *Ich glaube, nach allem was ich gesehen habe,* notiert er am Tag nach seiner Ankunft in Bahia, dem heutigen Salvador, *dass Humboldts grandiose Beschreibungen unerreichbar sind und für immer bleiben werden: aber sogar er mit seinen dunkelblauen Himmeln und der außergewöhnlichen Verbindung von Dichtung und Wissenschaft ... wird der Wahrheit nicht gerecht. ... Der Verstand ist ein Chaos des Entzückens, aus dem eine Welt kommender, ruhigerer Genüsse hervorgehen wird.*

Auch nur ein wenig von dieser Begeisterung zu teilen und mit demselben unverdorbenen Blick das Neue auf mich wirken zu lassen, unter anderem darum bin ich hier. Brasilien! Schon so viel gelesen, gehört, gesehen, geträumt – plötzlich beginnen die Bilder zu leben. Sinnesüberfluss auf allen Kanälen, Formen, Lichter, Hautfarben, Düfte, Stimmen, Augen, Gesänge, Schreie, Sehnsüchte, Rituale, Kämpfe.

Salvador, eine der größten Städte dieses gigantischen Landes, liegt nur ein paar Flugstunden von den Kapverden entfernt. Doch abgesehen von den fast gleichen, dem Portugiesischen nahe verwandten Sprachen scheint es nur wenig innere Verbindung zwischen beiden Ländern zu geben.

Aus meinem Zimmer in der Altstadt kann ich den Hafen und die Allerheiligen-Bucht übersehen. Die älteste von Europäern gegründete Stadt Brasiliens liegt auf der Spitze einer Halbinsel an der Atlantikküste. Das verschafft den hierzulande seltenen Genuss, die Sonne nicht über Land, sondern im Wasser versinken zu sehen. *Die Bucht ist mit großen Schiffen übersät*, notiert Darwin, als die Beagle in den Vormittagsstunden des 28. Februar 1832 in Bahia vor Anker geht. 175 Jahre später sieht es nicht anders aus. Alle ankernden Wasserfahrzeuge zeigen sich der Stadt von ihrer Längsseite. Beleuchtete Containerschiffe, Frachter, Tanker, Schlepper. Nur das tuckernde Kleinzeug kreuzt und quert.

Über der nervösen Gischt hat sich der Himmel verfinstert. Ehrlicher kann sich ein Unwetter nicht ankündigen. Es dauert nur wenige Minuten, bis ein tropischer Wolkenbruch das Versprechen der Wolken einlöst. Die Ameisen verschwinden in der Wandverkleidung. Beim Frühstück sind sie wieder da. Oder vielmehr ihre Vettern, die sich noch mit Toastkrümeln statt mit Laptop-Innereien begnügen.

Darwin bewundert die *Gewalt des Regens*. Selbst Briten können in den Tropen lernen, das Wort »rain« noch einmal neu zu buchstabieren. Wohlerzogen registriert er die *elegante Erscheinung* der Häuser, doch *deren Schönheit ist nichts, verglichen mit der Vegetation*. Orte sind Orte, einer wie der andere, nur ihre Gesichter unterscheiden sich. Ganz anders die Wälder. Sie haben eigene Seelen.

Entzücken allein ist indes ein schwacher Begriff, um die Empfindungen eines Naturforschers auszudrücken, der zum ersten Mal allein durch einen brasilianischen Wald gewandert ist. Grün und finster dampfend steht Darwins Dorado vor ihm, wie es sein Held Humboldt nicht tiefer in seine Traumwelt hätte pflanzen können. *Im Augenblick bin ich nur imstande, Humboldt zu lesen; wie eine zweite Sonne erleuchtet er alles, was mir etwas bedeutet.* Von den Schilderungen des Deutschen wie verzaubert, notiert er: *Einem, der die Naturgeschichte liebt, verschafft ein solcher Tag eine tiefere Freude, als er jemals wieder zu erfahren hoffen kann.*

Neben Begeisterung führt hier auch Erleichterung die Feder. Das erste große Wasser ist geschafft. Das Erbrechen hat vorerst ein Ende. Vor ihm liegt der unermessliche südamerikanische Kontinent. Und eine Stadt, wie er sie auf seiner Reise über die Südhalbkugel ein ums andere Mal ansteuern wird: europäisch-christlich-kolonial geprägt, dem Auge nicht allzu fremd, Abendland im Gewand der Neuen Welt, Exotik für Anfänger.

Die Altstadt von Salvador, wo ich meine ersten Nächte verbringe, dieser winzige Bezirk in einem schier uferlosen Siedlungskonglomerat, gleicht noch am ehesten dem, was Darwin damals zu Gesicht bekommen hat. Kopfsteinpflasterstraßen und -plätzchen, die bescheidenen Giebel, hinter denen sich weitläufige Häuser erstrecken, die angeblich 365 Kirchen, eine für jeden Tag des Jahres und eine heruntergekommener als die andere, doch selbst in ihrem Verfall noch prächtig und Ehrfurcht gebietend.

Darwin kann vom Strand aus mehr oder weniger direkt in die Wildnis hineinspazieren. Ich muss mir sagen lassen, dass soeben das letzte verbliebene Stück Stadtwald einer neuen Shopping Mall und ihren Parkflächen gewichen ist. Kaum eine Tücke, der sich der Reisende auf den Spuren des anderen nicht stellen muss. Vieles verwischt, das meiste verloren, fast alles durch abertausend Hände gegangen und bis zur Unkenntlichkeit verändert.

Ich bin noch keine vierundzwanzig Stunden auf dem Kontinent, da sitzt mir der Geologieprofessor Arno Brichta gegenüber, ein Brasilianer deutscher Abstammung, der in Freiburg promoviert hat, und die wunderbarste Geschichte meiner Reise nimmt ihren Lauf – eine Fortsetzungsgeschichte von bedingungsloser Hilfsbereitschaft, Tipps, Begleitservice, Gesprächen, Nachhilfelektionen, Einladungen, Mahlzeiten, Geschenken, Leihgaben einschließlich Quartieren und Autos, Fahr-, Fremdenführer- und Dolmetscherdiensten. Menschen, die mich so wenig kennen wie ich sie, von denen die meisten aber keine Grenze ziehen zwischen Gastfreundlichkeit und Gastfreundschaft.

Professor Brichta hat sich eigens freigenommen, um mir ein paar Autostunden südlich von Salvador ein besonders gut zugängliches Reststück des Mata Atlantica zu zeigen. Dieser brasilianische Tropenwald erstreckt sich im Süden des Landes entlang der Küste bis weit in sein Inneres und weist mehr unterschiedliche Arten pro Fläche auf als sein berühmter Verwandter, der Regenwald Amazoniens. Zu Darwins Zeiten ist der vorzeitliche Wald fast vollständig erhalten und reicht bis an die Stadtgrenzen Salvadors. Heute stehen noch einzelne Reste unverbunden wie Inseln in einem Ozean, insgesamt gerade sieben Prozent von dem, was einmal war.

»Arno«, wie sich Professor Brichta vom ersten Händedruck an nennen lässt, nutzt die lange Fahrt, um mir sein und Darwins erstes Fachgebiet näherzubringen. Für einen »Historiker der Geologie« besitzt auch die Erde eine Biografie von der Geburt bis zum Tod und befindet sich gerade in ihren besten Jahren. Schon während der ersten rund drei viertel Milliarden Jahre, als es noch kein Leben auf unserem Planeten gab, gebärdete er sich äußerst lebhaft. Auf seiner Oberfläche ging es zu wie auf einer langsam wabernden Seifenblase.

Seit sich das Leben breitmacht, hat sich das Gesicht der Erde in einem fort verändert und wieder und wieder vollständig verwandelt. Selbst vor erdgeschichtlich gar nicht so langer Zeit, etwa vor hundert Millionen Jahren, besitzt der Globus noch ein völlig anderes Antlitz als heute. Darwins Denken bewegt sich bereits in solch unbegreiflichen Zeiträumen. Er besitzt den extremen Zeitrafferblick des Geologen, um historische Schnappschüsse, zwischen denen ganze Zeitalter liegen können, in der Vorstellung zu einem bewegten Film zusammenzufügen.

In Darwins Tagen sind es vor allem aufsteigende Inseln, sich wölbende Gebirge oder versinkende Landmassen, die den Diskurs der Koryphäen beherrschen. Der große kontinentale Verschiebebahnhof, den Arnos Studenten an der Universität von Salvador spätestens im ersten Grundkurs kennenlernen, muss erst noch entdeckt werden. So wie die Biologie auf Darwin, so blickt die Geologie auf Alfred Wegener, der als großer Vereiniger Darwin oder Einstein an genialer Kühnheit in nichts nachsteht. Mit seiner Theorie der Kontinentalverschiebung entwickelt der Deutsche die Grundlagen der »Plattentektonik«, der ersten großen Synthese für das Geschehen im Erdmantel und auf der Erdkruste. Fast ein halbes Jahrhundert braucht sein Geniewerk von der ersten Veröffentlichung 1915 bis zum Durchbruch.

Leuten wie Arno Brichta kann ich stundenlang zuhören. In seinem Kopf vereinigen sich Landmassen, brechen wieder auseinander, treiben voneinander weg oder aufeinander zu, drücken sich in- und untereinander, bäumen sich auf oder ducken sich weg. Die Erde erscheint wie ein riesiges Tier aus flüssigem Stein, das seine Schuppenpanzer ständig verschiebt. Pangäa, der bislang letzte Superkontinent, zerfällt in Gondwana und Laurasia, Meere öffnen, andere schließen, Gebirgsketten erheben sich, Inseln versinken.

Die Küsten Afrikas und Südamerikas passen bis heute wie Formstücke ineinander. Australien zieht es heftig nach Nordosten, Osterinsel und Galápagos-Archipel rasen förmlich – mit deutlich mehr als fünf Zentimetern pro Jahr, etwa so schnell, wie unsere Fingernägel wachsen – auf Südamerika zu. Nordamerika drängt es weiter nach Westen, Europa nach Osten, der Pazifik wird kleiner, der Atlantik größer. Aus Sicht heutiger Geologen durchlaufen auch Meere einen Lebenszyklus. Sie werden geboren, erleben Jugend, Reife und Alter, bevor sie das Zeitliche segnen. Unser schönes Mittelmeer, Schicksalsgewässer des Abendlands, liegt auf dem Sterbebett. Dafür wird in ein paar Millionen Jahren der Schwarze Kontinent durch einen Ozean geteilt.

Von diesen Dingen kann Darwin noch nichts wissen. Dennoch legt er bereits wichtige Grundstöcke zur Theorie der Plattentektonik. Während und nach seiner Reise befasst er sich mit der geografischen Verteilung der Arten auf dem Globus und der Ähnlichkeit geologischer Formationen auf unterschiedlichen Inseln und Kontinenten. Verzweigen sich dicke Äste am Baum des Lebens, spiegeln diese biologischen nicht selten geografische Trennungen wider – so wie verwandte Lebewesen auf getrennten Kontinenten darauf hinweisen, dass Letztere einstmals zusammenhingen.

Wenn Arno zur Beweisaufnahme der Plattentektonik schreitet, Formationen in Südamerika, der Antarktis, Afrika und Australien vergleicht, wenn er von riesigen Meteoritenkratern im dichtesten Urwald Amazoniens berichtet, dann lauscht man Detektiv- und Abenteuergeschichten in einem: Es sind die Teile einer großen Erzählung, der Geschichte unseres Planeten, auf dem über die Zeit alles mit allem zusammenhängt. Solch einem Erklärer verzeihe ich sogar seinen brasilianischen Fahrstil, in dem sich südländischer Spieltrieb und deutscher Effektivitätsdrang verbinden.

Gute Lehrer sind wichtiger als alles, was es sonst im Leben junger Menschen braucht. Der junge Charles hat sie überwiegend außerhalb der Schule und an der Universität außerhalb seiner Fachkurse gefunden. Sein Bruder Erasmus führt ihn im gemeinsamen Chemielabor im Gartenhäuschen in die Welt der Elemente und Verbindungen ein. Vetter William Darwin Fox begeistert ihn für Käfer. Ein sechzehn Jahre älterer radikaler Hitzkopf namens Robert Edmond Grant, der die Medizin zugunsten der Flora und Fauna der Meere aufgegeben hat, bringt ihm während der Semester in Edinburgh die verzwickte Suche, Präparation und Unterscheidung wirbelloser Wassertiere an den Küsten Schottlands näher.

Die beiden schließen Freundschaft mit Schleppnetzfischern, fahren aufs offene Meer, Darwin lässt sich von der Begeisterung für Nacktkiemenschnecken und ähnliches niederes Getier anstecken. Er macht sich Notizen über die Larven von Weich- und Moostierchen, beobachtet gestielte Federkorallen, und am 27. März 1827 hat der gerade Achtzehnjährige seinen ersten öffentlichen Auftritt vor der »Plinian Society«. Er spricht über das Fortpflanzungsverhalten der Moostierchen-Gattung FLUSTRA.

Durch Grant und seine Gesinnungsgenossen lernt Darwin die neuesten politischen und philosophischen Ideen kennen: Evolution ist das Stichwort der Zeit. Schon Kant, später Goethe und Darwins Großvater Erasmus vermuten einen gemeinsamen Ursprung allen Lebens. Da sie aber nicht erklären können, wie Arten sich verändern und auseinander entwickeln, bleiben ihre Gedanken Spekulation. Gleichwohl liefern sie radikalen Denkern wie Grant das Motiv für ihre Vision einer wandelbaren Gesellschaft aufgrund naturgesetzlicher Vorgänge. Ererbte Privilegien und andere feste Strukturen, die sich auf göttlichen Ursprung berufen, stehen dem Fortschritt nur im Weg. Darwin jedoch lässt sich auf das ketzerische Gedankengut nicht ein. An der Gesellschaftsordnung, die ihm seine unersetzlichen Startvorteile verschafft hat, wird er festhalten wie von Gott gegeben.

Er verlässt Edinburgh ohne Abschluss, geht mit Bruder Erasmus Anfang 1828 nach Cambridge, nutzt wie Vetter Fox die Rückfallposition, die Männern ihres Standes vorbehalten ist, studiert Theologie, bekennt sich zu den 39 Artikeln der anglikanischen Kirche, beginnt jeden Tag am College mit dem Besuch der Messe, immer das Wissen im Hinterkopf, mit dem Geld seines Vaters eine der begehrtesten Pfarreien Englands ersteigern und als Professor mit Priesterweihe seinen wissenschaftlichen Interessen nachgehen zu können. Er pflegt seine Hobbys als Jäger und Sammler mit doppelläufiger Flinte und ein paar Dutzend Schaukästen voller Käfer. *Es war die bloße Leidenschaft des Sammelns ... ich stellte einen Arbeiter an ... auf diese Weise erhielt ich mehrere sehr seltene Arten.*

Einmal droht er völlig vom rechten Pfad abzukommen, bezweifelt, *innerlich vom Heiligen Geist berufen* zu sein, stellt sogar das Käfersammeln fast ganz ein, feiert mit Saufkumpanen *sehr lustige Feten*, raucht, bringt sein gesamtes Geld durch, kommt oft erst nach Mitternacht nach Hause und riskiert sogar den Rauswurf aus dem College. *Ich bin in einen so totalen und absoluten Zustand der Faulheit geraten, dass es ausreicht, um alle Fähigkeiten zu lähmen; vormittags Reiten und Spazierengehen, am Abend hemmungsloses Spielen bei Van John, daraus besteht meine sinnvolle und lehrreiche Lebensführung. Der Herr helfe mir.* Es hätte nicht viel gefehlt, und Charles wäre den gleichen Weg gegangen wie sein Bruder Erasmus: Der gibt die Medizin dran, der Vater setzt ihm eine Pension aus, er tritt mit fünfundzwanzig in den Ruhestand, lässt sich in London nieder und krümmt zum Geldverdienen niemals einen Finger.

Doch Charles entscheidet sich für eine andere Richtung. Das hat er in erster Linie dem Cambridger Botaniker John Henslow zu verdanken, dessen Soireen er jeden Freitagabend besucht. Die beiden gehen gemeinsam zum Botanisieren ins Feld, und als Darwin einen insektenfressenden Wasserschlauch, eine Pflanze der Gattung UTRICULARIA findet, die ganz oben auf Henslows Wunschliste steht, wird er zu dessen Lieblingsschüler.

Sein bester Lehrer aber ist er schon immer sich selbst gewesen. Als Junge hat er die »Wunder der Welt« gelesen und von großen Reisen geträumt. Jetzt verschlingt er nicht nur Humboldts »Vom Orinoko zum Amazonas«. Er studiert das Werk des Astronomen und Philosophen John Herschel, der ihm vor Augen führt, wie weit sich die Welt wissenschaftlich erklären lässt. Und natürlich liest er »The Evidence of Christianity« von William Paley, in dessen früherem Zimmer am Christ College er zufällig wohnt. Dass viele der »Beweise für das Christentum« sich einmal gegen dasselbe wenden würden, gehört zu den feinen Ironien der abendländischen Geistesgeschichte.

Interessante Parallele zu Albert Einstein, der ebenfalls wesentliche

Teile seiner Bildung nicht Lehrern oder Fachprofessoren, sondern Weggefährten, Mentoren und dem intensiven Selbststudium auf den Gebieten seiner wahren Interessen verdankt. Die sture Paukerei nach Lehrplan lehnen beide ab. Ihr Abschluss bleibt weit hinter ihren Möglichkeiten zurück. Ein weiterer Beweis dafür, dass man es auch ohne gute Schule und Noten weit bringen kann, »Feuereifer« vorausgesetzt. An beide werden sich Schul- und Studienkameraden später als genial und nach innen gekehrt erinnern.

Ohne diesen Typus genialisch selbstvergessener Querköpfe, zu denen auf ihre Weise auch Leute wie Arno Brichta zählen, ohne ihre Freiheit, auf eigenen Wegen zu neuen Zielen zu gelangen, ohne das stillschweigende Einverständnis aufgeklärter Gesellschaften, Nischen jenseits von Durchschnitt und Mainstream zuzulassen, wären die meisten Triumphe der Wissenschaft nie hervorgebracht worden.

Wir verpassen die Fähre auf die Ilha de Itaparica, die den Weg nach Süden erheblich verkürzt, wenn auch nur um Haaresbreite, offenbar Arnos Spezialität. Das Gitter schließt sich vor unseren Nasen. Wegen dieses ersten möglichen Transfers am Morgen hat er mich vor Tag und Tau aus dem Schlaf gerissen. Wenn wir den nicht schafften, hieß es, müssten wir ewig warten. Jetzt sagt er: »Kein Problem, nehmen wir doch die nächste.« Die geht eine halbe Stunde später. »Dort sind wir dann die Ersten.« So einfach kann das sein. Bis dahin vertreiben wir uns die Zeit bei einem Kaffee unterm Blechdach, auf das unversöhnlich mit seinen tausend Knöcheln der Regen trommelt.

Am Ticketschalter sollen wir unsere Papiere vorlegen. Wir spielen »Zeigst du mir deinen Pass, zeig ich dir meinen«. Und dann das: Er hat nicht nur am selben Tag Geburtstag wie ich, er ist auf den Tag genau zehn Jahre vor mir auf die Welt gekommen. Den möchte ich sehen, den solch ein Zufall unberührt lässt. Aus so was können Freundschaften entstehen, zumindest aber zwei spontane Versprechen, einander bis zum Ende meiner oder seiner Tage jedes Jahr zu gratulieren.

In dem Moment, als mir ein wildfremder brasilianischer Geologe spontan um den Hals fällt, weil zwei Zahlen in unseren Pässen übereinstimmen, wird mir urplötzlich klar: Wenn wir von Zufall sprechen, der bei Darwin eine so große Rolle spielt, dann meinen wir vor allem ein Gefühl. Dass uns ein Nachbar in der eigenen Stadt begegnet, empfinden wir weniger als Zufall, als wenn wir ihn ohne Absprache auf einer einsamen Insel treffen. Je unwahrscheinlicher etwas ist oder uns vorkommt, desto zufälliger erscheint es uns, wenn es dennoch passiert.

Eine hochgeworfene Münze fällt in der Hälfte der Fälle auf Kopf oder Zahl. Wenn wir Vorhersagen über das Ergebnis machen, liegen wir auf Dauer jeweils zu fünfzig Prozent richtig oder falsch. Die Wahrscheinlichkeiten für die richtige Vorhersage und das Eintreten des Wurfes sind gleich: Das nennt man Zufall. Wenn eine Seite der Münze aber in siebzig Prozent der Fälle erscheint, fällt sie nicht mehr ganz zufällig. Wir erkennen das Muster und »fühlen«, dass mit dem Geldstück oder dem Werfer etwas nicht stimmt. Wenn wir von Zufall sprechen, meinen wir in Wahrheit Abweichungen von vermuteten oder berechneten Wahrscheinlichkeiten. Zufall ist relativ.

Wenn man den Partner fürs Leben trifft, und der ist »zufällig« am selben Tag geboren wie man selbst, so wie beim New Yorker Künstlerehepaar Christo & Jeanne-Claude, dann mag das wie Fügung wirken, besonders wenn es der einzige Gefährte im Leben bleibt. Steigert man aber die Zahl der Begegnungen, nimmt die Wahrscheinlichkeit auch solcher »Zufälle« zu, bis sie das Normalste der Welt geworden sind. In einem Fußballstadion mit 73 000 Zuschauern, wo im Schnitt jeweils 200 Menschen gleichzeitig Geburtstag haben, wundert sich niemand darüber, nicht das einzige Geburtstagskind zu sein. Sitzt man dann aber ausgerechnet neben einem, meldet sich schon wieder das Zufallsgefühl.

Es fällt einfach schwer zu begreifen, dass die Wahrscheinlichkeit, mit einem Würfel zehnmal hintereinander eine Sechs zu werfen, genauso groß ist wie jede beliebige andere Folge. Wir bewerten Wahrscheinlichkeiten auch unterschiedlich, je nachdem, wie abstrakt oder konkret wir sie empfinden. Wenn wir hören, dass einer von 73 000 Autofahrern sein Leben bei einem Unfall verliert, setzen wir uns ziemlich bedenkenlos weiter hinters Steuer. Wir vertrauen darauf, das Schicksal abwenden zu können, was in 72 999 Fällen ja auch zutrifft. Wenn aber über besagtem Fußballstadion mit 73 000 Zuschauern ein Hubschrauber kreiste, und der Sprecher kündigte an, von dort werde ein einziger tödlicher Schuss »rein zufällig« in die Menge abgefeuert, bräche Panik aus.

Mit Darwin halten Wahrscheinlichkeiten als statistische Größe Einzug in die Biologie. Er äußert sich nur vage über den Zufall und erklärt an keiner Stelle, was genau er damit meint. *Sowohl die Geburt der Art als auch des Individuums*, schreibt er 1871 in der »Abstammung des Menschen«, *sind gleichermaßen Teile einer großartigen Folge von Ereignissen, bei denen sich unser Verstand weigert, sie als Ergebnis des blinden Zufalls zu akzeptieren.* Gleichwohl gebührt ihm das Verdienst, die Zufälligkeit im Evolutionsprozess als solche erkannt zu haben: In jeder Generation mischen sich elterliche Erbanlagen beliebig neu. Wir werden noch sehen, dass dabei auch andere Arten des Zufalls zum Zuge kommen und dass Gegner der Theorie den Zufall für ihre Zwecke missbrauchen.

Dass der gefühlte Zufall sich oft nicht mit der berechenbaren Wirklichkeit deckt und wir etwas für zufälliger halten, als es tatsächlich ist, zeigt das »Geburtstagsparadoxon«. Dabei geht es um die Frage, wie viele Menschen zusammenkommen müssen, damit mit einer Wahrscheinlichkeit von 50 Prozent zwei den gleichen Geburtstag haben. Das Gefühl neigt zu dreistelligen Zahlen. Die Mathematik aber sagt 23. Somit treffen bei jedem zweiten Fußballspiel, wenn man den Schiedsrichter hinzuzählt, zwei Spieler mit dem gleichen Geburtstag zusammen. Befinden sich 66 Personen in einem Raum, liegt die Wahrscheinlichkeit sogar bei über 99 Prozent. Der Zufallsgefühlgenerator sagt etwas anderes.

Darwin erblickt am selben Tag das Licht der Welt wie Abraham Lincoln. Später haben beide das Werk des jeweils anderen sehr bewundert. Und beide haben, der eine durch politische, der andere durch wissenschaftliche Taten, für das Ende der Sklaverei gekämpft. Salvador, heute »Schwarze Hauptstadt Brasiliens« genannt, ist zu Darwins Zeiten noch einer der wichtigsten »Umschlagplätze« – eine Vokabel aus dem Frachtverkehr – für Sklaven in die Neue Welt. Hier gerät Darwin in einen heftigen Streit mit Robert FitzRoy über das Sklaventum. Er riskiert sogar, die Beagle verlassen und das Abenteuer seines Lebens beenden zu müssen, noch bevor es richtig begonnen hat.

In seinem Tagebuch findet der Vorfall ebenso wenig Erwähnung wie in seinen Briefen nach Hause. Erst als alter Mann, in seiner Autobiografie, schildert er das Wortgefecht mit dem Kapitän: *Er verteidigte die Sklaverei und pries sie hoch, während ich sie verabscheute; er erzählte mir, er habe soeben einen großen Sklavenbesitzer besucht, der viele seiner Sklaven aufgerufen und sie gefragt hätte, ob sie glücklich wären und ob sie wünschten, frei zu sein, worauf die alle mit »Nein« geantwortet hätten. Ich fragte ihn dann, vielleicht etwas spöttisch, ob er der Ansicht sei, dass die Antwort von Sklaven in Gegenwart ihrer Herren irgendetwas wert sei? Dies machte ihn außerordentlich böse; er sagte mir, da ich sein Wort bezweifelte, so könnten wir nicht länger miteinander weiterleben. Ich dachte wirklich, dass ich gezwungen sei, das Schiff zu verlassen.* Nachdem *die Offiziere der Geschützkammer* sich mit »Philos«, wie alle den »Philosophen« Darwin nennen, solidarisiert haben, schickt FitzRoy *einen Offizier mit einer Entschuldigung und der Bitte ..., wieder wie früher mit ihm in seiner Kajüte zu wohnen.*

Auch wenn manche Anhänger Darwins in ihm eine Art Freiheitskämpfer im Kampf gegen Rassismus sehen – ein Held der Bewegung für sozialen Fortschritt ist er nie gewesen. Unterm Strich hat der Spross einer wohlhabenden englischen Bürgerfamilie an der Ausbeutung der aus seiner Sicht rückständigen Menschen in den Kolonien des Königreichs ebenso wenig auszusetzen wie an der von »ungebildeten« Arbeitern auf heimatlichem Boden. Was ihn einzig und allein empört, ist der tatsächliche Besitz eines Menschen durch einen anderen und die damit verbundene Entwürdigung. Der Jüngste in der Whig-Tradition seiner Familie steht als konservativ gesinnter Liberaler für erweitertes Wahlrecht, religiöse Emanzipation und die Abschaffung der Sklaverei. Sein natürlicher Umgang mit Menschen anderer Hautfarbe geht auch auf die Zeit in Edinburgh zurück, wo ihm der freigelassene Sklave und Tierpräparator John Edmonstone das Ausstopfen von Vögeln beibringt und dabei das Leben der Sklaven und die Üppigkeit des Regenwalds schildert.

Sklaverei schärft Darwins Blick für die andere Seite der Natur, für die Menschen, für die Unterschiede zwischen ihnen, zwischen Weiß und Schwarz, Herrschern und Beherrschten. Sklavenhandel, in England und den Kolonien seit zwei Jahrzehnten geächtet und verboten, ist in weiten Teilen der Welt nach wie vor brutale Realität. Über nichts, von seiner Seekrankheit abgesehen, wird Darwin am Ende seiner Reise ein härteres Urteil fällen.

Ich wohnte ... gegenüber einer alten Dame, die Schrauben hatte, womit sie ihren Sklavinnen die Finger quetschte. Ich habe in einem Haus gewohnt, in dem ein junger Hausmulatte täglich, stündlich genügend beschimpft, geschlagen und verfolgt wurde, um selbst das niedrigste Tier zu brechen. Ich habe gesehen, wie ein kleiner Junge, sechs, sieben Jahre alt, drei Mal mit einer Pferdepeitsche auf den nackten Kopf geschlagen wurde (bevor ich einschreiten konnte), weil er mir Wasser in einem Glas gereicht hatte, das nicht ganz sauber war; ich sah, wie sein Vater beim bloßen Blick aus den Augen seines Herrn erzitterte.

Nach wie vor angehender Priester, meldet Darwin Zweifel an der religiösen Haltung der Unterdrücker an. *Und diese Taten werden von Menschen begangen und beschönigt, die vorgeben, ihren Nächsten wie sich selbst zu lieben, die an Gott glauben und beten, dass sein Wille auf Erden geschehe!* Damit rückt noch in den ersten Wochen der jungen Reise ein heimliches Hauptthema seines späteren Grübelns in den Mittelpunkt seines Weltbilds: die Spezies Mensch in all ihrer Variation.

Zu seiner Zeit können sich Menschenverächter notfalls noch auf krude Rassentheorien und angeblich nachweisbare Unterschiede berufen. Darwin wird der Erste sein, der damit wissenschaftlich aufräumt. Nach modernen genetischen Studien unterscheiden sich zwei beliebige Menschen auf der Welt nicht mehr als irgendwelche zwei Schimpansen in einem einzigen Waldgebiet Zentralafrikas. Heutiger Rassismus ist daher vor allem dumm – oder bösartig.

Nach den Prinzipien rein biologischer Evolution, wie Darwin sie verfasst, lägen das Erobern fremder Länder und sogar das Ausrotten einheimischer Bevölkerungen im Rahmen der natürlichen Regeln. Doch beim Menschen macht Darwin von Anfang an eine Ausnahme. Damit akzeptiert er – indirekt – das Konzept einer kulturellen Evolution. *Wenn das Elend unserer Armen nicht durch die Gesetze der Natur, sondern durch unsere Gewohnheiten verursacht wird, ist unsere Sünde groß.* Beim Kulturwesen Mensch hat das Recht des Stärkeren seine Grenzen. Wo sie liegen, hat er nie genau festgelegt. Doch am Ende seiner Reise sagt er erleichtert: *Gott sei Dank werde ich nie wieder ein Sklavenland besuchen.*

Wir fahren Richtung Süden über die Nationalstraße 101, eine jener Horrorstraßen, die den gesamten Güter- und Personenverkehr entlang der Küste abwickeln. Schlaglöcher, riskante Überholmanöver, Autowracks. Zerlumpte Kinder und verwahrloste Hunde spielen am Straßenrand im Müll. Die meisten Menschen leben in primitiven Behausungen. Freiheit ist für die Nachfahren von Sklaven ein relativer

Begriff. Ihre kleinen Stücke Land, wo sie Kartoffeln oder Mais anbauen, haben sie oft dem Wald abgerungen. Dass damit Arten und Ökosysteme verloren gehen können, dürfte ihnen angesichts der großflächigen Waldvernichtung in ganz Brasilien wenig Kopfzerbrechen bereiten.

Arno erzählt, wenn man hier Aasgeier kreisen sehe, habe es eine besondere Bewandtnis. Wenig später geht er vom Gas. Vor uns am Himmel ziehen die mächtigen Vögel ihre Runden. Nach ein paar Minuten passieren wir die Trümmer eines zerfetzten Kleinwagens. Absperrungen, Blutlachen, Leichenteile. Ein Laster muss frontal in den Gegenverkehr geraten sein. *Die Straße ist anstelle von Meilensteinen häufig mit Kreuzen markiert, die anzeigen sollen, wo menschliches Blut vergossen wurde.*

Erleichtert verlassen wir schließlich die Hauptstraße, fahren ein Stück weit Richtung Ozean und unternehmen eine Wanderung in den halbwegs unberührten Urwald, wo Treppen, Stege und Hängebrücken bis in die Wipfel der Baumriesen führen. Darwin erwähnt das *höchst paradoxe Gemisch aus Geräusch und Stille.* Die Vielfalt der Vegetation, der Gräser, Farne, Blüten, Büsche, Bäume, und auf den Bäumen wiederum Schmarotzer und Symbionten, Bromelien, Moose, Flechten, macht den Wald zu einem Biodiversitäts-Hotspot weltweit.

Darwin tut das einzig Richtige in seiner Situation: Statt auch nur den Versuch zu unternehmen, hier schon eine systematische Sammlung von Pflanzen und Tieren anzulegen, lässt er sich einfach überwältigen. *Die Aussicht auf wilde Wälder ... wird jeden Naturforscher den Staub sogar von den Füßen eines Brasilianers lecken lassen.*

Zahlen können Eindrücke nicht ersetzen, aber unterstreichen. Eine genaue Untersuchung eines Waldstücks von einem Hektar hat eine Liste von zweihundertfünfzig verschiedenen Arten von Bäumen mit einem Stammdurchmesser von mehr als zehn Zentimetern ergeben. In ganz Deutschland gibt es nur gut hundert heimische Baumspezies. Mehr als ein Viertel aller Pflanzenarten in dieser Region sind endemisch, sie kommen nirgendwo anders vor. Doch fast überall steht der Wald, wie die Ökonomen sagen, unter hohem Entwicklungsdruck – für Viehweiden, Obstplantagen, Eukalyptus für die Papierindustrie oder neue Siedlungen.

Kurz vor Ilhéus erreichen wir den weitläufigen Campus des Brasilianischen Kakaoforschungsinstituts. In einer amerikanischen Fachzeitschrift habe ich gelesen, dass ein Botaniker am dortigen Herbarium äußerst seltene Pflanzen im atlantischen Küstenwald untersucht. Statt nur mit Darwin die Vielfalt der Vegetation zu bewundern, will ich mit André Amorim das Gegenteil in Augenschein nehmen: das bevorstehende Ende einer Art, die an einer entscheidenden Verzweigung im Lebensbaum steht.

Der Botaniker führt uns in das Allerheiligste, den klimatisierten Lagerraum für getrocknete, gepresste Gewächse aus dem Wald. Reihen raumhoher Holzschränke, Packen roter Pappdeckel, Spezialpapier, und dazwischen, fein beschriftet, die Schätze der Sammlung. Er zieht eine Mappe hervor, das wertvollste Stück der Kollektion, legt sie auf den Tisch und schlägt sie auf: ANOMOCHLOA MARANTOIDEA! Er strahlt. Wir sind verblüfft. Vor uns liegen trocken aufgeklebt die unscheinbarsten lang gestreckten Blätter, die man sich nur vorstellen kann.

Doch das hässliche Gräslein wandelt sich zum zauberhaften Gewächs, sobald uns Amorim seine Geschichte verrät. ANOMOCHLOA ist überhaupt nur ein Mal beschrieben worden, 1851 in Frankreich, aber nicht als Fund in ihrem natürlichen Habitat, sondern als zufällige Nachzucht aus Samen unbekannter Herkunft. Als Ursprungsort wird damals der Mata Atlantica vermutet. Nach Darwins Evolutionstheorie wächst ihre Relevanz, da sie sich im Stammbaum der Pflanzen als ältestes möglicherweise noch lebendes Gras entpuppt. Damit steigt sie für Wissenschaft wie Landwirtschaft zu hervorragender Bedeutung auf: In ihrem Erbgut steckt Information, mit der sich die Evolution und mögliche Optimierung aller heutigen Gräser besser verstehen ließe – einer Pflanzengruppe, von der immerhin fast die gesamte menschliche Getreide-, Fleisch- und Milchproduktion abhängt.

Eine amerikanische Forscherin hat vor über dreißig Jahren etliche erfolglose Expeditionen unternommen, die wertvolle Spezies wiederzufinden. Es bleibt einem jener namenlosen Helden vorbehalten, einem ehemaligen Holzfäller mit Grundschule als einziger Ausbildung, die Vermisste nach über 125 Jahren im Alleingang dingfest zu machen. In ihrer Freude verspricht die Amerikanerin dem Finder, ihm seinen größten Wunsch zu erfüllen: Er möchte den Amazonas besuchen. Die Dame hat er nie wiedergesehen, seine Traumreise nie unternommen. Heute lebt der Fünfundsiebzigjährige zurückgezogen in der Nähe von Ilhéus. Sein Name, für die Geschichtsbücher: Talmon Soares dos Santos.

Die Gruppe von etwa neunzig einzelnen Pflanzen, die der naturkundige Laie damals entdeckt hat, ist inzwischen auf dreißig geschrumpft. Ihr Standort wird von den Forschern geheim gehalten wie der eines Kronjuwels. Sie wollen nicht, dass es ANOMOCHLOA so ergeht wie dem Hyazinth-Ara, einem bedrohten blauen Papagei, der für gutes Geld an reiche Araber verkauft wird. Nur ausgewiesene Spezialisten werden in die Nähe des seltenen Grases gelassen. Schon wegen der Sammler aller möglichen Raritäten verspreche ich, mein Wissen für mich zu behalten. Es wäre mir auch unmöglich, die verschlungenen Wege nachzuzeichnen, über die wir in einem Geländewagen tief und tiefer ins Land eindringen.

Der Übergang zwischen Wald und den Kakaoanbauflächen verläuft fließend. Die empfindlichen Kulturpflanzen gedeihen am besten nicht als frei stehende Monokultur, sondern im Schatten des aufgelockerten Urwalds. Dieser Umstand könnte ANOMOCHLOA bis jetzt gerettet haben. Statt den Wald, wie andernorts, radikal zu beseitigen und den Boden umzupflügen, dünnen die Kakaobauern ihn nur aus.

Irgendwo auf der Schlammpiste zwischen Schilf und Kakao halten wir erneut an. Wir steigen über den rutschigen Waldboden einen dicht bewachsenen Hang hinauf. Ich höre unseren Fahrer im Wegrennen noch rufen: »Vispa! Vispa!« Doch ehe ich mich auch nur rühren kann, fallen die Wespen über mich her. Landen, stechen, jeder Stich wie der Einschlag eines Nagels. Ich schlage um mich, laufe, schreie. Am Ende habe ich es wohl nur der Einsicht des Insektenvolks zu verdanken, das mich als gefahrlos erkannt hat, dass es von mir ab- und mich mit schmerzenden Beulen zurücklässt.

Einen Moment später stehen wir vor ihr. Grün und lebendig, ein paar Büschel nur, vielleicht die einzigen verbliebenen Exemplare ihrer Art. ANOMOCHLOA MARANTOIDEA. Darwin wäre an den unscheinbaren Halmen vermutlich genauso vorbeigegangen wie ich. Amorim geht auf die Knie. Er nimmt die Blätter vorsichtig in die Hand, sieht jedes Einzelne genau an, fotografiert sie, dann sagt er auf Spanisch: »Todavía viven« – noch leben sie. Womöglich brauchen die Pflanzen einen bestimmten Boden, und das hier ist der letzte existierende Flecken. Ein bewegender Moment, der mich die Schmerzen sofort vergessen lässt. Wenn nicht ein Wunder geschieht, wohne ich dem Aussterben einer Art bei, deren Ahnen seit Jahrmillionen in diesen Wäldern gedeihen durften. Und zwar nicht irgendeiner. Als »lebendiges Fossil« an einer entscheidenden Stelle im Lebensbaum ist ANOMOCHLOA MARANTOIDEA von höchstem wissenschaftlichem Wert. Es gibt sogar Pläne, ihr Erbgut ganz oder in wichtigen Abschnitten zu analysieren. Damit stünde sie in einer Reihe mit nur wenigen Pflanzenarten, deren Genom der Analyse bislang als würdig empfunden worden ist.

Die Kraft der Art hat sich womöglich erschöpft. Sie ist zu schwach, um Nachkommen hervorzubringen. Ein Blatt nach dem anderen neigt sich seinem Ende zu, ohne durch frisches Grün ersetzt zu werden. Ein trauriger Anblick. Und doch gehört genau dieser Vorgang nach Darwin zur Evolution wie die Entstehung neuer Arten. Entstehen und Vergehen halten sich über die Gesamtzeit des Lebens auf der Erde sogar fast die Waage: Schätzungsweise 99,99 Prozent aller je entstandenen Spezies sind irgendwann wieder ausgestorben.

4
Rio des Janeiro

Copacabana · Sexuelle Selektion · Besuch in einer Favela · Das Prinzip Ko-Evolution · Leben will leben · Die Bibliothek der Papiersammler

Wen Rio kalt lässt, der hat kein Herz im Leib. Kaum eine Stadt, die einen so hin- und herreißen kann wie die grausame Schöne unterm Zuckerhut. Alltagserotik und -neurotik, vergitterte Fenster, Jäger, Gejagte, Angriff und Parade, Räuber- und Beuteverhalten. Die Menschen haben die Wildnis der früheren Urwälder überwunden, deren Regelwerk und berstende Extreme aber nicht. Es herrscht das Gesetz des Dschungels, Revierkämpfe und Rivalitäten, fressen oder gefressen werden, verführen oder sich verführen lassen.

Permanenter Bürgerkrieg in Form zermürbender Kriminalität hat dem alten Klassen-Rubikon ein neues Bett gezeichnet – survival of the richest, aber nur hinter Panzerglas, Stacheldraht und Alarmsystem. *Die Gewohnheit, ein Messer mitzuführen, ist allgemein verbreitet*, beobachtet Darwin. *Dass Morde so häufig vorkommen, mag teilweise dieser Gewohnheit zugerechnet werden.* Das Stück läuft schon länger auf dieser Bühne, in jener verflucht einzigartigen Weltstadt, die nicht nur Stefan Zweig die schönste nannte, unter Jesus erhobenen Armen, zwischen Villensiedlungen und Favelas, Müllhalden und blütenweißen Stränden, bewaldeten Hügeln und steil aufragenden Felsen.

In manchen Momenten habe ich Darwin um seine Erlebnisse und seine Zeit beneidet. Etwa um den Abend des 4. April 1832, als *die kleine Beagle wunderbar stilvoll in den Hafen* von Rio einläuft. *Bei sanftem Wind fuhren wir erst nach dem Dinner unter dem Zuckerhut vorüber: Ständig sich wandelnde Aussichten auf die Berge belebten unser gemächliches Aufkreuzen; mal in weiße Wolken gehüllt, mal von der Sonne beschienen, zeigten sich die wilden, steinernen Gipfel in immer neuen Bildern.* Mein Weg führt vom Aeroporto Internacional über eine Schnellstraße ins Zentrum. Der

Fahrer nutzt die Tour, um mich auf Gefahrenschwerpunkte hinzuweisen. Nur das nötigste Kleingeld dabeihaben, Taschen gut festhalten, immer wissen, wer hinter einem geht, der ganze übliche Katalog. Ab zehn Uhr abends hält kein Auto mehr an einer roten Ampel. Da lauern Gangster, die auch schon mal abdrücken. Zwischen Flughafen und Innenstadt liegt wie ein Nadelöhr ein Tunnel, den jeder Ankommende und Abreisende passieren muss. Den blockieren die Banden gelegentlich, rauben mit vorgehaltener Maschinenpistole jedes Auto aus und sind verschwunden, bevor die Polizei alarmiert ist. Dreimal schon in diesem Monat.

Man kann die Stadt auf zwei Weisen erkunden: mit oder ohne Schutzengel. Darwin reist meist bewaffnet in der Obhut ortskundiger Begleiter. Die Gefahr durch Menschen wird ihm nur anekdotisch bekannt. Er selbst erlebt keinen einzigen bedrohlichen Zwischenfall – außer einem kurzen Fieberschub und einer kleinen Entzündung am Arm. An dieser Front drohen die wirklichen Gefahren: Drei Männer der Beagle-Besatzung erkranken in Rio an Malaria und sterben. Darwin vermutet als Ursache *die reine Atmosphäre*, in die man nach längerem Aufenthalt im Urwald zurückkehrt. Von Krankheitserregern und ihrem Anteil am *Survival of the fittest* ahnt damals noch kaum jemand etwas.

Mein Schutzengel heißt Florian Pfeiffer, ein ausgezeichneter Kameramann, unter anderem Träger des Grimme-Preises. Der Brasilianer deutscher Abstammung hat ein paar Jahre in Hamburg gelebt, bevor es ihn wieder in das Brodeln seiner Heimat zog. Und die will er mir zeigen, in allen Schattierungen, vom Rampenlicht der Reichenwelt am Laufsteg der schönen Körper über den Dämmerschein musikberstender Discos und bierstinkender Hurenbars bis in die dunkelsten Ecken der Elendssiedlungen und Favelas.

Im Stadtteil Copacabana hat er mir ein Hotel empfohlen, das kein Reiseführer kennt – eines jener seltenen, vom Aussterben bedrohten Exemplare, die dem Zwang zur gelackten Vereinheitlichung entgangen sind, weil seine Besitzer nicht an den Vorteil von Modernisierung glauben. Ein geräumiges Bad mit Sanitäreinrichtungen, die vermutlich älter sind als ich, ein Saal von einem Zimmer mit Bettlandschaft und einem dreiflügeligen schulklassentauglichen Fenster. Und ein Blick über den kilometerlangen, perlhellen Strand von einem Ende bis zum anderen. Wer monatelang aus dem Koffer lebt, entwickelt ein neues Heimatgefühl: My room is my castle.

Am ersten Morgen übertrifft das Klischee Copacabana sich selbst. Hier scheint ein Stück Menschheit den möglichen Sieg der Evolution über das Hässliche vorweggenommen zu haben. Die Show spielt vor den Augen badender Touristen, spazierender Senioren und kleiner Familien mit erstaunlich artigen Kindern aus den umliegenden Apartmentkomplexen. Aphroditen verschenken für ein Lächeln ihr blendendes Ebenmaß aus blühenden Lippen. Männer aller Hautfarben, prächtiger geformt als die Statuen griechischer Olympioniken, ziehen ihre Bahnen, werfen sich Bälle zu oder strecken sich auf viel zu kleinen Handtüchern im Sand. Dazwischen die Undefinierbaren, herausgeputzte Transvestiten und kinderhafte Transsexuelle, die sich scheinbar spielerisch über ihre natürliche Bestimmung hinwegsetzen können.

Die Götter, die diesem Glanz den letzten Schliff verleihen, inserieren täglich auf den Seiten für kosmetische Chirurgie, Fitnessclubs, Gebisskorrekturen, Nagelstudios, Make-up und Mode. Nur in den USA haben die Schönheitskliniken größeren Zulauf. Das Schaulaufen der Schönen findet zudem unter den Augen schwer bewaffneter Tourismuspolizisten statt. Ohne diese gefühlte Sicherheit würden die Gäste fernbleiben. Diebstahl, Raub, Überfall, über sechstausend Tote pro Jahr durch Gewaltverbrechen, manche sprechen von zehntausend, Zahlen wie im Irak. Die Armenviertel liegen in Sicht-, manche in Rufweite.

Das bunte Gemisch an auffällig attraktiven jungen Menschen in allen Hautfarben prägt selbst in den Armenvierteln im Norden der Stadt die Landschaft wie einst die Vielfalt an Getier und Gewächs den Urwald. Jeder will glänzen im Spiegel der anderen, sich abheben und anders sein als der Rest. Narzissmus und Eitelkeit als Lebensgefühl. Dazu wissen die Menschen sich hier zu bewegen, als herrsche tatsächlich, wie es ohnehin scheint, überall Tanz und Musik.

Dass Attraktivität einen höheren Fortpflanzungserfolg und damit einen evolutionären Überlebensvorteil mit sich bringen kann, hat als Erster Charles Darwin erkannt. Wenn Weibchen die Väter oder Männchen die Mütter ihrer gemeinsamen Kinder nach dem Erscheinungsbild auswählen, betreiben sie »sexuelle Selektion«, so sein neuer Fachterminus. *Diese Form der Zuchtwahl hängt nicht von einem Kampf ums Dasein mit anderen Lebewesen oder äußeren Umständen ab, sondern vom Kampf zwischen den Individuen eines Geschlechts, gewöhnlich des männlichen, um den Besitz des anderen.* Prächtig gefärbte und geformte männliche Tiere legen den Schluss nahe: *Die schöneren Männchen wurden von den Weibchen immer vorgezogen.*

Die geschlechtliche ergänzt nach Darwin die natürliche Auslese. Die Vorlieben möglicher Geschlechtspartner machen im Kampf ums Dasein einen Teil der Umwelt aus. *Das Schlussergebnis für den erfolglosen Mitbewerber ist nicht dessen Tod, sondern eine geringe oder gar keine Nachkommenschaft.* Wer dem ästhetischen Geschmack des anderen Geschlechts am besten angepasst ist, dem winkt der größte Fortpflanzungserfolg. Dazu kann auch ein besonders schön getanztes Balzritual gehören. Die Tüchtigsten drücken ihre Fitness äußerlich aus. Um sich zu vermehren, muss man nicht nur gesund bis ins fortpflanzungsfähige Alter kommen, sondern auch einen Schönheitswettbewerb bestehen. Damit führt sexuelle Selektion zu einer positiven Auslese, indem die Attraktivsten den größten Erfolg haben, während natürliche Auslese ansonsten eher negativ selektioniert und die Schwächsten aussortiert.

Die ästhetischen Entscheidungen unzähliger Generationen von Weibchen haben bei den Männchen mancher Arten bizarre Merkmale entstehen lassen. Pfauenrad, Hahnenkamm oder Hirschgeweih gelten schon Darwin als plakative Beispiele für sein Modell: je prächtiger Rad oder Kopfschmuck, desto größer die Chancen bei den Weibchen. Ohne diesen Mechanismus, so Darwin, hätten Paradiesvogelmännchen nie ihr schillernd buntes Gefieder entwickelt, obwohl sie damit Fressfeinde anlocken. Der evolutionäre Vorteil der sexuellen Selektion muss so groß sein, dass Nachteile durch hinderliches Schmuckwerk oder gefährlich auffälliges Aussehen ausgeglichen werden.

Der Vorteil von Sexualität liegt deutlich auf der Hand: Zweigeschlechtlich und genetisch unterschiedliche Partner bringen ihr Erbmaterial zusammen, mischen es durch »Rekombination« und verteilen es in immer neuen Zusammenstellungen auf ihre Nachkommen. Durch die »Erfindung« der Sexualität hat sich die Evolution selbst auf eine völlig neue Qualitätsstufe gehievt. Jedes sexuell entstandene Lebewesen, mit Ausnahme eineiiger Zwillinge, unterscheidet sich genetisch von allen anderen, die jemals gelebt haben oder noch leben werden. Unterschiedliche Individuen liefern Selektion und Evolution das »Spielmaterial«. Manche Kombinationen setzen sich eher durch als andere. Erbanlagen, die Organismen erfolgreicher machen, können sich in einer Population ausbreiten.

Wie die geschlechtliche Auslese entstanden ist und welche tiefere Bedeutung sie hat, ist umstritten. Da sie im gesamten Tierreich verbreitet ist (wenn auch bei Weitem nicht bei jeder Spezies), gilt für sie dieselbe Regel wie für fast alle Eigenschaften und Merkmale: Sie hat sich durchgesetzt, also muss sie Vorteile haben. Da ästhetische Präferenzen vererbt werden, sind auch sie als Instinkte im Erbgut verankert. Genau wie die Erbanlagen, die attraktives Aussehen garantieren, werden die Vorlieben von Generation zu Generation weitergegeben. Die eine treibt die Evolution der anderen voran.

Bei Tieren verrät ein anziehendes Äußeres oft innere Abwehrkräfte gegen Erreger und schädliche Parasiten. Jeder Tierhalter kennt den Wert von glänzendem Fell und leuchtenden Augen. Die sexuelle Auslese dient daher womöglich mehr der Gesundheit der Nachkommen, als sich im menschlichen Sinn nach Schönheit auszurichten. Nicht anders als unsere tierischen Verwandten reagieren auch wir Menschen nach angeborenen Mustern auf bestimmte Symbole und Signale. Frauen können – aber nur während ihrer fruchtbaren Tage – am Geruch eines T-Shirts indirekt erkennen, wie symmetrisch ein Mann gebaut ist, der es vorher getragen hat. Guter Bau steht für gutes Erbgut. Männer auf der ganzen Welt bevorzugen umgekehrt bei Frauen das gleiche Verhältnis von Taille zu Hüfte: 0,72 oder Cola-Flasche. Signal: Gebärfreudigkeit.

An kaum einem Ort werden diese Instinkte so geweckt wie an den Stränden, von denen aus Bikini und Tanga die Welt erobert haben. Auch wenn die Gleichung »Schönheit zeigt Gesundheit« längst zum Relikt verkümmert ist: Da zieht etwas die Fäden, das stärker ist als besseres Wissen. Brüste, Hintern, Beine, aufgestellte Fersen, straffe Waden, roter Lippenschwung, kleine Nasen, große Kinderaugen – schon rauschen die Hormone.

Wie ein Relikt aus der Evolution präsentieren die Geschlechter ihre Reize, ob instinktiv oder von Marktforschung geformt, indem sie sich der Biologie der anderen bedienen und sie in deren Unterbewusstsein arbeiten lassen. Da wird auf einer Klaviatur gespielt, die tief in uns den Ton angibt. Da werden Register gezogen, gegen die wir uns nicht wehren können, obwohl wir sie kennen. Da sprechen Instinkte miteinander, deren Wirken man zwar nicht bewusst verstehen kann wie einen Satz, aber bewusst spüren. Da erzeugen Reize Resonanzen als Echo unserer biologischen Vergangenheit, weil jeder *noch in seinem Körper den unauslöschlichen Stempel eines niederen Ursprungs trägt.* Mit diesen Worten wird Darwin sein 1871 vollendetes Werk über »Die Abstammung des Menschen« beenden, das er zur Hälfte der sexuellen Selektion widmet.

In dem Buch geht er so weit, die Entwicklung unterschiedlicher Menschenrassen der »geschlechtlichen Zuchtwahl« zuzuschreiben. Demnach hätten Schweden blondes Haar, Japaner Schlitzaugen oder Afrikaner breite Nasen, weil sie diese Merkmale wegen ihrer Vorlieben seit Urzeiten bei der Paarbildung immer wieder bevorzugt hätten. Heute wissen wir, dass an der Ausprägung äußerlich sichtbarer, innerlich (genetisch) aber kaum bedeutsamer Unterschiede zwischen Schwarz, Rot, Gelb und Weiß eine Reihe anderer Faktoren zumindest beteiligt waren: klimatische Bedingungen etwa, Seuchen, die Art der Ernährung – und auch der pure Zufall. Gleichzeitig hat sich, seit wir uns schmücken und verschönern, die ästhetische von der biologischen Evolution entfernt und in den Völkern verselbständigt. Das unter anderem nennen wir Kultur.

Schönheitsideale sind biologisch und kulturell bedingt, mehr noch, beide beeinflussen einander unablässig und untrennbar. Der eine Teil wird über Gene vererbt, der andere über Tradition und Erziehung. Seit Menschengedenken manipulieren Angehörige aller Völker ihr körperliches Äußeres, ob durch Piercing, Körperbemalung oder Tattoo, Schmuck, Schminke, Kleidung, Bodybuilding oder Skalpell. Wir nehmen uns nicht so an, wie wir sind. Vielmehr versuchen wir ständig mit allen möglichen Mitteln, unser Äußeres zu verbessern, die Signale der Biologie mit kulturellen Mitteln zu verstärken – oder umzudeuten. Wir täuschen etwas vor, das wir so nicht sind, um unsere Chancen im Partnerspiel zu erhöhen. Zur rein biologisch fundierten geschlechtlichen Selektion tritt eine kulturelle.

Wenn Körperbehaarung plötzlich im Auge der Betrachter als weniger anziehend empfunden wird, warten wir nicht mehr tausend oder zehntausend Jahre, bis die Evolution uns alle haarlos gemacht hat. Irgendwo fangen Menschen an, sich zu rasieren, und innerhalb einer Generation hat sich das Verhalten weltweit durchgesetzt. Und zwar so intensiv, dass manche den Naturzustand, wie behaarte Frauenbeine, sogar als anstößig empfinden. So kann das ästhetische Bewusstsein ganz eigene Wege gehen, besonders wenn sich im äußeren Erscheinungsbild auch soziale Stellung und Wohlstand ausdrücken. Es spielt kaum eine Rolle, ob Reize künstlich erzeugt oder natürlich sind. Modezeitschriften, Seifenopern und Werbung schaffen Matrizen für eine Mimikry, bei der sich das Imitat oft nicht mehr vom Vorbild unterscheiden lässt.

Die Möglichkeiten und Grenzen, sich »attraktiver« zu machen, hängen indes nicht unwesentlich von materiellen Umständen ab. Bis heute gelten sichtbar gemachter Reichtum und gesellschaftliche Stellung in vielen Gegenden der Welt als erkennbarer Garant für erfolgreiche Fortpflanzung: Je mehr Nahrung, Sicherheit und Bildung Eltern ihren Kindern geben können, desto eher kommt der Nachwuchs durch und kann sich weiter vermehren – unabhängig von der »Qualität« seiner Erbanlagen. Kulturelle Erbschaft in Form von Gütern oder Macht übertrumpft biologische in Gestalt von Genen.

Damit haben sich die Menschen, seit sie tradierte Hierarchien und Eigentum kennen, vom rein darwinistischen Überleben des Tüchtigsten verabschiedet. Nachteile bei den Genen werden durch Vorteile bei den Dukaten mehr als wettgemacht. Soziale Schichten entstehen, werden undurchlässig, beste Paarungen verhindert, Stoff für tausendundein Drama. Die sexuelle Selektion ist zur sozialen geworden.

Gleichwohl hat sich Attraktivität, ob angeboren oder gemacht, zumindest in hochentwickelten Gesellschaften im Sinne des Fortpflanzungserfolgs weitgehend aus der Evolution verabschiedet. Sie dient nur noch dazu, den Marktwert im Geschlechterspiel und die Wahlmöglichkeiten für den passenden Partner zu erhöhen. Einen Einfluss auf die Zahl überlebender Nachkommen hat sie nachweislich nicht. Hässliche vermehren sich, von Extremfällen abgesehen, nicht weniger als Schöne. Und das vermutlich schon so lange, wie es Menschen gibt, die nach tradierten Regeln in Gemeinschaften zusammenleben. Bevor man leer ausgeht, nimmt man, was da ist. Wie sagte noch Danyl Zhytnyk, Chefingenieur auf der Aliança Pampas, als ich ihn nach seinen Präferenzen bei Liebschaften an Land befragte: »Nach zwei Monaten an Bord sind alle schön.«

Darwin, Erforscher der Fortpflanzung Wirbelloser und Entdecker der sexuellen Selektion, schweigt sich über das geschlechtliche Mit- und Gegeneinander der Menschen aus. Seine eigene Sexualität findet allein in seinen zehn Kindern Ausdruck. In seinen Tagebüchern, Briefen und Notizen verliert er darüber ebenso wenige Worte wie seine Biografen in ihren Lebensschilderungen. Viktorianische Prüderie und das frühe Bewusstsein, auch für andere zu schreiben, mischen bei ihm sicherlich mit.

In seinen Biografien wird zwischen den Zeilen das Bild eines keuschen Abenteurers gezeichnet, dem Steine und Kreaturen hinreichend waren. Aber wenn Darwin die Beagle-Fahrt tatsächlich so mönchhaft-abstinent verbracht hat, warum erwähnt er dann nicht das Milieu in den Hafenstädten und ihren Rotlichtbezirken, und sei es nur aus den Erzählungen der Kameraden? Gerade das reine Gewissen hätte doch einem wie ihm, der sich für alles interessiert, die nötige Distanz schenken müssen, sich in gezügelter Form über das Seemannsleben auszulassen.

Wenn bei ihm gefeiert wird, dann feiern immer nur Männer. Freudenhäuser und Tanzsäle bleiben Luft. Nicht, weil sie ihm entgangen wären. Das ist so gut wie unmöglich. Sondern weil er es nicht mitteilen will. Womöglich folgt er dabei klug der bewährten englischen Weisheit, an die sich jeder Reisende halten sollte: Ein Gentleman genießt und schweigt. Als erkennbar reicher Europäer dürfte es Darwin an Gelegenheiten jedenfalls nicht gemangelt haben. Immerhin stellt er fest, *dass ... Frauen ihre Schönheit in einem etwas höheren Grade ihren weiblichen als ihren männlichen Nachkommen überliefert haben und daher, der allgemeinen Meinung nach, schöner geworden sind als die Männer.*

Biologie wirkt auf Kultur zurück, wenn Attraktivität die sozialen Aufstiegschancen erhöht. In männerdominierten Gesellschaften gilt das vor allem für weibliche Reize. Das war zu Darwins Zeiten nicht anders. In hierarchisch wenig durchlässigen Ländern wie Brasilien bietet Attraktivität Frauen aus ärmeren Schichten daher oft die einzige Chance, ihrer Herkunft zu entkommen.

Wie segensreich sich ein anziehendes Äußeres auf den Lebensweg auswirken kann, weiß Andréia, die Lebensgefährtin von Florian Pfeiffer. Die Mutter zweier wohlerzogener Kinder stammt aus ärmlichen Verhältnissen. Von ihrem früheren Leben und den Männern mag sie kaum erzählen. Aber ihr Horror vor jeglicher Form von Gewalt lässt tief blicken. Ein strenger Ton allein lässt sie zusammenzucken.

Florian hat sie, wenn man so will, vor ihrem Schicksal bewahrt. Eine kluge junge Frau, halb so alt wie er, die ihre Chance bekommen hat und sie nutzt. Sie hat Englisch gelernt, Deutsch ist als Nächstes dran. Sie sucht förmlich nach Gelegenheiten, sich neues Wissen zu verschaffen. Ihr lernbegieriger Sohn bekommt die Bildung, die ihm die Mutter allein nie hätte geben können. Bei Florian hat sie für sich und ihre Kinder außerdem etwas gefunden, das sie sich mit ihrem Geld nie hätte leisten können: relative Sicherheit. Das kann in dieser Gesellschaft einen echten biologischen Vorteil bedeuten.

Nur einen Steinwurf von ihrer gemeinsamen Wohnung im alten Stadtteil Santa Teresa entfernt, wo Touristen aus den Fenstern der alten Straßenbahn »Bonde« Schulkinder auf der Straße fotografieren, sieht die Welt ganz anders aus. Hinter der nächsten Häuserreihe zieht sich steil den Hang hinab die Favela von Santa Teresa, eine jener fast siebenhundert Armensiedlungen, die zusammen etwa eine Million Menschen in Rio beherbergen. Rund die Hälfte der Favelas soll bewaffnet sein. So auch diese hier, in die sich Polizeistreifen allenfalls in gepanzerten Autos wagen. Woanders werden die Ordnungshüter mit automatischen Flugabwehrkanonen beschossen. Sogar Landminen und Panzerabwehrwaffen wurden schon gesichtet. Zumindest auf ihrem Terrain besitzen die Banden Waffenhoheit.

Nicht einmal zehn Minuten zu Fuß, vielleicht nur fünf. Die Kinder laufen vor, Andréia ist bei ihnen. Sie kennt den Rand der Gesellschaft aus eigenem Erleben. Auf der Demarkationslinie zwischen Touristenpfad und No-go-area steht ein ausgebrannter VW-Bus. Vor einem Laden sitzen zwei Jugendliche mit früh gealterten Gesichtern und Pistolen auf dem Schoß. Mit erhöhter Wachsamkeit, Fluchtinstinkt und Angst macht sich evolutionäres Erbe bemerkbar. Unwillkürlich beschleunigt sich der Herzschlag, Muskeln spannen sich an, die Haut wird feucht, kühlt ab in der Brise des frühen Abends. Ich blicke freundlich hinüber, sie schauen ernst zurück. Nicht feindselig, sondern eher wie Soldaten, die gewissenhaft ihre Pflicht erfüllen. Allein wäre ich diesen Weg nie gegangen. Das wissen sie so gut wie ich.

In der Gasse treffen wir Freunde. Man spricht miteinander, die Kinder necken sich, wie in jeder normalen Wohnsiedlung. Eine schmale Tür in der Mauer zu unserer Rechten öffnet sich. Wir schlüpfen hinein. Das Haus hat zwei Stockwerke, eine nette Veranda und alles, was man braucht. Waschmaschine, Fernseher, Internet, reichlich Platz. Sogar ein Gärtchen gehört dazu. Hat nur einen Nachteil. Liegt in der Schussbahn von Polizei und Favela-Gangstern, wenn sie sich wieder mal Gefechte liefern.

»Area de risk«, sagt der Besitzer. Manchmal gebe es auch nachts Schießereien zwischen den Banden. Abgesehen davon sei das Leben hier aber gar nicht so übel. Die Gemeinschaft halte zusammen, keiner tue einem anderen etwas an. Da könne man sogar die Türen unverschlossen lassen. Wenn ihn jemand angreife, bekomme er es mit den anderen zu tun. Nur Verrat wird bestraft. Gegenüber der Anti-Drogen-Polizei mit ihren schwarzen Uniformen und schusssicheren Westen haben sie die Drei-Affen-Technik verinnerlicht: nichts hören, nichts sehen, nichts sagen. Wer redet oder Anzeige erstattet, ist ein toter Mann.

Florian holt uns mit dem Auto ab. Es ist schon fast dunkel. Die Bewaffneten kennen ihn. Für sie ist er ihr Nachbar. Aber wissen das auch alle? Hinter der Kurve, wo die steile Straße beginnt, drehen die Reifen auf dem Pflaster durch. Wir rutschen vor den Laden zurück. Die Wachposten gucken teilnahmslos zu. Da kommt von hinten aus der Siedlung ein Motorrad angeschossen. Der Fahrer kann nicht mehr bremsen, rammt unseren Kotflügel und stürzt auf das Pflaster. Alle springen auf. Die Jugendlichen nehmen ihre Waffen fest in die Hand. Noch einmal Adrenalin.

Dem Fahrer ist nichts weiter passiert. Sein Motorrad hat ein paar Schrammen abbekommen. Der Kotflügel eine fette Beule. Aber dies ist kein Moment, in dem man Versicherungsnummern austauscht. Die Polizei hat hier sowieso nichts zu suchen. Florian spricht mit dem Gestürzten. Der ist schon wieder auf seiner Maschine und rast mit aufheulendem Motor den Steilhang hinauf.

Als wir später auf Florians Balkon mit Blick auf das Viertel sitzen, krachen Schüsse in die Nacht. Er kennt das: In den Fensterläden hat er schon ein paar Einschusslöcher. Das hier seien aber nur Freudenschüsse, beruhigt er mich. In der Siedlung sei eine Lieferung frischen Stoffs eingetroffen. Bis zum Morgengrauen werde nun gefeiert. Mit Feuerwerk, Musik und Ballerei. Jetzt würde auch er sich da unten nicht mehr unbedingt sehen lassen.

Der Kameramann kennt seine Nachbarschaft. Und etliche andere Armenviertel, in denen er nicht nur gedreht hat, sondern auch Jugendliche durch Kamerakurse und Filmschulen aus ihrer Isolation zu befreien versucht. Der Zulauf ist stets überwältigend. »Die Kids«, sagt Florian, »gieren nach Perspektiven.« Brasilien hat eine der größten Fernsehindustrien der Welt. Von ihren Talenten her seien sie ihren Altersgenossen außerhalb der Ghettos keineswegs unterlegen, im Gegenteil: Oft seien sie offener für Neues, kreativer, lernbereiter. Nur fehlten ihnen die Chancen, etwas aus sich zu machen.

Die einzige Alternative bieten vielfach die Banden. Sie ermöglichen Aufstiege und Karrieren. Und sie halten zusammen, das macht sie stark. Über dreißig Jahre Krieg mit der Polizei haben ihnen das Rückgrat nicht brechen können, im Gegenteil. »Die Favelas haben die Macht über diese Stadt übernommen«, sagt Florian. Solche Entwicklungen kämen jedoch nicht von ungefähr, sondern hätten immer ihre Ursachen. Mit Blick auf Rio hat er sich seine eigenen Gedanken über Evolution und das Überleben der Tauglichsten gemacht. Sein Fazit klingt bekannt: Not macht kreativ, Übersättigung träge. Wer keine Chance hat, der muss sie nutzen.

Unzählige Experimente haben gezeigt, dass Mangel die Evolution vorantreiben kann, sie zu Lösungen zwingt, die sich im Überfluss nie durchsetzen würden. Organismen erschließen sich neue Nahrungsquellen und Nischen (das Konzept stammt von Darwin) – oder sie sterben aus. Je größer die Variabilität, also das Angebot an Ideen oder Mutationen, desto größer die Wahrscheinlichkeit zu überleben. Hier liegt ein weiterer Vorteil der sexuellen Fortpflanzung: Da Erbanlagen von beiden Eltern zusammenkommen, hat jeder Nachkomme einen doppelten Satz davon. Damit kann eine Art besser auf alle möglichen Eventualitäten reagieren und neue, nicht nur räumliche Nischen besetzen – und sie hat Reserven, wenn Gene nicht richtig »funktionieren«.

Genauso, sagt Florian, funktioniert die Favela: Mit dem vorhandenen Potenzial dringt sie in alle ihr zugänglichen Nischen vor und setzt sich darin fest. Da die Menschen dort meist mangels Kapital und Bildung außer Billiglohn und Hilfsarbeit wenig andere Möglichkeiten haben, bleiben ihnen als Alternativen außer Sport oder Musik die gleichen wie in Los Angeles oder Lagos: Entweder du wirst zum Raubtier und verschaffst dir deine Beute direkt durch rohe Gewalt. Oder du wirst zum Parasiten und klinkst dich in jene Bereiche der Wirtschaft ein, die im Bruttosozialprodukt nicht auftauchen, wo aber trotzdem reichlich Geld unterwegs ist: Prostitution, Glücksspiel, Drogenhandel.

Wenn man so will, sagt Florian, haben die Reichen Rios dazu beigetragen, die Favela-Gangster mächtig zu machen. Ohne ihre Nachfrage nach illegalen Gütern, vor allem Drogen, stünde nicht das große Geld auf dem Spiel. Sie feiern Partys mit dem Stoff, den ihnen ausgerechnet jene beschaffen, die sie am meisten fürchten. Polizei und Politik, die in das Geschäft verstrickt sind, stabilisieren das System eher, als es zu eliminieren. Irgendwann haben sich die Banden so an ihren Stellen im System verankert, dass sie sich nicht mehr verdrängen lassen. Sie spalten sich sogar auf, wie Käferarten im Urwald, und ringen miteinander um die Anteile am Nahrungsangebot.

Die Favelas haben offenbar ihre Nische in dieser Gesellschaft, sagt Florian, sie passen irgendwie in diesen Organismus, sonst gäbe es sie nicht mehr. Ob man es mag oder nicht, sie formen die Stadt, so wie umgekehrt die Stadt auch sie formt. Eine echte Ko-Evolution, wenn auch – noch – unter dem Vorzeichen bewaffneter Konflikte. Anders als die vielen Leidensgenossen, die irgendwo in der Stadt in Slums oder Mietskasernen in versprengten Gruppen ihr Dasein fristen, haben die Menschen in den Favelas im Laufe der Jahrzehnte echte Parallelgesellschaften mit stabiler innerer Struktur entwickelt.

Wie ein Stück Staat im Staat wählt jede Gemeinde demokratisch ihren eigenen »Präsidenten« und im Bedarfsfall auch wieder ab. Die Ordnung im Innern wird durch Schutzleute aufrechterhalten. Nach außen »sichern« die Waffen die Gemeinschaften gegen die Konkurrenz, aber auch gegen ständig wirkende zersetzende Kräfte. Deshalb seien die Leute in den Favelas oft sogar stolz auf die Banditen, sagt Florian. Gangsterbosse gelten als Vorbilder und große Persönlichkeiten. Denn erst sie, so sagen die Bewohner, verschafften ihnen Beachtung. »Solange die anderen uns fürchten, sind wir arm, aber präsent.

Sobald wir auf Gewalt verzichten, sind wir nur noch arm. Und bald nicht mehr da.«

Ist das nicht die direkte Fortsetzung der Evolution in einer global agierenden Metropole: Nischen, Spezialisierung, Konkurrenz und Überleben? Die Favelas, glaubt Florian, seien nicht nur unausrottbar. In ihnen wachse sogar die eigentliche Mittelklasse heran. Gäbe es die sozialen Barrieren nicht und gute Bildung für alle, dann würden sich die Schichten mischen wie einst die Hautfarben – und aus den Ghettos kämen die Führungskräfte von morgen. Die Mädchen aus den langweiligen Luxusapartments von Leblon suchen sich ihre Liebhaber längst auf den Funkpartys der Banditen.

Mit seinen Bodenschätzen wäre Brasilien reich genug, auf Dauer eine breite Mittelschicht zu ernähren und damit sein drückendstes Problem zu mildern. Je größer die Aussicht auf Aufstieg, desto geringer die Kriminalität. Schon Darwin beschwört die schier endlose Quelle künftigen Wohlstands. *Angesichts der gewaltigen Fläche Brasiliens kann der Anteil kultivierten Bodens kaum als nennenswert angesehen werden verglichen mit dem, was im Naturzustand belassen ist: Wie groß die Bevölkerung, die er in der Zukunft einmal ernähren wird!*

Ein Jahrhundert nach Darwin sieht auch Stefan Zweig in Brasilien immer noch »ein Land der Zukunft«. Fast scheint es, als wolle das Schwellenland in diesem Zustand verharren, obwohl es wie kaum ein anderer Staat vom Rohstoffboom profitiert. Kürzlich sind große neue Erdölvorkommen entdeckt worden. Beim Eisenerz, aber auch bei Soja, Hühnchen, Kaffee und Zucker ist Brasilien bereits heute Exportweltmeister, demnächst auch beim Biosprit. Selbst mit Wachstumsraten deutlich unter den heutigen könnte es bis 2015 Italien als Wirtschaftsmacht überholen und um 2035 sogar Deutschland.

Bei der bettelarmen Mehrheit unter den bald zweihundert Millionen kommt davon jedoch kaum etwas an. *Man darf wohl sagen, dass Blindheit des Eigeninteresses und Selbstsucht keine Grenzen kennen.* Der Preis ist hoch: Die reiche Oberschicht kann sich allenfalls in kleinen Bereichen frei bewegen, lebt wie in goldenen Käfigen.

Wir sind zum Wandern in die Floresta da Tijuca gefahren, den sagenhaften Stadtwald von Rio, nur ein paar Autominuten von Santa Teresa entfernt. Das ist zwar nicht mehr der Wald wie zu Darwins Zeiten.

Aber er kommt dem am nächsten, was der Naturforscher auf seinen Exkursionen vorfand. *Was kann man sich reizvoller vorstellen, als die Natur in ihrer grandiosesten Form in den Regionen der Tropen zu beobachten?* Ich kenne keine andere Millionenstadt, auf deren Fläche eine solche Wildnis wachsen darf: überbordender Reichtum wuchernder Gewächse, modernde Stämme, Schlingpflanzen, Schmarotzer und Farne auf uralten Baumriesen. *Meinem Notizbuch entnehme ich, dass mich ›wunderbare, schöne, blühende Parasiten‹ immer wieder als die ungewöhnlichsten Objekte in diesen großartigen Szenerien beeindruckt haben.* Tagelang reitet Darwin durch riesige dunkle Wälder, wo heute kaum ein Bäumchen seinen Schatten auf eine Blechhütte wirft. Und wo längst achtspurige Straßen zwischen Hochhäusern und aufgeschütteter Wasserkante verlaufen, findet er Korallen und andere Wirbellose am einsamen Strand.

Er sammelt Spinnen und Plattwürmer, schießt Vögel, fängt Reptilien, untersucht Leuchtkäfer und Glühwürmchen, vergleicht sie mit englischen Spezies und macht eine interessante Entdeckung: Sie verströmen die gleiche Art von *Licht ... von einer markanten grünen Farbe.* Er findet heraus, *dass das Tier* – ein Leuchtkäfer namens LAMPYRIS OCCIDENTALIS – *nur über die Fähigkeit verfügt, das Licht für kurze Intervalle zu verbergen oder auszulöschen, und dass die Entfaltung ansonsten unwillkürlich geschieht.* Wie recht er damit hat, konnte die Biochemie bestätigen. Heute kennen wir den Vorgang, die Reaktion einer »Luciferase«, die unter Verbrauch von Energie das Leuchten auslöst. Die Tiere können das Enzym blockieren, wenn Gefahr im Verzug ist. Dann erlischt das Licht für kurze Zeit.

Noch staunt Darwin mit den Augen des Kreationisten. Als treuer Christ glaubt er an die Erschaffung jeder einzelnen Art, bestens angepasst an ihre Umwelt, aus der Hand Gottes. Dass so etwas wie ein Glühwürmchen durch unzählige Einzelschritte entstehen könnte, kann auch er sich in diesem Moment nicht vorstellen. Noch bewundert er das Durcheinander im Dschungel mehr, als das Mit- und Gegeneinander der Organismen zu verstehen. Die Vielfalt erschlägt ihn geradezu.

Betrachtet man den Wald mit Darwins Augen, wie sie ihm später die Welt zeigen, so finden sich auf jedem Flecken Beispiele für eines der wichtigsten Prinzipien der Darwin'schen Theorie: die Ko-Evolution.

Das gesamte Nahrungsnetz entwickelt sich miteinander. Die eine Pflanze schützt sich durch Gift, die andere durch Dornen, Tiere passen sich an, die Dornen werden länger oder härter, die Tiere ziehen mit, gleichzeitig haben sie selbst Feinde, vor denen sie Abwehrmechanismen entwickeln müssen, diese wiederum passen sich ihrerseits an die Anpassung an, und so schaukeln sich zwei Partner gegenseitig hoch.

Auf der Heimfahrt stellt Florian eine Frage, die mich seit dem ersten Tag meiner Reise immer wieder beschäftigt hat: »Wofür würde sich Darwin interessieren, wenn er heute noch einmal aufbrechen würde?« Was hat er damals gesucht? Vordergründig geologische Formationen, Steine, Fossilien, Pflanzen, Tiere. Und jenseits dessen? Zusammenhänge, erst kleinere, dann immer größere, schließlich Weltzusammenhänge, Gesetze im Regelwerk der Natur. Dafür hat er gesammelt. Nicht vollständig, sondern beispielhaft. Welche Zusammenhänge würde er heute suchen?

Einer wie er würde gewiss weiterhin die großen Geheimnisse der Biologie verfolgen: Wie übersetzt sich genetische Information in ein vollständiges Lebewesen, in dem zigmilliarden Zellen perfekt zusammenarbeiten? Wie funktioniert der Überlebenstrieb, der so alt ist wie das Leben selbst? In allen brennt dieselbe Flamme. Und jeder versucht, sie so lange wie möglich am Leben zu erhalten. Das teilen wir mit allen Wesen, von den ersten Organismen an. Leben will leben. Aber was treibt es an? Was uns? Ein Plan? Ein Ziel?

Darwin weiß darauf keine Antwort. Die romantische Idee einer geheimnisvollen Lebenskraft, einer »vis vitalis«, hat die rationale Wissenschaft verworfen. Man kann Leben auch ohne sie verstehen. Alles geht mit rechten Dingen zu, im Rahmen der bekannten Physik und Chemie. Aber was ist es dann? Eine gigantische Maschine, die Algorithmen abarbeitet? Und wenn wir sie je ermitteln könnten, wüssten wir dann, warum wir sind? Was ist es, das uns jeden Morgen aufstehen lässt, essen, trinken, unser Pensum erledigen? Was bringt uns dazu, uns zu vermehren? Wozu Nachkommen, wenn die doch wieder nur das Gleiche tun und Nachkommen hervorbringen?

Ernst Bloch spricht vom Prinzip Hoffnung. Aber haben Hamster Hoffnung? Oder Seegurken, Fadenwürmer, Bazillen? Was lässt den Frosch im Glas bis zum Letzten kämpfen? Oder die Fliege am Honigstreifen? Jeder kennt es, jeder fühlt es, aber keiner kann es erklären.

Das tiefe Rätsel hinter der Evolution, neben der Entstehung der Welt vermutlich das größte überhaupt.

Vielleicht würde Darwin, nachdem er die Herkunft der erfolgreichsten aller Spezies geklärt hat, heute deren Zukunft interessieren. Wenn Hoffnung uns antreibt, worauf richtet sie sich? Haben wir ein höheres Ziel, etwas, das unsere Kultur über die reine Biologie erhebt? Wie funktioniert kulturelle Evolution jenseits der biologischen? Das hätte ihn womöglich zur Frage aller Fragen geführt: Was ist der Mensch?

Am Morgen meiner Abreise macht Florian auf dem Weg zum Flughafen noch einen kleinen Abstecher. Ein Recyclinghof in der Nähe der größten Mülldeponie in Duque de Caixas. Hier haben zwölf junge Leute aus den benachbarten Slums eine Organisation zur Altpapiertrennung gegründet. Der Betrieb geht in sein viertes Jahr. Richtig Geld verdient haben sie mit dem Altpapier noch nicht, aber es reicht als Zuverdienst.

Doch während ihrer Wühlereien im Müll der Stadt haben sie etwas anderes entdeckt: Menschen werfen auch Bücher weg. Erst fischen die Mülltrenner nur einzelne Bände aus dem Dreck, säubern und bewahren sie in einer Ecke auf. Dann fällt ihnen eine Komplettausgabe von Freud in die Hände. Sie fangen an zu lesen. Gloria hat gerade einen Nietzsche zu Ende. »Deprimierend«, sagt die Zweiunddreißigjährige. Da sei ihr der portugiesische Schriftsteller Paulo Coelho lieber. Gerade mal die Grundschule hat sie zu Ende gemacht. Wie Sebastião, der wieder Machiavelli lesen will. Da verstehe man die Welt so gut.

Als sie über tausend Bände beisammenhaben, beschließen die zwölf: »Bücher muss man teilen.« Sie eröffnen eine kleine Bibliothek, die nun stetig wächst.

5
Uruguay

Montevideo · Erste große Sammlung · Lamarck und andere Vorgänger Darwins · Sierra de las Animas · Maldonado · Tucutucos

Wenn ich etwas gelernt habe auf meiner Reise, dann die Lektion, mich nicht mehr über das Wetter zu ärgern. Es kommt und es geht, es ist größer und mächtiger als ich. Kleinen Schauern kann man ausweichen, Großwetterlagen nicht. Das gilt wohl auch für das Leben.

Es schüttet ohne Unterlass, als ich in Montevideo ankomme, der Hauptstadt Uruguays. *Das ganze Land befindet sich im Zustand der Überschwemmung, ... die ältesten Einwohner haben solch ein Wetter noch nie gesehen.* Die Regenwolken kommen hier aus dem Osten, vom Atlantik, in den sich der Río de la Plata wälzt, *eine riesige Weite trüben Wassers, die weder Erhabenheit noch Schönheit besitzt.*

Die Hauptstadt der »Schweiz Südamerikas« habe ich mir immer anders vorgestellt, eher wie Zürich oder Genf. Davon kann hier keine Rede sein. Auf eine flache Bergkuppe gesetzt, auf den »Monte«, liegt das alte Zentrum einer Stadt, die irgendwie die Zeit vergessen hat und gerade wieder aufgewacht ist. Der erste Gedanke geht nach Ostberlin ein paar Jahre nach der Wende. Montevideo ist genauso gemütlich, aber ohne den Schwung der Metropole.

Die meisten Altbauten baufällig, ein paar renoviert und herausgeputzt wie in Pöseldorf, vereinzelt teure neue Bürohäuser, Hotels oder Kaufhäuser, dann wieder Ruinen, Baulücken, früh gealterte, gesichtslose Zweckbauten. Im neuen Zentrum viel Architektur der Fünfzigerjahre, wahre Schätze darunter, sowie ein paar betagte Prachtbauten. In der Altstadt wunderbare Antiquariate und Cafés, ein paar Galerien und Boutiquen, das restaurierte Teatro Solis von 1856, dann wieder Imbissbuden, billige Krämerläden und die jämmerlichen Pferdewagen der Müllmänner und -frauen. Und von der zentralen Avenida

18 de Julio, abfallend zum Wasser, Blöcke mit Straßen unter Palmen und Platanen, Reihen meist unrenovierter Wohnhäuser und kleiner Geschäfte aus der frühen Zeit des 20. Jahrhunderts.

Das Erscheinungsbild des Ortes spricht nicht zu seinen Gunsten; er hat keine nennenswerte Größe; besitzt keine architektonischen Schönheiten, und die Straßen sind uneben und verdreckt. Marodes Kopfsteinpflaster, Autos aus den Vierziger- und Fünfzigerjahren, die nur noch eines können: laut und stinkend fahren. Schlaglöcher, aufgebrochene Bürgersteige und eine lieblose Strandpromenade am kriechenden Fluss, den die Einheimischen hier, nahe der Mündung, »das Meer« nennen. Das gegenüberliegende Ufer, an dem zweihundert Kilometer weiter flussaufwärts das mondäne Buenos Aires liegt, ist nicht zu erkennen.

Ärmlich, grau und trist, so wirken anfangs auch die Menschen, denen diese *schmutzige Stadt* gehört. Nicht die entwaffnenden Schönen von Rio, sondern eher derbe, bäuerlich rotwangige Typen, durchweg europäischer Abstammung. Das machen sie zehnmal wett durch Herz und ihre Art, mit anderen umzugehen. Offen, freundlich, selbstbewusst, gesprächsbereit, in dreißig Minuten Montevideo mehr Lächeln als andernorts in drei Tagen. Darwin bescheinigt ihnen sogar: ... *sie sind ein feinerer Schlag als in Rio.*

Ein Fremder bleibt hier nicht lange allein, und wer die halbe Stadt auf einmal treffen will, geht sonntags zum Markt von Tristán Narvaja, wo mit Gemüse gehandelt wird, mit Haushaltswaren, Büchern, Möbeln oder bunten Singvögeln, auch geschützten, die illegal unter den Ständen den Besitzer wechseln. Überfüllte Kneipen und überall Menschen im Gespräch – ein Flohmarkt wie im alten Paris. Wenn das Wort vom morbiden Charme irgendwo zutrifft, dann hier.

Als Darwin im Juli 1832 in Montevideo ankommt, herrscht Ausnahmezustand in der Stadt. *Dies war ein ereignisreicher Tag in der Geschichte der Beagle,* notiert er. *Der Minister der augenblicklichen Militärregierung kam an Bord und bat um Unterstützung gegen eine ernsthafte Rebellion schwarzer Soldaten.* Sie haben Gefängnisse gestürmt, den Insassen Waffen gegeben, einige Straßen kontrollieren sie mit ihrer Artillerie. Die junge Republik, erst im vierten Jahr unabhängig, geht wie ihre Nachbarn durch das Chaos fortgesetzter Revolutionen, dessen Nachwehen bis heute wahrnehmbar sind. Darwin fragt sich, *ob Despo-*

tismus nicht besser ist als solch unkontrollierte Anarchie. Kapitän FitzRoy lässt sich nicht lange bitten, stellt aus seiner Mannschaft eine Truppe von *52 schwer bewaffneten Männern mit Musketen, Entermessern und Pistolen* zusammen, unter ihnen Darwin – der einzige »militärische« Einsatz seines Lebens. Die Aufständischen kapitulieren schnell, an einem Blutbad hat keine Seite Interesse, am Ende gibt es nicht mal einen Verwundeten. Später notiert Darwin: *Die Revolutionen in diesen Ländern sind ziemlich lächerlich; vor einigen Jahren hatten sie in Buenos Aires 14 Revolutionen in 12 Monaten.*

Beim zweiten Besuch ein paar Wochen später erlebt er den *großen Ball, der gegeben wird, um die Wiedereinsetzung des Präsidenten zu feiern. Es war eine viel prächtigere Szene, als ich sie diesem Ort zugetraut hätte … Die Ladies scheuen keine Opfer, … herrlich gekleidet* zu erscheinen. *Die Musik war sehr langsam, und der Tanz, wenn auch höchst förmlich, besaß äußerste Grazie.*

Aber es sind nicht die Städte, die Darwin an erster Stelle sucht. Sie liegen eben, wenn man die Welt bereist, am Wege. Er ergreift jede Gelegenheit, ins Land zu reiten und sich der Natur zu widmen – stets bewaffnet und nie allein. *Deine gesamte Sicherheit in diesem Land hängt von deinem Begleiter ab.* Und vom Wetter. *Die Regenstürme hindern mich fast komplett daran, irgendetwas zu erledigen. Es ist unmöglich, auch nur die kleinste Strecke in die Landschaft zu gehen.* Als der Dauerregen endlich nachlässt, zieht es mich heraus aus der Stadt. Ich will endlich ein Stück Natur mehr oder weniger so erleben, wie er es gesehen hat.

Meine Bewaffnung besteht aus Fernglas, Lupe und Kamera. Mein Begleiter heißt Daniel Erman, ein Naturkenner und Vogelkundler Mitte dreißig. Er hat sein geschnitztes Mate-Töpfchen dabei und seine Thermosflasche, die er selbst auf den Wanderungen unter den Arm geklemmt bei sich trägt. An Wochenenden geht jeder Zweite in Montevideo derart ausgerüstet mit der Familie spazieren. *Der einzige Luxus, den diese Männer genießen, war das Rauchen kleiner Papierzigarren und das Saugen an ihrem Mate.* Eher als Nationalgetränk Argentiniens bekannt, treibt Uruguay einen wahren Kult mit dem Tee aus ILEX PARAGUAYENIS, einem Verwandten der Gemeinen Stechpalme. Zehn Kilo der getrockneten Blätter konsumiert jeder Bewohner des Landes pro Jahr, glatt doppelt so viel wie der durchschnittliche Argentinier.

Wir haben uns einen Kleinwagen gemietet und steuern die Sierra de las Animas an, den einzig nennenswerten Gebirgszug im Süden des Landes. Ich habe dem bärtigen Umweltschützer, einem Naturburschen mit langem Haar, meine Karte mit Darwins Exkursionen in Uruguay vorgelegt, und er hat sofort auf den Punkt gezeigt. Nur hier würden wir noch finden, was ich suche. Das Land sei zwar wie so viele Naturparadiese in Südamerika in privater Hand, aber er kenne den Eigentümer, und der würde uns auf sein Grundstück lassen.

Die Sierra liegt etwa auf halbem Weg zu jenem Ort, an dem sich Darwin, während FitzRoy und seine Leute auf der Beagle weiter die Küstenlinie vermessen, länger aufgehalten hat als an jedem anderen seiner Weltreise: *Ich blieb zehn Wochen in Maldonado.* Hier erfasst er erstmals systematisch Flora und Fauna *und stellte während dieser Zeit eine nahezu vollkommene Sammlung der Tiere, Vögel und Pflanzen zusammen.* Das wäre in Brasilien unmöglich gewesen. Die schiere Vielfalt der tropischen Arten dort hätte nicht einmal einen Gedanken an Vollständigkeit aufkommen lassen.

Darwin weiß zwar fleißige Helfer an seiner Seite. *Für ein paar Reales haben alle Jungen in der Stadt sich in meinen Dienst gestellt; wenige Tage vergehen, in denen sie mir nicht die sonderbarsten Kreaturen bringen.* Doch auch in Uruguay mit heute geschätzten 2500 Pflanzenarten allein in der Prärie und 420 Vogelarten landesweit kann von einer vollständigen Sammlung natürlich keine Rede sein. Dennoch zeigt die Natur sich dem Forscher hier um Größenordnungen übersichtlicher. Je kühler, trockener und windiger das Klima, desto weniger Spezies teilen sich in der Regel das Land.

Es sind diese Brüche durch lange Seereisen in andere Klimazonen, die Darwin mehr als alles andere die Augen öffnen für die Spielarten von Spezies und ihre jeweilige Anpassung an die örtlichen Verhältnisse. Je krasser die Unterschiede, desto klarer die Vergleiche. Er arbeitet noch nicht an seiner Theorie. Aber sie arbeitet bereits in ihm.

Rein äußerlich verhält er sich wie jeder Entdeckungsreisende in vergleichbarer Situation. *Die regelmäßige Routine besteht an einem Tag im Schießen und Einsammeln meiner Mausefallen, und am nächsten im Konservieren der Tiere.* Er fängt, sammelt, pflückt, häutet, trocknet, legt ein, stopft aus – und schickt seine Ausbeute an Henslow. *Beschäftigt mit dem Verpacken von Proben der Naturgeschichte für England.* Die Schiffszimmerleute auf der Beagle nageln die Kisten zusammen. Schon damals verbindet ein dichtes, gut organisiertes Netz aus Postrouten die meisten Orte der Erde. Die Besatzungen offizieller Schiffe tauschen je nach Fahrtrichtung ständig die Korrespondenz von und nach Europa oder in andere Teile der Welt miteinander aus, wenn es sein muss, auch auf hoher See. Wenngleich oft mit Verzögerungen von Monaten, stehen Darwin und seine Reisegefährten in ständigem Kontakt mit der Heimat. Ich kann in jedem Provinznest elektronische Post empfangen und versenden.

Beim Sammeln und Sortieren folgt der junge Forscher der grob gesehen heute noch gültigen Ordnung der Natur, wie sie der Schwede Carl von Linné im 18. Jahrhundert begründet hat – eine Idee, die bereits auf Aristoteles und Platon zurückgeht. Das Prinzip, nach dem sich die Arten in das System einfügen, und ihre abnehmende Ähnlichkeit untereinander weisen auf eine Vorstellung hin, die Darwin berühmt machen wird: die gemeinsame Abstammung aller Kreaturen aus einem Ursprung. Die Linné'sche Systematik spiegelt den Baum des Lebens wider, der in ferner Vorzeit wurzelt und sich immer weiter in Klassen, Ordnungen, Gattungen und Spezies verzweigt.

Der Genfer Zoologe Charles Bonnet hat im 18. Jahrhundert das Modell einer Stufenleiter aller Naturdinge – einer *scala naturae* – verfochten. Auf der ordnen sich, fußend auf den vier Elementen Feuer, Luft, Wasser und Erde, auf Metallen, Kristallen und Steinen, die Wesen je nach Höhe ihrer Organisation ein – von den Korallen und Pilzen über Pflanzen und Insekten bis zu Vierbeinern und an der Spitze der Mensch. Im Geheimen denkt Bonnet sogar über einen verzweigten Stammbaum und »einen immerwährenden und mehr oder weniger langsamen Fortschritt aller Arten auf eine höhere Vollkommenheit hin«, verwirft den Gedanken aber wieder.

Darwin kennt Bonnets Spekulationen nicht. Doch als er die Bühne betritt, sind wichtige Elemente einer Evolutionstheorie bereits vorgedacht – nicht zuletzt von seinem eigenen Großvater. In seiner Bordbibliothek führt er neben Reisebeschreibungen und philosophischen Werken auch Bestimmungsbücher mit. Viele stammen aus der Feder von Franzosen, darunter die »Histoire naturelle des animaux sans vertèbres« von Jean Baptiste de Lamarck, einem Professor für »Insekten und Würmer« am Pariser Museum für Naturgeschichte. In der Ideengeschichte der Wissenschaft wird er als direkter Vorgänger Darwins gesehen.

Lamarck hat als Fünfundsechzigjähriger, in Darwins Geburtsjahr 1809, mit seiner »Philosophie zoologique« eine erste Evolutionstheorie vorgelegt. Hierin formuliert er bereits einen wesentlichen Gedanken, der Darwin zu Unrecht zugeschrieben wird, »dass die Natur die verschiedenen Organismen nacheinander in der Weise hervorgebracht habe, dass sie vom Einfachen zum Komplizierten überging«. Kurz gesagt: Organismen entwickeln sich durch Evolution. Den Menschen versteht Lamarck als Endprodukt, allmählich aus Niederem entstanden, und es ist »nicht zweifelhaft, dass die Vierhänder schließlich zu Zweihändern umgebildet wurden«. Selbst die Abstammung des Menschen von einer Affenart bedeutet für ihn kein Tabu.

Doch Lamarcks Evolutionstheorie unterscheidet sich in wesentlichen Punkten von derjenigen Darwins: So kommt in seinem Konzept die gemeinsame Herkunft allen Lebens nicht vor. Statt eines Lebensbaums mit einem einzigen Stamm und vielfältigen Verzweigungen zeichnet er ein Modell aus parallelen Linien. Danach geht jede einzelne Art auf eine primitive Form zurück, die jeweils in einer eigenen Urzeugung aus unbelebter Materie entstanden ist. Von dort entwickeln sie sich getrennt voneinander über einfachste Formen wie Würmer zu höheren wie Insekten und schließlich zu Wirbeltieren. Da alle Arten auf ihren eigenen Ursprung zurückgehen, sind sie nicht miteinander verwandt.

Lamarck erkennt zwar, dass Lebewesen eine Evolution durchlaufen und sich höher entwickeln können. Doch er sieht weder, dass sich Linien verästeln, noch kann er die Evolution innerhalb der Linien schlüssig erklären. Als Mechanismus schlägt er die »Vererbung erworbener Eigenschaften« vor, die als Lamarckismus bekannt geworden ist. Das geläufigste Beispiel ist die Giraffe, die sich nach Blättern reckt. Der Franzose nimmt an, dass die Tiere einen längeren Hals ausbilden, weil sie sich lebenslang strecken müssen. Jedes Einzelne gibt seinen im Leben erworbenen »Fortschritt« direkt an die nächste Generation weiter. So wird der Hals allmählich immer länger, bis er die heutigen Ausmaße erreicht hat. Die Vielfalt des Lebens, glaubt Lamarck, ist dadurch entstanden, dass unterschiedliche Umwelten die

Entwicklung der einzelnen Arten in verschiedene Richtungen drängen. Der eine Urkeim wird zur Giraffe, der andere zu Löwe, Gazelle oder Elefant. Lamarck sieht weder eine Selektion am Werk, noch glaubt er an das Aussterben von Arten.

Der Gedanke an eine Evolution im Sinne der Weiterentwicklung von Arten zu immer ausgefeilteren Formen ist also längst in der Welt, als Darwin sich auf die Reise begibt. Doch nach welchem »konstanten Naturgesetz«, wie Lamarck es nennt, Arten entstehen, kann niemand auch nur ansatzweise erklären. Bei seiner Weltumrundung macht der junge englische Naturforscher wichtige Beobachtungen für sein späteres Werk, ohne deren Bedeutung zunächst zu erkennen.

Noch steht er zu stark unter dem Einfluss von Charles Lyell. Der Geologe widerspricht im zweiten Band seines Standardwerks Lamarck und damit dem Evolutionsgedanken. Er hält zwar das Aussterben von Spezies sowie die Entstehung neuer Arten für möglich – doch nicht durch Urzeugung, sondern durch göttliche Schöpfung, fertig und unveränderbar. Er glaubt nicht, dass sie sich evolutionär weiterentwickeln können. Darwin verhält sich gleichwohl so, als ob er unabhängig von Lyell auf ein Ziel zusteuere, das er selbst nicht kennt.

Das Tucutuco (CTENOMYS BRASILIENSIS) *ist ein eigenartiges Tierchen, welches kurz gefasst als Nager mit der Lebensweise eines Maulwurfs beschrieben werden kann.* Die Tiere leben unter der Erde und sind trotz Augen mehr oder weniger blind. Sie verständigen sich mit einem *ganz eigenartigen Geräusch*, dem sie ihren Namen verdanken. *Darwin erscheint es seltsam, dass ein Tier überhaupt ein Organ hat, das häufig verletzt ist* – etwa Augen, die nicht sehen. Ohne es zu wissen, schaut er einem evolutionären Vorgang zu, dem er später in seiner Argumentation für die natürliche Auslese großen Raum einräumen wird: der allmählichen Rückbildung von Organen, die verkümmert noch zu erkennen sind, wie der Blinddarm, Brustwarzen bei Männern oder der Rest vom Schwanz beim Menschen durch »Nichtgebrauch«. *Lamarck wäre hocherfreut gewesen, hätte er davon gewusst, als er (wahrscheinlich wahrhaftiger als gewöhnlich) über die allmählich* erworbene *Blindheit des Aspalax spekulierte* – einer anderen Maulwurfsratte ohne Augenlicht, auch als Blindmull bekannt.

Wenn er ein Tucutuco höre, bitte ich meinen Führer, als wir den höchsten Gipfel der Sierra de las Animas erklimmen, den »Cerro de las Animas«, solle er mir Bescheid geben. Doch die Erde schweigt. Die Vierbeiner, so sie noch hier leben, halten sich bedeckt. Mäuse aus der Ferne, Spuren eines Fuchses, *der Jaguar* ist zu Darwins Zeiten *schon seit einigen Jahren vertrieben*. Die reichhaltige Tierwelt der damaligen Tage haben die Menschen längst dezimiert und zurückgedrängt. *Allein an Mäusen erhielt ich nicht weniger als acht verschiedene* Arten. *Das größte Nagetier der Welt, das* Hydrochaerus capybara *(das Wasserschwein), ist ebenfalls hier heimisch.*

Bei den Vögeln haben wir mehr Glück. An diesem Tag habe ich zum ersten Mal wirklich verstanden, was Ornithologen bewegt. Der Formen- und Farbenreichtum der Vogelwelt und die Vielfalt ihrer Verhaltensweisen liefern Bilder und Geschichten für ein ganzes Leben. Wir sehen Grünbindenspechte, Rotkäppchenartige und die »Kiebitze des Südens«, graue Monjitas, Rebhühner, Geier, Falken, Kormorane und Kardinalvögel. Ohne Erfolg versuche ich mir vorzustellen, welchen Vogel Darwin gemeint haben könnte, als er seinen *schrillen und recht angenehmen Schrei* beschrieb: *Die Spanier sagen, es klinge wie die Worte* »*Bien te veo*« *(Ich sehe dich gut).*

Der »Cerro de las Animas« ist fünfhundert Meter hoch und bietet einen einmaligen Rundblick über die gesamte Küstenlandschaft. *Auf dem Berggipfel waren mehrere kleine Steinhaufen, die offensichtlich schon mehrere Jahre dort gelegen hatten. Mein Begleiter versicherte mir, sie seien das Werk aus der alten Zeit.* Daniel, der europäische Vorfahren hat, zieht eine Flöte aus seinem Stoffbeutel und stimmt indianische Melodien an. Sie verlieren sich im scharfen Ostwind. Uruguay hat bis auf ein paar versprengte Mestizen keine Urbevölkerung mehr.

Beim Abstieg kommen wir wieder durch dichte Wälder, vorbei an Wasserfällen und rauschenden Bächen, bis sich das Land öffnet, das über dem milchbraunen Río de la Plata keinen Horizont kennt. Im Tal heben sich braun-weiß gescheckte Kühe vom satten Grün ab. Und dann endlich Nandus, die hiesigen, den Straußen in Afrika verwandten Laufvögel. *Wir sahen einen in der Ferne; wäre ich allein gewesen, hätte ich gesagt, es war ein sehr großes Reh, das wie ein Rennpferd läuft.* Bis in den Süden von Patagonien werden mich diese flugunfähigen Riesenvögel begleiten – mit einer Besonderheit, die zuerst Darwin aufgefallen ist: Die Nandus hier gehören zu einer anderen Art als die in der südlichen

Steppe – mit einem Gebiet der Überlappung zwischen den beiden Spezies. Die südliche wurde nach ihrem Entdecker zunächst RHEA DARWINII genannt, »Darwin-Nandu«. Aber wie kann es sein, dieser Frage wird er intensiv nachgehen, dass zwei so nahe verwandte Arten in benachbarten Gebieten leben?

Die Stadt Maldonado ist in Wirklichkeit nur ein kleines Dorf, schreibt Darwin über seinen Stützpunkt an Land. *Ich sah nie einen so ruhigen und verlassen wirkenden Ort.* Wir kommen erst in der Abenddämmerung in dem Städtchen an, das sich noch immer zu bemühen scheint, der Beschreibung seines prominentesten Gastes gerecht zu werden. Kaum ein Mensch auf der Straße, nur Lichter hinter Vorhängen in armseligen Häuschen. Die wenigen, die ich nach Darwin fragen kann, haben zwar von ihm gehört, aber dass er einmal hier wohnte, hat keiner gewusst. Alle zeigen sich jedoch hocherfreut, als hätte ich soeben den Namen ihres Ortes auf einer Weltkarte eingezeichnet.

Dann treffen wir den Grundschullehrer Walter Suárez. Sich bei ihm nach dem berühmten Besucher zu erkundigen kommt fast einer Beleidigung gleich. Der »Maestro« – offizieller Titel aller Lehrer – gehört zu jenem Typus Mensch, den auch Darwin während seiner Wochen hier verkörperte. Er ist ein Sammler. Vor Kurzem hat er im Haus neben dem seiner allein lebenden Mutter sein »Museo del Indio y la Mega Fauna« eröffnet. In Vitrinen stellt er zur Schau, was er auf seinen Exkursionen in die Umgebung im Lauf der Jahre gefunden hat – drei Zimmer voll sorgfältig beschrifteter Exponate. Pfeilspitzen, Faustkeile, Mörser und Steinkugeln als Waffen zum Einschlagen von Schädeln erinnern an die indianische Vergangenheit.

Spektakulär seine Sammlung an Fossilien. Ammoniten, Schildplatten ausgestorbener Gürteltiere, Zähne und mächtige Knochen des Riesenfaultiers Megatherium – Teil einer Gigantentierwelt, die bis vor zehntausend Jahren Südamerika bevölkerte. Fossilien werden auf Darwins Reise bald eine neue Phase des Erkennens einleiten. Ich habe mir immer vorgestellt, wie viel Glück er gehabt haben muss, um seine zahlreichen Funde aus der Vorzeit zu machen. »Wenn du den Blick dafür hast, findest du sie überall«, versichert Laienforscher Suárez. »Zu Darwins Zeiten müssen ungleich mehr hier einfach herumgelegen haben.«

Tucutucos bekomme ich erst zu Gesicht, als ich mir Zugang zum Nationalmuseum für Naturgeschichte in Montevideo verschaffe. Das heruntergekommene Gebäude ist aus Finanznot für den Publikumsverkehr geschlossen, die Saurierskelette verstauben, Hunderte von Holzkisten voller Sammelstücke stapeln sich mannshoch. Am Eingang wacht eine junge Uniformierte streng darüber, dass niemand unbefugt passiert. »Und wenn ich Ihnen sage, dass ich auf Darwins Spuren unterwegs bin?«, halte ich ihr entgegen. Da erhebt sie sich, stellt sich vor, reicht mir die Hand, verbeugt sich, als sei ich der Erwähnte selber, und geleitet mich in die Forschungsabteilung.

Der Nagetierexperte, ein spitzgesichtiger junger Zoologe mit scharfem Kinn- und Backenbart, öffnet einen Stahlschrank und zieht eine breite Holzschublade heraus. Da sehe ich sie aufgereiht vor mir liegen: etwa zwanzig Tierkörper, braunes Fell, mittellanger Schwanz, kurze Beine, wurstförmig an ihre unterirdischen Höhlen angepasst – ausgestopft und mit weißen Papierschildchen am Hinterbein. Darwin hat die Nager sogar mit nach Hause genommen und mit ihnen gespielt. *Von denen, die ich lebend hielt, wurden etliche schon am ersten Tag recht zahm und versuchten nicht zu beißen oder wegzulaufen.*

6
Südatlantik

An Bord der Aliança Pampas · Sturm vor Puerto Deseado · Der Untergang der Swift · Versorgung an Bord · Planet des Wassers · Die Entstehung des Lebens · Das Prinzip der Großen Zahl

Sie haben mich gewarnt. Die Prüfung, haben sie beim Ablegen in Montevideo gesagt, beginne erst auf offener See, wenn die Aliança Pampas den ruhigen Río de la Plata hinter sich gelassen habe. Bis hier, kurz vor Puerto Deseado in Patagonien, ist unsere Fahrt im Kielwasser der Beagle glatt und ruhig verlaufen. Nun aber tobt der Orkan, Stärke zehn bis elf, der uns zum Ankern vor der südargentinischen Küste und damit Yuriy Kovalchuk, den Dritten Offizier, in die bislang schwerste Bewährungsprobe seiner seemännischen Laufbahn gezwungen hat. Jetzt bin ich an der Reihe: Seefest wie Yuriy oder seekrank wie Darwin?

Man wird nicht seekrank, hat der Erste Offizier versichert, man ist seekrank. Oder nicht. So wie man Alkoholiker bleibt, auch wenn man nicht trinkt. Kommt das Schiff ins Rollen, bricht die Krankheit aus. Bricht sie nicht aus, ist man seetauglich. Vor Anker macht sich das Rollen noch deutlicher bemerkbar als auf Fahrt. Die starke Strömung richtet das Schiff in eine Richtung aus, die andere Richtung schickt Wind und Wellen. Schwer wirft sich das Containerschiff hin und her. Gleichzeitig erhebt es sich vom Bug her und taucht tief wieder ein.

Der Kalender in meiner Kabine schaukelt nun in langen statt in kleinen Schwüngen. Zwischendurch löst er sich von der Wand und klatscht wieder auf sie zurück. Stehen oder gehen ohne festen Griff unmöglich. Sitzen nur mit Gegensteuern, Toilette inklusive. Die Eingeweide melden sich. *Mein Magen hat mir unmissverständlich erklärt, dass er terrestrischen Ursprungs ist und die See nicht mag.* Ihn flau zu nennen verharmlost seinen Zustand. Aber er trägt es mit Fassung. Kein Brechreiz. So weit wollen wir Darwin nun doch nicht folgen.

Als die Sonne unter den schwarzen Wolken am Horizont versinkt, wandern als Abbilder meiner Fenster zwei leuchtend rote Flecken in Kreisen über die Kabinenwand und über mein Bett. An Schlafen ist nicht zu denken. Sobald ich entspanne, wirft es mich von der Matratze. Jetzt hätte ich gern eine Hängematte wie Darwin auf der Beagle. Ihm hat sie wenig genutzt. *Endlich empfinde ich entschieden viel weniger Angst vor der Seekrankheit, obwohl ich während zwei dieser Tage am Ende meiner »Fahnenstange« angelangt war.* Schließlich finde ich die Lösung. Bäuchlings die Spinne machen, alle viere von mir gestreckt. Eine Nacht aus Momenten des Schlafs. Immerhin.

Am Morgen, als die Lage sich zunächst wieder entspannt hat, bringt ein Boot den Lotsen an Bord. Wie in alten Tagen klettert er über eine Strickleiter die Schiffswand hoch. Alle Offiziere haben auf der Brücke Aufstellung bezogen und begrüßen den bärtigen Argentinier. Nun steht Kapitän Khokhlov vor seiner Prüfung. Er kann seine Nervosität kaum hinter Sonnenbrille und Schnauzbart verbergen. Seine Blicke wandern immer wieder vom Lotsen zur Hafeneinfahrt und wieder zurück. Er weiß, dass die Passage es im wörtlichen Sinne in sich hat. Das haben schon andere vor ihm erfahren müssen. Einer hieß Robert FitzRoy, der Darwin hier beinahe um den Großteil seiner Weltreise gebracht hätte.

Wir trafen ziemlich schwer auf einen Felsen. Das tückische Kliff fordert bis heute die Künste der Kapitäne heraus. *Die Spitze ist so schmal, dass sie am kommenden Tag trotz aller Anstrengungen nicht gefunden werden konnte.* Deshalb also die plötzliche Dünnhäutigkeit Khoklovs, der von einem Fuß auf den anderen tritt und mit seinen hängenden Armen nichts anzufangen weiß. Er steckt fast in der gleichen Lage wie damals der Brite. *Mit etwas Glück schlug {die Beagle} nur zweimal an.* So etwas würde Khoklov auf der Aliança Pampas den Job kosten. Der Lotse bleibt ruhig. Er kennt die Stelle im Schlaf.

»Wir hatten den gleichen Felsen getroffen, auf den die Beagle 1829 geschlagen war«, gesteht FitzRoy, »als ich ziemlich unvorsichtig mit der letzten Viertelebbe auslaufen ließ.« Zweimal der gleiche Fehler, das wurmt. Offenbar hat auch Khoklov auf einer früheren Tour Bekanntschaft mit dem gefährlichen Stein gemacht – ohne seinem Schiff allerdings größere Blessuren zuzufügen. Über Details schweigt er sich aus. *Bei beiden Gelegenheiten,* schreibt Darwin, *hat die Beagle keinen nennenswerten Schaden erlitten.* Die Unbefangenheit der Landratte. In Wahrheit ist der Schaden so groß, dass die Brigg wenig später auf einen Strand gezogen und repariert werden muss.

Den heimtückischen Felsen, obgleich fast immer unter Wasser, kennt fast jeder in Puerto Deseado. Und zwar nicht wegen der vergleichsweise harmlosen Havarien der Beagle. Ein ähnlich gebautes britisches Schiff, der Dreimaster HMS Swift, hatte hier weniger Glück. Die Kriegsschaluppe war auf den Falklandinseln stationiert und an der patagonischen Küste, ähnlich wie später die Beagle, zu geografischen Vermessungsarbeiten unterwegs. Da Südamerika an diesem Teil der Küste kaum natürliche Häfen bietet, befiehlt Kapitän Farmer während eines schweren Sturms, die Swift in die vermeintlich sichere Flussmündung zu segeln. Schon Magellan hat dort 1520 mit seiner Flotte Schutz vor Unwettern gesucht.

Am 13. März 1770 um sechs Uhr abends prallt die Swift, nur unwesentlich kleiner als die Beagle, gegen den Felsen und sinkt sofort. Mit etwas weniger Glück hätte auch Darwins Reise hier ihr jähes Ende finden können. Vom Untergang des englischen Vermessungsschiffs haben er und seine Gefährten offenbar noch nie gehört. Jedenfalls findet die Geschichte in keinem der bekannten Tagebücher Niederschlag. Kein Wunder angesichts von Hunderten von Briggs, Schonern oder Korvetten, die in jener Zeit den nassen Tod fanden. Seekarten, auf denen die Wracks gesunkener Schiffe eingezeichnet sind, zeigen eindrucksvoll, dass sie fast immer an Küsten zerschellten. Auf offenem Meer, hat Kapitän Khokhlov mir versichert, versinken Ozeanschiffe so selten, wie Flugzeuge vom Himmel fallen.

Bis auf drei Leute kann sich die fast hundertköpfige Mannschaft der Swift retten. Doch ohne ausreichend Proviant ist das Leben der Seeleute weiterhin gefährdet. Also fällen sie eine Entscheidung: Sechs kräftige Männer und ein Offizier sollen auf einem Beiboot die ganze Strecke bis zu den Falklands zurückrudern. Sie schaffen es tatsächlich, und einen Monat später kann der Rest der Mannschaft wohlbehalten in Sicherheit gebracht werden.

Diese Episode ist längst in Vergessenheit geraten, als Anfang der

Achtzigerjahre des letzten Jahrhunderts ein Australier in Puerto Deseado auftaucht. Der Mann hat in alten Unterlagen seiner Familie Aufzeichnungen eines Vorfahren gefunden, der zu den Überlebenden der Swift gehörte. Zum ersten Mal hören die Bewohner der Stadt von dem Schiff und seiner abenteuerlichen Geschichte. Eine Gruppe von Oberschülern beschließt, das Wrack zu suchen. Monatelang tauchen sie im eiskalten Wasser, nehmen immer neue Rückschläge hin, geben aber den Glauben nicht auf – und werden 1982 fündig. Die Swift befindet sich in einem außergewöhnlich guten Zustand.

Die Stadt hat ihre ersten Helden. Dem Anführer der Gruppe zu Ehren wird das »Museum Mario Brozoski« gegründet. Diese einzige Attraktion will ich mir ansehen. Beim Verlassen des Hafens zeige ich dem Zollbeamten meinen Pass und meinen Landausweis für Matrosen. Ohne richtig hinzusehen, stempelt er den Landausweis ab. Ein folgenreicher Fehler, wie sich noch zeigen wird.

Im Museum sind sie bis heute damit beschäftigt, geborgene Fundstücke zu reinigen und zu konservieren. Seit 1998 untersuchen professionelle Unterwasserarchäologen das Wrack. Allein aus der Offiziersmesse haben sie eine erstaunliche Sammlung von bestens erhaltenen Fundstücken zutage gefördert. Teile von Möbelstücken, Werkzeuge und Besteck, chinesisches Porzellan, geschliffene Gläser, wie neu, verschlossene Flaschen mit Inhalt, der bis heute wie Rum riecht. Und ein Pinguin-Ei. Die Mannschaft der Swift hat sich demnach ihre schmale Kost mit lokalen Leckerbissen aufgebessert.

Die sichere Versorgung mit genießbarem Essen und Wasser gehört auf einem Schiff zu den obersten Prioritäten. Ausgeklügelte Organisation und Logistik sind gefragt. Allein, was die mehr als siebzig arbeitenden und entsprechend ausgehungerten Männer auf der Beagle am Tag vertilgen, geschweige denn in einem Monat, addiert sich schnell zu Tonnagen an Fleisch, Kartoffeln oder Getreide. Und das ohne Kühltechnik. Ein ganzes Jahr lang kann sich eine Mannschaft notfalls selbst versorgen. *Mein Herz schwelgte in Freude, als die Befehle zu hören waren, für unseren nächsten Ausflug Proviant für 12 Monate an Bord zu nehmen.*

Da kommt jede Frischware gerade recht. Sobald sie an Land sind, gehen Darwin und seine Gefährten auf die Jagd: Guanakos, Nandus, Gürteltiere. Wo möglich, wird frisches Wasser gebunkert. Gelegentlich öffnet auch die See ihre Speisekammer. *Der Boden war felsig, und folglich gab es Mengen an Fisch; fast jeder Mann auf dem Schiff hatte eine Angelleine über Bord, und in kurzer Zeit wurde eine überraschende Zahl feiner Fische gefangen.* Material für die Köche Davis und Phillips, der eine versorgt die Offiziere, der andere die Mannschaft.

Auf der Aliança kocht Mario Paguirigan für achtzehn Mann Besatzung und einen Gast. Er kann alles, russisch, ukrainisch, italienisch, deutsch, kräftige Hausmannskost für die Offiziersmesse, wo mich die Seeleute aus sowjetisch geprägter Schule in ihre Sitzordnung eingefügt haben. Dank Kühl- und Gefrierkammern gibt es neben Brot, Kartoffeln, Reis, Eiern, Fisch und Fleisch täglich frisches Gemüse, Salat, Obst und Süßspeisen. Dreimal am Tag bitten Koch und Kellner zu Tisch. Dort wird nicht nur gespeist, sondern auch geplaudert. Keiner weiß daher mehr über die Stimmungen und Schwierigkeiten an Bord als der Koch. Es heißt nicht ohne Grund »Küchenpsychologie« und »Gerüchteküche«. Man sollte eine Elegie auf die Schiffsköche verfassen und ihren Anteil an der Eroberung der Welt. Jedenfalls muss es einen Grund geben, warum ausgerechnet sie in den frühen Tagen der »christlichen« Seefahrt die höchste Überlebensrate an Bord hatten. Vermutlich mussten sie am wenigsten kämpfen und gefährliche Arbeiten verrichten. Und sie saßen an der Quelle.

Bei einem Frachtschiff fallen die Vorräte buchstäblich nicht ins Gewicht. Selbst die 1400 Tonnen Treibstoff zählen kaum im Vergleich zur Ladung. Ein ausgeklügeltes Ballastsystem hält die Aliança aufrecht und drückt sie ausreichend tief ins Wasser. Dafür ist Valerij Grynko zuständig, der Zweite Offizier. Das erledigt er bequem am Computer im technischen Kommandozentrum auf dem Achterdeck. Ohne dieses Trimmen, sagt er, könnte das Schiff auseinanderbrechen.

Irgendwann habe ich sie alle durch, die achtzehn von der Aliança. Den Elektriker, ein russischer Yuriy, der das ruhige Wetter nutzt, um draußen Glühbirnen auszutauschen. Marcelo, den philippinischen Bootsmann, der bei Manövern nach den Befehlen des Diensthabenden auf der Brücke wortlos das Ruder führt. Seinen Landsmann Manuelito, den Schlosser, der zusammen mit dem Zweiten Ingenieur, noch ein ukrainischer Yurii, im Maschinenraum Kolbenringe tauscht. Dessen Landsmann Danyl Zhytnyk, Chefingenieur, der stolz erklärt, im

Prinzip könne so ein Schiff während seiner fünfundzwanzigjährigen Lebenszeit ohne Pause fahren. Und neben all den anderen natürlich den Kapitän, der mir in gebrochenem Englisch den Unterschied zwischen Evolution und Revolution auseinanderlegt. »Entwicklung von Schiff, das ist Evolution. Entwicklung von Container, das war Revolution. In einer Generation auf ganzer Welt. Heute über neunzig Prozent von Fracht. Aber kein Volk kann zwei Revolutionen in einem Jahrhundert aushalten.« Sein Kapitänspatent trägt einen sowjetischen Stempel.

Nur der Dritte Offizier macht sich rar, nachdem er mir seine Konflikte gestanden hat. Er grüßt freundlich und redet dienstlich, wenn wir einander begegnen. Vielleicht bereut er, mich eingeweiht zu haben, vielleicht hat es ihm geholfen. Beim Ablegen in Puerto Deseado haben er und Kapitän Khokhlov wie ein altbewährtes Team zusammengearbeitet. Wir fahren die gleiche Strecke wieder zurück über Mar del Plata nach Montevideo, diesmal mit vollen Containern. Die Beagle ist etliche Male vor dieser Küste gekreuzt. Dieses eine Mal will ich ihrem Zickzackkurs folgen, bis Mar del Plata an Bord bleiben und mich dann auf Darwins Spuren über Land durch die Pampa bis Buenos Aires durchschlagen.

Dadurch bleiben mir noch ein paar Tage länger, um jenen Hauch von Heimatgefühl zu verspüren, den Darwin während rund vierzig Prozent seiner fünf Jahre genießen durfte: gemeinsame Mahlzeiten, eine gewisse Vertrautheit, Gespräche, die über das schnell Gesagte hinausgehen. Reisende brauchen Ruheinseln. Ich kann mir kaum eine bessere wünschen, als der einzige Gast auf einem Containerschiff zu sein. So ähnlich muss es auch Darwin ergangen sein, wenn er nicht gerade seekrank war – frei von allen nautischen Verpflichtungen auf einer schwimmenden Insel über die Meere der Welt zu segeln.

Auf bewegtes Wasser starren wie in ein Feuer. Zu allen Seiten Horizont. Fahren ohne Hindernis. Den Gedanken freien Lauf lassen. Die alte Sucht der Seeleute, die an Land Entzugserscheinungen bekommen. Das meinen sie mit der Freiheit der Meere. Diese unsagbare Grenzenlosigkeit, und die Zeit rinnt durch ein Stundenglas. Aber es bedeutet ihnen beides, das Meer – Freiheit und Gefangenschaft. Es trägt sie um die Welt und hält sie eingesperrt auf diesem Pott. Ohne das eine nicht das andere. Darwin kann dem feuchten Element nicht viel abgewinnen. *Und was ist die gerühmte Herrlichkeit des grenzenlosen Ozeans? Eine öde Verschwendung, eine Wasserwüste, wie der Araber ihn nennt.*

Als Evolutionsbiologe würde Darwin das mit der Wüste heute wohl so nicht mehr unterschreiben. Mit den feinen Methoden der Gentechnik können Wissenschafter inzwischen ungleich spezifischer nach Leben suchen als noch vor wenigen Jahren. Kürzlich haben Meeresbiologen eine komplett neue Gruppe von winzigen einzelligen Lebewesen mit Zellkern aufgespürt. Damit haben sie einen neuen, ziemlich dicken Ast am Baum des Lebens entdeckt: Die »Picobiliphyta« getauften Wesen werden – wie manche andere Gruppen – gleichberechtigt neben den Tieren, den grünen Pflanzen und den Pilzen in die Systematik des Lebens eingeordnet. Sie können das Licht der Sonne nutzen und kommen weltweit vor, vor allem in den nährstoffarmen Küstengewässern der großen Ozeane. Ansonsten ist nur wenig über ihre Biologie bekannt. Über Nacht ist ein neues Forschungsgebiet geboren worden.

Die Vielfalt maritimen (und unterirdischen) Mikrolebens könnte die bislang bekannte weit in den Schatten stellen. Mittlerweile haben auch private »Gen-Jäger« das Potenzial der Meere erkannt und begonnen, diesen ungehobenen Schatz an evolutionären Entwicklungen zu heben. Lass einen Eimer zu Wasser, und du findest ein Stück vom bunten Zoo der Mikrowelt – so wie Darwin bei seinen Fängen immer wieder neue Arten von Meeresbewohnern zutage fördert.

Besonders eignen sich molekulare Angeln dazu, nach Viren zu fischen. Wo immer die Forscher suchen, in übersäuerten heißen Tümpeln, arktischen Seen oder im offenen Ozean – fast jeder Fang bringt neue Arten, manchmal sogar ungekannte Gruppen ans Licht. Und zwar oft in riesigen Mengen und großer Vielfalt, selbst tief in der Barentssee noch sechzigtausend in einem Milliliter.

Sogar Sedimentgesteine können Mikroorganismen beherbergen – in den ersten Zentimetern unterm Meeresboden bis zu einer Milliarde pro Kubikzentimeter. Sogar 1600 Meter tief im Grund haben britische Forscher, wie sie im Juni 2008 berichteten, Mikroben nachgewiesen, die bis zu 900 Grad Celsius aushalten.

Darwin hat sich in seinem Werk zu den Mikrowesen, deren Entstehung und Lebensweise damals noch im Dunkeln lag, nicht geäußert. Viren konnte er noch nicht kennen. Erst Ende des 19. Jahrhunderts wird das Tabakmosaikvirus entdeckt, anfangs allerdings für flüssig oder gelöst gehalten. Eine elektronenmikroskopische Abbildung gelingt schließlich 1939. Damit ist klar: Auch Viren sind winzige Partikel. Da sie aber keinen eigenen Stoffwechsel besitzen und sogar quasi tot in kristalliner Form »überleben« können, siedeln manche Biologen sie im Grenzbereich zwischen lebendiger und toter Materie an. Sie brauchen Leben, um zu leben. Sobald sie eine Zelle befallen, erwachen sie aus ihrem Schlafzustand – wie Sporen oder Samen. Aber sie alle kommen dabei ohne ein »Element« nicht aus: flüssiges Wasser.

Nach ein paar Tagen auf See scheint die ganze Welt nur noch aus Wasser zu bestehen. Da braucht man einen wie Evgeniy, den Dritten Ingenieur, und seinen Taschenrechner, um bei den Kommastellen nicht durcheinanderzugeraten. Dass Wasser ein besonderer Saft ist, muss einem Seemann keiner erzählen. Sie alle kennen Geschichten von Seefahrern, die mitten auf dem Meer verdurstet sind. Moderne Schiffe nutzen Wasserentsalzungsanlagen. Zu Darwins Zeiten musste jeder Liter mitgeschleppt werden. Für eine Reise von drei Monaten, rechnet Evgeniy vor, Minimum hundert Tonnen, in Holzfässer gefüllt, wo es nicht besser wurde.

Das Gesamtgewicht alles ungebundenen irdischen Wassers wird auf unvorstellbare 1400 Billiarden Tonnen geschätzt. Davon entfallen mehr als 96 Prozent auf die Weltmeere. Alles Wasser zusammen macht aber nur etwa 23 Millionstel vom Gewicht der Erde aus, weniger als ein Niet in einem Containerschiff. Nicht einmal ein Millionstel dieser Menge entfällt auf Lebewesen.

Leben, wie wir es kennen – vielleicht die einzige Form von Leben im Universum –, ist an H_2O gebunden. Biomoleküle »funktionieren« nur in wässriger Lösung. Die Transportvorgänge innerhalb der Zellen wären ohne Wasser nicht möglich, und innerhalb eines Organismus, ob Baum, Fliege oder Maus, schon gar nicht. Erst Wasser erlaubt Eiweißmolekülen und Nukleinsäuren, Trägern fast aller Lebensvorgänge, sich in einer Weise dreidimensional zu falten und zu bewegen, dass sie wie molekulare Kleinstkörper oder Werkzeuge aktiv werden können. Als Enzyme beschleunigen sie (bio-)chemische Reaktionen, machen sie überhaupt erst möglich. Die Chemie des Lebens ist an

Wasser gebunden, in der Regel sogar an viel Wasser. Naheliegend, dass auch das Abenteuer des Lebens im Wasser begonnen hat. Darin sind sich alle Forscher einig.

Irgendwann vor mehr als 3,7 Milliarden Jahren müssen sich organische Moleküle im Wasser zusammengetan und gemeinsam etwas vollbracht haben, das jedes allein nicht geschafft hätte: den Funken des Lebens zu zünden. Um eine Vorstellung zu bekommen, wie lange das her ist: Hätte sich die gesamte Evolution in einem Jahr abgespielt, dann hätte sich die moderne Menschheit erst spät am Abend des letzten Tages in der letzten Stunde entwickelt. Und die Abspaltung vom gemeinsamen Vorfahren mit den Menschenaffen entspräche einem Monat. Die Evolution hat also, wie wir aus modernen Datierungen wissen, viel Zeit gehabt bis heute und zu uns. Viel mehr als Darwin und seine Zeitgenossen sich selbst nach gewagtesten Schätzungen hätten vorstellen können.

Den Formenreichtum kann Darwin plausibel mit seiner Evolutionstheorie erklären. Wie aber letztlich der Lebensfunke gezündet wurde und woher die organischen Ingredienzien für die ersten Wesen stammten, darüber gehen die wissenschaftlichen Meinungen bis heute weit auseinander. Über *einen kleinen warmen Teich*, spekuliert Darwin einmal, im Jahr 1871, ohne den Gedanken weiter zu verfolgen, *mit allerlei Ammoniak und phosphorhaltigen Salzen, Licht, Hitze, Elektrizität usw.* Tatsächlich kann der amerikanische Student Stanley Lloyd Miller Anfang der Fünfzigerjahre des 20. Jahrhunderts in Experimenten nachweisen, dass der Begründer der Evolutionstheorie damit nicht ganz falschlag. In seinen Retorten findet Miller nach elektrischen Entladungen alle möglichen organischen Verbindungen, die auch in Lebewesen vorkommen. Die Idee von der »Ursuppe«, passend zum Urknall bei der Entstehung des Universums, wird geboren.

Nicht lange nach Millers Entdeckung kommt die alte These wieder auf, organische Moleküle könnten auch aus dem All auf die Erde gelangt sein und die Voraussetzung für den Beginn von Leben geschaffen haben. Tatsächlich lässt sich der ständige Beschuss des Planeten mit organischer Substanz, etwa in Kometen, nachweisen. Heute gehört die populäre Vorstellung einer Ursuppe längst in die Asservatenkammer der Wissenschaftsgeschichte. Forscher gehen inzwischen davon aus, dass sich im offenen Meer (oder Teich) keine stabilen Strukturen halten können, weil der Zerfall dem Entstehen immer den Rang ablaufen und jeden bescheidenen Anfang sofort wieder zunichtemachen würde.

Als Alternative favorisieren die einen so genannte hydrothermale Quellen im Ozeanboden, wo die Kontinentalplatten aneinandergrenzen – wie etwa »Schwarze Raucher« mit ihren eigentümlichen, ohne Licht existierenden Lebensgemeinschaften. Andere halten mildere Bedingungen für wahrscheinlich und bauen etwa auf die Eigenschaften poröser Steine: In deren Hohlräumen könnten sich Moleküle nicht nur verankert, sondern durch katalytische Eigenschaften auch vermehrt und im Inneren angereichert haben. Wieder andere vermuten den »Kreißsaal des Lebens« in gefrorenem Meerwasser, das von winzigen Kammern und Kanälen durchzogen ist. Die Synthese großer Biomoleküle, so argumentieren sie, verlaufe in der Kälte sehr viel geordneter und störungsfreier ab als bei höheren Temperaturen.

Ein Kubikmeter Meereis, haben Wissenschaftler hochgerechnet, enthält eine Billiarde zellähnliche Kämmerchen. Bei Experimenten in »künstlichen Eisreaktoren« treten tatsächlich sehr komplexe Verbindungen und lange Molekülketten auf. Wenn die dann zusammenfinden, können sie unter Umständen höhere Einheiten bilden. So selten das auch passiert, so unwahrscheinlich und zufällig es auch erscheint – bei der astronomischen Zahl an Möglichkeiten und den Millionen Jahren an Zeit wird aus dem schier Unmöglichen das Wahrscheinliche.

Wo immer man hinschaut: Es gilt das Prinzip der Großen Zahl. Wer hundertmal würfelt, hat fast sicher eine Sechs dabei. So hat auch das Leben durch schiere Menge den Zufall gezähmt. Das erklärt natürlich nicht, wie der Urknall des Lebens sich vollzogen hat. Niemand kennt darauf bis heute eine schlüssige Antwort. Darwin schreibt in der »Entstehung der Arten«, wenn auch nur, um seine Gegner zu besänftigen und den Vorwurf der Ketzerei von sich abzuwenden, *dass der Schöpfer den Keim allen Lebens, das uns umgibt, nur wenigen oder gar nur einer einzigen Form eingehaucht hat.* Das aber sage nichts gegen seine Theorie der gemeinsamen Abstammung, nachdem das Leben erst entstanden sei. *Es ist kein begründeter Einwurf: die Wissenschaft habe bisher kein Licht auf das viel höhere Problem vom Wesen oder Ursprung des Lebens verbreitet. Wer kennt denn das Wesen der Anziehungskraft oder der Schwerkraft?* Physikalische Chemiker haben »Hyperzyklen« und »dissipative Strukturen« in die Diskussion eingebracht, nach denen sich unter gewissen Umständen aus chaotischen Zuständen stabile chemische Formationen bilden können, vergleichbar der Wolkenspirale beim Wirbelsturm. Vor wenigen Jahren haben Wissenschaftler auch geeignete molekulare Kandidaten entdeckt, mit denen weitere Voraussetzungen für Leben erfüllt wären: Stoffwechsel, Selbstreproduktion und Veränderbarkeit der Fortpflanzungseinheiten (= Gene).

Ribonukleinsäuren (RNA), lange Zeit vor allem als Träger von Erbsubstanz im Gespräch, können auch als Katalysatoren fungieren, also spezifisch chemische Reaktionen beschleunigen. Seither beherrscht die Idee einer »RNA-Welt« die Spekulationen. Danach entwickelte sich das Ur-Leben mit allen nötigen Bestandteilen zunächst auf Basis von RNA-Molekülen mit unterschiedlichen Funktionen – als Datenspeicher, Erbsubstanz und als Betreiber des Stoffwechsels. Eiweiße, heute die wesentlichen Funktionseinheiten des Lebens, wären demnach erst in einer zweiten Stufe entstanden.

So lässt sich die Entstehung des Lebens zwar besser verstehen, wie Schwerkraft und Trägheit mit Newtons Gesetzen, aber nicht wirklich erklären. Seine scheinbare Zielgerichtetheit – Philosophen sprechen von Intentionalität – und sein Streben nach höherer Komplexität bleiben weiterhin sein großes Geheimnis. Der französische Philosoph Henri Bergson hat für den unheimlichen Lebenswillen das Wort vom »élan vital« geprägt – das philosophische Gegenstück zur naturalistischen »vis vitalis«, die das Leben am Leben erhält, aber nicht vorantreibt. Bergsons Lebensdrang, diese Gier nach Existenz und Fortschritt, die das Leben vom ersten Moment an besessen haben muss, geht aber erst aus der Gemeinschaft der Teile vor. Jedes einzelne hat sie nicht.

Wer lange aufs Wasser blickt, das keine Ruhe kennt, könnte meinen, es habe dem Leben erst Beine gemacht. Im Wasser entstanden, von Wasser durchströmt, ans Wasser gekettet. Leben ohne Bewegung ist wie Musik ohne Töne. »Panta rei«, sagt Aristoteles, alles fließt. Er meint das Leben, aber er hätte auch vom Wasser sprechen können.

Als wir Mar del Plata erreichen, leuchtet wieder so ein Morgenhimmel, wie Turner ihn eindringlicher nicht hätte malen können. Eine tieforange flammende Wand. Ich räume meine Kabine, steuerbord Raum 408, Deck 3, auf der Aliança Pampas und verabschiede mich von den Kameraden. Vor mir liegt die Pampa. Vor ihnen die Rückkehr nach Montevideo. Dann wieder im Süden der Fisch und der Hafen im Norden, und wieder zurück, bis die Heuer endet und die nächste kommt.

Wie eine beleuchtete Festung liegt das Schiff am Kai. Mit den beiden langen Ausläuferkränen bugsiert die Crew weiße Kühlcontainer in die Ladeluken und auf Deck. Die Welt schreit nach Shrimps. Immer wieder fahren Tieflader mit neuen Containern heran. Auf deren Seitenflächen stehen rechts und links um das Symbol einer weiß-rot wehenden Flagge in großen Buchstaben die zwei Wörter »Hamburg« und »Süd«. So weit und doch so nah. Es gibt noch eine andere Art von Seekrankheit.

7
Pampa
und Buenos Aires

Mar del Plata · Bei Gaucho Marcello · Ritt durch die Pampa · Der Baum des Lebens · Punta Alta · Fußabdrücke von Riesentieren · Massensterben · Vom Río Negro zum Río Colorado · Darwin und General Rosas · Sierra de la Ventana · Buenos Aires

»Mit diesem Pass kann ich Sie nicht ins Land lassen.« – »Wo ist das Problem?« – »Ihnen fehlt der Einreisestempel.« – »Aber ich will doch erst einreisen!« – »Sie sind bereits eingereist.« – »Wer sagt das?« – »Die Schiffspapiere.« – »Ich habe einen Ausflug gemacht.« – »Wo war das?« – »In Puerto Deseado.« – »Wie sind Sie da an Land gegangen?« – »Mit meinem Landausweis für Matrosen.« – »Das ist das Problem.« – »Dass ich kein Matrose bin?« – »Nein, dass Ihnen der Einreisestempel im Pass fehlt.« – »Der ist auf meinem Landausweis.« – »Er muss aber im Pass sein. Der Kollege hat einen Fehler gemacht.« – »Dann korrigieren Sie ihn bitte.« – »Wie stellen Sie sich das vor?« – »Sie geben mir den Stempel in den Pass und lassen mich durch.« – »Dazu bin ich nicht befugt.« – »Dann lassen Sie sich befugen.« – »Das würde zu Widersprüchen in Ihrer Einwanderungsakte führen.« – »Damit könnte ich leben.« – »Ich aber nicht.« – »Was schlagen Sie vor?« – »Sie überlassen uns Ihr Dokument, wir schicken es nach Puerto Deseado, der Kollege stempelt es ab und schickt es gleich wieder hierher.«

No way, José. Ich gebe meinen Pass nicht her. Jedenfalls nicht einer Einreisebehörde, die sich selbst nicht korrigieren kann. Und schon gar nicht lasse ich ihn mit der regulären argentinischen Post verschicken, die für die Transaktion mindestens eine Woche brauchen wird, wenn die Briefe überhaupt ankommen. Da kann ich gleich um Asyl in der Seemannsmission bitten.

»Dann kann ich Ihnen nicht helfen.«

Zum Glück gibt es in der Küstenstadt Mar del Plata einen deutschen Honorarkonsul, einen Herrn Doktor Werner, feiner Kerl, Häuslebastler und Freund von Schäferhunden, der den Leiter des Zollamts gut kennt. Doch auch der Konsul kommt in meiner Angelegenheit nicht weiter. »Die geben Ihnen schriftlich, dass sie selbst den Fehler gemacht haben, und lassen Sie trotzdem nicht ins Land.«

Aber Joachim Werner weiß Rat. In seinen Jahren als Geschäftsmann in Argentinien hat er Widersinn und Irrationalität dortiger Verwaltungen so weit durchdrungen, dass er sie notfalls zu seinem eigenen Nutzen einsetzen kann – in diesem Fall zu meinem. Im Recht zu sein helfe in solch einer Lage wenig, versichert er mir und übersetzt es dem Beamten. Schon gar nicht, wenn man nicht warten könne. Also solle ich jetzt meinen Matrosenausweis nehmen, den Hafen wie für einen kurzen Landgang verlassen, mich bis Buenos Aires durchschlagen, wohin ich Darwin ohnehin folgen wolle, und mir dort bei der deutschen Botschaft einen neuen Pass besorgen. Darin könne er mir kraft seines Ehrenamts sogar beistehen.

Und was macht der Zolldirektor? Er grinst übers ganze Gesicht. Ist glücklich über die argentinische Lösung. Wenn schon nicht sauber, dann zwar mit seiner Kenntnis, aber nicht mit seinem Stempel. So kriegen alle, was sie wollen, der Beamte, der Vermittler und der Antragsteller. Wer Geld und Beziehungen hat, kommt weit in diesem Land. Darwin hält das Prinzip, wenn auch krasser, in seinem Tagebuch fest: *Wenn ein Mann einen Mord begeht und sollte gefangen werden, wird er vielleicht eingesperrt oder sogar erschossen; aber wenn er reich ist und Freunde hat, auf die er sich verlassen kann, wird nichts geschehen.*

Mit fünf Stunden Verspätung reise ich (körperlich) in ein Land ein, in dem ich (bürokratisch) schon wäre oder zu sein hätte, säße nicht der richtige Stempel auf dem falschen Dokument.

Erst nachts erreiche ich Oriente, einen Ort in der Pampa, unweit der Küste, den der Reiseführer nicht kennen muss. Die nächste größere Stadt heißt Bahía Blanca und liegt noch gut zwei Autostunden weiter Richtung Westen. Darwin ist wochenlang in dieser Gegend mit dem Pferd unterwegs. Er entdeckt einen Menschenschlag, den er eindringlicher schildern wird als jeden anderen, dem er auf seiner Reise begegnet: den Gaucho. Seitenweise verbreitet er sich in seinem Tagebuch über die Reitkünste, die Romantik am Lagerfeuer, das blutige Geschäft des Schlachtens und den *Gaucho-Charakter* an sich. *Der Gaucho ist ausnahmslos verbindlich, höflich und gastfreundlich.* ... *Er ist bescheiden gegenüber sich selbst und dem Land, gleichzeitig ein beherzter, ehrlicher Kerl.* Besser ließe sich Marcello kaum beschreiben. Hat mich noch nie gesehen, empfängt mich aber wie einen Freund. Werde ich auch bleiben bis zum Beweis des Gegenteils. Da wird aufgetischt, Bewirtung aus Instinkt – Rippchen, Würstchen, Steaks aus eigener Schlachtung. Da wird eingeschenkt, Wasser, Bier, Wein, was du willst. Und da gibt es natürlich auch einen Platz zum Schlafen, und wenn nicht im eigenen Haus, das ist viel zu klein, dann bei Verwandten. Pokale, Trophäen, Siegerkränze. Pferdebilder an den Wänden, Fotos von Marcello, hoch zu Ross, mit Sporen und Peitsche, immer mit der schwarzen Baskenmütze, beim Zureiten oder beim Turnier, in waghalsiger Pose die rasende Stute fest im Griff.

Man kann ihn sich etwa so vorstellen: kräftiger, gedrungener Körper, vom Leben auf Pferden geformt, die gebogenen Beine in Bombachas, den traditionellen Gaucho-Hosen, forschende Blicke aus klaren braunen Augen, arglos und unverstellt, dabei etwas Verwegenes im Gesicht, klug, aber ohne nennenswerte Bildung, ein stiller, schlichter Mann, der das Wort Nein nicht kennt. Er hat gerade die vierzig überschritten, genau wie der Ford Pick-up, sein Stolz. Wenn er im Schritttempo durch die Straßen des 2000-Seelen-Städtchens rollt, wird er alle paar Meter aufs Herzlichste begrüßt. »Ey, Comandante!« – »Salud, Presidente!« Falls die Zahl der Freunde ein Maß fürs Verwurzeltsein ist, dann steckt Marcello hier tief und fest in der Erde. Nur ausflugsweise hat er seinen Geburtsort bisher verlassen.

Von Darwin oder Evolution haben Marcello und Ehefrau Vanessa noch nie etwas gehört. Das Bild vom Lebensbaum will ihnen nicht einleuchten. Seine Ahnentafel, sagt der Gaucho, dessen Großvater aus Spanien kam, werde doch breiter, je weiter er zurückgehe, nicht enger, wie der Baum. Ich versichere ihm, dass dies nur eine Täuschung sei. Je mehr Generationen man zurückgehe, desto mehr gemeinsame Vorfahren habe man mit anderen Menschen, bis irgendwann alle Zweige und Äste zusammenliefen.

Rein rechnerisch haben alle lebenden Menschen einen gemeinsamen Ahnen vor »nur« sechsundsiebzig Generationen. Marcello und

Vanessa schwanken zwischen misstrauisch und hingerissen. *Sie äußerten, wie es üblich war, grenzenloses Erstaunen darüber, dass die Erde rund sei, und konnten kaum glauben, dass ein Loch, wäre es tief genug, an der anderen Seite wieder herauskäme.* Immer wieder erlebt Darwin, dass schon Dinge wie sein *Taschenkompass* Verblüffung auslösen. Marcello will nicht glauben, dass Darwins gesamte Schriften auf einem kleinen Steckspeicher für meinen Laptop Platz finden. *War ihre Überraschung groß, so war meine noch größer, eine derartige Unwissenheit bei Menschen anzutreffen. … Man fragte mich, ob sich Erde oder Sonne bewegten … Die überwiegende Zahl der Bewohner hatte die vage Vorstellung, dass England, London und Nordamerika verschiedene Namen für den gleichen Ort seien.*

In Montevideo habe ich in einem Antiquariat die spanische Übersetzung von Darwins Reisejournal gefunden. Als ich Marcello am Morgen daraus über die Gauchos vorlese – *ihre Höflichkeit ist außerordentlich …* –, hat Darwin einen neuen Freund. Gewisse Sätze spare ich mir indes für später auf: *… doch während sie noch ihre überaus anmutige Verbeugung machen, scheinen sie ebenso bereit, sollte sich ihnen die Gelegenheit bieten, einem die Kehle durchzuschneiden.*

Marcello schlägt vor, ein paar Tage zu seinen Pferden hinauszufahren. Die hat er – selber ohne Landbesitz – auf dem Hof eines Freundes am Rande der Dünen untergebracht. Dort sei die Landschaft so urwüchsig, wie Darwin sie erlebt haben muss.

Wenn es stimmt, dass Freiheit die tiefsten Empfindungen weckt, dann kann ich mir kaum eine eindringlichere vorstellen, als zu Pferd mit ein paar Kameraden und einer Schar Hunde durch unberührte, menschenleere Landschaften zu reiten, über grasbedeckte Hügel, über Dünen und Strände, durch Lagunen, Wasserlachen und Waldstückchen, mal im gemächlichen Gang, dann wieder im gestreckten Galopp – so schrankenlos wie in der Alten Welt undenkbar. *Es liegt ein großer Genuss in der Unabhängigkeit des Gaucho-Lebens, in jedem Moment dein Pferd anhalten zu können und zu sagen, hier werden wir die Nacht verbringen. Die Totenstille der Ebene, die Hunde auf Wache, die zigeunerhafte Gruppe der Gauchos, wie sie ihre Betten um das Feuer machen, hat ein deutlich markiertes Bild in meiner Erinnerung hinterlassen …, das nicht so bald in Vergessenheit geraten wird.*

Das Nächtigen draußen am Feuer, sagt Marcello, solle ich mir aus dem Kopf schlagen. Die Yararaca, eine der giftigsten Schlangen Amerikas, sei in dieser Jahreszeit besonders aggressiv. Selbst Pferde oder Kühe fielen der Lanzenotter regelmäßig zum Opfer. Und als hätte es einer Demonstration bedurft, stoppt sein Freund Bruno, der Sohn vom Besitzer des Landes, plötzlich sein Pferd aus vollem Lauf, sodass es schnaubend die Vorderläufe in den Boden rammt – der reine verlängerte Wille seines Herrn. Der nutzt den Schwung und gleitet vom Sattel, der hier, dem Indianerstil verwandt, nur aus einem fest verzurrten Schaffell besteht. *Es hat den Anschein, als biete der Gaucho niemals Muskelkraft auf.* Er läuft ein paar Meter zwischen die Büschel des Pampasgrases, dann schlägt er mit seiner kurzen Lederpeitsche zu, als müsse er sein Land züchtigen, Schlag um Schlag, bis vor ihm reglos eine gefleckte BOTHROPS JARARACA liegt.

Kurz vor Sonnenuntergang erreichen wir seine Hütte, den Puesto el Jabalí oder »Wildschweinposten«. Das Gehöft *lag in der Nähe eines ausgedehnten, aber flachen Sees, auf dem es von Wildvögeln nur so wimmelte, wobei der Schwarzhalsschwan besonders auffiel.* Wir sehen Flamingos, Chimangos (falkenartige Raubvögel, die von den Spitzen der Ombu-Bäume Ausschau halten) und immer wieder Nandus, die hiesigen, den Straußen verwandten Laufvögel, denen die »Pampa de los Avestruces« ihren Namen verdankt.

Die Hunde melden Besuch. *Abends kam ein domidor (ein Pferdezähmer), um einige Hengstfohlen zuzureiten.* Es ist Nicolas, der jüngere Bruder von Vanessa. Er geht zur Koppel, klettert über den Bretterzaun und nähert sich den nervösen Jungpferden. Das Lasso fliegt, ein Hals steckt in der Schlinge, das ungestüme Tier wird auf den Hof geführt, sträubt sich gegen Satteldecke und Zaumzeug, der Reiter schwingt sich auf den Rücken – und das Pferd bäumt sich auf.

Szenen wie auf einem Rodeo, Zügel gegen Wildheit, Wille gegen Wille, das Pferd kämpft um die Freiheit, der Zureiter um die Macht, er hält sich auf dem Schleudersitz, pariert alle Zuckungen und Sprünge, als könne er sie vorhersehen, bis der Widerstand allmählich schwächer wird und schließlich bricht. *Die Gauchos sind weithin als perfekte Reiter bekannt. Die Vorstellung, abgeworfen zu werden, das Pferd tun zu lassen, was es will, kommt ihnen gar nicht in den Sinn.*

Schweißnass und mit weit aufgerissenen Augen lässt sich das Jungpferd in die Koppel zurückführen. *Ich würde sagen, dass eine solche Leis-*

tung, außer für einen Gaucho, absolut undurchführbar ist. Bevor sich die Erinnerung an die Macht des Menschen verliert, wird er wiederkommen und das Ringen wiederholen, bis das Tier ihn als Herrscher akzeptiert. *Dieser Prozess ist ungeheuer hart, doch nach zwei bis drei Durchgängen ist das Pferd gezähmt.*

Ein Feuer wird entfacht, ein Schaf gepackt. Der »facón«, das scharfe Gaucho-Messer, fährt ihm in den Hals. Sein Blut sickert in die Erde. *Ein Tier zu töten und zu häuten macht keine großen Probleme.* Wenige Minuten später hängt sein Fell neben anderen über einem Draht, und die besten Fleischstücke dampfen auf den Asadospießen an der Glut. Anderntags werden die Männer junge Schafböcke kastrieren, sich zu zweit ein Tier greifen, einer hält fest, der andere schneidet die Hoden ab, glatt weg mit dem rasiermesserscharfen Facón, ein Schlag Vaseline auf die Wunde, weiter geht's. Auf die Hoden freuen sich schon die Hunde. Die alte Seele dieses Landes besteht aus Fleisch und Blut.

Die Gauchos sind überzeugt, dass Vegetarier Lügner seien, weil man ohne Gebratenes nicht überleben könne. Die Frage nach einer Tomate ruft Achselzucken hervor. Erst als wir spät am Abend in der Wohnküche sitzen und Holz im kleinen Ofen lodert, wird aufgetischt. *Wahrscheinlich liegt es an der fleischlichen Kost, dass die Gauchos, wie andere Fleisch fressende Tiere, lange ohne Nahrung auskommen können.* Ich bin bald schon satt zurückgesunken, da essen sie noch lange weiter, nach dem Muskelfleisch das pure Fett in großen Stücken.

Marcello erzählt seinem Freund vom Lebensbaum. Das Bild muss ihm den ganzen Tag nicht aus dem Kopf gegangen sein. Bruno hat schon von Darwin gehört. Der Einundzwanzigjährige ist auf die höhere Schule gegangen und soll bald die Ländereien seines Vaters übernehmen. Mit der Abstammung vom Affen hat er keine Probleme. »Aber was ist dazwischen«, fragt er, »warum gibt es keine Affenmenschen?« Die Frage schwebt im Raum, der sich mit dem Rauch der Zigarillos füllt wie die Welt mit unserem Schweigen. Nur das Öfchen blubbert leise vor sich hin.

»Ausgestorben«, erwidere ich. Sie schauen mich an. »So wie alle unsere Vorfahren gestorben sind. Nachdem ihre Linien sich getrennt haben wie zwei Familien, entwickelt sich jede in eine andere Richtung weiter. Wie die Äste und Zweige an einem Baum.« Mit einem Stock male ich ihnen Darwins wichtigste Entdeckung als Ergebnis seiner

Reise in den Sand: den Baum des Lebens.« »Wir bilden die Spitze eines Zweiges. Alle weiteren Abzweigungen seit unserer Trennung vom gemeinsamen Vorfahren mit den Schimpansen sind wieder verschwunden. Das«, ich zeige mit dem Stöckchen darauf, »sind die toten Enden am Lebensbaum.«

Nachts *schliefen wir in einer erbärmlichen Hütte, die von den Ärmsten der Armen bewohnt war.* Das Bett roch klamm, die Decke zu dünn, *der Wind war sehr kräftig und kalt, doch nie schlief ich behaglicher.* Als ich erwache, sitzen die anderen schon auf dem Bänkchen vor dem Haus in der Morgensonne und schlürfen ihren Maté. Marcello blickt stumm und ernst in die Leere. »Die toten Enden«, sagt er endlich. »Ich werde dir welche zeigen.«

Wir entfernen uns vom Meer und reiten im Landesinnern über endlose Wiesen, wie sie die Pampa prägen. Hinter einem Wassergraben erstreckt sich ein Feld – Soja, so weit das Auge reicht. »Das macht hier alles kaputt.« Soja bringt den Landwirten pro Hektar doppelt so viel Profit wie Viehzucht. Die Anbauflächen in Argentinien sind zusammen inzwischen fast halb so groß wie Deutschland. Das Saatgut fast ausschließlich genetisch verändert, der Pestizidverbrauch steigt linear mit der Produktion, doch was kümmert das den Weltmarkt? Wachsende Kaufkraft in China, Mehrbedarf an Pflanzenöl in Japan, kleine Verschiebungen im Getriebe der Menschheitsmaschine.

Aber wie soll ein Marcello verstehen, dass ein Großteil der Bohnen in Europa an Kühe verfüttert wird, wo doch das Fleisch aus hiesiger Produktion ohne Hormone, Medikamente oder Kraftfutter so unvergleichlich besser ist? Vielleicht wird auch der Sprit in seinem Pick-up schon bald von Feldern stammen, auf denen er kürzlich noch Vieh zusammengetrieben hat. Argentinien hat gerade wie Nachbar Brasilien ein Gesetz zur Förderung von Biodiesel erlassen. Der Markt macht den Wahnsinn möglich. Steigende Energiepreise bedrohen Wälder und ermuntern Landbesitzer, Treibstoff statt Nahrungsmittel zu produzieren – bis deren Preise wieder lukrativ genug sind.

Wie Oasen liegen alte Gehöfte baumumstanden inmitten der ausufernden Ländereien, der Estancias, verlassen, verwaist, die Gärten überwuchert, die Häuser eingestürzt. Windräder drehen sich sinnlos um die eigene Achse. Marcello sitzt auf einem Haufen Trümmer und spielt mit den Zügeln seines Pferdes. Gürteltiere huschen in ihre Bauten, Kaninchen hoppeln ins Gebüsch. Genau auf solch einem Hof sei er aufgewachsen, sein Vater ein Gaucho und sein Großvater auch. Sie haben ihm beigebracht, wie man aus dem Stand in den Sattel springt und sich auch die wildesten Pferde mit sanfter Gewalt unterwirft. Doch mit ihm, das weiß Marcello, stirbt der Ast ab. »Das hier«, sagt er, »ist ein totes Ende.«

»Warum können wir nicht mehr so leben wie damals?«, fragt er irgendwann, ohne eine Antwort zu erwarten. »Ein Resthof mit wenig Land würde mir reichen. Die Besitzer haben uns von den Höfen vertrieben, als sie immer mehr Land zu immer größeren Einheiten zusammengefügt haben.« Der frühere Dueño seiner Familie besitze heute fünf riesige Flächen, aber auf denen beschäftige er nur noch einen Gaucho, wo sie einmal zehn waren.

Vetter Jorge, den wir besuchen, hat Arbeit auf solch einem Tausend-Hektar-Land gefunden. Ganz für sich lebt er dort und versorgt sechshundert Kühe. Allein das Abreiten der Weiden koste ihn fast den ganzen Arbeitstag. Die Kuh macht Muh, die Kühe Mühe. Mit Sechzigstundenwochen komme er nicht aus. Dafür erhält er umgerechnet 250 Euro im Monat. Den Besitzer hat er noch nie gesehen. Er weiß nur, dass der Mann Zahnarzt in Buenos Aires ist und gerade noch einmal sechshundert Hektar dazugepachtet hat. Wieder steht das Wort Soja im Raum.

Das größte Zimmer im »casco«, Jorges Wohnhaus für die Zeit seiner Anstellung, ist die Wohnküche. Im Fernseher läuft eine der unzähligen Pferdeschauen mit Cowboykünsten, Tanz und Musik. Marcello kommentiert jedes Muskelzucken von Pferd und Reiter. Als Sportler hat der Gaucho Zukunft. Es wäre nicht die erste Kunst, die nur in Freizeit und Wettkampf überlebt – spezialisiert, perfektioniert, professionalisiert und vermarktet. Schwager Nicolas verdient damit schon sein Geld, fährt von Turnier zu Turnier. Die zwei hier sind zu alt dafür.

Es war einmal ein Gaucho, der hieß Marcello und verstand die Welt nicht mehr. Sein Handwerk beherrschte er perfekt. Doch seine Arbeit war kaum mehr gefragt, seit die Weltmärkte sich verändert haben. Seine Frau sagt, sie wolle mehr vom Leben als die gelegentlichen Pesos. Im Süden, in Feuerland, da liege eine Stadt, Ushuaia, mit Wachstum und Arbeit und guten Schulen. Da könne er seine Begabung im Tourismus zu Geld machen.

Selten habe ich einen Menschen so hin- und hergerissen erlebt. Hier nur Vergangenheit, aber seine Welt. Dort in der Fremde, im elendesten Klima auf diesem Planeten, eine Zukunft im »Fremdenverkehr« als Gaucho-Animateur für gut zahlende Kunden der Freizeitindustrie. Was soll man einem Mann in seiner Lage raten? Ich denke, *mein Gastgeber* hat sich längst entschieden, als wir Adieu sagen. Da *er äußerst zuvorkommend gewesen war – mich nicht nur mit Nahrung versorgt, sondern mir auch seine eigenen Pferde geliehen hatte –*, wollte ich ihm eine Entschädigung zukommen lassen. Zum Abschied stecke ich Marcello einen Umschlag zu. Ohne Zögern nimmt er ihn an sich. Das erste Geld, das der Gaucho sich als Fremdenführer verdient hat.

Der Artentod, ja das Verschwinden ganzer Linien gehört zum Baum des Lebens wie die letzte Stunde zur Existenz des Individuums. An der Küste bei Punta Alta, zwei Autostunden westlich von Marcellos Heimat Oriente entfernt, öffnen versteinerte Lebewesen Darwin die Augen für das Wunder der Evolution. Bei einer Erkundungsfahrt mit FitzRoy und Sulivan, dem Zweiten Offizier, steht er plötzlich vor einer Felswand wie vor einem aufgeschlagenen Buch der jüngeren Naturgeschichte. Die Schichten aus Sedimentgestein in der Steilküste sind über und über voll mit fossilen Überresten ausgestorbener Lebewesen. Erstmals findet er Zähne und Knochenreste riesiger ausgestorbener Wirbeltiere.

Ich hatte Glück mit Fossilien, schreibt er seinem Mentor Henslow, *ich habe Stücke von mindestens 6 unterschiedlichen Tieren*. Auch wenn er noch nichts davon weiß und seiner Familie in England schreibt: *Nichts geht über die Geologie* – hier beginnt die Metamorphose des Geologen zum Biologen Darwin. Selbst *die ersten Tage einer Jagd können nicht damit standhalten, eine feine Ansammlung fossiler Knochen zu finden, die ihre Geschichte früherer Zeiten fast mit lebendiger Zunge erzählen.*

Versteinertes Leben, lebendige Steine – die Natur spricht zu ihm in neuen Worten. Sein Schicksal hat ihn auf einen Totenacker der Evolution geführt. *Wir dürfen also folgern, dass das Gebiet der Pampas ein gewaltiges Grab jener ausgestorbenen gigantischen Vierfüßer darstellt.* Ihre Namen allein sprechen von gewaltigen Größen: Megatherium, Mylodon, Glyptodon.

Sedimente, Abdrücke, Schädelstücke, Knochen, später Riffe, ganze

Gebirge aus Muschelresten und Korallen: Landschaften formen Leben und umgekehrt. Aus Schichten wird Geschichte, die man wie in einer Zeitmaschine durchreisen kann. *Zu meiner großen Freude fand ich den Kopf eines riesigen Tieres, eingebettet in weichen Fels. Es kostete mich fast 3 Stunden, ihn herauszubringen: Soweit ich das beurteilen kann, ist es mit dem Rhinozeros verwandt.*

Damit liegt Darwin falsch, wie in etlichen anderen Punkten auch. Von der Paläontologie, der Lehre von den ausgestorbenen Tieren und Pflanzen vergangener Erdzeitalter, hat er kaum mehr Ahnung als ein gebildeter Laie. Später wird der Londoner Anatom Richard Owen den Fund der Gruppe der damals »Edentaten« genannten Tiere zuordnen, mächtigen Säugern, die Darwin nur aus Büchern kennt.

In Punta Alta versuche ich, Darwins Küste ausfindig zu machen. Doch sonntags in so einer kirchentreuen Stadt anzukommen ist, wie in ein Kino zu gehen, in dem kein Film läuft. Die Straßen leer, die Geschäfte verschlossen, kaum eine Menschenseele unterwegs. Der Wind weht Papier- und Plastikfetzen wie herbstliche Blätter durch die Gassen. Das »Städtische Museum der Naturwissenschaften« trägt seinen Namen, spanisch eingefärbt: Carlos Darwin. Hier müsste doch jemand zu finden sein, der Bescheid weiß. Neben dem verschlossenen Tor links ein Graffito, schwarz auf weiß: Carlos Darwin Puto, was ich frei mit »Hurensohn« übersetze. Auf der anderen Seite ein Schild mit den Öffnungszeiten, darunter eine Telefonnummer. Ich wähle, eine Frau hebt ab. Kaum ist meine Frage heraus, sagt sie: »Besuchen Sie uns morgen früh. Ich reserviere Ihnen den ganzen Tag.«

Teresa Manera kommt, lange bevor ihr Museum seine Pforten öffnet. Die Paläontologin und Professorin an der Universität im nahen Bahía Blanca hat sich als Spurenleserin auf versteinerte Fußabdrücke spezialisiert. Den Ort am Strand nahe dem heutigen Ferienort Pehuén-Co, wo Darwin erstmals auf Knochen und Zähne stieß, würde sie im Schlaf finden. Unter der fein geschichteten Steilküste, vom Meer durch eine Sandbank getrennt, erstreckt sich ein beinahe topfebener, mit Mulden übersäter Sandsteinfels. »Genau hier hat er gestanden«, sagt sie, als ihr Jeep nach langer Holperfahrt über den Strand endlich zum Stehen kommt. Sie zeigt auf eine Stelle, wo sich die Küste zu einer kleinen Höhe aufschwingt. »Die Beagle lag damals da draußen. FitzRoy hat den einzigen erhöhten Punkt mit dem bezeichnenden Namen Starvation Point als Landmarke erkannt.« Hätte der Strand an diesem »Hungerpunkt« damals so ausgesehen wie heute, dann wäre womöglich schon Darwin jene Entdeckung geglückt, die der Forscherin gut hundertfünfzig Jahre nach seinem Besuch gelingt. »Die Küste sieht noch in etwa so aus wie zu Darwins Zeiten«, sagt die Spurenleserin. »Allerdings hat er ihre Lage höher beschrieben. Vermutlich lag die Küstenlinie weiter draußen, und während seines Besuchs gab es viel mehr Sand.« Im Jahr 1986 hat das Meer besonders viel Sand weggespült und größere Stücke flacher Felsen freigelegt. Eines Tages findet Manera tief in den Stein gedrückt zwölftausend Jahre alte, fossilisierte Fußspuren genau jener Tiere, deren Überbleibsel Darwin nach England verschiffen ließ. Die Abdrücke sind gewaltig. Beim erwachsenen Megatherium, einem Riesenfaultier, messen sie in der Länge fast einen Meter.

Als sie auf Darwins Spuren die Fußabdrücke seiner wichtigsten Fossilien erblickt, hat Teresa Manera ihr Lebensprojekt gefunden. Im Lauf der Jahre spürt sie weitere Fußabdrücke ausgestorbener Giganten wie die des elefantenähnlichen Mastodon, des Riesengürteltiers Glyptodon und des tapirartigen Macrauchenia auf – dessen Skelett Darwin später in Patagonien als erster Forscher bergen wird. Aber auch vorzeitliche Spuren von Säugetieren, die heute noch leben – Puma und Guanako, Hirsch- und Fuchsartige –, und von Vögeln wie Schwarzhalsgans, Flamingo und Nandu. Die Tiere haben ihre Füße in den Uferschlamm einer Wasserstelle gedrückt. Der eigentliche Strand lag damals hundert Kilometer weiter draußen.

Mit der zweiundsechzigjährigen »Pfad-Finderin« durch ihr Revier zu streifen und die Tiere in ihrem prähistorischen Freiluftzoo Gestalt annehmen zu lassen, das ist wie Daumenkino für die Fantasie, besser als jeder »Jurassic Park«. Da erwachen die Spuren zum Leben. Die einen stolzieren, die anderen watscheln oder hüpfen, wieder andere rennen oder tragen ihren schweren Leib im gemächlichen Gang übers Land.

Teresa Manera hat ihrer Entdeckung eine Art Arche errichtet, das Museo Carlos Darwin. Um die Spuren buchstäblich zu sichern, hat die Forscherin sie gemeinsam mit Mitarbeitern und Volontären mit Latex und Polyurethan ausgegossen und, als Abdrücke der Abdrücke, in die Sicherheit ihres Museums gebracht. Die Welt kennt kaum ein beeindruckenderes Zeugnis vom Miteinander noch lebender und ausgestorbener Tiere. Manera weiß, wie vergänglich ihr Schatz ist. Vor allem im Sommer fahren immer wieder Einheimische und Touristen mit Geländewagen zwischen den Ferienressorts hin und her. Andere kommen in wachsender Zahl mit ihren Autos an den Strand, um zu angeln. Im März 2006 wurde der größte aller Abdrücke durch Autos schwer beschädigt. »Es gibt keine effektivere Weise, die Spuren zu zerstören«, klagt die Paläontologin.

Aber sie hat nicht resigniert, sondern den Kampf mit Politik und Behörden aufgenommen, um den Strandabschnitt für Fahrzeuge sperren zu lassen. Dieser weltweit einmalige Trampelzoo müsse unbedingt erhalten bleiben. Während der Hochsaison haben ihre Studenten Wachdienste eingerichtet, um das Schlimmste zu verhindern. Doch erst als Manera 2004 den Internationalen Rolex-Award für ihr Engagement bekommt, kann sie sich Gehör verschaffen. Die erreichte Regelung steht allerdings bis heute nur auf dem Papier.

Die Natur macht es ihr ebenfalls nicht leicht. Wenn sie Pech hat, verschwindet ihr Forschungsobjekt für ein paar Monate im Sand, im schlimmsten Fall bleibt es für immer verborgen. Manche Spuren findet sie ohnehin nur bei extremer Ebbe zu Zeiten von Voll- oder Neumond. An den Füßen von Megatherien aus dieser Gezeitenzone hat sie Hinweise auf Haare entdeckt. Damit, glaubt sie, könne der wissenschaftliche Streit beigelegt werden, ob die Riesenfaultiere ein Fell besaßen oder nicht. Dass die meisten ihrer Megatiere Pflanzenfresser waren, hat schon Darwin an deren Zähnen nachgewiesen

Hier, am Strand bei Pehuén-Co, schlägt er das nächste große Kapitel in seiner Evolutionstheorie auf. In seinem Kopf nimmt sie Formen an wie ein Falter in der Puppe – ohne sich äußerlich bemerkbar zu machen: *Gewiss ist kein Faktum in der langen Geschichte der Welt so verblüffend wie das weitreichende und wiederholte Aussterben ihrer Bewohner.* Er stellt eine Frage, die bis heute die Wissenschaft bewegt: *Was aber hat so viele Arten und ganze Gattungen ausgelöscht?* Einigkeit besteht darin, dass es in der Geschichte des Lebens immer wieder zu Katastrophen kam, denen massenhaft Arten und ganze Gruppen von Lebewesen zum Opfer fielen. Über deren Ursachen gehen die Meinungen jedoch weit auseinander.

Mindestens fünf große »Extinktionsereignisse« – »Big Five« genannt – haben Forscher ausgemacht: vor 444 Millionen Jahren im Ordovizium, vor 360 im Devon, vor 251 am Ende des Perm, als 95 Prozent aller im Meer und drei Viertel aller an Land lebenden Spezies verschwanden, und vor 220 Millionen Jahren in der Trias. Am bekanntesten wurde das plötzliche Aussterben der Dinosaurier vor etwa 65 Millionen Jahren. Allein für diesen Massentod sind über hundert Szenarien vorgeschlagen worden. Sie lesen sich wie Drehbücher für Katastrophenfilme.

Die meisten Experten favorisieren als Auslöser jähe Ereignisse wie Einschläge von Himmelskörpern auf der Erde und deren weltumspannende Folgen. Tatsächlich finden sich auf dem ganzen Globus in Ablagerungen genau an der Grenze zwischen Tertiär und Kreidezeit, die das Sauriersterben markieren, stark erhöhte Mengen des Metalls Iridium, das offenbar von Asteroiden oder Kometen stammt. Andere führen klimatische oder ökologische Faktoren ins Feld. Gewaltige Vulkanausbrüche könnten die Atmosphäre für lange Zeiträume regelrecht vergiftet, die Verdunklung der Erde durch riesige Staubwolken wiederum könnte zu Temperaturstürzen und Eiszeiten geführt haben. Wieder andere halten als Ursache für den Massentod das Aufsteigen gigantischer Wolken des giftigen Methans für möglich, das in einer monströsen Explosion verbrannte.

Darwin – dem geologischen Gradualismus Lyells zu- und dem biblisch geprägten Katastrophismus abgeneigt – hält nichts vom Massensterben, wie es eine Sintflut ausgelöst haben soll. *Wir müssen annehmen, dass das Aussterben einer ganzen Artengruppe ein langsamerer Vorgang ist als ihre Entstehung*, schreibt er in der »Entstehung der Arten«. Für das Massensterben prähistorischer Tiere, deren Friedhof bei Punta Alta er durchwühlt hat, kann es daher nur einen Grund geben: *Hat der Mensch, wie behauptet wird, nach seinem ersten Einfall in Südamerika das schwerfällige Megatherium und die anderen Edentata ausgerottet?*

Auch auf diese Frage glaubt Teresa Manera die Antwort zu kennen. Einer ihrer Studentinnen ist kürzlich eine weitere Sensation geglückt: Zwischen den Abdrücken der Tiere fand sie die versteinerten Fußspuren von Menschen, die demnach zur selben Zeit am selben Ort gelebt haben.

Was das bedeutet, wird mir erst in ihrem Museum klar. Dort steht maßstabgetreu ein Replikat des Riesenfaultiers. Gegen dessen fast fünf Meter wirke ich wie ein schmächtiges Kind neben einem kräftig gebauten Erwachsenen. Viel Fleisch für ein Indianervolk. Ein paar Tausend Jahre haben Jäger und Beute noch gleichzeitig gelebt. So viel Zeit bleibt heutigen Arten nicht mehr. Die Menschheit reißt im Getriebe ihres Fortschritts immer mehr Spezies in den Tod. Wir sind dabei, das größte »Extinktionsereignis« in der Geschichte des Lebens zu verursachen.

»Darwin hat das gewusst«, sagt Teresa Manera. Deshalb trage ihr Museum zu Recht seinen Namen. Aber warum Carlos, der Mann hieß doch Charles? Da spricht sie ein Wort aus, das ich an dieser Stelle am allerwenigsten erwartet hätte: Falklands. In Punta Alta befindet sich eine große Basis der argentinischen Marine. Viele Opfer des Krieges gegen England 1982 stammten aus der Stadt. Mit einem englischen Namen wäre die Museumsgründerin seinerzeit nicht durchgekommen. »Außerdem«, sagt sie, »schauen Sie doch mal in seinen Papieren nach.«

Wohl dem, der einen gültigen Pass besitzt. Ich reise mit meiner »Ficha Individual Tripulante Via Maritima/Fluvial« mit Fingerabdruck, Foto und fehlerhaft angebrachtem Stempel durchs Land. Darwin hat seinen Pass in Rio verloren und vertraut auf ein Papier, das ihn als »El Naturalista Don Carlos Darwin« ausweist. *Was ein Naturforscher sein könnte, davon hatten {sie} keine Vorstellung, das aber nahm meinem Titel nichts von seinem Wert.* Der Besitzer einer Posthalterei lässt sich sein Dokument zeigen, *denn es seien so viele Räuber unterwegs, dass er keinem traue.*

Die Polizeikontrollen habe ich nicht gezählt, und irgendwann auch nicht mehr die Meilen, als ich Darwin vom Río Negro zurück nach Buenos Aires folge. Der Fluss trennt Patagonien von der Pampa, Geröllsteppe im Süden von nutzbarem Weideland im Norden. Zu Darwins Zeiten endete hier die zivilisierte Welt. Immer wieder Stopp für den gesamten Verkehr. Offiziell fahnden die Beamten nach Früchten, über die man mögliche Krankheiten in die Nachbarprovinz einschleppen könnte. Aber was sie eigentlich bezwecken, ist Kontrolle als kleinste Einheit von Herrschaft und Macht. Ihre Präsenz liegt wie ein Schatten über dem Land.

Gemerkt habe ich es weniger an mir – die Uniformierten haben nie nach meinem Pass gefragt – als vielmehr an meinem Begleiter: Rolf Ruest, ein Argentinier zweiter Generation mit deutschen und Schweizer Vorfahren. Sobald ein Kontrollposten in Sicht kommt, wird er nervös und kleinlaut. Er bedauere sein Verhalten, aber das sei ihm während seiner Jugend unter der Militärjunta in Fleisch und Blut übergegangen.

»Rodolfo« ist aus Buenos Aires gekommen, wo er im Goethe-Institut als Medientechniker arbeitet. Die erste Nacht in seinem alten VW-Camper verbringen wir bei El Condor an der Mündung des Río Negro, wo die Beagle ein paar Tage lag. Lagerromantik mit Klapptisch und -stühlen, Bier aus Tassen, Darwins Tagebuch auf dem Laptop, nur der Name des Ortes passt nicht: Statt Kormoranen veranstaltet die weltweit größte Kolonie von Papageien bis zum Dunkelwerden einen Höllenlärm.

Darwin geht hier von Bord und besorgt sich Pferd und Führer. Er hofft, im knapp dreihundert Kilometer nördlich gelegenen Bahía Blanca wieder auf seine Kameraden zu treffen, die mit Vermessungsarbeiten beschäftigt sind. Als das Schiff dort auch nach längerem Warten nicht eintrifft, beschließt er, bis Buenos Aires weiterzureiten – insgesamt tausend Kilometer in fünfeinhalb Wochen. *Ich war, wie sie sagen, un grand galopeador*, schreibt er an Henslow. Dennoch ein mutiger Entschluss, da die Gegend für blutige Überfälle durch Indianer bekannt ist.

Wir kommen auf den gut ausgebauten Straßen zügig voran, auch wenn der Bulli maximal neunzig Stundenkilometer schafft. Am Morgen brechen wir auf nach *Patagones* (heute Carmen de Patagones), *etwa 18 Meilen den Fluss hoch gelegen*. Im Tempel des Schlesier-Ordens an der Plaza 7 de Marzo bewahren sie bis heute auf dem Altar zwei brasilianische Flaggen auf, zur Erinnerung an den Sieg über den großen Nachbarn 1827, sechs Jahre vor Darwins Besuch. Das Gefecht fand genau an jener Stelle des Flussufers statt, wo er damals an Land ging. Ziemlich bewegte Zeiten, seine Wanderjahre. Ein halbes Jahrhundert nach den Vereinigten Staaten haben sich Südamerikas Länder, die er besucht, gerade erst von den Kolonialherren unabhängig erklärt – Argentinien 1816, Chile 1818, Brasilien 1822, Uruguay 1825.

Die Straße ging uninteressant über eine trockene Grasebene. Bis zum Co-

lorado gut hundertfünfzig Kilometer Einöde auf der fast schnurgeraden Nationalstraße 3. Darwin bewundert hier noch die Grazie der Indianer, die friedlich neben den weißen Siedlern leben, vor allem *der jungen Männer.* ... *Der Geschmack, den sie mit ihrer Kleidung beweisen, ist bewundernswert.* Wenn man einen von diesen jungen Indianern in eine Bronzestatue verwandeln könnte, wäre die Drapierung aufs Vollkommenste anmutig. Auch weibliche Reize entgehen ihm nicht. *Unter den jungen Frauen ... verdienen es einige sogar, schön genannt zu werden.* ... *Sie haben eine edle Farbe und Augen, die vor Glanz funkeln. Ihre Beine, Füße und Arme sind zierlich und elegant geformt.*

Doch diese friedlichen Bilder gehören schon bald der Vergangenheit an. Das Land befindet sich im Krieg. *Vor einigen Monaten hat die Regierung von Buenos Aires eine Armee unter dem Kommando von General Rosas ausgesandt, die Indianer auszulöschen.* Die Europäer sind fest entschlossen, die Ureinwohner bis hinter den Colorado zurückzudrängen und jeden, der sich ihnen widersetzt, umzubringen. *General Rosas' Plan ist es, alle Versprengten zu töten und die Übrigen ... als Ganzes anzugreifen. Diese Operation soll drei Jahre hintereinander wiederholt werden.*

Wir erreichen den Colorado. *Der gewundene Lauf des Flusses ist von zahllosen Weiden und Schilfbetten markiert.* Picknick unweit der Brücke im Schatten der Bäume, wo damals Reisende mit Kanus übersetzen mussten. Hier lag der General mit seinen Truppen. *Ich glaube, solch eine banditenartige Schurkenarmee ist noch nie zusammengestellt worden.* Gleichzeitig zeigt sich Darwin fasziniert. *Welche Truppen sonst auf der Welt sind so unabhängig? Die Sonne als Führerin, Stutenfleisch als Nahrung, das Sattelzeug als Bett – solange es ein wenig Wasser gibt, würden diese Männer bis ans Ende der Welt vordringen.*

Unter den Männern befinden sich auch *etwa 600 indianische Verbündete.* Zur Perfidie der Ausrottungskriege gehört es, verfeindete Ureinwohner aufeinanderzuhetzen. Heute erinnert der verkleinerte Nachbau des »Fortin Mercedes« an die bewegten Zeiten. Genozid und ethnische Säuberungen werden verkitscht, die Anlage ähnelt einem Abenteuerspielplatz für Kinder. Indianer sind weit und breit keine zu sehen.

Darwin trifft den Befehlshaber – *entschieden der berühmteste Kopf in ganz Südamerika* – und vertraut seinem Tagebuch eine prophetische Einschätzung an: *General Rosas ist ein Mann von außerordentlichem Cha-*

rakter; *er hat im Moment den größten Einfluss in diesem Land und wird wahrscheinlich am Ende dessen Herrscher sein.* Genau so kommt es. Juan Manuel de Rosas reißt wenig später die Macht an sich. Seine Gegner lässt er von der »Mazorca«, seiner politischen Polizei, einsperren und foltern. Mehr als zwanzig Jahre lang herrscht er mit eiserner Hand, ehe ihn ein ehemaliger Weggefährte auf die gleiche Weise aus dem »Amt« jagt, wie er es sich geholt hat.

De Rosas empfängt Darwin *ohne jedes Lächeln,* garantiert ihm aber für seinen langen Ritt Zugriff auf die Postpferde der Regierung. Am selben Tag notiert der Reisende: *Dieser Vernichtungskrieg, obwohl mit schockierendster Barbarei gefochten, wird gewiss großen Nutzen bringen; er wird auf einen Schlag in der Länge von 400 oder 500 Meilen ausgezeichnetes Land für die Haltung von Rindern zugänglich machen.* Erst in seinen Reiseerinnerungen von 1839 geht er auf Distanz: *Wer wollte in dieser Zeit glauben, dass solche Gräuel in einem christlichen, zivilisierten Land begangen werden könnten?*

Die beiden Seelen in der christlich-britischen Brust nehmen den Konflikt vorweg, in den ihn die Konsequenzen seiner Theorie bald stürzen werden: Wenn auch für den Menschen das *Survival of the fittest* gilt (und warum sollte es nicht, wo wir im Sinne der Evolution doch auch »nur« Tiere sind?), was ist dann gegen die Ausbeutung der Arbeiter, die Unterdrückung der Sklaven oder die Vertreibung und Vernichtung der »Wilden« zu sagen? Siegt nicht immer der Stärkere im Kampf ums Dasein, so wie es die Evolution vormacht?

Solche sozialdarwinistischen Übertragungen seiner Theorie auf die Gesellschaft hat Darwin nie akzeptiert – womöglich auch deshalb, weil er umgekehrt in seiner Theorie die gesellschaftliche Wirklichkeit abbildet: Im Konkurrenzdenken des Manchesterkapitalismus setzt sich der »Kampf ums Dasein« auf wirtschaftlicher Ebene fort. Doch diese Diskussion hat Darwin in seinem Leben nie geführt. Bevor er sich in den Verwicklungen von biologischer und kultureller Evolution verheddert, lässt er lieber die Finger davon. Das wird Tyrannen wie Hitler nicht daran hindern, mit Darwins Ideen Machtergreifung und Massenmord zu begründen. Darwinistisch betrachtet verleiht ihre Macht ihnen ihr Recht. Survival of the most brutal.

Militärjuntas und lokale Kriege prägen die Geschichte Argentiniens bis in unsere Tage. Wie die meisten seiner Landsleute kann mein

Führer Rodolfo die »guerra sucia« nicht vergessen, den schmutzigen Krieg zwischen 1976 und 1983, als die Junta etwa dreißigtausend Menschen verschwinden ließ. Nach Opfern wird heute noch gefahndet. Wie oft nach Schreckensherrschaften muss erst eine Generation vergehen, bis ein Volk aus dem Schatten seiner Geschichte treten kann. »Diese Zeit hat das Zusammenleben zerrüttet«, sagt Rolf. Die Vertrautheit im Privaten sei groß, in der Öffentlichkeit halte sich jeder zurück. Das Gleiche habe ich Menschen nach dem Mauerfall in Brandenburg sagen hören.

Stunde um Stunde eintönige Öde, ein einziger kreisrunder Horizont, der unmerklich über konturloses Flachland wandert. Trotz der Viehherden wirkt das Land merkwürdig tot. *Die unzähligen Herden Pferde, Rinder und Schafe haben nicht nur das gesamte Bild der Vegetation verändert, sondern auch Guanako, Hirsch und Strauß nahezu vollständig vertrieben.* Diese Landschaft macht tatsächlich melancholisch.

Wir lassen Bahía Blanca mit seinem Gürtel aus Industrieanlagen und Raffinerien, Slums und Müllhalden hinter uns – zu Darwins Zeiten *verdient {es} kaum den Namen Dorf – ... und brachen zur Sierra de la Ventana auf.* Vor uns schiebt das einzige Gebirge in der Provinz Buenos Aires seine Gipfel über den Horizont und zwingt die Straße schließlich zu Kurven. *Der Ritt war ... interessant, da der Berg nach und nach seine wahre Gestalt offenbarte.*

Das Massiv trägt seinen Namen nach einer der Bergspitzen, durch die man wie durch ein Fenster – eine »ventana« – in den Himmel blicken kann. Doch je näher es rückt, desto größer die Enttäuschung. Der hohle Gipfel bleibt die einzige Attraktion. *Ich glaube, nirgendwo hat die Natur einen einsameren, trostloseren Haufen Steine aufgetürmt.* Das ist das Merkwürdige am Nachreisen, und es geht Darwin mit Humboldt nicht anders als mir mit ihm: Meist sucht man das, was der andere beschreibt, vergebens, dann wieder lesen sich seine Schilderungen wie exakte Skizzen des Bildes, das man in diesem Moment vor Augen hat.

Selbst der Blick war nichtssagend – eine Ebene wie das Meer, jedoch ohne seine schöne Farbe und definierte Kontur. Die Szenerie indes war neuartig, und ein wenig Gefahr verlieh ihr Würze wie Salz dem Fleisch. Einmal stößt er auf die Spuren eines Pumas, ein andermal der *Pampasindianer*, aber passiert ist ihm nichts. Er reist nahe genug am Puls der Zeit, aber weit genug weg von ihren Bedrohungen. Manchmal können die Parallelen auch unheimlich werden. War ich nicht am selben Kalendertag bei den Riesentieren von Pehuén-Co? Wurden wir nicht auf derselben Strecke mit Matsch bespritzt wie er? *Mein Tier fiel, und ich war reichlich beschmiert mit schwarzem Schlamm.* Uns erwischt es kurz hinter Tapalqué, als wir auf seiner Spur eine Schotterpiste nehmen und der Camper im Dreck stecken bleibt. Wir wechseln uns mit Schieben und Fahren ab, aber außer aufspritzendem Straßenbelag bewegen wir nichts. Ein Bauer muss uns mit seinem Jeep aus dem Schlamassel befreien.

Auf einer breiten Einfallstraße gelangen wir ins Zentrum der argentinischen Hauptstadt – oder besser gesagt: in eines der vielen Zentren in diesem metropolitanen Zehn-Millionen-Gedränge. Mein erster Eindruck: Größe macht noch keine Größe. Der französisch-schweizerische Architekt Le Corbusier hat Buenos Aires einmal als »Stadt im Irrtum« beschrieben, »die keinen neuen Geist besitzt und keinen alten«. *Tatsächlich sieht die ganze Stadt europäischer aus als irgendeine andere, die ich in Südamerika gesehen habe.* Man könnte auch sagen: Sie konnte sich nie ganz von Europa lösen und ist deshalb nie in Amerika ankommen.

Wenn der spanische Dichter José Ortega y Gasset von einer »Stadt mit dreihundert Millionen Widersprüchen« schreibt, dann verwischt er den einen wesentlichen: Wie in ganz Südamerika bricht sich das Licht in erster Linie an den sozialen Grenzen. Wie eng die Fesseln des Existenzminimums sind, lässt sich allein schon an den Cartoneros ablesen. Sie sammeln nächtens bis in die frühen Morgenstunden die Papier- und Pappabfälle der Stadt ein und geben sie über Zwischenhändler zum Kilopreis weiter. Noch während die letzten Banker und andere Geschäftsleute ihre blank geputzten Bürotürme im Microcentro, der Downtown von Buenos Aires, verlassen und sich in den umliegenden Lokalen »ein Schoppe« genehmigen, ein frisch gezapftes Bier, bevölkert dieses Lumpenproletariat mit seinen Säcken und Karren die Straßen. Oft sind es ganze Familien, die aus weit entfernt liegenden Elendsvierteln allabendlich zur Arbeit im Dunkeln erscheinen.

Die Zweiklassenschichtung sorgt für ein reibungsloses Recycling, ohne dass sich die Rohstoffverbraucher weiter um ihre Hinterlassenschaften kümmern müssten. Kaum irgendwo zeigt sich deutlicher der Zynismus der Eigenverantwortungsphilosophie, nach der jeder sich selbst durchbeißen muss. Darwin fällt ein vernichtendes Urteil über den *Charakter der höheren und gebildeteren Klassen*. *Der Bürger ist ein ausschweifender Effekthascher, der über alle Religionen lacht; er ist bereit zur größten Korruption; sein Mangel an Prinzipien ist vollständig. Eine Gelegenheit zu versäumen, seinen Freund zu betrügen, wäre ein Akt der Schwäche; die Wahrheit zu sagen, wo die Lüge bessere Dienste leisten kann, wäre die Schlichtheit eines Kindes. Der Begriff Ehre wird nicht verstanden.*

Je grobmaschiger das soziale Netz ist, desto mehr Nischen entstehen im Graubereich der Menschenwürde. Die Papierberge an den Sammelstellen erreichen in der Frühe epische Ausmaße. Im Gedenken an die Papierverwerter und Büchersammler von Rio suche ich das Gespräch. Selten habe ich mich so fehl am Platz gefühlt, so sehr als Eindringling in eine Welt, die nicht die meine ist. Ihr Schweigen, ihr finsteres Abwenden, ihre mitunter aggressive Abwehr steigert nur das Gefühl, mich hier in innere Angelegenheiten einzumischen, die mich nichts angehen.

Erst im Verlauf der Tage entdecke ich die angenehmeren Seiten von Buenos Aires – wobei sich nicht die Stadt verändert hat, sondern mein Blick. Ich bin in Belgrano untergekommen, einem ebenso aufregenden wie unaufgeregten Wohn- und Einkaufsviertel unweit des Río de la Plata. Mittags berstende Lunch-Lokale mit großen Tellern zu kleinen Preisen. Das Rindfleisch kann Vegetarier zum Umfallen bringen. Die gut gelagerten, ölig schweren Weine aus der Gegend um Mendoza erzählen Geschichten von knorrigen Wurzeln in derber Erde, aus der die Dauersonne das Wasser saugt wie dickes Blut. Eine Señora bestellt ein Salatblatt extra für ihre Babyschildkröte. Olga, eine Weißrussin mit den schönsten gletscherblauen Augen und schlechtesten Zähnen, die ich je in einem Gesicht zusammen gesehen habe, schneidet mir das Haar und erzählt von dem hart erkämpften Glück, das sie hier gefunden habe.

In der U-Bahn tritt mir eine Frau versehentlich auf den Fuß und entschuldigt sich. »No importa«, sage ich, »das macht doch nichts.« – »Sí importa«, gibt sie trotzig zurück. Eine andere sieht mich lesen, Borges, nimmt einen Zettel aus ihrer Handtasche, notiert ein paar

Namen und sagt: »Damit Sie unsere anderen Dichter nicht vergessen.« Auf dem Papier stehen Julio Cortázar, Ernesto Sábato, Victoria Ocampo. Abends im alten Zentrum eine Menschenschlange um einen ganzen Block – Anstehen für Theaterkarten. In der Confitería Ideal zählt die Qualität des Tangos mehr als die des durchgesessenen Mobiliars. Ich komme ins Gespräch mit einem älteren Ehepaar. Sie wollen über das »Stück Leben« reden, das uns das Paar auf der Bühne mit gekonnter Kälte soeben vorgeführt hat. Das alles ist mir in Rio nicht passiert.

Mit gehörigem Respekt vor argentinischen Uniformen betrete ich endlich eine Polizeistation. Ich muss den Verlust meines Passes anzeigen, um einen neuen bekommen zu können. Die Polizistin will jedes Detail wissen. Da ich nicht lügen möchte, versuche ich zu sagen, das Ausweispapier sei mir abhanden gekommen, »extraviado«. »Perdido?«, fragt sie zurück, »verloren?« Was soll ich sagen? »Sí.« Ich will ja niemanden beschuldigen. »Das kostet Gebühren. Hätten Sie ›gestohlen‹ gesagt, wäre es umsonst gewesen.«

In der deutschen Botschaft geht dann alles sehr schnell. *Ich erhielt, was ich wollte, einen Pass.* Ein Beamter mit dem schönen deutschen Namen Henry Boy stellt ihn mir aus. Im Notfall geht so was in wenigen Minuten. Darwin erhält sein Dokument von Juan Manuel de Rosas.

8
Patagonien

Endlose Kiesfelder · Fossilien bei St. Julián · Darwins Heimkehr · Leben in Cambridge und London · Geheime Notizbücher · Der Sinn des Todes · Riesenhafte Patagonier · Die Spur der Hände · Reparatur der Beagle · Exkursion auf dem Santa Cruz

Einmal der Erste sein, vor allen anderen einen Flecken Erde betreten – gibt es das noch auf diesem tausendmal umgewühlten, abgeholzten und zersiedelten Planeten? Darwin ist gut zwei Jahre unterwegs, als er im Süden Südamerikas erstmals wirklich Neuland betritt. Zumindest ist noch kein Europäer vor ihm so weit vorgedrungen in das Landesinnere Patagoniens. Die »anderen« sind schon seit über zwölftausend Jahren da.

Eine große Rauchwolke wurde in einiger Distanz gesichtet und ein Skelett und andere Anzeichen von Pferden; daher wussten wir, dass Indianer im Land waren. Jenseits der Stelle, an der wir die letzte Nacht verbrachten, ist das Land vollkommene terra incognita. Nun endlich erfüllt sich die Sehnsucht nach dem Neuen, die Humboldt und andere Forschungsreisende durch ihre Berichte in ihm geweckt haben. *Die großen Wüsteneien von Patagonien*, schreibt Darwin mehr als fünfzig Jahre später in seinen Erinnerungen, *haben einen unauslöschlichen Eindruck auf meinen Geist gemacht.*

Gleich hinter Puerto Deseado, *ich wanderte einige Meilen ins Landesinnere*, jene »gräuliche Fata Morgana«, die Bruce Chatwin beschwört. Auch nach ein paar Stunden Fahrt über Schotterpisten das gleiche Bild. Kieselsteine, nichts als Kieselsteine, in allen Pastelltönen, knapp zwanzig Meter dick die Schicht nach Darwins Schätzung, auf einer Fläche von tausend mal dreihundert Kilometern. *Würde dieses große Kiesfeld ... zu einem Damm aufgehäuft, dann würde er eine große Gebirgskette bilden!* Allein wenn man denkt, dass *jedes einzelne {Steinchen} ... gerollt, gerundet und weit transportiert worden ist, dann wird der Geist irre ob der Vorstellung des langen, absolut notwendigen Vergehens der Jahre. Und dennoch wurde dies Geröll ... weit später als die darunterliegenden ... Tertiärmuscheln transportiert.*

Unaufhörlich arbeitet die Erdkruste, wälzt sich um, verwirft sich und verwittert. *Das Land ... ist in der Periode der heute existierenden Seemuscheln als Ganzes angehoben worden.* Wir spazieren am Meeresgrund, fossile Austern an seichten Hängen, ein Haifischzahn, zehn Millionen Jahre alt. Da hat schon vieles sein Ende gefunden, ist ausgestorben, untergegangen, wieder aufgetaucht. So gesehen erscheint die ganze Erde wie ein einziger riesiger Friedhof des Lebens.

Patagonien legt sich aufs Gemüt. *Alles ist Stille und Trostlosigkeit.* Dieses Wähnen, ganz allein auf der Welt zu sein auf der mächtigsten Schutthalde, die der Planet in Jahrmillionen angesammelt hat. *Dennoch wecken diese Szenen ... ohne auch nur einen heiteren Gegenstand darin ein schwer erklärbares, aber starkes, lebhaftes Behagen.* Nicht behaglich, dazu ist dieser Teil des Erdballs allzu unwirtlich, sondern das Gegenteil von Unbehagen. Ein Gefühl planetarer Einsamkeit, hingeworfen losmarschieren, schweren Schrittes im Kies ohne Woher und Wohin, aber fühlen, dass man lebt. In einer Ewigkeit, in der unser Menschheitsexperiment nur eine kurze Episode darstellt. Das war schon hier, lange bevor es uns gab, und es wird auch noch hier sein, wenn wir längst nicht mehr sind. *Man fragt sich, wie viele Zeitalter die Ebene schon so gewesen und wie viele noch so zu verharren sie verurteilt war.*

Einmal der Erste sein – das gehört hier zum Lebensgefühl. *Kein Baum war zu sehen, und mit Ausnahme des Guanakos, das gleich einem aufmerksamen Posten auf dem Hügel stand, auch kaum ein Tier oder Vogel.* Ein Nichts, in dem ein Etwas alles ist. Wo die wenigen Dinge viel Aufmerksamkeit bekommen, so wie im Tropenland die vielen wenig. Im Alles ist das Etwas nichts.

Und so verläuft auch diese Reise von den warmen Wäldern durch die Pampa nach Patagonien von fast allem über wenig nach fast nichts. Die Augen werden klein von all dem Licht, im Urwald waren sie noch weit geöffnet. Die Optik der Aufmerksamkeit geht dagegen von kleinster Blende auf engste Schärfentiefe. Und was zeigt sie? Keine Städte, Straßen, Häfen, Häuser, Gärten oder Wälder. *Hie und da sprießen Büschel eines braunen, drahtigen Grases und, noch seltener, ein paar Dornbüsche.* Die Reinheit urwüchsiger, weitgehend unberührter Landschaft kann das Denken befreien und eine Klarheit schaffen, die echte »Durchblicke« ermöglicht.

Gauchos in der Pampa haben Darwin erzählt, im Süden von Patagonien lebe eine zweite, sehr seltene Art des Laufvogels, die sie »Avestruz petise« nennen. Darwin sucht den »kleineren Straußenvogel« vergeblich, und als er ihn sieht, erkennt er ihn nicht – ein Fauxpas mit Folgen. *Als wir in Port Desire – dem heutigen Puerto Deseado – in Patagonien waren, schoss Mr. Martens – der Landschaftsmaler an Bord – einen Straußen; ich sah das Tier an, vergaß höchst unglücklicherweise in diesem Moment die ganze Sache mit den Petises und dachte, es handele sich um ein zwei Drittel ausgewachsenes Exemplar der gewöhnlichen Sorte. Der Vogel war gehäutet und gekocht, bevor mein Gedächtnis zurückkehrte. Aber Kopf, Hals, Beine, Flügel, viele der größeren Federn und ein großer Teil der Haut waren noch erhalten.*

Ein guter Teil von einem der ersten wichtigen Beweisstücke für seine Theorie ist unwiederbringlich verspeist. Zum Glück reichen dem erfahrenen Ornithologen John Gould die Überreste aus, um darin ein halbes Jahr nach Darwins Rückkehr eine bisher unbekannte Art zu erkennen – und nicht, wie Darwin erst angenommen hat, nur eine Varietät des Nandu. Die Spezies wird ihrem Entdecker zu Ehren RHEA DARWINII genannt, »Darwin-Nandu«.

Bald stellt sich heraus, dass ein französischer Zoologe dieselbe Art schon 1834 beschrieben und benannt hat. Der Petise verliert seinen berühmten Beinamen und lebt bis heute als PTEROCNEMIA PENNATA in Patagonien und den südlichen Anden. Kein großer Verlust für Darwins späteren Ruhm, gemessen am Gewicht des Gedankens, den er damit verbinden wird: Wenn man so will, begründet der Vergleich der beiden Laufvögel die Raumachse in seinem Koordinatensystem des Lebens.

Die Beagle fährt weiter die Küste herunter bis zur nächsten Ankerbucht. *Das Tafelland von Port Desire setzt sich fort bis St. Julian, aber an vielen Stellen unterbrochen von großen Tälern; und große Stücke sind vollständig abgetragen worden, sodass der Umriss Festungen gleicht.* Dazwischen pfannenflache Ebenen, Hügel schweben auf Luftspiegelungen über dem Horizont, und die Nationalstraße 3 als einzige geteerte Piste weit und breit. Gut zwei Stunden südlich von Puerto Deseado taucht an der Küste Puerto San Julián auf.

»Zählen Sie die Kilometer«, sagt der Tankwart an der Kreuzung, wo es hinuntergeht zu dem Städtchen. »Noch zwölf Richtung Süden, dann geht links eine Piste auf die Halbinsel ab.« Ohne ihn hätte ich den Abzweig nie gefunden, ohne Darwin nie gesucht. Wo die städtische Werbung Touristen nicht einmal als Geheimtipp hinschickt, hat er eine seiner folgenreichsten paläontologischen Entdeckungen gemacht. Menschenleer, die Peninsula San Julián, wie zu Darwins Zeiten. Ein einziges verlassenes Gehöft, ein loses Blechdach schlägt im Wind, hüpfende Guanakos, flüchtende Nandus, Grasland, Kiesel schlagen unters Bodenblech.

Am Ende der Landzunge, nach einer Stunde Hoppelfahrt, eine steile Küste mit vorgelagertem Kiesstrand, davor eine mächtige Felsenfläche, an der sich die Wellen brechen. Hier, wo man dem Entstehen der patagonischen Steppe förmlich zuschauen kann, könnte Darwin tatsächlich als erster Mensch gestanden haben. Von der Steilküste brechen Brocken herunter, Material für die Herstellung weiterer Milliarden Kieselsteine durch den Ozean. Das Land hebt sich, mindestens anderthalb Meter in den letzten tausend Jahren, und gibt, vom Meer geschliffen, zu Schichten verdichtete Geschichte preis. In dieser Klippe entdeckt Darwin im Sinne des Wortes einen Baustein für seine Theorie.

Bei Port St. Julian fand ich ... das halbe Skelett eines MACRAUCHENIA PATACHONICA, *ein bemerkenswerter Vierfüßer, der die volle Größe eines Kamels hatte.* Wie sich nach seiner Rückkehr herausstellen wird, ist das ausgestorbene Tier einer anderen Gruppe zuzuzählen, die den Tapiren nahesteht. *Ich hatte damals keine Ahnung, zu welcher Art von Tieren diese Überbleibsel gehörten.* Ausgestorbenes Kamel, existierendes Kamel, darum geht es ihm, oder anders gesagt: ums Prinzip. *Diese wunderbare Verwandtschaft auf demselben Kontinent zwischen den toten und den lebendigen* [Tieren] *wird künftig zweifellos mehr Licht auf die Verbreitung organischer Lebewesen unserer Erde wie auch auf ihr Verschwinden werfen als jede andere Kategorie von Tatsachen.*

Als Darwin, bereits wieder in England, diese Zeilen schreibt, hat sich aus der vagen Ahnung während seiner Reise bereits eine konkrete Idee entwickelt. Erst vor wenigen Monaten hat er glücklich die schwankenden Planken der Beagle gegen den festen Boden seiner Heimat eingetauscht und auf direktem Weg seine Familie in Shrewsbury aufgesucht. Vater und Schwestern begrüßen einen anderen Menschen. Der etwas pausbackige Luftikus ist abgemagert und zu einem ernsthaften Mann herangereift. Der Vater bemerkt sogar, dass die Form seines Kopfes ziemlich verändert sei.

Sie fragen ihn aus, wollen alles aus seinem Munde hören. Doch er sieht sich außerstande, seine Geschichten so zu erzählen, wie sie es von seinen Briefen und Tagebuchseiten gewöhnt sind. Statt über Abenteuer redet er über Geologie. Ein Kurzbesuch bei Onkel Josiah Wedgwood, dem er die Erlaubnis des Vaters zur Reise verdankt, verläuft ähnlich steif. »Wir überschütteten ihn mit Fragen«, schreibt Emma, das jüngste von Josiahs Kindern, in ihr Tagebuch. Zwei Jahre später wird der Cousin ihr die Frage des Lebens stellen und um ihre Hand bitten.

Doch im Augenblick hat der Heimkehrer den Kopf voll von geistigen Abenteuern. Für ein paar Monate zieht es ihn nach Cambridge, das ihm so vertraut erscheint und doch wie hundert Jahre entfernt. Gelegentlich trifft er Freunde und Studienkollegen, regelmäßig sieht er den Geologen Sedgwick und den Botaniker Henslow, der die Sammlung seiner Fundstücke in einem Speicherraum aufbewahrt hat. Da liegen sie vor ihm wie Eintrittskarten in die Welt der Wissenschaft: Bälge, Felle, Präparate und Skelette, Gesteinsproben – und die getrockneten Pflanzen, die Henslow für ihn bestimmen will.

Ende Oktober 1836 wird er zu einer Teerunde in das Haus von Charles und Mary Lyell eingeladen. In Darwin begegnet der Begründer der modernen Geologie erstmals einem jungen Forscher, der sich mit ganzem Herzen seiner Idee des Gradualismus verschrieben hat. Eine lebenslange Freundschaft beginnt, die auch nicht an Lyells anfänglichen Zweifeln an Darwins evolutionären Gedanken zerbrechen wird. Zu der Runde stößt der Anatom Richard Owen, gerade fünf Jahre älter als Darwin und auf dem Weg, ein Star seiner Zunft zu werden. Darwin erkennt seine Chance und bittet Owen, die versteinerten Knochen zu untersuchen. Schon Ende Dezember 1836 erhält er die ersten wichtigen Mitteilungen. Einige Fossilien hat er falsch zugeordnet, aber er hat auch neue fossile Arten entdeckt, seine Ausbeute ist insgesamt von hohem wissenschaftlichem Wert.

Im März 1837 verlässt Darwin Cambridge und geht nach London, ins geistige Zentrum Englands. Er bezieht eine Wohnung in der Great Marlborough Street mit Platz für ihn, seinen Diener Syms Covington, der ihm schon auf der Beagle zur Seite stand, und seine Sammlung. Große wissenschaftliche Institutionen wie das Britische Museum und die Zoologische Gesellschaft liegen in fußläufiger Entfernung. Sein Bruder wohnt in derselben Straße. Erasmus genießt nach dem Medizinstudium das Leben eines Gentleman-Bohemiens, das der Vater eher Charles zugetraut hatte.

Erasmus verkehrt in Intellektuellenkreisen, in die er auch den Bruder einführt. Endlich kommt der Weltreisende in jener Welt an, auf die sich sein Heimweh am meisten gerichtet hat: Er trifft auf Koryphäen der Wissenschaft, wie den Botaniker Robert Brown oder den Astronomen John Herschel – und auf den Journalisten Herbert Spencer, der später als einer seiner engsten Verbündeten die berühmte Formel vom »Überleben der Tauglichsten« prägen wird, des *Survival of the fittest*. Schon 1838 wird Darwin, gerade neunundzwanzig, zusammen mit Charles Dickens Mitglied der ehrwürdigen Gelehrtengesellschaft Athenaeum.

Sein Hauptinteresse gilt der wissenschaftlichen Arbeit an der Ausbeute seiner Reise. Er findet weitere anerkannte Experten, die seine mitgebrachten Schätze auswerten: John Gould für die Vögel, George Waterhouse für die nicht fossilen Säugetiere und Insekten, Thomas Bell für die Reptilien. Wie ein Süchtiger sammelt er Bausteine für sein Gedankengebäude, täglich wandern neue Informationen in sein Gedächtnis, Auswertungen seiner Proben, Hinweise von Fachleuten, Erkenntnisse aus Büchern.

Gleichzeitig startet er, wie sein Bruder noch auf Zuwendungen aus Shrewsbury angewiesen, eine Karriere, die ihm bald beträchtliche Einnahmen bescheren wird: Als Buchautor wird Darwin, der nie eine Anstellung oder wissenschaftliche Laufbahn gesucht hat, etliche Bestseller produzieren. Sein erster, an dem er gleich nach der Rückkehr zu arbeiten beginnt, wird unter dem schlichten Titel »Die Fahrt der Beagle« bekannt.

Im Geheimen beginnt Darwin zum ersten Mal jene Ideen aufzuschreiben, die ihm seit Langem im Kopf herumgegangen sein müssen. In einer Art stenografischem Text vertraut er sie Notizbüchern an, wie

Reporter sie als Schreibblock benutzen. Feines Papier zwischen roten oder braunen Deckeln aus fester Pappe, verschlossen von einem kleinen Klickverschluss mit Haken und Öse. Zwischen 1837 und 1839, Darwins Jahren höchster Produktivität, entsteht ein wissenschaftshistorisches Dokument ohnegleichen – gefunden nach seinem Tod, ausgewertet erst nach und nach ab 1960. Die Reihe beginnt mit dem »Roten Notizbuch«, das heute neben den anderen Beagle-Notizbüchern in seinem späteren Wohnhaus in Kent aufbewahrt wird. Die »Transmutations-Notizbücher« B bis E für Gedanken zur Evolution sowie die Bände M und N für Betrachtungen zu Mensch und Metaphysik hat das Darwin-Archiv an der Universität Cambridge in Verwahrung.

Nie werde ich die Berührungsängste vergessen, nachdem die Archivarin im »Raum für seltene Dokumente« der Bibliothek die historischen Büchlein vor mir auf dem Tisch ausgebreitet hat. Zeugnisse eines einzigartigen Schaffensrausches, Weltkulturerbe im besten Sinne, fast zu delikat zum Anfassen und Blättern. Mit weicher Feder und eiliger Schrift bringt Darwin direkt aus seinem Bewusstsein Zeile um Zeile auf das feine Papier. Kein anderer großer Forscher lässt uns so unmittelbar an seinen Überlegungen teilhaben. Beim Lesen meint man ihn denken zu hören. Wie ein Traumwandler folgt er dabei der Fährte, die er in der fünfjährigen Inkubationszeit seiner Reise im Geist selbst gelegt hat. Er geht so zielgerichtet vor, als habe er bereits eine vage Vorstellung vom fertigen Bild.

Die ersten biologisch relevanten Eintragungen ins Rote Notizbuch beginnen nach vielen Seiten über Geologie auf Seite 127. Sie verraten schlagartig, wie weit Darwin in seinem Denken schon ist. Er beginnt mit seinen beiden Entdeckungen in Patagonien: *Spekuliere über neutralen Grund der 2 Straußen; größerer greift auf kleineren über. Wandel nicht progressiv: erzeugt in einem Schub, falls sich eine Spezies verändert.* Wenig später heißt es: *Dieselbe Art von Beziehung, die der gewöhnliche Strauß zum Petise aufweist ... ausgestorbener Guanako zu lebendem; im ersteren Fall Position, im letzteren Zeit.*

Darwin vergleicht zwei fundamentale Einsichten ganz unterschiedlicher Qualität und setzt sie zueinander in Beziehung. Da sind einmal die zwei lebenden Arten von Laufvögeln, deren Verbreitungsgebiete sich ein wenig überlappen. Eng verwandt, wie sie sind, lässt sich leicht ein gemeinsamer Vorfahr denken, aus dem beide *in einem Schub* hervorgegangen sind – und *nicht progressiv* der eine aus dem anderen. Damit hat Darwin die erste Zauberformel seiner Theorie bereits eingekreist: Aus eins mach zwei. Aus einer Art können zwei (oder mehr) hervorgehen, die zum Beispiel in unterschiedlichen Arealen zu Hause sind, wie die Laufvögel. Das meint er mit *Position:* gleiche Zeit, unterschiedlicher Ort.

Wie sich das in der *Zeit* auswirkt, hat er bei seinem zweiten Beispiel in der Abfolge von Typen in Punta Alta und San Julián vor sich. Wenn es lebende und fossile Tiere einer Linie gibt, Kamelartige, Gürtel-, Faul- und Nagetiere, könnte es nicht sein, dass die heutigen Formen Abkömmlinge der Ausgestorbenen sind? Der zweite Teil der Formel lautet: Alte Arten machen neuen Platz, die aus ihnen hervorgegangen sind. Damit hat Darwin, obwohl noch weit von der endgültigen Formulierung seiner Theorie entfernt, die Raumzeit der Evolution aufgespannt und seinem System einen Platz in der Welt geschaffen. Zwei Arten entstehen in räumlicher Trennung, wie bei den Straußen – oder in zeitlicher Abfolge, wie bei den Kamelartigen.

Nur drei Seiten nach dem ersten wichtigen Eintrag deutet er mit einem einzigen Satz an, wie weit er sich bereits ins Neuland der Ideen vorgewagt hat: *Im Sterben einer Art liegt nicht mehr Erstaunliches als in dem eines Individuums.* Damit begreift er Spezies als existierende Einheiten, die wie einzelne Lebewesen geboren werden und sterben. Anfangs glaubt er sogar, sie hätten nur eine begrenzte Lebensspanne wie Individuen, später erkennt er als Hauptfaktor des Aussterbens die Verdrängung einer Spezies durch eine andere. Heute sehen fast alle Fachleute dies zahlenmäßig nur als untergeordnete Ursache, verglichen mit Umweltveränderungen, vor allem von Menschen verursachten, denen sich Arten nicht anpassen können.

Darwin macht hier zum ersten, aber nicht zum letzten Mal eine Allerweltsweisheit zur tragenden Säule des Weltverständnisses: Ohne Leben kein Tod, aber ohne Tod auch kein Leben. Plötzlich bekommt der Artentod einen Sinn als Teil jenes langwierigen Prozesses, den wir Evolution nennen. Er beginnt, über die Abfolge von Formen nachzudenken, in seinem Kopf entstehen allererste Abstammungslinien.

Darwin findet in dieser frühen Phase bereits zu jener Haltung, durch die sein Werk *nichts weiter ist als eine lange Kette von Beweisen:* Er nimmt mögliche Widersprüche vorweg und widerlegt sie mit guten Argumenten. Beispielsweise geht er schon jetzt auf einen Lieblingseinwand aller Evolutionsgegner ein. Zu seiner Zeit hat ihn vor allem der französische Zoologe Georges Cuvier, Erstbeschreiber des Megatheriums, gegen die »Ausbreitung von Spezies« vorgebracht: *Warum sind keine Zwischenformen entdeckt worden zwischen Palaeotherium, Megalonyx, Mastodon und heute lebenden Spezies?* Obwohl mittlerweile viele Lücken geschlossen sind, sorgt die Unvollständigkeit der fossilen Zeugnisse nach wie vor für Debatten. Heutige Paläontologen schätzen, dass sich überhaupt nur einer von einer Million Kadavern konserviert. Ob sie dann erhalten bleiben und gefunden werden, steht auf einem anderen Blatt.

Meiner Ansicht nach könnte Ahne aller Gürteltiere in Südamerika Bruder von Megatherium sein – Onkel jetzt tot, lautet Darwins Antwort. Will sagen: Weil die gefundenen Knochen nicht von einem Vorfahren in direkter Linie stammen, sondern von einem Verwandten, der sich bereits aus der Linie abgespalten hat, gibt es auch keine Zwischenformen. Interessant, dass Darwin hier von »Bruder« und »Onkel« spricht, wo er doch über Arten schreibt. In dem Satz steckt aber noch mehr: Alle Tiere ... ein Ahne – die Idee der gemeinsamen Abstammung nimmt erste Formen an.

Mit Buch B hat er im Juli 1837 begonnen. Darin erreicht er bereits den ersten Höhepunkt seiner Theoriebildung. Gedanken zum Zuschauen. Erst nur gepunktete Linien, die sich teilen und in drei wackeligen Strichen enden. Im nächsten Versuch weniger Punkte, mehr Linien und Verzweigungen. Dann auf der 36. Seite eine Sternstunde der Geistesgeschichte: *I think,* schreibt er, ich denke. Doch dann folgen keine Wörter, sondern die einzige Zeichnung, die er in all seinen Transmutationsbüchern anfertigen wird, gemalt wie ein Strichmännchen.

An den Ausgangspunkt setzt er eine eingekreiste 1, die Linie führt nach oben, verzweigt sich, und die Zweige enden in winzigen Querstrichen, A, B, C und D. In diesem Moment überschaut Darwin erstmals mit einem Blick die Raumzeit der Evolution. Endlich findet er Worte. *Organisierte Lebewesen stellen einen Baum dar, unregelmäßig verzweigt einige Zweige viel mehr verzweigt – deshalb Genera – viele Endknospen sterben, während neue gebildet* werden. Doch wenig später mahnt er sich zur Vorsicht. *Der Himmel weiß, ob das mit der Natur übereinstimmt: Cuidado.*

Seinen Hamlet-Augenblick hat er in der Einöde Patagoniens erlebt, die Reste eines verspeisten Laufvogels in der einen und die verblichenen Knochen von Urtieren in der anderen Hand. Lange bevor er den Kampf ums Dasein als zentrales Moment der Fortentwicklung begreift, erkennt Darwin im Verschwinden des Alten eine wesentliche Voraussetzung für die Geburt des Neuen.

Sterben auf allen Ebenen: Zellen, sogar Moleküle werden ständig ab- und aufgebaut, Individuen, Familien, Dynastien, Arten, Ökosysteme. Der Tod als Eintrittskarte ins Leben, die jeder am Ende seines Auftritts bezahlt, zugleich Preis des Fortschritts und Bindeglied des Daseins. Von den Steinen auf den Gräbern unserer Ahnen bis zu den versteinerten Resten ferner Vorfahren blicken wir auf Denkmäler vergangener Helden, ohne deren Ableben es uns nicht gäbe. Mit seiner grandiosesten Entdeckung, für die er am wenigsten gefeiert wird, findet Darwin eine Antwort auf eine der ältesten Menschheitsfragen: Welchen Sinn hat der Tod? Als unverzichtbarer, natürlicher Bestandteil jenes Prozesses, der das Leben durch Evolution überleben lässt, garantiert der Tod seiner Teile dem Ganzen Unsterblichkeit.

Patagonien in seiner trostlosen Schönheit drängt einen Faktor in seine Formel, der alles nur komplizierter macht. Deshalb wird ihm Darwin ein Vierteljahrhundert später in der »Entstehung der Arten« nur einen einzigen Satz widmen, vielleicht die größte Untertreibung der Wissenschaftsgeschichte: *Licht wird auch fallen auf den Menschen und seine Geschichte.*

Im Süden von Südamerika trifft er das einzige Mal während seiner Reise auf Gruppen fremdartiger Artgenossen, die (noch) nicht von den Eroberern besiegt, kolonialisiert oder versklavt worden sind: In Feuerland wird er kleine nackte »Wilde« kennenlernen. Hier in Patagonien sind es noch *halb zivilisierte* Stammesangehörige der Tehuelche, hochgewachsene Indianer, *die Durchschnittsgröße schien mehr als sechs Fuß –* 1,80 Meter – *zu sein*, stolze Reiter auf kleinen Pferden, *alle in große Mäntel aus Guanako gekleidet*. Da sie mit Robbenjägern und Walfängern Handel treiben, sprechen sie sogar *ein wenig Spanisch und Englisch, was gewaltig zu ihrer Zivilisierung und Demoralisierung beitragen wird, da diese zwei Schritte Hand in Hand zu gehen scheinen.*

Darwin findet es *unmöglich, diese sogenannten Riesen nicht zu mögen. Sie waren so gänzlich gutmütig und arglos.* Was er nicht erwähnt, obwohl es in sein Schema passen würde: Auch den letzten »freien« Ureinwohnern wird, wie ihren nördlichen Nachbarn, schon bald ihr Platz streitig gemacht. Etwa ab 1850 dringen Entdecker und in ihrer Folge Siedler immer tiefer nach Patagonien vor, bis selbst der letzte Flecken Kieselsteppe unter ihrer Kontrolle ist. Was mit der »Campaña del Disierto« beginnt, dem Marsch in die Wüste, endet noch vor Ende des 19. Jahrhunderts in der Ermordung oder totalen Unterwerfung aller Ureinwohner. Bei Gründung der Stadt Puerto San Julián vor gut hundert Jahren ist die Gegend bereits von ihren angestammten Bewohnern »gesäubert«.

Noch in Darwins Tagen schien eine Besiedlung der Region außer Reichweite. In Zeiten globaler Versorgung mit allen Gütern der Welt jedoch trägt selbst in dieser Ödnis eine Stadt die Zeichen von Unvermeidbarkeit. Seit seiner Gründung ist San Julián auf gut sechstausend Seelen angewachsen. Ihre zentrale Hauptstraße, die Avenida Martín, haben sie so breit angelegt, als sei sie für eine Metropole gedacht. Direkt in ihrer Flucht, unten am Strand, steht ein Replikat der Não Victoria, jenes Schiffes, auf dem Magellan 1520 hier landete. Außen mit viel Blau und Gold bemalt, innen und an Deck mit lebensgroßen Figuren bestückt, darunter eine Kuh, ein Missionar mit erhobenem Kreuz, der Kapitän und ein grimmig schauender, fellbehangener Riesenindianer mit dem Körper eines Bodybuilders.

Die Tehuelche, erklärt die Kartenverkäuferin, die zu jedem Pappkameraden eine Geschichte weiß, seien die ersten Ureinwohner gewesen, die in diesem Land christlich getauft wurden. Leider habe es dann »fatale interethnische Konflikte« gegeben, bei denen sie sich gegenseitig ausgerottet hätten. Und deshalb – ich weiß nicht, ob sie scherzt – gebe es heute in Patagonien eigentlich keine Patagonier mehr.

Den Namen, den heute Land und Leute tragen, soll seinerzeit Magellan den Riesenmenschen gegeben haben. In der einen Version hat er in der Bucht von San Julián beim Anblick der Ureinwohner mit ihren riesigen Mokassins »Patagon« ausgerufen, nach dem spanischen

Wort »pata« für Pfote. Schriftsteller Bruce Chatwin spekuliert in seinem Klassiker »In Patagonien«, Magellan habe den seinerzeit beliebten Ritterroman »Primaleon von Griechenland« gelesen. Darin trifft der Held auf »einer abgelegenen Insel ... auf ein grausames, hässliches Volk, das rohes Fleisch isst und sich in Felle kleidet. Im Innern der Insel lebt ein Ungeheuer ..., das der ›Große Patagón‹ genannt wird.«

In Chatwins Buch sind auch ein paar seiner Schwarz-Weiß-Fotos abgedruckt. Eines zeigt auf einer Höhlenwand mehr als zehntausend Jahre alte schattenhafte Abbildungen von Händen. Seit meiner Studienzeit sind sie in meinem Kopf mit dem Namen Patagonien verknüpft. Wie könnte ich die Gegend verlassen, ohne die Hände gesehen zu haben?

Von den vier Stunden Fahrt gibt es nur wenig zu berichten. Man kommt aus dem Nichts und fährt in ein Nichts. Schotterpisten, ein paar »camiónes«, die trotz gefährlichen Steinschlags überholt werden müssen, und als einziger Rastplatz inmitten der kargen Ebene das Hotel Buenavista. Es hat weder einen schönen Blick noch überhaupt Zimmer, aber eine Bar.

Ein paar Fernfahrer und Landarbeiter lassen sich vom alten Alex Marinovic, der mit seinen Eltern aus Kroatien kam, eiskaltes »Cristal«-Bier in Dosen servieren. Dafür, dass sie den ganzen Tag allein hinterm Steuer sitzen oder Schafe hüten, reden sie verdammt wenig. »Hände?« Sie zögern. »Höhlen?« – »Sí, cuevas.« Ach so. »Nimm nach einer Stunde rechts die Piste zur Estancia La Maria. Aber pass auf, wenn es dunkel wird.«

Es dämmert schon, als ich hinaustrete. Eine Stille, als hätte das Herz der Welt zu schlagen aufgehört. Nachtfahrt über Pisten von Feldwegqualität. Nach Stunden endlich ein Licht im Niemandsland. Ein Haus. Josefina Behm – »alle nennen mich Pepa« – sitzt neben einer Petroleumlampe. Sie raucht, als wolle sie einen neuen Weltrekord im Verbrennen von Tabak aufstellen. Tochter Lorena bringt Wasser. Deutsche Abstammung, ja, ihr Mann, Hamburg, lange her, ist kürzlich gestorben. Hat ihr diese 21400 Hektar hinterlassen, die sie nur wegen der prähistorischen Kunst gekauft haben. Auch eine Form von Geldanlage.

Frühmorgens fährt mich Pepa zur Schlucht, wo die Höhlen liegen, und darin ihre »Heiligtümer«. Grobe Striche, wie mit Fingerkuppen gezogen, aber auch feine Zeichnungen wie von Stift oder Pinsel, Tiere wie in Altamira, Jagdszenen, geheimnisvolle Muster, Symbole, Sonnen, sogar ein Kreuz – und dann, endlich, die Hände. Manchmal nur eine, am Rand eines Gemäldes, wie die Signatur eines Künstlers, woanders ganze Wände voll, nichts als Hände, Selbstverewigung in Form von Steinzeitgraffiti, etwa genauso alt wie die versteinerten Fußspuren ihrer Artgenossen am Strand bei Punta Alta und genauso lebendig.

Hier müssen sie gestanden haben, die eine Hand mit gespreizten Fingern flach auf den Fels gelegt, mit der anderen Farbe darüber gesprüht, wahrscheinlich mit einem Blasrohr. Zurück bleiben wolkige Spuren, grob gegen die eigentlichen Kunstwerke, die nun jedoch merkwürdig leblos wirken in ihrer Distanz und Abstraktheit. Die Hände aber liegen wie Platons Schatten als wache Seelen auf dem Stein.

»Diese nenne ich die Höhle des Lebens«, sagt Pepa, »eine Enzyklopädie, die damals jeder lesen konnte.« Hier hätte ich gerne mit Darwin gestanden, der so wenig Neues zur menschlichen Hand zu sagen hat. Zweibeinigkeit, Befreiung der vorderen Gliedmaßen, Werkzeuggebrauch, das ja. Und die große Frage, wie sich so ein kompliziertes körpereigenes Werkzeug in unzähligen kleinen Schritten durch natürliche Auslese gebildet haben könnte. Aber Hände, die zeigen und reden, Ausdrucksmittel lange vor der Sprache, fühlende Teile des Ichs, die sich selber begreifen und bewusst verewigen können? Hier haben wir sie vor uns, die ersten Bindeglieder zwischen Biologie und Kultur, auf dem Weg vom Handeln und Handwerk bis zu Handel, Handschrift und Behandlung.

Die Beagle macht noch einmal halt in der Mündung des Río Santa Cruz. Der Kapitän lässt den Rumpf auf Vordermann bringen. Ein Tauchgang hat gezeigt, dass der Kiel bei der Felsberührung in Puerto Deseado etwas abbekommen hat. FitzRoy nutzt die Flut. *Das Schiff wurde auf das Ufer gelegt.* Das Bild von der seitlich liegenden Beagle, wie hilflos gestrandet, gehört zu den dramatischsten der ganzen Reise. Besonders wenn man heute unter der Steilküste von Puerto Punta Quilla, wo die Aktion stattgefunden hat, auf dem schrägen, schmalen

Kiesstrand steht. Dabei gehörte das damals zur Routine wie dieser Tage ein Kolbenringtausch.

Es stellte sich heraus, dass einige Teile ihres Vorkiels abgeschlagen waren, doch das ist kein bedeutender Schaden; eine Tide reichte aus, sie zu reparieren, und nach Mittag schwamm sie schon wieder. Nach der Reparatur gibt Fitz-Roy seiner Abenteuerlust nach. Er weicht vom Plan der Admiralität ab und – noch ein Novum in Patagonien – rüstet eine Expedition mit drei Walfangbooten aus, um den Río Santa Cruz hinaufzufahren. *Wir hatten für drei Wochen Proviant, und unsere Gruppe bestand aus 25 Leuten; wir waren alle gut bewaffnet und hätten einer Feindseligkeit der Indianer trotzen können.*

Einmal der Erste sein – für FitzRoy wird sich diese Eskapade ins Neuland auszahlen: Ein Jahr nach der Rückkehr in die Heimat verleiht ihm die Royal Geographical Society für die Erkundung den »Royal Premium«, eine hohe wissenschaftliche Auszeichnung. Wer sein Reisetagebuch liest, kann den Eindruck gewinnen, er beneide den vogelfreien Naturforscher an seiner Seite fast um dessen Arbeit. Wenn möglich, sammelt auch er Proben von Gestein und Exemplare von erlegten Tieren.

Ansonsten verraten die Tagebücher der beiden, wie gut sich die Gentlemen verstehen. Die Scherze in ihren Briefen während der Reise, wenn sie einmal länger getrennt sind, sprechen die Sprache herzlicher Vertrautheit. Besonders FitzRoy läuft immer wieder zu Hochform auf, wenn er Freund »Philos« auf Latein über den »seltensten Vogel an Bord« zuruft: »Est avis in navibus Carlos rarissima Darwin.«

Die Expedition dauert fünfundzwanzig Tage. Schon am zweiten wird die Strömung zu stark zum Rudern oder Segeln. Die Schiffe werden aneinandergebunden und von jeweils zehn Mann vom Ufer aus flussaufwärts gezogen. Trotz starken Gegendrucks durch das Wasser schaffen sie im Schnitt fünfzehn bis zwanzig Meilen am Tag, immerhin über dreißig Kilometer, Richtung Westen. Alle schleppen, Offiziere wie Matrosen, die auch das gleiche Essen teilen und Seit' an Seit ums nächtliche Feuer schlafen. In all der lauernden Leere um sie herum haben die Männer nie das Gefühl, allein zu sein. *Eine Wache von zwei Mann und einem Offizier wurde stets aufrechterhalten, deren Aufgabe es jeweils war, die Feuer am Leben und nach Indianern Ausschau zu halten.* Ureinwohner bekommen sie nicht zu sehen. Frische Spuren signalisieren ihnen aber, dass die Patagonier sie umgekehrt sehr wohl im Blick haben.

Ich erreiche den Santa Cruz ungefähr an der Stelle, wo sie erstmals ihre Terra incognita betraten. *Die Geschwindigkeit der Strömung ... ist vielleicht sein auffälligstes Merkmal. Das Wasser ist von schöner blauer Farbe, jedoch mit einer leicht milchigen Trübung.* Dieses Blau wirkt noch blauer als der Himmel selbst und das Wasser wie eingefärbt. *Auf dem Land liegt der Fluch der Unfruchtbarkeit, ebenso auf dem Wasser. ... Im Strom dieses öden Flusses gibt es nichts, was Leben fördern könnte.*

Wasser und Wüste. Ich habe immer geglaubt, wo genug Licht und Feuchtigkeit seien, da müsse es auch grünes Leben geben, zumindest entlang des Uferstreifens. Aber nichts, was über die spärlichen verbrannten Grasbüschel und vereinzelten Dornbüsche hinausginge. Umso erstaunlicher, dass sich hier eine vielfältige Fauna halten kann. *So arm Patagonien in mancher Hinsicht ist, weist es vielleicht einen größeren Bestand an kleinen Nagern auf als jedes andere Land auf der Welt.* Als ich auf dem monotonen Kiesbett neben dem ebenso eintönigen Fluss einhergehe, wuselt es immer wieder zwischen den Steinen.

Man fragt sich, wovon die Kleinstsäuger sich ernähren. Mindestens ebenso bemerkenswert, warum sie sich in so viele Arten aufgespaltet haben. Aus heutiger Sicht, durch die Brille von Evolution und Ökologie, haben wir es mit Spezialisten zu tun, die ihre engen Nischen optimal besetzen. Die eine Spezies frisst diese Wurzel, die andere nagt jene Rinde. Darwin beobachtet eine weitere Nahrungsquelle. *Die Mäuse scheinen alle Kannibalen zu sein, denn kaum war eine Maus in eine meiner Fallen geraten, wurde sie sogleich von einer anderen gefressen.*

Hunger macht erfinderisch, heißt es, und tatsächlich dürfte keine Kraft die Evolution der Tiere mit mehr Erfindungsreichtum ausgestattet haben als ihr Nahrungstrieb, direktester Ausdruck des individuellen Überlebenswillens. Erst dessen Befriedigung erlaubt dem Drang zur Fortpflanzung, eine Art von Überleben jenseits des eigenen Todes zu sichern. Jede sich bietende Nische wird früher oder später genutzt, die Nahrungsketten vernetzen sich, die einmal aus Sonnenlicht gewonnene Energie geht von den Pflanzen durch immer mehr Mägen.

Mindestens so gut wie die Nager haben sich die Vögel an ihre Nischen angepasst. In Darwins Sammlung finden sich Finken, Spatzen, Lerchen und Spottdrosseln, Grasmücken, Goldhähnchen und, am beeindruckendsten, die Geier. *Ich schoss einen Kondor.* Der Vogel hat mehr als zweieinhalb Meter Spannweite und misst *vom Schnabel zum Schwanz* weit über einen Meter. *Oftmals habe ich, wenn ich mich auf den freien Ebenen zum Ausruhen niederlegte und nach oben schaute, in großer Höhe Caracaras durch die Luft segeln sehen.* Die mächtigen Gleiter steigen über einen Kilometer weit in die Höhe. Sie da oben grandios einsam ihre Kreise ziehen zu sehen versöhnt für alle Ödnis der Steppe.

Oft kreisen sie allein oder in kleinen Gruppen über der Piste, um sich gegebenenfalls über vierbeinige Verkehrsopfer herzumachen. Bei vorsichtigem Annähern kann man bis auf Steinwurfweite an sie herankommen. Es gibt wohl kaum einen krasseren Kontrast zwischen einem segelnden Vogel und demselben Tier am Boden als bei Geiern. Aus Grazie wird Garstigkeit, aus Reinheit Schmutz, wenn sie mit ihrem hässlich schädelnackten Kopf am Kadaver eines Fuchses, Nandus oder kleinen Guanakos zerren.

Kommt man ihnen noch näher, steigen die scheuen Aasfresser auf. Diese tägliche Erfahrung auf jeder Provinzstraße in Patagonien könnte nach Meinung mancher Evolutionsforscher auch für die Menschwerdung in Afrika eine wichtige Rolle gespielt haben. Darwin stellt in seinem Reisebericht bereits die richtigen Fragen: *Wird ein Tier von einem Jäger ... erlegt, könnte er nicht die ganze Zeit von dem scharfsichtigen Vogel von oben beobachtet werden? Und würde die Art und Weise seines Niedersinkens nicht der ganzen Familie von Aasfressern in dem Gebiet verkünden, dass ihre Beute bereitliegt?*

Wenn zu diesen Aasfressern auch Vormenschen gehört haben, so die Überlegung heutiger Forscher, dann könnten sie – auf zwei Beinen zu Läufen über weite Strecken imstande – das erlegte Tier erreicht haben, wenn das Mark in dessen Knochen noch frisch war. Die Geier waren schnell vertrieben. Doch um an das nahrhafte Mark zu gelangen, mussten die Menschen spitze Werkzeuge einsetzen – ein möglicher Beginn von Werkzeugherstellung, -gebrauch und -verbesserung.

Nach drei Wochen auf ihrem Weg den Fluss hinauf gelangen Fitz-Roy und seine Männer an eine natürliche Grenze. Auch wenn sie alles gegeben, in bitteren Frostnächten kaum ein Auge zugetan und mehr als beachtliche zweihundert Kilometer zurückgelegt haben, neigt sich ihr Proviant dem Ende zu. Das gelegentlich erlegte Guanako schlägt bei so vielen hungrigen Mäulern kaum ins Gewicht. Zum nächsten

Ausläufer des Pazifiks im Westen des Kontinents sind es gerade noch hundert Kilometer. Dazwischen liegt unter weißer Decke die erhabene Kette der Anden. Da alle bereits auf halbe Zwiebackration gesetzt sind, gibt der Kapitän den Befehl umzukehren. *Wir schauten zum Lebewohl noch einmal auf die Kordilleren, die wahrscheinlich in diesem Teil noch niemals von anderen europäischen Augen gesehen worden sind.*
Wieder eine herbe Enttäuschung. So *betrachteten wir die großartigen Berge mit Bedauern, da wir uns ihre Natur und Erzeugnisse vorstellen mussten, statt, wie wir erhofft hatten, auf ihren Gipfeln zu stehen.* Kaum fünfzig Kilometer trennen sie davon, als erste Menschen – nicht nur als erste Europäer – von dort oben einen Blick auf die patagonische Ebene zu werfen.
Wie nahe sie ihrem Ziel tatsächlich waren, wird mir kurze Zeit später bewusst. Drei Tage noch, vielleicht vier, und sie hätten den Lago Argentino erreicht, auf dem sie bis an die Füße der schneebedeckten Berge hätten segeln können. Als echte Entdecker mit geeigneter Ausrüstung hätten sie weiter nördlich sogar Gletscher erblicken können, die noch keiner vor ihnen gesehen hatte. Sie liegen im heutigen Parque Nacional los Glaciares, der Zehntausende Touristen jährlich in den mondänen Luftkurort El Calafate lockt.
Die elegante Kleinstadt vor unvergleichlichem Andenpanorama hält noch eine letzte patagonische Überraschung für mich bereit. Die Tankstellen sind geschlossen, der Treibstoff ist aus, zum ersten Mal seit sich die Bewohner erinnern können. Die Lastwagenfahrer streiken. Ein paar Tage könne es schon dauern, bis frischer Sprit geliefert werde. Ich versuche es mit »coima«, Bestechungsgeld. Irgendwo müssen doch noch ein paar Liter zu kriegen sein. Ein Tankwart zieht die leeren Taschen aus seiner Hose, und ich weiß, dass ich so nicht weiterkomme.
Da sehe ich das Logo meiner Autovermietung. Vor dem Laden stehen frisch gewaschene, abfahrbereite Mietwagen. Da kommt mir eine, wie ich finde, wunderbare Idee. »Unmöglich«, sagt der Angestellte. »Ich kann doch nicht aus einem Auto Sprit abzapfen, bloß damit Sie Ihren Flug nicht verpassen.« – »Aber nur deshalb«, erwidere ich und erzähle ihm meine ganze Geschichte. Dass ich auf Darwins Spuren den ganzen Río Santa Cruz hochgefahren bin, dass ich am Abend den letzten Flug von Río Gallegos nach Feuerland kriegen muss, wo Darwin

als Nächstes war, dass ich dort auf ein Schiff steigen will, das nicht auf mich wartet, dass es eine ganze Woche keine freien Plätze auf der Strecke mehr gibt, dass mein ganzes Projekt ...

»Was hätte Darwin denn in Ihrer Situation gemacht?« Wie im Schnelldurchgang spult sich seine gesamte Reise vor mir ab, Landausflüge, Wanderungen, Ritte. »Er hätte die Pferde gewechselt«, sage ich eher beiläufig. Da greift sich der Mann einen Schlüssel, drängt mich aus dem Laden, stellt sich vor einen der vollgetankten und frisch gewaschen Wagen und sagt: »Schade, dass Sie nicht ein paar Tage in unserer Stadt bleiben können. Wir haben hier wunderschöne Berge. Der höchste hätte Sie sicher interessiert.« – »Ich komme wieder«, rufe ich, als ich den Wagen starte. »Wie war das mit dem höchsten Berg?« – »Er ist 3405 Meter hoch und heißt Cerro Fitz Roy.«

9
Feuerland

Puerto Hambre · FitzRoys Geiseln · Impfungen · Die Rassenfrage · Die letzte Yámana · Heimkehr der Feuerländer · Gene oder Umwelt · Soziobiologie · Die Formbarkeit des Menschen · Scheitern der Mission

Das weiße Holzkreuz, die Buchstaben schwarz gezeichnet, steht auf einem Rasenstück am Hang, nicht weit vom Wasser entfernt. Wie das Kreuz Jesu auf Golgatha überragt es neun weitere, durch schlichte Latten abgetrennte Gräber. Eine weiße Eisenkette, wie bei diesen Gottesäckern für Seefahrer üblich, friedet das Rasenrechteck ein.

IN MEMORY OF
COMMANDER PRINGLE STOKES RN
H.M.S. BEAGLE
Who died from the effects of the anxieties and hardships incurred while surveying the western shores of Tierra del Fuego.
† 12 – 8 – 1828

Vollendeter britisch kann man einen Selbstmord nicht umschreiben. »Der an den Auswirkungen der Ängste und Nöte starb, die er erlitt, als er die westliche Küste von Tierra del Fuego vermaß.« Der damalige Kapitän der Beagle muss angesichts des deprimierenden Wetters und der Gefahren für Mannschaft, Schiff und sich selbst nicht mehr weitergewusst haben, als er sich aus Einsamkeit und Verzweiflung in seiner Kabine eine Kugel in den Kopf schoss. Sein Kreuz steht etwa auf halber Höhe der Magellanstraße an einem Ort, der sich so anfühlt, wie er heißt: Puerto Hambre, Hungerhafen.

Wir ankerten in der schönen Bucht von Port Famine. ... Nie habe ich etwas Freudloseres gesehen; die düsteren Wälder, vom Schnee gescheckt, waren durch eine nieselige, diesige Luft nur undeutlich zu erkennen. Nachdem sie Patagonien vom Río Santa Cruz aus verlassen hat, ist die Beagle erneut an dem Unglücksort angelangt. Unweit von hier hat Magellan am 1. November 1520 die nach ihm benannte Wasserstraße zur Westküste Südamerikas und damit zu den Gewürzgärten Asiens entdeckt. Die gefährliche Durchfahrt treibt nicht nur den unglücklichen Stokes in die Depression. Sie fordert unzählige Seemannsseelen, wie auch die ein Jahrhundert später entdeckte, nicht minder riskante Alternative, die Umschiffung von Kap Hoorn. Magellan nennt das Land Tierra del Fuego, Feuerland – nicht wegen rasender vulkanischer Glut, sondern wegen der vielen kleinen Feuer der indianischen Ureinwohner an den Hängen.

Die Gegend liegt damals noch weit außerhalb der kolonialen Siedlungsgebiete. Heute beherbergt sie mit Punta Arenas die südlichste Stadt auf dem chilenischen Festland. Kurz hinter der Stadtgrenze verliert die kleine Straße ihre Asphaltdecke und hält sich als Piste, so gut es geht, an die kurvenreiche Küstenlinie. Ein feuchtkalter Wind bläst scharf aus Südwest. Die Bebauung mit windschiefen Fischerhütten und etwas solideren, wochentags verlassenen Wochenendhäuschen nimmt mit jedem Kilometer ab. Ofenrohre in Blechdächern, die vor sich hinrosten, aus wenigen quillt Rauch. Vergitterte Fenster, marode Ruderkähne auf kargen Rasenflächen, vergessene Wäsche an Leinen, zusammengeschusterte Lattenzäune, Stacheldraht.

Darwin macht das Beste, was er tun kann an diesem Ort: Er wandert in Wälder, steigt auf Berge. *In den tiefen Schluchten übertraf das todesgleiche Bild der Trostlosigkeit jede Beschreibung. ... Überall war es so düster, kalt und nass, dass nicht einmal Pilze, Moose oder Farne wuchsen.* Sturmwind, Dauerniesel, fünf Grad und *das düstere und stumpfe Gepräge der immergrünen Wälder.* Auf den Anhöhen liegt Schnee. Bald nimmt der Lengawald zu, so wie Darwin ihn gesehen hat. *So unwirtlich dieses Klima für unser Empfinden auch ist, gedeihen darin doch immergrüne Bäume hervorragend.* An der gegenüberliegenden Seite der Magellanstraße zeichnet sich schemenhaft die Insel Tierra del Fuego ab, der die ganze Gegend ihren Namen verdankt. Bläulich grau das Land, schwarzgrau das Meer, weißgrau der Himmel. In den Ketten am Seemannsfriedhof verfängt sich leise heulend der Wind.

An dieser Stelle hat sich am 12. August 1828 Darwins Schicksal entschieden, ohne dass der Theologiestudent im fernen Cambridge davon auch nur die leiseste Ahnung haben konnte. Hätte Kapitän Stokes nur ein paar freundliche Tage erlebt und etwas Heiterkeit und Ruhe für sein Gemüt gefunden, wer wüsste heute noch von einem königlichen Kriegs- und Vermessungsschiff namens Beagle, außer vielleicht den Mitgliedern eines englischen Clubs zur Pflege historischer Seemannsgräber in Übersee? Und wer von Charles Darwin, der dieses Schiff berühmt gemacht hat? Ohne Stokes' Selbstmord wäre Darwins Leben vollkommen anders verlaufen, Evolutionstheorie und Abstammungslehre hätten vermutlich auf einen anderen Entdecker warten müssen.

Nachdem die Beagle sicher nach Rio zurückgekehrt ist, ernennt die dortige Kommandantur der britischen Flotte im Dezember 1828 einen dreiundzwanzigjährigen Leutnant zum Kapitän der Brigg. Sein Name: Robert FitzRoy. Der junge, energische und äußerst befähigte Schiffsführer verfolgt ein ehrgeiziges Ziel: Er will zum Admiral der Flotte Ihrer Majestät aufsteigen, und zwar möglichst schnell. Die Südspitze Südamerikas und vor allem die Gegend nördlich von Kap Hoorn gehören damals zu den wichtigsten Schifffahrtsrouten der Welt. Wer sie beherrscht, kontrolliert einen erheblichen Teil des Welthandels. Dazu braucht man exakte Landkarten der bis dahin weitgehend unvermessenen Region. Genau die will FitzRoy beibringen. Das wird ihm schon als Debütant im Range eines Kapitäns so überzeugend gelingen, dass sein Name bis heute auf nautischen Karten zu finden ist.

Der frisch ernannte Schiffsführer segelt mit der Beagle von Rio in die Region südlich der letzten Anden-Ausläufer zurück. Sein Handelskapitän Matthew Murray entdeckt während einer Erkundungsfahrt auf einem der Beiboote jene Passage, die bis heute als Alternative zur Magellanstraße dient. FitzRoy tauft sie nach seinem Schiff »Beagle-Kanal«. Im östlichen Teil trennt er die Inseln Tierra del Fuego und Navarino, deren insularen Charakter FitzRoy ebenfalls erstmals nachweist. Der Passage westlich von Navarino, Richtung Süden in die offenen Gewässer vor Kap Hoorn, gibt er nach ihrem Entdecker den Namen Murray-Kanal.

Während FitzRoy weiter sein großes Ziel verfolgt, als Erster die zerklüftete Welt um Kap Hoorn zu kartieren, ereignet sich ein Zwischenfall, dessen Folgen Darwin auf der nächsten Fahrt der Beagle hautnah mitbekommen wird. Der Kapitän schickt ein paar Männer unter Murrays Kommando los, um einen besseren Ankerplatz für die Brigg zu finden. Nach ein paar Tagen kehren zwei der Matrosen in einem selbst gefertigten Kanu zurück und berichten, ihr Boot sei ihnen, als alle schliefen, von nackten Feuerländern gestohlen worden.

FitzRoy reagiert prompt. Er lässt drei Indianer als Geiseln gefangen nehmen, um sie gegen das Walfangboot einzutauschen. Den Ältesten, Mitte bis Ende zwanzig, nennt er »York Minister« nach dem Kliff am Christmas Sound, wo er aufgegriffen wird. Einen Jungen tauft er »Boat Memory« in Erinnerung an den Diebstahl, und ein vielleicht zehnjähriges Mädchen erhält den Namen »Fuegia Basket«. Die »nackten Wilden« an Land zeigen jedoch kein Interesse, ihre Stammesgenossen auszulösen.

Als wenig später im östlichen Teil der Kap-Hoorn-Region Feuerländer vom Stamm der Yámana mit ihren Kanus an der Beagle anlegen, um Felle und Meeresfrüchte gegen Stofffetzen zu tauschen, ruft FitzRoy einen Knaben an Bord, den dessen Leute Orundellico rufen. Dem Mann, der den Jungen begleitet, gibt er einen großen Knopf aus Perlmutt. Die Mannschaft nennt die vierte Geisel daraufhin »Jemmy Button«. Unter diesem Namen wird er es zu trauriger Berühmtheit bringen.

FitzRoy fasst einen aus heutiger Sicht ungeheuerlichen Entschluss: Er entführt die vier Feuerländer nach England, um sie dort zu Christen erziehen zu lassen und später wieder in ihre Heimat zurückzubringen. Auf dem Heimweg, in Montevideo, lässt er sie gegen Pocken impfen. Doch die Impfung schlägt zunächst nicht an. Der Schiffsführer weiß um die Gefahr für seine Gefangenen. Nichteuropäer besitzen oft keinerlei Schutz vor den Seuchen ihrer Eroberer, weil sich ihr Immunsystem nie auf die unbekannten Erreger einstellen konnte.

Ende des 18. Jahrhunderts – hundert Jahre vor der fast gleichzeitigen Entdeckung von Viren und körpereigener Immunität und ein Jahrzehnt vor Darwins Geburt – hat der englische Landarzt Edward Jenner die schützende Wirkung von Infektionen mit relativ harmlosen Kuhpocken gegen die oft tödlich verlaufende Pockenseuche entdeckt. Seine Behandlung ist so erfolgreich, dass binnen weniger Jahre in ganz Europa Schutzimpfungen angeboten, mancherorts sogar vorgeschrieben werden. Mit dem neuartigen Konzept rettet Jenner als erster Held der modernen Medizin unzählige Leben – und entscheidet womöglich sogar Kriege: Napoleon lässt seine gesamte Armee impfen.

Damit nehmen die Menschen erstmals durch wissenschaftlich-kulturelle Errungenschaften direkten Einfluss auf ihr biologisches Schicksal. Der evolutionäre Weg, über Dutzende Generationen durch natürliche Auslese allmählich eine Immunität in der Population zu etablieren, wird durch medizinische Manipulation überholt. Was mit Jenners Kuhpocken beginnt, setzt sich fort in weiteren Impfungen, verbesserter Hygiene, Antibiotika, Intensivmedizin, Geburtenkontrolle und Pränataldiagnostik. Als erste Spezies beginnt HOMO SAPIENS, sich aus den Klauen der biologischen Evolution zu befreien. Die erste massenhaft bekämpfte Krankheit beschert der Weltgesundheitsorganisation um 1970 auch ihren bislang größten Erfolg. Die Pocken gelten seither als ausgerottet.

Für Boat Memory, FitzRoys Liebling unter seinen Schützlingen, kommt die erneute Impfung kurz nach Rückkehr der Beagle nach England jedoch zu spät. Er stirbt im November 1830 in Plymouth an den Pocken. Die anderen drei überleben – geimpft. Sie werden eingekleidet, christlich-englisch erzogen und scheinen sich zu »zivilisierten« Bürgern zu entwickeln. Wie damals üblich, müssen sie sich als Exoten aus Übersee von Schaulustigen begaffen lassen. Sogar die Königin empfängt die drei und schenkt Fuegia einen Ring.

FitzRoy plant, die Feuerländer in ihre Heimat zurückzubringen. Dort sollen sie einem von strenggläubigen Privatleuten bezahlten englischen Geistlichen helfen, eine Missionsstation zu errichten. Da er wie viele seiner Landsleute glaubt, Christentum und Zivilisation seien das Gleiche, vertraut der Kapitän auf die Wirkung von »Bibel und Pflug«. Er hofft, die Feuerländer würden ihren Stammesgenossen Vorbild sein auf deren Weg zu gottesfürchtigen, zivilisierten Menschen. Das wiederum würde die grenzenlose Überzeugungskraft der christlichen Religion beweisen.

FitzRoy weiß jedoch um seinen labilen Charakter mit manisch-depressiven Zügen. Selbstmorde durchziehen die Geschichte seiner Familie. Er erinnert sich an die schrecklichen Vorfälle von Port Famine und das Ende seines Vorgängers Stokes. Um nicht einsam an der Spitze seiner Mannschaft in die gleiche verzweifelte Situation zu geraten, wendet er sich an die Admiralität. Er fragt, ob er nicht einen »Zivilisten« mit an Bord nehmen könne, einen Gentleman natürlich, der seine wissenschaftlichen Interessen teilen und ihm bei Tisch als Gesprächspartner dienen würde.

So kommt Charles Darwin ins Spiel, der genaue Naturbeobachter mit dem Blick für das Ganze. Interessanterweise erwähnen weder er noch FitzRoy in ihren Aufzeichnungen den Selbstmord Stokes', obwohl sie wissen, dass sie vor dem Unglücksort ankern. Die drei Feuerländer an Bord jedoch, die bis zum Erreichen ihrer Heimat in seinem Tagebuch kaum vorkommen, machen Darwin zum Zeugen von FitzRoys einzigartigem Menschenversuch. Das wird sein Menschenbild und in dessen Folge den Blick der gesamten aufgeklärten Menschheit auf die eigene Spezies prägen.

Als die Beagle mit Darwin an Bord erstmals Kurs auf Feuerland nimmt, will der Kapitän die Einheimischen endlich nach Hause entlassen. Seit über einem Jahr harren sie nun schon aus auf dem Schiff. So erlebt Darwin hautnah den zweiten Teil von FitzRoys Experiment, das nach einem dritten im Desaster enden wird. Der erste ist aus Sicht des Schiffsführers erfolgreich verlaufen: Die ehemals Wilden haben sich in zivilisierte Menschen mit Tischmanieren und christlichem Glauben verwandelt, die *recht ordentlich Englisch sprachen.*

Die mittlerweile dreizehnjährige Fuegia Basket zeigt sich, wie Darwin während der Reise beobachtet, *sehr schnell darin, alles zu lernen, besonders Sprachen. Dies bewies sie, indem sie etwas Portugiesisch und Spanisch aufschnappte, als sie in Rio de Janeiro und Montevideo nur für kurze Zeit an Land gelassen worden war, und mit ihren Kenntnissen des Englischen.* Den jungen Jemmy Button findet Darwin *klein, dick und fett, aber eitel, was sein Äußeres betraf; stets trug er Handschuhe, hatte die Haare ordentlich geschnitten und geriet in Verzweiflung, wenn seine fein polierten Schuhe schmutzig wurden.*

Mit diesen veredelten Wilden an seiner Seite (und im Sinn) erlebt Darwin den vielleicht heilsamsten Schock seines Lebens. Zunächst trifft er an der südlichsten Spitze der Insel Feuerland noch einmal auf groß gewachsene Indianer, die *eng verwandt mit den berühmten Patagoniern an der Magellanstraße* sind. *Es war ausnahmslos das merkwürdigste und interessanteste Schauspiel, dessen ich je ansichtig wurde: Ich hätte nicht ge-*

glaubt, wie groß der Unterschied zwischen dem wilden und dem zivilisierten Menschen ist: Er ist größer als zwischen wildem und domestiziertem Tier insofern, als beim Menschen ein größeres Vermögen zur Verbesserung vorhanden ist. Sein Eindruck übertrifft sich noch, als er wenig später in den nackten, auf Kanus lebenden Ureinwohnern erstmals direkte Verwandte seiner indianischen Gefährten erblickt. *Diese armen Teufel waren im Wachstum verkümmert, ihre hässlichen Gesichter mit weißer Farbe beschmiert, die Haut verdreckt und schmierig, die Stimmen misstönend und die Gebärden gewalttätig. Angesichts solcher Männer vermag man sich kaum einzureden, dass dies Mitmenschen und Bewohner ein und derselben Welt sind.* Drastischer ist kaum jemandem in einem Moment demonstriert worden, welche Spannbreite die Spezies Mensch umfasst.

Was für eine Skala der Verbesserung die Fähigkeiten eines feuerländischen Wilden und eines Sir Isaac Newton umfasst! Woher kommen diese Leute? Sind sie im gleichen Zustand geblieben seit Erschaffung der Welt? Andrerseits erkennt er, wie formbar der Mensch durch seine Umwelt ist. In nur drei Jahren hat Erziehung eine Art »Zwischenform« geschaffen, die Darwin mit den *erbärmlichsten und elendigsten Wesen, die ich jemals erblickt hatte,* verbindet. Zwischen sich, den »zivilisierten« und den nackten Wilden *– ihr Erscheinungsbild war so fremd, dass es kaum wie das eines irdischen Bewohners war* – erkennt er ein Kontinuum. Er begreift den Menschen in seiner animalischen Natur trotz seiner intellektuellen Sonderstellung als Teil der natürlichen Ordnung des Lebens.

Allerdings versteht er die Unterschiede nicht rein kulturell als Varianten innerhalb der Spezies Mensch, sondern im Geiste seiner Zeit auch biologisch als Unterschiede zwischen Menschenrassen. *Die Natur hat den Feuerländer, indem sie die Gewohnheit allmächtig und ihre Wirkungen erblich gemacht hat, an das Klima und die Erzeugnisse seines erbärmlichen Landes angepasst.* Hier sieht Darwin etwas, das er bislang nur aus dem Tierreich kennt: eine Population, die sich scheinbar perfekt an ihre Umwelt adaptiert hat.

Er geht sogar so weit, dass sich *geistige Eigenschaften* als Produkt des Gehirns ähnlich vererben wie körperliche und dass sich »Rassen« auch biologisch unterscheiden. In den Differenzen sieht er *Beweise, dass alle zivilisierten Nationen einst Barbaren waren.* Die einen, zu denen er selbst gehört, hält er für höher entwickelt, und zwar durch *natürliche Zuchtwahl* – jenen Prozess, an dessen Ende Nietzsche den Übermenschen ansiedeln wird. Die anderen, glaubt Darwin fälschlicherweise, brauchen noch viele Generationen, bis sie den europäischen Entwicklungsstand erreichen können.

Heute wissen wir, dass die genetischen Unterschiede zwischen den vermeintlichen »Menschenrassen« marginal sind. Der Begriff »Rasse«, wie ihn Züchter auf Haustiere anwenden, ergibt auf Menschen übertragen ohnehin keinen Sinn. Umso bemerkenswerter, dass der Amerikaner James Watson, Mitentdecker der Struktur des Erbmoleküls DNA, noch im Jahr 2007 den Afrikanern wegen ihrer angeblich angeborenen intellektuellen Unterlegenheit den Untergang vorhersagt. Pikanterweise hat die Analyse von Watsons eigenem Genom gezeigt, dass sechzehn Prozent seiner Gene afrikanischer Herkunft sind und er somit selbst schwarze Vorfahren hat. Obwohl einer der berühmtesten Biologen aller Zeiten, muss der Nobelpreisträger seinen Posten als Kanzler des legendären Cold Spring Harbor Laboratory auf Long Island räumen.

So krass auch Darwin die Unterschiede zwischen den beiden Enden des Spektrums empfindet und von »Rassen« spricht – in keinem Moment hegt er Zweifel, dass er es mit Artgenossen zu tun hat. In Feuerland fragt er sich allerdings: *Welcher Reiz hätte einen Menschenstamm locken, welcher Wandel ihn zwingen können, ... eines der unwirtlichsten Länder auf dem Erdenkreis zu betreten.*

Die Antwort hält die Erdgeschichte bereit: Darwin ist aufgrund der Verteilung von Tieren und Pflanzen *sehr versucht zu glauben, dass das Land einstmals vereint war*, über Landbrücken verbunden. Das hätte freilich auch Folgen für den Menschen. Nach dem Ende der letzten Eiszeit dringen nomadische Jäger und Sammler über die trocken gefallene Beringstraße und Mittelamerika allmählich nach Süden vor. Kleine Gruppen kommen bis zur Insel Feuerland und auf die Inseln südlich des Beagle-Kanals. Als der steigende Meeresspiegel die Magellanstraße überflutet, sind sie plötzlich vom Norden abgeschnitten.

Erstaunlich, dass die Ureinwohner überhaupt in solch lebensfeindliche Bereiche ausgewichen sind. Mindestens ebenso bemerkenswert, dass sie in ihrer unwirtlichen Welt mehr als achttausend Jahre überdauert haben, und zwar in relativ kleiner Population: Anfang des 19. Jahrhundert schätzt man ihre Gesamtzahl auf etwa zehntausend, verteilt auf unterschiedliche, einander oft bitter bekämpfende

Stämme. Offenbar bilden sie stabile Einheiten, bis in Darwins Tage hält sich ihre Zahl relativ konstant. *Es besteht kein Grund zu der Annahme, dass die Zahl der Feuerländer abnimmt.* Deshalb müssen *sie ein hinreichendes Glück empfinden, von welcher Art auch immer, sodass das Leben ihnen lohnend erscheint.*

Darwin erkennt weder die komplexen Formen des spirituellen Lebens der Feuerländer als Zeichen von Entwicklung noch ihre Sprache, die mit jeder anderen mithalten kann. Stattdessen beschreibt er Kannibalismus als Beleg für deren Primitivität. Er hört, *dass sie, wenn der Hunger im Winter übermächtig wird, ihre alten Frauen töten und aufessen, bevor sie ihre Hunde töten.* Mit Horror denkt er an die *Angst der alten Frauen, wenn der Hunger zunimmt. ... Man sagt uns, sie flüchteten häufig in die Berge, würden aber von den Männern verfolgt und zurück zum Schlachthaus an ihr eigenes Feuer gebracht!*

Für die Rückständigkeit *auf einem niederen Stand des Fortschritts als irgendwo sonst auf der Welt* hat Darwin indes einen Grund ausgemacht. Was den Feuerländern fehle, sei ein *Häuptling mit genügend Macht ..., um sich erworbene Vorteile wie domestizierte Tiere zu sichern. ... Gegenwärtig wird noch ein Stück Tuch, das man einem schenkt, in Fetzen zerrissen und an alle verteilt, und keiner kann reicher werden als der andere.* Eine egalitäre Gesellschaft, Traum der Besitzlosen und Albtraum der Besitzenden, kann in seinen Augen nur elend sein und primitiv – auch wenn sie bei gleichbleibender Bevölkerungszahl mit ihrer Umwelt in Harmonie lebt.

Die Yámana, zu denen auch Jemmy Button gehört, sind für Darwin die Elendsten unter den Elenden. Sie leben als Kanu fahrende Nomaden an der südlichen Küste der Insel Tierra del Fuego entlang des Beagle-Kanals und auf allen Inseln südlich davon bis zum Kap Hoorn. *Nachts schlafen fünf oder sechs Menschen, nackt und kaum vor Wind und Regen dieses stürmischen Klimas geschützt, auf der nassen Erde, eingerollt wie Tiere. Bei jedem Niedrigwasser, winters wie sommers, Nacht wie Tag, müssen sie aufstehen, um Schalentiere von den Felsen zu pflücken, und die Frauen tauchen entweder, um Seeigel zu sammeln, oder sitzen geduldig im Kanu und fischen mit einer Haarschnur mit Köder, aber ohne Haken daran, kleine Fische heraus. ... Oft leiden sie Hunger. ... Ihr Land ist eine zerklüftete Masse wilder Felsen, hoher Berge und nutzloser Wälder. ... Das Gefühl, ein Zuhause zu haben, können sie nicht kennen.*

Das klingt, als müsse man die Elenden sofort aus ihrem jämmerlichen Zustand befreien. Sechzehn Jahre nach Darwins Besuch wird ihre Zahl auf gerade einmal zweieinhalb- bis dreitausend geschätzt – nicht mehr, als in Berlin oder Buenos Aires heute in einem Wohnblock leben. Als 1871 die erste permanente Missionsstation im argentinischen Ushuaia entsteht, ist ihr Todesurteil gesprochen. Dabei haben sie noch Glück, in Thomas Bridges einem fortschrittlichen, vor allem um das Wohl der Einheimischen besorgten Missionar zu begegnen, der ihre Sprache spricht. Die hat er auf der Falklandinsel Keppel Island von Stammesangehörigen gelernt, die zur Umerziehung dorthin verschleppt worden waren. Unter ihnen auch ein gewisser Jemmy Button.

Mehr als jeder andere hat Bridges den Yámana ein Denkmal gesetzt, indem er gerade noch rechtzeitig ein Wörterbuch ihrer reichhaltigen Sprache verfasste. Das Vokabular, das allein er zusammenträgt, umfasst 32 000 Wörter. Wíaina heißt »der blaue Himmel«, túkúl-alana »dummes Zeug reden« und ságun-ata »Schmerzen haben«. Doch selbst Bridges kann nicht verhindern, dass ihm seine Schäfchen unter der segnenden Hand massenhaft wegsterben. Auch er ist nur ein Missionar, und Missionare, das hat sich bei den Urvölkern rund um den Erdball bereits herumgesprochen, bringen Gott und den Tod. Krankheiten wie die Masern, die Bridges' eigene Kinder immungestärkt überleben, raffen Hunderte von Yámana dahin. 1884 gibt es noch tausend von ihnen, 1893 ungefähr dreihundert, und bis 1902 ist das Volk auf hundertzwanzig Menschen geschrumpft.

In Ushuaia erinnern Nachfahren der Feuerländer in einem kleinen Museum an die »Mundo Yámana«. Hier sind es keine Handabdrücke, die eine Vergangenheit lebendig werden lassen, sondern alte Schwarz-Weiß-Aufnahmen einer Welt, wie Darwin sie gesehen hat. Zu verdanken haben wir die einzigen Bilder vom Leben der Kanunomaden einer französischen Forschungsexpedition, die sich in den Jahren 1882 und 1883 im Vorhof der Antarktis aufhielt.

Diese Fotos brennen sich ins Gedächtnis – nicht nur, weil Darwin anhand solcher Anblicke sein Menschenbild geformt hat. Kauernde Nackte, scheu unter ihre halb offene Behausung aus Ästen und Erde geduckt, oder in ihrem Kanu, dem einzigen Besitz einer Familie, in dessen Mitte ein kleines Feuer brennt. Eine Gruppe Mädchen und junger Frauen in der Hocke, bitterernst. Und auf einem etwas späteren Foto, mit zwei Uniformierten im Hintergrund, fünf Kinder um eine Pfütze, aus der sie Wasser trinken wie Kätzchen aus einem Napf.

Ich muss sehr lange vor den Bildern verharrt haben. Etliche Touristengruppen haben sich schon vorbeigeschoben, da stellt sich eine kleine Frau neben mich, um die fünfzig, und sagt: »Sie scheinen sich sehr für uns zu interessieren.« – »Uns? Gibt es denn noch lebende Nachfahren?« – »Wenn man die Mischlinge mitzählt, sind wir noch rund hundert.« – »Und wenn man die Mischlinge nicht mitzählt?« – »Dann gibt es genau noch eine.« – »Eine?« – »Sie heißt Cristina Calderón und ist achtundsiebzig Jahre alt.« – »Wo finde ich diese Señora?« – »Sie lebt wie die meisten von uns in Puerto Williams auf der anderen Seite des Beagle-Kanals in Chile. Aber Sie haben Glück. Morgen kommt sie nach Ushuaia.«

Am nächsten Vormittag darf ich die »hermana mayor«, die höchste Schwester, unter ihresgleichen begrüßen. Ein Grüppchen von nicht einmal zwanzig durchweg jüngeren Leuten, Abkömmlingen verschiedener Stämme, hat sich am Rande der Stadt an einer Zeremonienstätte um ein kleines Feuer versammelt, dem Symbol ihrer Kultur. Die meisten tragen billige Anoraks und Trainingshosen. Sie reichen Schalen herum, aus denen sie eine Art Limonade trinken, die nach Hefe schmeckt. Ein Handy klingelt. Zwei Jungen spielen sich einen Fußball zu. Eine Gruppe Jogger läuft vorbei.

Cristina Calderón steht etwas verloren in dem Kreis. Die kleine Frau trägt eine Strickjacke mit indianischen Ornamenten, Sternen und Lamas, die mit der Kultur ihrer Vorfahren nur wenig zu tun haben. Ihr graues Haar hat sie zusammengebunden. Auf ihrer breiten Nase sitzt eine große runde Brille mit dicken Gläsern. Dahinter schauen kleine wache Augen in irgendeine Ferne, die es nicht mehr gibt. »Upulú« haben ihre Vorfahren zur Zukunft gesagt. Sie hat das Wort vergessen.

Seltsame Ergriffenheit, einer letzten »Reinrassigen« gegenüberzustehen. Da geht etwas zu Ende, das kommt nie wieder. Aber was heißt eigentlich »reinrassig«? Gibt es so etwas bei Menschen überhaupt? Leben sie nicht fort in den Gesichtszügen der Menschen in Argentinien oder Chile, die mehrheitlich gemischtes Blut in ihren Adern wissen? Genau wie Engländer, Deutsche oder Spanier, die aus vielen Völkern hervorgegangen sind? Wäre eine Menschheit ohne Rassen oder scharfe Rassengrenzen nicht ohnehin viel besser dran? Solche und viele andere Gedanken müssen den Geist eines jeden beschäftigen, der einen dieser armen Wilden sieht. Darwin hat sie wohl nie gedacht.

Lange kann die alte Dame nicht stehen. Sie nimmt auf einer Bank Platz, während eine Art Priesterin in modisch-indianischem Ornat schamanische Rituale vollzieht und die anderen zu Trommelschlägen die Feuerstelle umkreisen. Das Ritual zur Kraftverstärkung wirkt wie ein Abgesang. Das Ganze passiert ohne Zuschauer bei ausnahmsweise trockenem Wetter vor der Kulisse schneebedeckter Berge. Dazwischen die schnell wachsende Stadt, Baukräne, Neubauten, immer mehr Hotels und Restaurants für die zunehmende Menge zahlungskräftiger Touristen, die von hier aus in die Antarktis aufbrechen.

»Wie geht es Ihnen?« – »Mein Mann ist krank.« – »Und Sie selbst?« – »Wenn mein Mann krank ist, bin ich auch krank.« – »Was bedeutet es, die Letzte einer ganzen Linie zu sein?« – »Ich denke, das Thema meines Lebens.« – »Und das heißt?« – »Dass mein Leben spricht.« – »Haben Sie eine Botschaft für die, die nach Ihnen kommen?« – Schulterzucken. »Oder nein, warten Sie. Schreiben Sie auf: Die Weisheit ist unsterblich.«

Als die Beagle das Land der Yámana erreicht, kann Teil zwei von Fitz-Roys Experiment beginnen: Die Umerzogenen werden mit ihrer Herkunft konfrontiert. *Jemmy war nun in einer Gegend, die ihm wohlvertraut war, und lenkte die Boote zu einer recht hübschen Bucht namens Woollya. ... Dort trafen wir eine Familie von Jemmys Stamm ... Da ... die Stelle ausnehmend günstig war, beschloss Kapitän FitzRoy, die ganze Gruppe hier anzusiedeln, darunter auch Matthews, den Missionar.*

Nach einigem Herumsuchen hat die Beagle auf der Insel Navarino den Strand angelaufen, der heute Wulaia heißt und zu Chile gehört. *Jemmys Mutter und Brüder trafen ein. Jemmy erkannte die Stentorstimme eines seiner Brüder schon aus erstaunlicher Entfernung. Die Begegnung war weniger interessant als zwischen einem Pferd, das aufs Feld gelassen wird, mit seinen alten Gefährten. Es gab keinerlei Bekundung von Zuneigung.*

Jemmy beherrscht seine Muttersprache kaum noch. Er läuft herum wie ein Londoner Bürosekretär: in elegantem Zwirn, mit Lackschuhen und Pomade im Haar. *Es war lachhaft, aber auch mitleiderregend, wie er mit seinem wilden Bruder Englisch redete, und ihn dann auf Spanisch fragte ..., ob er ihn nicht verstehe.*

Hier bewegt sich Darwin haarscharf an der Grenzlinie zwischen Biologie und Kultur. Was heißt wild und rückständig, wenn sich Menschen innerhalb weniger Jahre formen und scheinbar völlig umkrempeln lassen? Was von dem, was wir sind, ist überhaupt angeboren, was eignen wir uns an, und wann? Wie weit ist Verhalten im Sinne Darwins durch natürliche Auslese geformt und genetisch fixiert? Inwieweit ist umgekehrt unsere Natur plastisch, sind wir formbar, durch Erziehung, Ernährung, Umwelt, Bezugspersonen? Diese Frage wird nach Darwin mehr weltanschauliche Grabenkämpfe hervorrufen als jede andere, die er hinterlassen hat.

Als Erster eröffnet sein Halbcousin Francis Galton die Debatte, als er nach 1860 ein Programm zur Züchtung optimierter Menschen anregt, das er später »Eugenik« nennt. Überall auf der Welt finden sich begeisterte Anhänger, Programme starten in den USA wie in der Schweiz, in Schweden oder China. Unter den Nationalsozialisten erfährt die »wissenschaftlich« fundierte Eugenik als pervertierte Genetik ihre monströse Perfektion. Während Faschisten Rasse, Gene und Blut »verbessern« wollen, setzen Kommunisten auf Umerziehung und Kulturrevolution. In der Sowjetunion glaubt man an den besseren Menschen durch Indoktrination und versucht im Geiste des sogenannten Lysenkoismus sogar, Pflanzen ohne biologische Zucht andere Eigenschaften und bessere Erträge beizubringen.

Natur und Umwelt – in seinen Worten: »nature« und »nurture« – stellt erstmals Galton explizit gegenüber, als er sich fragt, ob sich Talent und Genialität vererben. Er glaubt eindeutig an die Macht der »Natur«, also der Gene. Seit Ende der Zwanzigerjahre des 20. Jahrhunderts macht sich von den USA aus als eine Art Gegenbewegung breit, der Behaviorismus. Mit seiner Ansicht, menschliches Verhalten lasse sich durch positive oder negative »Verstärker« beliebig formen, beherrscht der Amerikaner Burrhus Skinner jahrzehntelang die Psychologie. Zwischen den beiden Extremen liegt eine Wahrheit, von der unter anderem abhängt, welche Bildung und Ernährung wir unseren Kindern zukommen lassen.

Die Naturwissenschaft bleibt dem Glauben an die Vererbung treu. Der Verhaltensforscher Konrad Lorenz beschreibt 1943 die »angeborene Form möglicher Erfahrung«. Er kann Gänseküken so auf sich als erste Bezugsperson »prägen«, dass sie ihm wie einem Muttertier hinterherwatscheln. Nachdem Lorenz seine Überlegungen von Tieren auf die eigene Spezies ausgedehnt und »Das sogenannte Böse« untersucht hat, Aggression, Gewalt und Krieg, beginnt erneut die Ideologisierung des biologischen Menschenbilds. Sein Schüler Irenäus Eibl-Eibesfeldt spricht sogar vom »vorprogrammierten Menschen«.

Der amerikanische Biologe Edward O. Wilson unternimmt ab 1975 mit seiner »Soziobiologie« den Versuch, tierisches wie menschliches Verhalten evolutionsbiologisch zu erklären. Darin lebt Darwins alter Traum wieder auf, neben körperlichen Merkmalen auch Geistiges über die Mechanismen der biologischen Evolution zu erklären – und ihr damit die kulturelle unterzuordnen. Der Gießener Biophilosoph Eckart Voland fasst die Grundsätze zusammen: »Gerade in seiner Kultur zeigt sich des Menschen Natur. Und sie mögen außergewöhnlich lernfähig sein, aber dass Menschen deshalb belehrbar wären, heißt das nicht. Das ist im Kern die Auffassung der Soziobiologie.« Sie gehe davon aus, »dass auch die konstruktiven Prinzipien der menschlichen Kulturgeschichte in ungebrochener Kontinuität zur biologischen Evolution stehen«.

Soziobiologen und ihre jüngsten Ableger, die Evolutionspsychologen, finden auf alles eine »natürliche« Antwort nach der Logik: Da es existiert, muss es sich als vorteilhaft durchgesetzt haben. Wozu ist Gähnen gut? Es könnte der Abkühlung des Gehirns dienen. Warum ist es ansteckend? Es erzeugt Gruppenaufmerksamkeit. Da soll »der Spaß am Quickie evolutionspsychologisch verankert« sein, da heißt es, Vergewaltigung sei eine »während der Stammesgeschichte begünstigte Spezialisation«, da wird das Gewaltverhalten der Männer in einer Weise evolutionär erklärt, dass es fast wie ein Freispruch klingt. Denn schuld sind – die Gene!

Evolutionspsychologen werfen den Menschen auf sein Steinzeitniveau zurück und behaupten (ohne Beweise liefern zu können), unser heutiges Verhalten habe sich im Wesentlichen als biologische Anpassung an die damaligen Verhältnisse entwickelt. Das ist nicht völlig falsch, doch wo es stimmt, bleibt es trivial. Dass ungesunde Überernährung auf Zeiten zurückgeht, wo es auf das Anlegen körpereigener Energievorräte bei jeder sich bietenden Gelegenheit ankam, trifft vermutlich zu. Dass längst nicht alle Menschen, die es sich leisten können, zu unförmigen Fettklößen werden, spricht indes gegen das Diktat der Gene.

Niemand wird die herausragende Rolle von (angeborenen) Instinkten für das menschliche Handeln bestreiten. Wir sind ja nicht sexuell erregt, fürchten uns im Dunkeln oder erleben bei Gefahren Adrenalinschübe, weil uns das jemand beigebracht hat. Aber deshalb zu behaupten, wir seien gewissermaßen Marionetten unserer Gene, wie sie sich bei unseren frühesten Vorfahren als vorteilhaft durchgesetzt haben, verleugnet den Einfluss von Zivilisation und Kultur, oder anders gesagt: der Umwelt.

Genau das macht im Prinzip 1976 der junge britische Biologe Richard Dawkins, als er mit seiner gleichermaßen originellen wie gefährlichen Formel vom »Egoistischen Gen« die Debatte zuspitzt. »Wir sind Überlebensmaschinen – Roboter, die blind darauf programmiert sind, diese egoistischen kleinen Moleküle zu erhalten, die gemeinhin als Gene bekannt sind.« Nicht wir benutzen demzufolge die Gene, sondern die Gene uns.

Dabei folgt Dawkins der Logik des *Survival of the fittest:* Die Gene, die uns formen, haben sich gegen alle anderen Konkurrenten durchgesetzt. Sie »kämpfen« gegeneinander in Form der Organismen, deren Eigenschaften sie bestimmen. So wird das Gen zum Akteur, dem die Kreatur bis in ihr Verhalten zu folgen hat. Wenn sich Aggressivität als vorteilhaft erweist, dann hat sie evolutionär einen Sinn. Das Gleiche gilt für soziales und altruistisches Verhalten, solange es die Vermehrung der Gene sichert. Der wahre Egoist kooperiert.

Mit dem egoistischen Gen unterstellt Dawkins Erbanlagen Absicht und Aktivität. Gene »machen« aber nichts, genauso wenig wie Texte von sich aus etwas machen. Mit ihnen wird etwas gemacht. Im Grunde geht es ihm auch mehr um die Sichtweise als um tatsächliche Herrschaft. Er verwehrt sich gegen den Vorwurf, mit seinem Modell dem genetischen Determinismus den Weg geebnet zu haben. Zu glauben, die Gene steuerten das Leben des Menschen, hält er für blanken Unsinn. Er warnt sogar vor der Gefahr, durch Genmanipulation in

Prozesse einzugreifen, die in ihrer Komplexität nicht einmal annähernd verstanden sind.

Gleichwohl verleiht der brillante Provokateur aus Oxford mit seinem Perspektivwechsel der gen-zentrierten Weltsicht einen ideologischen Unterbau. Nebenher liefert er, ob gewollt oder nicht, eine biologische Begründung der Weltanschauung, die das Recht des Stärkeren und totale Konkurrenz unterstützt. Was in Zeiten des härtesten viktorianischen Kapitalismus das Überleben der Tauglichsten war, ist im Spätkapitalismus des 20. Jahrhunderts der alles durchwirkende Egoismus.

Interessanterweise verläuft die Debatte zeitversetzt zwischen Natur- und Geistes- oder Kulturwissenschaften. Als die Biologie noch eisern aufseiten der Gene steht, setzen Psychologie, Pädagogik und Gesellschaftslehre beginnend in den späten Fünfzigerjahren des 20. Jahrhunderts verstärkt auf die Formbarkeit durch Erziehung, mildern die Folgen der Herkunft, erfinden Gebührenfreiheit, Gesamtschulen und zweiten Bildungsweg, öffnen in der goldenen Zeit der Chancengleichheit im Gefolge der Achtundsechziger wie noch nie zuvor die Schranken zwischen den Klassen, sodass Arbeiterkinder erste Beamte ihres Staates werden können.

Heute wächst aus der Biologie mehr und mehr die Erkenntnis, wie richtig der Glaube an den Einfluss der Umwelt und wie plastisch und formbar die menschliche Natur ist. Die Gesellschaft schwelgt dagegen noch immer in einer Gen-Euphorie, die – medial verstärkt durch Meldungen über ein angebliches »Schwulen-Gen«, genetisch bedingte Religiosität oder evolutionär fixierte Untreue bei Männern – ihr Futter erhält.

Aber haben wir den Beweis für die Macht der Gene nicht täglich vor Augen? Die Ähnlichkeit zwischen Ahnen und Nachgeborenen, zwischen Eltern und Kindern und erst recht zwischen eineiigen, also genetisch identischen Zwillingen verführt geradezu zum Glauben an die unverrückbare Kraft des Faktors Natur. Wer weiß schon, dass nur schätzungsweise ein Zehntel Prozent unserer Gene für das erkennbare Äußere zuständig sind, der Rest für die »inneren Werte«?

Dass die »Hülle« weitgehend festgelegt ist, können wir in der Natur beobachten: Die Vereinigung von Hahn und Huhn bringt immer Küken, eine Spinne Spinnen hervor. Da sich diese Formstabilität durch den gesamten Kosmos der Lebewesen zieht, muss sie dem Leben große Vorteile gebracht haben und bringen. Offenbar kann sich in puncto Äußerlichkeit und Körperbau keine Spezies allzu viele Freiheiten erlauben. Was sich bewährt hat, wird bewahrt.

Für den »Inhalt« aber – die unzähligen unsichtbaren Abläufe und Eigenschaften, die zusammen das Verhalten ergeben – gilt das nicht, und zwar zunehmend weniger mit steigendem Organisationsgrad der Organismen: Je variabler die Umwelt, in der sich ein Lebewesen bewegt und ernährt, desto anpassungsfähiger muss es in jedem Augenblick sein, will es überleben. Mit den – unvorhersehbaren – Wahlmöglichkeiten aber nehmen die Entscheidungen zu, die ein Tier treffen kann und muss. Ein anderes Wort dafür ist Freiheit.

Während die Stabilität des Äußeren im Verlauf der Evolution erhalten bleibt, hat die prinzipielle Flexibilität beim Verhalten zugenommen. Sie ist am ausgeprägtesten beim Menschen mit seiner hochkomplexen Hirnrinde. Die erlaubt es uns sogar, Entscheidungen auf Basis verfügbarer Informationen »theoretisch« durchzuspielen, bevor wir sie in die Praxis umsetzen. Ein Großteil der »Prägung« unseres Verhaltens ist nicht angeboren, sondern anerzogen und anderweitig durch die Umwelt geformt. Gene allein machen keine Gewalttäter (ohne Not), sondern äußere Einflüsse, die sich jedoch mehr oder weniger festsetzen können, vom frühkindlichen Trauma bis zum Vorurteil.

Wie formbar Menschen unabhängig von ihren Genen sind, zeigen neuere Zwillingsstudien, die nicht nur die oft verblüffenden Übereinstimmungen zwischen Eineiigen untersuchen, sondern auch ihre Unterschiede. Steckte ihr Schicksal tatsächlich allein im Erbgut, müssten beide drogenabhängig, schizophren oder lesbisch werden – oder keiner von beiden. Oft trifft es den einen, den anderen aber nicht. Selbst bei Forschungen an dem sehr einfach gebauten, nur aus 959 Zellen bestehenden Fadenwurm C. ELEGANS zeigt sich: Zwei dieser Tiere mit exakt gleichem Erbgut können sich sehr unterschiedlich »verhalten«, wenn sie nur in unterschiedlichen Medien aufgewachsen sind. Dass sich zwei genetisch Identische ähnlicher sind als zwei x-Beliebige, steht außer Frage. Ihr Lebensweg hängt aber entscheidend von der Umwelt ab, bei Menschen vor allem von der kulturellen.

Umwelt und Gene (beziehungsweise Organismen) hängen zusammen wie Pianist und Klavier. Wer erzeugt die Musik? Wer verantwortet die Qualität? Ein guter Spieler holt aus einem schlechten Flügel mehr heraus als ein schlechter aus einem guten. Wer Erbanlagen den vorherrschenden Einfluss einräumt, redet damit automatisch die Formbarkeit des Menschen durch Erziehung, Ausbildung und Training klein. Ohne Zweifel gibt es unterschiedliche Begabungen, mehr oder weniger Intelligente, Geschickte, und auch nicht jeder hat das Zeug zum Abitur. Aber mit entsprechendem Input von Kleinkindesbeinen an, wie im Bildungsbürgertum üblich, bringt die Mehrheit biologisch genug dafür mit.

Dies alles steckt implizit hinter FitzRoys Experiment, obwohl er vordergründig nur eines im Sinn hat: die Überlegenheit seiner Rasse zu beweisen. Unterkünfte werden gebaut, Felder angelegt und eingesät, alles für die Einrichtung einer dauerhaften Mission vorbereitet. Einheimische laufen zusammen, am Ende sind es über hundert. Um mögliche Auseinandersetzungen zu vermeiden, beschließt FitzRoy, »seine« Feuerländer bei ihren Stammesangehörigen zurückzulassen und die Nacht in einer Bucht außerhalb ihres Areals zu ankern. Missionar Matthews bleibt tapfer bei den Nackten.

Bei unserer Rückkehr am Morgen ... trafen wir zu unserer Freude alles ruhig und die Männer beim Fischestechen in ihren Kanus an. Alles scheint in bester Ordnung. »Jemmy hat seine Mutter und seine Brüder mit Hilfe seiner Freunde gleich eingekleidet«, berichtet FitzRoy. »Für ein Gewand, das ich der alten Frau schickte, sandte sie mir eine große Menge Fisch zurück, alles, was sie zu bieten hatte.« Noch verläuft alles im Sinne des Kapitäns, der nun (ohne es so zu nennen) als Versuchsleiter den nächsten Messpunkt acht Tage später ansiedelt. Zwischendurch bricht er mit zwei Walfangschiffen auf, *um die westlichen Teile des Beagle-Kanals zu vermessen.*

Als sie zurückkommen, finden sie die Siedlung in Auflösung und einen verängstigten Missionar, der ihnen, wie Darwin und FitzRoy übereinstimmend schildern, einen *schlimmen Bericht* liefert. *Gleich nach unserer Abfahrt hatte ein geradezu systematisches Plündern begonnen. ... Einmal forderte Matthews einen alten Mann auf, seinen Wigwam zu verlassen, worauf dieser mit einem großen Stein in der Hand zurückkehrte. ... Eine andere Gruppe machte ihm mit Gesten deutlich, dass sie ihn nackt ausziehen und*

Scheitern der Mission 159

ihm alle Haare aus Gesicht und Körper reißen wolle. Ich glaube, wir kamen gerade rechtzeitig, um ihm das Leben zu retten.

Interessant, wie sich die Einschätzungen der beiden Gentlemen unterscheiden, nachdem klar ist, dass Matthews an Bord bleiben würde, die Feuerländer aber zurückbleiben sollten. *Unsere drei Feuerländer hätten, obgleich sie nur drei Jahre unter zivilisierten Menschen gewesen waren, gewiss gern ihre neue Lebensweise beibehalten, das aber war offensichtlich unmöglich. Ich fürchte, es ist mehr als zweifelhaft, ob ihr Besuch ihnen überhaupt etwas genützt hat.*

In FitzRoys Bericht heißt es: »Ich hoffte, dass unsere Motive, sie nach England mitzunehmen, durch ihre Vermittlung unter ihren Gefährten verstanden und geschätzt würden und dass ein künftiger Besuch sie uns gegenüber günstig gesinnt antreffen möge.« Doch der Kapitän braucht einen dritten Messpunkt. Noch sind seine Schützlinge »sauber und ordentlich gekleidet, ... der Garten war unverletzt, und einige Gemüsepflänzchen sprossen bereits«. In einem Jahr wird er noch einmal vorbeikommen, um nach dem Rechten zu sehen und sein Experiment abzuschließen.

Es war ganz betrüblich, die drei Feuerländer bei ihren wilden Landsleuten zurückzulassen. Darwin zieht eine Linie: Hier die drei durch Kleider gemachten Leute, dort ihre nackten Vettern. FitzRoy gibt den Befehl zum Absegeln, durch den Murray-Kanal, dann direkt Kurs Ost zu den Falklandinseln. »Cikam-öra« heißt »reisen« bei den Yámana.

1 Kriegs- und
Vermessungsschiff
HMS Beagle

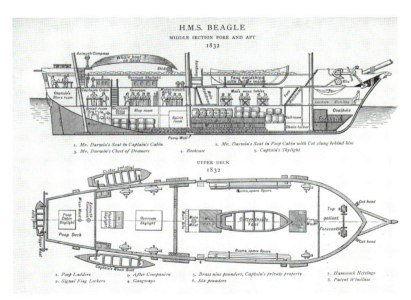

2 Längsschnittzeichnung
und Aufsicht der Beagle

3 *Robert Waring Darwin (1766–1848), Darwins Vater*

4 *Darwin und seine Schwester Catherine, 1815*

5 *»The Mount«, Darwins Elternhaus in Shrewsbury*

6 Conrad Martens, »Ruins, North side of the Harbour of Port Desire«, 1833

7 Conrad Martens, »Port Desire, coast of Patagonia«, 1833

8 Conrad Martens, »HMS Beagle in the Murray Narrows of Beagle Channel«, 1834

9 *Charles Lyell*
(1797–1875)

10 *John Stevens Henslow*
(1796–1861)

11 *Joseph Dalton Hooker*
(1817–1911)

12 *Thomas Henry Huxley*
(1825–1895)

13 *Robert FitzRoy (1805–1865)*

14 *Die Beagle zur Reparatur am Strand von Puerto Punta Quilla (1834)*

15 *Kapverden: Insel Santa Monica mit Darwins »weißer Schicht«*

16 *Kapverden: Sydney mit Mutter, Schwestern und Nachbarskind*

17 Brasilien:
Papiersammler auf
Recyclinghof bei Rio

18 Brasilien:
André Amorim mit
AMONOCHLOA MARAN-
TOIDEA *im Wald bei
Ilhéus*

19 Brasilien: Rio de Janeiro

20 *Uruguay: Ausgestopfte Tucutucos im National-museum für Naturgeschichte in Montevideo*

21 *Yuriy Kovalchuk, Dritter Offizier auf der Aliança Pampas*

22 *Kapitän Petro Khokhlov auf der Aliança Pampas*

23 *Argentinien: Nationalpark Torres del Paine*

24 *Argentinien: Patagonien nahe dem Río Santa Cruz*

25 Argentinien: Paläontologin Teresa Manera mit versteinerten Fußspuren bei Punta Alta

26 Argentinien: Gaucho Marcello bei Oriente

27 Argentinien: Josefina »Pepa« Behm in der Höhle der Hände auf der Estancia La Maria

28 *Chile/Argentinien: Beagle-Kanal zwischen den Inseln Navarino und Tierra del Fuego*

29 *Argentinien: Landschaft am Beagle-Kanal*

30 *Falklandinseln: Wrack eines argentinischen Hubschraubers*

31 *Argentinien: Cristina Calderón, die letzte Yámana, zu Besuch in Ushuaia*

32 *Antarktis: Fabelwesen aus Eis bei Neko Harbour*

33 *Kap Hoorn mit Albatros-Denkmal*

34 *Chile: Die Bucht von Wulaia auf der Insel Navarino*

35 *Chile: Die Hauptstadt Santiago mit Andenpanorama*

36 Chile: Abendliche Anden bei La Silla

37 Chile: Nationalpark von Chiloé mit GUNNERA SCABRA

38 Chile: Auf der Evangelistas durch die Magellanstraße

39 Chile: Goldsucher Jorge Gesell bei Porvenir auf Tierra del Fuego

40 Chile: Eingeschlossene Fossilien auf der Insel Quiriquina bei Concepçion

10
Falklandinseln

*Zweite Seefahrt · Die Ökonomie der Natur · r- und K-Strategie · Stanley ·
Die Vorgeschichte des Krieges · Das Rätsel der Steinströme · Port Louis*

Pünktlich um Mitternacht legen wir in Ushuaia ab. Drei tiefe Schnaufer aus der Schiffshupe der MS Bremen, die mich ein Stück auf Darwins Route mitnimmt, und wir fahren den Beagle-Kanal hinaus, Richtung Atlantik. Die Wasserstraße hat sich ihren Namen verdient, so gerade verläuft sie zwischen den bergigen Inseln, backbord Tierra del Fuego und steuerbord Navarino. *Der Kanal ist in der Regel nicht breiter als drei oder vier Meilen.* Eine letzte Ansammlung von Lichtern auf der chilenischen Seite, das Städtchen Puerto Williams.
Wir stachen in See und steuerten auf die Falklandinseln zu. Noch im Dunkeln erreichen wir den offenen Ozean. *Nachts blies es schwer mit hoher See: Die Geschichte dieses Klimas ist die Geschichte seiner Stürme.* Sanft hebt und senkt sich die Bremen. Hundertelf Meter lang, siebzehn breit, ein Kreuzfahrt- und Expeditionsschiff, Kategorie vier Sterne, höchste Eisklasse, Müllverbrennungs- und vollbiologische Abwasserkläranlage. Stabilisatoren fangen die Wucht der Schläge ab. Das Bett wird zur Wiege. Nicht alle 132 Passagiere können das genießen. Der Schiffsarzt bekommt zu tun. Die meisten Passagiere sind Deutsche. Nach ein paar Monaten allein in der Fremde wie der Blick in einen Spiegel. Am Ende der Welt und plötzlich zu Hause mit Aufschnitt, Kondensmilch und Nutella zum Frühstück. Dazu die Zeitung, frisch aus dem Drucker. SPD-Knatsch, Wintereinbruch, Bayern-Krise. Und das Topthema an Bord: Vor einer Woche ist die MV Explorer, ein Schiff unserer Größe, in antarktischen Gewässern gesunken. Sie war 1984 das erste Passagierschiff, das die Nordwestpassage durchfuhr, und auch das erste, das überhaupt Touristen in die Antarktis gebracht und damit eine Ära eingeläutet hat.

Reichlich Gesprächsstoff. Alle hundert Passagiere und vierundfünfzig Besatzungsmitglieder der Explorer sind in Sicherheit. Vorher mussten sie stundenlang bei Eiseskälte in den Rettungsbooten ausharren. Angeblich hat ihr Schiff einen Eisberg gerammt und sich ein faustgroßes Loch geholt, fünfundneunzig Jahre nach der Titanic. Sollte ihr eigentlich nichts ausmachen. Das Gerücht kommt auf, das Schiff, Baujahr 1969, sei längst abgeschrieben gewesen. Versicherungsbetrug. Beweismittel versenkt, unerreichbar auf dem Meeresgrund. Wäre nicht der erste Fall.

Beim Mittagessen haben sich die Reihen gelichtet. Das traditionelle Kapitänsdinner am ersten Abend muss verschoben werden. Menschen mit Pflaster gegen Seekrankheit hinterm Ohr auf Liegestühlen. Riesensturmvögel und Schwarzbrauenalbatrosse begleiten das Schiff. Die Bewohner der atlantischen Süd-See. Zum Abendessen erscheinen nur die Unentwegten. Einer kehrt bleich auf der Stelle um, als er die angeketteten Stühle sieht. Jemand hat die Bundesliga-Ergebnisse übers Internet besorgt. Sie verbreiten sich schneller als ein Gerücht.

Wir kamen früh am Morgen in Port Louis an, dem östlichsten Punkt der Falklandinseln. Die Bremen fängt am westlichsten Ende an. »Feuchte Anlandung« im Zodiac, dem festen Schlauchboot, auf New Island. Je nach Zählweise eins von zweihundert oder siebenhundertfünfzig Eilanden neben den beiden Hauptinseln Ost- und Westfalkland. Sehen ohnehin alle gleich aus. *Das Land besteht einförmig aus demselben welligen Moorland; der Boden ist mit hellbraunem welkem Gras und einigen sehr kleinen Büschen bedeckt.* Knapp dreitausend Bewohner insgesamt, plus tausendneunhundert Soldaten, zwei Uniformierte pro drei Zivilisten, und siebenhunderttausend Schafe auf einer Fläche halb so groß wie Wales. Und mindestens genauso feucht.

Raubmöwen, Karakaras und Truthahngeier kreisen über einer gemischten Brutkolonie aus Felsenpinguinen, Schwarzbrauenalbatrossen und Königsscharben, gierig auf Eier und Küken. Alles beieinander: Fortpflanzungserfolg, Nahrungssuche, Überlebenskampf. Tausende Jahre aufeinander eingespielt. In Darwins Kopf arbeiten die Bilder. Immer häufiger tauchen in seinen Schriften Begriffe wie *ausgezeichnete Anpassung* oder *die Ökonomie der Natur* auf. Hundert Jahre bevor die Phänomene ihre Namen bekommen, denkt er über ökologische Nischen, Nahrungsketten und -netze nach. Auch wenn er die Falklands in ihrer Ödnis nicht mag – *wir sind noch nie so lange an einem Ort geblieben mit so wenig für das Journal* –, hier findet er Zeit für sorgfältige Forschung.

Nächster Stopp: Carcass Island. Die Tiere am Strand machen nichts anderes als das, was Darwin vor 175 Jahren beobachtet hat. *Sehr verbreitet auf diesen Inseln ist eine große tölpelhafte Ente oder Gans* (ANAS BRACHYPTERA)*, die zuweilen 20 Pfund wiegt ... Ihre Flügel sind zu klein und zu schwach, um ein Fliegen zu gestatten, doch kommen sie mit ihrer Hilfe, indem sie teils schwimmen und teils mit den Flügeln auf die Wasseroberfläche schlagen, sehr schnell voran.* »Dampfer« werden diese Vögel genannt. Wie der neuseeländische Kiwi haben sie mangels Feinden ihre Flugfähigkeit eingebüßt. Anpassung durch Rückbildung – Darwin wird es zum Thema machen.

Nun schaut er mit zweifacher Optik in die Welt. Hier haargenaue Beobachtungen, wer frisst was oder wen, dort das große Bild. *So finden wir in Südamerika also drei Vögel, die ihre Flügel nebst dem Fliegen noch für andere Zwecke gebrauchen; der Pinguin als Flossen, der Dampfer als Paddel und der Strauß als Segel.* Noch denkt er konventionell und kreationistisch, spekuliert über »Zentren der Schöpfung«. Doch in seinem Kopf formt sich unbewusst bereits ein Bild des Lebens, das ohne Schöpfer auskommt. Eine entscheidende Frage, die sich mit jedem erreichten Reiseziel deutlicher stellt: Warum sollte der Herrgott in klimatisch und geografisch vergleichbaren Habitaten unterschiedliche, aber einander sehr ähnliche Arten angesiedelt haben? Warum hat er einmal »erfundene« Typen nicht überall dort platziert, wo die Bedingungen stimmen?

Der einzige auf der Insel heimische Vierfüßer ist ein großer wolfartiger Fuchs. ... Soweit mir bekannt ist, gibt es nirgendwo auf der Welt ein weiteres Beispiel einer so kleinen zerklüfteten Landmasse, fern von jedem Kontinent, die einen so großen, ganz eigenen heimischen Vierfüßer aufweist. Warum gibt es hier ein Tier, das sonst *nirgendwo in Südamerika* existiert? Was könnte sich der Schöpfer dabei gedacht haben? Oder hat da womöglich gar keiner gedacht und geplant?

Aber wenn er nicht hier erschaffen worden ist, wie ist der Fuchs dann auf die abgelegenen Inseln gekommen? Warum gibt es keine Reptilien hier? Warum ist ein Teil der Arten hier identisch mit denen

Falklandinseln

in Tierra del Fuego, ein anderer aber endemisch, also nirgendwo anders zu finden? Darwin legt die Augen des Fuchses in Spiritus ein und prophezeit der Spezies wegen *ihrer Zahmheit und Neugierde* ein baldiges Ende: *Binnen sehr weniger Jahre ... wird dieser Fuchs aller Wahrscheinlichkeit nach ... als ein Tier eingestuft werden, das vom Angesicht der Erde verschwunden ist.* Das letzte Tier der Art DUSICYON AUSTRALIS wird 1876 auf Westfalkland erlegt.

Sogar Unterschiede zwischen den einander so ähnlichen Inseln fallen ihm ins Auge. *Von den vier Exemplaren der Füchse an Bord sind die drei größeren dunkler und kommen von Osten; es gibt einen kleineren von rostiger Farbe, der von der West-Insel kommt.* Kleine Vorübung für Galápagos, wo auf verschiedenen Inseln unterschiedliche Spezies von Schildkröten, Finken und Spottdrosseln zu Hause sind – und Ausgangspunkt eines späteren Aha-Erlebnisses: Arten können sich aufspalten.

Bei einer Koralle entdeckt er *eine vollkommene Übertragung des Willens im Zoophyten, obgleich aus tausenden Polypen zusammengesetzt, wie in einem einzelnen Tier. ... Was kann bemerkenswerter sein, als zu beobachten, wie ein pflanzenartiger Körper ein Ei hervorbringt, das umherschwimmen und sich den richtigen Platz aussuchen kann. ... Wir können die Polypen bei einem Zoophyten oder die Knospen an einem Baum als Fälle betrachten, bei denen die Teilung des Individuums nicht vollständig durchgeführt worden ist.* Wieder ein Großthema berührt, das die Biologie bis heute fesselt. Kooperation bis zur Unterwerfung der Individuen unter die Herrschaft der Gemeinschaft.

Er untersucht Ei-Ablagen der damals so genannten Meeresschnecke DORIS. *Bei kleinster Berechnung sind es nicht weniger als die enorme Zahl von sechshunderttausend Eiern. Das ist ein wunderbares Beispiel von Produktivität; doch das Tier ist gewiss nicht sehr verbreitet: Ich sah nur wenige Exemplare.* Heutige Biologen nennen diese Extremform der Vermehrung »Reproduktionsraten-« oder »r-Strategie«: Nachkommen im Überfluss, auch wenn bei konstanter Population statistisch pro Elternpaar nur zwei durchkommen. Ohne großen Stückaufwand produziert, hier Eier, dort Eicheln, werden Hunderttausende für einen Überlebenden geopfert. Das Gegenteil ist als »Kapazitätsgrenzen-« oder »K-Strategie« bekannt: nur wenige Junge, wie bei Elefanten und im Prinzip auch beim Menschen, dafür aber viel in jedes Einzelne investiert.

Während des größten Teils ihrer Existenz hat auch die Spezies HOMO SAPIENS im darwinistischen Kampf ums Dasein gesteckt und mit ihren Nachkommen der Evolution »Spielmaterial« zur Verfügung gestellt. Nur die Tüchtigsten überleben, oder besser gesagt: Biologisch Schwächere, weniger widerstandsfähig gegen Infektionskrankheiten und bedrohliche Umweltbedingungen, gelangen seltener zur Fortpflanzung. Wenn es eng wird, weichen die einen, die anderen bleiben. Dank Werkzeug- und Waffengebrauch, Kleidung und Feuer lässt sich fast jede Klimazone besiedeln. Wanderungswelle folgt auf Wanderungswelle. Die erste Globalisierung nimmt über Land ihren Lauf, die Menschheit erobert die Erde – ohne anfangs global zu agieren. Der nächste große Globalisierungsschub über die Meere setzt Ende des Mittelalters mit den Entdeckern ein, zu denen auch Darwin noch zählt. Seit Kolumbus vom Land im Westen Kunde gab, hat Europa einen Teil seines Bevölkerungswachstums auf die neuen Welten abgewälzt.

Noch vor gar nicht langer Zeit haben Kinder viel seltener als heute das Elternalter erreicht. Sogar in Europa herrscht bis weit ins 20. Jahrhundert hohe Kindersterblichkeit. Kinderreichtum ist die Regel – wie heute noch in weniger entwickelten Ländern. Nachkommen gelten zudem als Rentenversicherung. Dagegen liegt in vielen entwickelten Ländern die Zahl der Kinder pro Paar heute im Schnitt unter zwei. Aber fast alle erreichen durch höheren materiellen und medizinischen Einsatz das reproduktionsfähige Alter. Diese übererfüllte K-Strategie sprengt derzeit sicher geglaubte Rentenformeln.

Insgesamt wächst die Menschheit jedoch immer weiter. Selbst wenn ab sofort weltweit alle Paare im Durchschnitt nur noch zwei Kinder bekämen, würde unsere Zahl bis zur Mitte des Jahrhunderts auf mindestens neun Milliarden angewachsen sein. Die tatsächlichen Zahlen werden höher liegen. Die Biologie der Fortpflanzung und die Überlebenstechniken der Kultur erzeugen zusammen ein explosives Gemisch. Irgendwann wird die Endlichkeit unserer Heimat zum limitierenden Faktor.

So schlimm das auch klingen mag: Im Augenblick verhalten wir Menschen uns auf unserem begrenzten Planeten noch wie Karnickel auf einer Insel, die sich immer weiter vermehren und ihren Lebensraum kahl fressen. Die Folgen sind bekannt. Kaninchen verenden im massenhaften Hungertod, wenn ihre Ressourcen aufgebraucht sind. Die Konsequenzen für die Menschheit sind die gleichen. Irgendwann werden wir uns nicht mehr alle durchfüttern können. Darwinistisch gesehen werden die (technisch) Tüchtigsten überleben und die Schwächsten unvermeidlich untergehen.

Wenn sich Kindersterblichkeit verringert (was jedermann wünscht) und alle satt zu essen haben sollen (was auch jeder befürwortet), dann muss über kurz oder lang unsere Vermehrung weltweit zum Erliegen kommen und unsere Zahl sogar wieder schrumpfen. Das hat nichts mit Glauben, Rasse oder Nationalität zu tun. Das ist pure, brutale Biologie, der wir nur dadurch begegnen können, dass wir es nicht erst zum Kampf ums Überleben kommen lassen. Die Erde wäre uns für jede Milliarde weniger dankbar. Ob wir das durch Verzicht oder Vernichten erreichen, ist ihr letztlich egal. Auf Dauer haben wir die Wahl zwischen der biologischen Lösung und der kulturellen, zwischen Krieg und Frieden.

Wie auch immer wir es anstellen: Irgendwann müssen wir die Bevölkerungspyramide der Menschheit in einen Zylinder mit konstanter Menschenzahl verwandeln oder sogar auf den Kopf stellen. Auch wenn manche Europäer fürchten, dass wir aussterben: Europa ist auf dem einzig richtigen Weg. Früher oder später muss die Weltgemeinschaft mit gleichbleibenden oder schrumpfenden Bevölkerungen wirtschaften lernen. Der beste Weg, eine ausgeprägtere K-Strategie zu erreichen, ist bekannt: die Gleichstellung der Geschlechter.

Der »Pillenknick« in den Sechzigerjahren könnte einmal für eine der wichtigsten Erfindungen in der Menschheitsgeschichte stehen: Die Nachwuchszahl wird steuerbar – von den potenziellen Müttern. Statistisch lässt sich ein klarer Zusammenhang zwischen zunehmender Gleichberechtigung der Frauen, abnehmender Kinderzahl und dann sogar verringertem Kriegsrisiko aufzeigen.

Die Bremen fährt in den Hafen von Stanley ein. Die Hauptstadt des Falklandarchipels liegt auf der Ostinsel, vor der auch die Beagle geankert hat. Kaum mehr als ein großes Dorf, bunte Blechdächer, Straßen im Schachbrettmuster wie überall in Südamerika. Ansonsten fühlt sich das Ganze an wie Vereinigtes Königreich in seiner ländlichsten Ausprägung, heruntergekocht auf das Konzentrat einer Siedlung von

Schafzüchtern in Regenjacken, dick wattierten karierten Hemden und Gummistiefeln.

Die Schönheit beschränkt sich auf ein paar historische Gebäude, koloniale Cottages und eine Zeile echt viktorianischer Reihenhäuser mit dem Namen »Jubilee Villas«. Dazu die Christ Church Cathedral mit ihrem Arrangement aus vier wuchtigen Walknochen im Garten, das immer wieder modernisierte Haus der Inselregierung von 1840 und die größte Attraktion, das »1982 Memorial«, wo jedes Jahr am 14. Juni, dem »Liberation Day«, des Sieges über die argentinischen Invasoren gedacht wird.

Gleich bei der Ankunft eine bezeichnende Szene. Eine Mitreisende spricht in Gegenwart der britischen Zollbeamten den Namen »Malvinas« aus. Einer herrscht sie an: »Dieses Wort wollen wir hier nicht hören.« Konflikte entstehen in Köpfen und leben dort fort. Das erste Hotel am Ort heißt »Malvina House«. Die Arbeiter vom Festland, vor allem aus Chile, verwenden hier ebenfalls den spanischen Begriff. Eine von manchen Merkwürdigkeiten auf diesem Überseeterritorium mit eigener Flagge, Regierung und Währung. Das gute alte englische Schlangestehen für Bargeld regt die Leute mehr auf als Wetter oder Weltpolitik. Die einzige Bank im Ort hat keinen Geldautomaten. Zu teuer für die paar Leute, heißt es. Der Geldwechsel dauert fast eine halbe Stunde.

Die Einwohner sind überwiegend britischer Herkunft, viele Familien vor Generationen aus Nordengland und Schottland eingewandert – politisch halbwegs unabhängig, militärisch weitgehend abhängig von der Heimat ihrer Vorfahren, seit Argentinien sein Herz für die Falklands neu entdeckt hat. In Buenos Aires kann niemand regieren, der nicht das Recht auf die Malvinas einfordert. Die neue Präsidentin Cristina Kirschner macht da keine Ausnahme. Ob die Argentinier überhaupt wissen, mit welchem Menschenschlag sie es hier zu tun haben? Das ist keine Kolonie, in der eine Handvoll Europäer Massen angestammter Ureinwohner gegen deren Willen zu schaffen macht. Hier lebt alteingesessenes, starrköpfiges britisches Landvolk, das sich nicht einfach von Gaucho-Generälen herumkommandieren lässt.

Was würden sie mit Leuten wie Jane Cameron machen, die bei der Eisernen Lady zur Schule gegangen sein könnte? Sie arbeitet im Inselarchiv und empfängt mich mit schneidender Gouvernantenhöflichkeit. »Darwin? Natürlich«, sagt sie, »ein Teil unserer Geschichte.« Aber ich könne doch nicht mir nichts, dir nichts am frühen Morgen in ihre Routine platzen und um Auskunft bitten. »Auf so etwas muss ich mich vorbereiten können.« Mit Druck ist da nichts zu gewinnen. Ich versuche es mit Nettigkeit. »Come on, you are such a charming person.« Da blitzen ihre wasserblauen Augen auf. »I ... am ... NOT ... charming!« Ich glaube, Lady Thatcher persönlich zu hören, wie sie ihren europäischen Kollegen mit dem berüchtigten »No« über den Mund fährt. Unwillkürlich muss ich lachen. Einen Moment lang schaut mich die Archivarin an, als hätte ich ihr gerade einen miesen Witz erzählt. Dann bricht es auch aus ihr heraus, sie lacht aus vollem Herzen. Humortest bestanden. Ich bekomme alles, was ich brauche. Einem Argentinier hätte sie die Tür gezeigt.

Die Geschichte des Falklandkonflikts nimmt genau in jenen Tagen ihren Anfang, da die Beagle zum ersten Mal die damalige Hauptsiedlung Port Louis nördlich des heutigen Stanley anläuft. Darwin geht noch davon aus, in einer argentinischen Kolonie zu landen. *Die erste Neuigkeit, die wir empfingen, war zu unserer Überraschung, dass England von den Falkland-Inseln Besitz ergriffen hatte und dass unsere Flagge nun wehte.* Erst einen Monat zuvor hat das Kriegsschiff »Clio« die britischen Ansprüche geltend gemacht, die auf englische Seefahrer zurückgehen. Darwin beschreibt eine gespenstische Szene: *Die gegenwärtige Bevölkerung besteht aus einem Engländer, der hier seit einigen Jahren wohnt und nun die Verantwortung für die britische Flagge hat, 20 Spaniern und drei Frauen, von denen zwei Negerinnen sind.* Außer dem Hüter der Flagge, einem Iren namens Dickson, gibt es bis dahin keinen offiziellen Vertreter der Krone auf dem windumtosten Archipel. Aus Buenos Aires reist als Zweiter der britische Kapitän Brisbane an, der am Bau der Siedlung beteiligt war. Das hätte er besser nicht getan.

Als die Beagle ein Jahr später erneut Port Louis angesteuert hat, kommt ein inzwischen als Gouverneur eingesetzter Leutnant namens Smith an Bord und gibt einen erschütternden Bericht ab. Die Gauchos und drei von den Argentiniern auf die Inseln verbannte Indianer *haben sich erhoben und den armen Brisbane und Dickson und ihren Anführer umgebracht, und es wird befürchtet, noch etliche andere.*

Von einem Mann namens Keith, der in einem fort Lakritze kaut und dessen Auto nach Bier riecht, lasse ich mich für teure Falkland-Sterlings über die Ostinsel nach Port Louis fahren. *Das Theater ist der Szenen wert, die darin gespielt werden.* *Das gewellte Land mit seinem trostlosen und erbärmlichen Aussehen ist überall von Torfboden und hartem Gras bedeckt, alles in einem monotonen Braun.* Worum in aller Welt wurde hier eigentlich gekämpft? Wir halten an den Trümmern eines verkohlten argentinischen Hubschraubers. »Ein Wahnsinn«, sagt Keith. »Gegen England hatten die keine Chance.«

Der Falklandkrieg endet nach vierundsiebzig Tagen mit etwa tausend Toten, die meisten aufseiten der Argentinier, eine traurig rekordverdächtige Quote von fast zehn Gefallenen auf fünfundzwanzig verteidigte Einwohner. Welch ein Wahnsinn, nur wegen der Wiederwahl einer angeschlagenen Premierministerin. Das sieht Keith völlig anders, da wird er ganz Brite, wenn auch schon in soundsovielter Generation Falkländer.

»Offenbar kennen Sie die englische Seele schlecht«, sagt er in seinem stark nordenglischen Akzent und stellt zur Demonstration seinen schweren Schuh auf ein grasüberwachsenes Rotorblatt. »Es stimmt, das hat ihr die Wiederwahl gebracht. Aber kein Regierungschef in London, ob Labour oder Tory, hätte anders handeln können. Da ging es weniger um uns als um England. Wer angegriffen wird, muss sich verteidigen. Alles andere wäre politischer Selbstmord.« Ich fürchte, aus britischer Sicht muss ich ihm recht geben.

Die Frage, worum hier eigentlich gekämpft wurde, hat sich 2007 ohnehin erübrigt. Vor der Küste ist mit der Förderung von Rohöl begonnen worden. Was die Regierung in Buenos Aires natürlich einmal mehr veranlasst hat, mit noch mehr Nachdruck das Besitzrecht einzufordern. Argentinien beansprucht die Inselgruppe nicht zuletzt aus geografischen Gründen für sich. Tatsächlich liegt sie wie angehängt auf einem Sockel vor der Küste Patagoniens. Wie sie aber erdgeschichtlich dorthin gekommen ist, spricht wiederum gegen die Interpretation der Südamerikaner.

Als vor etwa zweihundert Millionen Jahren der südliche Großkontinent Gondwana zerbricht und in gigantischen Platten auseinanderdriftet, liegen die Inseln eingeklemmt zwischen dem, was später Antarktis und Afrika wird, aus heutiger Sicht etwas östlich der Südspitze

Südafrikas. Während sich der Atlantik öffnet, folgt eine Verschiebung der kleinen Platte, bei der sie sich dreht, verbiegt, aufwirft und schließlich westlich auf Südamerika zutreibt. Geologisch sind die Falklands viel näher mit Südafrika und der Antarktis als mit Südamerika verwandt. Aber wann hätten Steinspuren schon jemals Konflikte gelöst. Darwin prophezeit dem Archipel keine bessere Zukunft als seinem Fuchs. *Meiner Meinung nach sind die Falklandinseln ruiniert.*

Auf dem Weg nach Port Louis kommen wir an den bizarren »stone runs« vorbei, einer geologischen Rarität, die es sonst nur in Südafrika gibt. Diese leicht ansteigenden »Steinströme« von mehreren Kilometern Länge und teilweise weit über einem Kilometer Breite bestehen aus groben Quarzitblöcken. Wie sind diese Brocken an diese Stellen gekommen? Kein Stück ist gerundet, also wurden sie nicht durch Wasserkräfte bewegt. Es ist, als seien sie geflossen, auch wenn das ihre kantigen Formen nicht zulassen.

Wie viele Geologen nach ihm, versucht auch schon Darwin, das Rätsel zu lösen. *Wir dürfen uns vorstellen, dass die Ströme weißer Lava vielerorts von den Bergen ins Tiefland flossen und dass sie, als sie erstarrt waren, von einer gewaltigen Erschütterung zu Myriaden von Trümmern zerrissen wurden.*

Da *Gewalteinwirkung* allein die ebenen Oberflächen der »Ströme« nicht erklären kann, fordert er zusätzlich *eine Rüttelbewegung von überwältigender Kraft,* durch welche sie *zu einer fortlaufenden Fläche eingeebnet wurden.* Nicht gerade typisch Darwin, der eher elegante Lösungen bevorzugt. Und die gibt es auch für dieses geologische Problem: Während der letzten Eiszeit sind die Falklands nicht von Gletschern bedeckt, sondern schärfstem Frost ausgesetzt. Wasser dringt in kleinste Ritzen, gefriert und sprengt die dicke Schicht aus festem Quarzit. Unzählige Male wiederholt sich der Zyklus, das merkwürdige Gewürfel entsteht.

Port Louis besteht heute aus ein paar hübschen weißen Häusern mit roten Blechdächern, Sprossenfenstern und Lattenzäunen um blühende Gärten mit Gänseblümchen auf frischem grünem Rasen. Kleine England-Inseln in der eintönig gelbbraunen Graslandschaft. Sogar die Sonne lässt sich blicken. Eine Kanone erinnert an die einstmalige Bedeutung als Stützpunkt. Von den damaligen Gebäuden sind noch ein paar Grundmauern zu sehen. Am längsten, sagt Keith, habe sich das Pub gehalten.

Die Beagle bekommt an diesem Ort Verstärkung. Robert FitzRoy kauft einem Landsmann dessen Schoner ab und nennt ihn Adventure, wie das Schiff des bewunderten Kapitäns Cook. *Falls die Admiralität die Ausrüstung und Bezahlung der Männer billigt, wird dieser Tag ein wichtiger sein in der Geschichte der Beagle.* Darwin hofft schon, dass er weniger Zeit an Bord verbringen muss, weil zwei Schiffe sich die Arbeit teilen können: *Vielleicht wird es die Seereisen verkürzen, jedenfalls wird es die geleistete Arbeit verdoppeln.*

Bei der Rückfahrt nach Stanley ziehen schwarze Wolken auf. *Dazu kam schwerer Hagel.* Und zerrender Wind. Es muss einen Grund haben, warum es hier keine Bäume gibt. Nur in der Stadt halten sich ein paar sorgsam gepflegte, importierte Exemplare. In einem Vorgarten auf einem Sockel der lackierte Schädel eines vom Besitzer »Killerwal« genannten Schwertwals. In einem anderen, über den ganzen Rasen verteilt, eine Hundertschaft tropfnasser Gartenzwerge mit roten Mützen, hübsch zu Spielszenen drapiert.

Flüge zurück aufs südamerikanische Festland, nach Punta Arenas in Chile, gehen nur einmal die Woche. Unten an der Pier liegt die Bremen. Die Reederei hat mir angeboten, an Bord zu bleiben. Die Kabine sei ohnehin frei, und zusteigen werde hier auch niemand. Südgeorgien, antarktische Halbinsel, Kap Hoorn. Wie würde Darwin in meiner Situation entscheiden? *Das Wetter blieb so schlecht, dass ich entschlossen war, mich zu beeilen und zu versuchen, das Schiff vor der Dunkelheit zu erreichen, was mir gelang.*

11
Antarktis

Südgeorgien · Darwins Verlobung · Vermenschlichung von Tieren · Darwins erster Affe · Kooperation und Arbeitsteilung · Das Schiff als Organismus · Kulturelle Evolution · Das Prinzip Symbiose · Antarktisches Festland

Seetag, offenes Meer, der erste Eisberg meines Lebens. Einsames Weiß, scharf gezackt, wie letzte schneebedeckte Spitzen eines sinkenden Gebirges. In wenigen Wochen wird er verschwunden sein, geschmolzen und zerflossen. Auch Eisberge sterben.

Darwin hätte das sicher gern gesehen. In seiner Fantasie sind *Eisberge mit Gesteinsbrocken* unterwegs, wenn er sich vorstellt, wie *Felsblöcke transportiert* werden, wie der *Meeresboden ... wiederholt von gestrandeten Eisbergen und dem darauf transportierten Gestein umgepflügt* wird.

Draußen an Deck der Bremen wird fotografiert. Jeder will sein eigenes Bild. Am Anfang der Reise ist alles noch neu. Andere Majestäten werden kommen, mächtiger, bedrohlicher, geheimnisvoller. Am Ende gewöhnt man sich an Eisberge wie an die Echsen auf Galápagos.

Wenn man so will, besteht das gesamte Abenteuer des Lebens aus Anfängen. Vor uns Polarmeer, Südgeorgien, antarktisches Festland. Darwin zitiert Cook, der viel tiefer in südliche Gefilde vordrang als die Leute von der Beagle. *Georgia, eine 96 Meilen lange und 10 {Meilen} breite Insel auf der Breite von Yorkshire, »ist auf dem absoluten Höhepunkt des Sommers gewissermaßen ganz von gefrorenem Schnee bedeckt«.*

Reisen wie Leben heißt Bewegung, die Zeit durch sich fließen lassen. Aus Plänen werden Erlebnisse, aus Entscheidungen Erinnerungen. Zwischen Entstehen und Vergehen sind wir alle ständig unterwegs. Aber was treibt uns immer weiter? Was lässt uns Bilder sammeln, die wir doch nur mitnehmen ins Grab? Woher diese Neugier, dieser Erfahrungshunger und Wandertrieb?

Die Leute sagen, das wollen sie einmal im Leben gesehen haben. Wale, Königspinguine, das ewige Eis. Ich kann sie verstehen. Aber erklären kann ich es nicht. »Der Mensch will wissen, der Mensch muss wissen«, hat der Mathematiker David Hilbert einmal gesagt. Das stimmt. Aber warum? Was macht uns so ruhelos? Und sind wir Menschen damit allein?

Königskormorane brüten auf den Shag Rocks, einsamen Felsen mitten im Ozean. In der Bucht von Elsehul auf Südgeorgien wälzen sich Seebären und Seeelefanten auf dem steinigen Strand. Graukopfalbatrosse kreisen über uns. Ihre Verwandten, die Wanderalbatrosse, können am Tag problemlos tausend Kilometer fliegen. Erforschen nicht auch Tiere ständig ihre Welt?

Salisbury Plain, eine weitere Bucht auf Südgeorgien. Cooks Insel »Georgia« ist nicht mehr so schneebedeckt, wie es der Kapitän beschreibt. Das nutzen die Warmblüter, die hier nisten. Königspinguine, hunderttausend mögen es sein, stehen beieinander, ein dichtes Heer aus Weiß und Braun, Eltern im Sonntagsstaat, Junge im buschigen Flaum, den Hang hinauf bis an die Kante der ersten Schneefelder. Unglaublicher Anblick einer Masse Tier. Unvergessliche Geräuschkulisse aus Schnattern, Schreien und Piepsen. Unfassbar, dass Eltern ihre Jungen in diesem Gewirr aus Tönen an der Stimme erkennen und wiederfinden. Jedes Jahr kommen die Vögel hierher, um sich zu paaren, Eier zu legen, sie auszubrüten und ihre Brut zu füttern, bis sie die Mauser hinter sich hat.

Darwin hat die Rolle der Sexualität für die Evolution schon bald nach seiner Rückkehr erkannt – obwohl er von den Mechanismen der Vererbung keine Ahnung hat. Erstmals denkt er auch über seinen eigenen Beitrag zum Generationenspiel nach. *Was ein Eheweib betrifft, dieses interessanteste Exemplar im ganzen Stammbaum der Wirbeltiere, so weiß allein die Vorsehung, ob ich je eines angeln werde, und falls ja, ob ich imstande sein werde, es zu ernähren.* Der notorische Notizenschreiber behandelt das Thema wie seine wissenschaftlichen Probleme und hinterlässt, im Sommer 1838 auf ein Blatt gekritzelt, ein einmaliges Dokument aus zwei Listen – »Heiraten« und »Nicht heiraten«.

Pro: *Kinder (so Gott will).*
Contra: *Kosten für Kinder, Sorgen um sie.*

Pro: *Ständige Gefährtin (und Freundin im Alter), die sich für einen interessiert. Jedenfalls besser als ein Hund.*
Contra: *Gespräche mit klugen Männern in Clubs.*
Pro: *Charme von Musik und weiblichem Geplauder.*
Contra: *Nicht gezwungen, Verwandte zu besuchen und sich jeder Kleinigkeit zu unterwerfen.*
Pro: *Eigenes Heim und jemand, der den Haushalt führt.*
Contra: *Vielleicht mag meine Frau London nicht; dann lautet das Urteil Verbannung und Degradierung zu einem nutzlosen, faulen Narren.*

Schließlich bricht es aus ihm heraus, man sieht förmlich, wie sein Abwägen in einer Entscheidung mündet.

Pro: *Mein Gott, es ist unerträglich, sich vorzustellen, dass man sein Leben lang wie eine geschlechtslose Arbeitsbiene nur schuftet. Nein, nein, das geht nicht. ... Halte das Bild einer lieben, sanften Frau auf einem Sofa am Kaminfeuer dagegen ... Heiraten – heiraten – heiraten. Q.E.D.*

Viel beschäftigter Intellektueller sucht musizierende Hausfrau als Mutter und Unterhalterin. Darwins Frauenbild ist weit rückständiger als sein Menschenbild. Die Bekanntschaft mit Henrietta Martineau, Freundin seines Bruders Erasmus und eine der fortschrittlichsten unabhängigen Frauen in London, ändert daran ebenso wenig wie die Krönung der gerade neunzehnjährigen Victoria zur Königin von England Ende Juni 1838. Nur einmal in diesen Tagen äußert er fortschrittliche Ideen. *Unterricht für alle Schichten,* schreibt er zwischen seine wissenschaftlichen Notizen, *Bildung für die Frauen (doppelter Einfluss), und es wird mit der Menschheit aufwärts gehen.* Doch der großartige Gedanke verhallt folgenlos. Die ersten Schritte zur rechtlichen Gleichstellung des weiblichen Geschlechts liegen noch mehr als ein halbes Jahrhundert entfernt.

Eine Frau wie Margrith Ettlin kommt in seinen kühnsten Vorstellungen nicht vor. Die Erste Offizierin auf der Bremen hat in ihrer Schweizer Heimat als einzige Frau mit Kapitänspatent Schlagzeilen gemacht. Ein sonderbarer Beruf für Eidgenossen, die nur auf Binnengewässern kreuzen können. Nicht lange hat es die Siebenunddreißigjährige auf dem Zürichsee gehalten. Jetzt befährt sie die Weltmeere, während ihrer Wachen verantwortlich für Crew und Kurs. In ein paar Jahren wird die kleine Person selber auf großen Schiffen als Kapitänin auf der Brücke stehen.

Frauen können heute im Prinzip fast alles. Noch vor hundert Jahren durften sie fast nichts. Vielleicht der größte Fortschritt in der Menschheitsgeschichte, und das innerhalb von gerade mal drei oder vier Generationen. Kulturelle Gleichheit übertrumpft biologische Unterschiede.

Darwins Verhältnis zum anderen Geschlecht, nicht zuletzt geprägt von der Erziehung durch seine älteren Schwestern, bleibt sein großes Geheimnis. Wir wissen nichts über seine Erfahrungen, so er sie gemacht hat, seine Fantasien, seinen Geschmack. Was die Mutter seiner Kinder betrifft, so zeigt sich der Entdecker der sexuellen Selektion nicht gerade wählerisch. Statt den atemlosen Kreativitätsschub nach seiner Rückkehr zu stören und auf Brautschau zu gehen, fällt sein Auge auf die buchstäblich erste Beste: Cousine Emma, mit neunundzwanzig ein Jahr älter als er und auf dem besten Weg, unverheiratet zu bleiben. Alle Bewerber hat sie abgelehnt, jetzt fesselt sie die Pflege der Mutter nach deren Schlaganfall ans Elternhaus.

Darwin weiß um die damals schon bekannten Gefahren einer Ehe zwischen Vettern ersten Grades für den möglichen Nachwuchs. Die Ähnlichkeit der Erbanlagen kann zu Missbildungen, Krankheiten und frühem Tod der Kinder führen. Doch gerade in wohlhabenden Kreisen sind Hochzeiten zwischen nahe verwandten Familien damals nicht unüblich. So lassen sich am besten Geld und Güter zusammenhalten. Vor Kurzem hat Darwins siebenunddreißigjährige Schwester Caroline, die sich ebenfalls schon als Jungfer alt werden sah, seinen Cousin Josiah Wedgwood geheiratet, Emmas Bruder. Cousine Emma bringt als Tochter eines Großindustriellen eine fürstliche Mitgift mit in die Ehe. Und sie ist die einzig greifbare Frau in seiner Lebenslage.

Sollte es in der Natur nicht ähnlich laufen? Kann man sich vorstellen, dass unter hunderttausend Pinguinen sich alle optimal nach den Regeln der geschlechtlichen Auslese paaren? Oder geht es ihnen vielleicht wie den Menschen, die sich zwar vielfach nicht auf den Ersten, aber dann auf den Erstbesten einlassen, wenn das soziale Umfeld halbwegs passt und »die Chemie stimmt«? Am Ende sind wir weniger wählerisch, als wir meinen. Warum soll es den Tieren immer anders ergehen? Welche Bedeutung die sexuelle Selektion, die den Schönsten zum Fittesten macht, überhaupt im menschlichen Evolutionsprozess hat, lässt sich nicht beziffern. Manche Biologen würden das Konzept am liebsten ganz über Bord werfen, auch wenn Pfauenrad und Hahnenkamm als Musterfälle die Lehrbücher noch über Generationen schmücken werden.

Im Biologiestudium lernen wir, tierisches Verhalten nicht nach menschlichen Gesichtspunkten zu bewerten. Bei keiner Tiergruppe, außer den Menschenaffen, fällt mir das so schwer wie bei den Pinguinen. Und das, obwohl sie als Vögel keine Gesichter mit großen Augen und niedlichen Nasen haben, sondern lange Schnäbel und kleine, ziemlich ausdruckslose Knopfaugen. Doch wenn sie watscheln, auf zwei Beinen wie wir, schwarze Flügelflossen wie eifrig rudernde Arme am weißem Bauch, den sie vorstrecken, als zeigten sie stolz ihr blütenreines Hemd, dann rühren sie tief an Gefühle menschlicher Verwandtschaft.

Und wenn sie zusammenstehen, die Befrackten, zu zweit oder in trauter Runde, gestikulierend und schnatternd, dahinter das Rauschen der Masse, dann meint man förmlich zu hören, wie ein paar Herren im Foyer eines Opernhauses die erste Hälfte einer Aufführung erörtern. Darwin geht es da nicht anders. Als er sich auf den Falklands einem Eselspinguin in den Weg stellt, *amüsierte {ich} mich sehr über sein Verhalten. Er war ein tapferer Vogel. ... Jeden Zoll, den er gewann, verteidigte er standhaft, indem er sich aufrecht entschlossen vor mich hinstellte. Derart angegangen, rollte er in sehr possierlicher Weise unablässig den Kopf hin und her.*

Ich glaube, Darwin liegt mit der Vermenschlichung der Tiere richtig und der Biologieunterricht falsch. Je mehr Panda-, Eis- oder Koalabären durch Medienpräsenz quasi zu Mitbürgern werden, desto eher werden die Kreaturen als Mitbrüder und -schwestern erkannt. Robben und Delfine, Wale und Elefanten haben allein durch ihre – scheinbare – Nähe zu uns viel zu ihrem eigenen Schutz und dem etlicher anderer Lebewesen beigetragen. Ohne diese Ikonen wären Natur- und Artenschutz nicht so weit, wie sie heute sind. Leute wie der Fernsehzoologe Bernhard Grzimek haben das sehr früh begriffen.

Die weitverbreitete umgekehrte Sichtweise, tierisches Verhalten auf den Menschen zu übertragen, führt dagegen oft zu plumpem Biologismus. Schon die Unterschiede zwischen den beiden nächsten Verwandten des Menschen – »gemeiner« Schimpanse und der etwas kleinere Zwergschimpanse Bonobo – machen die Gefahr einfacher

Rückschlüsse deutlich: Äußerlich sehr ähnlich, könnte ihr jeweiliges Verhalten kaum weiter voneinander abweichen.

Die größeren Schimpansen tragen Auseinandersetzungen oft aggressiv aus und schrecken sogar vor mörderischen Feldzügen gegen Artgenossen nicht zurück. Als die Primatenforscherin Jane Goodall 1974 erstmals von Schimpansenkriegen berichtet, die oft erst enden, wenn eine Partei völlig ausgelöscht ist, schockierte und faszinierte die Nachricht gleichermaßen. Die Tatsache, dass allein Menschen und Schimpansen diese Verhaltensweisen zeigen, legte den Schluss nahe, dass Kriege und sogar Völkermord biologische Wurzeln haben, also ganz natürlich sind. Ein willkommenes Argument für die Soziobiologie.

Bei Bonobos dagegen, von Wissenschaftlern als »sanfte« oder »gute Affen« beschrieben, sind weder Treibjagden noch brutale Stammeskriege bekannt. Auch Bonobo-Männer geraten mitunter in Kämpfe, doch sind sie dabei sehr viel weniger brutal als ihre männlichen Vettern. Über erzwungenen Sex, wie er bei den anderen Menschenaffen mehr oder wenig üblich ist, wurde bei den Zwergschimpansen noch in keinem Fall berichtet. Und das Prügeln erwachsener Weibchen kommt ebenso wenig vor wie Kindstötungen, die vor allem bei den Gorillas verbreitet sind.

Bei den Bonobos gelten Alphaweibchen und Alphamännchen gleich viel. Doch obwohl auch bei ihnen die männlichen die deutlich kräftigeren Tiere sind, besitzen die Äffinnen die Macht, und zwar aus einem einfachen Grund: Sie halten zusammen und sind gemeinsam stark. Während bei den größeren Schimpansen nur die männlichen Tiere Allianzen bilden, etwa zur Jagd, kommen solche Bündnisse bei den Bonobos allein unter Frauen vor. Bemerkenswert, dass die Frauenfreundschaften regelmäßig durch gleichgeschlechtlichen Sex bekräftigt werden. Wie Menschen in Missionarsstellung liegen dabei die Freundinnen aufeinander, die Gesichter einander zugewandt. Bonobos haben Sex, um Freunde zu gewinnen, um gereizte Artgenossen zu entspannen oder zur Versöhnung nach einem Streit.

Besaß unser gemeinsamer Vorfahr, wie das Beispiel zeigt, nicht das Potenzial zu beiden Optionen? Hätten menschliche Gesellschaften, wie Ethnologen glauben, womöglich nach wie vor die Wahl, den friedlichen Weg zu gehen, wenn nur die weiblichen Mitglieder ihre

Power bündeln würden? Oder ist, so die Gegenposition, die Aggressivität der Menschenmännchen der unausweichliche Preis des zivilisatorischen Himmelssturms von HOMO SAPIENS? Ohne Morde kein Mozart? Darwin sieht seinen ersten Affen im Londoner Zoo. Jenny, das dreijährige Orang-Utan-Weibchen, wird gleich nach ihrem Kauf im November 1837 zur Sensation für die Hauptstädter. In seinem neuen Notizbuch M lässt er sich seitenweise über seine Beobachtungen aus. *Der Mensch sollte sich den domestizierten Orang-Utan anschauen, ... seine Intelligenz erleben, ... als verstünde er jedes Wort, das man zu ihm sagt. ... Er sollte sich einen Wilden anschauen, der seine Eltern brät, nackt, ungesittet, der keine Fortschritte macht, obwohl er dazu fähig ist. Und dann soll er noch einmal wagen, sich stolz als Krone der Schöpfung zu bezeichnen.*

Im Sommer 1838, er verkehrt bereits mit Cousine Emma, ohne ihr bislang die Ehe angeboten zu haben, schreibt er im Hochgefühl seiner Erkenntnisse: *Wer Pavian versteht, wird mehr für die Metaphysik tun als Locke* – der große Philosoph der englischen Aufklärung. Im November ist sich Darwin mit seiner Auserwählten einig, warnt sie aber: *Bedenke bitte, dass »alle Männer Rohlinge sind«, wie eine junge Dame sagte, und dass ich die Tendenz zum einsiedlerischen Rohling habe.*

Als einer, der jeden Stein umdreht und sich über alles Gedanken macht, erlaubt uns Darwin in seinen geheimen Notizen auch einen kleinen Einblick in seine kühle biologische Sicht auf den Sex. *Unsere Tendenz, zu küssen und fast zu beißen, was wir sexuell begehren, hängt wahrscheinlich mit dem Speichelfluss zusammen; daher die Aktion von Mund und Kiefern. Von lasziven Frauen sagt man, dass sie beißen; Hengste tun das immer.*

Bei fast allem im Leben kann man sich fragen: Was hat sich die Evolution dabei gedacht? Das geht schon beim morgendlichen Rasieren los. Warum haben in der Regel Männer Bärte und Frauen nicht? Ästhetische Präferenz? Schutz vor Kälte? Ich beschließe, mich wie Darwin nicht mehr zu rasieren. *Alles zeigt an, dass wir barbarische Regionen ansteuern, alle Offiziere haben ihre Rasierer verstaut und beabsichtigen, ihre Bärte in wahrhaft patriarchischer Weise wachsen zu lassen.* Mit jeder Seemeile näher zum Südpol sinken die Temperaturen.

In Stromness, einer verlassenen Walfangstation auf Südgeorgien, sind unvorstellbare 175 000 Wale »verarbeitet« worden. Und das war nur ein kleiner Teil der 1,4 Millionen Großsäuger, die insgesamt in Antarktika gejagt wurden. Hier, wo heute die Überreste einst blutbesudelter Schlachthöfe vor sich hin rosten und zusammenfallen, lassen sich gleich zwei extreme Formen des *Survival of the fittest* studieren, eine tierische und eine menschliche. Ernest Shackleton, der berühmte Polarforscher, und seine zwei Begleiter sind hier 1916 am Ende ihrer Odyssee durch die Antarktis völlig erschöpft angelangt. Durch ihre Heldentat – zuletzt müssen sie in einem 36-Stunden-Marsch noch die eisige Insel überqueren und sich an einem Wasserfall abseilen – kann die gesamte Besatzung der vom Eis zerdrückten Endurance gerettet werden. In ihrem Überleben triumphieren Wille und Wissen, Führungsstil und Teamgeist.

Heute ist der steinige Strand Territorium der Alphamännchen von Seebärenkolonien. Für Soziobiologen ein Musterfall. Biologie pur. Hier zählen allein Körperkraft und -geschick. Die Selektion hat dafür gesorgt, dass die Männchen an Masse die Weibchen um ein Vielfaches übertreffen. Bei den See-Elefanten wiegen die Bullen sogar bis zu fünf Tonnen und können damit siebenmal so schwer sein wie die Kühe. Dieser »Geschlechtsdimorphismus«, einer der größten im gesamten höheren Tierreich, deutet auf einen enormen Selektionsdruck Richtung Größe hin.

Den Seebären hat all ihre Kraft nichts genutzt. Robbenjäger standen kurz davor, sie auszurotten. 1925 lebten gerade noch fünfhundert auf Südgeorgien. Heute sind es dank Schutzmaßnahmen wieder drei Millionen. Ihren Fortpflanzungserfolg – auf das Konto von vier Prozent aller Männchen gehen bis zu achtzig Prozent der Nachkommen – bezahlen die Alphas mit einem äußerst anstrengenden, in der Regel nicht besonders langen Leben. Über Monate müssen sie, Gefangene ihrer Erbanlagen, Tag und Nacht ihr Revier bewachen. Weibchen lauern auf die Chance, sich aus dem Staub zu machen. Frustrierte Junggesellen greifen unentwegt an und versuchen, den Patriarchen zu verdrängen. Täglich Kämpfe, oft blutig, manchmal tödlich. Acht Monate ohne Fressen. Wer ins Wasser geht, hat seinen Harem verloren. Ein Drittel ihres Körpergewichts büßen die dominanten Männchen ein.

Man weiß nicht, ob man mehr die Zukurzgekommenen in ihren

Junggesellen-Kolonien bedauern soll oder die biologisch Erfolgreichen, von ihren Genen Getriebenen. Wird man als Alpha geboren oder erst dazu gemacht? Gehört jeder dazu, der den Patriarchen attackiert? Wie viele frustrierte Alphas kommen auf einen Sieger? Wie ist das Verhältnis bei Primaten? Durch die soziobiologische Brille erscheinen damit auf einen Schlag einige Menschheitsprobleme in anderem Licht: Könnte es nicht sein, dass wir zu viele gescheiterte Alphas haben, Weibchen und vor allem Männchen, die ihre Rolle nie ausüben dürfen und sich überdies vom Mittelmaß gängeln lassen müssen? In jedem Betrieb sind die Folgen zu beobachten, wenn besonders auf mittleren Hierarchieebenen alle um den Platz an der Sonne ringen, den nur jeder zehnte oder Hundertste erreichen kann. Nicht umsonst setzen moderne Industrieunternehmen auf selbständige Teams in Rudelgröße als optimale Arbeitseinheiten.

Wir Menschen haben es auf bemerkenswerte Weise geschafft, im *Survival of the fittest* besonders ein Prinzip zum Garanten unseres »Erfolgs« zu machen: Kooperation und Arbeitsteilung. Manche betrachten es sogar als wichtigsten Motor der Evolution. Wie unsere äffischen Verwandten leben wir in Gemeinschaften. Angefangen bei Clans, Dörfern, kleinen Völkern, Städten und Staaten bis zu heutigen Staatengemeinschaften hat zwischenmenschliche Kooperation durch Kommunikation eine atemberaubende Komplexität erreicht. Wir sind längst viel mehr Gemeinschaftswesen in unzähligen sich überlappenden Netzwerken und gegenseitigen Abhängigkeiten, als manch einer glauben mag. Wer seine Welt einmal aus dieser Perspektive betrachtet, wird wenig entdecken, was Menschen frei von allen anderen täten. Gemeinschaften erzeugen vermutlich mehr Zwänge als Gene.

Schiffe bieten dafür wunderbaren Anschauungsunterricht. Jeder an Bord hat seine Pflichten. Alle sind aufeinander angewiesen. Nur zusammen können sie ihre Aufgabe erledigen. Keiner könnte den Pott allein fahren. Gemeinsam bilden sie eine Art Organismus mit Spezialisierung, Arbeitsteilung und möglichst reibungsloser Abstimmung untereinander. Über den Erfolg des Ganzen entscheidet die Gemeinschaft. Die Verantwortung trägt zwar der Kapitän, aber er ist nur so gut, wie seine Mann- und Frauschaft es zulassen.

Robert FitzRoy hat Glück. Nach der harschen Bestrafung seiner Crew am Tag vor der Abreise arbeiten die Männer – immerhin fast fünf Jahre am Stück – so gut zusammen, dass weder im Logbuch noch in den Aufzeichnungen der Reisenden irgendwelche Zwischenfälle Erwähnung finden. Stattdessen ist von einer Kostümparty beim Überqueren des nullten Breitengrads die Rede, wo Debütant Darwin mit verbundenen Augen und *Eimern voll Wasser* seine Äquatortaufe erhält, von heillosen Besäufnissen, gemeinsamen Exkursionen und sportlichen Wettkämpfen, die Darwin mit *Olympischen Spielen* vergleicht: *Es war recht vergnüglich anzusehen, mit welchem Schuljungeneifer sie spielten wie so viele Kinder.* FitzRoy weiß nur zu gut um den Wert solcher Annehmlichkeiten: Da gibt es immer noch etwas, das er seinen Leuten wegnehmen kann.

Alle Kapitäne, mit denen ich auf meiner Reise fahre, zeigen in etwa die gleichen Merkmale. Überdurchschnittlich intelligent, aber nicht unbedingt außergewöhnlich gebildet, strahlen sie Ruhe und Routine aus. In keinem Moment vergessen sie ihre Macht, aber auch nicht ihre Verantwortung. Die älteren repräsentieren vielleicht noch mehr den Typ knorriger Seebär, die jüngeren den sachlichen Manager. Aber alle haben, zumindest im Dienst, die gleiche entschlossene wie verschlossene Art – ein bisschen herrschaftlich, ein bisschen selbstherrlich und abgehoben, und oft auch ein Stück weit gebrochen wie so viele andere in leitender Position.

Daniel Felgner, Kapitän der Bremen, besitzt jene natürliche Autorität, ohne die keiner auf regulärem Weg in solch eine Stellung gerät. Ein Stück weit ist der Alpha dem Alpha wohl angeboren. Den Rest muss er lernen wie Yuriy auf der Aliança Pampas. Leute wie Felgner und sein Kollege Khoklov dominieren zum Teil durch physische Präsenz. Ein stämmiger Kerl, dem allein schon seine perfekt sitzende Uniform Respekt verschafft. Mit Masse wird seine Erste Offizierin keine Punkte machen können. Dennoch wird auch die zierliche Margrith Ettlin als Kapitänin auf der Brücke ihre Frau stehen, die weiß, dass sie hier für gutes Geld einen guten Job zu verrichten hat, sachlich, kompetent, freundlich – aber immer auch ein Stück weit unnahbar. Letztlich bleiben Entscheidungen ein einsames Geschäft.

Die Abläufe – ein Zauberwort der Technokraten – liegen im Großen und Ganzen fest, vom Ablassen des Brauchwassers bis zur Ein-

Das Schiff als Organismus 183

fahrt in einen Hafen. Der Apparat läuft wie ein guter, arbeitsteiliger Organismus. Da auf Großschiffen das Personal alle paar Monate wechselt, muss sich jeder entsprechend seiner Spezialisierung sofort in die vorhandenen Mechanismen einfügen. Da haben viele »Tüchtige« Platz neben dem Alpha. Die einen können besonders gut zwischen Interessen vermitteln, andere kreativ mit neuen Problemen umgehen, wieder andere sich meisterhaft unterordnen oder auch einfach verdrücken. Feigheit als Vorteil? Die Biologie hält alles bereit. Sogar Täuschung und Lüge haben sich bewährt.

In der modernen Evolutionstheorie wird das Konzept der »Gruppenselektion« diskutiert. Danach können sich Erbanlagen durchsetzen, die dem Einzelnen keinen Fortpflanzungserfolg sichern, aber das Überleben der Gruppe als Ganzes garantieren. In evolutionärer Logik, die rückblickend auf Erfolg und Misserfolg, Überleben oder Aussterben schaut, ist das durchaus plausibel. Schon Darwin vermutet, dass die Selektion auf vielen Hierarchiestufen wirken kann. Doch erst mehr als hundert Jahre nach Veröffentlichung seiner Evolutionstheorie hat der britische Biologe William Hamilton 1964 »die genetische Evolution des sozialen Verhaltens« analysiert und Kooperation und Altruismus eine evolutionär begründbare, genetische Grundlage gegeben.

Beim Menschen ist das Prinzip augenfällig. Anthropologen gehen davon aus, dass Jäger-Sammler-Gesellschaften wie die Yámana in Feuerland über Jahrtausende nur aufgrund ihrer egalitären Ethik bestehen konnten. Gruppen von Altruisten besitzen in der Regel eine größere evolutionäre »Fitness« als solche von Non-Altruisten. Wer teilt, überlebt. Das gilt auch für größere Einheiten, in denen nur vage biologische, aber enge kulturelle Verwandtschaften bestehen, für Stämme, Völker und im zunehmenden Maß auch für die gesamte Menschheit.

Das Gegenextrem, ein absolut Einzelner, stellt dagegen eine biologische Unmöglichkeit dar, die sich nur in der Literatur als Kaspar-Hauser-Gedankenexperiment verwirklichen lässt. Mit viel Glück kann ein Menschenbaby in der Wildnis überleben, wenn es von Wölfen oder anderen Tieren aufgenommen wird. Aber wenn es dort erwachsen wird, kann solch eine Dschungelkind nur noch begrenzt Teil einer menschlichen Gemeinschaft werden. Würde man einen Kaspar Hauser schaffen, einen Menschen, der allein auf seine genetische Mitgift gestellt wäre und keine einzige kulturelle Errungenschaft vermittelt bekäme, keine Sprache, keine Fingerfertigkeiten, kein soziales Verständnis, dann würde sich erschreckend deutlich zeigen, wo wir rein biologisch stehen.

Ein Gehirn, das sich isoliert von Sprache und kulturellen Einflüsterungen entwickeln muss, unterscheidet sich sogar im Aufbau seines Gewebes von solchen, die in Gemeinschaft reifen. Die prinzipielle Fähigkeit zu kommunizieren scheint indes angeboren. Wachsen zwei Kinder ohne gesprochene Sprache miteinander auf, entwickeln sie spontan eine Zeichensprache, die immer komplexer wird. Da diese und alle bekannten Gebärdensprachen der Gehörlosen die gleichen Grundstrukturen aufweisen, spekulieren Forscher sogar, dass am Anfang nicht das schlichte Wort stand, sondern mit Befreiung der Hände die immer ausgefeiltere Geste, begleitet von primitiven Urlauten.

Doch fast alles, was das Menschsein ausmacht, ist selbst in »primitiven« Gesellschaften mehr oder weniger von dem geprägt, was Menschen von Menschen lernen. Während auf Titelseiten von Magazinen und im Diskurs der Feuilletons nach wie vor der unseligen Lust am Tier im Menschen gefrönt wird, macht sich unter nachdenklichen Wissenschaftlern allmählich eine andere Sichtweise breit: Der Mensch ist weniger als jedes andere Säugetier biologisch als Einzelwesen zu begreifen. Der Hirnforscher Walter Freeman im kalifornischen Berkeley hat das mit seiner Hypothese von der »society of brains« auf den Punkt gebracht.

Neben den genetischen haben die von Mensch zu Mensch kulturell weitergegebenen Eigenschaften und Fähigkeiten mehr und mehr an Gewicht gewonnen. Vom Wissen um das Feuermachen, das nicht in jeder Generation neu erworben werden muss, bis hin zu modernen Feuerwaffen, von der verbalen Vermittlung einfachster Tipps bis zur modernen Satellitenkommunikation setzt sich in der biologisch einheitlichen Spezies Mensch auf Dauer die höher entwickelte Gruppe durch – und zwar auch jenseits der Gene.

Die kulturelle dürfte aber die biologische Evolution in gleicher Weise vorangetrieben haben wie umgekehrt. So ist es möglich, dass etwa Erfindung und Gebrauch neuer Werkzeuge die Verfeinerung der Handanatomie gefördert haben – die dann wiederum zu besseren Werkzeugen führte. Bei alledem hat die Gattung Homo, als sie ihre äffische Vergangenheit hinter sich ließ, sich auf einen riskanten Weg eingelassen. Ob die Menschheit eine Überlebenschance hätte, fiele sie auf ihrem heutigen biologischen Stand kulturell noch einmal hinter die Beherrschung des Feuers zurück, das weiß Kaspar Hauser allein. Wir haben viel zu gewinnen und alles zu verlieren.

Wie entscheidend mögen herausragende Einzelleistungen für Evolution und Entwicklung der Menschheit gewesen sein und weiterhin bleiben? Der entscheidende Schritt, den der oder die eine weiter tut als der Rest? Der Funke, der zur Explosion des Neuen führt? Ernest Shackleton liegt am Rande der ehemaligen Walfangstation Grytviken begraben. Kapitän Felgner lässt es sich nicht nehmen, die traditionell übliche Ansprache am Grab des Polarforschers zu halten und mit den Passagieren der Bremen sowie dem Leiter des britischen Außenpostens mit einem – natürlich eiskalten – Klaren auf Shackletons Heldentaten anzustoßen.

Die Geschichte der Entdeckungen zeigt, dass es oft »nur« ein letzter Schritt ist, der zu grundlegenden Neuerungen führt. Davor liegt, bei Darwin wie bei Einstein oder Planck, in der Regel eine Gemeinschaftsleistung der vielen kleinen Schritte, Erkenntnisse und Erfindungen. Bis schließlich die Zeit reif ist und ein heller Geist sie auf den neuen Nenner bringt. So wie in der biologischen Evolution immer weitere Systeme und Komplexitätsstufen integriert werden, so baut auch die kulturelle auf unzähligen, miteinander verwobenen Fundamenten auf.

Der geistige Höhenflug des HOMO SAPIENS ist mit Biologie allein ohnehin nicht erklärbar. Der amerikanische Entwicklungspsychologe Michael Tomasello, Direktor am Leipziger Max-Planck-Institut für evolutionäre Anthropologie, hat ein Szenario für »Die kulturelle Entwicklung des menschlichen Denkens« entworfen: Ein einziger entscheidender Schritt in der biologischen Evolution könnte seiner Ansicht nach ausgereicht haben, um unsere Ahnen in den Stand zu versetzen, jenseits von Mutation und Selektion zum Kulturwesen aufzusteigen.

Tomasello schlägt einen »Ratschen-Effekt« als Mechanismus vor: Jeder neue Entwicklungsschritt baut demnach auf dem Vorhandenen auf, wobei wie bei einer Ratsche das Zurückrutschen in frühere Zustände verhindert wird. Diese stabilisierende Komponente des Systems hält er für wesentlicher als die kreative: Nicht das Erfinden neuer

Qualitäten und Kapazitäten stelle die eigentliche Leistung dar, sondern das Bewahren und Anhäufen des jeweils Erreichten. Lange Nächte am Feuer, Mußestunden inmitten der Mühsal, in denen Menschen vor Erfindung der Schrift einander ihr rasch anwachsendes Wissen einschließlich aller Metaphysik allein durch Zeigen und Erzählen weitergeben mussten. Ohne den Drang, zu wissen und zu vermitteln, wäre die Menschheit bei allem biologischen Fortschritt auf der Stelle stecken geblieben.

Was uns vor allen anderen Lebewesen, auch den nächsten Verwandten, auszeichnet, ist unsere ausgeprägte Gabe zu imitieren. Diese angeborene Fähigkeit macht kleine Kinder zu jenen Nachahmungskünstlern, die den Ratschen-Effekt erst ermöglichen. Zum Beleg wartet Tomasello mit einer verblüffenden Erkenntnis auf: Nicht Affen seien die besten Nachäffer, sie haben damit im Gegenteil große Mühe, sondern Menschenkinder.

Er weist auf einen entscheidenden Unterschied im Verhalten zwischen uns und unseren nächsten Verwandten hin: Im Alter von neun Monaten beginnen Kinder, auf Dinge zu deuten. Menschenaffen tun das nie. Das Dreieck, das Kinder auf diese Weise zwischen sich und ihrem Gegenüber konstruieren, dem sie etwas oder jemanden zeigen, und dem Ding oder der Person, auf die sie ihren Finger richten, dieses Dreieck sei einer der Grundsteine von Kultur, glaubt der Psychologe. Seit ein paar Jahren häufen sich in der Hirnforschung Entdeckungen sogenannter Spiegelneuronen als mögliche Vermittler von Empathie und Imitation – ich kann mich leichter in das einfühlen, was ich vorher bei einem anderen mitgefühlt habe.

Kommunikation schafft Tradition, die Weitergabe kultureller Errungenschaften. Schon an dieser Stelle beginnen sich, zunächst rudimentär, kulturelle und biologische Evolution zu trennen – und zu ergänzen. Die Gruppe, die zuerst für sich beanspruchen kann, eine neue Technik gefunden zu haben, wird der anderen überlegen, ohne »biologisch« über ihr zu stehen. Es gibt keine Erbanlage für die Zähmung des Feuers. Andrerseits greift die Biologie wieder ein, wenn sich durch natürliche Auslese der Heureka-Faktor erhöht. Nur so hat sich die Menschheit in evolutionär relativ kurzer Zeit in ihre schwindelerregenden Höhen katapultieren können.

Und das hat sie angesichts der Komplexität und ständigen Neuerungen bis jetzt mit erstaunlicher Stabilität getan. Auch wenn das menschliche Miteinander oft das Gegenteil vermuten lässt, im alltäglichen Zusammenspiel funktioniert es fast so perfekt wie die Systeme auf den nächsttieferen Organisationsstufen. Das Leben besteht geradezu aus Einheiten, die nur gemeinsam existieren können. Jedes Teil dient dem Ganzen wie nach einem geheimen Plan. Alle unterwerfen sich einer Macht, und diese Macht ist ihre Gemeinschaft. Ameisen beispielsweise sind mehr als nur Staaten bildende Insekten. Sie sind Teil des Staates, der neue Staaten gebiert. Sie können überhaupt nur als Volk existieren, in dem das Konzept einer selbständigen freien Ameise nicht vorgesehen ist. Auch die Menschen sind auf diesem Weg schon ein gutes Stück vorangekommen. Das Ganze folgt einer Hierarchie, die genau den Entwicklungsstufen des Lebens entspricht: Moleküle unterwerfen sich der Zelle, die Zellen Geweben und Organen, die ihrerseits dem Organismus und der wiederum seiner Gemeinschaft. In (fast) jedem Augenblick unseres Lebens arbeiten, je nach Körpergewicht, bis zu hundert Billionen Zellen störungsfrei zusammen. Hinter alledem steckt eine Erscheinung, die das Abenteuer des Lebens überhaupt erst möglich gemacht hat: die »Emergenz«. Das Ganze ist mehr als die Summe seiner Teile.

Eine extreme Form der Zusammenarbeit hat die amerikanische Biologin Lynn Margulis 1967 beschrieben – vom Magazin »Science« vor Kurzem als »einer der größten Erfolge der Wissenschaft des 20. Jahrhunderts« gefeiert: die Symbiose von Organismen durch Verschmelzen oder Einverleiben. Margulis fragte sich, warum lebenswichtige Bestandteile von Pflanzen- und Tierzellen Erbanlagen besitzen, die unabhängig von den Genen der übrigen Zelle weitervererbt werden. Ihre zunächst heftig bekämpfte, inzwischen allgemein anerkannte »Endosymbionten-Theorie« hat für die Biologie eine ähnliche Bedeutung wie die Kontinentalverschiebung Alfred Wegeners für die Geologie: Heute zweifelt niemand mehr daran, dass bestimmte Organelle in Tier- und Pflanzenzellen einmal Bakterien waren.

Drei große Verschmelzungsereignisse in der Geschichte des Lebens hat Margulis ausgemacht. Durch sie sei »das wahrhaft Neue« in der Evolution entstanden. An der Grenze zwischen Archaikum und Proterozoikum, vor grob geschätzt zwei bis zweieinhalb Milliarden Jahren, taten sich wandlose Archaen mit schwimmenden Eubakterien zusammen. Daraus bildeten sich die ersten Zellen mit Kern, die Eukaryonten. Einige von ihnen vereinigten sich in einem zweiten Schritt vor einer Milliarde Jahren mit Sauerstoff atmenden Bakterien, aus denen im Zellinnern Mitochondrien wurden. Mithilfe dieser oft mit Kraftwerken verglichenen Organelle können Zellen durch Oxidation mit Sauerstoff die Energie aus Nährstoffen nutzen. Die aerobe Welt der »kalten« biochemischen Verbrennung war geboren, ohne die es keine Futterverwerter wie uns und alle anderen Tiere gäbe.

Schließlich verleibten sich vor siebenhundert Millionen Jahren einige der nun Sauerstoff nutzenden Zellen einen anderen Typ von Bakterien ein, die Sonnenenergie in chemische Energie umsetzen und dabei jene Nährstoffe herstellen, von denen alle Tiere leben. Die »Endosymbionten« genannten einverleibten Einheiten wurden zu Chloroplasten, durch die alle grünen Pflanzen ihre Energie gewinnen. Die Nachfolger jener Bakterien, aus denen Chloroplasten entstanden, existieren nach wie vor: Cyanobakterien, oft einfach »Blaualgen« genannt.

Darwin hat den Wert von Symbiosen im Tier- und Pflanzenreich zwar erkannt. Von den mikroskopischen Organellen und ihren eigenen Erbanlagen konnte er noch nichts wissen. Dennoch ist es erstaunlich, dass er auf die grandioseste Verschmelzung in der Geschichte des Lebens kaum je Bezug nimmt: den Zusammenschluss einzelliger Lebewesen der gleichen Art zu Vielzellern oder deren Zusammenbleiben nach unvollständigen Zellteilungen.

Die Liste der echten Symbiosen lässt sich in jeder Richtung fortsetzen. Von unseren hundert Billionen Zellen sind überhaupt nur zehn Prozent menschlich. Der Rest gehört Bakterien, Pilzen und anderen Mikroben. Ohne Mitwirkung der dienstbaren Bewohner in unserem Innern, der Darmbakterien, die zusammen ein halbes Kilo auf die Waage bringen, könnten wir gar nicht existieren.

In der anderen Richtung lässt sich die gesamte Erde als symbiotischer Planet verstehen. Auch hier gibt es einen Helden zu feiern, den englischen Forscher und Erfinder James Lovelock, der sich von der seriösen Wissenschaft lange für seine »Gaia-Hypothese« hat auslachen lassen müssen. Heute werden seinen Ideen ganze Serien in den wichtigsten Wissenschaftsjournalen gewidmet.

Lovelock sagt, dass sich das Leben auf Gaia, der Mutter Erde, seine eigenen Bedingungen geschaffen habe, vor allem auch die Atmosphäre mit Sauerstoff und Kohlendioxid und das ideale Klima zum Gedeihen. Veränderungen in der einen Region können Folgen in der anderen haben, das Vernichten des Regenwalds wirkt sich auf die Polkappen aus. Klimawandel ist überhaupt nur als globales Phänomen zu begreifen.

Nirgendwo wird das so deutlich wie in den Extremregionen der Erde. Wüsten dehnen sich aus, das Eis am Nordpol schrumpft, die Alpengletscher tauen weg. An keinem Ort liegt mehr Wasser in fester Form gespeichert als auf dem sechsten Kontinent. Würde das gesamte Eis am Südpol schmelzen, stiege der Meeresspiegel um über siebzig Meter an. Und zwar weltweit. Meeresschicksal ist Menschenschicksal.

Der Strand von Brown Bluff. Den Fuß auf das Festland der Antarktis setzen. Wer darf das schon? Immerhin hat bis heute eine Viertelmillion Touristen die Region bereist, allein in diesem Jahr sind es fünfunddreißigtausend. Jährliches Wachstum zurzeit zwölfeinhalb Prozent. Etwa dreißig Schiffe sind hier außer unserem südlich des 60. Breitengrads unterwegs. Die goldene Regel lautet: »We only take pictures« – »Wir nehmen nichts als Bilder mit.« Wirkt reichlich übertrieben an einem Strand aus Kieseln. Aber wenn man sich 250000 Steine vorstellt, die auf irgendwelchen Fensterbänken oder Kaminsimsen verstauben, ändert sich das Bild.

Adeliepinguine bauen emsig an ihren Nestern aus Steinchen, die sie einzeln zusammentragen und in Schüsselform zusammenfügen. Seltsam, wie weit sich das Leben hinauswagt. Was hat die Tiere mit den weißen Augenringen nur bis an den Rand der Welt getrieben? Die Sicherheit vor Räubern kann es nicht gewesen sein. Ständig stürzen mit breiten Schwingen Skuas auf die Brutkolonie hinab, um Eier zu stehlen, was ihnen auch hin und wieder gelingt. Vor dem Strand patrouillieren Seeleoparden, die nur darauf warten, dass ihre Beutetiere ins Wasser springen. Deshalb gehen die Pinguine nie einzeln zum Fischen, sondern stets in größeren Verbänden, gemeinsam stark.

Sie bewohnen den schmalen Streifen Strand. Gleich dahinter erstreckt sich die makellose Reinheit einer Landschaft aus Eis, das noch niemand betreten hat. Je näher der Südpol rückt, desto rarer macht sich das Leben, bis sich seine Spuren vollständig verlieren. Dort herrscht der weiße Tod, die Ahnung, wie es war, als wir noch nicht bis in die letzten Winkel vorgedrungen waren. Als große Teile des Planeten menschenfrei nach Darwins Regeln existierten. Dieses Land birgt einen letzten Hauch des Heiligen der Göttin Gaia, die Ahnung einer unberührten, sich selbst überlassenen Erde.

Eisberge wie Fabelwesen, Fantasiegebäude, futuristische Landschaften, kaltes Weiß und alle Blautöne von Azur über Kobalt bis Türkis. Gesichter, Gespenster, Drachen – und die Vorstellung, dass hier in winzig kleinen Poren das Leben geboren worden sein könnte. Das knackt und kratzt und knarrt und kracht, als wollte es uns etwas sagen. Und wenn das Schiff auf eine Scholle trifft, dann klingt es, als schlüge ein mächtiger Hammer auf eine Tonne. Auch vier Zentimeter Stahl der Eisklasse 4 sind nur wenig angesichts der unheimlichen, eisigen Tiefen.

Hier meldet sich das Gewissen mit widersprüchlichen Signalen: Sollte nicht jeder Mensch die Chance haben, dieses einmalige Naturreservat einmal im Leben zu sehen, die Stimme des Eises zu hören? Nicht nur wir Privilegierten, die sich im schwimmenden Viersternehotel mit Sauna, Fitnessraum und Spitzenrestaurant unterwegs zwischen gewürzhonigglasierter Poulardenbrust auf Spargelgemüse und Steak von der Hochrippe an einer Balsamicoreduktion als letzten Kick ein Gruppenfoto mit Weddelrobben gönnen? Oder sollte nicht (nach uns) am besten niemand mehr diese noch immer halbwegs intakte Welt betreten?

Alle weltpolitisch wichtigen Nationen haben den Antarktisvertrag von 1959 und das Umweltschutzprotokoll von 1991 ratifiziert oder sind ihnen beigetreten. Wenigstens diesen letzten Kontinent darf kein Staat besitzen. Er soll ausschließlich friedlichen und wissenschaftlichen Zwecken dienen. Die Errichtung militärischer Stützpunkte ist ebenso streng verboten wie Manöver oder die Verwendung nuklearen Materials.

Touristen müssen strenge Hygienemaßnahmen beachten. Auf der Bremen gibt es eine eigens entwickelte Stiefelwaschanlage, damit möglichst wenig biologisches Material von einem Ort an den anderen getragen wird. Und dennoch – je mehr Menschen das Land betreten, desto größer wird die Gefahr, dass sie fremde Arten einschleppen und die empfindlichen Ökosysteme aus dem Gleichgewicht bringen. Auf

Südgeorgien macht sich seit ein paar Jahren die Bitterkresse breit und drängt das heimische Tussokgras zurück, das Pinguine zum Nestbau benutzen.

Die längerfristig größte Bedrohung für die Antarktis geht jedoch vom wachsenden Rohstoffbedarf der Menschheit aus und nimmt mit jedem Ansteigen der Preise für Bodenschätze zu. Das dürfte auch der Hauptgrund sein, warum trotz Unterzeichnung des ersten global vereinbarten Gebietsvertrags sieben Staaten auf ihren alten Territorialrechten beharren. Ausnahmsweise nicht die USA, die allerdings direkt auf dem Südpol eine Forschungsstation betreiben, aber die alten Weltmächte Großbritannien und Frankreich, dazu Norwegen sowie die »Anrainerstaaten« Australien, mit dem größten Gebietsanspruch, Neuseeland, Chile und Argentinien.

Die beiden südamerikanischen Länder und das Vereinigte Königreich erheben überlappende Ansprüche, die das Filetstück einschließen: die antarktische Halbinsel. Ihre Spitze liegt nur tausend Kilometer von Kap Hoorn entfernt. Am ärgsten tut sich trotz seines riesigen Terrains das gebietshungrige Argentinien hervor. In Ushuaia zeigen einem die Leute nach dem Abendessen Propagandafilme, in denen mit allerlei Argumenten, dramatischen Bildern und viel nationalem Tamtam das Tortenstück zum Territorium des eigenen Landes erklärt wird – so wie es die überall erhältlichen Karten des Landes auch zeigen.

In ihrer Station »Esperanza« auf antarktischem Festland tragen die Männer Uniformen und Anoraks mit »Argentina Bicontinental«-Aufnähern. Keineswegs aus Jux, sondern offiziell: Das Land unterhält hier unverblümt einen Militärstützpunkt, wo Soldaten mit Kind und Kegel leben und ihren Dienst verrichten. Im Jahr 1978, noch unter den Generälen, beging es einen nicht wiedergutzumachenden Sündenfall. Bis dahin war die Antarktis der einzige Kontinent, auf dem noch nie ein Mensch geboren worden war. Die Regierung in Buenos Aires ließ eine Schwangere einfliegen, die am 7. Januar dort den Jungen Emilio Marcos Palma zur Welt brachte.

12
Kap Hoorn

Die Monsterwelle · Materialschaden · Landgang am Kap · Puerto Williams · Ausflug nach Wulaia · Sprung ins kalte Wasser · Das gescheiterte Experiment · Jemmy Buttons Schicksal

Manche Orte haben nichts zu verlieren außer ihrem Ruf. Aber der ist alles. *Das alte, wetterharte Kap Hoorn,* äußerste Insel an der Südspitze Amerikas, ist so ein Flecken Erde. Schrecken der Seefahrer, Dorado für Draufgänger, Nebelloch, Sturmfalle, Herausforderung und Heldenfriedhof in einem. »Kap Hoorn hätte für immer und ewig nur das sein können, was es ist: ein Punkt auf der Weltkarte«, schrieb der französische Autor Paul Guimard. »Aber die Männer und die Segler haben es in ein Epos verwandelt.«

Seekarten der Gegend sind gespickt mit dem Zeichen des heckwärts absaufenden Zweimasters. Etwa achthundert Schiffe und mehr als zehntausend Seelen gingen verloren, seit der niederländische Entdecker Willem Schouten am 29. Januar 1616 den südlichsten Ausläufer des amerikanischen Kontinents erstmals umrundete. »Wir umschifften ein Kap, das aus zwei spitzen und sehr hohen Bergen bestand. Es war die Südspitze von Feuerland. Der Kapitän gab ihm den Namen der Stadt Hoorn.«

Die Bremen fährt wieder im Kielwasser der Beagle. Die gefürchtete Drake-Passage, Trennlinie und Treffpunkt von Atlantik und Pazifik, zeigt sich von der selten friedlichen Seite. *Eine so ruhige See und Atmosphäre würde alle überrascht haben, die denken, dies sei eine Gegend, wo Wind und Wasser niemals nachlassen zu kämpfen.* Wie schnell das Wetter umschlagen kann, erlebt Darwin am folgenden Tag. *Kap Hoorn ... verlangte seinen Tribut und schickte uns einen Sturm geradewegs ins Gesicht.* Doch das ist erst der Anfang.

Der Sturm nimmt an Stärke zu, *auf den Hügeln fällt Schnee,* es regnet in einem fort. Die Beagle sucht Schutz in einer Bucht. *Wenn man bedenkt, … dass die Breite in etwa dieselbe ist wie Edinburgh, dann ist das Klima hier singulär unsympathisch.* Dann lässt sich FitzRoy von einem moderaten Südwest hinreißen, die Fahrt fortzusetzen. Es folgt die größte Odyssee während der gesamten fünfjährigen Reise. Viel fehlte nicht, und auch die Beagle hätte sich als Wrack mit Jahreszahl 1833 auf den Seekarten wiedergefunden.

Das Pech trifft dich hier nur einmal und dann für immer. Das Glück dagegen kennt drei Stufen: Das Kap nur mystisch ahnen, weil es in Dunst und Nebel verborgen bleibt. Oder es wenigstens erblicken, ohne zu landen, die wahrscheinlichste Möglichkeit. *Nun sahen wir den berüchtigten Punkt in angemessener Form, verschleiert im Dunst und sein schwacher Umriss umgeben von einem Sturm aus Wind und Wasser.* Die Krönung schließlich, Einswerden mit dem Mythos, die kahle Insel mit eigenen Gummistiefeln zu betreten und sich am Postamt einen Brief abstempeln zu lassen, schafft nur einer von fünfen, die hier aufkreuzen. Diesmal habe ich mehr Glück als Darwin.

Die Bremen schiebt sich sänftengleich durch das gurgelnde Südmeer. Die Nacht ist hell. Kurs 346, fast exakt nach Norden. Die Reisenden tauschen Träume aus. »Damals in Ägypten« … »als wir den Gambia-Fluss hinauffuhren«. Nenn ein Land, und du findest einen, der schon dort war – geimpft, versichert und immer passend ausgerüstet. Madagaskar? Sibirien! Spitzbergen? Himalaja! Tibet? Turkmenistan! Der Globaltourismus verwandelt die letzten weißen Flecken der Weltkarte in farbige Prospekte. »Reisen Sie mehr, vererben Sie weniger«, hat Kapitän Felgner den reichen Rentnern bei seiner kleinen Ansprache empfohlen.

Wir ankern vor Kap Hoorn. Schroffe Silhouette, ein paar Lichter, Lebenszeichen. Damals war hier nichts. Der nächste sichere Hafen, sinniert FitzRoy in seinem Journal, liegt zwölfhundert Meilen entfernt, ob im Osten der Plata oder Chiloe im Westen. Darwin darbt. *Nun, nach vier Tagen Kampf, haben wir kaum einen League gewonnen. Kann man sich einen unerfreulicheren Zeitvertreib vorstellen?* Fünf Tage später: *Während all dieser kostbaren Tage haben wir Tag und Nacht gegen die westlichen Winde gekämpft. Der Grund für unser langsames Fortkommen ist eine Strömung. … Am achten blies, was Seeleute einen starken Sturm nennen.* Darwin kotzt. *Ich war kaum eine Stunde frei von Seekrankheit: Wie lang das*

Die Monsterwelle

schlimme Wetter noch dauert, weiß ich nicht; aber mein Geist, Gemüt und Magen werden, wie sie mir deutlich mitteilen, nicht mehr lang durchhalten.

Darwin verzweifelt. Dabei hat er das Schlimmste noch vor sich. *Um eine Idee von der Wut des ungebrochenen Ozeans zu vermitteln: Die Sprühwolken wurden noch über Klippen getragen, die 200 Fuß* – etwa sechzig Meter – *hoch gewesen sein müssen.* Und dazu die Unsicherheit. *Der schlimmste Teil an der Sache ist, unsere Position nicht genau zu wissen: Es hat einen unangenehmen Klang, die Offiziere dem Mann im Krähennest immer wieder zurufen zu hören, auch leewärts zu schauen.*

Von der Großwetterlage hat die Beagle-Mannschaft keine Ahnung. Sonst hätte der Kapitän vielleicht darauf verzichtet, das Kap zu umrunden. Womöglich liegen in diesem Moment die Gründe für seinen Beitrag zur Geschichte der Zivilisation. Der besteht nicht darin, den jungen Forscher sicher um die Welt und wieder nach Hause gebracht zu haben. Nach seiner Heimkehr und etlichen Fehlschlägen – unter anderem scheitert er als Gouverneur von Neuseeland – wird er, während Darwins Evolutionstheorie entsteht, ein eigenes Werk von Bedeutung verfassen.

Schon Mitte des 19. Jahrhunderts gibt FitzRoy tägliche Wetterberichte heraus, die in Zeitungen veröffentlicht werden. Als Chef der neu geschaffenen »Meteorologischen Sektion« veröffentlicht er 1862 das »Weather Book«. In Anbetracht der Bedeutung des Themas und seiner Leistung gebührt ihm eigentlich mehr Ehre: Robert FitzRoy gilt als Vater der Wettervorhersage. Doch genau diese grandiose Erfindung bricht ihm gleichsam das Genick. Seine Prognosen liegen oft komplett daneben. Wie auch nicht, bei der damals dünnen Datenlage? So wird der Wetterfrosch zum Sündenbock. Die ständige Kritik nagt am Gemüt. Als sich auch sein körperlicher Zustand verschlechtert, sucht er die gleiche letzte Lösung wie schon sein Onkel und sein Vorgänger und nimmt sich am 30. April 1865 das Leben.

Was FitzRoy aber am 13. Januar 1833 vor Kap Hoorn erwartet, das hätte ihm kein Wetterbericht verraten können. Dazu hätte es eines Tsunami-Frühwarnsystems bedurft. Eine der gefürchteten Monsterwellen, vermutlich durch ein pazifisches Seebeben verursacht, rollt auf die Beagle zu. *Um Mittag brach eine schwere See über uns hinweg und füllte eins der Walboote, was dann sofort abgetrennt werden musste. Die arme Beagle erzitterte von dem Schock und gehorchte einige Minuten lang nicht ihrem Ru-*

der. ... *Wäre der ersten See eine weitere gefolgt, so wäre unser Schicksal schnell und auf immer besiegelt gewesen.*

FitzRoy spricht sogar von »drei riesenhaften Wogen, deren Größe und Steilheit mir sofort verrieten, dass unser Ozeanschiff, so gut wie es war, nun schlimm geprüft werden würde«. Die erste dreht die Beagle schräg, die zweite wirft sie vollends aus der Bahn, und die dritte legt sie bedrohlich weit auf die Seite. Auf Deck steht fast ein Meter Wasser. Erst als Matrosen die Abflussluken aufreißen können, richtet sich das Schiff wieder auf. Nun hat auch FitzRoy genug. Nach vierundzwanzig Tagen Kampf – *die Männer waren von Müdigkeit erschöpft und hatten viele Tage und Nächte nichts Trockenes mehr auf dem Leib* – gibt der Kapitän die Umrundung des Kaps endlich auf.

Darwin hätte auf das Abenteuer gut verzichten können. *Ich entdecke, dass ich einen irreparablen Verlust durch das gestrige Desaster erlitten habe, da mein Trockenpapier und meine Pflanzen von Salzwasser durchnässt sind.* Vor wenigen Tagen ist mir in der Antarktis etwas Vergleichbares passiert. Die gesamte Zeit über hat meine Kaffeetasse auch bei bewegter See sicher und fest auf dem Schreibtisch in meiner Kabine gestanden. Plötzlich tut es einen Schlag, der unwillkürlich die Gedankenkette Eisberg-Titanic-Explorer auslöst. Ich sehe noch, wie die Tasse kippt – *nichts widersteht der Kraft einer schweren See* – und sich über meinen Laptop ergießen will. Da hat meine Hand auch schon zugepackt – und den Monitor erwischt. Aber mein Griff ist zu fest. Die linke obere Ecke ist eingerissen und erblindet. Noch kann ich schreiben. Doch der Riss wächst täglich weiter. Er kriecht über den Bildschirm wie die Lunte einer Zeitbombe.

Kap Hoorn ist uns gnädig. Letzte Anlandung von Bord der Bremen im Zodiac. Noch einmal singen die lachenden Filipinos der Crew ihren Standardspruch: »Leinen los und – gute Reise!« Kapitän Felgner weiß um sein Glück, als er sich auf der Insel vor dem Albatros-Denkmal ablichten lassen darf. »Das sind diese magic moments«, murmelt er. Für die sich das alles lohnt, denke ich. Wir teilen die Freude mit den Passagieren eines alten russischen Polarschiffs. Reihen von Rotjacken klettern über die Holztreppe die Steilküste nach oben. Auf halbem Weg steht eine Gedenktafel, die an den »Vicealmirante Robert Fitz-Roy« erinnert. Doch weder seine wissenschaftliche Leistung wird erwähnt noch sein Ruhm als Darwins Kapitän. Hier zählt nur eins: Am 19. April 1830, bei seiner ersten Fahrt ohne Darwin, hat er die Insel betreten. Damit wird er Mitglied in der erlauchten Bruderschaft der Kaphoornianer, der man nur durch Taten beitreten kann.

Ein wenig von dem alten Glanz erhoffen sich die Pauschal-Kaphoornisten. Ein Ingenieur aus Luxemburg feiert seinen 61. Geburtstag. Nur für diesen Moment habe er die ganze Reise unternommen. Er ist zu Tränen gerührt. »Das bedeutet mir mehr als ein Sechser im Lotto.« Daheim hat er einen Film über die Poststation hier unten gesehen. Seitdem träumt er von der jungen Frau mit dem Stempel. Als er vor ihr steht, bringt er keinen Ton heraus.

Ein Jahr lang versehen Veronica und Carlos Roberto ihre Pflicht am Rande der Welt. Tage wie diese mit Gästen sind selten. Im Südwinter mit seinen langen Nächten werden sie monatelang allein mit sich und ihren drei Kindern auskommen müssen. Das Stempeln sehen sie nur als Nebenjob. Offiziell versieht der Soldat hier das Amt des Bürgermeisters. Die Gemeinde umfasst genau ihn und seine Familie. Wir sind in Chile. In Darwins Tagen gehörte dieses Land noch niemandem.

In der kleinen Capilla Stella Maris, einer aus rohen Baumstämmen errichteten Kapelle gleich neben dem restaurierten Leuchtturm, erinnert ein blumengeschmücktes Foto an den letzten Papst: »Juan Pablo II, Botschafter des Lebens, Pilger des Friedens.« Sie feiern ihn, weil er Weihnachten 1978 einen drohenden Krieg zwischen Chile und Argentinien verhindert hat.

»Operation Souveränität« nennt die Junta in Buenos Aires damals ihre Aktion. Die Generäle wollen die Schwäche des international isolierten Diktators Pinochet ausnutzen und die durchweg unbewohnten Inseln zwischen Beagle-Kanal und Kap Hoorn erobern. Sie haben bereits den Befehl zur Invasion gegeben. Sturm und hoher Seegang verhindern den Angriff. So hat das schlechte Wetter auch was Gutes. Unter den Machthabern kursieren bereits Pläne, später ganz Chile unter ihre Herrschaft zu bringen. Da greift der Pole im Vatikan zum Telefon und erklärt – so will es die Legende – den katholischen Kommissköpfen, Weihnachten sei das Fest des Friedens. Der Krieg fällt aus, Chile behält die Südspitze des Kontinents, verstärkt seine Militärpräsenz und dankt dem Papst. Die beiden Länder aber pflegen bis heute eine herzliche gegenseitige Abneigung.

Nachdem die Bremen wieder in ihrem Zielhafen, dem argentinischen Ushuaia, eingelaufen ist, will ich wie üblich gesammelte Unterlagen und Sicherheitskopien nach Hause schicken. Doch die Post verweigert die Annahme von Paketen, die Datenträger enthalten. Der Inhalt wird zudem auf Landkartenmaterial und verdächtige Schriften überprüft. Jedes einzelne Blatt Papier nimmt die Angestellte in die Hand. Bis mir der Kragen platzt. »Sagen Sie mal: Wo leben Sie eigentlich?« – »In einem militärischen Sondergebiet.« – »Im Hotel gibt es drahtloses Internet. Da kann man Daten ohne Kontrolle verschicken.« – »Bitte, dann tun Sie es. Dafür bin ich nicht zuständig.«

Damit sich trotz des unsäglichen Wetters Menschen hier ansiedeln, herrscht in der Stadt Steuerfreiheit. Über sechzigtausend bevölkern bereits den weiten Hang, der immer weiter abgeholzt wird. Illegale Landnahmen werden großzügig geduldet. Es geht um Präsenz.

Im kleinen Maßstab machen die Chilenen auf der anderen Seite des Beagle-Kanals nichts anderes. Puerto Williams ist in wenigen Jahren auf rund zweieinhalbtausend Einwohner angewachsen, zur Hälfte Militärangehörige. Damit hat es sich von Ushuaia den Titel der »südlichsten Stadt der Welt« erobert. Nun holt das Nest mit seinen Schlammstraßen, Pfützen und feuchtkalten Häusern zum nächsten Schlag aus: Es will die erste Stadt in Südamerika werden, die sich flächendeckend mit kabellosem Internet versorgt.

Beide Länder haben jetzt eine Präsidentin. Wäre es nicht eine feine Geste, wenn sich die beiden Frauen am Kap Hoorn träfen und das Erbe ihrer Diktaturen vor aller Welt mit einem Händedruck überwänden? »Imposible«, tönt es mir auf beiden Seiten entgegen. Selbst ein Professor an der Uni von Ushuaia stimmt ein. »Die Wissenschaft ist international«, sagt der Anthropologe Jorge Rabassa. Er beschäftigt sich mit der Kultur der Yámana und ist bei seinen Ausgrabungen auf sechstausend Jahre alte Spuren gestoßen. »Aber Wissenschaftler haben Nationalitäten.« Wenn er »drüben« arbeitet, wird er auf Schritt und Tritt drangsaliert. Das Gleiche hört man dort.

Puerto Williams liegt auf der Insel Navarino, wo FitzRoy seine feuerländischen Gefangenen ausgesetzt hat. Ein Jahr später kehrt die Beagle nach Wulaia zurück. Da will ich hin. Doch nur Boote unter chilenischer Flagge dürfen in diese Gewässer. Militärisches Sperrgebiet. Ich kann's nicht mehr hören. Schließlich finde ich Capitan Eugenio, einen, der mit blauer Wollmütze auf die Welt gekommen sein muss. Er erklärt sich sofort – für gutes Geld – bereit, mich vom Puerto Navarino auf seiner »Wulaia I« in die Bucht zu bringen. Das kleine Plastikboot mit Führerhaus und zwei Außenbordern macht ordentlich Fahrt. Nach einer halben Stunde verlassen wir den Beagle-Kanal und biegen nach Süden in eine enge Wasserstraße ab, den Murray-Kanal.

In diesen Fjorden zwischen dicht bewaldeten Inseln mit steil abfallenden Ufern hat sich seit Darwin nicht viel verändert. *Der fast undurchdringliche Wald reicht hinunter bis an die Wassermarke, sodass das bewohnbare Land buchstäblich auf die großen Steine am Ufer beschränkt ist.* Robben und Sturmvögel drängen sich auf Felsvorsprüngen. Im Hintergrund verschneite Gipfel. Nur die Feuer fehlen und die wild gestikulierenden, Steine schleudernden nackten Menschen am Strand. *Wir sahen nicht viele Eingeborene, bis wir dann in der Nähe des Ponsonby-Sund waren, wo uns zehn bis zwölf Kanus folgten.*

Eine leere Kulisse. Der Film der Yámana ist längst abgedreht. Als er noch lief, wäre ich gern dabei gewesen, vor allem in diesem einen bewegenden Moment: *Am 5. März ankerten wir in der Bucht von Wulaia, doch sahen wir dort keine Menschenseele. ... Bald darauf näherte sich uns ein Kanu, in dem eine Fahne flatterte, und einer der Männer darin wusch sich gerade die Farbe vom Gesicht. Dieser Mann war der arme Jemmy – nun ein dünner, hagerer Wilder mit langem, wirrem Haar und bis auf den Fetzen einer Decke um die Hüften nackt ... Als wir ihn zurückgelassen hatten, war er rundlich, dick, sauber und gut gekleidet – nie habe ich eine solch vollständige und schlimme Verwandlung gesehen.*

Da hat FitzRoy seinen letzten Messpunkt. Sein »Experiment« ist erfolgreich gescheitert. Der Anstrich des Zivilen ist so schnell wieder verschwunden, wie er aufgetragen wurde. Jemmys »Freunde« York Minister und Fuegia Basket, bereits auf der Beagle heimlich ein Paar, haben ihn belogen, ausgeraubt und verlassen. Da ihnen Wulaia nach Angriffen feindseliger Feuerländer zu unsicher wurde, haben sie vorgeschlagen, zusammen in ihr Stammesgebiet ein Stück weiter westlich zu ziehen. In der Nacht vor der Abreise machen sie sich auf ihrem Kanu davon. Den schlafenden Jemmy lassen sie mit nichts zurück außer den Fetzen, die er am Leibe trägt. Der tut das einzig Mögliche in seiner Situation, versetzt sich in den Zustand vor seiner Entführung zurück und wird wieder »wild«.

Darwin bewundert die Anpassungsleistung seiner nackten Artgenossen. Doch er versteht sie als biologisch – fast so, als hätten sie sich über viele Generationen an die harschen Bedingungen angepasst wie Tiere, die sich ein winterfestes Fell zulegen. Nie mehr in seinem Leben wird ihm die Plastizität der menschlichen Natur so deutlich vor Augen geführt wie an dieser Stelle durch FitzRoys Versuch. Doch seinem Glauben, dass Geistesleistungen und zivilisatorischer Fortschritt vererbt und vor allem durch natürliche Auslese verbessert werden, wird er zeitlebens unerschütterlich treu bleiben.

Bei den Feuerländern wird Darwin weniger Zeuge einer biologischen als vielmehr einer kulturellen Adaption von intelligenten Steinzeitmenschen. Angesichts des garstigen Wetters, knapper Ressourcen und des eng begrenzten Platzes an Land zeigt ihr Lebensstil, wie großartig sich Menschen selbst unter widrigsten Umständen in ihrem Überlebenswillen behaupten können – durch ihren Verstand. Ihre ausgereifte Sprache und reiche Spiritualität (die Darwin nicht sieht) belegen ein komplexes Sozialleben, das mit »Wildheit« wenig zu tun hat.

Mit dem wenigen, was ihnen zur Verfügung steht, haben sie ziemlich viel erreicht. Ihre Kanus, ohne Verwendung von Metall allein aus Ästen und Rinden fabriziert, stellen Meisterwerke primitiver Schiffbautechnik dar. Ihre Jagd- und Sammelkünste zählen zum Besten, was unter vergleichbaren Bedingungen entwickelt worden ist: Gemeinsam geht die Familie auf Beutezug. Für gewöhnlich steuert die Frau das Kanu, in dem auch die Kinder sitzen. Die Männer schleudern ihre Speere, die wie Harpunen an langen Seilen hängen. Robben sind ihre wertvollste Nahrungsquelle, wenn sie zu haben sind.

Zum Transport von Trinkwasser benutzen sie Eimer aus zusammengenähter Rinde. In Blasen und anderen innere Organen verschiedener Tiere bewahren sie Öle und Pigmentpulver auf. Die Fertigkeit des Feuermachens selbst unter Sintflutbedingungen haben sie zur Perfektion entwickelt. Kleidung oder Felle würden im Dauerregen schnell zum Ballast. Daher haben sie ein anderes Verfahren entwickelt, sich gegen die Kälte zu schützen: Sie schmieren sich dick mit Tierfett ein.

Das alles lässt sich bei Trockenübungen im Warmen erfahren, durch Lektüre von Büchern, Besuche in Museen, Gespräche mit Forschern. Aber erst in Wulaia bekomme ich eine Ahnung, was es tatsächlich bedeutet haben muss, hier Jahrtausende als Nomaden durchzuhalten. *Ich beschloss zu versuchen, ein Stück weit in die Landschaft einzudringen.* Gleich hinter dem flachen Rasenstück beginnt das feuchte Dickicht. *Im Wald ist der Boden von einer Masse langsam faulender Pflanzenstoffe verborgen, welche, da sie mit Wasser vollgesogen ist, beim Gehen nachgibt.* Wer je das Wort »knietief« benutzt hat, sollte sich vorsehen. Hier trifft es wortwörtlich zu. Für mich fast das Ende meiner Exkursion, weil ich nicht mehr weiterkomme, für die Yámana nur ein winziges Detail in ihrem Kampf ums Dasein. *Da ich es nahezu aussichtslos fand, mich durch den Wald zu schlagen, folgte ich einem Gebirgsbach.* Unglaublich dichte Vegetation. *Ich war gezwungen, auf meinen Knien zu kriechen.*

Eine Lichtung öffnet sich, plötzlich *ein Blick, der charakteristisch ist für Feuerland: unregelmäßige Hügelketten, mit Schneefeldern gefleckt ... und Meeresarme, die das Land in vielen Richtungen zerschnitten.* Sanft steigen fette Wiesen an bis zum Rand der Wälder, die wie schwere Teppiche auf den steilen Bergen liegen.

Mit Ausnahme einiger Beeren, hauptsächlich des Zwerg-Erdbeerbaums, und ein paar Pilzen, Rinde und Holz ist hier nicht viel zu holen. Ein Garten Eden sieht anders aus. *Die verschlungene Masse der gedeihenden und gefallenen Bäume erinnerte mich an die Wälder in den Tropen – doch einen Unterschied gab es: Denn in dieser stillen Einsamkeit erschien als vorherrschender Geist nicht das Leben, sondern der Tod.* Und doch bietet die Natur eine Vitaminquelle, die es sonst nirgendwo gibt: *Ein kugelförmiger, hellgelber Pilz, der in großer Zahl an den Buchen wächst.*

Das Gewächs lässt sich pflücken wie eine reife Frucht und beißen wie ein fester Pfirsich. *Es hat einen schleimigen, leicht süßlichen Geschmack und riecht schwach nach Champignons.* Der Pilz *gehört einer neuen und merkwürdigen Gattung an und* wird nach seinem Entdecker CYTTARIA DARWINII genannt. Jetzt Darwin auch schon im Bauch. Doch davon wird kein Mensch auf Dauer satt. Ihre Hauptnahrung holen sich die Yámana aus dem Wasser: Seeigel, Krebse, Fische und als verlässlichste Quelle Muscheln. Sobald Niedrigwasser einsetzt, sammeln die Frauen die Muschelbänke ab. Sind sie abgegrast, zieht die Familie weiter und lässt Berge von Schalen zurück.

Schlammverschmiert erreiche ich das Wasser. Ich gehe den Strand entlang, bis ich vom Boot aus nicht mehr zu sehen bin. Einmal möchte ich fühlen, wie weit die Anpassung gegangen ist. Wenn es hart auf hart kam, sind die Yámana getaucht, um in der artenreichen Unterwasserwelt der Braunalgen nach Meeresfrüchten zu suchen. Ich habe eigens meine Schwimmbrille dabei.

Kaum etwas auf der gesamten Reise beschreibt Darwin so begeistert wie diese Braunalgen-Wälder aus *Kelp oder* MACROCYSTIS PYRIFERA ... *Ich kenne wenige Dinge, die so überraschend sind wie der Anblick dieser Pflanze, die inmitten der großen Brecher des westlichen Ozeans wächst und gedeiht.* Die Pflanzen krallen sich am Grund auf Steinen fest, sorgen mit luftgefüllten Säcken für Auftrieb bis unter die Oberfläche und können im Extremfall einen Kilometer lang werden. Während oben im feuchten Buchenwald eher Armut an Arten herrscht, *könnte man einen dicken Band verfassen, nur um die Bewohner eines dieser Seetangfelder zu beschreiben. ... Ich kann diese großen Wasserwälder der südlichen Hemisphäre nur mit jenen an Land in den intertropischen Regionen vergleichen.*

Als die Sonne durch die Wolken bricht und das Kelpgeflecht schillern lässt, gebe ich mir einen Ruck. Kaum sind die Kleider vom Leib, tauche ich kopfüber zwischen die wehenden Wedel. Fünf Grad Celsius. Ein Schmerz wie ein Schlag. Dann eine Glut, die alles durchfährt. Gleich darauf ein Gefühl, als hätte man sein Gefühl verloren. Ein paar Sekunden schweben wie betäubt, atemlos. Fische weichen aus, Krebse suchen das Weite, Muscheln schließen sich. Bilder wie Geschosse, alles glitzert, Fahnen roter, grüner Algen. Schon setzt das Reißen wieder ein, zuerst im Kopf, von da rast es durch den Körper bis in die Füße, die nichts als raus wollen aus dieser eisigen Hölle. So schnell habe ich mich noch nie im Leben angezogen. Auf der Bremen haben sie uns erzählt, bei diesen Temperaturen überlebe ein Mensch keine fünf Minuten. Ich dachte schon nach zehn Sekunden, dass ich sterbe.

Das also hat er ausgehalten, *der feuerländische Wilde, der elende Herr dieses elenden Landes.* Und dann hat er Englisch und Beten gelernt. Das Verrückte ist: Das Eiswasser würde mein Körper vermutlich auch ertragen, wäre ich als Findelkind bei den Yámana aufgewachsen und dick mit Tierfett eingerieben. Ich könnte Kanus aus Rinde bauen, Fische mit Speeren erlegen und »umölatega-magu« sagen, wenn ich Zwillinge als Kinder hätte.

Aus heutiger Sicht hat der missionarisch gesinnte Kapitän der Beagle bei seinem (nicht so gedachten) Experiment zur Frage »Natur oder Umwelt« genau das erwartete Resultat erzielt. Je jünger sie sind, desto leichter haben sich »seine« Feuerländer an die englischen Verhältnisse angepasst. Der Älteste, York Minister, zeigt sich gegen Veränderung am resistentesten, die Jüngste, Fuegia Basket, fast noch ein Kind, ist die lernfähigste, und Jemmy Button liegt genau dazwischen.

Hätte FitzRoy ein Baby verschleppt und länger in seiner »zivilisierten« Welt aufwachsen lassen, wäre es trotz seines Äußeren zu jenem christlichen Briten herangereift, von dem er träumte. Wäre es dann allerdings als Erwachsener in seine Geburtsheimat zurückgeführt worden, so hätte es dort nicht mehr Überlebenschancen besessen als jeder andere Europäer.

Auf frühkindliche Manipulation haben nicht nur totalitäre Staaten gesetzt, die Eltern ihren Nachwuchs nahmen. Australien hat bis in die Siebzigerjahre des 20. Jahrhunderts Zehntausende Ureinwohnerkinder aus ihren Familien gerissen, um sie in Erziehungsanstalten zu »guten«, also europäisch geprägten Bürgern zu machen. Das Fatale an solch faschistischen Verfahren: Sie sind menschlich verwerflich, aber biologisch plausibel. Neugeborene entwickeln sich vor allem nach ihrer Umgebung und Erziehung. Die biologische Abstammung stellt den Rahmen, nicht den Inhalt.

Wie wenig »Rasse« oder Herkunft zählen, erleben unzählige Paare in entwickelten Ländern, die Säuglinge aus der Dritten Welt adoptieren und fern von deren Welt aufziehen. Auch sie haben es mit unterschiedlichen Temperamenten und Talenten zu tun. Aber die Lebensweise der Vorfahren hat sich nirgendwo ins Erbgut der Nachkommen gebrannt. Niemand kommt mit der Fähigkeit, ein Kanu zu bauen, auf die Welt. Wäre der kleine Sydney nicht in einem armen Fischerhaus auf den Kapverden aufgewachsen, sondern in einer portugiesischen Lehrerfamilie oder bei schwedischen Handwerkern, dann hätte aus ihm fast alles werden können. Umgekehrt würden wir uns heute weder an Darwin noch an FitzRoy erinnern, wären sie bei den »Primitiven« oder auch nur in englischen Arbeiterfamilien groß geworden. Doch solche Gedankenexperimente kommen ihnen nicht in den Sinn.

Der Kapitän der Beagle baut auf die Überzeugungskraft von überlegener Zivilisation und Religion. »Ich kann nicht umhin, immer noch zu hoffen, dass sich wenigstens ein geringer Nutzen aus dem Verkehr dieser Leute ... mit anderen Eingeboren von Tierra del Fuego ergibt.« Immerhin hat Jemmy, FitzRoys letzter verbliebener Proband, seine Lektionen nicht ganz vergessen. *Sobald er aber mit Kleidung versehen war, ... speiste {er} mit Kapitän FitzRoy, und er aß sein Mahl so reinlich wie zuvor. Er sagte uns ..., dass ihm nicht kalt sei, dass seine Verwandten gute Menschen seien und dass er nicht zurück nach England wollte.* Den Grund erfährt Darwin kurz darauf, *als nämlich seine junge hübsche Frau eintraf.*

»Vielleicht«, träumt der Kapitän weiter, »wird ein schiffbrüchiger Seemann hiernach Hilfe und freundliche Behandlung von Jemmy Buttons Kindern erhalten, veranlasst ... von der Idee, wie schwach auch immer, ihrer Pflicht gegenüber Gott wie ihrem Nächsten.« Darwin zeigt sich geradezu erleichtert, dass Jemmy Entführung und Umerziehung scheinbar so unbeschadet überstanden hat. *Ich hoffe und habe wenig Zweifel daran, dass er so glücklich sein wird wie wenn er nie sein Land verlassen hätte; was viel mehr ist, als ich vorher dachte.*

Doch damit ist die Geschichte von Jemmy Button und seinem Kontakt mit den Weißen noch nicht zu Ende. Im Herbst 1859, als Darwin seine »Entstehung der Arten« veröffentlicht, macht das »Massaker von Wulaia« weltweit Schlagzeilen. Die Allen Gardiner ankert in der Bucht, die Mannschaft will dort eine Missionsstation errichten. Es ist schon der dritte Versuch. Jemmy, nackt und »wild«, soll an Bord gekommen sein und sich beschwert haben, dass er nicht genug Geschenke erhalten habe. Als er und seine Gefährten das Schiff wieder verlassen, werden sie angeblich beim Stehlen ertappt. Ein Kampf bricht aus, der Kapitän wird angegriffen, dann verschwinden die Feuerländer in ihren Kanus. Ein paar Tage später, an einem Sonntag, als die Besatzung an Land mit Gesängen ihren Gottesdienst abhält, taucht eine Horde Männer in Kriegsbemalung mit Holzknüppeln und Steinen bewaffnet auf.

Wenig später liegen acht Tote auf dem Strand. Nur Schiffskoch Alfred Coles kann entkommen. Vor Gericht sagt er später aus: »Kurz darauf sah ich, dass die Naturmenschen die Ruder aus dem Boot nahmen, und wenige Minuten später sah ich die Männer zum Ufer rennen, und die Naturmenschen verfolgten sie mit Keulen und Stöcken und schlugen sie auf dem Strand nieder. ... Ich glaube aufrichtig, dass die Ursache für das Massaker war, dass Jemmy Button eifersüchtig darauf war, dass andere mehr hatten, als worauf er Anrecht zu haben glaubte. Ich bin fest davon überzeugt, dass er an der Spitze des Geschehens stand.«

Jemmy wird gefangen genommen und für ein paar Monate auf Keppel Island auf den Falklands gebracht. Seine Aussage – »von seinen Lippen abgenommen, soweit er verstanden werden konnte oder soweit man ihm unsere Fragen klarmachen konnte« – findet sich im Verhandlungsprotokoll. Er bestreitet die Tat und behauptet, Krieger vom Stamm der Oen – »Männer mit Bogen und Pfeil« – hätten sie verübt. Jemmy beschwert sich auch, wieder verschleppt worden zu sein: »Ich war vier Monde auf der Insel Keppel, mit Ehefrau und Kindern. Nicht gefallen bleiben, nicht wollen, nicht gefallen.« Und zum Schluss wiederholt er noch einmal: »Mein Bruder vielleicht zurück nach Keppel, ich habe genug davon. Nicht wollen zurück.«

Er habe »gebrochen Englisch« gesprochen, heißt es. Besser hätte man sein Innenleben nicht beschreiben können. Jemmy Button stirbt 1864 in Wulaia an einer eingeschleppten Krankheit, vermutlich an den Masern.

13
Vom Atlantik zum Pazifik

Beagle-Kanal und Magellanstraße · Darwins Heirat · Jorge, der Goldsucher · Mylodon-Höhle · Ein elendes Eden

Die kleine Fähre ist nur einen Tag und zwei Nächte unterwegs. Aber die haben es in sich. Als einzige regelmäßige Schiffsanbindung von Puerto Williams zum chilenischen Festland nimmt sie die alte Strecke über den Beagle-Kanal nach Westen, berührt kurz den südlichen Pazifik und arbeitet sich dann Richtung Norden zur Magellanstraße vor. *Unser Kurs lag Richtung östlicher Eingang des Beagle-Kanals, und wir fuhren am Nachmittag hinein.*

Bahia Azul heißt das rot und blau gestrichene Fährschiff, auf dem ich die erste Etappe vom Atlantik zum Pazifik zurücklege, einundsechzig Meter lang und zwölf breit. Die Fahrt gehört zu den unvergesslichsten Erlebnissen meiner Reise. Nicht zuletzt wegen des Komforts, der den zwanzig Passagieren einiges an Adaptionsfähigkeit abverlangt. Wir sind hier nur die Beiladung neben ein paar Containern und Autos.

Man weiß nicht so recht, wo man die Stunden verbringen soll. Die Alternative besteht in einem Aufenthalt im Freien auf einem schmalen Deck bei Dauerregen, scharfem Westwind und kriechender Kälte oder in einem überheizten Passagierraum mit beschlagenen Fenstern. Dort steht jedem wie in einem Bus für winzige Menschen ein viel zu kleiner Sitz zur Verfügung. Auf dem soll auch geschlafen werden, was durch die raue, länger nicht mehr oder noch nie gewaschene Wolldecke nicht leichter wird. Darwin und seine Gefährten, die den Beagle-Kanal auf offenen Walbooten erkunden, sind froh, *für unsere Betten einen Kieselstrand zu finden. ... Wenn wir in unseren Schlafsäcken auf einem guten Bett aus weichen Kieseln lagen, verbrachten wir die behaglichsten Nächte.* Am liebsten hätte ich getauscht.

Die meiste Zeit verbringe ich an Deck, zwischendurch aufwärmen bei Kapitän Danilo. Ich habe selten im Leben so viel gefroren und mich dabei so prächtig gefühlt. *Niemals sonst dringt das Bewusstsein, in was für einem entlegenen Winkel der Welt man da steht, so stark in die Gedanken.* Vielleicht liegt es an der Ahnung von etwas Bleibendem, wenn die Bilder den Worten gleichen, die 175 Jahre vorher ein junger Abenteurer zu Papier gebracht hat. *Die hohen Berge an der Nordseite ... sind von einem breiten Mantel ewigen Schnees bedeckt, und zahlreiche Kaskaden führen ihr Wasser durch die Wälder in den schmalen Kanal darunter.*

Darwin sieht hier endlich auch die Schönheit des ewigen Eises. Wir erreichen den Abzweig des *nördlichen Arms des Beagle-Kanals*. Mächtige Eisfelder liegen auf den Bergen im Norden. *An vielen Stellen reichen prachtvolle Gletscher von den Berghängen bis zum Wasserrand. Etwas Schöneres als das beryllartige Blau dieser Gletscher ist kaum denkbar.* Die Eisflächen scheinen regelrecht zu leuchten. Selbst in der Dämmerung strahlen sie wie kalte Sterne. *Die Bruchstücke, die vom Gletscher ins Wasser gefallen waren, trieben davon, und der Kanal mit seinen Eisbergen bot auf einer Strecke von einer Meile ein Miniaturbild des Polarmeers.* Alles wie damals. Ein Stückchen Welt, das noch sein altes Antlitz trägt.

Hier wird Darwin an seinem 25. Geburtstag eine besondere Ehre zuteil. Der Kapitän benennt den vermeintlich höchsten Berg nach ihm. Die Cordillera Darwin mit dem 2488 Meter hohen Mount Darwin steigt wie ein Bollwerk nach Norden steil aus dem Wasser empor. Selbst wenn er nie seine Theorie formuliert hätte – von diesem Moment an gehört Darwins Name unauslöschlich auf die Karten der Welt. Die ganze Gegend wirkt wie ein abgesoffenes Gebirge, von dem allein die Spitzen aus dem Wasser ragen. *Vermutlich verdankt sich dies einer Ursache, an die man zunächst nicht denkt, nämlich dass man die ganze Masse vom Gipfel bis zum Wasserrand meist vollständig vor Augen hat.*

Es wird nie ganz hell und fast nie richtig dunkel. Manchmal scheint der Mond durch die Wolken. Tümmler begleiten uns. Im fahlen Licht zischen sie heran wie ein Schwarm von Silberpfeilen, die blitzschnell überholen oder lange auf gleicher Höhe bleiben, als suchten sie Kontakt. *Der Kanal führte nun zwischen Inseln hindurch; und dieser Teil war völlig unbekannt; es regnet unablässig.* Ein Norweger an Bord fühlt sich an seine Heimat erinnert. Wir fahren am Cabo Froward vorbei, dem südlichsten Punkt des amerikanischen Festlands.

Da *hob sich ... allmählich der Nebelschleier vom Sarmiento und bot ihn unseren Blicken dar. Dieser Berg, einer der höchsten in Feuerland, hat eine Höhe von 6800 Fuß* – 2073 Meter. *Unten ist er auf ungefähr einem Achtel seiner Gesamthöhe von dunklen Wäldern eingehüllt, darüber erstreckt sich ein Schneefeld bis zum Gipfel.* Das haushohe Kreuz »Cruz de los Mares«, wo die Magellanstraße sich wie ein Binnenmeer öffnet, bleibt im Dunst verborgen. *Diese Szenen haben etwas sehr Erhabenes ... die Stille der Nacht wird nur vom schweren Atmen der Seemänner unter den Zelten und zuweilen vom Schrei eines Nachtvogels unterbrochen.*

Ich habe versucht, in drückender Enge bei verbrauchter Luft neben einem Schnarchenden zu schlafen. Unmöglich. Dann lieber draußen frieren und Bilder tanken. Das einzige halbwegs geschützte Plätzchen liegt unter der Treppe zur Brücke. Gegen Mitternacht öffnet sich die Tür zur Lotsenkabine. Wärme dringt aus dem Innern. Sergio, der Erste Offizier, tritt ausgeschlafen, frisch geduscht und angekleidet seinen Dienst an. Bevor die Tür sich schließt, sehe ich das Bad, einen Tisch mit Stuhl und ein Etagenbett.

Da nehme ich all meine Chuzpe zusammen. »Sie haben zwei Betten?« – »Ja.« – »Wer schläft denn im anderen?« – »Niemand.« – »Könnte ich nicht ...?« – »Tut mir leid, ich habe kein Bettzeug.« – »Aber ich habe einen Schlafsack.« Ich muss ziemlich durchgefroren und bedürftig aus der Wäsche geschaut haben. Oder ist es die chilenische Form der Gastfreundschaft, die ich in den kommenden Wochen noch häufiger erfahre? Jedenfalls fackelt Sergio nicht lange und sagt: »Hol deinen Schlafsack. Ich habe sechs Stunden Schicht. Aber sag niemandem etwas.«

Er hat mir das obere Bett in der Lotsenkabine gegeben, der »Camarote Pilotos«, Raum 203. Morgens kommt er so leise herein, dass er kaum in meinen Schlaf vordringen kann. Seit achtundzwanzig Jahren fährt er auf der Bahia Azul. Ein ausgeglichener Mann, den scheinbar nichts aus der Ruhe bringen kann. »Warum bist du nicht Kapitän?« – »Die Verantwortung sollen andere tragen.«

Als solch einen Anti-Alpha, der die Macht über sein eigenes Leben der Macht über andere vorzieht, stelle ich mir Darwin vor. In seiner Freiheitsliebe zum Segen seiner Arbeit gleicht er Einstein. Leute wie die beiden wissen um die Fesseln der Verantwortung, die jeder Führer trägt. Zu ihren einzigen Untergebenen – Sekretärinnen, Assistenten oder Hausangestellten – pflegen sie in der Regel Beziehungen, die eher von Freundschaft als von Herrschaft geprägt sind. Darwin als Chef eines Instituts? Unvorstellbar. Aber als Angestellter erst recht.

Als lebenslanges Einmannunternehmen braucht er jedoch Ersatz für das Team und sucht den Gemeinschaftsgeist in der Familie. Ohne sich je nach einer Alternative umgesehen zu haben, bittet er Cousine Emma am 11. November 1838 um ihre Hand. Er hat nicht erwartet, dass sie sofort akzeptiert. Für sie ist es die Chance ihres Lebens. Im Tagebuch feiert er *den Tag der Tage!* Kurz darauf bereitet er sie in einem Brief auf ihre Zukunft vor.

Während der fünf Jahre meiner Reise, ... die ... der Beginn meines wirklichen Lebens genannt werden können, stammte meine gesamte Freude aus dem, was mir durch den Kopf gegangen ist ... – Verzeih das Maß an Egoismus. – Ich lege es in Deine Hand, da ich glaube, dass Du mich menschlicher machen und bald lehren wirst, dass es größeres Glück gibt als Theorien zu errichten und in Stille und Einmaligkeit Fakten anzuhäufen. Du meine liebste Emma, ich bete ernsthaft, dass Du niemals die große, und ich will hinzufügen, sehr gute Tat bereust, die Du am Dienstag begehen wirst: mein eigenes zukünftiges Weib, Gott segne dich. Besser hätte er die mehr als vierzig Jahre Ehe nicht vorhersagen können. Ruhig in seinem Arbeitszimmer zu sitzen, während in der Küche die Töpfe klappern und draußen die Kinder spielen.

»Du musst nicht denken, ich erwartete einen Ferien-Ehemann, der sich mir immer von der angenehmen Seite zeigt«, beruhigt Emma ihren Zukünftigen. Den wird sie auch nicht bekommen. Etwa mit der Eheschließung setzen Darwins lebenslange Leiden ein, stundenlanges Erbrechen, Magen- und Darmkrämpfe, Durchfall und unerträgliche Blähungen. Emma darf die Rolle der Krankenschwester übernehmen und ihn ansonsten möglichst in Ruhe lassen. »Werde also nicht mehr krank, mein lieber Charley«, ruft sie ihm vor der Hochzeit zu, »bis ich bei dir sein und dich pflegen kann.« An seinem intellektuellen Leben wird sie so gut wie keinen Anteil haben. Im spirituellen aber tut sich gleich zu Beginn ein tiefer Graben auf.

Mit jedem Schritt zur Evolutionstheorie wachsen Darwins Zweifel an der Schöpfung. Da er sich nicht sicher ist, wie er damit gegenüber der strenggläubigen Emma umgehen soll, bittet er seinen Vater um

Rat. Der empfiehlt ihm dringend, seine religiösen Gefühle zu verbergen. Doch Darwin will seine Ehe nicht mit einem Geheimnis von solcher Tragweite belasten und vertraut sich Emma an. Die ist, wie erwartet, entsetzt, rückt aber von ihrer Zusage nicht mehr ab. Sie äußert die »Furcht, dass unsere Ansichten über das wichtigste Thema weit voneinander abweichen« und bittet ihn, »die Abschiedsworte unseres Heilands an seine Jünger zu lesen, die am Ende des 13. Kapitels von Johannes beginnen«. Damit kann er leben.

Am 29. Januar 1839 werden die beiden von ihrem gemeinsamen Vetter John Allen Wedgwood getraut. Elf Monate später wird der erste Sohn geboren, den sie William Erasmus nennen. Insgesamt wird Emma zehn Kinder bekommen. In Adel und Oberschicht normal. Selbst Königin Victoria bringt neun Kinder auf die Welt, Kaiserin Maria-Theresia in Österreich hatte sechzehn.

Vaterschaft und Entwicklung der eigenen Kinder werden Teil von Darwins wissenschaftlichem Programm. Jeden Schritt dokumentiert er sorgfältig, das erste Lächeln, Gähnen, Deuten, vor allem »Gemütsbewegungen« wie Angst, Freude, Schmerz, und vergleicht sie mit den Affen im Zoo. Wenn er auch nichts von einem Alpha hat, der Forscher steckt ihm in Fleisch und Blut. Ständig auf der Suche nach Erkenntnissen und Zusammenhängen, stets die Augen offen für weitere Bausteine zu seinem Gebäude.

Nach Ankunft der Bahia Azul in Punta Arenas steige ich um auf die nächste Fähre über die Magellanstraße – ein Abstecher nach Porvenir, der einzig nennenswerten Ansiedlung auf dem chilenischen Teil der Insel Tierra del Fuego. Hinter dem Ort, eine halbe Stunde auf einer halsbrecherischen Schotterpiste entfernt, wühlt sich seit mehr als einem Vierteljahrhundert allein mit Schippe, Steingabel und Schubkarre Jorge Gesell durch die patagonische Landschaft. Jeden Tag gräbt sich der Siebenundvierzigjährige, dessen Großvater aus Deutschland stammt, ein Stück weiter vorwärts. Unglaublich, wie viel Dreck ein Mensch in seinem Leben bewegen kann, wenn sein Land Gold enthält.

Darwin trifft in Chile immer wieder auf solche Mineros, die ihre Claims abgesteckt haben wie ein Stück Leben, das sie abarbeiten müssen. Damals *versteht nahezu jeder Arbeiter ... etwas vom Vorkommen von Erzen. ... Auch streifen die Bergleute häufig sonntags mit dem Brecheisen durch die Berge.* »Wie gehst du vor?« – »Wenn ich mit einem Bereich fertig bin, fange ich mit dem nächsten an.« – »Nie genug vom Einerlei?« – »Ich sehe jeden Tag ein neues Stück Erde.« – »Kannst du dir etwas anderes vorstellen, als immer nur zu graben?« – »Irgendwas muss der Mensch doch suchen.«

Besser kann kein Trendforscher das Hamsterrad des Lebens beschreiben. Wir sind alle ständig hinter etwas her. Neue Kontinente, besseres Leben, uns selber. Jeder hat seinen Berg, den er einmal umschaufeln muss, bevor er gehen darf. Der Goldsucher weiß wenigstens, wonach er sucht. Das Metall fällt ihm aber nicht als faustgroße Nuggets in die schwieligen Hände. Er muss den Dreck zerkleinern, trennen, sieben und waschen, um an die sandkornkleinen Krümel zu gelangen. Wenn er sich ranhält, schafft er fünfzig bis hundert Gramm reines Gold im Monat. Das reicht ihm zum Leben. Reich werden kann er davon nicht. »Plata«, sagt er, Geld. »Die Leute haben nichts anderes im Kopf.«

Beim letzten Reinigungsgang setzt er hochgiftiges, reines Quecksilber ein, das er in offenen Flaschen aufbewahrt. Ein paar Zähne sind ihm schon ausgefallen. »Ich werde sowieso nicht alt«, sagt er ohne einen Funken des Bedauerns. In seiner Bretterbude ist es mollig warm. Im Kessel auf dem Ofen kocht Wasser. Der Minero löffelt Pulverkaffee in zwei Becher und gießt sie voll. »Bevor das Gold zu Ende ist, bin ich am Ende.« Er schimpft auf die Welt und lacht wie ein glücklicher Mensch.

Für ein paar Dollar kaufe ich ihm, fein ausgewogen zum Tagespreis, ein Bröckchen seines Schatzes ab. Hat jemals einer die Leben gezählt, die dieses eine Element gefordert hat? Ich halte das Stück in der Hosentasche gefangen, bis es meine Körperwärme angenommen hat. Mitten in der Magellanstraße, auf meiner Rückfahrt von Porvenir nach Punta Arenas, werfe ich es über Bord und lasse es in den irdischen Kreislauf zurückkehren. Fast wäre ich um des Goldes willen meiner goldenen Regel untreu geworden: mit nichts kommen, mit nichts gehen.

Punta Arenas liegt fast genau auf der Scheidelinie zwischen feuerländischer und patagonischer Landschaft, die abrupt *das düstere und stumpfe Gepräge der immergrünen Wälder* von der baumlosen Einöde trennt. Zwei Stunden Busfahrt Richtung Nordwesten bringen mich nach Puerto Natales. Die Hafenstadt an der »Bucht der letzten Hoffnung« versteht sich als chilenische Antwort auf das mondäne El Calafate jenseits der Grenze. Dort kommen die Hartschalenkoffer an, hier eher die Rucksäcke.

Man trifft sich im Nationalpark Torres del Paine, wo Guanako und Stinktier einander gute Nacht sagen. Gletscherseen in milchigem Türkis, schneebedeckte Berge für Postkartenfotos und dieses unsagbare Loch am Fuße eines Felsens: die Höhle des MYLODON DARWINII, jenes Riesenfaultiers, dessen Knochen Darwin in der argentinischen Pampa erstmals gefunden hat. Hier hat der deutschstämmige Pionier Hermann Eberhard 1895 ein komplettes Skelett entdeckt und damit Darwin beeindruckend bestätigt.

Selten habe ich etwas Gewaltigeres gesehen. Mehr Halle als Höhle, ein riesiger Schlund unter mächtigem Dach, wie ein Himmel aus blankem Fels, der sich als flache Kuppel über eine Arena spannt. Menschen schrumpfen zu Punkten. An manchen Stellen tropft es. Vor zwölftausend Jahren sah es hier nicht viel anders aus. Wieder so ein Ort, wo sich die Fantasie ihre prähistorischen Kulissen holen darf. Am Eingang steht eine maßstabsgetreue Nachbildung des Faultiers, ein friedlicher Gigant, der sich von Pflanzen und Kleintieren ernährte. Statt auf Bäume zu klettern wie seine heutigen Verwandten, hat es sie mit seinen schweren Pranken einfach gefällt.

Die nächste Etappe über die Wasserstraßen beginnt in Puerto Natales. Die kleine Hafenstadt am Ende eines Labyrinths von Fjorden und Meeresarmen gibt es nur, weil sie Verbindung zum Ozean hat. Hier wurden in der ersten Hälfte des 20. Jahrhunderts Millionen von Rindern geschlachtet und zu Exportfleisch verarbeitet. Bis heute fährt einmal wöchentlich eine geräumige Fähre nach Puerto Montt in Südchile. Sie braucht drei Tage und Nächte. Nach etwa einem Drittel ihres Weges trifft sie auf die Spur der Beagle. Meine Kabine, Raum 121, liegt erneut auf Steuerbord.

Das Autodeck ist nicht mal zur Hälfte gefüllt. Die Passagierkabinen sind ausgebucht. Der ehemalige Geheimtipp steht heute in allen Reiseführern. Menschen jeden Alters und aus aller Herren Länder, Familien mit Kindern aus Kanada, Reisegruppen aus Japan, strickende

Mädchen aus Deutschland und Wanderer aus Spanien suchen das Abenteuer mit Jugendherbergscharme. Enge Achtbettkabinen, Kantinenessen in zwei Schichten, Diavorträge und ein Ausflug zum Gletscher Pio XI, nach dem vorletzten der Pius-Päpste benannt. Auf Chile hat sich der Vatikan immer verlassen können. Und umgekehrt. Die Fähre heißt Evangelistas.

Etwa auf halber Strecke – im Speisesaal läuft Beethovens Neunte – ankern wir vor Puerto Eden, wo die Bibel für eine Lüge missbraucht worden ist: Das Dorf gehört zum Elendsten, das man sich vorstellen kann. Etwa dreihundert Menschen, die letzten versprengten Kaweskar, wohnen hier ohne weitere Verbindung zur Außenwelt am Mesier-Kanal. Es sind Feuerländer, die früher wie die Yámana auf Kanus lebten und mit denen keiner etwas anzufangen weiß, seit man ihnen Land und Lebensstil genommen hat. Heute werden sie von der Regierung durchgefüttert. In ihrem Garten Eden, genauso sumpfig, nass und voller Fäulnis wie der Rest von Feuerland, wachsen allenfalls Kohl und Sellerie.

Die Lieferung von Lebensmitteln wird mit der kleinen Libertad von der Fähre an die Anlegestelle gebracht. Dort zieht ein Motor die Ladung auf einem Schlitten den Hang hinauf zum Krämerladen. Falls die Maschine funktioniert. Wenn nicht, mühen die Männer sich ab mit der Last. Ohne weiter darüber nachzudenken, fasse ich mit an. Sie danken freundlich.

Da spricht mich die Ladenbesitzerin an: »Was machst du da? Reiche Menschen arbeiten nicht.« – »Ich helfe gern.« – »Willst wohl in den Himmel kommen?« – »Deshalb habe ich es nicht getan.« – »Aber der Himmel gehört euch nicht. Er gehört uns Armen.« – »Das habe ich noch nie gehört.« – »Für uns enthält er eine ganze Welt, unsere Träume, Wünsche, Hoffnungen.« – »Aber für mich doch auch.« – »Nein, für die Reichen ist der Himmel leer. Die haben alles hier auf Erden.« Schön, wenn sie dran glaubt.

Die Evangelistas erreicht den offenen Pazifik. Unbarmherzig rollt die Brandung unterm Kiel. Wellen schlagen sturmgepeitscht auf das zerklüftete Land. *Der Anblick einer solchen Küste genügt, dass eine Landratte eine Woche lang von Wracks, Gefahr und Tod träumt, und mit diesem Anblick sagten wir Feuerland auf immer Lebewohl.*

14
Südchile

Puerto Montt · Züchtung · Die natürliche Auslese · Darwins Werk und Malthus' Beitrag · Das Prinzip Chancengleichheit · Überbevölkerung · Die Insel Chiloé · Vererbung nach Mendel · Evolutionsmotor Mutation · Das Prinzip Zufall · Erste Skizze der Theorie · Darwins Haus in Kent · Das Erdbeben von Concepción

Alles Große hat einmal klein begonnen. So auch hier, in Puerto Montt, im Süden des schlauchförmigsten Landes der Erde, wo die Evangelistas nach zuletzt stürmischer Fahrt pünktlich angelegt hat. Anfangs scheint der feste Boden noch zu schwanken. Der Körper will das Rollen eines Schiffes ausgleichen, das er längst verlassen hat. Über die Straße vom Fischereihafen ins Zentrum der Provinzstadt mühen sich unablässig Lastwagen mit schweren Plastikbottichen auf den Ladeflächen. Nur langsam bewegen sie sich vorwärts unter dem Gewicht ihrer Ladung, als müssten sie den Inhalt schonen wie ein gefährliches Gut. Was in aller Welt wird hier transportiert?

»Zukunft«, sagt Martin Hevia. »Oder anders ausgedrückt: Das Ergebnis jahrelanger Arbeit.« Der Meeresbiologe leitet unweit der Hafenstadt ein Forschungslabor der »Fundación Chile«, in dem das Neue einen alten Namen trägt: Zucht. Das Fachgebiet des Zweiundvierzigjährigen: Aquakultur. Was da im Schneckentempo in Trögen durch den Ort kriecht, besteht vor allem aus Salzwasser und seiner lebendigen Fracht: Fisch. Nach der Aufzucht in Stationen an Land wird er zu den Mastfarmen auf offener See gebracht. Hevia zeigt aus dem Fenster seines Büros auf die weite Bucht von Puerto Montt. »Da wächst und gedeiht, was Sie morgen auf dem Teller haben, und nicht nur Sie, sondern auf Dauer die ganze Menschheit.« Wie künstlich gezogene Schaumkronen ziehen sich über das gekräuselte Wasser Reihen weißer Schwimmer, an denen die großflächigen Netze der Fischfarmen hängen.

Gleich neben seinem Büro, in Hallen aus schlichtem Wellblech, stehen runde Bottiche aus grünem Kunststoff, mit Netzen überspannt. Drinnen ziehen unter ständigem Wasserzufluss Tausende Fische ihre Kreise. Automatische Fütterungssysteme, Filteranlagen und die blauen Rohre der Wasseraufbereitungsanlagen. Nichts verrät, dass hier ein Mensch auf klassische Weise, aber mit modernsten Mitteln Gott spielen darf: Lebewesen erschaffen, die es in der freien Natur so nie gegeben hat und ohne menschliche Manipulation auch nie geben würde.

Hevia erforscht die Züchtung von Speisefischen nach alter Väter Art, indem er gewünschte Eigenschaften auswählt und Rassen optimiert: Widerstandskraft gegen Krankheiten, Futterverwertung, Muskelanteil am Fleisch. Versuchsreihen, Prototypen, Funktionsprüfungen, Härtetests. Nur was sich bewährt, wird bewahrt. Erfolgsmodelle setzen sich durch – die Guten ins Töpfchen, die Schlechten ins Kröpfchen. »Wir erweitern die Kunst der Zucht auf die Bewohner der Meere.«

Es ist die Arbeit von Leuten wie Martin Hevia und unzähliger Vorgänger, die Darwin schon bald nach der Heimkehr dem gesuchten Mechanismus der Evolution einen entscheidenden Schritt näherbringt: Wenn sich Arten, wie fossile Zeugnisse nahelegen, entwickeln und anpassen können, wer demonstriert diese Anpassungsfähigkeit täglich vor unseren Augen besser als Züchter?

Begonnen hat es mit Zähmung. Vor rund vierzigtausend Jahren macht der Mensch den Wolf zu seinem Begleiter. Wölfe als gefährliche Raubtiere haben auch »Hündisches« an und in sich. Sie lassen sich abrichten, die einen mehr, andere weniger. Etwa zwanzigtausend Jahre leben die Steinzeitgenossen mit den zahmsten und verjagen oder töten die wilderen. Dann lassen sich anhand von Knochenfunden erste Anzeichen von Veränderungen im Aufbau der Tiere erkennen. Der Mensch kommt auf den Hund. Ohne dessen Dienste wäre unsere weitere Entwicklung vermutlich gar nicht möglich gewesen. Hunde wachen und warnen, bei Tag und bei Nacht. Sie vertreiben und bekämpfen Raubtiere und andere Eindringlinge, vor allem auch menschliche. Sie helfen bei der Jagd und hüten das Vieh. Bis heute sind Homo und Hund einander treu geblieben. Wo immer auf der Welt Menschen leben, trifft man auf das erste Haustier. Domestikation war aller Züchtung Anfang.

Irgendwann müssen unsere Vorfahren das Prinzip der Selektion verstanden haben. Wenn nur die zahmsten Wolfshunde sich fortpflanzen, werden die Nachkommen mit der Zeit immer zahmer. Dazu mussten die Menschen bereits ein intuitives Verständnis für ein zweites Prinzip der Evolution besitzen: die Variation. Die einen sind größer, stärker, geschickter als andere. Manche Pflanzen bringen mehr Samen hervor, einige Körner sind dicker als andere, und auch nicht alle Kartoffeln sind gleich.

Seit mindestens zehntausend Jahren besitzen Menschen eine Art geahntes Grundwissen über das Wesen der Vererbung. In Vorderasien finden sich erste Spuren einer gezielten Einflussnahme auf das Erbgut von Pflanzen und Tieren: Weizen, Erbsen, Schafe, Ziegen. Bald darauf in China Reis und Hirse, Schwein und Seidenspinner, in Mittelamerika Mais, Bohnen und Truthähne, in Neuguinea Zuckerrohr und Bananen. Relativ bald überschreiten die Bauern bei ihren Züchtungen die Grenzen der natürlichen Variabilität. Sie schaffen Formen, die in freier Natur nicht vorkommen. Zucht zeigt, was im »Wildtyp« steckt. Nirgendwo ist das augenfälliger als beim Hund. Dass Dobermann und Dackel zur selben Spezies gehören und gemeinsam Nachwuchs haben können (wenn man ihnen hilft), gehört zum Merkwürdigsten, was Züchtung hervorgebracht hat.

Modernen Erzeugern von Nahrungsmitteln (und Rohstoffen wie Baumwolle) geht es in der Regel um Ertrag, Handhabbarkeit und Widerstandskraft. Über Generationen haben sie ihre Nutzpflanzen und Haustiere so weit von deren biologischen Ursprüngen weggezüchtet, dass manche kaum noch Ähnlichkeiten mit ihren wilden Verwandten zeigen und ohne menschliches Zutun nicht überleben könnten. Dabei haben die Veredler ihre Erzeugnisse an die Grenzen des »natürlich« Machbaren gebracht und mit Gentechnik neuerdings auch darüber hinaus – hier das Schwein mit Extrarippen, dort der Superweizen.

Würden alle Zuchtprodukte aus den Regalen der Supermärkte verschwinden, und die Menschheit wäre wieder allein auf ursprüngliche Naturprodukte angewiesen, sie fiele sofort auf ihr Steinzeitniveau zurück. So gut wie nichts von dem, was wir zu uns nehmen, nicht einmal kontrollierte Bionahrung, ist »natürlich« in dem Sinn, dass seine Grundprodukte auch in der freien Natur vorkommen – außer ein paar gesammelten Pilzen, Waldbeeren, etwas Wild sowie Meeres-»Früchten« und, als weitaus größter Posten, Fischen.

Es gab Zeiten, bis nach 1960, da hielten Fachleute den Fischreichtum der Meere für unerschöpflich. Die weltweite Fangmenge hat sich zwischen 1850 und 1950 von zwei auf zwanzig Millionen Tonnen verzehnfacht, um sich in den folgenden beiden Jahrzehnten jeweils noch einmal zu verdoppeln. Irgendwann stößt das System jedoch an seine natürlichen Grenzen, der Nachwuchs der Fische hält dem Wachstum der Nachfrage nicht mehr stand. Knappheit verdirbt Preise, mehr Ertrag lohnt mehr Aufwand, immer effektivere (und brutalere) Techniken kommen zum Einsatz. Innerhalb eines Vierteljahrhunderts sinkt der Weltbestand von fischreich auf überfischt bis fast leer gefischt.

Die Antwort heißt seit zehntausend Jahren Technologie, in diesem Fall Aquakultur. Es beginnt um 1980 mit Lachsen in Norwegen und Riesengarnelen in Thailand und jährlichen Wachstumsraten im zweistelligen Bereich. Heute stammt bereits etwa ein Drittel aller Speisefische und anderer essbarer Wassertiere aus der Kultur. Das systematische Mästen erfordert Kunstfutter und -dünger, Antibiotika und Hormone. So übersetzt sich gesteigerte Produktion in zunehmende Umweltbelastung und Bedrohung natürlicher Ökosysteme. Auf Dauer wird die maritime Massentierhaltung mehr und mehr auf abgeschlossene Systeme umsteigen müssen. Bleibt wie bei jeder industriellen Tierzucht das Abwasserproblem. In Norwegen etwa produzieren rund sechshundert Lachsfarmen die gleiche Menge wie die gut vier Millionen Einwohner.

Erst seit der Jungwuchs für die Farmen aus Brutanstalten mit künstlicher Befruchtung und labortechnischer Aufzucht kommt, richten klassische Züchtungsforscher wie Martin Hevia ihr Augenmerk auch auf den Fisch. Nur die wenigsten Arten lassen sich einfach mästen. Also sollen wie einst Schafe oder Kühe nun Fische zu »Haustieren« gezüchtet werden. »Das Problem beim Fisch ist der Schwarm«, erklärt der Meeresbiologe. »Die Tiere lassen sich in ihren Variationen äußerlich kaum unterscheiden.« Also wird durch Mikroelektronik nachgeholfen. Jedes Jungtier bekommt einen Chip implantiert und damit eine individuelle Kennung. Dadurch wird etwas möglich, das sich vorher praktisch ausschloss: die Selektion. So wiederholen sich derzeit im Schnellverfahren an den »domestizierten« Fischen alle

Erfahrungen, die in Tausenden Jahren an anderen Tieren gemacht wurden.

»Da gibt es tausend Dinge, die man machen kann«, sagt Hevia. Da werden Tiere einzeln mit eigens entwickelten hochaktiven Impfstoffen behandelt. Oder von Unterwasser-Videokameras beim Fressen beobachtet. »Wir wissen, wie jeder Einzelne wächst, und wir kennen genau seine Eltern.« Da tasten Laserstrahlen Filetgrößen ab. Da wird auf besonders weiche Qualitäten für Fish-Burger geachtet. Da schwimmen Lachse aus schottischen Flüssen überhaupt nur noch in chilenischem Gewahrsam.

In den Becken findet jedoch auch ohne menschlichen Eingriff ständig Selektion statt: Die Natur sortiert diejenigen aus, die unter den Zuchtbedingungen nicht gedeihen können. Eine anfängliche Sterblichkeit von »nur« fünfundneunzig Prozent wird als Erfolg bewertet. Seine Corvina, eine pazifische Art, hat Züchter Hevia inzwischen »auf vierzig Prozent gedrückt«. Bei Lachsen überleben sogar acht bis neun von zehn. Wie auch bei anderen Zuchttieren wird die Quote sich immer weiter dem hundertprozentigen Überleben nähern. In fünfzig Jahren, schätzt Hevia, werden sich nur noch wenige Menschen »wilden« Fisch leisten können. Die Massenware wird wie beim übrigen Fleisch aus industrieller Produktion gezüchteter Rassen stammen.

Ohne Zucht gäbe es keine Zivilisation, und ohne ihr Vorbild keine Evolutionstheorie. Bereits wenige Monate nach seiner Rückkehr, ein paar Seiten nach der Notiz über die zwei Laufvogelarten in Argentinien, schreibt Darwin ein wenig kryptisch im typisch atemlosen Stakkato seine Gedanken ins geheime Rote Notizbuch: *Hunde. Katzen. Pferde. Rinder. Esel. sind alle wild gewesen und gezüchtet. zweifellos mit perfektem Erfolg. – zeigt Nicht-Schöpfung wirkt nicht allein auf Adaption der Tiere.*

Ein entscheidender Denkschritt: Zucht nutzt die Anpassungsfähigkeit der Arten. Sie stellt nichts anderes dar als von Menschen gesteuerte Evolution. Die Beobachtungen auf seiner Reise allein hätten Darwin nicht gereicht. Doch als er die unsichtbare Hand der Schöpfung und die sichtbare des Züchters nebeneinanderhält, kommt ihm Anfang 1839 die Idee seines Lebens: die »natürliche Zuchtwahl«.

Das Grundprinzip ist so einfach, dass jeder Bauer darauf kommen könnte: Was klassische Züchter aus einer Art »herausholen« können, muss irgendwie auch in ihr stecken. Sie fügen nichts hinzu und nehmen nichts weg. Vielmehr verändern sie etwas in Pflanzen und Tieren, ohne es anzutasten – und zwar allmählich über viele Generationen. Dazu nutzen sie von jeher das natürliche Prinzip der Variation. Ein ums andere Mal sondern Züchter Individuen mit gewünschten Eigenschaften ab und bringen sie durch Fortpflanzung zusammen. Von Generation zu Generation zeigen die Nachkommen die Qualität deutlicher. Die Größeren bekommen größere Nachkommen, und wenn unter diesen wiederum die größten gemeinsam Nachwuchs zeugen, wird ein Teil erneut größer und so weiter, bis eine natürliche Grenze erreicht ist. Um das zu sehen, muss man weder Gene noch Genetik kennen.

Darwin kommt sein genialer Gedanke, als er eine Analogie wagt: Sobald durch Zucht ein Selektionsdruck in eine Richtung entsteht, egal, ob zu mehr Ertrag oder schnellerem Wuchs, folgen die Tiere nach und nach der gewünschten Richtung – und zwar dauerhaft: Schäferhunde bringen wieder Schäferhunde hervor, Weizenkörner Weizenpflanzen. Entsteht in der Wildnis ein vergleichbarer Druck, der etwa schnelleren Nagern einen Vorteil gegenüber langsameren verschafft, weil sie besser vor Räubern flüchten können, dann wirkt die Natur wie ein Züchter, und auf Dauer wird die ganze Mäusepopulation flinker. Darwin macht die künstliche zum Extremfall der natürlichen Auslese.

Noch fehlt ihm jedoch der zweite Baustein, um seinen Mechanismus zu erklären: Was bewirkt die »Zuchtwahl«? Die Antwort findet er nicht in der Natur, sondern in einem Buch. Am 28. September 1838 schlägt er mehr zum Zeitvertreib den »Essay on the Principle of Population« von Thomas Malthus auf. Der Brite hat schon vier Jahrzehnte zuvor eine einfache Rechnung aufgestellt, die Darwin höchstwahrscheinlich längst bekannt ist: Wenn sich die Menschheit exponentiell vermehrt und innerhalb von fünfundzwanzig Jahren verdoppelt (was sie nicht tut), die verfügbare Nahrungsmenge aber nur linear ansteigt (was auch dank Züchtung weit übertroffen wird), dann kommt irgendwann zwangsläufig der Punkt, da nicht mehr alle genug zu essen haben.

Malthus sagt Hungerkatastrophen voraus mit dramatischen Folgen wie Krankheit, Krieg und Kannibalismus. Nur die Stärksten würden den Kampf überleben. Die politische Lehre aus seiner Analyse gehört zu den einflussreichsten des 19. Jahrhunderts: Im Widerspruch zum Geist der Französischen Revolution wendet er sich gegen jede Art von Sozialtransfer, da Almosen die Armen nur zu mehr Nachwuchs ermunterten. Darwin kennt die Ideen, doch die Konsequenzen hat er bis dahin noch nicht zu Ende gedacht. *Ich habe keine Zweifel,* vertraut er Notizbuch D an, *dass jeder, bis er tief darüber nachdenkt, angenommen hat, dass die Zunahme an Tieren exakt im Verhältnis zur Zahl derer steht, die leben können.*

Umgekehrt heißt das: Organismen vermehren sich so lange exponentiell, wie sie genug Nahrung oder Nährstoffe bekommen. Wie weit das gehen kann, zeigt sich in den Bottichen von Martin Hevia. Da werden »Superbullen« isoliert, Fortpflanzungszyklen mit Hormonimplantaten synchronisiert und aus »Supermüttern« die Eier regelrecht extrahiert. Kürzlich sind aus Gelegen eines einzigen Corvina-Weibchens 350 000 Jungfische geschlüpft. In den Bottichen herrscht optimale Temperatur, es gibt nie Mangel an Nahrung mit bester »Verdaulichkeitsrate« und keinen Stress durch Räuber – bis die Schlachtbank ruft.

Davon kann draußen im freien Ozean natürlich keine Rede sein. Da bleiben Populationen trotz enormer Schwankungen auf lange Sicht konstant, auch wenn sie als echte r-Strategen wie die Corvina Zehntausende Eier legen. Dass dennoch im Schnitt nur zwei pro Paar übrig bleiben und die Fortpflanzungsrate nicht der Vermehrungsrate folgt, hat einen einfachen Grund. Noch am selben Tag, da er den Malthus zur Hand genommen hat, macht Darwin die alles verändernde Notiz: *Nimm Europa im Durchschnitt, in jeder Spezies muss Jahr für Jahr dieselbe Zahl getötet werden, durch Falken. Kälte etc.*

Das erste entscheidende Wort ist *Durchschnitt.* Darwin hat von Malthus gelernt und führt statistische Prinzipien in die Biologie ein. Nur damit lassen sich die Prozesse im Großen erfassen. Bei ausreichendem Nahrungsangebot für die Nager hält der Falke die Mäusepopulation konstant, und umgekehrt entscheidet (im vereinfachten Modell) die Zahl der Beutetiere über die der Raubvögel. Das zweite Wort von Gewicht: *getötet.* Es herrscht, kurz gesagt, ein einziges Hauen und Stechen, dem Darwin später seinen berühmten, von Malthus abgeleiteten Namen gibt: Kampf ums Dasein.

Man kann sagen, dass es eine Kraft gibt wie hunderttausend Keile, die angepasste Strukturen aller Art in die Lücken der Ökonomie der Natur zu treiben versucht, oder auch Lücken zu schlagen, indem sie schwächere verdrängen. Und diese »Kraft« sorgt ohne menschliches oder göttliches Zutun für die natürliche Auslese. Schließlich folgt der Satz der Sätze: *Der letzte Grund für all dieses Keileschlagen muss sein, eine geeignete Struktur einzurichten und an den Wandel anzupassen.*

Jetzt hat Darwin fürs Erste alles beisammen: Alle Populationen produzieren, wenn sie können, mehr Nachkommen, als sie selbst zusammengenommen zählen. Da ihre Größe konstant bleibt, muss die Zahl ihrer Individuen kontrolliert werden. In jeder Generation werden die Schwächsten aussortiert – was Malthus als reinigende Kraft begrüßt. Umgekehrt selektiert die Natur wie ein Züchter auf diese Weise die besser Angepassten heraus. *Diese Erhaltung vorteilhafter individueller Unterschiede und Veränderungen und diese Vernichtung nachteiliger,* heißt es in der »Entstehung der Arten« zwanzig Jahre später, *nenne ich natürliche Zuchtwahl oder Überleben des Tüchtigsten.*

Auch wenn Darwin hier fälschlicherweise Mechanismus und Resultat des Prozesses gleichsetzt – seine wesentliche Leistung besteht darin, zwei völlig unterschiedliche, für sich genommen allseits bekannte Phänomene in einem Bild zusammenzubringen: den natürlichen Kampf ums Überleben durch Fressfeinde und ständig drohende Nahrungsknappheit einerseits sowie andrerseits die Anpassung durch Selektion, wie Züchter sie erzwingen. Die *Hypothese* einer möglichen Evolution hat er induktiv formuliert, aus Beobachtungen in der Natur. Seine *Theorie* der Evolution aber gewinnt er deduktiv. Erst bringt er wie Klinge und Stiel zwei Dinge zusammen, die gemeinsam das Beil ergeben, mit dem er den Knoten durchschlagen kann. Dann wächst aus dieser Emergenz, dem Zusammengehen zweier Ideen, ein Gedankenmodell, dessen Gültigkeit an der Natur gemessen werden kann.

Es ist ein schöner Teil meiner Theorie, schreibt er wenig später selbstbewusst in sein Notizbuch E, *dass domestizierte Rassen von Organismen auf genau dieselbe Weise erzeugt werden wie Spezies – Letztere nur viel perfekter, aber unendlich viel langsamer.* Die Zeitdifferenz zwischen künstlicher und natürlicher Auslese spiegelt den wichtigsten Unterschied zwischen kultureller und biologischer Evolution wider: Letztere tastet sich blind voran, Erstere arbeitet auch gezielt und damit ungleich effektiver.

Und sein Kommentar? Kein Ausdruck von Freude oder Überschwang. Womöglich hat Darwin in diesem Augenblick noch gar nicht erkannt, wie weit der Knoten durchschlagen ist: Wenn die Schwächeren zum Wohl der Stärkeren auf der Strecke bleiben, dann besitzt der Tod eine kreative Kraft. Kein Schöpfer oder Züchter sucht die Besten aus. Vielmehr entscheiden Zufall und natürliche Auslese über die Richtung der Entwicklung. Bei der Evolution geht es oft weniger um Meisterschaft als um den Abstieg. Ihre wichtigste Regel heißt nicht: The winner takes it all, sondern: Den Letzten beißen die Hunde.

Aber der Mensch – der wunderbare Mensch, notiert Darwin, *der ist eine Ausnahme.* Hat Gott ihn nicht nach seinem Ebenbild erschaffen? Drei Zeilen später hat er sich wieder gefangen: *Er ist keine Ausnahme.* Was der übrigen Natur recht ist, kann uns nur billig sein. Eine gefährliche Wendung.

Selbst auf der Sonnenseite der Gesellschaft groß geworden, bezieht Darwin die Szenarien von Thomas Malthus nicht auf seine eigenen Kreise, sondern auf die niederen Schichten. In seiner »Abstammung des Menschen« schlägt er vor: *Alle sollten sich des Heiratens enthalten, welche ihren Kindern die größte Armut nicht ersparen können. Die Armut ist nicht nur ein Übel, sondern führt auch zu ihrer eigenen Vergrößerung.*

In den Tagen, da er das formuliert, geht es wie heute zwischen Liberalen und Sozialen um die Frage, ob Eigenverantwortung oder Almosen besser seien für die Massen. Den Begriff »soziale Gerechtigkeit« kennt der Manchesterkapitalismus nicht. In England toben Hungeraufstände, das ganze Land diskutiert über Armengesetze, es kommt zu wochenlangen Generalstreiks. Die Nationalgarde geht bewaffnet gegen Aufrührer vor. Die skrupellose Ausbeutung der Arbeiter hat eine Schmerzgrenze überschritten. Die Löhne reichen kaum zum Leben, während die Gewinne den Kapitaleignern ein materiell unbeschwertes Dasein ermöglichen.

Mittellosigkeit hält Darwin als Kind seiner Zeit gleichsam für angeboren: Arme haben arme Kinder. Dass man die Armut überwinden könnte, kommt in seinem Weltbild höchstens am Rande vor. Deshalb haftet dem Darwinismus, entstanden am Vorbild des kapitalistischen Wettbewerbssystems im 19. Jahrhundert, noch immer der Geruch an, auf sozialer Ebene den Status quo zu zementieren. Wörtlich gelesen, vertritt er das genaue Gegenteil – zumindest in der freien Natur: Dort herrscht Chancengleichheit bei gleichen angeborenen Fähigkeiten.

Die Natur kennt keine Klassen, Clans oder Kasten, die ihre Privilegien über Generationengrenzen hinweg weiterreichen. Sie dennoch als quasi-biologisch zu rechtfertigen funktioniert erst über eine Analogie: Um die Klasse zu erhalten, muss man sie rein halten von denen, die man biologisch für unterlegen hält. Solcherart Klassendenken hat – bis heute – zumindest unbewusst immer auch eine rassistische Komponente. Man heiratet nur untereinander, so wie man edle Zuchthunde ausschließlich miteinander kreuzt, nicht aber mit niederen Mischlingen.

Dabei geht die Oberklasse damals sogar regelmäßig das Risiko der Inzucht durch Verwandtenehen ein. Darwin ist sich der Gefahr für seine Kinder durchaus bewusst. Über Beziehungen versucht er, Einfluss auf eine Volkszählung zu nehmen, um bestimmte Einzelheiten abzufragen und sich ein genaueres Bild zu machen. Erst das Parlament stoppt seinen Fragenkatalog. Während er Daten zur künstlichen Auslese sammelt, bedrängt er Züchter, ihm Informationen über Sterilität zwischen nahen Verwandten und »Monstrositäten« unter deren Nachkommen zu liefern. Um mehr über die Regeln der Vererbung zu lernen, züchtet er selbst Pflanzen und Tiere. Besonders Tauben haben es ihm angetan. Die künstliche Auslese verschafft ihm das sinnliche Gegenstück zu seinen theoretischen Gedanken.

Spätestens mit der Erzeugung künstlicher Rassen ist die kulturelle Evolution zum Zugpferd der biologischen geworden. Ohne Züchtung von Nahrungsmitteln, also gesteuerte Evolution, hätte die Menschheit ihre unfassbare Zahl von sechseinhalb Milliarden niemals erreicht. Vielleicht gerade einmal ein Prozent davon. Ein Vergleich macht deutlich, wie weit wir durch diese kulturelle Errungenschaft über unsere biologische Grenze hinausgegangen sind: Das zweithäufigste große wilde Säugetier, die Krabbenfresserrobbe, bringt es auf fünfundzwanzig Millionen Exemplare. So viele Menschen ballen sich in einer Megacity.

Vor zehntausend Jahren, als Ackerbau und Viehzucht beginnen, umfasst die Menschheit schätzungsweise vier Millionen Individuen. Um die Zeitenwende zu Christi Geburt sind es bereits zweihundert Millionen. Eine Verfünfzigfachung in achttausend Jahren. HOMO SAPIENS erhebt sich über die Grenzen natürlicher Ressourcen und »fabriziert« seine eigenen. Als Malthus seine Thesen formuliert, hat die Spezies gerade die erste Milliarde erreicht, 1930 bereits die zweite. Eine Verdopplung in hundertdreißig Jahren. Die nächste dauert nur noch vierundvierzig Jahre. Selbst die hundert Millionen Kriegstoten hinterlassen kaum eine Delle in der Kurve. Etwa zum dritten Millennium haben wir die sechs Milliarden überschritten und wachsen immer noch weiter.

Dadurch droht zweihundert Jahre nach Darwins Geburt eine malthusische Hungerkrise ungekannten Ausmaßes. Erstmals werden Nahrungsmittel in globalem Maßstab knapp. Es gibt ein Gespinst von Ursachen, von der Dürre in Australien über den steigenden Bedarf in Schwellenländern wie Chile oder China, die Zerstörung traditioneller Landwirtschaft vor allem in Afrika bis zur Produktion von Biosprit. Gut möglich, dass die Menschheit diesmal davonkommen und die Produktion noch einmal kräftig steigern kann. Doch mit dem puren Überleben ist das Problem längst nicht gelöst. Das Ziel kann es nicht sein, Milliarden gerade so durchzubringen. Wo ich auch hinkomme auf meiner Reise, die Blicke richten sich vor allem auf Europa, wo es von außen betrachtet fast paradiesisch zugeht: Sicherheit, kein Wort ist öfter zu hören. Sicherheit vor Hunger, Verbrechen, Armut und bei der medizinischen Versorgung.

Nirgendwo ist mir das so deutlich geworden wie bei meinen Fahrten durch Chile. Das Land mit seinen gerade mal sechzehn Millionen Bewohnern steht exemplarisch für immer größere Teile der Welt. Mit einer Geburtenrate fast auf europäischem Niveau, also weniger als zwei Kinder pro Paar, macht es sich daran, eine breitere Mittelklasse, wie in Europa üblich, zu etablieren und die Unterschiede zwischen Arm und Reich wenigstens abzumildern – und damit auch die Kriminalität. Der Rohstoffboom spült Geld in die Staatskasse (den Kupferabbau hat nicht einmal Diktator Pinochet privatisiert), die sozialistische Regierung investiert in Wohnungsbau, Infrastruktur und Bildung. Gewaltige monotone Wälder, mit einer Holzernte komplett gefällt und zu Papier verarbeitet. Tagebau mit Gruben, die vom Mond aus mit bloßem Auge zu erkennen sind. Schwertransporter im Hafen von Concepción, die ihr Kupfererz direkt aufs Förderband kippen. Die Schiffe nach China warten aneinandergereiht. Überall im Land Baustellen, neue Straßen, Häuser für die Armen, Apartmentkomplexe, Shopping Malls und neue Schulen.

Nichts anderes passiert in China, Indien und anderen Ländern rund um die Welt. Außer Bevölkerungs- produziert die Menschheit (im guten Sinne von Marktwirtschaft) auch noch ökonomisches Wachstum und Kaufkraft. Das aber bedeutet – und hier verschärft sich das biologische Problem durch den kulturellen Fortschritt –, dass jeder im Schnitt mehr verbraucht. Wenn aber nur die Hälfte der Weltbevölkerung den Wohlstand der untersten Mittelklasse in Europa erreichen soll (was könnten wir dagegen haben?), dann wäre die Erde beim heutigen Stand von Landwirtschaft und Technik schon mit vier Milliarden überbevölkert.

Bereits Darwin erkennt die Relativität des Reichtums: *Armut ist ein seltener Anblick in Südamerika; auch ist es hier nicht die Armut von Europa; es gibt Grundnahrung, einfache Kleidung und Feuerholz im Überfluss; die Armut liegt eher in der Schwierigkeit, genügend Gewinn zu erwirtschaften, sich auch nur den kleinsten Luxus zu gönnen.*

Selbst wenn das Bevölkerungswachstum heute zum Stillstand käme, müsste die Zahl der Autos, Kühlschränke, Heizungen, Heimkinos oder der Quadratmeter an Wohnraum noch lange weiter ansteigen, um den Bedarf zu befriedigen. Jeder Schritt zu breiterem Wohlstand verschärft die Spannung zwischen Ökonomie und Ökologie und damit die malthusische Krise. Da konkurrieren Luxus und blanke Lebensnot, Wegwerfgesellschaften mit Hungerländern, Treibstoff und Nährstoff.

Darwin ist von solchen Ideen weit entfernt. Er reist durch die menschenleere Welt der südlichen Hemisphäre. Die Neue Welt vermittelt mancherorts bis heute diesen Hauch von Weite und Freiheit. Doch wo er es noch mit zehn Menschen zu tun hat, sind wir inzwischen bald siebzig.

Als die Beagle die Westküste Südamerikas erreicht, ist die Eiseskälte überstanden. Doch das Wetter bleibt ein Thema. *Ich nehme nicht an, dass irgendein Teil der Welt so verregnet ist wie die Insel Chiloé. Im Winter könnte nur ein amphibisches Tier dieses Klima ertragen. ... Selbst die Einwohner haben kein Wort zu seinen Gunsten zu sagen; ...¿no es muy mala? Ist es nicht ein elender Ort?* Ich konnte nicht genug Höflichkeit aufbringen, ihnen zu widersprechen.

Mehr als dreihundert Tage Dauerregen im Jahr. Ich hätte es nicht für möglich gehalten, dass sich die letzten Wochen übertreffen lassen. Einen sonnigen Tag zu erwischen ist noch seltener, als auf Kap Hoorn zu landen. Wer dennoch das Glück hat, merkt es sich mit rosa Tinte. *Es war ein schöner Tag, und die zahlreichen Bäume, die in voller Blüte standen, erfüllten die Luft mit ihrem Duft.* An solch einem Tag bringt mich die kleine Autofähre Alonso de Ercilla auf die grüne Insel Chiloé, eine Stunde südlich von Puerto Montt.

Das wellige, teilweise kultivierte Waldland erinnerte mich an die wilderen Gegenden Englands. Auf dem Friedhof von Bahía Caulín mit seinen plastikblumenbunten Gräbern zeugen Namen wie Stolpe, Kühl oder Hannig auf den Grabsteinen von der deutschen Abstammung mancher nicht indianischer Familien. Am Strand nutzen Bauern schönes Wetter und niedrige Tide, um Seetang in Säcke zu packen und mit Ochsenkarren zu ihren Unterkünften zu fahren – Rohstoff für die Kosmetikindustrie. Von Darwins Welt bleibt vielfach bloß Erinnerung. Nur wenige Spuren haben sich erhalten. Die Palafitos, mit Schindeln verkleidete Häuser auf Stelzen, die malerischen Kirchen, *gänzlich aus Brettern gebaut,* zum Teil noch aus dem 18. Jahrhundert, oder *manch merkwürdige abergläubische Zeremonien,* wenn die Leute von den »voladoras« sprechen, ihren Boten-Hexen, oder vom »trauco«, einem Troll, der Jungfrauen entführt.

Manchmal ist es nur ein Lebensgefühl, das er erfasst und das noch immer spürbar ist, selbst wenn *Castro, die alte Hauptstadt Chiloés,* heute dreißigtausend statt wie damals gerade mal hundert Einwohner zählt. *Ein alter Mann, von dem es hieß, er habe ein gutes Zeitgefühl, war angestellt, die Kirchenglocke nach Gutdünken zu schlagen.* Besser kann man das Grundtempo dieser Stadt gar nicht erfassen. Die Leute leben unerschütterlich nach einem so sonderbaren Rhythmus, dass man sich ständig zum Blick auf die Uhr genötigt sieht. Dabei zeigen sie

Nächstenliebe ohne Lächeln, sind freundlich, ohne so zu wirken. *Nie begegnete mir etwas Verbindlicheres und Bescheideneres als die Wesensart dieser Menschen.*

Dann wieder besitzen Darwins Schilderungen eine erschütternde Aktualität. *Der Bezirk Cucao ist das einzige bewohnte Gebiet an der gesamten Westküste Chiloés. Er umfasst etwa dreißig bis vierzig Indianerfamilien.* Die Zahl dürfte bis heute in etwa die gleiche sein. Familien, Eltern wie Kinder mit gesenkten Köpfen und bitterernsten Gesichtern, schleichen in billigen gefütterten Anoraks oder ihren Ponchos in biblischem Regen über den schlammigen Straßenrand. *Sie sind ausreichend mit Kleidung versehen, die sie selbst herstellen, und haben genügend zu essen. Dennoch schienen sie unzufrieden, aber in einem Maße demütig, dass es ganz schmerzlich mit anzusehen war.* Selbst wenn Mitleid in solchen Situationen fehl am Platze ist, das Mitgefühl lässt sich kaum unterdrücken. *Ein Klumpen weißen Zuckers wurde unter allen Anwesenden verteilt und mit großer Neugier gekostet.*

Heute beginnt in Cucao der Nationalpark von Chiloé. Wer einmal in den Dünen oder in dem dichten Wald umhergestreift ist, wird nie wieder die dicht stehende GUNNERA SCABRA vergessen, *sie ähnelt etwas dem Rhabarber in riesigem Maßstab.* Sie verleiht dem feuchtkalten Dickicht die Anmutung eines oxal-sauer riechenden tropischen Regenwalds aus Zwergpalmen mit tropfenden Riesenblättern. Ob Darwin das auch gerochen hat?

Einmal schleicht er sich von hinten an einen kleinen Fuchs an und erschlägt ihn mit seinem Geologenhammer. *Dieser Fuchs, neugieriger oder wissenschaftsbegieriger und weniger klug als die Mehrzahl seiner Genossen, steht nun im Museum der Zoologischen Gesellschaft.* Genau dieser »Zorro de Darwin« gehört heute auf Chiloé zu den am meisten bedrohten Arten. Gesehen habe ich ihn ebenso wenig wie den Darwin-Frosch RHINODERMA DARWINII, bei dem das Männchen die Jungen in einer Tasche im Innern seines Maules ausbrütet.

Auf der »Estación Biológica Senda Darwin« wartet Miguel Sanhueza. Mit seinen Kollegen versucht er hier, in der Nähe des Städtchens Ancud, ein Stück Chiloé so zu erhalten und wiederherzustellen, wie es Darwin an gleicher Stelle gesehen haben könnte. Dabei treiben sie ökologische Forschung und bringen Gästen, vor allem Kindern, die Zusammenhänge und Besonderheiten der örtlichen Habitate näher. Auf das hölzerne Empfangshaus ihrer Station haben sie in einzelnen Buchstaben BEAGLE genagelt. Ein Bohlenweg führt über den sumpfigen Grund. *Die Straße selbst ist eine kuriose Angelegenheit: Sie besteht auf ihrer ganzen Länge ... aus großen Holzstämmen.* Bromelienartige Pflanzen tragen Blütenstände wie Artischocken. In Gewächshäusern und auf kleinen Feldern werden ortstypische Pflanzen gezogen, in speziellen Sammelstellen Proben von Vogelkot untersucht, Nagetiere klassifiziert und ausgestopft.

Hier und auf den südlich gelegenen Chonos-Inseln fragt sich Darwin, *welche Kette von Zufällen oder welche Niveauveränderungen* (er meint: des Meeresspiegels) *ins Spiel gekommen sein müssen, damit diese kleinen Tiere sich über diesen zerklüfteten Archipel ausbreiten konnten!* Und fügt leicht ketzerisch an: *Wenn man, wie hier, Tiere antrifft, die in dem großen System der Natur eine so unbedeutende Rolle spielen, fragt man sich gern, warum sie überhaupt erschaffen wurden.*

Sein Leben lang wird Darwin die Frage beschäftigen, wie das Neue in die Welt des Lebens kommt und welche Rolle dabei der Zufall spielt. Die natürliche Auslese allein kann keine neuen Arten erzeugen. Wenn sie wie ein blinder Züchter aus dem Erbgut zweier Eltern der gleichen Art auswählt, dann lässt sich zwar der Weg vom wilden Tier zum Haustier erklären, vom Wolf zum Hund und weiter zu Bulldogge oder Bernhardiner. Um aber aus niederen Formen höhere zu entwickeln, aus primitiven Würmern komplexe Warmblüter, aus Affen Menschen, muss irgendetwas in den Lebewesen stecken, das von Generation zu Generation weitergereicht wird und sich dabei verändern kann.

Genau solche »Einheiten der Vererbung« hat der Augustinermönch Gregor Mendel im böhmischen Brünn bereits zu Darwins Lebzeiten entdeckt: die erstmals 1909 so genannten Gene. Als er Varianten der Erbse und anderer Pflanzen kreuzt, stößt Mendel bei den Nachkommen in der Verteilung von Eigenschaften wie Farbe oder Form auf Regelmäßigkeiten. Seine Schlussfolgerungen werden erst im 20. Jahrhundert als »mendelsche Gesetze« bekannt und machen ihn zum »Vater der Vererbungslehre«.

Mendel sieht als Erster, dass sich das Erbgut aus Elementen zusammensetzt, von denen beide Elternteile jeweils eines beitragen. Jedes ist – in der damaligen, vereinfachten Vorstellung – für eine Eigenschaft wie etwa Form oder Farbe zuständig. In jedem Nachkommen werden die Elemente neu gemischt, und zwar zufällig, so wie Darwin es vermutet. Kommen zwei unterschiedliche Varianten desselben Merkmals, wie das Rot und das Weiß einer Blüte, zusammen, dann entscheidet die »dominante« Erbanlage über die Farbe, während die »rezessive« wirkungslos bleibt. Bei »ko-dominanten« Genen kommt es zur Mischform – die Blüten sind rosa. Welches von beiden Genen an einen Nachkommen weitergegeben wird, entscheidet wiederum jeweils der Zufall.

Viel ist darüber spekuliert worden, ob Darwin Mendels Ergebnisse gekannt hat. Eher unwahrscheinlich, hätte er darin doch mit Sicherheit einen fehlenden Teil seiner Theorie erkannt. Umgekehrt ist der Mönch seiner Zeit voraus und zugleich doch nicht ganz auf ihrer Höhe: Er liest Darwins Evolutionstheorie von 1859, begreift aber nicht die Relevanz seiner eigenen Arbeiten für die Entstehung der Arten.

Darwins ungeklärte Frage – Wie entstehen neue Eigenschaften, die höhere Formen erst möglich machen? – lässt sich durch die Existenz der Gene allein ohnehin nicht beantworten. Erst Jahre nach Mendels und Darwins Tod findet der Biologe Hugo de Vries eine Antwort: Gene können sich verändern. Der Niederländer ist einer von drei Forschern, die im Jahr 1900 unabhängig voneinander Mendels Werk wiederentdecken. Schon im folgenden Jahr stößt er bei seinen Experimenten mit Nachtkerzen auf sprunghafte Veränderungen im Erbgut. Er nennt sie »Mutationen«. Bald stellt sich heraus, dass sich deren Häufigkeit durch Umweltfaktoren wie radioaktive Strahlung oder Chemikalien erhöhen lässt. Wann und an welcher Stelle im Erbgut, also in welchem Gen sie auftreten, lässt sich jedoch nicht prognostizieren.

De Vries gelingen zugleich zwei fundamentale Entdeckungen: Wenn etwa in einer Pflanze durch eine einzige Mutation die Blütenfarbe von Rot zu Weiß wechselt, und nicht über die Generationen allmählich über alle Zwischentöne, dann widerspricht das einem bis dahin ehernen Gesetz: Natura non facit saltus – die Natur macht keine Sprünge. Dasselbe Gesetz hat – eine wissenschaftshistorisch bemerkenswerte Koinzidenz – kurz zuvor Max Planck für die Physik widerlegt. Im Jahr 1900 beschreibt der Deutsche erstmals die später so genannten »Quantensprünge«, jähe Veränderungen im Spektrum abgestrahlter Wärme.

Eine Zeit lang herrscht de Vries' Ansicht vor, »dass die Arten nicht fließend, sondern stufenweise auseinander hervorgegangen sind«. In der Begeisterung über das Prinzip der Mutation, das sich bald an Fruchtfliegen und anderen Organismen bestätigt, gerät sogar Darwins wichtigster Beitrag in Vergessenheit: Wenn Mutationen Organismen sprunghaft verändern können, wozu dann noch natürliche Auslese? Um Evolution zu erklären, wird die Genetik zur Konkurrenztheorie der Selektion, der Darwinismus sogar von vielen totgesagt. Erst in den Vierzigerjahren des 20. Jahrhunderts wird die natürliche Auslese rehabilitiert.

Darwin hat angesichts sprunghafter Übergänge in der Reihe der Fossilien selbst eine Weile an abrupte Veränderungen geglaubt, wie sie in der Geologie der Katastrophismus lehrt (wo er ihn ablehnt). Die Amerikaner Niles Eldredge und Stephen Jay Gould haben solche Entwicklungssprünge mit langen Ruhephasen dazwischen im Jahr 1972 mit der Theorie des »unterbrochenen Gleichgewichts« erklärt: Evolution läuft nicht ständig im gleichbleibenden Tempo, sondern vielfach in Schüben. Darwin schwenkt spätestens nach seiner Analogie zwischen natürlicher Auslese und Zucht, wo Veränderungen schrittweise auftreten, wieder auf eine allmähliche Evolution im Sinne des Gradualismus ein.

Heute wissen wir, dass alle Varianten zwischen den Extremen vorkommen können, je nachdem, wie Mutationen Gene verändern. Das folgt aus dem molekularen Mechanismus, der erst Jahrzehnte nach de Vries aufgeklärt wird: Gene können ihre Funktion verändern, wenn während der Zellteilung beim Kopieren der Erbsubstanz Fehler auftreten. Ein einzelner vertauschter Baustein im Erbmolekül DNA kann, wie wir noch sehen werden, tatsächlich zu Quantensprüngen in der Evolution führen.

Die zweite grundlegende Entdeckung von Hugo de Vries: Er beschreibt eine neue Dimension des Zufalls in der Biologie, ohne den Darwins Evolution nicht erklärbar wäre. Der Unterschied lässt sich, wenn wir uns Gene als Wörter vorstellen, mithilfe eines einfachen Beispiels erklären. Die Wortfolge »Hans geht fort« lässt sich, wenn wir die Wörter im Darwin'schen Sinn nur zufällig mischen, in fünf weiteren Weisen kombinieren: Geht Hans fort. Fort geht Hans. Fort Hans geht. Geht fort Hans. Hans fort geht. Die Sätze spiegeln die Variabilität wider, haben unterschiedliche »Tauglichkeit« und können sogar unterschiedliche Funktionen haben wie Aussage und Frage.

Durch die Mutation kann der Satz wie durch Tippfehler in einem abgeschriebenen Text einen völlig neuen Sinn (oder Unsinn) erhalten. Die meisten Kopierfehler entstellen die Bedeutung oder machen den Satz unverständlich: Huns geht fort, Hans gext fort, Hans geht tort und so weiter. Unter den 312 Möglichkeiten, einen einzigen Buchstaben zu verändern, gibt es aber auch ein paar, die das Sätzchen inhaltlich abwandeln: Gans geht fort, Hans geht dort, Hans weht fort und so weiter.

So ähnlich können Mutationen in Genen – sprunghaft – neue Qualitäten hervorrufen, die Stück für Stück zu neuen Spezies führen. Da die Elternteile unterschiedliche Gene einbringen, können auch völlig neue »Sätze« entstehen. In der Biologie verändert sich die Funktion, in der Sprache der Sinn: Gans weht fort, seht Haus dort, Wort gebt Hand und so weiter.

Heute wissen wir, dass zur Entstehung der Arten noch ganz andere Vorgänge unabdingbar sind, von der »Gendrift« (auf die wir noch zu sprechen kommen) über die Durchmischung des Erbguts durch »Crossing over«, die Verdopplung von Genen und von Abschnitten des Genoms oder kompletter Chromosomen (erstmals 1910 als Sitz der Erbanlagen nachgewiesen), bis zu »springenden Genen«, der Aufnahme »fremder« Erbsubstanz, etwa aus Viren, oder der Symbiose unterschiedlicher Organismen. All diese Prozesse enthalten weitere Elemente des Zufalls (von den zufälligen Unwägbarkeiten der Umwelt, etwa durch Naturkatastrophen, ganz zu schweigen).

Doch Darwins Zufall allein reicht schon aus, um ihn in das gefährlichste Fahrwasser seines Lebens zu bringen: Er widerspricht der Idee einer geplanten Entwicklung und damit der Schöpfung. Selbst wenn Gott den Zufall als Prinzip vorgesehen hätte, könnte er keinen Einfluss auf das Ergebnis nehmen, da es dann kein Zufall mehr wäre. Wenn Darwin recht behält, kann er praktisch beweisen, dass die Evolution von niedersten Tieren bis zum HOMO SAPIENS »blind« abgelaufen ist. Eine ordnende oder steuernde Hand ist nicht mehr vonnöten. Die Basis der Idee vom Design ohne Designer ist geboren. Darwin macht sich die Konsequenzen schon früh während seines Schaffensrausches zwischen 1837 und 1839 bewusst, behält sie aber vorerst für sich.

Die Anpassungsfähigkeit der Arten rührt gerade daher, dass die Evolution kein Ziel verfolgt und die Zukunft nicht kennt. Das erst erlaubt ihr (und zwingt sie), sich auf jede mögliche Situation einzustellen. Eine Art erzeugt so viele Varianten, dass sie allen Eventualitäten vorbeugt – oder ausstirbt. Jeder planende Eingriff (etwa auch der des Menschen durch Gentechnologie) beruht auf Annahmen über das gewünschte Resultat. Da Zufall Zukunft jedoch prinzipiell unvorhersagbar macht, wird das System durch jedes Eingreifen weniger flexibel, mit der Gefahr unkorrigierbarer Irrwege.

Nur der (innere) Zufall ist gut genug, auf den (äußeren) Zufall zu reagieren, wie ihn die sich verändernde Umwelt ständig mit sich bringt. Oder anders gesagt: Nur der Zufall kann den Zufall in Schach halten – eine geniale Erfindung der Natur. Das erreicht sie durch das Prinzip der großen Zahl. Erfolgreiche Arten zeichnen sich dadurch aus, dass sie für alle Erfordernisse des Lebens die passenden Varianten bereithalten. Der Überlebenstrick gleicht dem Versuch, durch das Kaufen übermäßig vieler Lose mit an Sicherheit grenzender Wahrscheinlichkeit ein paar Treffer zu erzielen. Das Leben als Lotterie, die unterm Strich mehr Gewinn abwirft, als sie an Einsatz fordert – diese Idee ist Darwins herausragender Beitrag zur Zivilisation.

Er stellt jedes lebendige Wesen in die Tradition einer einzigartigen Erfolgsgeschichte: Da die Kette des Lebens niemals abgerissen ist, haben bis zu dessen Ursprüngen alle Vorfahren in ihrer Generation die Nase vorn gehabt. Jeder, vom Wurm bis zum Weltendeuter, stellt das Ergebnis einer schier endlosen Folge von Anpassungen, Verbesserungen und Höher-, gelegentlich auch sinnvollen Rückentwicklungen dar. Wir alle stammen, so paradox das klingt, nur von Gewinnern ab im *mörderischen, aber lautlosen Kampf organischer Lebewesen, der in den friedlichen Wäldern und auf den idyllischen Feldern tobt.*

Als Darwin das zu Papier bringt, lebt die junge Familie noch in London. So nah wie in der Hauptstadt mit ihrem politischen Aufruhr wird er dem Kampf ums Dasein nie wieder sein. Dafür beginnt jetzt sein ganz persönlicher Überlebenskampf. Noch hat er außer in vagen

Andeutungen sein Geheimnis – die kalte Hand der Selektion – mit niemandem geteilt. Erst ganz allmählich öffnet er die Schleusen. Doch der Druck bleibt so überwältigend, dass er allein Darwins lebenslange Gebrechen als Ringen zwischen Kopf und Bauch verstehen lässt. Zwei Jahrzehnte muss er seinen inneren Dämon zähmen. Erst dann wird er es wagen, in einer Welt von Strenggläubigen den Schöpfer höchstpersönlich öffentlich herauszufordern.

Einen allerersten Versuchsballon hat er schon steigen lassen, wenn auch nur mit wenigen versteckten Andeutungen. Sein Reisebericht wird zum großen Erfolg. Plötzlich spricht das gebildete England wieder über einen Sprössling der Darwins und seine Abenteuer auf der Beagle. In Deutschland lobt der angebetete Humboldt das Buch als einen der besten Reiseberichte aller Zeiten. Mit seiner Theorie über die Entstehung von Korallenriffen, von der noch die Rede sein wird, macht sich Darwin bald einen Namen in der seriösen Wissenschaft und wird sogar zum Sekretär der Geologischen Gesellschaft gewählt.

Emma bekommt ein zweites Kind. Tochter Anne Elizabeth, von allen nur »Annie« genannt, wird zehn Jahre später zum Schicksalsfaktor in Darwins Leben. Der Erstgeborene William schwächelt, und Vater Charles, selbst dauerkrank, macht sich buchstäblich Bauchschmerzen wegen der möglichen Folgen von Inzucht. Alle Symptome – Schüttelfrost, Panikattacken, Kopfschmerzen und Schlaflosigkeit – sprechen für eine schwere Angsterkrankung, die sich Ventile verschafft.

Das Jahr 1842 wird erneut zur Zäsur in Darwins Leben. Bei einem Erholungsbesuch im elterlichen Haus in Shrewsbury fasst er sich ein Herz und bringt auf fünfunddreißig Seiten eine allererste, zwar ganz und gar vorläufige, aber in sich schon geschlossene Skizze seiner Evolutionstheorie zu Papier. Noch schafft er den Spagat und stellt sich scheinbar auf die Seite Gottes, dem er insgeheim längst den Kampf angesagt hat.

Es ist eine Herabsetzung des Schöpfers zahlloser Weltsysteme, dass er jeden einzelnen der Myriaden von kriechenden Parasiten und {schleimigen} Würmern erschaffen haben soll, die an jedem einzelnen Tag den Erdball zu Lande und zu Wasser bevölkert haben. ... Wir erkennen, dass das höchste Gut, das wir uns vorstellen können, nämlich die Entstehung höherer Tiere, ein direktes

Ergebnis von Tod, Hungersnot, Plünderung und dem verborgenen Krieg der Natur ist.

Das ist, freundlich ausgedrückt, ein Schritt zur Entmachtung des Allmächtigen. Der Herrgott kann sich unmöglich mit all dem irdischen Gekräuch abgeben, sagt Darwin. Mit seinem ersten Versuch zeigt er, wie weit sein theoretisches Gerüst bereits gewachsen ist. Die Skizze gibt nicht nur den Ton an für sein weiteres Werk. Er enthält auch schon fast alle wesentlichen Elemente der »Entstehung der Arten«. Da stellt sich zum ersten Mal die Frage aller Fragen in seiner Biografie: Warum zögert er bis 1859, um auch dann nur unter dem Druck seines schärfsten Konkurrenten seine Theorie zu publizieren?

Zunächst einmal stehen praktische Gründe im Vordergrund. Das Leben in London wird trotz netten Hauses in der Gower Street immer unerträglicher. Während Darwin im fernen Shrewsbury seine Skizze verfasst, gerät England tiefer und tiefer in bürgerkriegsähnliche Zustände. Eine halbe Million Arbeiter im Ausstand, Massendemonstrationen, massive Polizeipräsenz in London, Truppen landesweit im Alarmzustand, in manchen Städten gibt es Tote.

Auch unter dem Eindruck der Unruhen beschließt Familie Darwin, sich ein Haus auf dem Land zu suchen. Im Dörfchen Down in der Grafschaft Kent, fünfundzwanzig Kilometer vom Zentrum der Hauptstadt entfernt, finden sie ein ehemaliges Pfarrhaus auf einem weitläufigen Anwesen. *Down bei Bromley, Kent,* schreibt Darwin in weiser Voraussicht einem alten Freund, *das wird für den Rest meines Lebens meine Anschrift bleiben.*

Das neue Leben beginnt unter denkbar schlechten Vorzeichen. Darwins schlimmste Befürchtungen scheinen sich zu bewahrheiten. Sechs Tage nach seiner Ankunft in Down kommt Mary Eleanor zur Welt. Doch das Baby lebt nur vier Wochen. Kaum hat sich der gerade Dreiunddreißigjährige auf seinem vorzeitigen Alterssitz eingerichtet, da kommt ihm der Tod so nah wie nie zuvor – fast wie eine Strafe Gottes für die eben zu Papier gebrachte Blasphemie. Oder eine Rache der Natur für die halbe Inzucht.

Was muss in einem Kopf vorgehen, der gerade den Tod als säubernde Kraft auf dem Weg zum Neuen erkannt hat und sich gleichzeitig schuldbewusst fragt, ob er dem eigenen Nachwuchs nicht schlechte Voraussetzungen mitgibt für den Kampf ums Dasein? Oder ist alles nur böser Zufall? Kindersterblichkeit gehört in jener Zeit zur alltäglichen Erfahrung. Wenige Monate nachdem sie ihre Tochter auf dem Friedhof von Down zu Grabe getragen hat, ist Emma erneut schwanger.

Es gibt Ereignisse, die empfinden wir nur als zufällig, weil sie unerwartet und überraschend eingetreten sind. In Wahrheit sind es die Momente, wo wir am meisten an so etwas wie Vorsehung glauben. Darwin hält sich wieder einmal zur rechten Zeit am rechten Ort auf, als es zu einer der weltweit größten Naturkatastrophen zu seinen Lebzeiten kommt.

Die Vorboten zeigen sich schon auf der Insel Chiloé. *Am Abend ... wurde der Vulkan Osorno aktiv. Um Mitternacht beobachtete die Wache eine Art großen Stern, der bis gegen drei Uhr morgens langsam an Größe zunahm und dann ein ganz prächtiges Schauspiel bot. Mithilfe eines Glases wurden in beständiger Abfolge dunkle Gegenstände gesehen, wie sie inmitten eines grellen roten Lichtes hochgeschleudert wurden und herabfielen. Das Licht genügte, um eine lange, helle Spiegelung auf das Wasser zu werfen.*

Während meiner Tage auf Chiloé bleibt der Osorno unsichtbar von dichtem Dunst umhüllt und ruhig. *Am Morgen wurde der Vulkan wieder still.* Als nach meiner Abreise der nahe Chaitén ausbricht, sehe ich die Bilder wie alle Welt in der Zeitung. Doch was Darwin in dieser Nacht erlebt hat, ist erst das Vorspiel zu etwas ungleich Größerem. Später erfährt er, dass etwa zur gleichen Stunde knapp achthundert Kilometer nördlich der Aconcagua ebenfalls ausgebrochen ist und über viertausend Kilometer im Norden der Cosiguina, *von einem Erdbeben begleitet, das über 1000 Meilen weit zu spüren war. ... Es ist schwierig, auch nur zu mutmaßen, ob dieses Zusammentreffen reiner Zufall war oder eine unterirdische Verbindung aufzeigt.*

Was Darwin hier erlebt, ist Kontinentalverschiebung zum Anfassen. Die pazifische »Nazca-Platte« steht kurz davor, sich wieder ein Stück weiter unter den südamerikanischen Kontinent zu schieben. An verschiedenen Stellen ihrer Bruchkante gleichzeitig öffnet sich die Erde und speit Glut und Feuer. Die simultanen Ausbrüche sind alles andere als zufällig.

Fünf Wochen später, die Beagle ist weiter nach Norden nach Valdivia gesegelt, entlädt sich die Spannung der Erdkruste in fürchterlicher Weise: *Dieser Tag hat sich in den Annalen Valdivias mit dem schwersten*

Erdbeben, das der älteste Bewohner erlebte, tief eingeschrieben. ... Es brach unvermittelt aus und dauerte zwei Minuten, doch erschien die Zeit viel länger. Das Schwanken des Bodens war deutlich zu spüren. ... Es war nicht schwer, aufrecht zu stehen, doch die Bewegung macht mich fast schwindelig.

Für einen, der mit Bewegungen der Erdkruste lebt, als spürte er ihre Erschütterungen in seinem inneren Film, ein umwerfendes Erlebnis. *Die Erde, das Emblem von Festigkeit schlechthin, hat sich unter unseren Füßen bewegt wie eine dünne Kruste über Flüssigkeit.* Darwin beschreibt einen geologischen Vorgang, aber es klingt wie der Augenblick kurz vor einer Erleuchtung: *Eine Sekunde der Zeit hat im Geist einen seltsamen Begriff von Unsicherheit geschaffen, wie ihn stundenlanges Nachdenken nicht erzeugt hätte.* An dieses Gefühl, den Boden unter den Füßen zu verlieren, aber nicht den Halt, wird er sich nach seiner Rückkehr gewöhnen müssen.

In der Bucht von Concepción *landete ich auf der Insel Quiriquina.* Die Steilküste besteht praktisch nur aus Versteinerungen. Muscheln, Schnecken, Schildplatten von Kopffüßlern. Kein Kunststück, sich vorzustellen, dass das Ganze einmal Meeresboden war und sich allmählich aus den Fluten hob. Doch Darwin hat hier keinen Blick für fünfundsechzig Millionen Jahre alte Zeugnisse der Kreidezeit. Vor seinen Augen türmen sich die Spuren der frischen Katastrophe. *Die ganze Küste war mit Balken und Möbeln übersät, so als seien tausend Schiffe zerschellt.* Er hört Berichte, *dass in Concepción ... kein Haus mehr stehe.* Dem Beben folgte ein verheerender Tsunami. *Auf meinem Gang um die Insel beobachtete ich, dass zahlreiche Felsbrocken, welche ... bis vor Kurzem noch im Wasser gelegen haben mussten, weit den Strand hinaufgeschleudert worden waren.*

Am nächsten Tag kommt er in die Trümmerstadt. Sie bietet ihm *das schrecklichste und dabei auch interessanteste Schauspiel, das ich je gesehen hatte – ein ..., wenn ich das so sagen darf, malerischer Anblick.* Von der Kathedrale stehen nur noch die Grundmauern. Fast alle festen Gebäude sind zusammengeklappt. Das ganze umliegende Land hat sich mehr als einen Meter angehoben. Mehrere Flutwellen haben die Trümmer überspült und *ein riesiges Wrack aus treibenden Gegenständen* davongetragen. *Es ist bitter und demütigend zu sehen, wie Werke, welche die Menschen so viel Zeit und Mühe gekostet haben, in einer Minute umgeworfen wurden.* Der Zufall ist in seiner Blindheit so gerecht wie ungerecht in seiner Wirkung.

15
Santiago und Nordchile

Antonio Skármeta · Darwins Freund Hooker · Die Hauptstadt von Chile · La Campana · Valparaíso · Darwins Krankheit · Gene und Altern · In die Anden · Geografische Trennung und Artbildung · Bruch mit dem Schöpfer · Acht Jahre mit Rankenfüßern · Leben im All

»Wie gefällt Ihnen Chile?« Eine leichtere Frage hätte mir der Dichter nicht stellen können. Antonio Skármeta grinst. Sein breites Gesicht besteht fast nur noch aus Augenschlitzen. Dahinter funkelt es. Was soll ich sagen beim hochkarätig besetzten Dinner in seinem Haus in Santiago? Um den Tisch sitzen der Protokollchef der chilenischen Präsidentin, eine landesweit bekannte Moderatorin, berühmte Schauspieler, eine hoch angesehene Professorin für Sprachwissenschaft und Nora Preperski, die Frau des weltberühmten Schriftstellers, die nicht verleugnen kann, dass sie aus Berlin stammt.

Beim Thema Pinochet bin ich vorsichtig geworden. Öffentlich lässt die Mehrheit kein gutes Haar an ihrem Diktator, der Tausende Chilenen auf dem Gewissen hatte, der foltern ließ und Zehntausende ins Exil trieb, unter ihnen auch Skármeta. Privat und hinter vorgehaltener Hand spricht die Mehrheit allerdings von den »guten Seiten« des Tyrannen, der das Land vor dem Kommunismus bewahrt und den demokratisch gewählten sozialistischen Präsidenten Salvador Allende gerade noch rechtzeitig gestürzt habe, bevor der Chile der Sowjetunion ausliefern konnte.

Man fühlt sich an die »Es war doch nicht alles so schlecht«-Reden nach den beiden deutschen Diktaturen erinnert. Pinochet habe Ordnung geschaffen und Wirtschaftskraft, der das Land seinen heutigen Wohlstand verdanke. Konsumismus statt Kommunismus. Unter Allende, das ist immer wieder zu hören, sei sogar Klopapier knapp geworden. So etwas merken sich die Menschen.

»Ein traumhaft schönes Land haben Sie, vor allem jetzt im Frühling.« Ich habe tatsächlich noch nie eine so dufterfüllte Millionenstadt gerochen wie Santiago de Chile. »Und die Chilenen?« Was mir auf der Zunge liegt, verbietet die Höflichkeit. Ich nehme Zuflucht beim Vergleich. »Ich finde die Menschen hier aufgeschlossener, gelassener und heiterer als in Argentinien.« – »Es gibt drei Gruppen. Erstens großartige Leute wie wir; zweitens die schönen Menschen; und drittens die Mehrheit sehr unangenehmer Menschen, die wir Chilenen nennen.« Die Runde lacht wie über einen Witz, den sie nicht zum ersten Mal hört. Wie sich die Zeiten gleichen. *Der Gastgeber sprach über den Zustand Chiles ... sehr bescheiden:* »*Manche sehen mit zwei Augen und manche mit einem, aber was mich betrifft, so glaube ich nicht, dass Chile überhaupt mit einem sieht.*«

»So ist Chile. Es sind immer die anderen.« Das sagt nichts und verrät viel. Humor ist, wenn man trotzdem lügt, indem man die Wahrheit zur Pointe macht. »Wie verträgt sich das mit Ihrer Arbeit?« – »Ich bin auf der Suche.« – »Sind wir das nicht alle?« – »Ich suche das Besondere.« – »Und das ist?« – »Das andere. Ich suche das andere.« – »Und wo finden Sie es?« – »Zwischen den Menschen. Was sie trennt und verbindet.«

Das macht vielleicht den Unterschied aus. Zwischen den Dingen liegen die Wahrheiten. Die Dinge selbst erzählen nichts über sich hinaus. Das verbindet Kunst und Wissenschaft. Darwin fertigt Listen an und denkt in Vergleichen. Er spannt seinen Kosmos vom Werden zum Vergehen, von der Fortpflanzung bis zur Felsformation. Mit jeder Erkenntnis wandelt er sich mehr zum Geistesmächtigen, der im Weltgeschehen das Wirken von Naturgesetzen sieht. Eines dieser Gesetze hat er soeben formuliert: die natürliche Auslese. Da er sich damit allein wähnt, verspürt er keinen Druck, seine Gedanken zu veröffentlichen.

Aber auch ein Darwin muss sich mitteilen. Am 11. Januar 1844 schreibt er einen denkwürdigen Brief an den jungen, hochbegabten Botaniker Joseph Hooker. Der Sohn von Sir William Hooker, Direktor des Botanischen Gartens, ist gerade von einer Antarktis-Expedition zurückgekehrt. Er hat Darwins Reisebericht verschlungen und verehrt ihn so wie dieser Humboldt. Die beiden haben sich gleich angefreundet, da beichtet Darwin dem acht Jahre jüngeren Freund: *Ich habe mich seit der Rückkehr von meiner Reise mit einem sehr vermessenen Werk befasst,* [einer Arbeit], die den meisten Menschen *sehr töricht erscheinen muss. Inzwischen bin ich (ganz im Gegensatz zu meiner ursprünglichen Meinung), beinahe überzeugt davon, dass die Arten nicht (es ist, als gestehe man einen Mord) unveränderlich sind.*

Als gestehe man einen Mord. In seinen Notizbüchern hat er sich an Galilei erinnert, den die Inquisition zwar zum Widerruf zwingen, aber nicht daran hindern konnte, das Himmelsgeschehen seiner obskuren religiösen Deutungen zu entreißen. Nun sieht sich Darwin vor einem vergleichbaren Schritt: Die Entstehung der Arten lässt sich wie das Spiel der Sterne ohne göttliche Eingriffe erklären. *Ich glaube, ich habe eine einfache Methode herausgefunden (wenn das keine Anmaßung ist!), durch die sich die Arten vortrefflich verschiedenen Umständen anpassen können.* Hooker beißt an: »Ich würde mich freuen zu hören, wie sich diese Veränderung nach Ihrer Auffassung vollzogen haben könnte, da mich keine der gegenwärtig vertretenen Meinungen zu diesem Thema befriedigt.« Der junge Botaniker wird zu Darwins wichtigstem Resonanzboden der kommenden Jahre.

Nach dem »Geständnis« nimmt sich Darwin seine zwei Jahre alte Skizze vor und erweitert sie zu einem Essay. Er fügt keine wesentlich neuen Ideen hinzu, stellt jedoch klarer als zuvor fest: *Um eine neue Art zu bilden, muss eine alte nicht nur in ihrer Organisation plastisch sein* – ein höchst moderner Begriff – *... vielmehr muss ein Platz in der natürlichen Ökonomie des Lebensbereiches entstehen.* Das Neue entsteht nicht »einfach so«, sondern als Anpassung an eine Nische *durch neue Modifikationen in seiner Struktur, die besser zu den Umweltbedingungen passt als die anderer Individuen derselben oder anderer Spezies.* Neue Arten können sich nur abspalten und auseinanderentwickeln, wenn der Grad ihrer Anpassung es ihnen erlaubt, einen neuen Platz in der Natur zu besetzen.

Erstmals schreibt Darwin nicht nur für sich, sondern auch für die Nachwelt. Er steckt den Essay zusammen mit einem Brief an Emma in einen Umschlag: *Für den Fall meines plötzlichen Todes.* Ausgerechnet seine gläubige Frau, die so sehr um das Heil seiner materialistisch vergifteten Seele fürchtet, soll im Notfall das ketzerische Werk zur Veröffentlichung bringen. *Wenn meine Theorie richtig ist, was ich glaube, und wenn sie auch nur von einem einzigen kompetenten Menschen anerkannt wird, dann wird sie einen beträchtlichen Fortschritt für die Wissenschaft bedeuten.* Er schlägt ihr auch vor, wem sie das Manuskript aushändigen könnte. Als Erstes nennt er Lyell, dann Henslow und schließlich auch Hooker.

Knapp acht Jahre nach seiner Rückkehr von der Reise mit der Beagle »steht« Darwins Werk. Warum er weitere fünfzehn Jahre braucht, um es mit der Welt zu teilen, lässt sich mit einem Wort zusammenfassen: Angst. So jedenfalls lautet die klassische Antwort auf die Frage, warum er seine revolutionären Gedanken nur wenigen, ihm sehr nahestehenden Menschen ans Herz gelegt hat. Bloß: Diese Furcht ist nirgendwo dokumentiert. In keinem Tagebuch oder Brief auch nur die leiseste Andeutung.

Andrerseits gibt es neuen Anlass zur Angst – sowohl vor einer möglichen Veröffentlichung als auch vor allzu langem Schweigen. Wenige Monate nachdem Darwin seinen Essay abgeschlossen hat, macht das Buch eines anonymen Autors in England und bald auch weltweit Furore. Die (mit deutschem Titel) »Natürliche Geschichte der Schöpfung«, hinter der sich der schottische Verleger Robert Chambers verbirgt, trifft ihn wie ein Schock. Allein die Kapitelüberschriften wie »Allgemeine Betrachtungen über den Ursprung der Tiere« oder »Besondere Betrachtungen über den Ursprung der belebten Welt« müssen ihn erschaudern lassen. In vielen Punkten geht der Autor in seiner Argumentation genauso vor wie Darwin. Was aber am schlimmsten wiegt: Auch der andere behauptet, dass sich Spezies verändern können.

Spätestens jetzt weiß Darwin, dass er mit seinen Ideen nicht allein ist. Doch für ihn gibt es weiterhin gute Gründe, sich nicht zu schnell ins Rampenlicht zu wagen. Zum einen bietet auch der Anonymus keinen Mechanismus an, wie Arten sich verändern. Die Erklärung der natürlichen Auslese bleibt – vorerst – allein Darwin vorbehalten. Zum anderen zeigt ihm die Reaktion von Kollegen und Koryphäen, wie vorsichtig er mit seinen Ideen umgehen muss. Den Bestseller des Verlegers lesen nicht nur viele prominente Zeitgenossen wie Baden Powell und Florence Nightingale, Benjamin Disraeli und Abraham Lincoln, Schopenhauer und Königin Victoria.

In der Fachwelt wird das anonyme Werk in schärfsten Kritiken als Pamphlet verrissen. Ein heilsamer Schock, der Darwin deutlich macht, dass er seinen »Fall« sehr gut wird begründen müssen. Er zeigt ihm, wie allergisch seine Umwelt (noch) auf die schiere Behauptung einer organischen Evolution reagiert. Im Nachhinein erweist sich die erzwungene Verzögerung als äußerst segensreich. Chambers macht die Gesellschaft mit der Idee vertraut. Die nachrückende Generation wird Darwin viel offener begegnen.

Als wolle er die Publikation möglichst lange herauszögern, geht Darwin nun völlig neue Wege. Statt weiter an seiner Evolutionstheorie zu arbeiten, versenkt er sich in ein zoologisches Spezialprojekt. Er beschließt, das erste Standardwerk über eine Gruppe Wirbelloser, die Cirripedia oder Rankenfüßer, zu verfassen. Bevor er die Biologie revolutioniert, muss er erst sein Gesellenstück als Biologe abliefern. Was am 1. Oktober 1846 mit einem Dutzend Exemplaren der Wirbellosen beginnt, wächst sich zu einem acht lange Jahre währenden Mammutprojekt aus. Er steht sie durch, mit brennender Geduld. Das erste Dutzend Tiere aber, mit dem er beginnt, hat er, seither fein aufbewahrt in Spiritus, zwölf Jahre zuvor in Chile gesammelt.

Über keine größere Stadt auf seiner gesamten Reise hat sich Darwin knapper geäußert als über die Hauptstadt der jungen Republik. *In Santiago blieb ich eine Woche und genoss meinen Aufenthalt sehr.* Eine halbe Seite Tagebuch in neun Tagen. *Über die Stadt selbst habe ich nichts Besonderes zu sagen: Sie ist weder so schön noch so groß wie Buenos Aires, jedoch nach demselben Schema angelegt.* In dieses Schema, durchzogen von gebührenpflichtigen Stadtautobahnen, zwängt sich heute, in immer neuen Staus und Verstopfungen gefangen, der Straßenverkehr der Sechsmillionenmetropole. In wenigen Städten weltweit atmen die Menschen so verschmutzte Luft wie in Santiago.

Die wachsende Mittelklasse mit ihrem nordamerikanisch gefärbten Lebensstil kann ohne Auto nicht existieren. Man wohnt wie Skármeta hinter hohen Mauern in gediegenen Einfamilienhäusern oder in modernen Apartmentkästen. Von dort bewegt man sich in der Sicherheit seiner Karosse durch die Stadt, bis die Sicherheit eines Parkhauses winkt. Das gleiche Bild weltweit, als hätte es Energie- oder Treibhauskrisen nie gegeben.

Manchmal frage ich mich, wie spätere Generationen auf unsere Zeit zurückblicken werden. Vielleicht wird für sie der Name Tierra del Fuego eine andere Bedeutung haben: Die Menschen zu Beginn des 21. Jahrhunderts lebten noch im Zeitalter des Feuers. Sie verbrannten

Treibstoff in Myriaden kleiner Explosionen, um sich fortzubewegen. Oder Gas und Kohle, um Strom zu erzeugen, der Toaster betrieb oder Leuchtkörper mit Glühfäden. Manche Feuer der Erde waren bis ins Weltall zu sehen.

Santiago hat sich wie ein Kleinod in seinem Zentrum eine Naturoase erhalten. *Ein unfehlbarer Quell der Freude war die Ersteigung des kleinen Felsenhügels (St. Lucia), der mitten in der Stadt aufragt.* Der Berg mit der steinernen Heiligen neben einer mächtigen rot-weißen Antenne hat sich seit Darwins Besuch in einen verträumten Landschaftspark verwandelt. An klaren Tagen, wenn die Sonne hinter den Hügeln versinkt und rubinrote Glut die Spitzen der Hochhäuser von Downtown »Sanhattan« bestreicht, gibt es keinen schöneren Blick auf die *Stadt, wie sie horizontal an den Fuß der Anden stößt, deren schneebedeckte Gipfel von der Abendsonne leuchteten.*

Auf Darwins Spuren in die Berge. *Chile ist, wie man auf den Karten erkennen kann, ein schmaler Streifen Land zwischen Kordilleren und Pazifik, und dieser Streifen wird selbst wieder von mehreren Gebirgslinien durchzogen, die parallel zu der großen Kette verlaufen.* Die wohl schönste liegt westlich von Santiago. *Am Morgen brachen wir auf, um den Campana, also den Glockenberg, zu ersteigen.* Kurz vor dem letzten steilen Anstieg zum Gipfel soll es eine Plakette geben, die an Darwins Exkursion erinnert.

Wandern in einem Land, wo keiner zu Fuß geht, wenn er nicht muss. Im Besucherbuch am Eingang zum Nationalpark kein Name aus Südamerika. Ein gelangweilter Ranger kassiert Eintrittsgeld. »Ich bin wegen Darwin hier.« – »Oh, da muss ich Sie enttäuschen. Der Weg ist gesperrt. Aber wir haben noch viele andere schöne Wanderwege.« – »Mich interessiert nur der eine.« – »Unpassierbar. Der Berg ist abgerutscht.« – »Ich bin sehr weit gereist für diese Wanderung.« – »Sie sind extra von Europa gekommen, nur um diesen Weg zu gehen?« – »Alle seine Wege, um die ganze Welt.« Er schüttelt den Kopf und zahlt das Wechselgeld aus.

Darwin schildert ein Gespräch, das *ein deutscher Sammler in Naturgeschichte mit Namen Renous ... und ... ein alter spanischer Anwalt* über ihn führen. *Renous fragte ihn mit Blick auf mich, was er vom König von England halte, der einen Sammler in ihr Land schicke, um Eidechsen und Käfer aufzulesen und Steine zu zerbrechen.* Knapper hätte er seine Tätigkeit nicht beschreiben können. *Niemand ist so reich,* antwortet der alte Mann, *als dass er Leute ausschickte, um solchen Plunder aufzulesen.*

Die alte Frage aller Reisenden: Was in aller Welt mache ich eigentlich hier – wie oft mag Darwin sie sich gestellt haben? An der Piedra Andina noch einmal die Warnung: »Peligro no pasar.« Gefährlich, kein Durchgang. Ich nehme einen anderen Weg durch die gleiche Landschaft. *Es war ein wahrhaft chilenischer Tag: gleißend hell und die Luft ganz klar.* So viel Luft nach so viel Stadt. Die Parfümerie der Natur. *Die Kakteen ... waren hier sehr zahlreich.* Blütenweißer Canelo, heiliger Baum der Mapuche. Chilenische Palmen der Art JUBAEA CHILENSIS – *für ihre Familie hässliche Bäume* – wachsen zu Darwins Zeiten noch so zahlreich, dass der Versuch, *sie zu zählen ... aufgegeben* wurde, *nachdem man bei mehreren hunderttausend angekommen war.* Heute werden einzelne Exemplare wie Denkmäler ausgestellt.

Der Ausblick lohnt jede Anstrengung. *Man sah Chile ... wie auf einer Landkarte.* Wo er kann, besteigt Darwin höchste Erhebungen, um sich schon lange vor der Fliegerei die Vogelperspektive zu verschaffen. *Die Freude an der Szenerie, die schon an sich schön war, wurde von den zahlreichen Reflexionen ... noch gesteigert.* Sie kann so schön sein, unsere Erde.

Dann gleich weiter nach Valparaíso, gut hundert Kilometer von Santiago entfernt am Pazifik gelegen, Weltkulturerbe. *Die Stadt ist dicht am Fuße einer ungefähr 1600 Fuß hohen und recht steilen Hügelkette erbaut.* Kein Wunder, dass Pablo Neruda sich gern hierher zurückgezogen hat. Dieser Ort gehört zu den schönsten der gesamten Reise. Aus den quadratischen Blöcken der lässig lebendigen Unterstadt führen die rumpeligen Ascensores, unmöglich steil kletternde Zahnradbähnchen, die ältesten aus dem 19. Jahrhundert, auf die zahlreichen Hügel mit ihrem chaotischen Straßengewirr.

Als wichtigster Hafen ist »Valpo«, wie die Bewohner ihre Stadt nennen, seit dem Besuch der Beagle von unter zehntausend auf eine Viertelmillion angewachsen. Dem Charme der »Perla del Pacifico« haben sie nicht geschadet. Selbst das Elend gibt sich hier malerisch. Jenseits der sicheren, für Postkartenfotos aufbereiteten Gassen um Touristenziele wie das Café Turri erstrecken sich pittoresk die schlimmsten Slums des Landes.

Darwin hält sich hier mehrere Wochen im Haus eines englischen Schulfreunds auf. Bei seiner letzten Exkursion ist er ernsthaft erkrankt. Sechs Wochen lang muss er das Bett hüten. Niemand weiß, woran er gelitten hat. Medizinhistoriker haben über die damals in Chile verbreitete Chagas-Krankheit spekuliert, die unter anderem mit Durchfall, Bauchschmerzen und Krampfanfällen einhergeht, und versucht, mit deren Folgen Darwins lebenslange Gesundheitsprobleme zu erklären. Nach heutigem Dafürhalten sprechen die Symptome der chronifizierten Seekrankheit allerdings eher für Stress – und zwar jenen nach der Rückkehr.

Schon in seinen besten Jahren zwischen dreißig und vierzig leidet Darwin so schlimm, dass er zu sterben fürchtet. *Apropos Tod*, schreibt er einmal, *mein vermaledeiter Magen ... hat sich weiter verschlechtert*. In sein Arbeitszimmer hat er sich, hinter einem Vorhang, einen Spucknapf einbauen lassen. Die Brechanfälle können sich über Stunden hinziehen. Dazu macht sich ein juckendes Ekzem im Gesicht breit. Die Entstellung verbirgt er zunächst hinter einem Backenbart. Seine liebevolle Frau und Krankenschwester darf sich gleichwohl wieder und wieder davon überzeugen, dass die Krankheit seine Zeugungsfähigkeit nicht weiter beeinträchtigt. Während seiner achtjährigen Arbeit an den Rankenfüßern bringt sie eine weitere Tochter und drei Söhne zur Welt.

Darwin zieht sich immer mehr zurück. Er lässt sich am Rande des Anwesens in Down einen Spazierweg anlegen. Täglich dreht er Runden auf seinem geliebten »sandwalk« und grübelt in Gottes freier Natur über die Unfreiheit alles Lebendigen nach. In seinem Weltmodell hat das Leben keine Wahl, sondern folgt unumstößlichen Gesetzen wie die Teile einer Maschine. Während die Revolutionen von 1848 Europa durcheinanderwirbeln, schaut er durchs Mikroskop und studiert das Sexualleben der Rankenfüßer. Sein Leben läuft ab wie ein Uhrwerk: Frühstück – Arbeit – Post – Arbeit, Spaziergang – Mittagessen – Briefe – Schläfchen – Arbeit – Ruhepause – Tee und Abendbrot – Bücher – Bett.

Er vernachlässigt Kollegen, Freunde und, was am schwersten wiegt, seinen altersschwachen, inzwischen auf den Rollstuhl angewiesenen Vater im fernen Shrewsbury. Die beiden unverheirateten Schwestern Susan und Catherine kümmern sich um den alten Mann. Sie haben sich nach der Rückkehr des Bruders mehr Nähe und emotionale Unterstützung von ihm erhofft. Am liebsten hätten sie ihn in einer hübschen Landpfarrei im heimischen Shropshire gesehen. Ein Pfarrer und Amateurforscher wie Vetter Fox.

Doch Darwin hat sich längst von seinem Gott entfernt. Er macht sich rar, zieht sich zurück, igelt sich ein. Und das aus gutem Grund. Mit dem Vater, den er auch »Gouverneur« nennt, verbindet ihn seit der Jugend ein handfester Schuldkomplex. Er ist lebensklug seinen eigenen Weg gegangen, statt nach väterlichem Willen Arzt oder Pfarrer zu werden. Da er den Seelenfrieden seines Erzeugers nicht stören will, kann er sich nicht offenbaren. So wird der Vater nie erfahren, dass der Sohn dabei ist, den Namen Darwin unsterblich zu machen.

Er sieht ihn zum letzten Mal während eines Besuchs im Elternhaus im Oktober 1848. Anfang November, im Beisein von Tochter Susan, stirbt der Alte vierundachtzigjährig friedlich in seinem Sessel. Warum Darwin die Beerdigung versäumt, ist umstritten. Vermutlich hat er den Zug von London in die Midlands verpasst. Ein ungewöhnlicher Vorfall, zumal er sonst dafür bekannt ist, lange vor der Abfahrtszeit am Bahnsteig zu sein. Es gibt andere Wege, den Vater zu beerdigen, als an seinem Grab zu stehen. Trauer und das Gefühl von Befreiung gehen oft Hand in Hand.

Die Erbschaft fällt viel üppiger aus als erwartet. Darwin müsste bis an sein Lebensende kein Geld mehr verdienen. Doch der Erfolg seiner Bücher und Investitionen in Eisenbahn- und Minengesellschaften werden sein Vermögen noch beträchtlich mehren. Den Umgang mit Geld hat er vom Vater gelernt.

Seine dauerhaft angeschlagene Gesundheit zwingt ihn schließlich, sich in die Hände von James Gully zu begeben, der in den Malverns ein exklusives Sanatorium betreibt. Fast vier Monate unterzieht sich Darwin im Frühjahr 1849 der berühmten Kaltwasserkur mit strengem Regiment und noch strengerer Diät. Zusätzlich lässt er die Segnungen der Homöopathie *ohne ein Atom von Glauben* über sich ergehen. Daheim setzt er die Kur fort, lässt sich eine Kaltwasserdusche einbauen und feiert die Therapie als *großartige Entdeckung.* Die Jahre zwischen 1850 und 1855 zählen zu den gesündesten seines Lebens nach der Reise – was in seinem Fall nicht heißt, dass er symptomfrei wäre.

In Valparaíso hat ihn seine Krankheit so zermürbt, dass er ernsthaft erwägt, die Reise abzubrechen und nach Erkundung der Anden ostwärts Richtung Heimat zu segeln. Kein Galápagos, keine Umrundung des Globus, kein Weltgefühl. *Ich finde, magenkrank zu sein, lässt einen auch heimweh-krank sein,* jammert er in einem Brief an Schwester Caroline. *Unsere Reise hörte sich in den Anweisungen sehr viel erfreulicher an, als sie tatsächlich ist.*

Zur gleichen Zeit erlebt auch FitzRoy seine schwerste Krise während der fünf Jahre. Die Admiralität hat ihm die Übernahme der Kosten verweigert, die er durch Erwerb und Umbau der Adventure auf sich genommen hat. Bedroht von ernsten finanziellen Schwierigkeiten, fällt der Kapitän in tiefe Depression. Er verfasst sein Rücktrittsgesuch und ernennt Leutnant Wickham zu seinem Nachfolger. *Der Kapitän fürchtete, dass sein Verstand durchdrehen werde (im Bewusstsein seiner erblichen Veranlagung).* Lieber aufgeben als so enden wie sein Vorgänger.

Zusammen mit den anderen Offizieren kann Wickham ihn im letzten Moment davon überzeugen, dass durch seinen Rückzug nichts gewonnen wäre. Sprunghaft wie alle Manisch-Depressiven nimmt FitzRoy seine Entscheidung zurück. Das Rücktrittsschreiben kann er gerade noch abfangen, bevor es nach England abgeht. Die Reise kann weitergehen. Darwin rüstet sich nach seiner Genesung aus, um per Pferd die Anden zu überqueren. Nach der verpassten Chance am Río Santa Cruz, als sie kurz vor Erreichen des Gebirges umkehren mussten, will er endlich sehen, wie weit sich dessen beide Seiten unterscheiden – oder gleichen.

Manchmal entscheidet der Kalender darüber, was möglich ist und was nicht. Darwin bricht im südlichen Spätsommer auf. Die Pässe sind weitgehend schneefrei. Im Frühsommer sieht die Sache naturgemäß anders aus. Die Arrieros, Führer zu Pferd, mit denen ich über den Portillo-Pass reiten will, winken ab. Viel zu viel Schnee. Außerdem dürften sie mit ihren Tieren die Grenze nach Argentinien nicht überschreiten. Dort wütet gerade die Maul- und Klauenseuche. Ich müsste mich von ihren argentinischen Kollegen an der Grenze abholen lassen. Außerdem wären Genehmigungen bei der Polizei und bei der Zollbehörde einzuholen. Eingedenk der Erfahrungen mit argentinischen

Zöllnern und ihren Stempeln verzichte ich gern auf den Grenzübertritt. Aber ich will wenigstens dem Ort nahe kommen, wo Darwin seinen Heureka-Moment erlebt hat. Ein deutsch-chilenisches Ehepaar hat sich angeboten, mich in seinem geländetauglichen Wagen so weit Richtung Portillo zu fahren wie möglich. Alois Schmidt hat früher die Deutsche Schule in Concepción geleitet, seine Frau Otti die gemeinsame Farm betrieben. Aus Deutschland weggegangen, in Chile heimisch geworden, aber so deutsch geblieben, wie die erste Lebenshälfte sie geprägt hat: pünktlich, ordentlich, effektiv, mit Wurststulle, Weltverstand und Wanderkarte. Die beiden Söhne fühlen sich als Chilenen.

Die Eheleute sind fast Mitte siebzig und so rüstig, wie es die Werbung verspricht. Die viel diskutierte »Überalterung« von Gesellschaften lässt bei allem Alterselend und Pflegenotstand häufig vergessen, welchen Triumph die kulturelle Evolution zu feiern hat. In den letzten hundert Jahren haben die Menschen in den wohlhabenden Ländern ein Drittel Lebenszeit hinzugewonnen. In Deutschland hat sie sich innerhalb von einer Generation um zehn Jahre verlängert – oft übersehener Hauptgrund für die Rentenkrise. Die Kurve zeigt weiter nach oben. Wie ein Züchter schält die kulturelle Selektion dank Medizin, Ernährung und verbesserter Lebensumstände immer klarer heraus, welche Lebensspanne biologisch in uns steckt. Experten schätzen, dass wir im Schnitt einmal hundert, maximal hundertzwanzig bis hundertdreißig Jahre alt werden können.

In unserer Langlebigkeit gleichen wir Tieren in Gefangenschaft, die viel länger leben als Artgenossen in freier Wildbahn. Individuelle Unterschiede im Lebensalter sind zudem erblich bedingt. Kinder von Menschen mit längerer Lebenszeit werden im Schnitt auch älter. Bei Fruchtfliegen konnte mit klassischer Züchtung eine Verlängerung der Lebensspanne um dreißig Prozent erreicht werden. Da sich Menschenzucht verbietet, richten sich die Sehnsüchte nach einem höheren Alter (für kommende Generationen) auf Manipulationen der Erbsubstanz. Bei Fruchtfliegen und Fadenwürmern lässt sich die Lebensdauer durch Einbau von Genen in ihre Erbsubstanz vervielfachen. Mehr als zwanzig solcher Erbanlagen sind mittlerweile bekannt. Doch die

Langlebigkeit hat ihren Preis: Die Fruchtbarkeit geht zurück, außerdem kommen »Wildtypen« wie wir offenbar besser mit Umweltstress zurecht.

Als wichtiger Alterungsfaktor hat sich die Stoffwechselaktivität entpuppt. Unabhängig von der genetischen Ausstattung lässt sich das Alter von Labormäusen durch Hungerdiät bis zu fünfzig Prozent steigern. Beim Fadenwurm beeinflusst zumindest eines der künstlich eingebauten Methusalem-Gene die Aufnahme von Blutzucker in die Zellen, sodass die Tiere auf zellulärer Ebene auf eine Art Dauerdiät gesetzt sind. Menschen, die weniger Nahrung zu sich nehmen, werden ebenfalls deutlich älter als solche, die sich immer satt essen.

Als entscheidender Stressfaktor erscheint auch Sexualität. Kastrierte Männer leben im Schnitt vierzehn Jahre länger als nicht kastrierte. Bei kastrierten Katern lässt sich der Effekt durch das Sexualhormon Testosteron wieder aufheben. Selbst der Unterschied in der Lebensspanne zwischen den Geschlechtern könnte mit sexueller Aktivität zusammenhängen. Untersuchungen in Klöstern haben gezeigt, dass Mönche genauso lange leben wie Nonnen, während ansonsten Frauen Männer um etliche Jahre überleben.

Ältere Leute wie die Schmidts führen uns vor Augen, wie dramatisch sich die Verhältnisse innerhalb einer Generation entwickeln können – ohne dass biologische Evolution dabei eine Rolle spielen muss. Neben verbesserter Heilkunst und gesünderer Ernährung hat sich eine simple Regel bewährt: Wer sich bewegt, bleibt beweglich, geistig wie körperlich.

Otti fährt, Alois sitzt hinten und liest die Karte. *Wir brachen zum Portillo-Pass auf. Nachdem wir Santiago verlassen hatten, durchquerten wir die weite, verbrannte Ebene, auf der die Stadt steht, und erreichten ... den Maypu, einen der Hauptflüsse in Chile.* Mit ihren Kindern haben sie, als das Reisen noch ein anderes Abenteuer war als heute, große Teile Südamerikas abgefahren. Nun leben sie als »junge Alte« dank der Pension aus Deutschland in einem der typischen gediegenen Neubautürme Santiagos im 18. Stock mit Panoramablick auf die Anden.

Die Piste wird mit jedem Kilometer abenteuerlicher. Nachdem wir in der letzten Berghütte Lo Valdes, erbaut vom Deutschen Andenverein und auch als »Refugio Alemán« bekannt, ein Sandwich gegessen haben, *erreichten wir eine kleine beckenartige Ebene namens Valle de Yeso.*

Geologie zum Anfassen. Langsam hebt sich der Schichtkuchen empor und wird von den Flüssen wie von Sägen eingeschnitten. Und am Meeresboden entstehen die nächsten Schichten. Allein in dem Zeitraum von vor zehn bis vor sechs Millionen Jahren haben sich die Anden, wie Wissenschaftler im Juni 2008 berichten, um etwa zweieinhalb Kilometer angehoben.

Eine haarsträubend enge Piste führt steil oberhalb des Yeso-Stausees entlang. Kurz vor den »Termes de Plomo« ist aber auch für den Geländewagen Schluss. Schlaglöcher, Felsen, Schlamm. Die Anden als unüberwindbare Barriere. *Als wir ... zurückblickten, bot sich uns ein prachtvoller Blick. Die Luft strahlend klar, der Himmel ein intensives Blau, die tiefen Täler, die wilden, zerklüfteten Formen, die Trümmerhaufen, aufgehäuft im Vergehen der Zeit, das buntfarbene Gestein, abgesetzt von den stillen Schneebergen – dies alles erzeugte eine Szene, wie sie sich niemand hätte vorstellen können.*

Darwin und seine Begleiter reiten bis ins argentinische Mendoza und kehren dann über den Uspallata-Pass zurück. Dort, einen Andeneinschnitt weiter südlich, versuche ich später noch einmal allein, über den Rand zu schauen. Kurve um Kurve arbeiten sich schwer beladene Lastwagen in die Höhe. Mit jeder Steigung eine neue Szenerie. *Rote, purpurne, grüne und ganz weiße Sedimentgesteine im Wechsel mit schwarzer Lava waren von Porphyrmassen einer jeden Farbschattierung, vom dunkelsten Braun bis zum hellsten Lila, aufgebrochen und in jede erdenkliche Unordnung geworfen.* Die Farbigkeit der Andenfelsen im klarsten Licht der Erde gehört für mich zu den siebenundsiebzig Wundern dieser Welt.

Auf der geologischen Zeitskala war Darwin gerade erst hier. Alles noch so, wie er es beschreibt. *Weder Pflanze noch Vogel ... lenkte die Aufmerksamkeit von dieser unbeseelten Masse ab. Ich war glücklich, mit mir allein zu sein, es war wie das Betrachten eines Gewitters, oder in vollen Orchestern den Messias-Chor zu hören. Dieser eine Anblick steht in meinem Gedächtnis gesondert von allen anderen.*

Hinter der chilenischen Zollstation geht es in einen Tunnel mit dem Namen Cristo Redentor, Christus Erlöser. Der alte Pass liegt auf fast viertausend Metern Höhe. Eine halsbrecherische Piste führt schlangenförmig über eine rotbraune Halde nach oben. Der Grund für die Anbindung, die sich auf argentinischer Seite nicht minder herausfordernd fortsetzt: Am Grat unterhalten die benachbarten Staaten, nur einen Steinwurf voneinander entfernt, jeweils einen kleinen Militärposten, beide aus groben Natursteinen gemauert. Ein scharfer Wind aus Westen weht. Die Flaggen flattern tapfer für die gute Sache.

Genau auf der Grenzlinie ist ein Wunder passiert: Gemeinsam haben die Nachbarn einen mit Sockel zwölf Meter hohen Kupferjesus aufgestellt, der wie ein Riese auf seiner kleinen Erdkugel steht und als »Monument für den Weltfrieden« dem letzten Papst gewidmet ist. Doch wie teilt man Christi Blick? Der Bildhauer Mateo Alonso muss ein gutes Auge gehabt haben. Der Gottessohn hebt drei Finger der Rechten, hält mit der Linken sein symbolisch verkleinertes Kreuz wie einen Wanderstab und schaut nicht links, nicht rechts, sondern exakt die Grenzlinie entlang geradeaus nach Norden zum Aconcagua hinüber, mit 6959 Metern höchster Berg der Anden.

Sauerstoffarmut bringt nach wenigen Schritten bergauf das Herz zum Rasen. *Die Kurzatmigkeit durch die dünne Luft wird von den Chilenen* puna *genannt.* So muss es gewesen sein, als Darwin seinen rauschhaften Moment der Erkenntnis hatte. *Die einzige Empfindung, die ich verspürte, war eine leichte Enge um Kopf und Brust. ... Die Bewohner empfehlen gegen die* puna *allesamt Zwiebeln ... was mich betrifft, so wirkte bei mir nichts so gut wie die fossilen Muscheln!*

Frühere Meeresbewohner am höchsten Punkt der Wanderung! Das ganze Gebirge muss aus dem Ozean aufgestiegen sein! Darwin am Zenit. Wie auf einer Bühne erzählen die Steine ihm ihre Geschichte. Was sagte noch die alte Dame im New Yorker Museum zu ihren Jugendlichen? »Hier hat die Natur zu ihm gesprochen.« *Tagtäglich wird es dem Geologen vor Augen geführt, dass nichts, nicht einmal der Wind, so instabil ist wie die oberste Erdkruste.* Nun kann ihn nichts mehr von seiner Überzeugung abbringen, dass auch die größten Dinge über unzählige kleine Schritte entstehen.

Die wahre Sensation liefert ihm jedoch die lebendige, vor seinen Augen blühende Biologie. In den Anden findet er das Material für den letzten unverzichtbaren Baustein seiner Theorie: die geografische Trennung als Voraussetzung für die Abspaltung und die getrennte Evolution der Arten. *Sehr auffallend war der beträchtliche Unterschied zwischen der Vegetation dieser östlichen Täler und jener auf der chilenischen Seite; das Klima jedoch wie auch die Beschaffenheit des Bodens sind nahezu gleich; und der Unterschied der geografischen Länge ist ganz unbedeutend. Dieselbe Bemerkung trifft auf die Vierfüßer zu, in geringerem Maße auf die Vögel und Insekten.*

Eine direkte Konfliktlinie mit dem gängigen Schöpfungsmythos: Wenn der Herrgott für jedes Klima die jeweils bestens angepassten Spezies erschaffen hat, warum sollte er, nur weil ein Gebirge dazwischensteht, zwei unterschiedliche Typen erfinden, und dann auch noch so nahe miteinander verwandte? Warum andrerseits ähneln die Arten trotz verschiedener Klimazonen auf jeder Seite der Anden einander viel mehr als über das Gebirge hinweg? Die Antwort: Wenn diesseits und jenseits eines Gebirges oder eines Gewässers zwei Gruppen einer Art den Kontakt verlieren, sich nicht mehr untereinander fortpflanzen und folglich auch kein Erbgut mehr austauschen, dann entwickeln sie sich über viele Generation so weit auseinander, dass sie keinen Nachwuchs mehr haben können und zwei Arten bilden.

Dieser Vorgang, im Fachjargon »allopatrische Speziation« genannt, wurde 1942 von dem deutsch-amerikanischen Biologen Ernst Mayr auf eine solide theoretische Basis gestellt. Lange glaubten die Biologen, räumliche Trennung sei die Grundvoraussetzung zur Artbildung. Inzwischen gilt auch die »sympatrische Speziation« als gesichert, bei der es ohne geografische Barrieren zu getrennten Fortpflanzungsgemeinschaften kommt, die zu Spezies werden können.

Der Konstanzer Biologe Axel Meyer hat den Vorgang eindrucksvoll an Fischen in afrikanischen Kraterseen nachweisen können. Forscher am Max-Planck-Institut für Ornithologie in Radolfzell berichten im Sommer 2008 über einen vergleichbaren Effekt bei Mönchsgrasmücken, die im Winter nach Großbritannien oder Spanien fliegen: Nordreisende kehren früher zurück und paaren sich nur untereinander. Auch aus solchen anfangs nur reproduktiv getrennten Gruppen können Arten entstehen. Doch räumliche Trennung gilt nach wie vor als Hauptursache. Geologie macht Biologie. Kontinente brechen auseinander, Gebirgszüge falten sich auf, Flüsse oder Wüsten teilen Länder. Der rastlose Planet schafft immer wieder neue Trennungen und treibt die Evolution voran.

In seinem Reisebericht, der 1839 erscheint, macht Darwin eine erste vorsichtige Andeutung. *Diese Berge existieren als große Barriere, seit die heutigen Tierrassen aufgetaucht sind, und daher sollten wir ... zwischen den organischen Wesen auf den gegenüberliegenden Seiten der Anden keine größere Ähnlichkeit erwarten als zwischen jenen an den gegenüberliegenden Küsten eines Ozeans.* Und dann kommt der Wink an die Kreationisten: *... es sei denn, wir gehen davon aus, dass dieselbe Art an zwei verschiedenen Orten entstanden ist.*

In der zweiten Auflage 1845 wagt er sich weiter vor – diesmal in Form einer Fußnote: *Die gesamte Argumentation basiert natürlich auf der Annahme der Unveränderlichkeit der Arten, ansonsten könnte man den Unterschied bei den Arten in den beiden Gebieten als im Laufe einer gewissen Zeit dazugekommen ansehen.* So kryptisch wie nötig, so ketzerisch wie möglich, aber niemandem fällt es auf.

Der Abschied des einstmaligen Priesteranwärters vom Glauben vollzieht sich in Raten. Längst baut er darauf, dass sich alles Leben ohne die lenkende Hand eines Schöpfers entwickelt hat. Wie alle Kreaturen ist auch der Mensch nur das Resultat einer endlosen Kette von Zufällen. Aber Darwin lebt mit einer gläubigen Frau, seine Kinder werden christlich erzogen, und Religion gilt als Garant der Moral. Ohne den Herrscher im Himmel, so die landläufige Meinung, versänke die Welt im Chaos.

Der Tag, an dem er seinen Gott verliert, lässt sich genau datieren: Mittwoch, der 23. April 1851. Annie, seine älteste Tochter und mit ihrem fröhlichen Wesen sein Lieblingskind, hat erstmals im Frühsommer 1850 über Übelkeit, Fieber und Kopfweh geklagt. Hausarzt Dr. Holland, Charles' und Emmas Cousin zweiten Grades, später Leibarzt von Königin Victoria, hält es für möglich, dass die Neunjährige ihre Magenbeschwerden vom Vater geerbt hat. Das schreckliche Gespenst wird Darwin nicht los. Kurz nach ihrem zehnten Geburtstag erkrankt Annie an Grippe, erneut mit Übelkeit und Bauchweh. Da nichts gegen ihr Leiden hilft und sie immer schwächer wird, soll sie wie zuvor ihr Vater in die Wasserkur von Doktor Gully. Er bringt sie persönlich ins Sanatorium, das ihm selbst so gutgetan hat. Nach ein paar Tagen, ihr Zustand hat sich stabilisiert, lässt er sie mit dem Kindermädchen zurück und fährt heim nach Down.

Gut zwei Wochen später trifft dort die Nachricht ein, Annie habe einen schweren Rückfall erlitten. Kurz vor Ostern nimmt Darwin in Great Malvern schockiert sein ausgezehrtes Töchterchen in die Arme.

Er wacht an ihrem Bett, hält die Hand der Zitternden und wischt ihr den kalten Schweiß von der Stirn. Für kurze Zeit tritt Besserung ein, und mit ihr kehrt alle Hoffnung zurück. Doch sie währt nicht lange. Am Dienstag nach Ostern bekommt das ohnehin geschwächte Kind schwere Durchfälle. Vor den Augen des Vaters, der ebenfalls mit Übelkeit und Magenkrämpfen kämpft, lassen ihre Lebenskräfte nach.

Genau um zwölf Uhr mittags am 23. April weicht die letzte Energie aus ihrem Körper. *Annie ist ohne einen Seufzer in ihren letzten Schlaf hinübergeschlummert,* schreibt Darwin, am Boden zerstört, nach Hause. Stundenlang verharrt er weinend am Totenbett. Dann sieht er, dass die Lebenden ihn mehr brauchen als die Toten. Er fährt heim – und versäumt erneut die Beisetzung eines ihm nahestehenden Menschen. Doch was herzlos erscheint, verrät in Wahrheit seine Abneigung gegen jede Form christlicher Rituale. Nach Annies Tod nimmt er nicht mehr am Gottesdienst teil, bringt die Familie zur Kirche, wartet draußen im Gespräch mit den Dorfpolizisten oder geht spazieren.

Nach der Rückkehr aus Great Malvern setzt er sich hin und verfasst, nur für Emma und sich, einen sentimentalen Nachruf auf seine Lieblingstochter mit ihren *lieben Lippen, ihre Augen strahlten hell, sie lächelte oft ... Oh, dass sie jetzt wissen könnte, wie tief und wie zärtlich wir immer noch ihr teures, heiteres Gesicht lieben und stets lieben werden.* Am selben Tag spürt Emma erste Wehen. Drei Wochen nach Annies Tod bringt sie Sohn Horace zur Welt, ihr neuntes Kind. Doch Darwin bleibt untröstlich. *Wir haben die Freude unseres Hauses und den Trost unseres Alters verloren.*

Er hat sogar für sie gebetet, aber es hat nichts genützt. Wie kann der Allmächtige solche Grausamkeiten verüben? Wo ist das Gute in Gott, wo die Gerechtigkeit? Einem Kollegen in Amerika, dem Botaniker Asa Gray, schreibt er aufgewühlt: *Ein unschuldiger und guter Mann steht unter {einem} Baum und wird von {einem} Blitzschlag getötet. Glauben Sie ..., dass Gott diesen Mann vorsätzlich umgebracht hat? Viele oder die meisten Personen glauben das; ich kann das nicht und tue es nicht.*

Die schlimmste Tragödie seines Lebens bestätigt die Richtigkeit seiner Gedanken. Das verlorene Kind erweist ihm wie eine Kronzeugin seiner Theorie einen letzten Dienst: Kein Glaube steht ihm mehr im Weg. Sowenig Gott ihn erhört hat, so wenig muss er nun auf Gott

Rücksicht nehmen. In wenigen Jahren wird er die größtmögliche Rache an seinem Schöpfer nehmen. Er wird ihn zur Erschaffung der Kreaturen für überflüssig erklären.

Doch bis dahin hat er sich einen steinigen Weg ausgesucht. Noch immer brütet er über seinen Rankenfüßern. Eine kompliziertere Tiergruppe hätte er sich kaum aussuchen können. Diese Krebse bilden äußerst unterschiedliche Arten. Die Größe reicht von Erbse bis Birne. Die Geschlechter unterscheiden sich so sehr, dass man sie für vollkommen verschiedene Tiere halten könnte. Die Entwicklung von der Larve zum ausgewachsenen Tier vollzieht die absonderlichsten Schritte. *Ich kenne keine überraschendere Metamorphose, dabei ist sie vollkommen klar und einleuchtend.*

Doch das weitaus Faszinierendste ist ihr seltsames Sexualverhalten. Die eine Art hat zwei Penisse, bei einer anderen sind die Männchen nichts als kleine Anhängsel, wie Parasiten. *Die negativsten Geschöpfe der Welt; sie haben keinen Mund, keinen Magen, keinen Brustkorb, keine Glieder, keinen Hinterleib, sie bestehen ausschließlich aus den männlichen Fortpflanzungsorganen in einer Hülle.* Er glaubt, hier einen Beleg dafür zu erkennen, wie selbstbefruchtende – »hermaphroditische« – Tiere allmählich Zweigeschlechtlichkeit entwickeln.

Seine Evolutionstheorie, die er nach wie vor verborgen hält, dient ihm nun als Werkzeug, um diese kleine Welt zu verstehen. Was er vor sich hat, ist Veränderung *durch unmerklich kleine Schritte*. Gleichzeitig sieht er durch seine Detailarbeit die Theorie bestätigt, wie es ihm ohne die Beschäftigung mit den am Untergrund festsitzenden Krustentieren nie gelungen wäre. *Sie wünschen womöglich meine Rankenfußkrebse und Speziestheorie allesamt al Diabolo,* schreibt er an Hooker, *aber mir ist egal, was Sie sagen; meine Speziestheorie ist die Wahrheit.*

Im Herbst 1854 hat er seine Forschungen an den Wirbellosen endlich abgeschlossen. Acht Jahre hat er darauf verwandt, die gesamte Gruppe einschließlich der fossilen Arten zu erfassen, wobei *ich ungefähr zwei Jahre von dieser Zeit durch Krankheit verloren habe. ... Meine Arbeit war mir von beträchtlichem Nutzen, als ich in meinem »Ursprung der Arten« die Grundsätze einer natürlichen Klassifikation zu erörtern hatte. Trotzdem bezweifle ich es noch, ob das Werk der Aufwendung von so viel Zeit wert war.* Zumindest würde jetzt niemand mehr behaupten können, er sei kein richtiger Biologe.

Experten für Rankenfüßer gehören bis heute zu den rarsten Exoten unter den Zoologen. Auf Darwins gesamter Reiseroute ist keiner aufzutreiben. Niemand kann mir überhaupt einen auf der Welt nennen. Wahrscheinlich hat sich seit Darwin nie mehr jemand so intensiv mit den Krebstieren beschäftigt, zu denen auch Entenmuscheln und Seepocken gehören.

Ich brach zu einer Reise nach Coquimbo auf. Darwin legt die gesamte Strecke bis zur Atacama-Wüste zu Pferd zurück. Ich entdecke hier eine neue Maßeinheit: Ein Chilometer, das ist die Distanz einmal bis zum Horizont. *Die Straße führte ... die Küste entlang in keiner allzu großen Entfernung vom Meer. Die wenigen Bäume und Büsche ... wurden von einer hohen Pflanze abgelöst, deren Aussehen dem Yucca ähnelt.* Coquimbo liegt malerisch auf einer hügeligen Halbinsel im Pazifik, von einem überdimensionierten Betonkreuz zu Ehren des Heilands beherrscht. Das »Kreuz des Dritten Jahrtausends« wurde gerade fertig, als der polnische Papst den Ort besuchte. Das einst verschlafene Nest hat sich seither zum Treffpunkt der Jugend gemausert, die im sorgfältig restaurierten Englischen Viertel nächtens die Barszene belebt. Ansonsten ist sich Coquimbo als lebendiges Hafenstädtchen treu geblieben mit Fischern und Booten wie aus dem Bilderbuch des Arbeiterlebens.

In der lebendigen kleinen Universität hat Martin Thiel ein Zuhause gefunden. Der Meeresbiologe kann seine Herkunft nicht verheimlichen. Schwerstes Ostwestfälisch, Gegend Münster, verbunden mit leichter Heiterkeit. Der Sechsundvierzigjährige kennt zwar nur »die gängigen Cirrepedia in Chile«, aber da er stattdessen die Gruppe der Amphipoden, winzige im Strandsand lebende Flohkrebse, erforscht, will ich mir den gleichaltrigen Darwin mit seinen Rankenfüßern ein wenig wie ihn vorstellen.

Erst die geduldige Kleinarbeit von Leuten wie Thiel schafft das Wissen, das ökologische Analysen und Naturschutz ermöglicht. Stunden im Schlamm die »Peitschen« der Flohkrebse beobachten, im Sediment ihren Gängen nachspüren, tagelanges Sezieren unter dem Mikroskop, Publizieren für eine Handvoll Fachkollegen. Thiel erzählt gerade von seinen mit den Asseln verwandten Sedimentbewohnern (mit unvorstellbaren zehntausend beschriebenen Arten), von ihrem Sexual- und Brutverhalten (Aufzucht von Jungtieren in Brusttaschen), von ihren unterschiedlichen Ernährungsstrategien im oder auf dem

Sand, ihrem Sozialverhalten (Organisation ähnlich wie Bienen oder Ameisen mit Arbeitsteilung und Verzicht auf Nachkommenschaft zum Wohle der Gemeinschaft) – da bebt die Erde.
Ich hörte das vorausgehende Grollen. Darwin erlebt an gleicher Stelle nach dem Jahrhundertbeben von Concepción ein weiteres kleineres. Da habe ich meinen Zufall. Oder nicht? Die Schränke wackeln ein wenig, als durchliefe eine Welle das Gebäude, überall klappert und klingelt es. Kaum kann ich reagieren, herrscht wieder Ruhe. Kein Mensch im Gebäude hat sich von seinem Sitzplatz erhoben. Solche kleinen Beben kommen hier so häufig vor, dass sie es nicht einmal in die Zeitung schaffen. Dem Neuling aber dringt das Rollen der Scholle tief ins Mark. Dieses Gefühl, dass da direkt unter uns etwas unendlich viel Mächtigeres existiert als alles, was wir je geschaffen haben.

Chilometer fressen, bis die Tankuhr zittert. Das wird schnell zum Lebensgefühl im Lulatsch unter den Ländern. Geröll, Staub und Weite – zum Westen Meer, zum Osten Berge. *Wir ritten den ganzen Tag durch uninteressantes Land. Ich bin es leid, die Epithea karg und unfruchtbar zu wiederholen.* Schwertransporter mit Erzen und Esel auf der Straße als einzige Abwechslung. Bodenschätze, die Droge dieses Landes. Ein kleiner Pass, die Felsen schimmern kupfergrün, *dahinter dehnt sich die eigentliche Atacamawüste.* Wenn irgendwo auf dieser Welt, hier passt das Wort lebensfeindlich.

Weiter nördlich bei der Stadt Antofagasta haben Forscher vor Kurzem ein absolut totes Stück Erde aufgespürt. *Das Erdreich war vollkommen unfruchtbar, vergeblich suchte ich auch nur nach einer Flechte, die sich an den Stein klammerte.* Wo keine Spur von Wasser vorkommt, können nicht einmal Mikroben mit extremsten Anpassungen existieren. Die NASA erforscht die Gegend schon zur Vorbereitung der nächsten Mars-Expedition. *Wenn man durch diese Wüsteneien reist, kommt man sich vor wie ein Häftling, der in einem düsteren Hof eingeschlossen ist und sich nach etwas Grünem und dem Geruch feuchter Luft sehnt.*

Kurz hinter dem Ort Incahuasi weiche ich ab von Darwins Weg – aber nicht von unserem Thema, dem Leben. Eine schmale Teerstraße führt von der Geröllebene hinauf in die Berge. Schon aus weiter Ferne zeichnen sich im Abendlicht die Silberkuppeln des Observatoriums von La Silla ab. Ich bin mit Michael Sterzik von der Europäischen

Südsternwarte verabredet. Er arbeitet auf einem Gebiet, in dem Entdeckungen, bedeutend wie diejenigen Darwins oder Kopernikus', winken: der Suche nach außerirdischem Leben.

Wenn die Sonne versinkt in den Bergen der Atacama, verwandelt sich das Land in eine Märchenszene vom Anfang der Welt. Hier oben herrscht so klare Sicht, dass der Himmel gleichzeitig zum Anfassen nah und unfassbar fern erscheint. *Die gesteigerte Leuchtkraft von Mond und Sternen in dieser Höhe war dank der vollkommenen Transparenz der Luft ganz bemerkenswert.* Genau das macht die Anden zum Dorado für Astronomen weltweit.

Hinter Sterziks Forschung steht eine Alles-oder-nichts-Frage, die wir nie vollständig mit Ja beantworten könnten. Doch ein einziges Nein würde alles verändern: Sind wir allein? Sterzik gehört nicht zu den Leuten, die an hochempfindlichen Radioempfängern drehen und hoffen, dass Außerirdische ihnen Botschaften schicken. Der deutsche Astronom und seine Kollegen gehen grundsätzlicher vor – und erfolgversprechender: Sie suchen Planeten außerhalb unseres Sonnensystems, sogenannte Exoplaneten, auf denen erdähnliche Bedingungen herrschen könnten.

Bei der Frage, ob überhaupt Leben irgendwo anders möglich ist, gehen die Meinungen der Wissenschaftler weit auseinander. Die professionellen Optimisten in der Lauschstation des Seti-Projekts in Kalifornien sagen die Existenz von zehntausend intelligenten Zivilisationen allein in der Milchstraße vorher. Andere halten dagegen, die Erde könne im Universum der einzige Lebensraum sein. Sie führen die vielen Zufälle ins Feld, die erst die Voraussetzung für Leben auf der Erde schufen.

Als es Nacht wird in La Silla und streunende Füchse zwischen den Silberkuppeln des Observatoriums ihre Jagd nach Mäusen aufnehmen, herrscht in der Kontrollstation zwischen Dutzenden Monitoren so etwas wie routinierte Aufbruchstimmung. Die Kuppelschalen haben sich geöffnet, die Teleskope liefern Messwerte, die Rechner sortieren mit raffinierten Programmen mögliche Treffer aus der Datenflut. Zielgebiet ist nur unsere Milchstraße, die allein mehr als hundert Milliarden Sonnensysteme umfasst. Die an sich schon unvorstellbare Zahl gerät im Licht der geschätzten hundert Milliarden Galaxien im Universum völlig außer Reichweite jeder Fantasie.

Wer die Astronomen mit leisen Stimmen sprechen hört, könnte meinen, Biologen zu belauschen. Da ist von der Evolution des Alls die Rede, von Sternen, die geboren werden oder sterben, von jungen und alten Galaxien und von der sagenhaften Vielfalt der Himmelskörper, die alle so einzigartig und unverwechselbar sind wie irdische Lebewesen.

Aus der nüchternen Perspektive der Sternengucker haben wir mit der Erde unglaublich viel Glück gehabt. Es ging schon vor der Geburt unserer Sonne in einer zusammenstürzenden kosmischen Staubwolke los. In der »Nähe« verging gerade in einer gewaltigen Supernova ein Stern und spie schwere Elemente wie Eisen oder Nickel ins All. Allein dieser Explosion verdankt die Erde die für das Leben unentbehrlichen Stoffe. Wie durch ein Wunder ist es seither zu keiner weiteren Supernova gekommen, die durch Röntgenstrahlen alles Leben ausgelöscht hätte.

Bis vor etwa 3,8 Milliarden Jahren war unser Planet gewaltigen Einschlägen kleinerer Himmelskörper ausgesetzt, in deren Folge die Ozeane immer wieder verdampften und alles sterilisierten. Nach Schätzungen bekam die junge Erde um die zwanzigtausend größere »Impacts« ab, einige darunter von kolossalem Ausmaß. Als das schlimmste Bombardement vorbei war, entstand in kürzester Zeit das erste Leben. Das ging so schnell, dass manche Experten glauben, es müsse von außen gekommen sein, etwa vom Mars. So umstritten diese »Panspermien-Hypothese« bis heute geblieben ist, so einmütig geht die Fachwelt davon aus, dass die Erde regelmäßig mit organischer Substanz »geimpft« worden ist. Die Grundbausteine des Lebens wären damit aus anderen kosmischen Küchen gekommen.

Doch damit der Zufälle nicht genug. Die Temperaturverhältnisse in der Erdatmosphäre waren gerade ideal, damit Regen die Treibhausgase, vor allem Kohlendioxid, auswaschen konnte. Auf der Venus sorgt der Treibhauseffekt durch diese Gase für eine Dauertemperatur von über vierhundert Grad – Leben auf wässriger Basis unmöglich. Der Mond, ebenfalls aus einer gewaltigen Kollision mit der Erde hervorgegangen, stabilisiert deren Rotationsachse so, dass alle Seiten gleichmäßig mit Licht beschienen werden. Überdies bremst unser romantischer Nachbar die Drehung der Erde um die eigene Achse. Ohne diesen Effekt würden bis heute mächtigere Stürme toben, als Menschen sie je erlebt haben.

Planeten in anderen Sonnensystemen haben oft stark elliptische Bahnen um ihre Sonne. Die der Erde ist mit einer geringen Abweichung nahezu rund. Das garantiert halbwegs gleiche Temperaturen über das ganze Jahr. Zudem hat Mutter Gaia offenbar genau die richtige Größe. Wäre sie bedeutend kleiner, gäbe es keine Umwälzung der Erdkruste durch Plattentektonik und keine Ozeane. Umgekehrt könnte sie, wenn sie viel schwerer wäre, ganz mit Wasser ohne Land oder Berge bedeckt sein: Die höhere Schwerkraft würde jede Erhebung so verlangsamen, dass die See das Land fräße, bevor es an die Oberfläche treten könnte. Der wichtigste Punkt aber ist, was Wissenschaftler »bewohnbare Zone« um eine Sonne nennen. Läge die Umlaufbahn der Erde nur um anderthalb Prozent näher an der Sonne, hätten wir Zustände wie auf der Venus.

Schließlich haben wir auch großes Glück mit unserem Nachbarn Jupiter. Dank seiner viel größeren Schwerkraft fängt er Asteroiden und Kometen und verschont uns weitgehend vor tödlichen Treffern. Wie gut uns der große Bruder schützt, konnten wir 1994 mit eigenen – bewaffneten – Augen erleben, als auf ihm der Komet Shoemaker-Levy 9 einschlug.

Zusammengenommen lassen uns die Zufälle auf einem so unwahrscheinlichen Planeten leben, dass er durchaus einmalig sein könnte. Und das alles war vorhanden, bevor durch eine nicht minder unwahrscheinliche Kette von Zufällen die einzig bekannte intelligente Spezies entstand. Beide Zufallsketten gemeinsam machen die Wahrscheinlichkeit, irgendwo Unseresgleichen zu finden, noch einmal unendlich viel kleiner.

Doch Einmaligkeit heißt auch Einsamkeit, der schlimmste Gemütszustand für das Gemeinschaftswesen Mensch. Deshalb richtet sich die Hoffnung auf ein Phänomen, das schon bei der Evolution des Lebens hilfreich Pate stand: das Prinzip der großen Zahl. Wer genug Lose kauft, erzielt auch Hauptgewinne. Wenn jeder Stern nur einen Planeten hätte, dann gäbe es Trillionen Chancen, dass gerade irgendwo jemand den gleichen Gedanken hat. Aber selbst wenn uns die grünen Männchen für immer verborgen bleiben, schon die Entdeckung irgendwelchen Lebens außerhalb der Erde wäre die größtmögliche Sensation.

Im Frühjahr 2007 sind Sterzik und seine Kollegen im Sternbild

Waage erstmals fündig geworden. »Nur« zwanzig Lichtjahre von der Erde entfernt, kreist um einen Roten Zwergstern namens Gliese 581c ein Exoplanet. Unter den damals bekannten Kandidaten – ihre Liste umfasst inzwischen mehr als dreihundert – schien dieser den irdischen Bedingungen am nächsten zu kommen. Mit einer geschätzten Durchschnittstemperatur zwischen 0 und 40 Grad Celsius fiele er erstmals in den Bereich der Erde mit ihren 14 Grad.

»Auf der Schatzkarte des Universums möchte man diesen Planeten mit einem großen X versehen«, sagt Xavier Delfosse aus Grenoble, einer der beteiligten Gast-Astronomen in La Silla. Genauere Berechnungen ergeben zwar bald, dass Gliese 581c wahrscheinlich doch zu heiß für Leben ist. Aber sein Nachbar Gliese 581d könnte die Bedingungen erfüllen, wenn auf ihm ein ähnlich gearteter Treibhauseffekt existierte wie auf der Erde.

Im Frühjahr 2008 melden Forscher nach Beobachtungen mit dem Weltraumteleskop »Hubble« einen weiteren spannenden Befund: Auf dem Planeten HD 189733 in 63 Lichtjahren Entfernung von der Erde gibt es Methan. Bis dahin waren noch nie organische Moleküle auf einem Planeten außerhalb unseres Sonnensystems gefunden worden. Mit 900 Grad Celsius Oberflächentemperatur ist zwar auch dieser Planet viel zu heiß für Leben, wie wir es kennen. Doch Analysen haben gezeigt, dass er eine Atmosphäre und Wasser besitzt.

Über kurz oder lang werden sich unter der Unzahl erdferner Planeten solche mit Bedingungen finden lassen, die Leben ähnlich dem auf der Erde ermöglichen. Astronom Sterzik bereitet sich schon auf den Moment vor, wenn es darum geht, die Gretchenfrage zu beantworten. Wie könnten sich Anzeichen von Leben überhaupt feststellen lassen? »Der einzige belebte Planet, den wir kennen, ist unser eigener. Wie würden wir denn vom Mond aus das Leben auf der Erde messen?«

Der Deutsche hat sich eine interessante Strategie ausgedacht: Man könnte doch umgekehrt den fahl glimmernden Neumond nehmen, und im Gegenschein wie in einem Milchglasspiegel die Reflexion der irdischen Strahlung messen. Die Vegetation mit ihrem grünen Chlorophyll absorbiert so viel rotes Licht, dass die Erde ein bestimmtes Spektrum abstrahlt. »Wir müssen nachweisen, was wir bereits wissen«, erklärt Sterzik: »Dass es auf der Erde Leben gibt. Erst wenn wir hier ein positives Signal empfangen, können wir der Methode vertrauen.«

Im nächsten Schritt will er eine Eigenschaft des irdischen Lebens nutzen, die Wissenschaftler bis heute vor Rätsel stellt: Alle Aminosäuren, aus denen die Eiweiße als Grundelemente des Lebens bestehen, sind in ihrem Aufbau »linksdrehend«. Niemand weiß, warum. Stellt man Aminosäuren künstlich her, kommt immer eine Mischung aus rechts- und linksdrehenden heraus. Ob erst das Leben die Wahl zwischen den beiden Formen getroffen hat oder ob durch interstellare Prozesse nur die eine Variante entstanden und dann auf die Erde gelangt ist, interessiert Sterzik weniger. Vielmehr hält er es für möglich, die einseitige »Helikalität« aller Biomoleküle über Polarisationsmessungen zum Parameter für Lebendiges zu machen.

In einem Punkt sind sich alle Entdeckungsreisenden auf der Suche nach Leben im All einig: Ohne Evolution wäre es nicht möglich. Zu sehen, ob sie nach ähnlichen Prinzipien abläuft wie die auf der Erde, wäre der ultimative Testfall für Darwins Theorie. Natürlich läge eine Reise zu anderen Planeten des Lebens völlig außer der Reichweite menschlicher Möglichkeiten. Mit heutiger Höchstgeschwindigkeit bräuchten wir allein bis Gliese 581c eine halbe Million Jahre. Doch Daten, mit Lichtgeschwindigkeit transportiert, legen den Weg innerhalb der Lebenszeit eines Menschen zurück, jeweils zwanzig Jahre für eine Strecke.

In der Science-Fiction könnte die Menschheit, bevor ihr Planet sich erschöpft, ihre gesamten biologischen Daten zusammen mit ihrem kulturellen Wissen auf einen belebten Planeten beamen, um dort als Klon ihrer selbst zu überleben. So wäre der unwiederbringliche Schatz an Lösungen, die biologische und kulturelle Evolution auf der Erde geschaffen haben, zu retten.

Die Bio-Astronomen sehen ihre Forschungen als Vorbereitungen für ein künftiges Großprojekt. Ab dem Jahr 2015 wollen sie vier Satelliten ins All schicken, um dort mit viel weiter reichenden Instrumenten nach Lebenszeichen zu suchen. Wenn es irgendwo Leben gibt, davon gehen sie aus, dann hat es auch eine Evolution durchlaufen. Die internationale Weltraummission hat bei ihrer Gründung einen unverwechselbaren Namen erhalten. Sie heißt »Darwin«.

16
Galápagos

Die Verwunschenen · »Lonesome George« · Darwins Versuchsballons · Bedrohlicher Tourismus · Im Labor der Evolution · Das Prinzip Insel · Die Aufspaltung von Arten · Radiation · Darwins Konkurrent · »Die Entstehung der Arten«

Endlich auf der Beagle, Höhepunkt der Reise, 90 Grad West, ein Grad Süd – Galápagos. Die Brigantine, ein schlanker Zweimaster Baujahr 1970, in etwa so lang wie FitzRoys gleichnamige Brigg, aber viel schmaler und kaum halb so viel verdrängtes Wasser, fährt hart am Wind. Die Segel weiß und straff, die See tiefblau und klar, am Horizont die Silhouetten karger Inseln. Seehunde schnellen aus den Wellen hervor und jagen fliegende Fische. Tölpel schießen wie Pfeile in die Wasserhaut. Pelikane segeln auf breiten Schwingen.

Feiner Nieselregen, schwere Wolken, Frieren am Äquator, dann wieder blendender Sonnenschein. Wo auf Darwins Beagle drangvolle Enge herrschte, reisen wir in Doppelkabinen mit eigenem Bad, und an Bord gibt es ausreichend Platz, um sich mit einem Buch vom Rest der Mitreisenden abzusondern. Zwölf Passagiere, sechs Mann Besatzung, eine Zweckgemeinschaft aus kräftig Zahlenden und mäßig Bezahlten, die niemals zusammengekommen wäre, hätte Darwin nicht am 16. September 1835 seinen Fuß auf die verbrannte Erde im Pazifik gesetzt.

Kein Ort ruft seinen Namen so stark ins Gedächtnis wie der Archipel knapp tausend Kilometer vor der Küste Ecuadors. Hier ist der Mythos vom Genie entstanden, dem das Leben in Form von Vogelschnäbeln und Schildkrötenpanzern ein tiefes Geheimnis anvertraut hat. Schon Schulkinder hören von den »Darwinfinken«, die ihm die Augen geöffnet haben sollen, von zahmen Vögeln, Riesenechsen und anderen Urtieren auf kargen Felsen. Die ersten Entdecker glaubten hier sogar die Hölle auf Erden zu erblicken, Piraten nannten sie später »Las Encantadas«, die Verwunschenen. Das sind sie bis heute geblieben.

Aber was gibt es hier, das dem Mythos gerecht wird? Was lockt Scharen von Pauschalreisenden an, die »Darwins Inseln« buchen? Wie wichtig war ihm selbst der Archipel? Und: Wäre er auch dann auf seine Theorie gekommen, wenn er nie diesen Ort gesehen hätte?

Was die »Gäste« hier suchen (und auch finden), ist schnell erfasst: ein sicheres Abenteuer, diesen größten inneren Widerspruch des modernen Themenparktourismus, Naturkunde in verdaulichen Häppchen, Schlauchbootfahrten, Schnorchelgänge, Landausflüge in einen Zoo ohne Zäune, wo ein ums andere Mal derselbe Zaubertrick zur Aufführung kommt: wilde Tiere ohne Fluchtinstinkt, zahme Monster, zum Anfassen nahe, urzeitliche Saurierwesen, Seelöwen und Großvögel ohne jede Scheu, dazwischen der Mensch als harmlos umherirrender Fremder, wie wenn eine unsichtbare Wand die beiden Welten trennte. Die Wesen zeigen kaum Interesse an den Eindringlingen, lassen sich von allen Seiten ablichten und schenken den Touristen Bilder, wie sie andernorts nur geduldigen Tierfotografen gelingen.

Da ist niemand ohne Kamera zu sehen. Viele haben zwei oder mehr dabei. Das selbst gemachte Bild als Beleg der eigenen Existenz. Brillante Fotos von Galápagos und seinen Tieren gibt es zuhauf. Die Läden in Puerto Ayora, der einzig nennenswerten Stadt, hängen voll davon. Doch der Leguan, mit eigener Linse geschossen, zählt mehr als tausend Profiaufnahmen. Die Lehrerin aus Holland könnte weinen, als am letzten Tag alle Bilder von ihrer Speicherkarte verschwinden. »Das ist, als wäre ich nie hier gewesen.« Selbst die Aufnahmen der Tochter bieten ihr keinen Trost. Die Beute ist der Sinn der Jagd. Wer ohne heimkehrt, hätte gleich zu Hause bleiben können.

Dabei ist das andere viel spannender. *Es ist immer erfreulich, etwas zu erblicken, das schon so lange vertraut gewesen ist, aber nur durch Beschreibungen.* Selten habe ich die Distanz zwischen dem Wahrnehmen von Abbildern und dem bewussten Erleben des gleichen Anblicks so deutlich verspürt wie auf Galápagos. Wo sonst kann sich der Reisende von flauschigen Küken des rotfüßigen Tölpels in die Hutkrempe picken lassen, ihren blaufüßigen Vettern beim Liebesspiel zusehen, sich Bussarden auf Kakteenblättern bis auf wenige Schritte nähern, Riesenschildkröten zu ihrer Wasserstelle begleiten oder dem Kampf zweier vorsintflutlicher Meerechsen aus nächster Nähe beiwohnen? Alles so übersichtlich wie in einem Anfängerkurs in Naturkunde, wo nach wenigen Tagen jeder die wenigen dort behandelten Wesen auseinanderhalten kann.

Die Natur wirkt fast unnatürlich und der Friede so unheimlich künstlich wie in einem Schaukasten mit Aufziehpuppen. Und das in einer Wunderwelt, die auf dem Weg vom Himmel zur Hölle irgendwie auf der Erde hängen geblieben sein muss. *Die schwarzen Felsen, von der senkrechten Sonne aufgeheizt wie eine Herdplatte, verliehen der Luft ein einschnürendes und schwüles Gefühl. Die Pflanzen riechen ebenfalls unangenehm. Das Land ließ sich mit unserer möglichen Vorstellung vergleichen, wie der kultivierte Teil des Infernos sein muss.* Man geht wie Eva mit Adam durch einen Garten Eden auf der Asche der Unterwelt. *Der Tag war glühend heiß, und sich den Weg über die raue Oberfläche und durch die verworrenen Dickichte zu bahnen war sehr ermüdend, doch wurde ich durch die eigenartige, zyklopische Szenerie reich belohnt.*

Die Bühne ist bereitet für Darwins Auftritt. In Puerto Ayora gibt es Straßen, Restaurants und Reisebüros, die seinen Namen tragen, T-Shirts, Tassen, Postkarten, komplette Wandgemälde mit seinem Konterfei und die Charles-Darwin-Forschungsstation mit ihrer eindrucksvollen Nachzucht von Landschildkröten. Galápagos ohne Darwin, das wäre wie New York ohne Manhattan. Doch wo steckt der Hauptdarsteller, der Werbeträger für die Show? Der Allgegenwärtige bleibt auf eine eigenartige Weise abwesend. Er lockt die Leute in sein Reich, als Ikone oder Galionsfigur, doch dann lässt er sie allein. Es gibt kein Tal des Heureka, keinen Felsen der Erkenntnis, keine Insel der Einsicht. Evolution lässt sich nicht betrachten wie ein Sonnenuntergang. Immer nur Momentaufnahmen, wie bei den Sternen, die still zu stehen scheinen, sich aber in Wahrheit bewegen. Wir staunen über das Ergebnis, sehen aber nicht den Prozess.

Das Galápagos in Darwins Kopf zählt ungleich mehr als das auf dem Globus. Er trägt es mit nach Hause. Erst dort liefert es ihm einen wichtigen Baustein für sein Gedankengebäude – aber keineswegs den wichtigsten. In seinem Reisetagebuch findet sich nur ein einziger Satz, der zeigt, dass er hier bereits in größeren Dimensionen denkt: *Es wird sehr interessant sein, in künftigen Vergleichen zu ermitteln, welchem Be-*

reich oder »Schöpfungszentrum« die organisierten Lebewesen dieses Archipels zugeordnet werden müssen.

Darwin, dem Geologen, entgeht nicht, dass jede einzelne dieser Inseln aus dem Feuer der Erde geboren wurde, als toter Felsen auferstanden aus den Fluten. Endlich erfährt er aus der Nähe, was seine Fantasie schon so lange beflügelt: Vulkanismus zum Anfassen. *Mit ihren regelmäßigen Formen verliehen diese Krater dem Land etwas Künstliches, das mich lebhaft an jene Gegenden in Staffordshire erinnerte, in denen die großen Eisengießereien am zahlreichsten sind.* Galápagos befindet sich an einem geologischen »Hotspot«, der ständig neues Land gebiert. Die vulkanischen Eilande durchlaufen selbst Zyklen aus Entstehen, Besiedlung und Verwüstung, bevor sie wieder in den Fluten versinken. Das heißt: Alle Lebewesen müssen von außen hierhergekommen sein.

Aus kreationistischer Sicht hat der Schöpfer Archetypen seiner Kreaturen an bestimmten Stellen der Erde erschaffen oder ausgesetzt. Von dort haben sie sich so weit über ihr Habitat verbreitet, wie es zu ihnen passt. Doch woher mögen sie auf diesen isolierten Inseln kommen, die Korbblütler, die Darwin mehr oder weniger wahllos einsammelt, die Muscheln, Mäuse, Reptilien und Vögel? Und wer oder was hat sie hierhergebracht?

Das Entscheidende übersieht er zunächst: Dass der Archipel ein eigenes »Schöpfungszentrum« bildet, wo einwandernde Spezies sich an die Ortsverhältnisse anpassen und neue Arten bilden. Und dass sich verwandte Spezies von Insel zu Insel unterscheiden. Selbst den Hinweis des englischen Gouverneurs Lawson, man könne die Schildkröten unterschiedlicher Inseln anhand ihrer Panzer auseinanderhalten, lässt er anfangs unbeachtet.

Jene berühmten Finken, so zahm, dass sie sich mit dem Hut fangen lassen, hält er wegen ihrer großen Unterschiede für Vögel verschiedener Gruppen, glaubt, Stärlinge, Ammern oder Grasmücken vor sich zu haben. Er beschriftet sie zudem so nachlässig, dass sie sich daheim nicht mehr bestimmten Inseln zuordnen lassen. Erst der Ornithologe John Gould, der Darwins Funde untersucht, macht ihn auf deren Besonderheiten aufmerksam. Die Vögel, allesamt der Wissenschaft bis dahin unbekannt, gehören ausnahmslos zu den Finken. Sie bilden eine eigene Gruppe, die auf Galápagos beschränkt ist. Die fehlenden Fundorte kann Darwin dank der Sammelleidenschaft der halben

Mannschaft nachreichen, darunter zwei Exemplare aus FitzRoys Kollektion.

Auf den Galápagosinseln agiert er noch ohne *Theorie, mit der ich arbeiten kann.* Ein wenig läuft er herum wie die neugierigen Touristen, packt ein, was er kriegen kann. Meerechsen beschreibt er mit dem gleichen entsetzten Erstaunen, das jeden Besucher befällt. *Das Wesen ist hässlich anzusehen, von schmutzigschwarzer Färbung, dumm und träge in seinen Bewegungen.*

An kaum einem Ort der Welt stellt sich so wie hier das Gefühl einer Zeitreise in längst vergangene Epochen ein. *Diese Reptilien, umgeben von der schwarzen Lava, den blattlosen Büschen und großen Kakteen, erschienen meiner Phantasie wie vorsintflutliche Wesen.* Mit Schildkröten treibt er seinen Schabernack. *Es amüsierte mich immer, wenn ich eines dieser großen Ungeheuer auf seinem gemächlichen Marsch überholte und es in dem Moment, da ich an ihm vorüberging, Kopf und Beine einzog und tief zischend mit einem harten Schlag wie tot auf die Erde plumpste.*

Was ihnen gegen alle anderen Feinde hilft, versagt gegenüber dem ärgsten. Seefahrer haben sich hier reichlich mit frischem Proviant versorgt. Der »Vorteil« der Reptilien: Sie können monatelang lebendig an Bord gehalten werden, ohne Futter zu brauchen. Schätzungsweise zweihunderttausend Schildkröten lassen in zweihundert Jahren als Frischfleischlieferanten ihr Leben. Einige Arten sind heute ausgestorben. Auf der Insel Española gab es nur noch zwölf Weibchen und zwei Männchen, als die Forschungsstation eingriff. Seit den Siebzigerjahren des letzten Jahrhunderts werden sie erfolgreich nachgezüchtet und nach drei bis fünf Jahren in ihren natürlichen Lebensräumen ausgewildert.

Für die prominenteste Schildkröte des Archipels kam die Hilfe zu spät. »Lonesome George« von der Insel Pinta ist der Letzte seiner Art. In der Aufzuchtstation lebt er, täglich hunderte Male megagepixelt, mit zwei Weibchen einer ähnlichen Spezies von der Insel Isabel. Da sie ihm genetisch am nächsten stehen, könnten sie mit seinem Sperma Nachwuchs hervorbringen. Besucher werfen Kleingeld ins Wasser und wünschen ihm Glück. Irgendwie begreift er seinen biologischen Imperativ auch und stellt den Weibchen nach. Doch die nehmen regelmäßig Reißaus. Man meint den Frust im greisen Gesicht von George zu sehen.

Ein besseres Symbolbild kann Galápagos nicht liefern. Mit einem einsamen Vertreter nimmt eine Art nach Zigmillionen Jahren Abschied von diesem Planeten. Nach mehr als dreißig Jahren in Gefangenschaft schwindet die Hoffnung, dass George noch einmal Vater wird. Um sein genetisches Erbe zu retten, wird sogar erwogen, ihn durch Klonierung zu vervielfältigen. Des Menschen Sehnsucht nach Unsterblichkeit im Zeitalter biotechnischer Reproduzierbarkeit.

Doch während der Arbeit an diesem Buch erhalte ich Nachricht aus der Darwin-Station: »Endlich zwei Nester gefunden, einige Eier liegen im Inkubator, und in einigen Monaten wird man wissen, ob es tatsächlich Nachwuchs geben wird!«

Darwin misst die Reisegeschwindigkeit der tapsenden Riesen. Da sie Tag und Nacht durchmarschieren, schaffen sie sechs Kilometer in vierundzwanzig Stunden. *Einige Male setzte ich mich einer auf den Rücken, und wenn ich ihr dann ein paar Mal hinten auf den Panzer klopfte, erhob sie sich und lief los.* Ähnlich heutigen Besuchern (die keine Tiere anrühren dürfen) erlebt er die Inseln wie eine Achterbahnfahrt mit ständig neuen Sensationen. Acht der Eilande – es gibt vierzehn größere und über hundert kleinere – habe ich gesehen, jedes ist anders. Die einen sind flach und ausgedörrt, andere in der Höhe von dichten Nebelwäldern bedeckt. *Daher haben wir dort eine helle grüne und feuchte Vegetation und schlammigen Boden.* Lange weiße Strände, dunkle Höhlen, *vermutlich durch Gas entstanden, als die Lava noch flüssig war,* Lagunen mit Flamingos, die mit ihren Hälsen kopfunter den Schlamm durchpflügen und in seltsamen Mustern Spuren zurücklassen.

Für jeden Erstbesucher ist Galápagos anders als alles, was er bis dahin gesehen hat. Das macht den wesentlichen Reiz der Inselgruppe aus. *Die Szene war für mich neu und voller Interesse.* Vielleicht sichert die nie gesehene, prähistorisch anmutende Szenerie dem Archipel einen Sonderplatz in Darwins Gedächtnis. Die Entdeckung der Evolution in Aktion war es jedenfalls nicht. Und doch muss hier etwas hängen geblieben sein. Seine Theorie bekommt reichlich Futter. Und im Unbewussten nisten sich Zweifel ein: Bleiben Arten so, wie Gott sie erschaffen hat? Oder können sie sich verändern? Irgendwann muss diese Frage begonnen haben, im vorbewussten Raum freier Assoziation zu arbeiten.

Etwa ein Jahr nach seinem Besuch auf Galápagos, noch bevor die Beagle in England anlegt, zeigt ein Absatz in Darwins zoologischen Notizen, wie ihn die Erlebnisse dort umtreiben. Soeben hat er seine Spottdrosseln katalogisiert und bemerkt, dass die einzelnen Spezies sich einzelnen Inseln zuordnen lassen. *Ich habe Exemplare von vier der größeren Inseln. ... Auf jeder findet man* exklusiv *nur eine Art.*« Nicht die Finken haben ihn auf die Fährte gesetzt. Beim Anblick der Drosselbälge kommt ihm auch die Geschichte mit den Schildkrötenpanzern in den Sinn. Falls es lichthelle Momente in seinem Leben gab, dann gehört dieser dazu.

Wenn ich mir die Tatsache vor Augen halte, dass ... die Spanier sofort sagen können, von welcher Insel eine Schildkröte herstammt, und wenn ich mir diese Inseln in Sichtweite voneinander anschaue, auf denen nur wenige Tierarten vorkommen und diese Vögel heimisch sind, die sich in ihrer Struktur nur geringfügig unterscheiden und in der Natur den gleichen Platz einnehmen, dann muss ich vermuten, dass es sich um Varietäten handelt. ... Wenn es auch nur die geringste Grundlage für diese Bemerkung gibt, dann wird es sich lohnen, die Zoologie des Archipels zu untersuchen; denn solche Tatsachen würden die Stabilität der Arten untergraben.

Da hat er den Fisch an der Angel. Der Zweifel steht am Beginn aller Erkenntnis. Als John Gould ihm Anfang 1837 die sensationellen Resultate der Vogelzuordnung vorlegt, taucht Galápagos in Darwins geheimen Notizbüchern auf. Schon während der Reise hat er sich Gedanken gemacht, warum die Spottdrosseln *in ihrer Erscheinung nahe verwandt mit der Chilespottdrossel oder der Camposspottdrossel vom Río de la Plata* sind. Könnte es sein, dass sie alle aus Südamerika herübergekommen sind? Oder vielleicht nur eine Art, die sich verzweigt hat?

In Notizbuch B gibt er sich im Sommer 1837 eine erste Antwort: *Tiere auf getrennten Inseln unter leicht differierenden Bedingungen sollten verschieden werden, wenn nur lang genug getrennt gehalten.* Ein paar Seiten später skizziert er den Lebensbaum. Mit der richtigen Idee im Hinterkopf lassen sich plötzlich unzählige Beispiele finden. *Nun Galápagosschildkröten, Spottdrosseln; Falkland-Fuchs – Chiloé, Fuchs, – Englischer und Irischer Hase.*

Die Finken wird er nur in seinem Reisebericht erwähnen. Später spielen sie keine Rolle mehr. Faszinierend, wie er das Galápagos-Kapitel mehr als jedes andere benutzt, um die Sensibilität des Publikums für sein heikles Thema zu testen. Zunächst entschuldigt er sich, die Bedeutung der Inselwelt zu spät erkannt zu haben: *Es ist das Los der meisten Reisenden, erst dann zu entdecken, was an einem Ort das Interessanteste ist, wenn sie sich wieder davon aufmachen.* Dann macht er in der ersten Ausgabe von 1839 die Herkunft der Arten aus Südamerika kurz zum Thema. Ausführlich geht er auf die verschiedenen Spezies auf unterschiedlichen Inseln ein, nennt die Spottdrosseln als Beispiel, am Ende kneift er aber: *Doch in diesem Werk gibt es nicht genug Platz, dieses Kuriosum näher zu erläutern.*

Zu einem anderen Thema äußert er sich schon hier ungeschminkter. Die Zahmheit der Vögel bringt ihn auf einen Vergleich mit Haustieren. Bei denen *sind wir gewohnt zu sehen, dass Instinkte vererbbar werden* – und zwar *im Verlauf nachfolgender Generationen.* Und er schließt das Buch mit einem prophetischen Satz, in dem er erstmals die Idee vom Kampf ums Dasein anklingen lässt. *Wir können aus diesen Fakten folgern, welche Verheerung die Einführung eines neuen Raubtieres in ein Land verursacht, bevor die Instinkte der Ureinwohner an das Geschick oder die Kraft des Fremden angepasst sind.* Niemand riecht Lunte. In der zweiten Auflage von 1845 wird er noch deutlicher. Für jeden, der es so lesen will, bekennt er sich hier zur Evolution. *Daher scheint es, als seien wir, sowohl in Zeit wie Raum, einigermaßen nahe jenem großen Faktum gebracht – jenem Rätsel aller Rätsel –, dem Erscheinen neuer Lebewesen auf dieser Erde.*

Als Beispiel nennt er *die vollkommene Abstufung der Schnabelgröße bei den verschiedenen Arten des* GEOSPIZA und präsentiert jetzt erst die Zeichnungen der Finken, wie sie sich heute in jedem Schulbuch finden: Dicker Schnabel zum Beißen von Kernen, lang und scharf für Blumen, kurz und spitz für kleinste Wesen in Felsspalten. Spechtfinken verwenden außerdem Stöckchen als Werkzeuge, um Insektenlarven aus ihren Verstecken zu pulen. Vampirfinken sitzen auf den Rücken von Tölpeln und picken ihnen Wunden in die Haut.

Wenn man diese Abstufung und strukturelle Vielfalt bei einer kleinen, eng verwandten Vogelgruppe sieht, möchte man wirklich glauben, dass von einer ursprünglich geringen Zahl an Vögeln auf diesem Archipel eine Art ausgewählt und für verschiedene Zwecke modifiziert wurde. Es sind allein diese Sätze, die den Mythos begründen. Hier macht er Galápagos berühmt – und deutet an, worauf er hinauswill: Abstammung mit Veränderung. Der Aufschrei des Publikums bleibt wiederum aus.

Indem er Galápagos auf die Weltkarte setzt, trägt Darwin zu Schutz und Rettung des einzigartigen Lebensraums bei. Doch die Dynamik von Fortschritt und kultureller Evolution will es so, dass ein Naturparadies, vor dem Zugriff von Menschen geschützt, im Menschen nun seine größte Bedrohung erfährt. Der Tourismus gefährdet den Archipel mehr als irgendwelche anderen Naturkatastrophen. Die Zahl der Gäste schwillt an, die einmal gesetzte Grenze von hunderttausend pro Jahr ist längst überschritten.

Mittlerweile tauchen immer häufiger Kreuzfahrtschiffe mit fotohungrigen Hundertschaften auf, die in langen Kolonnen knipsend über die Inseln trampeln. Vergnügungsreisende feiern Partys im Höllenparadies und lassen sich mit Nikolausmützen vor Nestern brütender Tölpel ablichten. Die Koordinierungsstelle des Nationalparks muss schon mehrere Gruppen gleichzeitig auf eine Insel lassen. Es wird eng auf Galápagos. Der geologische und biologische Hotspot ist zum touristischen geworden.

Die Inselgänger selber sind das geringere Problem. Sie dürfen nur wenige Areale betreten, niemand ohne zugeordneten Naturführer, der Großteil der Inselflächen bleibt unberührt. Die größte Gefahr entsteht jenseits der schwimmenden Luxusherbergen. Täglich legen Frachtschiffe an, landen Transportflugzeuge, um Versorgungsgüter zu liefern. Die Menschen auf Galápagos könnten ohne Importe nicht existieren. *Ich möchte denken, es wäre schwierig, in tropischen Breiten ein Stück Land ... zu finden, das so vollständig unbrauchbar ist für den Menschen und größere Tiere.*

Der Tourismus spült Geld auf die Inseln, im Jahr 2006 geschätzte vierhundert Millionen Dollar. Und wo Geld winkt, da sammeln sich Leute. Die Gehälter liegen hier doppelt so hoch wie auf dem ecuadorianischen Festland. Die Einwohnerzahl des Archipels ist in fünfzig Jahren von harmlosen zweitausend auf über dreißigtausend emporgeschnellt. Zu Darwins Zeit sind es zwei- bis dreihundert.

Abwässer werden ungeklärt ins Meer geleitet, Weideflächen ausgedehnt, Haustiere verwildern, Ziegen sind zur Plage geworden, Fischer bedrohen Forscher wegen naturschutzbedingter Fangquoten. Die UNESCO hat die Inselgruppe auf die Liste des gefährdeten Welterbes gesetzt. Bei gleichbleibender Wachstumsrate würde die Touristenzahl von jetzt hundertvierzigtausend in nur fünfzehn Jahren auf vierhunderttausend anwachsen. Mit jeder Anlandung drohen fremde Arten einzuwandern. Eingeschleppte Chinarindenbäume überwuchern bereits die Brutplätze der Hakensturmtaucher.

Der Direktor der Charles-Darwin-Station, Graham Watkins, sieht den roten Bereich bedrohlich näher rücken. Ein welterfahrener Ökomanager, der nicht mit der Kröte kommt, sondern mit dem Ganzen und Skeptiker am eigenen Kragen packt. Auch unter den touristischen Zielen gehe es ums Überleben des Tüchtigsten, hier insbesondere um den Erhalt der Marke Galápagos. »Galápagos ist ein äußerst gefährdetes Produkt auf einem sehr beweglichen Markt.« Auch wenn oberflächlich noch alles in Ordnung wirkt, sind die zersetzenden Kräfte längst am Werk. Wenn sie dann sichtbar werden, ist es oft zu spät. Das typische Schicksal solcher speziellen Touristenziele ist in Lehrbüchern nachzulesen.

Der Biologe hat in den Achtzigerjahren selbst auf Galápagos als Touristenführer gearbeitet. Die Bedrohung der einzigartigen Inselwelt betrachtet er als so überwältigend, dass er als mindeste Sofortmaßnahme fordert, die Besucherzahl einzufrieren und keine größeren Kreuzfahrtschiffe mehr zuzulassen. Damit macht sich der Störenfried bei den örtlichen Geschäftsleuten und Touranbietern nicht gerade beliebt. Für sie hat das große Geldverdienen gerade erst begonnen. Deshalb hat er in seiner Not sogar vorgeschlagen, den Besuch der Inseln mit 2000 statt heute etwa 500 Dollar pro Tag und Person in einem noch viel höheren Preissegment zu platzieren. Damit könnten die Gewinne steigen, ohne die Belastung durch Menschen zu erhöhen.

HOMO TOURISTICUS auf der kleinen Beagle macht sich sein Zerstörungspotenzial in der Regel nicht bewusst. Er will Rochen sehen, Galápagos-Pinguine und Pazifische Suppenschildkröten, den Liebestanz der Albatrosse und die aufgeblähten roten Kehlsäcke der Fregattvogelmännchen. Ansonsten hält er sich an die Regeln, wirft möglichst nichts über Bord und wäscht nach jedem Landgang artig seine Schuhsohlen ab, um nicht Organismen von einer Insel auf die andere zu tragen. Zwischendrin hört er sich Vorträge über Wale oder Seelöwen an, und abends gibt es lauschige Kerzenlichtdinner an Deck. Die stille Nacht zwischen den beleuchteten kleinen und großen Schiffen in der Bucht von Puerto Ayora bleibt für alle unvergesslich.

Wer ahnt schon, dass selbst diese harmlose Gemütlichkeit Gefahren für das Traumziel birgt? Der Insektenforscher Lázaro Roque von der Darwin-Station hat gegen Widerstände der Schiffsbetreiber eine Untersuchung durchgesetzt, um den Einfluss der Kreuzfahrtindustrie auf die heimische Fauna zu ermitteln. Seine Ergebnisse sind alarmierend. Die Schiffslampen locken massenhaft Insekten an, die dann von Insel zu Insel transportiert werden. Und nicht nur das. Jedes Schiff bringt fliegende Einwanderer von anderen Orten mit, die sich ohne natürliche Feinde ausbreiten und die einmalige Tierwelt bedrohen. Spezialglühbirnen könnten ein Stück weit Abhilfe schaffen.

Auch wenn die Insekten selbst meist harmlos bleiben, können sie als Transporteure von Erregern gefährlich werden. Täglich wird mit der Invasion des West Nile Virus durch infizierte Mücken gerechnet. Die Viren haben Südamerika bereits überrollt, und es scheint nur eine Frage der Zeit, wann sie als blinde Passagiere hier eintreffen. Im August 2008 berichten amerikanische Forscher, sie hätten in Galápagos-Pinguinen Erreger der Malariagruppe gefunden. Ein anderer Vertreter dieser Virusgruppe hat in Hawaii bereits die Hälfte der einheimischen Vogelfauna ausgerottet. Die Tiere auf Galápagos stehen der Herausforderung durch neue Erreger so hilflos gegenüber wie die indianischen Ureinwohner den Seuchen ihrer Eroberer. Die Wehrlosigkeit der Vögel gegen eingeschleppte Krankheiten hat die gleiche Ursache wie ihre Zahmheit gegenüber Menschen: Ohne evolutionären Selektionsdruck haben sie sich nie an den potenziellen Feind anpassen können und müssen.

Wie konkret die Gefährdung durch Insekten geworden ist, haben Birgit Fessl und Sabine Tebbich vom Wiener Konrad-Lorenz-Institut zeigen können. Die beiden Biologinnen halten sich regelmäßig zu längeren Forschungsaufenthalten auf Galápagos auf, Fessl managt inzwischen als Angestellte der Darwin-Station das Mangrovenfinkenprojekt. Die parasitischen Larven einer Fliege, wahrscheinlich eingeschleppt auf Obst oder Gemüse, machen ausgerechnet den Darwinfinken schwer zu schaffen. Die Fliegen legen ihre Eier in deren Nester, die Larven bohren sich in die Körper der Küken und trinken ihr Blut. Die Sterblichkeit der Jungvögel hat sich bereits deutlich erhöht.

Ein mindestens ebenso großes Problem geht von Ratten aus, die Vogelnester mit frischen Eiern ausrauben. Die Mangrovenfinken stehen mit weniger als hundert Exemplaren vor dem Aussterben. Birgit

Fessl hat sich ein cleveres Experiment ausgedacht, um die Übeltäter dingfest zu machen. Sie baut die Nester der Vögel aus Kokosfasern nach, formt Eier aus Knetmasse, versieht die künstlichen Nester mit den Ei-Imitaten und hängt sie in Bäume. Um die Bissspuren der Räuber als Abdrücke eindeutig zuordnen zu können, hat sie sich zum Vergleich eigens ein Skelett von RATTUS RATTUS besorgt. Falls die Nager anbeißen, will sie die Eier mit Gift versetzen.

Mehr und mehr Forschung muss sich den Folgen menschlicher Einflüsse widmen. Doch Galápagos hält auch für klassische Biologen weiterhin Geheimnisse bereit. Sabine Tebbich untersucht, wie Spechtfinken lernen, Stöckchen als Werkzeuge zu gebrauchen. Das Geschick der Tiere erinnert an das von Schimpansen, die mit Ästen Ameisen aus Baumlöchern holen. Unglaublich, wie schnell die winzigen Piepmätze bei Versuchen mit künstlichen Verstecken aus Plastikröhrchen begreifen, auf welchem Weg sie an die leckere Larve gelangen. Aber wie lernen sie? »Sozial« wie wir Menschen und mitunter auch Schimpansen? Oder angeboren wie Spechte, die auch ohne Lehrer klopfen können? Die Forscherin hat in ihren Versuchen bei den Finken eine Art Mischform gefunden. Zumindest teilweise sind sie genetisch auf den Werkzeugbedarf vorbereitet. Mithilfe der angeborenen Grundausstattung können sie die Tricks Schritt für Schritt lernen.

Zum sozialen Lernen und seinem direkten Einfluss auf die Biologie hat Verhaltensökologin Fessl auf der Basis früherer Forschungsarbeiten von Kollegen Grundfinken untersucht. Bei denen lernen die Söhne den Gesang von den Vätern. Weibchen bevorzugen bei der Partnerwahl Männchen mit Gesängen, die denen ihrer Väter ähneln. Mit Klangattrappen lassen sich die Vögel auf die falsche Fährte locken: Die Weibchen wählen nach dem bevorzugten Gesang, auch wenn der Partner aus biologischer Sicht nicht ihrer Präferenz entspricht. Ein durch Lernen weitergegebenes Merkmal beeinflusst demnach das Fortpflanzungsverhalten. Solche abweichenden Vorzüge bei der Partnerwahl, wenn die eine Gruppe plötzlich eine andere Melodie attraktiver findet als die andere, können zur Trennung von Populationen führen, die sich zu eigenen Arten aufspalten.

Seit ein paar Jahren hat sich Galápagos tatsächlich zu dem »Labor der Evolution« gemausert, das Darwin dort vermutet. Die Biologen

Rosemary und Peter Grant aus Princeton haben evolutionäre Vorgänge in Anfängen erstmals im freien Feld beobachtet. Wie noch niemand vor ihnen können sie die Wirkung der natürlichen Auslese direkt demonstrieren. Sie untersuchen die Schnäbel von Grundfinken auf der Insel Daphne Major, gleichzeitig erfassen sie deren Futterquellen. In Jahren mit extremer Trockenheit stirbt ein Großteil der Population ab. Aber welche Tiere überleben? Das Ehepaar findet die erwartete Antwort: Je stärker die Schnäbel, desto größer die Chancen. Sie erlauben es den Finken, auch dickere und härtere Körner zu knacken, wenn ihre üblichen Futtersamen wegen der Dürre knapp werden.

Die Schnabelform wird nicht nur vererbt. Als Anpassung setzt sie sich viel schneller durch als gedacht. Natürliche Auslese, dieser scheinbar so endlos mühselige und langsame Mechanismus der Evolution, kann offenbar innerhalb einer Generation neue Verhältnisse schaffen.

Kaum hat das Ehepaar den überraschenden Fund bekannt gemacht, passiert etwas Außergewöhnliches: Zum ersten Mal seit Beginn der wissenschaftlichen Aufzeichnungen vor hundert Jahren besiedelt eine Finkenart eine neue Insel. Grundfinken einer größeren Spezies machen sich auf Daphne Major breit. Ihre Zahl nimmt stetig zu. In guten Jahren finden beide Arten genug zu beißen.

Dann kommt es erneut zu einer Trockenperiode. Beide Arten werden dezimiert. Doch die Einwanderer können nun viel besser die dickeren Samenkörner verwerten als die Alteingesessenen. Und was bleibt der kleineren Art? Hier machen die Grants ihre nächste aufregende Entdeckung: Die langjährigen Bewohner reagieren auf die neue Konkurrenz durch Anpassung – und zwar genau in die andere Richtung, als sie es vorher getan haben: Jetzt entwickeln sie kleinere Schnäbel. Dadurch erschließen sich ihnen Futterquellen, etwa in engeren Spalten, die ihre dickschnabligen Konkurrenten nicht erreichen. Und auch diese Anpassung ist in einer Vogelgeneration messbar.

So kommen Darwins Finken hundert Jahre nach seinem Tod wieder zu Ehren. Wie ein Züchter zwingt die Natur den Finken derselben Art größere oder kleinere Schnäbel auf. Genetische Analysen haben gezeigt, dass die Aktivität eines einzigen Gens (für die Produktion des Eiweißstoffs Calmodulin) für die Schnabelgröße verantwortlich ist. Allein über geringfügige Abwandlungen dieses einen Gens kann sie sich in kürzester Zeit verändern. Deutlicher ist in der Wildnis der Überlebensvorteil durch geringfügige genetische Anpassungen als Antwort auf neue Umweltbedingungen nie demonstriert worden. Auch ein Grund, warum das Magazin »Science« nach vielen neuen Bestätigungen die Evolutionstheorie 2005 zum »Durchbruch des Jahres« erklärt hat.

Galápagos und seine Finken, das ist Evolution in Aktion, wie Darwin sie sich nicht in seinen kühnsten Träumen vorgestellt hätte. Aber eines hat sich in ihm von den Kapverden über die Falklands und Chiloé bis hierher allmählich vom Verdacht zur Gewissheit verdichtet: Inseln spielen bei der Evolution eine besondere Rolle. Im Alter erinnert er sich, welch *tiefen Eindruck ... der südamerikanische Charakter der meisten Naturerzeugnisse des Galápagosarchipels und ganz besonders die Art und Weise, wie sie auf jeder Insel der Gruppe unbedeutend verschieden sind,* auf ihn gemacht haben; *keine von den Inseln schien im geologischen Sinne des Wortes alt zu sein.*

Gerade neu entstehende Landerhebungen weitab der Kontinente bieten ideale Voraussetzungen für Evolution. Als Erstes siedeln sich Flechten und Pflanzen an, etwa Kokospalmen auf frischen Atollen. Irgendwann verschlägt es Festlandtiere zu den Inseln, auf Treibholz, Eisschollen oder durch Stürme, die Vögel und Insekten hinüberwehen. Wenn sie ankommen, meist allein oder in kleinen Gruppen, zwingt die neue Umgebung sie, sich anzupassen. Schildkröten »lernen«, stachlige Opuntien zu fressen, Landleguane gewöhnen sich ans Leben im Wasser, wo sie ihre pflanzliche Nahrung finden, Finken entwickeln lange Schnäbel, um Larven zu angeln.

In ihrem angestammten Habitat auf dem Festland hatten die Vögel noch ihre eigene spezielle Nische besetzt. Um die Larven kümmerten sich andere. Auf der Insel können Finken plötzlich Spechte mimen, ohne dass ihnen ein »echter« Specht, der das viel besser kann, in die Quere kommt. Andere Finken nehmen den Platz von Kolibris ein, der noch frei ist, und bilden eine neue Art.

Nicht nur eine Mangelsituation, sondern auch Neuland treibt die Evolution geradezu voran. Im Regenwald dagegen haben es Neulinge schwer, noch eine unbesetzte Nische zu finden. Da gibt es für alles und jedes schon hoch angepasste Spezialisten. Solch ausgewogene Biotope wie tropische Urwälder können sich daher lange stabil halten – wenn der Mensch sie nicht stört.

Es dauert ungefähr bis 1855, dass Darwin dieses letzte Element seiner Weltformel des Lebens erkennt und endlich die Verzweigungen im Lebensbaum versteht: Wie entstehen aus einer Art zwei? *Ich kann mich selbst noch der Stelle auf der Straße erinnern, wo mir, während ich in meinem Wagen saß, die Lösung einfiel.* Ein überall zu beobachtendes Alltagsphänomen der kulturellen Evolution bringt ihn auf die Idee für die biologische: die Arbeitsteilung in hoch entwickelten Gesellschaften wie der englischen. *Die Lösung ist, wie ich glaube, die, dass die modifizierten Nachkommen aller vorherrschenden und zunehmenden Formen dazu neigen, vielen und in hohem Grad verschiedenartigen Stellen im Naturhaushalt angepasst zu werden.*

So wie im England jener Tage jedes Gewerbe seinen Platz im Wirtschaftssystem hat und ständig neue hinzukommen, so fächert sich auch die Lebenswelt immer weiter in Spezialisierungen auf. Das Leben sucht nicht nur nach freien Nischen, es schafft auch selber neue. Der Baustein passt in Darwins Gedankengebäude wie ein letztes Teil ins Puzzle. Doch er, der Ängstliche, braucht noch mehr Beweise. Die Arbeit mit den Rankenfüßern geht fließend in eine experimentelle Phase über. Er wird selber zum Züchter, hält Enten und Tauben, besucht Vereine und Trinkstuben, um Fachleute auszufragen, züchtet Blumen, unternimmt Kreuzungsexperimente mit Erbsen, bis er Gewissheit hat: Zucht schafft Varianten durch winzige Modifikationen.

Nach den Rankenfüßern mit ihrer großen Variabilität öffnen ihm Tauben nun die Augen für die kleinen Schritte der künstlichen Zuchtwahl. Darwin kocht dutzendweise Vögel aus, um Veränderungen im Skelett aufzuspüren. Nachdem er der unsichtbaren Hand auf die Finger geschaut hat, steht sein Konzept der natürlichen Auslese felsenfest.

Gleichzeitig geht er der Frage nach, wie Organismen auf ferne Inseln gelangen. Er untersucht, unter welchen Bedingungen Insektenlarven überleben, legt Samenkörner in Salzwasser, misst die Zeit, wie lange sie keimfähig bleiben, und wiederholt das Experiment mit Körnern im Magen toter Vögel. Bald ist er sich sicher, dass die Erstbesiedlung von Inseln wie Galápagos auf natürliche Weise erklärbar ist. Tausend Kilometer offener Ozean sind überbrückbar. Einen Herrgott braucht es dazu nicht, sondern nur die normalen Abläufe in der Natur und den Genossen Zufall, der die Anreise auf einem Baumstumpf organisiert.

Galápagos steht weniger für einen Ort als für ein Prinzip: Inseln stellen den Idealfall der »geografischen Isolation« dar. Was sich woanders in komplizierter Ko-Evolution in Jahrmillionen entwickelt, kann auf neuem Land in viel kürzerer Zeit erstehen. Auf den Galápagosinseln erlebt Darwin das Beispiel eines evolutionären Prozesses, der seither als »Radiation« bekannt ist. Den Kern dieser »Ausstrahlung« bilden jeweils einzelne Pionierspezies, die sich im »Gründereffekt« in unterschiedliche Arten aufteilen, weil unterschiedliche Lebensräume oder Nischen Selektionsdruck in unterschiedliche Richtungen ausüben.

Wenn auf einer Insel ganze Klassen von Organismen fehlen, können Mitglieder anderer sie in Darwins Worten regelrecht »vertreten«. Die Echsen auf Galápagos haben lange Zeit den Platz der nicht vorhandenen Säugetiere eingenommen, die Finken die Nischen von Spechten oder Zaunkönigen besetzt. Die Tauben führen Darwin das Prinzip aus Sicht der künstlichen Auslese vor: Die gesamte Bandbreite der Rassen geht auf eine einzige Grundspezies zurück.

Auf der größten Insel seiner Reise, Australien, wird Darwin noch eindrucksvollere Beispiele von Radiation zu Gesicht bekommen: Wo andernorts Bäume vieler Typen zusammenstehen, haben sich dort, von einer Spezies ausgehend, Eukalyptusarten in allen denkbaren Variationen breitgemacht. Und die Beuteltiere, ebenfalls Spielarten eines ursprünglichen Grundtyps, nehmen Plätze in der Natur ein, die sich in anderen Gebieten der Welt die unterschiedlichsten Klassen von Säugetieren teilen.

Es passt in die Logik von Darwins Werdegang, dass ihn der größte Schock seines Berufslebens in Form eines Briefes erreicht, der von einer Insel abgeschickt worden ist. Am 18. Juni 1858, mehr als zwanzig Jahre nach Darwins Rückkehr, trifft in Down House ein dicker Umschlag aus Ternate ein, einer kleinen Vulkaninsel auf den Molukken. Der Absender heißt Alfred Russel Wallace. Und dieser Mann hat auf zwanzig Seiten eine Theorie skizziert, die der Darwins zum Verwechseln ähnelt. Er schlägt nicht nur eine Evolution mit gemeinsamer

Abstammung vor, sondern auch einen Mechanismus, der sich fast genau mit Darwins natürlicher Auslese deckt.

Ich habe niemals ein auffallenderes Zusammentreffen gesehen; wenn Wallace meinen handschriftlichen Sketch aus dem Jahre 1842 hätte, hätte er keinen besseren kurzen Auszug machen können! Selbst seine Begriffe stehen jetzt als Überschriften über meinen Kapiteln. Darwin ist am Boden. Jahrelang hat ein anderer parallel die gleichen Gedanken gedacht, die gleichen Beispiele gesammelt, die gleichen Argumente erwogen. Und dafür hat er nicht nach Galápagos gemusst. Wallaces Inseln liegen in Südostasien. Dort lassen sich ähnliche Phänomene studieren und dieselben Prinzipien erkennen.

Wenn sich in der Evolution unabhängig voneinander gleiche Strukturen bilden, etwa das Linsenauge von Tintenfisch und Säugetieren, dann sprechen Biologen von »Konvergenz«. Schon Darwin versteht sie als eigenständigen Vorgang. Anders als bei der Divergenz, wo zwei vormals verbundene Arten mit ihren Eigenschaften auseinanderweichen, treffen sich bei der Konvergenz zwei Eigenschaften, ohne dass die Arten irgendeine biologische Nähe hätten. Nicht nur aus der Biologie sind unzählige Beispiele bekannt. Kulturelle Konvergenzen kommen vermutlich noch viel häufiger vor.

Für bestimmte Probleme gibt es nur bestimmte Lösungen. So sind Hausbau, Ackerbau und Viehzucht oder auch die Schrift und unzählige andere Techniken während der Menschheitsgeschichte mehrfach erfunden worden. Ständig haben Leute unabhängig voneinander dieselben Eingebungen. Aber dass sich eine radikal neue Idee wie die natürliche Auslese so identisch zweimal entwickelt, ragt aus der Wissenschaftsgeschichte heraus.

Wie kann sich ein so vielschichtiger Gedankengang gleich in zwei Köpfen abspielen? Reiner Zufall? Oder hing die Theorie wie eine reife Frucht am Baum, zum Pflücken bereit? Dass Wallace sich die gleichen Fragen stellt wie viele seiner Zeitgenossen, kann niemanden überraschen. Dass Darwin ein anderer *zuvorgekommen* ist, hat der Zauberer sich indes ganz allein selber zuzuschreiben.

Im Revolutionsjahr 1848 – Darwin verliert seinen Vater und schnipselt unterm Mikroskop winzige Rankenfüßer auseinander – bricht der fünfundzwanzigjährige Sohn eines verarmten Anwalts von Liverpool auf Richtung Brasilien. Als achtes von neun Kindern hat

Wallace mit dreizehn die Schule verlassen müssen. Seine weitere Bildung verschafft er sich in Bibliotheken. Seine Leseliste führt einige alte Bekannte auf: Das Buch des Anonymus, das den Evolutionsgedanken außerhalb der Wissenschaft hoffähig gemacht hat, beeindruckt ihn zutiefst. Ebenso Humboldt, Lyell und – Darwin. Dessen Reisebericht liest er gleich zweimal. Die Lektüre verstärkt seinen Wunsch, selber Naturforscher zu werden.

Natürlich weiß der ehrgeizige junge Mann nicht, woran der bewunderte Weltreisende gerade arbeitet. Doch ist es durchaus möglich, dass er dessen Versuchsballons aufgefangen hat. So könnten Darwins Finken und seine Kommentare einen ungeahnten Effekt auf die Ideengeschichte gehabt haben. Vor allem hat sich Wallace mit dem Werk von Thomas Malthus auch eine Quelle erschlossen und die gleiche, eigentlich naheliegende Frage gestellt wie Darwin: Kann man den Kampf ums Überleben bei Nahrungsknappheit, den Malthus der Menschheit prophezeit, nicht auf die übrige Natur übertragen?

Aus den geplanten zwei Jahren im Amazonasbecken werden vier. Da Wallace nicht über die Mittel verfügt wie Darwin, muss seine Reise die Kosten einspielen. Seine Ausbeute will er nach seiner Rückkehr an Museen und wohlhabende Freunde seltener Naturerzeugnisse verkaufen. Er schießt, was ihm vor die Flinte kommt, sammelt, so viel er verstauen kann, und leistet ganz nebenher einen bedeutenden Beitrag für die Wissenschaft, indem er Hunderte unbekannter Arten entdeckt. Doch dann passiert das Unfassbare: Das Schiff, auf dem er voll beladen endlich Richtung Heimat zurücksegeln darf, fängt Feuer und sinkt. Mit Müh und Not kann er sich auf ein Beiboot retten. Seine gesamte Sammlung geht verloren. Nur ein paar Notizbücher bleiben ihm.

Wallace hat nun nichts zu verkaufen, aber viel zu berichten. Er publiziert über Vögel, Schmetterlinge und »Über die Affen des Amazonas«. Darin macht er eine interessante Bemerkung: Die einundzwanzig Affenarten, die er gesichtet hat, unterscheiden sich jeweils auf den zwei Seiten großer Flussarme. Die Gewässer wirken als Barriere genau wie in Darwins Modell. Wallace spricht von »nahe verbundenen Arten«. Er macht sich einen Namen als Naturforscher und erhält von der Royal Geographical Society den Auftrag, den malaiischen Archipel zu erforschen.

Wie Darwin öffnet ihm der Wechsel vom Kontinent in eine Inselwelt die Augen. Im Reisebericht seines vierzehn Jahre älteren Landsmanns hat er über den außerordentlichen Reichtum einheimischer Spezies auf Eilanden gelesen. Nun sieht er eine Welt aus Tausenden von Inseln vor sich, wie Darwin sie nie erblickt hat. Auf Sarawak nutzt er im Jahr 1855 eine erzwungene Pause durch den Monsun, um zunächst einen kleinen Aufsatz »Über das Gesetz, das die Einführung neuer Spezies regelt« zu schreiben. Eine populärwissenschaftliche Zeitschrift in England druckt den Text ab. Darin schlägt Wallace eine Evolutionstheorie vor, die er – wie Darwin – mit der räumlichen und zeitlichen Nähe verwandter Arten begründet.

Darwin liest den Artikel – und verkennt seine Brisanz. *Nichts Neues*, notiert er an den Rand. Für ihn vielleicht nicht, doch für den Rest der Welt sehr wohl. *Benutzt mein Bild des Baumes*, bemerkt er, doch *für ihn erscheint das alles als Schöpfung*. Wie schon bei dem reißerischen Bestseller des Anonymus beruhigt er sich damit, dass der andere keinen Mechanismus für die Evolution vorschlagen kann. Seine Exklusivität schrumpft, aber diese Perle gehört ihm allein. Doch wie lange noch?

Am Tag, als er die Arbeit mit seinen Rankenfüßern abgeschlossen hat, schreibt Darwin in sein Tagebuch: *Angefangen, Notizen für die Theorie der Spezies zu sortieren.* Nun sieht er den Zeitpunkt gekommen, weitere Männer ins Vertrauen zu ziehen. Im April 1856 lädt er dazu eine erlauchte Runde zu sich nach Down. Neben Hooker kommen der Insektenspezialist T. Vernon Wollaston aus Cambridge sowie der Anatomieprofessor Thomas Henry Huxley, der in London mit seinen Vorlesungen für Arbeiter Furore macht und vielfach als einschüchternd gescheit beschrieben wird. Huxley hält sich mit Meinungen über die natürliche Auslese zurück und überschüttet Darwin stattdessen mit Fragen. Der sieht die Bedenken eher als Anregung denn als Ablehnung und zeichnet sie sorgfältig auf.

Charles Lyell hört von dem Treffen und erkundigt sich, was dort diskutiert worden sei. Wenige Tage später weiht Darwin auch seinen geologischen Übervater ein. Lyell erkennt, dass Darwin viel weiter gedacht hat als Lamarck oder der Anonymus, dessen Buch Huxley in seiner Kritik zerfetzt hat. Die Vorstellung einer Evolution lehnt Lyell zunächst ab, weil er sich Sorgen um die Stellung des Menschen macht. Doch er hat den Artikel von Wallace gelesen und erkennt augenblicklich, dass sich in der Ferne etwas zusammenbraut. Obwohl er als überzeugter Kreationist Darwins Konzept anfänglich anzweifelt, drängt er ihn, aufrichtiger Wissenschaftler, der er ist, seine Gedanken zu veröffentlichen. »Raus mit der Theorie«, fordert er den ersten wichtigen Unterstützer seines Gradualismus auf, »lass sie ein Datum annehmen, zitiert und verstanden werden.«

Darwin schwankt. *Die Vorstellung, um der Priorität willen zu schreiben, ist mir ziemlich unsympathisch; andrerseits würde ich mich gewiss ärgern, wenn jemand vor mir meine Thesen publizierte.* Am 14. Mai 1856 macht er sich daran, einen »Entwurf« seiner Theorie aufzuzeichnen. Gleichzeitig setzt er seine Experimente mit unvermindertem Eifer fort und sammelt weiter Informationen von Anatomen, Botanikern, Züchtern und Zoologen. Etwa vierzehntausend Briefe wird seine Korrespondenz am Ende umfassen. Sogar Wallace bittet er um Exemplare von dessen Sammlung aus Asien. Damit tritt er die Lawine erst los, die ihn bald zu überrollen droht.

Der Gegenspieler im fernen Borneo kann sein Glück kaum fassen. Ein anerkannter Naturforscher wie Darwin bittet ihn um Hilfe! Und dann ermutigt ihn dieser Mann, den er als Vorbild verehrt, auch noch in seiner theoretischen Arbeit. *An Ihrem Brief und noch mehr an Ihrem Aufsatz in den Annalen,* schreibt ihm Darwin am 1. Mai 1856, *erkenne ich klar, dass wir ganz gleich gedacht haben.* Schöner kann man einen jungen Kollegen nicht ermuntern. Und nicht nur das. Er spornt den Konkurrenten geradezu an, indem er ihm anvertraut: *Dieser Sommer markiert das 20. Jahr (!), seit ich mein erstes Notizbuch über die Frage begonnen habe, wie und auf welche Weise Spezies und Varietäten voneinander abweichen. ... Ich bereite mein Werk gerade zur Veröffentlichung vor.*

Er muss Wallace unterschätzt haben. Statt sich auf die einzig wichtige Aufgabe zu konzentrieren, verstrickt sich Darwin erneut in Details. Immer neue Widersprüche kommen ihm in den Sinn, und so vergehen die Monate. *Die ganze Natur ist pervers und verhält sich nicht so, wie ich es mir wünsche.* Die *lähmende Angst* setzt wieder ein. Noch nicht genug Beweise. Er denke, vertraut er Hooker an, sein Werk *für mehrere Jahre nicht veröffentlichen zu können.* Um alle Argumente sorgfältig aufbauen zu können, rückt er von Lyells Idee eines schlanken Essays ab (den er praktisch fertig in der Schublade hat) und denkt über eine mehrbändige Monografie nach.

Als er gerade mit dem Schreiben beginnt, ist die achtundvierzigjährige Emma völlig unerwartet erneut schwanger. Im Dezember 1856 wird Charles Waring Darwin geboren. Bald stellt sich heraus, dass er »ohne sein volles Maß an Intelligenz zur Welt gekommen« ist. Randal Keynes, der Ururenkel Darwins, hat Nachforschungen zur Ursache angestellt. Er geht davon aus, dass sein Urgroßonkel unter dem Downsyndrom litt. Mongolismus, eine Erbkrankheit – ein weiterer Schock für Darwin, der seit seiner Heirat die Rache der Natur für seine Cousinenehe fürchtet.

Was für ein Buch könnte ein Kaplan des Teufels über das plumpe, verschwenderische, stümperhaft niedrige und entsetzlich grausame Wirken der Natur schreiben. Zeilen an Hooker, der längst ahnt, dass sein Freund schon bald diese Rolle annehmen wird: Kaplan des Teufels. Darwins Arbeit verliert merklich an Tempo. Wenn er so weitermacht, wird ihn sein Projekt noch etliche Jahre beschäftigen. Und die Krankheit hat ihn wieder, schlimmer denn je. Die Schmerzen werden so unerträglich, dass er sich einer Schnell-Wasserkur unterzieht. Der »Erfolg« nach einer Woche legt indes vor allem einen Schluss nahe: Darwin als Hypochonder ist besonders empfänglich für Placebobehandlungen.

Mit der Bitte um Geheimhaltung weiht er 1857 einen weiteren Kollegen in sein Denken ein, den amerikanischen Botaniker Asa Gray. Der hat ihn mit Details über Pflanzen in den USA versorgt. *Als ehrlicher Mensch muss ich Ihnen sagen, dass ich zu dem ketzerischen Schluss gekommen bin, dass es so etwas wie unabhängig voneinander erschaffene Spezies nicht gibt – dass die Spezies nur ausgeprägtere Spielarten sind.* Gray zeigt sich angetan, warnt Darwin aber davor, die natürliche Auslese wie eine Person erscheinen zu lassen. Ein kluger Rat: Damit würde die Hand Gottes durch die Hintertür wieder hereingelassen. Gegenüber Hooker stellt Darwin klar, *dass Organismen nicht vollkommen sind, nur vollkommen genug, um mit ihren Konkurrenten wetteifern zu können.*

Und Wallace im fernen Asien? Statt sich bedeckt zu halten und seine Arbeit abzuschließen, macht Darwin ihm jovial Mut. *Ohne Spekulation gibt es kein gutes und originelles Beobachten. ... Auf seine eigenen Gedanken könne er nicht eingehen. Dazu seien sie viel zu umfangreich. Ich gedenke frühestens in zwei Jahren damit an die Öffentlichkeit zu gehen.* Na dann, wird sich Wallace gesagt haben. In einem Fieberanfall schreibt er die wichtigsten zwanzig Seiten seines Lebens und schickt sie als Brief an Darwin.

Es trifft Darwin wie ein Schlag. Sollte dieser Text vor seiner Monografie veröffentlicht werden, wäre er nur Zweiter, und das heißt in der Wissenschaft: unter ferner liefen. *Meine ganze Originalität, was auch immer sie wert sein mag, wird dadurch zunichte.* Wallace bittet ihn, das Manuskript an Lyell weiterzureichen. *Ihre Worte haben sich mit Macht erfüllt*, schreibt Darwin dem Geologen, der sich in seiner Warnung mehr als bestätigt sieht. Doch Darwin weigert sich, jetzt schnell zu publizieren und den ahnungslosen Kollegen in Fernost zu hintergehen. *Lieber würde ich mein ganzes Buch verbrennen, als dass er oder irgendein anderer denken sollte, ich hätte schäbig gehandelt.* Er weiß, dass die Geschichte ihm eine solche Sünde nicht verzeihen würde.

Lyell schlägt vor, die Arbeiten gemeinsam zu veröffentlichen. Doch Darwin ist nun völlig unfähig, irgendeine Entscheidung zu treffen. Sein behinderter Sohn Charles ist an Diphtherie erkrankt und nach wenigen Tagen gestorben. *Ich kann nicht denken,* schreibt er an Hooker, *ich bin völlig am Ende. ... Ich werde alles tun, was man mir sagt.*

Jetzt ist Eile geboten. Hooker und Lyell gelingt es am letzten Tag vor der Versammlung der ehrwürdigen Linné-Gesellschaft, die Beiträge auf die Tagesordnung zu setzen: Teile von Darwins Essay von 1844, der so lange geheim mit den Zeilen für Emma im Umschlag geschlummert hat, seinen Brief an Asa Grey und Wallaces Aufsatz.

Die Sitzung findet ohne den kranken Darwin statt. Durch Abwesenheit zu glänzen wird immer mehr zu seinem Markenzeichen. Auch als er kurze Zeit später berühmt wird, lässt er andere seine Thesen verteidigen und hält sich im Hintergrund. Ein Film über Darwin könnte keine große Feierstunde präsentieren, mit stehenden Ovationen für den Abenteurer des Lebens. Die anwesenden Mitglieder der Linné-Gesellschaft nehmen die Vorträge ohne Kommentar zu Kenntnis. Der radikal neue Inhalt entgeht ihnen anscheinend völlig. Und der Präsident gibt auch noch zu Protokoll, das vergangene Jahr sei nicht »durch eine jener bahnbrechenden Entdeckungen gekennzeichnet gewesen, die unser Fachgebiet auf einen Schlag sozusagen revolutionieren«.

Darwins Priorität ist gesichert. Das Datum seines Essays zeigt eindeutig, dass er lange vor Wallace die natürliche Auslese entdeckt hat.

Wallaces nachgereichte Zustimmung trifft ein halbes Jahr später ein. Stolz, gemeinsam mit Darwin seinen Artikel veröffentlicht zu haben, zeigt er sich großmütig. Er beklagt nicht einmal, dass ihm *seine* Priorität nun genommen worden ist. Hätte er seinen Brief nicht an Darwin und Lyell geschickt, sondern den Artikel anderswo publiziert, stünde ihm das Vorrecht der Erstveröffentlichung für immer zu.

Darwin setzt sich hin und schreibt nun nach der Skizze von 1842 und dem Essay von 1844 ein »Resümee«. Nachdem er versichert hat, *dass ich keine Diskussion über die Schöpfergeschichte usw. usf. hereinnehme,* findet er durch Lyells Vermittlung in John Murray den idealen Verleger. Der nimmt das Manuskript an, ohne eine Zeile gelesen zu haben. Nur der Titel in seiner wissenschaftlichen Sperrigkeit behagt ihm nicht: *Resümee eines Essays über die Entstehung der Arten und Varietäten durch natürliche Auslese.* Die letzten Fahnenkorrekturen erledigt Darwin unter wiederholten Brechanfällen. Dann fährt er nach Moor Park zur Kur. Die Familie kommt kurze Zeit später nach.

Am 2. November gibt Murray das erste Exemplar in die Post. Im Kurort hält Darwin sein *Kind* in der Hand. Am 22. ist es dann endlich so weit: »Origin of Species«, wie das Werk in Kürze nur noch heißen wird, erreicht die Buchhändler. Nun kann die ganze Welt lesen, was der Enkel von Erasmus Darwin in mehr als zwei Jahrzehnten ausgebrütet hat. Um der Geschichte Genüge zu tun und endgültig sein Vorrecht zu sichern, klärt er seine Leser genau über den Werdegang auf. Alles soll seine Richtigkeit haben, um *Licht zu werfen auf die Entstehung der Arten, das Geheimnis aller Geheimnisse.* Auch Wallace wird gewürdigt. Von nun an jedoch wird er in Darwins Schatten stehen.

Ein ganz und gar außergewöhnliches Buch. Nie zuvor und nie seither hat ein Autor einen wissenschaftlichen Durchbruch von derartiger Tragweite in einer solchen Weise präsentiert. Darwin schreibt »ich«. Er spricht seine Leser direkt an. Er erzählt ihnen Geschichten, die sich zu einem großen Panorama zusammenfügen. Er entschuldigt sich für Versäumnisse. Er nimmt Widersprüche vorweg. Er verweist auf sein künftiges Werk. Und das alles in einer Prosa, der jeder mittelmäßig Gebildete problemlos folgen kann: spannend, lehrreich und aufwühlend. Bei allen Mängeln, die er wieder und wieder beklagt, ein schriftstellerisches Meisterwerk.

Das erste Kapitel befasst sich ausführlich mit der Zucht. Seite um Seite führt er Beispiele an, die Leser erfahren alles Wissenswerte über Taubenzucht, und sogar die Recherchemethoden bleiben ihnen nicht verborgen ... *habe ich mich mit zwei ausgezeichneten Taubenzüchtern in Verbindung gesetzt und bin Mitglied eines Taubenklubs geworden.* Im zweiten Kapitel nimmt er sich die *Abänderungen im Naturzustande* vor und äußert sich über geografische Ähnlichkeiten. *Vor Jahren, als ich die Vögel der einzelnen Inseln der Galapagosgruppe miteinander und mit denen des amerikanischen Kontinents verglich ...*

Im dritten Kapitel geht es dann ums Ganze: *Der Kampf ums Dasein.* Er teilt mit seinen Lesern die Quellen seiner Gedanken. *Das ist die Lehre von Malthus mit verstärkter Kraft auf das ganze Tier- und Pflanzenreich angewendet.* Er rechnet ihnen vor, dass eine grenzenlose Vermehrung biologisch unmöglich ist. *Selbst der sich langsam vermehrende Mensch verdoppelt in fünfundzwanzig Jahren seine Kopfzahl; wenn also alle Kinder heranwüchsen, würde seine Nachkommenschaft nach kaum einem Jahrtausend buchstäblich keinen Platz zum Stehen mehr finden.*

Im vierten Kapitel ist er am Ziel: *Natürliche Auslese.* Überzeugend formuliert er seine Analogie: *Wenn schon der Mensch durch seine planmäßige und unbewusste Zuchtwahl große Erfolge erzielt, was muss erst die natürliche Zuchtwahl erreichen können!* Er erklärt *das Aussterben der Arten, die Divergenz der Charaktere.* Er führt das Konzept der sexuellen Selektion ein. Er fügt, als einzige Abbildung, eine schematische Zeichnung des Lebensbaums ein und erläutert das Prinzip der gemeinsamen Abstammung.

Schließlich bringt er den Zufall ins Spiel und erklärt zu Beginn des fünften Kapitels: *Das Wort »Zufall« ist natürlich keine richtige Bezeichnung, aber sie lässt wenigstens unsere Unkenntnis der Ursachen besonderer Veränderungen durchblicken.*

Ein Großteil des Buches dient dazu, Argument auf Argument zu schichten. In Kapitel 11 kommt er schließlich auf *Die geologische Aufeinanderfolge organischer Wesen* und das Artensterben zu sprechen. *Die Bewohner der Erde haben in jeder der aufeinanderfolgenden Perioden ihre Vorgänger im Kampfe ums Dasein besiegt und stehen daher auf einer höheren Organisationsstufe als jene.* In zwei Kapiteln über *Geografische Verbreitung* kommt er auf Galápagos zu sprechen und stellt ketzerisch fest: *Warum sie freilich nach der Schöpfungstheorie dort nicht erschaffen worden sein sollen, ist allerdings schwer zu erklären.* Stück für Stück schlägt er den Anhängern der Schöpfungshypothese ihre Argumente aus der Hand.

Im zusammenfassenden 15. Kapitel – *Da dieses ganze Werk nichts weiter ist als eine lange Kette von Beweisen* – schaut er schließlich *mit großem Vertrauen in die Zukunft.* Kreationisten, die ihre *Unwissenheit hinter Ausdrücken wie »Schöpfungsplan« ... verbergen,* gehen schweren Zeiten entgegen. *Glauben sie wirklich, dass in unzähligen Perioden der Geschichte unserer Erde gewisse elementare Atome gleichsam kommandiert worden seien, sich plötzlich zu lebendem Gewebe zusammenzuschließen?*

Nach der größten Untertreibung der Wissenschaftsgeschichte – *Licht wird auch fallen auf den Menschen und seine Geschichte* – zeigt er den kurzen Weg zwischen Elend und Eden auf. *Von den heutigen Arten werden überhaupt nur sehr wenige einer fernen Zukunft Nachkommen überliefern.* Den Menschen aber verheißt er *eine Zukunft von riesiger Dauer ...,* in der sie *immer mehr nach Vervollkommnung streben.*

Darwin hat eine Art Bibel der Biologie verfasst, das einzige Buch von Gewicht, das ich von Anfang bis Ende meiner Reise nicht nur elektronisch mit mir herumtrage. In der paradiesisch infernalischen Urzeitumgebung von Galápagos liest es sich wie das Plädoyer des letzten Verteidigers der Humanität vor dem Jüngsten Gericht. Wie einer, der zur eigenen Spezies spricht, jetzt und für alle Zukunft. Das Schlussargument vor dem höchsten Weltgericht kann man sich gar nicht oft genug buchstabieren. Kein bedeutender Wissenschaftler hat jemals mit solchen Sätzen für die Wahrheit geworben.

Wie anziehend ist es, ein mit verschiedenen Pflanzen bedecktes Stückchen Land zu betrachten, mit singenden Vögeln in den Büschen, mit zahlreichen Insekten, die durch die Luft schwirren, mit Würmern, die über den feuchten Erdboden kriechen, und sich dabei zu überlegen, dass alle diese kunstvoll gebauten, so sehr verschiedenen und doch in so verzwickter Weise voneinander abhängigen Geschöpfe durch Gesetze erzeugt worden sind, die noch rings um uns wirken.

Auf der letzten Seite seines Werkes fasst Darwin diese *Gesetze* in stenografischer Form zusammen: *Wachstum mit Fortpflanzung; Vererbung (die eigentlich schon in der Fortpflanzung enthalten ist); Veränderlichkeit infolge indirekter und direkter Einflüsse der Lebensbedingungen und des Gebrauchs oder Nichtgebrauchs; so rasche Vermehrung, dass sie zum Kampf ums Dasein führt und infolgedessen auch zur natürlichen Zuchtwahl, die ihrerseits die Divergenz der Charaktere und das Aussterben der minder verbesserten Formen veranlasst.*

Die Idee ist so brillant und einfach, dass sich manch einer nach ihrer Veröffentlichung fragt, warum er nicht selbst darauf gekommen ist. Ein Begriff fehlt indes in der ersten Auflage noch: *The survival of the fittest.* Den wird Darwin erst nach 1864 von dem Journalisten Herbert Spencer übernehmen, neben Huxley und Hooker einer der wichtigsten Verteidiger und Verbreiter seiner Ideen. Nichts haben die Menschen eher im Kopf, wenn sie an Darwin denken, als die eingängige Tautologie vom Überleben der Tauglichsten.

Darwin hat sein Werk gegen die Geschichte aller Geschichten gestellt. Seine Gegner kämpfen nicht mit den gleichen Waffen. Er setzt Wissenschaft gegen Mythologie, Naturgesetz gegen Wundertat und stellt ein blind wirkendes Gesetz gegen die Erschaffung der Welt. Zufall statt Vorsehung, die Schöpferkraft des Todes begründet die Dialektik des Daseins. *Aus dem Kampf der Natur, aus Hunger und Tod geht also unmittelbar das Höchste hervor, das wir uns vorstellen können: die Erzeugung immer höherer und vollkommenerer Wesen.*

Auf der modernen Beagle fahren zwei frisch Verheiratete aus Ohio mit, er Chirurg, sie Expertin für Haustierernährung. Nicht die typischen »Viel Lärm um nichts«-Amerikaner, sondern reisefreudige Leute mit Hochschulbildung, für die Darwin und das *Survival of the fittest* zusammengehören – wobei sie selber im Gespräch mit anderen das Überleben des Lautesten demonstrieren. Die übergewichtige Fachfrau für Katzen- und Hundediäten hat im Schulunterricht von der Evolutionslehre gehört – im Vergleich mit der Bibel. »Das ist nur eine Theorie.« – »Was heißt hier ›nur‹?« – »Die Geschichte von der Schöpfung ist plausibler.« – »Aber sie ist keine Theorie.« – »Das meine ich ja: Sie ist wahr.« So einfach funktioniert Kreationismus.

Indem Darwin den Menschen als Krone der Schöpfung entzaubert, fügt er seiner Art die zweite Kränkung durch die Wissenschaft zu. Das verleiht ihm das Format eines Kopernikus. Dieser erste Kränker hat den Menschen auf seiner Erde zum Nichts im All erklärt. Darwin macht ihn zum bewussten Tier, das die Einsamkeit des Ichs zu spüren bekommt und sich mit Leib und Seele ans irdische Dasein klammert. Nur der Glaube kann ihm helfen, der Schöpfer nicht. Dessen Allmacht hat sich mit Festlegung der Naturgesetze im ersten Hauch »erschöpft«.

Es liegt eine Größe in dieser Sicht des Lebens, mit seinen vielfältigen Kräften, die nur wenigen oder nur einer einzigen Form eingehaucht worden sind; und dass, während sich dieser Planet nach den festen Gesetzen der Schwerkraft weiter und weiter im Kreise bewegt, aus einem so schlichten Anfang eine unendliche Zahl der schönsten und wunderbarsten Formen entstand und noch weiter entsteht.

So endet das Jahrhundertbuch. Es beginnt mit den Worten: *Als ich mich als Naturforscher an Bord der »Beagle« befand.* Das letzte Wort im englischen Original heißt *evolved.* Darwin spricht zum ersten Mal von Evolution.

17
Osterinsel

Die Entdeckung von Rapa Nui · Der Steinbruch von Rano Raraku · Zusammenbruch der Kultur · Wanderung über die Insel · Zwischen Zufall und Notwendigkeit · Der Heimkehrinstinkt des Lebens · Brücke zwischen Religion und Evolution · Das Prinzip Konvergenz · Die Vogelmannkultur · Unsere kleine Insel im All

Nach fünf Stunden Flug über offene See endlich Gewissheit: Sie ist allein. Mein Leben lang habe ich »Osterinseln« gesagt, in der Mehrzahl, so wie Cook- oder Gesellschaftsinseln. Doch es gibt nur eine, kleine, einsam im Pazifik wie die Erde in den Weiten des Alls. Kein Nachbar in weiter Flut, über 3700 Kilometer bis zum südamerikanischen Kontinent, 2100 nach Pitcairn, dem nächsten kleinen Eiland im Westen.

Wäre ich bei meinen Recherchen in England nicht Simon Conway Morris über den Weg gelaufen, einem wissenschaftlichen Enkel Darwins, dann hätte ich meinen Weg von Santiago de Chile nach Tahiti wohl kaum auf Rapa Nui unterbrochen. So nennen die Bewohner sich und ihr Stück Erde, das Darwin nie betreten hat. Doch als der Paläobiologe an der Universität Cambridge mir die Entdeckung der einsamen Insel durch polynesische Seefahrer zum Sinnbild für eine neue Sicht auf die Evolution erklärt, hat er mich überzeugt: Wäre ein Darwin heute unterwegs, würde er sich diesen Zwischenstopp nicht entgehen lassen.

In seiner Zeit hätte Darwin das vielleicht einzige noch aufrechte Exemplar der mysteriösen Steinstatuen bestaunen können. 1838 wurde der letzte »Moai« stehend gesehen. Er wäre dem Völkchen der Osterinsulaner begegnet, damals noch etwa dreitausend, deren Vorfahren die Kolosse errichtet haben. Kapitän Cook beschrieb die Insulaner schon 1774 als »klein, mager, ängstlich und elend«. Wie jeder Besucher hätte Darwin erkannt, dass hier etwas Furchtbares geschehen sein muss, ein kultureller Kollaps von ergreifender Symbolkraft. Aber wie und warum?

Wie sind die Menschen überhaupt hierhergekommen? Was hat sie veranlasst, die monströsen Monumente aus dem Fels zu meißeln? Wie haben sie die tonnenschweren Teile bewegt, wie aufgestellt? Was hat zu deren Sturz geführt? Das Staunen beginnt beim niederländischen Seefahrer Jacob Roggeveen, der die Insel am Ostersonntag 1722 als erster Europäer betritt und nach dem Feiertag tauft. »Wir konnten nicht verstehen«, notiert er, »wie Menschen, die weder über dicke Holzbalken zur Herstellung irgendwelcher Maschinen noch über kräftige Seile verfügten, dennoch solche Bildsäulen aufrichten konnten.«

Moderne Zählungen führen fast neunhundert behauene Steine auf. Knapp die Hälfte steht oder liegt noch im vorzeitlichen Steinbruch von Rano Raraku. Aus dem vorherrschenden Tuff, ideal für Steinmetze, stammen alle Steinmänner der Insel. Die Freiluftwerkstatt erzählt das Drama von Rapa Nui. Wie verlassene Ateliers verteilen sich Arbeitsbereiche am Außen- und Innenrand des sechshundert Meter weiten Kraters. Alle Stufen der Produktion sind zu sehen. Die einen unvollendet und noch mehr oder weniger fest mit dem Muttergestein verbunden, andere stehen wie zum Abtransport am Hang bereit. Schon aus der Ferne schauen sie uns an mit ihren langen Gesichtern, die schmalen Lippen fest verschlossen, die eckig geschnittenen Häupter leicht nach hinten geneigt – abwesende Blicke aus dem Schatten wuchtiger Stirnen in endlose Firmamente.

Die Szene wirkt wie das Set eines Films, dessen Darsteller sich mal eben die Beine vertreten. Lass sie zurückkehren und die Aufnahme weiterlaufen, und du hörst sie förmlich hämmern, siehst sie wuchten, stemmen, hebeln oder mit reichen Kunden durch den Schauraum spazieren, um einen passenden Grabstein für die Ewigkeit zu empfehlen. Und dann die Hundertschaften, die mit Seilen, womöglich über Rollen, die tonnenschwere Ware kilometerweit zerren. Die sie an Ort und Stelle Stück für Stück mithilfe von Steinrampen auf den »Ahu« bugsieren, einen Sockel aus mächtigen Felsquadern. Viele technische Fragen sind mittlerweile geklärt, Hypothesen durch praktische Versuche erhärtet worden. Die Rapa Nui verfügten über ausgefeilte Techniken und intuitives physikalisches Wissen.

Irgendwann im 17. Jahrhundert muss etwas passiert sein, das ihr Schaffen jäh beendet. Sie lassen alles stehen und liegen, selbst Äxte und Pickel aus Basalt, mit denen sie den Tuff geformt haben, verlassen Hals über Kopf ihre Manufaktur und kehren nie wieder dorthin zurück. Ihre Arbeit und Ware muss plötzlich den gesamten Wert verloren haben, der Markt von einem Augenblick auf den anderen zusammengebrochen sein. Im Lager bleibt die Produktion, die sich nicht mehr losschlagen lässt. Was aber könnte eine Epoche, die ein halbes Jahrtausend gedauert hat und offenbar noch in später Blüte stand, so abrupt beendet haben wie ein Meteorit vermutlich die Zeit der Dinosaurier?

Die Insel der tausend Fragen rührt tiefer an den Kern der Neugier als gewöhnliches Interesse an technischen Problemen. Eine ausgestorbene Kultur berührt das Innerste. Man empfindet, wenn es das gibt, eine Art historisches Mitgefühl. Ohne äußere Feinde oder Naturkatastrophen hat sich eine offenbar hoch entwickelte Steinzeitgesellschaft von innen her ausgehöhlt, und das in kürzester Zeit. Es gibt vielleicht keinen Ort auf der Welt, wo sich der Unterschied in den Zeitskalen von kultureller und biologischer Evolution eindrucksvoller nachfühlen lässt.

Als sicher gilt, dass die Einwohner der Osterinsel aus Polynesien stammen. Ob sie schon achthundert oder erst zwölfhundert Jahre nach der Zeitenwende hier landeten, ob in einem Schub oder in mehreren, ob sie tatsächlich eine Zahl von fünfzehn- oder zwanzigtausend erreichten, bleibt wie vieles kontrovers. Kaum zu bezweifeln ist, dass ihre Kultur bereits im Niedergang oder weitgehend ausgelöscht war, als Europäer sie erstmals erblickten und dann vollends zerstörten. Unumstritten ist ebenfalls, dass die Insel bis vor etwa zwölfhundert Jahren vielfältige Lebensgemeinschaften trug, subtropische Wälder aus hohen Bäumen und dichtem Gebüsch mit den mächtigsten Palmen der Welt. Tatsache ist ferner, dass alle größeren einheimischen Bäume seither verschwunden sind. Schätzungen sprechen allein bei den Palmen von sechzehn Millionen Exemplaren. Eine Menge Holz für eine Insel von der halben Fläche Stuttgarts.

Es könnten fünfzig Menschen gewesen sein, die hier landeten. Nach der Überlieferung, festgehalten von europäischen Besuchern

Ende des 19. Jahrhunderts, sind die Pioniere auf einem oder zwei großen Kanus gekommen: Häuptling Hotu Matu'a – »Großer Vater« – mit seiner Frau, ihren sechs Söhnen und der Großfamilie. Sie haben Hühner dabei, Pflanzen, Samen und Wurzeln, offenbar darauf vorbereitet, sich in einer neuen Heimat niederzulassen. So haben sich Polynesier seit dem 12. Jahrhundert vor der Zeitenwende über den gesamten Pazifik ausgebreitet. Wo nicht pure Wanderlust im Spiel ist, zwingt Bevölkerungsdruck sie, zu neuen Ufern aufzubrechen, von Neuseeland bis Hawaii. Die Südseeinsulaner als Teil des epischen Trecks, der globalen Wanderungsbewegung des HOMO SAPIENS, die bis heute anhält.

Die Menschheit verhält sich in gewisser Weise wie ein ideales Gas. Sie dringt vor in jeden verfügbaren Raum. Sie folgt dem übrigen Leben, bis jeder Ort ihre Spuren trägt. Genetische Analysen an Hühnern legen nahe, dass Polynesier auch in Südamerika gewesen sind. Womöglich gelangen sie sogar nach Australien und Nordamerika, ohne sich etablieren zu können. Denn dort sind schon andere, es herrscht Konkurrenz durch Menschen, auf einer unberührten Insel aber nicht.

Die Entdecker von Rapa Nui finden ein Schlaraffenland vor – vielleicht sogar das letzte am äußersten Ende der Inselwelt, deren Besiedlung um das Jahr 1200 abgeschlossen ist. Allein die Millionen Palmen, nahe verwandt der chilenischen, versprechen eine Grundversorgung über viele Generationen. Darwin schätzt die Ausbeute an Palmhonig aus einem Baum in Chile auf vierhundert Liter. Modellrechnungen haben ergeben, dass selbst bei einer Annahme von nur achtzig Litern Ertrag und einem täglichen Verbrauch von zwei Litern pro Person die Wälder auf Rapa Nui in Form von Zucker genug Kalorien für acht Jahrhunderte bereithalten. Dazu Hühner und andere Landvögel, Fleisch von Robben und Delfinen, jede Menge Fisch, Früchte und Süßkartoffeln. Trinkwasser ist reichlich vorhanden.

Über das, was nun passiert, gibt es etliche widerstreitende Theorien. Fakt ist, dass seit Beginn der menschlichen Besiedlung der Wald auf der Insel stetig zurückgeht, bis nach und nach das gesamte Ökosystem stirbt. Fachleute schätzen, dass jeder zehnte Bewohner nur damit beschäftigt gewesen sein muss, Bäume zu schlagen. Dennoch setzt die Gesellschaft wie in einem Gelobten Land genug Arbeitskraft frei, um Kunst und Kultur zur Blüte zu bringen und sogar Mammutprojekte anzupacken wie die Steinstatuen. Und das bei der Bevölkerungszahl einer heutigen Kleinstadt.

Die Skulpturen werden im Lauf der Zeit immer aufwendiger, schwerer und abstrakter, die Sockel immer voluminöser und ausgefeilter gearbeitet. Zwischen den Häuptlingen scheint ein Wettlauf um das monumentalste Mahnmal entbrannt zu sein. Ausgrabungen zufolge beginnen sie, den Köpfen Augen aus weißer Koralle mit Pupillen aus Rotschlacke einzusetzen. Aus Rotschlacke entstehen in der Spätphase des Statuenbaus auch sogenannte Pukao, Zylinder mit einem Gewicht von bis zu zwölf Tonnen. Etwa hundert werden noch gefertigt, aber nur wenige aufgesetzt. Sie zieren die Köpfe wie symbolischer Federschmuck.

Die interessanteste Frage ist nicht, wie die Osterinsulaner den Figuren die Kronen aufgesetzt, wie sie 88-Tonnen-Trümmer bewegt haben oder was sie mit dem 270-Tonnen-Giganten vorhatten, der unfertig im Steinbruch zurückgelassen worden ist. Interessant ist vielmehr, warum sie die Katastrophe nicht verhindert, nicht früh genug gegengelenkt haben. Ihnen kann unmöglich entgangen sein, dass der Holzverbrauch zunahm, die Menge an verfügbarem Holz aber stetig zurückging. Irgendwann kommt es zu einem Punkt, ab dem die Kurven von Nachfrage und Produktion unweigerlich auseinandergehen. Wird er überschritten, ist es für vernünftige Maßnahmen oft zu spät.

Im Hotel erwartet mich ein Schock. Das Zimmermädchen hat meinen Laptop so bewegt, dass der Bildschirm weiter eingerissen ist. Bald wird das Fenster in meine Bibliothek erblindet sein. Die Daten sind da, aber nicht mehr erkennbar. Hier, mitten im Pazifik, wird es keine Hilfe geben. Vielleicht in Neuseeland oder Australien. Bis dahin Internetcafés, die es inzwischen bis in die letzten Winkel der Erde gebracht haben. Was würde wohl passieren, wenn auf der ganzen Welt von einem Augenblick auf den anderen alle elektronisch gespeicherten Daten verschwänden? Würde die Zivilisation zusammenbrechen? Oder könnte sie sich schnell genug neu organisieren?

Die Rapa Nui haben ihre Tradition durch Erzählungen und das Lehren von Fertigkeiten über die Generationen weitergereicht und vorwärtsgebracht. Anfänge einer Schrift haben sie offenbar erst nach dem Kontakt mit den Europäern entwickelt. Seit danach das Netz der mündlichen Vermittlung zusammengebrochen ist, lässt sich ihre Geschichte nur archäologisch rekonstruieren. Wie freiwillig sie in ihr Verderben marschiert sind, vermag niemand zu sagen.

Unklar ist zum Beispiel, inwieweit die Polynesische Ratte, mit den ersten Siedlern gekommen, durch Fressen der Samen und Verbiss der Palmschösslinge zum Waldsterben beigetragen hat. Unbestritten dagegen, dass die Ressourcen zur Neige gehen. Der Skulpturenbau könnte auch zum Erliegen gekommen sein, weil das Material für Hebel und Seile zum Transport ausgegangen war. Die letzte Statue soll um 1620 errichtet worden sein. Ohne gutes Holz können auch keine seetüchtigen Kanus mehr gebaut werden. Der typisch polynesische Ausweg, das Auswandern, wird unmöglich, das einstige Schlaraffenland als glühende Grassteppe zu Falle und Gefängnis.

Nach der gängigen These verstricken sich die Stämme in Kriege um die Reste an Holz und Honig, bei denen sie schließlich die Statuen der anderen umstürzen – und zwar immer nach vorn aufs Gesicht und möglichst so, dass dabei das Genick bricht. Auf Rapa Nui lebt ein Dutzend Stämme, die alle ihre bedeutenden Ahnen in Gestalt steinerner Moia ehren. Offenbar ist ihnen am Ende nichts mehr heilig. Erst stirbt der Wald, dann die Moral.

Gegen 1680 soll es dann zum Sturz der Machthaber durch Militärs gekommen sein. Unter deren Ägide verschlechtert sich die Situation aber weiter. Die Zivilisation verbraucht sich in Bürgerkriegen. So jedenfalls wird es kolportiert. Ein kollektiver Inselkoller, weil kein Weg mehr wegführt von hier? Oder eine Kulturrevolution mit einem Bildersturm gegen in Stein gehauene Sturheit? Weil den Verantwortlichen die Weitsicht fehlt und sie sich selber wichtiger nehmen als die Nachgeborenen?

Womöglich scheitern sie an ihrer ureigenen Malthus-Krise, und ihr einziges Versagen ist fehlende oder fehlgeschlagene Bevölkerungspolitik. Sie können nicht anders, als ihren Lebensraum zu zerstören, weil sie über ihre Verhältnisse leben. Die immer größeren Statuen erzählen auch die Geschichte vom Wachstumswahn. Kultur zieht Biologie in den Abgrund, und von dort reißt die Biologie die Kultur hinterher. In der Apokalypse fällt die Schöpfung auf sich selbst zurück.

Ich habe mir den Spaß erlaubt, am Weihnachtstag über die Osterinsel zu wandern, von der Hauptstadt Hanga Roa bis zur Nordspitze. Die

Landschaft sieht hier noch in etwa so aus wie Anfang des 19. Jahrhunderts. Ein schmaler Pfad führt über abfallende Ebenen an der Küste entlang. Die menschenleere, busch- und baumlose Grassteppe ist mit handlichen Steinen übersät. Disteln blühen violett auf trocken brauner Erde. Kleine Herden verwilderter Pferde grasen zwischen schwarzen Lavafelsen. Fohlen stürmen ängstlich davon. Die Sonne brennt schonungslos, doch Wind treibt kühle Luft vom Meer hinauf.

An der Strecke zwei kleinere Ahu, verwittert, zum Teil mit Erde bedeckt und von Gras überwachsen, ansonsten unberührt seit dem Sturm auf die Statuen. Vor einem liegt bäuchlings hingestreckt ein Moai. Sein Gesicht, das früher in den Himmel sah, in Staub und Dreck. Ein ergreifendes Bild. Gefällte Macht. So endgültig. Wie groß muss die Wut gewesen sein, die Toten symbolisch noch ein zweites Mal zu töten?

Auf dem Rückweg in die Zivilisation komme ich am Ahu Akivi vorbei. Seine sieben Moai sind vor ungefähr fünfzig Jahren wieder aufgerichtet worden. Eine Gruppe junger Asiaten, zwei Männer und zwei Frauen, entsteigt einem Mietauto. Das Radio spielt amerikanische Musik. In tadellosem Englisch fragt der Wortführer: »Wo kommen Sie her?« – »Aus Deutschland, und Sie?« – »China.« – Aus welchem China?« – »Es gibt nur ein China. Wir kommen aus Shanghai.« – »Wie schön, dass Sie jetzt auch solche Reisen unternehmen können.« – »Mehr von uns werden kommen.« Sein Freund versteckt sein Gesicht hinter einem tiefernsten Lächeln und fügt wie ein Orakel hinzu: »Viel mehr.«

Am Abend, unter den fünfzehn Riesen des Ahu Tongariki an der Südostküste, wird die Macht der Megalithen förmlich spürbar. Die Anlage unweit der Tuffwerkstätten hat sich zum Wahrzeichen der gesamten Steinmannkultur gemausert, seit um 1990 herum einheimische Forscher mit japanischer Hilfe die Moai wieder aufgestellt haben. Übergroß und drohend stehen sie da, dem Meer die Rücken zugewandt, und schauen über ihre Nachfahren hinweg. Wenn die Sonne versinkt und die Schatten der Alten über die Ebene kriechen, dann kann ihre Last unerträglich werden. Als die Bäume gefallen sind, wird das Symbol der Macht zum Sinnbild von Ohnmacht.

Die kulturelle Evolution kann ihr Schicksal begreifen, eingreifen und das Blatt wenden. Die Rapa Nui versuchen nach dem Fall der alten Kultur einen Neustart mit dem, was sie noch haben. Sie erfinden für ihre Landwirtschaft ein neues Verfahren, die Steinmulchtechnik. Die vielen faust- bis kopfgroßen Brocken liegen hier nicht zufällig herum. Sie verringern die Kraft von Sonne, Wind und Regen. Wo den Nutzpflanzen Schutz und Schatten der Wälder fehlen, drohen Erosion und Dürre.

Die unsagbare Menge von einer Milliarde Steinen haben die Bewohner auf die nackten Erdflächen verteilt. Wissenschaftler um den Kieler Ökologen Hans-Rudolf Bork haben errechnet, dass ein Mann dafür in seinem Leben mehr als die Strecke einer halben Erdumrundung zurückgelegt und über dreieinhalb Millionen Kilo Fels bewegt haben muss. Der Megalithenkult ist am Ende, die Menschen sind es nicht. Sie bedienen sich ihres Verstands und machen sich an die Gestaltung der Zukunft. Mühselig, aber lebensrettend. Ihre Steinzeit kann weitergehen.

Mit der Steinmulchtechnik, nirgendwo intensiver eingesetzt als auf der Osterinsel, verbindet sich ein bemerkenswertes Phänomen. Sie ist nicht nur dort erfunden worden. Unabhängig von den Rapa Nui haben die Maori auf Neuseeland sowie Völker in Asien und im Mittelmeerraum die Vorzüge der Steine für das Mikroklima in Bodennähe zu nutzen gelernt. Solche kulturellen Konvergenzen sind weniger zufällig, als sie auf den ersten Blick erscheinen. Vielmehr liegen sie in der Natur der Dinge.

Wenn ein Problem – nur – eine Lösung kennt, kommt früher oder später jemand drauf. Erst Darwin, dann Wallace. Dieselben Fragen, dieselben Erkenntnisse, dasselbe Ergebnis. Dass runde Dinge rollen, macht die Natur den Menschen vor. Der wesentliche Schritt war die Erfindung der Achse. Deren Grundprinzip ist immer gleich. Es gibt nicht unendlich viele Wege, sondern nur einen oder wenige. Die Aufgabe drängt gewissermaßen auf ihre Lösung: das Rad.

Dahinter steckt ein Prinzip, das neues Licht auf die Frage aller Fragen hinter der Evolution wirft: Zufall oder Notwendigkeit? Der französische Molekularbiologe Jacques Monod schlägt sich 1970 existenzialistisch bewegt auf die Seite einer gnadenlos zufallsbedingten Abfolge der Entwicklung, wie Darwin sie in die Naturforschung eingeführt hat. »Wenn der Mensch diese Botschaft in ihrer ganzen Tragweite akzeptiert, dann muss er endlich aus seinem Jahrtausendtraum aufwachen und seine totale Einsamkeit, seine radikale Fremdheit entdecken. Er weiß nun, dass er wie ein Zigeuner am Rande des Universums leben muss.«

Die meisten Biologen betonen wie der 2002 verstorbene Stephen Jay Gould die Einzigartigkeit der Geschichte. Würde man die Evolution noch einmal starten, dann käme etwas gänzlich anderes heraus. »Jedes Lebewesen, das jemals auf diesem Planeten lebte, hat nur ein Los in der größten Lotterie der Welt bekommen.« Die Chance jedenfalls, dass dabei noch einmal so etwas wie der Mensch entstünde, beziffern er und seine Mitstreiter auf null. Darwin würde das vermutlich unterschreiben.

Aber ist der Konjunktiv, der Leute wie Gould vom »Zufall Mensch« sprechen lässt, nicht eine einzige Augenwischerei? Die Aussage, dass es uns eigentlich nicht geben dürfte, verliert jeden Sinn angesichts dessen, dass es uns gibt. Meine Welt mit mir als Mittelpunkt ist eine gleichwertige Möglichkeit unter unendlich vielen. Die Gegenfrage ist viel interessanter: Sind wir in irgendeiner Form vorgesehen? Gottgläubige nicken eifrig, die Ungläubigen wollen davon nichts wissen. Aber ist das nicht ohnehin nur eine Scheinfrage? Wenn wir Wunder wie die Schöpfung ausschließen und alles von Anfang an nach Naturgesetzen abgelaufen ist, dann war Charles Darwin, geboren am 12. Februar 1809 im englischen Shrewsbury, im Augenblick des Urknalls als Möglichkeit bereits vorhanden wie jeder andere vor und nach ihm. Im Wesen der Naturgesetze, die so etwas wie Mozart oder Manhattan nicht nur zulassen, sondern wenigstens an einem Ort im Kosmos auch verwirklicht haben, liegt das wahre »Geheimnis aller Geheimnisse«.

Der Paläobiologe Simon Conway Morris rüttelt mit der Gegenposition zum totalen Zufall seit ein paar Jahren seine Kollegen auf. Als einer der brillantesten Denker unter den Evolutionsbiologen unserer Tage, der selber spektakuläre Fossilien aus der Urzeit der Wirbeltiere entdeckt hat, beruft er sich auf ein Prinzip, mit dem er das Unwahrscheinliche wahrscheinlich machen will. Hinter Konvergenz, sagt er, verbirgt sich kein Zufall, sondern System: Die Biologie verfährt, wenn es um Fortschritt und Entwicklung geht, nicht anders als die Kultur. Statt mit dem Unwahrscheinlichen endlos vieler Möglichkeiten zu jonglieren, folgt sie Grundlinien der Wahrscheinlichkeit – ähnlich einem Wanderer, der an einer Weggabelung nur eine Richtung wählen kann, aber nicht jede beliebige.

Es fühlt sich merkwürdig an, am weißen Strand von Anakena im Schatten der importierten Kokospalmen an ein lichtdurchflutetes Büro unterm Dach in Cambridge zu denken. Aber dort hat Conway Morris zur Erklärung seiner Ideen die Osterinsel angeführt. Kurz gesagt schlägt er vor, dass sich das Leben durch die Evolution navigiert wie die polynesischen Pioniere durch die See. Die Rapa Nui hätten ihre Insel nie gefunden, wären sie allein dem Zufall gefolgt oder stur in eine Richtung gefahren. Sie sind nicht nur strategisch vorgegangen und haben die endlose Weite des Ozeans mithilfe der Sterne systematisch erkundet. Sie konnten Inseln auch Hunderte Kilometer vor dem Erreichen an Merkmalen wie Treibgut, Staub oder abgedrifteten Vögeln erkennen und gezielt ansteuern. Dabei kreuzten sie stets gegen die vorherrschenden Winde, die sie im Notfall immer wieder sicher Richtung Heimat brachten. Das erlaubte es ihnen, sich bis an die Grenzen ihrer Reserven hinauszuwagen, ohne ihren Untergang zu riskieren.

Das Abenteuer des Lebens als berechenbare Größe, nichts Geringeres schlägt der Brite vor. Von Anfang an sucht es sich die wenigen Inseln der Möglichkeiten im Ozean der Unmöglichkeit. So wie ein Schachspieler fast alle möglichen Züge von vornherein verwirft und sich auf wenige konzentriert. Das Leben, sagt Conway Morris, folge einer Art Heimkehrinstinkt. Er vergleicht sein Modell mit den »Attraktoren« in der Chaostheorie, die immer wieder gleiche Muster erzwingen, etwa den Wirbel im Sturm oder im ablaufenden Wasser.

Das sind keineswegs nur Gedankenspielereien zwischen Teleologie und Theologie. Von der untersten Ebene des Lebens bis zur Erfindung des Auges in der biologischen oder dem Rad in der kulturellen Evolution lassen sich die »Zwänge« durchgehend dokumentieren. Je genauer man schaut, desto mehr Muster finden sich. Gemessen an den scheinbar denkbaren Möglichkeiten ist die Zahl der praktisch verwirklichten Muster äußerst gering. Die Natur hat angesichts der Myriaden von Möglichkeiten auch nur einen verschwindend geringen Teil realisiert. Dabei geht sie nicht nach dem reinen Zufallsprinzip vor, sondern baut jeweils schrittweise auf dem Vorhandenen auf.

In die Atome seiner Existenz zerlegt, besteht das Leben aus einer

Unzahl von Entscheidungen. Für jede gibt es wenige oder nur eine einzige mögliche Wahl. Sie werden jedoch nicht alle auf einmal getroffen, sondern, im Gegenteil, auf jeder Linie eine nach der anderen – so wie im richtigen Leben. Erst wenn eine Weggabelung erreicht ist, ergibt sich die neue Richtung.

Die Sprache bietet eine vereinfachte Analogie. Angenommen, wir müssten deutsche Wörter erfinden: Statt wahllos 26 Buchstaben zu kombinieren, was schon bei dreien 17576 Versuche erfordert, starten wir bei jedem Buchstaben eine eigene Entwicklung. Das W als simples Beispiel für einen Anfang kombiniert sich mit A, aber nicht mit B, C oder D und so weiter, dann wieder mit E, jedoch nicht mit F, G und so fort. Bei wf oder wz stoppt der Versuch, weil kein sinnvolles Wort mehr entstehen kann. Die Zahl der Möglichkeiten reduziert sich erheblich. Beim nächsten Buchstaben gibt es wiederum nur begrenzt viele erlaubte Kombinationen, sodass wir selbst für einfache Worte wie »wer«, »was« oder »wem« lediglich einen Bruchteil der Versuche benötigen, die rein zufällig möglich wären. Das Ganze setzt sich bei der Kombination der Wörter zu möglichen Sätzen fort.

Der von Evolutionskritikern oft zitierte Affe, der zufällig auf einer Tastatur herumhämmert, würde tatsächlich bis in alle Ewigkeit niemals ein Shakespeare-Sonett zusammenbringen. Nur wenn wir – als Instanz der Selektion – ihn auf erfolgreiche Ansätze aufbauen ließen, könnte überhaupt etwas Sinnvolles von nennenswertem Umfang dabei entstehen. Oder anders gesagt: wenn wir den Zufall und damit die Freiheit (und Beliebigkeit) einschränken. Nichts anderes passiert in der Evolution auf dem Weg vom Molekül zur Moral. Hat der dichtende Primat einmal »wa« erreicht, lassen wir ihn damit weitermachen, bis er zu »was« und später zu »Wasser« kommt. Schon die Wahrscheinlichkeit, nur dieses eine Wort rein zufällig zu finden, läge bei eins zu über dreihundert Millionen.

Das zweite oft vorgebrachte Beispiel der Kreationisten kann Conway Morris mit seinem Modell ebenfalls entkräften: Die Entstehung von Leben und Intelligenz durch Darwins Evolution sei so unwahrscheinlich, wie wenn ein Wirbelsturm einen Schrottplatz durcheinanderwirft und dabei ein Jumbojet entsteht. Das Gegenargument ist denkbar einfach: Kein Flugzeug ist wie ein Lottogewinn aus einer Unzahl von Kombinationsversuchen entstanden, auch nicht die kleinste

Lebensform, sondern durch schrittweise Evolution, bei der Schritt für Schritt immer auf dem Vorhandenen aufgebaut wird.

Die Beschränkungen zeigen sich schon bei den Bausteinen der Eiweiße. Mit nur zwanzig Aminosäuren (plus drei seltenen) hat das Leben seine gesamte Vielfalt verwirklicht. In der Evolution sind auch nur überraschend wenige Grundmotive für aktive Eiweißstrukturen entstanden. Schätzungen nennen Zahlen zwischen hundert und zweihundert, aber keinesfalls mehr. Diese Motive werden dann, wiederum innerhalb fester Rahmen, zu allen denkbaren Varianten abgewandelt – und darauf fußt das gesamte bunte Leben. Wie ein Sinfonieorchester, das aus Varianten weniger Grundtypen besteht und sich dennoch fast jeden gewünschten Klang entlocken lässt. Das Prinzip kann man auf jeder Ebene fortsetzen. Nur bestimmte Zelltypen oder Organe ergeben zusammen ein sinnvolles Ganzes. Nicht das einzelne Element, sondern allein das Zusammenspiel aller entscheidet über Funktion und Wirkung.

Vereinfacht lässt sich das mit einer alten Manufaktur vergleichen. Das Grundmodell Zange ist in seinen Variationen zwar vielfach einsetzbar. Doch die Zahl der Werkzeugtypen wie Zange, Hammer, Hobel oder Säge bleibt so beschränkt wie die Lösungen zu vorgegebenen Problemen. Sie ragen als taugliche Varianten wie einsame Inseln aus einem Ozean des Untauglichen heraus. Aber nur wenn er alle hat, kann der Schreiner seinen Schrank bauen.

Zu den schwerwiegendsten Einwänden, denen sich Darwin mit seiner Evolutionstheorie stellen musste, gehört der Zeitfaktor. Gegner seiner Theorie argumentieren bis heute, in den knapp vier Milliarden Jahren hätte die Darwin'sche Evolution nie bis zum Menschen über die Bühne gehen können. Mit seinen Ideen entschärft Conway Morris ihr Argument und kommt ihnen sogar ein Stück weit entgegen. Im Grunde muss man nur ein Element in die Formel einfügen, und die Unwahrscheinlichkeitsrechnungen der Zigeuner am Rande des Universums verlieren viel von ihrem kosmischen Schrecken: das Prinzip der großen Zahl.

Die wesentlichen Grundmotive an Eiweißstrukturen haben schon Bakterien verwirklicht. Mit ihren gigantischen Populationen und schnellen Vermehrungsraten – bis zu hunderttausend Generationen in einem Jahrzehnt – können sie ungezählte Möglichkeiten in einer Zeit durchspielen, für die höher entwickelte Lebewesen um Größenordnungen länger brauchen. Die entstandenen Motive haben sich im Verlauf der Evolution auf relativ wenigen möglichen Wegen modifiziert – wie aus dem Wort »Wort« durch Veränderung eines Buchstabens nur wenige sinnvolle deutsche Wörter wie »dort« oder »Wert« entstehen, aber nicht Worf oder Wurt, Wxrt oder Zort.

Einmal entstanden, haben sich auch die Eiweiße zu größeren Einheiten mit neuen Möglichkeiten zusammengeschlossen, im einfachsten Fall durch Verdopplungen wie »Wortwort«. Die Teile können dann gemeinsam Funktionen erfüllen wie nach einem Buchstabentausch der »Wortwert«. Grundlage dieser Vertauschungen sind im wirklichen Leben Mutationen in Genen, die Neukombinationen spiegeln die Plastizität des Genoms wider. Auch davon wird noch die Rede sein.

Wenn sich der Grundbaukasten des Lebens schon auf der primitivsten Ebene der Bakterien gebildet hat, schrumpft das Zeitproblem erheblich. In jüngster Zeit entdeckte Gemeinsamkeiten von Schlüsselgenen für die Körperformung zeigen unzweideutig die Verwendung der immergleichen Zentralwerkzeuge bis weit hinunter zu den Wurzeln des Lebensbaums. Im Großen und Ganzen spielen wir auf einer Klaviatur, die uns Mikroben vorgegeben haben. Einen völlig neuen Eiweißstoff aus nur hundert Aminosäuren auf der Ebene höherer Lebewesen zu »erfinden«, da haben die Kritiker recht, läge außerhalb biologischer Möglichkeiten. »Die Anzahl potenzieller ›Sackgassen‹ ist so riesengroß«, räumt Conway Morris ein, »dass eigentlich alle Zeit seit Anbeginn des Universums nicht hätte ausreichen dürfen, um unter Abermilliarden potenziellen Lösungen die wenigen zu finden, die tatsächlich funktionieren.«

Die Bakterien haben weit über eine Milliarde Jahre gehabt, um sich so weit zu entwickeln, dass die Evolution sich über sie erheben und höhere Formen bilden konnte. Im Ergebnis haben sie jede Woche so viele Tippscheine ausgefüllt, dass sie gar nicht verlieren konnten. Der Zufall, der den Zufall überwindet dank der großen Zahl, er bildet die Basis für die Weltformel des Lebens.

Die Höherentwicklung der Formen auf Basis ihrer Bausteine hat den Bakterien gleichwohl kein Stück ihrer Bedeutung genommen. Bis heute bilden sie gemeinsam den weitaus größten Teil der Biomasse auf der Erde. Und wenn alles übrige Leben außer ihnen unterginge – sie halten alle Reserven bereit und würden wieder von vorn anfangen. Sagt Conway Morris und zieht damit den Zorn seiner Widersacher auf sich.

Er behauptet nicht, dass die Evolution noch einmal so verlaufen würde wie gehabt, wenn sie irgendwann irgendwo wieder losbräche, etwa auf einem erdähnlichen Planeten. Aber unter den gleichen Bedingungen in derselben Raumzeit mit denselben Katastrophen wie Kometeneinschlägen würde sie nach seiner Hypothese dieselben möglichen Lösungen verwirklichen und zu ganz ähnlichen Ergebnissen kommen, einschließlich intelligenter, ichbewusster Säugetiere auf zwei Beinen. Wenn wir alle Anfangsbedingungen kennen würden, sagt der Biologe, könnten wir sogar die Richtung vorhersagen, die Entwicklung von Vielzelligkeit ebenso wie den aufrechten Gang. Wenn das stimmte, läge unsere Existenz weit »Jenseits des Zufalls«, so der deutsche Titel seines wichtigen Buches.

Am Ende seiner schlüssigen Argumentationskette versucht der gläubige Christ die Brücke zur Religion zu schlagen. »Wir Menschen sind ein Produkt der Evolution, aber wir besitzen ein überwältigendes Gefühl für Ziele und Moral. Wie kann das durch einen Prozess entstanden sein, der ohne Sinn ist?« Die – rhetorische – Frage erinnert an den »Punkt Omega«, auf den der französische Jesuit und Paläontologe Teilhard de Chardin in seinen von der Kirche geächteten Schriften das Leben zulaufen sah. Conway Morris nimmt an, dass weitere Forschungen schließlich eine tiefere Struktur der Biologie enthüllen werden, die im Prinzip bis zum Urknall zurückreicht, und in der die Darwin'sche Evolution als zentrale Einheit erhalten bleibt. Und für diese tiefere Struktur hat er auch einen Namen: Gott.

Sein Buch endet mit den gewichtigen Worten: »Nichts davon setzt die Existenz Gottes voraus oder beweist sie gar, aber zugleich widerlegt es sie auch nicht. Viele werden in all dem weiterhin das zweckfreie Walten des ›blinden Uhrmachers‹ erblicken, andere aber ziehen es vielleicht vor, ihre schwarze Brille abzusetzen und eine Welt jenseits des Zufalls zu entdecken. Die Wahl liegt natürlich bei Ihnen.«

Freilich zieht Conway Morris mit seinen Spekulationen die Kritik all jener materialistischen Denker auf sich, die sich wie Richard Dawkins zum Atheismus bekennen oder wie Gould und Darwin als

Agnostiker bezeichneten. Er könnte die offene Flanke vermeiden, wenn er, wie von anderen verlangt, Religion und Wissenschaft auseinanderhielte. Alle Vorgänge, die er beschreibt, folgen Naturgesetzen, die ohne äußeren Einfluss wirken.

Doch genau auf diesen Einfluss wollen die Verfechter eines »Intelligent Design« hinaus. Ihnen genügt nicht, dass ein Weltbegründer allein die Naturgesetze schuf und sie seither »frei« walten lässt – was am Ende auf eine Definition Gottes hinausliefe, die keine Religion benötigte. Conway Morris nimmt ihnen den Wind aus den Segeln, indem er die Naturgesetze über alle Wundertaten erhebt, dem Zufall das Unwahrscheinliche nimmt und ihm damit ein Gesicht gibt. Wenn es ein Wunder gibt, dann nur das eine am Anfang: die Entstehung des Alls und seiner Ordnung.

Wenn aber die Vergangenheit nicht ganz so zufällig geschehen ist, wie es erscheint, weil der Gang der Weltgeschichte an jedem Punkt nur endlich viele Möglichkeiten hat, wenn sie nur bestimmte Wege einschlagen kann, müsste das dann nicht auch für die Zukunft gelten? Spüren wir, wie Conway Morris meint, in uns einen Sinn, der in Wirklichkeit alles umfasst? Steuert die Welt auf etwas zu, wie schon Teilhard de Chardin vermutet, als er Religion und Evolution zu versöhnen versucht? Folgen wir einer höheren Ordnung, wenn wir das Hamsterrad der Entwicklung immer weiter beschleunigen, als liefen wir vor uns selber weg? Liegt in der Kraft, die das Leben von Anfang an am Leben erhielt, ein höheres Prinzip, das wir mit allen Kreaturen teilen, mit Hoffnung speisen und Überlebenstrieb nennen?

Die Osterinsulaner, auf deren Seefahrerkünste sich Conway Morris beruft, geben sich nach dem Zusammenbruch ihrer Steinmannkultur nicht auf. Sie besinnen sich auf die ferne Zeit vor ihrer Ankunft und wagen auch spirituell einen Neustart. Nun stellen sie den alten Frühlingsgott Make-Make ins Zentrum ihres Kults. Der genießt in der polynesischen Mythologie einen herausragenden Rang, ist neben den Megalithen auf Rapa Nui aber zu einer Gottheit unter vielen degradiert worden.

Ich schleiche mich am Abend am verwaisten Pförtnerhäuschen vorbei in die Ruinen von Orongo, hoch über der See am Kraterrand des Rano Kau gelegen. Nur während weniger Wochen im Jahr haben die

Inselbewohner das Dorf auf der Südspitze zu Kultzwecken aufgesucht. Die Häuser aus kreisrunden Mauern, flache Steine aufeinandergeschichtet, haben sich bis heute erhalten. Nachdem die steinernen Riesen gefallen sind, haben die Rapa Nui eine neue Kunstrichtung kreiert. Sie ritzen Steinreliefs in die Felsen, ausdruckstark und geheimnisvoll. Überall auf der Insel finden sich diese Petroglyphen. Aber nirgendwo so eindringlich wie in Orongo, dem heiligen Ort der »Vogelmannkultur«.

Friede liegt über dem Stillen Ozean, karmesinrot aufblühende Wolken werfen das Licht der untergegangenen Sonne auf die mysteriösen Zeichen. Gesichter, Masken, Vaginas, Vögel. Aus dem Meer ragen drei steile Felsen empor. Sie stehen im Mittelpunkt alljährlicher Wettkämpfe. Im friedlichen Wettstreit ringen junge Männer darum, wer als Erster schwimmend und waghalsig kletternd das unversehrte Ei eines Seevogels von einer der vorgelagerten Felsinseln holt. Der Sieger bestimmt den Vogelmann seines Stammes und überreicht ihm das Ei – ein Herrscher auf Zeit, bis zum nächsten Wettkampf.

Die gestürzten Statuen täuschen darüber hinweg, dass die Leute von der Osterinsel wie die Menschenkinder nach der Vertreibung aus dem Paradies in dessen Trümmern sehr wohl wieder etwas Neues aufgebaut haben. Eine ausgestorbene Kultur hat einer frischen Platz gemacht. Der kulturelle Überlebenswille siegt – bis die Europäer kommen und auf ein Völkchen von vielleicht dreitausend Menschen stoßen. Einmal Außenkontakt, immer Außenkontakt, die übliche traurige Geschichte: Entdecker, Missionare, Siedler und Seuchen in immer neuen Wellen. 1836 wird die erste Pockenepidemie registriert. Dann auch noch Ausbeuter und Schinder aus Peru, die 1862 und 1863 die Hälfte der verbliebenen Inselbevölkerung verschleppen und als Zwangsarbeiter versteigern. Nach dem offiziellen Ende der Sklaverei sind Minenarbeiter knapp geworden.

Auf internationalen Druck führt Peru schließlich die letzten überlebenden Insulaner zurück, ein Dutzend von anderthalbtausend Verschleppten. Die bringen auch noch die Pocken mit, sodass 1872 nur noch genau hundertelf Rapa Nui auf der Osterinsel übrig sind. Am Ende, im 20. Jahrhundert, lassen schottische Unternehmen überdies ihre Schafe die Reste der einheimischen Vegetation niederfressen. Vollkommen kahle Stellen, wie die Insel sie vorher nie gesehen hat, breiten sich aus. Bis heute liegen die »roten Wüsten«, durch Erosion von tiefen Schluchten zerfurcht, wie warnende Mahnmale über das Land verstreut. Die letzte Vogelmannzeremonie ums Sieger-Ei fand 1867 statt.

Auf dem Heimweg komme ich an der Iglesia Hanga Roa vorbei, der Hauptkirche der Insel. Bis draußen vor der schlichten Glastür unter polynesisch verzierten Säulen stehen Leute. Federleichter Wind bewegt die Luft. Die Gemeinde stimmt ein Weihnachtslied an. Singende Menschen können magnetisch wirken. Der Chor der Stimmen lockt wie die Wärme heimischen Feuers.

Es war ein Heiligabend, 1968, als die Besatzung von Apollo 8 ein Bild nach Hause funkte, das unsere Sicht auf uns und unsere Erde für immer verändert hat. HOMO SAPIENS sieht erstmals aus der Ferne seine Heimat. Halb im Schatten ihrer Nacht taucht die blaue Kugel über dem Horizont des Mondes auf. Das sind wir. So klein, zerbrechlich und wunderschön. Im Vordergrund aber, öde und unwirtlich, unser nächster Nachbar, wie ein Wächter am Tor zum Totenreich des Alls. Niemand weiß, ob jenseits der feinen blauen Hülle von Gaia je irgendwo Leben erwacht ist. Bis zum Beweis des Gegenteils müssen wir uns als einzigartig betrachten, zumindest so einmalig wie unsere Welt selbst.

Mein Weihnachtsessen habe ich in einem der Straßenrestaurants bestellt. Die vier Chinesen sitzen am Nebentisch. Zufällig? Bei vielleicht vierhundert Touristen auf der Insel steigt die Wahrscheinlichkeit, einander immer wieder zu begegnen. Die geringe Zahl an freien Tischen in den wenigen geöffneten Lokalen verringert die Möglichkeiten, sich aus dem Weg zu gehen.

Der Wortführer spricht mich an. Ich kann nicht sagen, ob sich hinter seinem mechanischen Englisch Häme verbirgt, jedenfalls klingt er wie ein Lehrer, der einem dummen Schüler etwas erklären muss. »Wir wissen, was Sie im Westen denken. Dass wir viel zu viele sind und nicht die ganze Welt so leben kann wie Sie.« – »Tut mir leid, wenn ich Ihnen mit meiner Bemerkung zu nahe getreten bin.« – »Kein Problem. Wir sehen das Problem genau wie Sie.« – »Wir sollten zu gemeinsamen Lösungen kommen.« – »Angenommen, Sie meinen das ernst, dann schlagen wir Ihnen einen Kompromiss vor und kommen Ihnen entgegen.« – »Und der wäre?« – »Wir nähern uns einander an und treffen uns in der Mitte. Bis dahin reduzieren Sie Ihren Lebensstandard im gleichen Maß, wie wir unseren erhöhen.«

Verhalten wir uns denn so anders als die Rapa Nui? Wir erklären dem Rest der Welt, dass unser Lebensstil den gemeinsamen Planeten vernichten wird, und machen ungezügelt weiter. Ignoranz wird Arroganz, und Zukunft schreibt sich wie Zynismus. Die Osterinsel ist doch nicht allein.

18
Tahiti

Ausflug ins Innere · Papeete · Die käufliche Schöne · Zivilisierte Wilde · Reaktionen auf »Die Entstehung der Arten« · Darwin und die Kirche · Religion und Evolution · Kritik des Kreationismus

Das Beste über Tahiti ist bereits gesagt, wenn dieser Satz zu Ende geht. Ein Name, der auf der Zunge tanzt, Synonym für Südseetraum und Blütenpracht. Gauguin, kräftige Farben, anmutige Evas in üppiger Natur. *Eine Insel, die dem Reisenden auf immer klassisch erscheinen muss.* Bei der Ankunft im Flughafen zwei Hostessen in langen Blumenkleidern mit weißer Tiaré hinterm Ohr, ihrer Nationalblüte. »Iaorama«, sagen sie, »willkommen«, und verschenken süßen Duft. Ein Trio mit Gitarre und Mandolinen spielt zünftig polynesisch auf. *Erste Eindrücke gründen stets sehr fest auf den zuvor erworbenen Vorstellungen.*

Darwin hat die lange Überfahrt bei stetem Wind und gutem Wetter genutzt, um alles über die Südsee zu lesen, was die Bordbibliothek hergibt. Ellis, Beechey, von Kotzebue. Die Reisenden beschreiben Tahiti als Perle im Pazifik. Er jubelt, genau im Fahrwasser von Kapitän Cook zu segeln, und sehnt sich nach einem Stückchen Erde, von dem Aphrodite stammen könnte. *Ein neues Cytheraea ist aus dem Ozean aufgestiegen,* schreibt er mit Homer in die Heimat. Doch zunächst ist er ernüchtert. *Aus der Entfernung war der Anblick nicht sehr reizvoll.*

Mir hat das Eiland gerade aus der Ferne gefallen mit seinen schroffen Konturen, dem dichten Bewuchs seiner zerklüfteten Berge, den weißen Streifen Strand am Ausgang der Täler. Aus der Nähe aber zerfällt das Bild in abgesteckte Areale Tropentraum. Palmenparadiese aus dem Buch der Klischees, pazifische Exotik mit Chipkarte und Gästekonto, Sonnenuntergänge im Postkartenformat, gut bewachte Villensiedlungen, überfüllte Straßen, Shoppingcenter neben Elendsvierteln, eine weitgehend zerstörte Naturlandschaft im Innern und die Karikaturen gut gebauter Südseemenschen auf dem zubetonierten Küstenstreifen.

Die Beagle geht in der Matavai-Bucht vor Anker. Mit 17 500 Kilometern von der Heimat ist der fernste Punkt der Reise erreicht. *Nach dem Mahl fuhren wir an Land und genossen all die Freuden, welche die ersten Eindrücke eines neuen Landes bieten, und dieses Land war das reizende Tahiti. Eine Menge aus Männern, Frauen und Kindern hatte sich am denkwürdigen Point Venus eingefunden, um uns mit lachenden, fröhlichen Gesichtern zu empfangen.*

Der Name des Ortes geht auf Kapitän Cook zurück, der dort 1769 den Transit der Venus beobachtet hat, den sehr seltenen Durchgang des Planeten vor der Sonnenscheibe. Ein weißer Leuchtturm mit schwarz gemauerten Ecken und quadratischem Grundriss markiert heute die Stelle, wo Ende des 18. Jahrhunderts erstmals protestantische Missionare gelandet sind. Familien treffen sich zum Picknick am Wasser. Dickliche Kinder spielen auf dem schwarzen Sand. Ihre Eltern stehen um Tische herum, trinken Softdrinks oder Bier aus Kühlboxen und kredenzen Fast-Food-Gerichte aus Warmhaltepackungen.

Das Land hat ein schwerwiegendes Problem: Billige Kalorien haben zu einer beispiellosen Verfettung der Bevölkerung geführt. Die Leute könnten in einem Aufklärungsfilm über die Folgen ungesunder Ernährung mitmachen. Noch nirgendwo habe ich so viele gefährlich übergewichtige Menschen auf einmal gesehen. Schon Darwin bemerkt, wie viel die Leute hier verschlingen können. *Vermutlich rühren solch außerordentlich geräumige Mägen daher, dass ein Großteil ihrer Nahrung in ihrer jeweiligen Menge einen vergleichsweise geringen Anteil an Nährstoffen enthält.* Heute ist es umgekehrt. Jeder Bissen Nährstoff pur. Die Evolution hat uns nicht auf billig sättigende Fertiggerichte vorbereitet. Lebensmittelkonzerne wissen genau um die fetten und süßen Schwächen der Menschen und spielen auf der biologische Klaviatur. Das Tier in uns will Kalorien schaufeln, als müsste es wie in der Vorzeit Reserven bunkern.

Darwin erlebt Tahiti und seine Bewohner noch beinahe urwüchsig. Die Männer beschreibt er als *sehr groß, breitschultrig, athletisch und wohlproportioniert. ... Die meisten ... sind tätowiert, und die Ornamente folgen dem Schwung des Körpers so anmutig, dass der Effekt sehr elegant ist. ... Der Körper eines solchen Mannes war wie der Stamm eines edlen, von einer Kletter-*

pflanze umfassten Baumes. Solche Burschen kann heute noch sehen, wer sich in den Fitnessclubs auf die Suche macht. Bei den Frauen stört ihn am meisten, dass sie *das Haar von der Spitze des Kopfes abrasiert {haben}, sodass nur noch ein äußerer Ring übrig bleibt. ... Doch es ist eben die Mode, und das genügt als Antwort ebenso wie in Paris.* Ansonsten findet er: *Die Frauen scheinen ein kleidsames Kostüm nötiger zu haben als die Männer.*

Seit Darwin das Elend der Feuerländer und das Scheitern von Fitz-Roys Mission erlebt hat, ist sein Interesse für Mensch und Menschheit nie mehr erloschen. HOMO SAPIENS fügt sich in sein Weltbild als Endpunkt eines Zweiges unter vielen. Im letzten Teil der Reise verfestigt sich seine Ansicht, dass auch diese Spezies eine evolutionäre Entwicklung durchläuft: von wild über halb wild bis zivilisiert. *Ich spürte die Kraft der Bemerkung, dass der Mensch, zumindest der wilde, dessen Fähigkeit zur Vernunft nur teilweise entwickelt ist, ein Kind der Tropen ist.*

Die Hauptstadt Papeete mit ihren heute rund zwanzigtausend Einwohnern hat außer der Strandpromenade mit Blick auf Kreuzfahrt- und Containerschiffe im Hafen nichts zu bieten, was den unerträglichen Verkehr rechtfertigen würde. Auf dem Boulevard Pomaré staut sich das Blech von morgens bis nachts. Sobald der Tag zu Ende geht, verdoppeln die Taxifahrer ihre Preise. Dann liegen sie höher als in Paris. Aus den Elendsvierteln schleicht sich das Verbrechen bis an die Töpfe der Habenden. Jenseits der drei belebten Querstraßen der Innenstadt geht im Dunkeln außer den armen Anwohnern niemand mehr zu Fuß. Dort habe ich mir ein Zimmer genommen.

In meiner kleinen Pension versucht eine spindeldürre ältere Französin, sich Kette rauchend aus dem Leben zu husten. Vor ihr auf dem Frühstückstisch ein kleines Radio, aus dem Weltnachrichten sickern. Benazir Bhutto ist ermordet worden. Eine jüngere Frau, ebenfalls aus Frankreich, beklagt sich, eigens angereist zu sein, um ein Kind zu adoptieren, doch nun habe sich die Sache zerschlagen. Sie spricht, als habe man ihr ein Recht verweigert, das ihr als Kolonialerbin zusteht. Von Frau Bhutto hat sie noch nie etwas gehört.

Ich treffe nicht einen Menschen, der weiß, dass Darwin dieses Land besucht hat, und nur zwei oder drei, die den Namen jemals gehört haben. Das ist Negativrekord der gesamten Reise. Die Leute im Tourismusbüro kennen Dutzende Hotels und Restaurants. Aber ein »Darwin« sei nicht darunter. Nicht einmal *das Tal von Tia-auru* (heute Tuaru), *durch das ein Fluss in den See bei Point Venus fließt*, ist ihnen bekannt. Im Bürgermeisteramt finde ich nach langem Suchen eine Angestellte, die mit »Tuaru« etwas anfangen kann. Ich nehme den Bus. Der Fahrer hat ebenfalls noch nie von dem Fluss gehört, den er mehrmals täglich überquert. Zum Glück kennt er das Shoppingcenter, das mir die Behördenfrau auf den Zettel geschrieben hat.

Zu Beginn ist das Tal dicht besiedelt. Eine kleine Straße führt sanft in die Höhe. Je weiter hinauf, desto einfacher die Häuser. Ich frage nach dem Anfang des Wanderwegs, die Leute schütteln den Kopf. Unpassierbar, zumal in der Regenzeit. Dann beginnt die Wildnis. *An allen Seiten waren Bananenwälder.* Darwin hat hier mit einheimischen Führern eine halsbrecherische Wanderung unternommen. Auch ich habe versucht, *messerscharfe Grate entlang* zu klettern, bin *im Schatten der dunkelgrünen knotigen Stämme des Kawastrauchs* hüfthoch im Wasser durch den reißenden Fluss gewatet, doch irgendwann muss ich mir meine Niederlage gegen den Sturzregen eingestehen.

Ich schließe mich einer Jeeptour ins Landesinnere an. Eine von der Sorte »Tahiti in drei Stunden«. Was Darwin noch halbwegs als Urlandschaft durchstreift, gleicht heute einer verwilderten Monokultur aus Unkräutern. *Die Vielzahl von Erzeugnissen, die einen Kontinent charakterisieren, kann man auf einer Insel nicht erwarten.* Gelb blühende Blumen aus Singapur und Ranken aus Japan überwuchern alles. MICONIA mit ihren violetten Blättern wächst meterhoch. Palmen ersticken. Der Jeep hält, wo die besten Fotos von Wasserfällen winken.

Der Fahrer und Führer namens Sydney, Sohn eines Amerikaners mit tahitischer Frau, hat nichts gemein mit seinem Namensvetter auf den Kapverden. Sein Wissen über die Natur hat auf einem Bierdeckel Platz. Immerhin weiß er, dass zwei Drittel des Grüns importiert sind. Dass sich Mimosen bei Berührung zusammenziehen, hat er noch nie gehört. Er verspricht, den Effekt in sein Programm einzubauen. Für die Kinder.

Über Darwin muss er in Amerika gelernt haben, wo er zur Schule gegangen ist. Dass der hier gewandert ist, will er nicht glauben. Ein englischer Botaniker, der sich an der Bibel versündigt habe, erklärt er den Mitreisenden aus Japan, Russland und Neuseeland. Wegen solcher Leute wie Darwin, die hier ihre Experimente mit tropischen

Pflanzen unternehmen, sei die Natur der Insel gefährdet. Ein junger Japaner will protestieren. Offenbar hat ihm seine Schule eine andere Version vermittelt. Doch die Höflichkeit und seine strenge Freundin zwingen ihn zum Schweigen.

Natürlich ist sie auch schön, die Perle, mit ihren Gärten im Blütenrausch, den Blumenkränzen und Kostümen, den Wasserfällen und Riffen. Wer noch nie im Schatten schräg gewachsener Palmen am lauwarmen Pazifik gesessen hat, mag hier seine Erfüllung finden. *Nach einem Gang unter glühender Sonne kenne ich nichts Köstlicheres als die Milch einer jungen Kokosnuss.* Nach Monaten Entzugs wird selbst ein frisch gebackenes französisches Baguette mit einem Café au lait wie in Lyon zum Genuss. Die »3 Brasseurs« mit ihrem herzhaft gebrauten Bier servieren elsässischen Flammkuchen. Treibstoff für die Kids der internationalen Partyszene, die hier die gleichen Clubs zum Schwitzen suchen wie in Bangkok oder Miami.

Versprechen rächen sich an denen, die an sie glauben. Tahiti ist der Name einer Schönen, in die man sich verliebt hat, um dann festzustellen, dass sie nur für Geld zu haben ist. Alles, was schön ist an ihr, ist käuflich, und was nicht käuflich ist, das ist auch nicht schön. Das Glück hält sich in Reichweite der Kreditkarte auf. Innerhalb der Bannmeile von Dollar und Franc übertrifft die tahitisch-französische Küche sich selbst. Feinste Früchte, Gemüse und Fisch in Bananenblättern gegart. Die Strände reiner, das Wasser klarer, das Türkis tiefer als im Prospekt. Vor feinen Perlenläden locken Modelmädchen. Ansonsten lächeln die Schönen vor allem von Plakaten für Mietwagen, Golfplätze oder Ferienressorts.

Darwin betritt Tahiti knapp fünf Jahre bevor Frankreich es zum Protektorat erklärt. Königin Pomaré IV., der er begegnet, regiert bis zum ihrem Tod 1877. Ihr Nachfolger Pomaré V. überträgt 1880 ohne die dafür nötigen Unterschriften hoher Häuptlinge die volle Souveränität seines Landes an Frankreich. Nach dem Ende der unter weltweitem Protest eingestellten Atombombenversuche in den Neunzigerjahren leistet sich die französische Republik heute ein »Überseeland« mit 250 000 Bewohnern und vier Millionen Quadratkilometern Anteil am Pazifik. Das kostet die Steuerzahler eine Milliarde Euro im Jahr und entspricht 4000 Euro pro Tahitianer, mehr, als die große Mehrheit der Bevölkerung jährlich verdient.

Die goldene Fessel aus Europa hat indes nicht verhindert, dass mit Oscar Manutahi Temaru 2005 erstmals ein Präsident ins Amt gewählt worden ist, der auf längere Sicht die Unabhängigkeit seines Landes anstrebt. Seine Regierung hat begonnen, die einheimische Landwirtschaft wiederzubeleben, tahitische Traditionen und die lokale Sprache in die Schulen zurückzubringen und den Fremdenverkehr als Haupteinnahmequelle im Dienste des Landes weiterzuentwickeln.

Bis heute fließt ein Großteil der Einnahmen in die Taschen ausländischer Unternehmen. Bei den gut zehntausend Arbeitern in der Tourismusindustrie bleibt nur wenig hängen. Angesichts der Spottlöhne liegen die Preise für den Luxusurlaub absurd hoch. Je mehr Geld im Land verbliebe, desto schneller könnte es sich befreien. Der Präsident hat auch schon einen Namen für das unabhängige Tahiti im Sinn: Te Ao Maohi, »Die Welt der Einheimischen« – wie sie noch zu Darwins Zeiten existierten.

Nichts erfreute mich mehr als die Bewohner. In ihrem Gesichtsausdruck liegt eine Milde, welche sogleich den Gedanken an Wilde verbietet, und eine Intelligenz, die zeigt, dass sie in der Zivilisation vorankommen. Zur Messschnur seiner Meinung macht Darwin die moralische Reife nach christlichem Vorbild. *Im Ganzen erscheint es mir, als seien Moral und Religion der Einwohner äußerst achtenswert.* Zwar sieht er *die Tugend der Frauen ... am ehesten offen gegen Einwendungen.* Er freut sich, *dass Unehrlichkeit, Ausschweifung und Zügellosigkeit durch die Einführung des Christentums stark vermindert worden sind.* Er verteidigt die englischen Geistlichen gegen die Anwürfe des deutsch-russischen Entdeckungsreisenden Otto von Kotzebue, *dass die Tahitianer eine trübsinnige Rasse geworden seien und in Furcht vor den Missionaren lebten.*

Kapitän FitzRoy hat den Auftrag, von den Tahitianern ein Strafgeld von umgerechnet dreitausend Dollar zu kassieren, das die Regierung in London als Ersatz für ein geplündertes britisches Schiff verlangt. Er tritt in Verhandlungen mit den Verantwortlichen, die eigens ein »Parlament« aus Königin und den Stammesführern zusammenrufen. Darwin staunt *über die außerordentliche Fähigkeit zu debattieren, die Redlichkeit und die prompte Entschlossenheit, die allseits zum Ausdruck kamen. ... Die Häuptlinge und das Volk beschlossen, die ausstehende Summe anzuerkennen und zu erfüllen.*

Am letzten Abend kommt die Königin, *eine große, unbeholfene Frau ohne jede Schönheit, Anmut und Würde,* mit den meisten Anführern an Bord der Beagle. *Das Benehmen aller war sehr anständig.* Raketen werden abgeschossen, Seemannslieder angestimmt. *Die königliche Gesellschaft kehrte erst nach Mitternacht wieder an Land zurück.*

Eine Reihe dieser Schilderungen finden sich in einem Bericht wieder, den Darwin und FitzRoy gemeinsam ein paar Monate später in einer christlichen Zeitung in Südafrika veröffentlichen werden. Es entbehrt nicht einer gewissen Ironie, dass Darwin die erste Publikation seines Lebens zur Verteidigung der christlichen Missionsarbeit verfasst, und dann auch noch gemeinsam mit dem Kapitän, der ihn schon bald als ketzerischen Widersacher des Schöpfungsglaubens angreifen wird.

Je stärker Darwin die Evolution des Lebens erkennt, desto schwächer wird sein Glaube. In seiner Autobiografie versucht er im Alter, seinen Kindern die Motive seines Lebens und seine *religiösen Ansichten* näherzubringen. Er habe *eingesehen, dass dem Alten Testamente ... nicht mehr Glauben zu schenken sei als ... dem Glauben irgendeines Wilden.* Eine Religion, die *Gott Gefühle eines rachedurstigen Tyrannen* zuschreibt, könne sich nicht zum Maßstab der Moral machen. *Ich kann es kaum begreifen, wie jemand, wer es auch sei, wünschen könne, die christliche Lehre sei wahr; denn wenn dem so ist, dann zeigt der einfache Text {des Evangeliums}, dass die Ungläubigen, und ich müsste zu ihnen meinen Vater, meinen Bruder und nahezu alle meine besten Freunde zählen, ewig Strafe verbüßen müssen. Eine abscheuliche Lehre!*

Als Darwin die »Entstehung der Arten« schreibt, geht es ihm nicht in erster Linie darum, Gott aus der Welt zu schaffen. Auf der Suche *nach einer ersten Ursache* verdiene er es, *Theist genannt zu werden,* der einen Gott als letzen Grund nicht leugnen will. Dann erst mehren sich Zweifel, ob der menschliche Geist überhaupt imstande sei, dass *er solch großartige Schlussfolgerungen ziehe.* Schließlich ist er überzeugt: *Das Geheimnis des Anfangs aller Dinge ist für uns unlösbar; und ich für meinen Teil muss mich bescheiden, ein Agnostiker zu bleiben.*

Sein Angriff gilt nicht Gott, sondern dessen selbst erklärtem Ebenbild. Auch wenn er die Entstehung des Menschen in seinem Buch nur in einem Satz erwähnt, begreifen die Vertreter der alten Ordnung sofort, worauf er es abgesehen hat: die Sonderstellung der eigenen Spezies. Keine wissenschaftliche Erkenntnis hat sich jemals so direkt gegen religiöses Dogma gewandt. Wenn Darwin recht hat, gibt es kein Leben im Jenseits, keine Seele, keine Hoffnung – außer der, die wir uns selber schaffen. Blinder Zufall, unpersönliche Selektion, die Welt verliert ein Stück ihrer Nestwärme. Mit seiner Theorie zieht er die Menschheit in den Sumpf des niederen Lebens und mitten ins Kampfgebiet einer brutalen Natur, nicht auserwählter als Quallen, Finken oder Affen. Er spricht nicht von Gott und nicht von den Menschen, doch zwischen den Zeilen schwingen sie mit wie der fortlaufende Unterton seines *langen Arguments:* Alles, was für die anderen Lebewesen gilt, das gilt auch für uns.

Indem Darwin Naturgeschichte wie keiner vor ihm als das begreift, was sie ist, nämlich als Geschichte der Natur von ihren ersten Anfängen an, schreibt er das Buch aller Bücher neu. Wie noch nie zuvor bekommen die Bibel und mit ihr alle anderen Schöpfungsmythen Konkurrenz durch eine epische Erzählung aus der Werkstatt der Wissenschaft. Ein organischer Vorgang, geboren im Schlamm, schafft Ordnung aus Chaos, Intelligenz aus Indifferenz und gibt der Materie eine Stimme. Die Theorie der Evolution ist selbst eines ihrer Produkte. Der Mensch erfüllt das Orakel: »Erkenne dich selbst!«

Am 22. November 1859 trennt sich der Denker endlich von seinen Gedanken. An diesem Tag im späten Herbst des Jahres und im frühen seines Lebens fliegen sie davon und verbreiten sich in der Welt. Lange hat er sie im Gewahrsam seines Geistes ausgebrütet. Nun entlässt er sie, angetrieben von Konkurrenz, in die Freiheit, ins Spielfeld der kulturellen Evolution. Dort muss sich die neue Idee im Kampf gegen andere behaupten. Zunächst gelangt sie in die Hände und Gehirne der ersten Käufer und Leser. Die erste Auflage von 1250 Exemplaren ist nach wenigen Tagen vergriffen. Schon in der zweiten, die 1860 erscheint, nimmt Darwin eine kleine, aber wichtige Änderung im letzten Absatz des Buches vor. Statt von *vielfältigen Kräften, die nur wenigen oder nur einer einzigen Form eingehaucht worden sind,* spricht er jetzt davon, *dass der Schöpfer den Keim allen Lebens, das uns umgibt, nur wenigen oder gar nur einer einzigen Form eingehaucht hat.*

Seine Korrektur, die Gott als letzten Grund der Dinge zulässt, ändert jedoch nichts an der Rezeption seines Werkes. Der Ursprung des

Lebens interessiert die Leute viel weniger als sein Höhepunkt. Statt auf seine *Göttin* »*Natürliche Auslese*« stürzt sich alle Welt auf die heikelste Konsequenz seiner Theorie. Selten ist das, was nur zwischen den Zeilen steht, so heftig erörtert worden. Bis heute fassen die meisten Menschen, die von Darwin gehört haben, seine Gedanken in dem einen Satz zusammen: »Der Mensch stammt vom Affen ab.«

Aber nicht Darwin bringt den Stein ins Rollen, sondern der Mann, der als seine »Bulldogge« berühmt wird: Der brillante Thomas Henry Huxley beweist Gespür für treffsichere Provokation. Der Mensch als »mutierter Affe« erregt die Gemüter mehr als die Variation einer Zuchttaube oder der Schädelknochen eines ausgestorbenen Vogels. Huxley prägt den Begriff »Darwinismus« und verwendet ihn wie einen Schlachtruf im Kampf gegen den Klerus. Er nimmt Darwins Theorie zum Anlass, sein großes Ziel zu erreichen: der Kirche die Wissenschaft zu entreißen.

Noch sind die beiden nicht zu trennen. Fast alle großen englischen Forscher sind gleichzeitig Geistliche. Wissenschaft als Beruf mit Vertrag und Gehalt ist die Ausnahme. Huxley gehört zu den Ersten, die mit einer rein wissenschaftlichen Professur (an der königlichen Montanschule in London) den Typus des angestellten Universitätsforschers in England verkörpern, wie er heute gang und gäbe ist. Darwin, der Privatgelehrte mit väterlicher Apanage und Erbschaft, wird zum Symbol eines anderen Charakters im Ringen um die Wahrheit: Als graue Eminenz hält er sich im Hintergrund und schickt andere ins Getümmel.

Darwin kümmert sich weniger um die religiöse Kritik als um die Meinung seiner Kollegen, was sich natürlich nicht trennen lässt. Der alte Henslow zeigt sich milde, akzeptiert das Werk seines ehemaligen Schülers aber nur als Hypothese, nicht als Theorie und will öffentlich nicht als Darwinist betrachtet werden. Er stirbt im Frühjahr 1861. Darwin bleibt der Beisetzung fern. Der Astronom und Philosoph John Herschel nennt die natürliche Auslese »das Gesetz des Drunter und Drüber«. Der vierundsiebzigjährige Adam Sedgwick, Darwins Lehrmeister der Geologie, wird deutlicher. Wer die Lehre akzeptiere, »versenke die menschliche Rasse in einen niedrigeren Stand der Entwürdigung als jeden, in den sie gefallen ist, seit uns schriftliche Zeugnisse ihre Geschichte erzählen«.

Am schlimmsten wütet Richard Owen, der Anatom, der Darwins fossile Ausbeute der Beagle-Reise ausgewertet hat. Seine Kritik in der »Edinburgh Review« trifft Darwin schwer. *Äußerst bösartig, geschickt und ... schädlich*, wettert der Gescholtene, und *gehässig*. In spätestens zehn Jahren, verkündet Owen, sei die ganze Sache vergessen. Ihn treiben indes nicht nur religiöse Motive. Er ist auch beleidigt, weil seine eigene These von der spontanen Entstehung neuer Arten ohne zufallsgetriebene Evolution bei Darwin keine Erwähnung findet.

Ansonsten hat Darwin das Prinzip Generation in die Hände gespielt. Die Widersacher sind durch die Bank älter, die Befürworter jüngeren Alters. Eine rühmliche Ausnahme bildet Charles Lyell. Trotz anfänglicher Skepsis überzeugt ihn die Theorie seines Freundes so sehr, dass er sein eigenes geologisches Standardwerk umschreibt. In Darwins Evolutionstheorie feiert Lyells Gradualismus einen späten Triumph.

Zum vielfach beschriebenen Höhepunkt der Auseinandersetzung kommt es am 30. Juni 1860 in Oxford. Auf der Versammlung der Britischen Gesellschaft zur Förderung der Wissenschaften soll Bischof Samuel Wilberforce zu Wort kommen. Er hat in der anglikanisch-konservativ beherrschten Universitätsstadt seinen Sitz. Unter den mehr als siebenhundert Zuhörern in der überfüllten Bibliothek sitzen auch Hooker, Huxley und – Robert FitzRoy. Der Kirchenmann heizt die Stimmung an, verspottet den abwesenden Darwin, verhöhnt Huxley, zitiert Owen und macht dann offensichtlich im Überschwang der Attacke einen schweren Fehler: Er wendet sich direkt an Huxley und fragt ihn, ob er lieber einen Affen zur Großmutter oder zum Großvater hätte.

Der gefürchtete Rhetor hat nur auf diese Gelegenheit gewartet. Über seine Replik kursieren in der Literatur mehrere Versionen. In seiner eigenen fragt er zunächst zurück, »welchen Unterschied es für meine moralische Verantwortung machen würde, wenn ich tatsächlich einen Affen zum Großvater hätte«. Dann dreht Huxley den Spieß um. Vor die Wahl gestellt, »einen erbärmlichen Affen zum Großvater« zu haben »oder einen von der Natur reich begabten Mann mit großen Mitteln und Einfluss«, der sie nur nutze, um »eine ernsthafte wissenschaftliche Diskussion ins Lächerliche zu ziehen, dann zögerte ich nicht zu erklären, dass ich den Affen bevorzugte«.

Ob die Sitzung wirklich so verlaufen ist, werden wir wohl nie erfahren. Für die Legendenbildung eignet sich die Version hervorragend: Der Saal bricht in Gelächter aus, Huxley weiß das Publikum auf seiner Seite, der Bischof verstummt, und seit dieser Minute tritt der Darwinismus seinen Siegeszug an. Die öffentliche Meinung spaltet sich nicht wegen der natürlichen Auslese, sondern ob der Frage: Hat der Mensch äffische Vorfahren, oder ist er von Gott erschaffen worden?

Im Tumult meldet sich »ein grauhaariger, älterer Gentleman mit römischer Nase« zu Wort – Robert FitzRoy. »Eine riesige Bibel zuerst mit beiden und dann mit einer Hand emporhaltend« beschwört er »die Anwesenden feierlich, Gott mehr zu glauben als dem Menschen«. Der Direktor des Wetterdienstes distanziert sich von seinem ehemaligen Gefährten, der die Ergebnisse der Beagle-Reise für Ansichten herangezogen habe, »die dem ersten Kapitel der Genesis widersprachen«. Aber offenbar kann er sich kein Gehör verschaffen.

Darwin erfährt von alledem nur durch Schilderungen. Er weilt gerade zur Wasser-Kur in Sudbrook Park. Ansonsten hat er sich fast vollständig eingebunkert im idyllischen Down. Während die Welt sein Jahrhundertbuch diskutiert, vertieft er sich in experimentelle Detailstudien. Er untersucht die Fortpflanzungsmechanismen von Orchideen, experimentiert mit fleischfressenden Pflanzen, Sonnentau und Venusfliegenfalle, vergleicht Knochen von Zuchtkaninchen und macht Beobachtungen an Bienen.

Und er ist krank, so krank wie nie – ohne dass die Ursache je geklärt werden kann. Einem Spezialisten für Magenleiden fasst er für die Anamnese seinen Zustand zusammen: *Alter 56 – 57. Seit 25 Jahren extreme, krampfartige tägliche und nächtliche Blähungen. Gelegentliches Erbrechen, zweimal monatelang anhaltend. Dem Erbrechen gehen Schüttelfrost, hysterisches Weinen, Sterbeempfindungen oder halbe Ohmachten voraus, ferner reichlicher, sehr blasser Urin. Inzwischen vor jedem Erbrechen und jedem Abgang von Blähungen Ohrensausen, Schwindel, Sehstörungen und schwarze Punkte vor den Augen. Frische Luft ermüdet mich, besonders riskant, führt die Kopfsymptome herbei.*

Darwin sieht sich einmal mehr gezwungen, sich zu verstecken, seit ihn eiternde Ekzeme entstellen. Sein Gesicht, hager, abgespannt und eingefallen, verbirgt er nun vollends im Gestrüpp seines Methusalembartes. So entsteht das Bild, mit dem die Welt bis heute die Idee der

Evolution verbindet. Karikaturen zeigen ihn mit der Physiognomie eines Neandertalers als gebeugten Affen.

Wie jeder Wissenschaftler und Künstler muss er damit umzugehen lernen, dass sein Werk nun ein Eigenleben führt. Er sammelt alles, was ihm über sich und seine Theorie in die Hände fällt. Am Ende hat er neben 347 Besprechungen und 1571 allgemeinen Artikeln zwei dicke Ordner mit Zeitungsartikeln und 336 Schriftstücke zusammen, die nicht in die Ordner passen.

Wer allerdings nach Veröffentlichung der »Origins« einen Aufstand von Kirche und organisierter Religion erwartet, sieht sich getäuscht. Das *Evangelium des Teufels*, wie Darwin sein Werk einmal nennt, lässt das Bollwerk erbeben. Aber es bleibt weit davon entfernt, es zum Einsturz zu bringen. Religion überlebt Revolution. Da kann er noch so richtig liegen, da können wie vom Herrgott persönlich geschickt immer neue Belege auftauchen, die seine Thesen untermauern. Schon 1856 sind im Neandertal bei Düsseldorf die Schädeldecke und weitere Knochen eines Urmenschen gefunden worden, der mit seiner fliehenden Stirn genau in die Lücke zwischen Gorilla und Mensch zu passen scheint. Kurz darauf tauchen neben den Knochen ausgestorbener Hyänen Steinwerkzeuge auf. Der moderne Mensch ist offenbar viel älter, als es die Bibel zulässt.

Wenig später wird im deutschen Solnhofen in einem Steinbruch für Lithografieplatten ein fossiler Vogel entdeckt, der eine Zwischenstufe auf dem Weg von Reptilien zu Vögeln zu markieren scheint. Richard Owen kauft die Steinplatte für das Britische Museum und tauft den Urvogel »Archaeopteryx«. Das ausgestorbene Tier, so alt wie die Dinosaurier, besitzt nicht nur, wie Darwin vorhergesagt hat, getrennte Flügelfinger, sondern auch Zähne im Schnabel. Noch zu seinen Lebzeiten tauchen immer weitere »missing links« auf, wie Lyell die fehlenden Glieder in Darwins Beweiskette tauft, und schließen die Lücken.

Die Zahl der Belege wird so erdrückend, dass die Veränderbarkeit der Arten in der Fachwelt innerhalb eines Jahrzehnts weitgehend akzeptiert wird. Schon 1865 wird Evolution in Cambridge Prüfungsgegenstand. Kein ernst zu nehmender Wissenschaftler nimmt die Bibeltreuen noch ernst, die das Alter der Erde mit sechstausend Jahren angeben. Schon damals macht sich in gebildeten klerikalen Kreisen die Auffassung breit, die bei fundamentalistischen Christen bis heute nicht angekommen ist: dass die Bibel nicht wörtlich, sondern sinnbildlich zu verstehen sei. Die natürliche Auslese jedoch, der Kern von Darwins Theorie, bleibt selbst unter wohlmeinenden Fachleuten umstritten. In ihrer kalten Blindheit läuft sie dem Glauben an einen allmächtigen Gott zuwider, wie metaphorisch die Heilige Schrift auch immer gelesen werden mag.

Zwischen dem Glauben an Gott und ihrer Unterstützung der Evolutionstheorie hin- und hergerissen, versuchen helle Köpfe, eine Brücke zwischen den unvereinbaren Extremen zu finden. Der amerikanische Botaniker Asa Gray, einer der Ersten, die Darwin eingeweiht hat, und einer seiner frühesten Unterstützer, schlägt zur Rettung der natürlichen Auslese einen Kompromiss vor. Gott soll der Selektion, die er ebenfalls erfunden hat, Vorschläge machen und so seinen Plan verwirklichen. Darwin steckt noch in der Phase des Theismus und nimmt den Vorschlag begeistert auf. Für theologisch Sensible wie Gray gibt er sogar das Prinzip des Zufalls auf, um seine wichtigste Idee zu retten: ohne Selektion keine Evolution.

Grays Gedanke, dass die »Variation an bestimmten vorteilhaften Routen entlanggeleitet wurde« statt unendlich viele Verlierer ins Rennen zu schicken, vergleichbar mit den Ideen von Simon Conway Morris, bringt William Paleys Idee wieder ins Spiel: »Die Zeichen von Design sind zu stark, als dass man sie überwinden könnte«, schreibt der Naturtheologe. »Design braucht einen Designer. Dieser Designer muss eine Person gewesen sein. Diese Person ist Gott.«

Dank Darwin, Huxley und seinen Mitstreitern ihres neunköpfigen »X-Clubs« ist der Kirche die Wissenschaft endgültig aus den Händen geglitten. Aus deren Sicht eine Tragödie. Was mit Kopernikus und Galilei beginnt, vollendet sich in Darwin: Der Freigeist wird flügge und nimmt sich die Freiheit, Gottes Einflussbereich (und den seiner »Vertreter«) immer weiter einzugrenzen. Nicht mehr die Priester des Glaubens bestimmen über Fortschritt und Weltgeschehen, sondern die Priesterschaft der Naturforscher. Mit diesem Machtverlust hadert die Kirche bis heute.

Selten hat ein großer Denker seine Thesen überzeugender und allgemein verständlicher formuliert als Darwin seine Evolutionstheorie. Doch anders als Marx, dessen Werk Revolutionen begründet, löst das darwinistische Manifest kein Großfeuer aus, sondern eher einen Schwelbrand. Der religiöse Widerstand gegen seine »gefährliche Idee« glimmt über lange Strecken fast unbemerkt unter der Oberfläche der Weltereignisse weiter. Bricht er dann aus, kann er sich plötzlich zum Flächenbrand auswachsen. Den größten erlebt die Menschheit nicht zu Darwins Zeiten, sondern heute, hundertfünfzig Jahre nach seiner ersten Verteufelung als Antichrist.

Kreationisten haben in einem Buch über Darwin eigentlich so wenig verloren wie Astrologen in einer Abhandlung über Astronomie – wären nicht »wiedergeborene Christen« mit ihren Stimmen ins Weiße Haus gewählt worden, würden sich nicht Gerichte mit der Frage beschäftigen, ob die Schöpfungsgeschichte in den Biologieunterricht gehört, und zeigten nicht Umfragen, in welchem Maß sich religiöser Glaube als Antidarwinismus präsentiert: In den USA glauben fast fünfzig Prozent, Gott habe die Menschen in der jetzigen Form erschaffen, knapp vierzig Prozent sind überzeugt, dass sie sich über Millionen Jahre unter Gottes Führung so entwickelt haben, und nur gut zehn Prozent meinen, dass dies ohne Gottes Einfluss geschehen sei. Mehr als drei Viertel der Bürger im Land der Wissenschaftsweltmacht zweifeln also Darwins Evolutionstheorie an.

Nicht in Newton oder Einstein, nicht im Urknall oder den rätselhaften Quanten findet der Massenimpuls gegen die Aufklärung sein Ziel, sondern in der Evolution. Kein Wissenschaftler jemals hat so stark polarisiert wie der selbst erklärte *Kaplan des Teufels*. Wer den Menschen aus Affen hervorgehen lässt und ihm die göttlich eingehauchte Seele abspricht, macht sich alle zum Feind, denen das Glauben wichtiger ist als das Wissen. Denn um nichts anderes dreht sich der »Glaubenskrieg«, in dem Massenblätter »Gott gegen Darwin« antreten lassen.

Heute zweifelt kein ernst zu nehmender Wissenschaftler die Richtigkeit von Darwins Lehre an, ob gläubig oder nicht. Im Gegenteil: Die Beweislast der Fossilien ist seit seiner Zeit erdrückend geworden. Evolution lässt sich im Reagenzglas wie im Freiland beobachten, und seit sich in Gen-Analysen der Stammbaum alles Lebendigen immer exakter widerspiegelt, dürfte es zumindest über die Frage der gemeinsamen Abstammung aller Lebewesen keine Debatte mehr geben.

Es sei denn, man lehnt den Rationalismus von vornherein ab. Das tun Ultra-Kreationisten, die der Wissenschaft ihre Bibel entgegenstrecken wie dem Teufel das Kreuz. Auf dieser Ebene treten zwei Systeme gegeneinander an, die nicht kompatibel sind. Wer die biblische Sechstagewoche ernst nimmt, wer noch heute mit sechstausend Jahren Erdalter argumentiert oder die Entstehung der Frau aus einer Rippe des Mannes für bare Münze hält, der lehnt im Grunde nicht nur Darwin ab, sondern die gesamte wissenschaftliche Methode als Basis moderner Zivilisation.

Solche Haltungen ließen sich als Privatsache vernachlässigen – soll jeder glauben, was er will –, ginge es nicht um Kinder und damit um die Zukunft. Es reicht den extremen Kreationisten nicht, ihren Nachwuchs daheim zu belehren, was ihnen keiner nehmen kann und will. Sie möchten verhindern, dass den Kleinen im Unterricht Wissen beigebracht wird, das sie in ihrem Glauben erschüttern könnte.

In den USA bewirken Fundamentalisten Jahrzehnte nach Darwins Tod zunächst, dass die Evolutionslehre aus den Schulen verbannt wird. Nachdem Oklahoma Schulbücher mit Texten über die Evolutionslehre verboten und Florida sie als verderblich gebrandmarkt hat, untersagt im Jahr 1925 Tennessee per Gesetz, »irgendeine Theorie zu lehren, die der biblischen Geschichte der göttlichen Schöpfung des Menschen widerspricht, und stattdessen zu lehren, dass der Mensch von einer niedrigeren Ordnung abstammt«.

Der vierundzwanzigjährige Lehrer John Scopes stellt sich kurz darauf der Anklage, da man »die Schlange am besten vernichtet, wenn sie anfängt, sich zu winden«. Er gibt freimütig zu, Evolution im Biologieunterricht gelehrt zu haben, sie komme schließlich auch im staatlich anerkannten Schulbuch vor. Der Prozess zieht Tausende an, Millionen können ihn erstmals am Radio verfolgen. Während die Anklage vorträgt, die Theorie gefährde das Christentum, hält die Verteidigung dagegen, es gehe um mehr als Darwin und seine Lehre in der Schule, nämlich um die Zivilisation.

Die Prozessführer aufseiten der Evolution erreichen ihr taktisches Ziel. Scopes wird für schuldig befunden und zu einer Geldstrafe von hundert Dollar verurteilt. Doch das Kalkül, den Fall nun vor das Oberste Gericht der USA zu bringen, geht nicht auf. Der Supreme Court des Staates Tennessee erklärt das Urteil wegen eines Formfehlers für ungültig. Die Kläger sind gewarnt und lassen ihre Klage fallen. So kommt es, dass erst 1968 der Supreme Court in Washington Gesetze wie das in Tennessee für ungültig erklärt: Evolution gehört in den naturwissenschaftlichen Unterricht wie das Sonnensystem oder das Periodensystem der chemischen Elemente. Die Evolutionslehre aber ist in der Zwischenzeit bis zu dem Urteil aus vielen Biologiebüchern ersatzlos gestrichen worden – was die hohe Zahl der Antidarwinisten in den USA verständlicher macht.

Die amerikanischen Kreationisten legen nach. Ihre Strategie, die sie bis heute verfolgen, zielt nun darauf ab, die Schöpfungsgeschichte gleichberechtigt neben die Evolution auf den Lehrplan für Biologie zu setzen, einen überlieferten Mythos neben eine wissenschaftliche Theorie. Arkansas und Louisiana erlassen entsprechende Bestimmungen, die das Oberste Gericht der USA erst 1987 gegen die Empfehlung von Präsident Reagan kassiert. Dieses Urteil bestimmt nach wie vor die Rechtslage.

Doch die Kreationisten geben sich nicht geschlagen. Vielmehr schwenken sie jetzt auf eine raffinierte Taktik um: Sie rücken vom plumpen Beharren auf vorsintflutlichen Motiven ab, graben Paleys Konzept des »Intelligent Design« (ID) aus und erwecken es im Kleid moderner Wissenschaft wieder zum Leben. Sie suggerieren einem naturwissenschaftlich ungebildeten Publikum, die Evolutionstheorie habe unkorrigierbare Schwächen und sei deshalb falsch. Allein diese angebliche Falschheit wird zum Beweis der einzig möglichen Alternative angeführt. Hauptargumente sind bis heute die große Unwahrscheinlichkeit im vielfältigen Zufallsprozess und das Fehlen von tauglichen Zwischenstufen – Fragen, die auch schon Darwin beschäftigt haben.

Kein Wissenschaftler behauptet, dass die Evolutionstheorie alle Fragen beantworten kann. Doch seit Darwin sein Werk vorgelegt hat, sind Lücken nur geschlossen worden, keine neue hat sich aufgetan. So bruchstückhaft das Verständnis des Genoms zum Beispiel noch ist, jede neue Erkenntnis macht die Darwin'sche Evolutionslehre plausibler, nicht umgekehrt. Jeder Wissenschaftler würde auch unterschreiben, dass Darwins Theorie »nur« eine Theorie ist, die sich widerlegen – falsifizieren – oder durch eine bessere ersetzen ließe. Aber bis heute ist weder der Ansatz einer alternativen Theorie noch die geringste Spur eines Gegenbeweises aufgetaucht, auch wenn die Neokreationisten genau das unterstellen.

Ihr pseudowissenschaftlicher Kreuzzug zur Rettung göttlicher Vorsehung lässt sich am besten soziologisch deuten: Es geht nicht um Glaube oder Nichtglaube, sondern um Macht und Einfluss. Dahinter stehen erzkonservative Kreise mit streng patriarchalischen Strukturen, die ihren Traum vom amerikanischen Gottesstaat verwirklichen wollen, sowie Abtreibungsgegner und Verfechter jungfräulich geschlossener Ehen. Dass Moral ein Naturprodukt sein kann, das in der Kultur seinen Ausdruck findet, erscheint ihnen als Teufelswerk.

Da werden sogenannte Forschungseinrichtungen mit wohlklingenden Namen wie »Institute for Creation Research« oder »Discovery Institute« gegründet, in denen »echte« Wissenschaftler auf der Gehaltsliste stehen. Irgendein promovierter Biologe wird sich schon finden, der sich für Geld und »Ruhm« vor den Karren spannen lässt.

Das Ziel ist klar erkennbar: ID durch die Hintertür der Wissenschaft als Gegenmodell zur Evolutionstheorie aufzubauen und damit zur Theorie zu adeln. Wenn Theorie gegen Theorie steht, muss die »Kontroverse« an Schulen unterrichtet werden, damit sich die Kinder eine »eigene Meinung« bilden können. Im nächsten Schritt wird dann nicht mehr über Inhalte gesprochen, sondern nur noch über das Gebot wissenschaftlicher Fairness, beide Seiten zu hören. So sichert man sich nicht nur die öffentliche Unterstützung konservativer amerikanischer Präsidenten. Auch ein kleiner deutscher Landesfürst wie der thüringische Ministerpräsident lobt die Schöpfungsgeschichte gegen die »scheinbar in sich schlüssige Theorie« der Evolution.

Selbst wenn die amerikanischen Evolutionsgegner hier und da einen provinziellen Elternbeirat auf ihre Seite ziehen – bisher sind sie vor allen Gerichten gescheitert. Die Trennung von Staat und Religion gehört zu den Heiligtümern der amerikanischen Verfassung. Und doch hat es ihnen nicht geschadet, im Gegenteil: Der als ID verpackte Kreationismus befindet sich zwar wissenschaftlich im Rückzugsgefecht, gewinnt ideologisch aber an Boden.

Erst die scheinbare Verwissenschaftlichung verleiht der antiwissenschaftlichen Bewegung ihr Moment, das weit über die Grenzen der traditionell christlich-fundamentalistischen USA hinausreicht. In Lateinamerika ist sie ebenso auf dem Vormarsch wie in Europa. Vor allem in protestantischen Kreisen organisieren sich jenseits der öffentlichen Wahrnehmung kreationistische Netzwerke, die in Bibeltreue das Heil gegen die Herausforderungen der Moderne suchen. In Großbritannien haben sie geschafft, wovon die amerikanischen Brüder noch träumen: Die Schöpfungsgeschichte wird in manchen Schulen der Evolutionstheorie gleichwertig gegenübergestellt. In Italien, Polen und den Niederlanden sprechen sich Regierungsmitglieder für den »Dialog« zwischen den ungleichen Weltdeutungen aus.

Die größte christliche Kirche, die katholische, hat zumindest nach außen ihren Frieden mit Darwin geschlossen. Der Jesuit George Coyne durfte als Chefastronom des Vatikans erklären, dass zwischen der katholischen Lehre und der Evolutionsbiologie inklusive deren Aussagen über den Ursprung des Menschen kein Konflikt bestehe. Die darwinistische Theorie sei nicht nur mit dem christlichen Glauben vereinbar, sondern glorifiziere Gott. Allein die Seele als Atem Gottes stehe außerhalb jeder materialistischen Deutung. Die Kirchenführung hat Coynes Ausführungen nicht widersprochen, ihn aber bald danach in den Ruhestand versetzt.

Dass Wissenschaft nicht die einzige Quelle des Wissens ist und dass es Fragen gibt, die sie nicht beantworten kann, steht außer Frage. Doch was verbirgt sich hinter der aufgeklärten Liberalität, wenn Papst Benedikt XVI. in heutiger Zeit erklärt, das Universum sei »ein intelligentes Projekt«? Der Vatikan hat auch kein Dementi verlauten lassen, als sich der Wiener Kardinal Christoph Schönborn – mit Hilfe des Discovery Institute – in der New York Times gegen Darwin und für ID ausspricht.

Offiziell hat der Vatikan kürzlich auf seine eigene Art die Flucht nach vorn angetreten. Da wird in der Manier von Naturwissenschaft eine Art Supercode ins Spiel gebracht, in dem die eigentliche Botschaft des Schöpfers stecke: Gott spricht zu uns durch die DNA, verkündet Rom. Tatsächlich könnte es im Buch des Lebens im Rahmen der Naturgesetze solch einen Metatext geben. Er könnte die Gene wie Wörter zu einer sinnvollen Erzählung zusammenfügen. Das aber wäre nur eine höhere Stufe der Information. Die Existenz Gottes bewiese es nicht. Es sei denn, man stellt einen intelligenten Autor an den Anfang. Auch wenn sie ihre eigene Version vertritt, steht die katholische Kirche den Gedanken des ID ziemlich nahe.

Wer aber den Schöpfer einerseits als superintelligenten Planer versteht, der sein Werk mit Erschaffung der Naturgesetze abgeschlossen hat, kann ihn eigentlich nicht andrerseits bitten, seine Pläne später wieder zu korrigieren. Schon Leibniz empfand es »als eben für ihn beleidigend«, dass wir Gott durch sein gelegentliches Eingreifen für unser Schicksal verantwortlich machen. Man unterstellt dem Fehlerlosen Fehler und lässt den Gesetzgeber seine Gesetze übertreten. Doch der Gott des großen Wurfes, der die Welt erfunden und vielleicht auch intelligent geplant hat, erhört keine Gebete. Er hat sein Werk getan.

Viele Menschen benutzen die Idee der Evolution als Symbol für ein weitverbreitetes Unbehagen an der Wissenschaft. Sie wollen die Schöpfung – das Leben, die Umwelt – vor dem freien Zugriff von Forschern schützen, die selber in der Manier von Schöpfern Gott spielen wollen. Das ist verständlich. Aber man kann auch ohne Religionszugehörigkeit zu der Auffassung kommen, dass der gezielte Eingriff in die menschliche Keimbahn einen Rubikon überschreitet oder dass die Atomspaltung der Menschheit nicht allein Segen gebracht hat. Wer künftige Existenzen nicht nur kulturell, sondern auch biologisch durch Selektion und Genmanipulation unwiderruflich der Absicht und dem Willen jetziger Menschen unterwirft, durchbricht die Kette des »blinden« Zufalls. Erstmals in der Geschichte könnten Menschen ihre Erzeuger für ihre biologische Ausstattung zur Verantwortung ziehen. Das wäre ein Dammbruch, mit oder ohne Gott.

Indem Schöpfungsgläubige aber gegen die Wissenschaft predigen und dabei wissenschaftliche Argumente anführen, überschreiten sie selber die Grenzen ihres Herrschaftsbereichs und nehmen den Kampf auf einem Gebiet auf, dessen Regeln sie nicht akzeptieren. Das hat manche Naturwissenschaftler schließlich dazu verleitet, sich umgekehrt auf das Terrain der Religion zu wagen, ohne zu erkennen, dass ihre Argumente dort genauso stumpf bleiben wie andersherum.

Vertreter der Evolutionären Psychologie erklären Gläubigkeit zu einer Art Instinkt. Angesichts der universellen Verbreitung liege ihr Überlebensvorteil auf der Hand. Manche sprechen sogar von Religiositäts- oder Spiritualitätsgenen. So wie Kreationisten die Biologie in den Bereich der Religion drängen, rücken Biologen die Metaphysik in die Ecke erklärbarer Naturphänomene. Damit stehen sich zwei fundamentale Fragen gegenüber: Ist der Mensch eine Erfindung Gottes oder Gott eher eine Erfindung des Menschen?

Am deutlichsten hat sich jüngst der britische Biologe Richard Dawkins hervorgetan. Dank seiner Idee vom »egoistischen Gen« auch innerhalb seiner Zunft als brillanter Provokateur bekannt, hat er mit seinem Buch »Der Gotteswahn« eine Art biologisch begründetes atheistisches Manifest verfasst. »Darwins Rottweiler«, wie er sich gern nennen lässt, zahlt dort mit gleicher Münze heim. Eine Kernaussage des Werkes: Alles Übel der Welt ist religiös begründet.

Dawkins nennt Religion eine »Geisteskrankheit«, ein Phänomen »von hoher Ansteckungskraft«, einen »parasitären, sich selbst replizierenden Code«. Die allermeisten vernünftigen Menschen würden ihm recht geben, ersetzte er das Wort »Religion« durch »Fundamentalismus« und »Fanatismus«. Würden diese Übel sich wie das Pockenvirus ausrotten lassen, lebten wir in einer besseren Welt. Das Problem ist nur, dass Dawkins selber wie ein fanatischer Fundamentalist daherkommt, wenn er allein Atheisten für zurechnungsfähig hält. Wenn er selbst Christen, die mit der Evolutionstheorie keine Schwierigkeiten haben, die aber die berechtigte Frage nach dem Grund aller Dinge mit »Gott« beantworten, zu Idioten stempelt.

Niemand weiß, wie die Welt entstanden ist. Somit darf jeder glauben, was er will, auch dass sie von (einem) Gott erschaffen worden ist. Die allermeisten gläubigen Naturwissenschaftler (und von denen gibt es viele) halten es wie andere aufgeklärte Christen: Unter der erdrückenden Beweislast wissenschaftlicher Erkenntnis wird das Terrain bis zum Anfang des Universums geräumt. Gott hat das All erschaffen und damit auch die Evolution und das Leben »erfunden«. Woher Gott kommt, wenn nicht »aus sich selbst«, lässt sich nicht beantworten.

Das entspricht ziemlich genau Darwins Position, als er »Die Entstehung der Arten« veröffentlicht. Er vergleicht die mechanischen Gesetze, wie Newton sie formuliert hat, mit jenen, die er für die Entwicklung des Lebens beschreibt. Gott regiert Darwin zufolge per Naturgesetz, und zwar von Anfang an. Man kann also an (einen) Gott glauben und an die Evolution. *Ich sehe keinen vernünftigen Grund, warum die in diesem Werke entwickelten Ansichten irgendwie religiöse Gefühle verletzen sollten.*

19
Neuseeland

Der Vertrag von Waitangi · Bei den Maori · Ein christliches Utopia · Kulturelle Evolution · Sozialdarwinismus · Die Doppelhelix DNA · Das zweite Buch des Lebens · Epigenetik und Lamarckismus · Der Nasengruß

Den Händedruck von George Wells werde ich niemals vergessen. Nicht weil der Vierundsechzigjährige auch schon Friedensreich Hundertwasser und Bill Gates so begrüßt hat. Und auch nicht, weil ich noch Wochen danach jeden Mittelhandknochen meiner Rechten spüre. Sein fester Griff hat vielmehr alles ausgedrückt, was mir der stolze Maori später mit Worten beschreibt: Stärke, Kampfeslust und Selbstbewusstsein eines Volkes, das geknechtet wurde, aber nicht zerbrach.

Er hat mich als »Pakeha« begrüßt, als Weißen, auf meine Weise mit Handschlag und nicht mit der *Zeremonie des Nasenreibens oder, wie es eigentlich heißen sollte, Nasendrückens in geziemender Form*. Handschläge halten Distanz. Er sieht mir in die Augen. Dreckverschmierter Blaumann, schwielige Hände, grüne Baseballkappe. Dabei drückt er zu, als wollte er mir die Rechte zerquetschen, wenn ich nicht dagegenhalte. Typischer Männertest. Unten tasten, oben schauen. Dann gibt er nach und lacht. Irgendwie muss ich die Prüfung bestanden haben.

»Was glauben Sie, warum wir im Rugby die Besten sind?« – »Wegen Ihrer Bärenkräfte?« – »Stark sind alle. Es kommt auf was anderes an.« – »Die All Blacks sehen ziemlich finster aus, wenn sie ihren Kampfschrei loslassen.« – »Das ist es.« Er hat selber bei United KawaKaWa gekämpft, sich fast alle Rippen brechen lassen, fünfmal die Nase und einmal die Schulter, bevor ihn eine Knieverletzung zum Aufhören zwang. »Beim Rugby geht es um Teamwork. Nicht der Stärkste gewinnt, sondern die beste Gemeinschaft.« – »Das gilt für jeden Mannschaftssport.« – »Bei anderen ist das Gemeinsame der

Zweck. Bei uns ist es das Ziel. Der Sieg ist die Folge, nicht die Absicht.«

Wir sind in *Waiomio. Dort gibt es einzigartige Kalksteinmassen, Burgruinen ähnlich.* Touristen besuchen den Ort wegen seiner unvergleichlichen Höhle mit ihren Abertausenden von Glühwürmchen. Darwin hat sie nie betreten. *Diese Felsen haben lange als Bestattungsort gedient und werden folglich als zu heilig erachtet, um sich ihnen nähern können.* Heute steht ein Kassenhäuschen am Eingang. Die Toten werden längst unter Kreuzen begraben. Hinterm Schalter sitzt Georges Tochter Manuwai. Er hat in die Familie der Kawiti eingeheiratet, ein altes Geschlecht von Stammesführern.

Der Clan lebt schon lange hier, unweit der Bay of Islands im nördlichen Teil der Nordinsel Neuseelands, als die Beagle Weihnachten 1835 einen Zwischenstopp auf dem Rückweg nach England einlegt. Vielleicht liegt es an der Vorfreude auf die Heimat, dass Darwin durch seine englische Brille nicht erkennt, was er hier vor sich hat: Er wird Zeuge eines historischen Moments. Offenbar hat er einen direkten Ahnen von Manuwai Kawiti getroffen, jenes Mannes, der in den Geschichtsbüchern Neuseelands ganz vorn auftaucht.

Darwin erwähnt *eine ausgedehnte Diskussion mit Mr. Bushby über das Verkaufsrecht bestimmter Ländereien.* Dieser James Bushby vertritt seit drei Jahren als Gesandter in Neuseeland die britische Krone. Unter dem Druck einer möglichen Annexion durch Frankreich hat er soeben ein kleines Wunder vollbracht: Zwei Monate vor dem kurzen Halt der Beagle haben mehr als dreißig Maori-Anführer einen Vertrag unterzeichnet. Er geht als Unabhängigkeitserklärung der »Vereinigten Stämme« in die Geschichte des Landes ein. Mit einem der Stammesführer, aller Wahrscheinlichkeit nach Clanchef Kawiti, verhandelt Bushby, während Darwin zugegen ist. *Ein alter Mann, der sich als Genealoge erwies, illustrierte mittels Stöckchen, die er in die Erde steckte, die aufeinanderfolgenden Generationen.*

In Neuseeland tobt einer der mörderischsten Kriege der Geschichte. Zwischen 1818 und 1840 löschen die »Musketenkriege« ein Drittel der Maori-Bevölkerung aus. Die Stämme bekämpfen sich mit Schusswaffen, die sie im Tausch gegen Lebensmittel erworben haben. Den Höhepunkt erreichen die Metzeleien um die Zeit von Darwins

Besuch. Seltsam, dass er sie mit keinem Wort erwähnt. Kaum weniger merkwürdig, dass ihm der Wandel entgeht, der vor seinen Augen stattfindet: Ein Volk der Erzähler lernt schreiben.

Wenn die Stammesführer wollten und sich einig wären, könnten die Maori die rund zweitausend Ausländer in einem Streich besiegen. Doch die Mehrheit der Clanchefs will gemeinsam mit den Fremden etwas Neues beginnen, das Elemente beider vereint. Sie dulden die anderen, weil sie deren technisches Wissen und vor allem deren Schriftkultur übernehmen wollen. Denn sie begreifen, dass die Europäer als Recht nur anerkennen, was schwarz auf weiß geschrieben steht. Unter deren Bedingungen vertrauen sie ihren Vertragspartnern. Viereinhalb Jahre nach Darwins Besuch, am 6. Februar 1840, unterzeichnen William Hobson, der britische Gouverneur des Landes, und nach und nach über fünfhundert Häuptlinge den berühmten »Vertrag von Waitingi«.

Der Tag gilt als Geburtsstunde Neuseelands, Waitingi an der Bay of Islands als Geburtsort der Nation. Gouverneur Hobson sagt 1840 bei der feierlichen Unterzeichnung des Vertrags: »He iwi tahi tatou« – nun sind wir ein Volk. Nirgendwo sonst im Zangengriff europäischer Kolonialisierung hat sich jemals solch eine Szene zugetragen. Die erste Unterschrift auf dem Dokument lautet: Kawiti.

Doch die Sache geht nicht gut. Entgegen ihrem schriftlichen Versprechen nehmen sich die Eindringlinge mehr und mehr Land und führen sich auf wie die Herren einer Kolonie. Die Maori kennen weder Grundbesitz, noch akzeptieren sie Fremdherrschaft. Es kommt zu Schießereien. Clanchefs bemächtigen sich der britischen Fahne auf dem Flaggenhügel über Kororareka, dem heutigen Russel. Der neue britische Gouverneur schickt Truppen. Sein Name: Robert FitzRoy.

Der Kapitän hat nach gescheiterter politischer Karriere in England den undankbaren Posten angenommen, im Land der wilden Krieger die Interessen der Krone zu vertreten. Entschlossen, für – englische – Ordnung zu sorgen, lässt er sich auf einen Kampf ein, der dem britischen Empire auf dem Höhepunkt seiner Macht die empfindlichsten Niederlagen bereiten und FitzRoy am Ende seine Demission einbringen wird. Sein Gegner heißt Ruki Kawiti, der Ururgroßvater der Kassenfrau Manuwai.

»Kawiti hat seine Männer mit einem einzigen Satz motiviert«, sagt

George Wells, als wir vor dem Kassenhäuschen sitzen. »Er sagte ihnen: Das sind nur Menschen. Da wussten sie, dass sie siegen können.« Mehrere Male wiederholt sich das gleiche Spiel. Die Maori verschanzen sich in ihren »Pas«, raffiniert gebauten Festungen, die Engländer feuern aus allen Rohren. Doch nicht einmal mit schweren Haubitzen können sie ihre haushohe Überlegenheit durchsetzen. Dann passiert, wovor FitzRoy seine Leute eindringlich gewarnt hat: »Ihr werdet die Neuseeländer nie überraschen, aber sie euch häufig.« Der befehlende Oberst ändert die Taktik und lässt seine Truppen den Pa stürmen. Innerhalb von Minuten liegen einundvierzig tote Angreifer auf dem Boden, dreiundsiebzig weitere sind verwundet. Die Maori haben sich so geschickt hinter den Palisaden verteilt, dass ihre Gewehrkugeln aus allen Richtungen zu kommen scheinen.

Als die Engländer das Fort nach ausgiebigem Bombardement schließlich einnehmen, ist es leer. Kawiti hat sich mit seinen Leuten durch geheime Tunnel davongeschlichen und lässt danach ein noch viel raffinierteres Pa bauen. Mit geballter Feuerkraft schaffen es die Angreifer wiederum nicht, die neue Festung zu stürmen. Kawiti wird zum Helden seines Volkes. Er hat den Briten die Stirn geboten. Als die das Fort nach langer Belagerung endlich stürmen, haben die Verteidiger es schon wieder bereits verlassen. Die Besetzer finden Spuren einer neuen Kriegstechnik, die in das Arsenal aller Feldherren eingehen und im Ersten Weltkrieg zu trauriger Prominenz kommen wird: Schützengräben.

George Wells macht sich keine Illusion über das, was danach passiert ist. Während der »Neuseelandkriege« kommen Zehntausende Maori um. Ihre Zahl schrumpft zwischen 1820 und 1891 von 120 000 auf 44 000. Die neuen Herren roden und rotten aus. Das Land bekommt sein heutiges Gesicht, grüne Hügel mit Millionen von Schafen, und aus der Mehrheit wird die Minderheit. Die Maori verlieren fast alles. Im 20. Jahrhundert geraten sie wie alle besiegten Kolonialvölker in den ewig gleichen Teufelkreis von mangelhafter Bildung, Kriminalität, häuslicher Gewalt, Alkohol und Drogen, Übergewicht und Verwahrlosung.

Diese Themen bestimmen die täglichen Schlagzeilen in den Zeitungen. Doch wer Neuseeland bereist, erlebt auch eine selbstbewusste, aufstrebende Minderheit, etwa dreizehn Prozent der gut vier

Millionen Bewohner, die sich gerade ihren Platz in der Gesellschaft zurückerkämpfen. Dabei hilft ihnen genau jenes Dokument, das ihre Vorfahren in weiser Voraussicht unterzeichnet haben: der Vertrag von Waitangi. Durch ihn können sie bis heute vor Gericht Ansprüche geltend machen.

Hunderte Millionen Dollar an Ausgleichszahlungen sind bereits geflossen. Die Stämme verwalten ihr Geld selber, gründen Firmen, vermehren das Vermögen und sind dabei, den alten Traum vom einen Volk zu verwirklichen. Sie haben ihr eigenes Fernsehen, eine garantierte Vertretung im Parlament, Maori ist eine offizielle Landessprache und hat Einzug ins dominante Englisch gehalten. Doch das ist mehr als nur ein symbolisches Zugeständnis. Anders als in anderen ehemaligen Kolonien rund um den Erdball wissen die Maori eine Mehrheit der Pakeha hinter sich. Vor allem die Jugend versteht deren Kultur nicht als Bedrohung, sondern als Bereicherung.

Die Kawitis haben ihr Land nie verlassen müssen. Höhle, Felsen und die umliegenden Felder befinden sich ununterbrochen im Besitz des Clans. Die Familie ist mächtig angewachsen. Zu den jährlichen Treffen kommen mindestens zweihundert Angehörige. Darunter sind Handwerker, Anwälte, Ingenieure, Lehrer und andere Akademiker. Die Hälfte aller Maori lebt im Ausland, in Australien, den USA und Kanada. England ist nicht sehr beliebt. Der bevorzugte Job bei den Männern in Übersee: Bodyguard. Einige sind auch freiwillig im Irak.

Dass Maori lesen und schreiben können, ist so selbstverständlich, wie die Frage danach peinlich wäre. Aber sie pflegen auch ihre mündliche Kultur. George sagt, er könne seine Angehörigen acht Generationen rückwärts allesamt aufsagen, und nicht nur das: Er könne auch zu jedem eine Geschichte erzählen. Das sind 64 Väter und ebenso viele Mütter. 128 Geschichten, die wie kulturelles Erbgut durch die Generationen reichen. Tausendfach ausgetauscht, verändert, abgeglichen und angepasst. Wer in den Erzählungen weiterlebt, bekommt ein Stück Unsterblichkeit, wie es kein Grabmal aus Granit oder Marmor bieten kann. Wenn man weit genug zurückgeht, ist fast jeder mit jedem verwandt. Was für ein fantastischer Kitt für eine Gesellschaft. Und Schmierstoff für die Tradition einer Kultur, die bis heute nicht nur als Folklore überlebt hat.

Darwin nimmt von alledem nichts wahr. Er ist so enttäuscht von Neuseeland wie ich von Tahiti. *Es ist keine angenehme Gegend. Den Einheimischen fehlt jene reizende Schlichtheit, der man auf Tahiti begegnet.* Er lässt kaum ein gutes Haar an den Maori (die sich damals noch nicht so nennen). *Bei der Betrachtung des Neuseeländers vergleicht man ihn naturgemäß mit dem Tahitianer. ... Der Vergleich geht indes zu Lasten des Neuseeländers. ... Ein kurzer Blick auf die Gesichtszüge führt zu der Überzeugung, dass der eine wild, der andere dagegen zivilisiert ist.* In seinem Reisebuch siedelt er die »Wilden« kurz über den Feuerländern an, weit hinter den Tahitianern. *Ich würde meinen, ein kriegerischerer Menschenschlag als die Neuseeländer findet sich nirgendwo sonst auf der Welt.*

Regelrecht vernarrt ist er dagegen in die Arbeit der englischen Missionare. Es mag auch am Heimweh liegen oder an der Aussicht, bald selber als Geistlicher zu wirken. Doch was er bei einem Ausflug ins Inland zu sehen bekommt, gleicht fürwahr einem christlichen Utopia. *In einem Ort namens Waimate, ungefähr fünfzehn Meilen von der Bay of Islands entfernt ..., haben Missionare Land zu ackerbaulichen Zwecken erworben.* Selten hat eine christliche Mission zugleich so wohltätig und so nachhaltig gewirkt. Sie erscheint in der Literatur wie eine Waldorfschule zur friedlichen Christianisierung von Wilden.

Auf Darwins Fährte gilt es, *eine Bucht hinaufzufahren, wo ich einen hübschen Wasserfall sehen* werde. Zwei Campingplätze liegen heute vor dem Wehr. Von hier geht es zu Fuß weiter. *Das ganze Land ist reich mit Farn versehen. ... Zu unserer Rechten wand sich ein Fluss, dessen Ufer mit Bäumen gesäumt war, und auf den Hängen stand hier und da Gehölz. Die ganze Szenerie bot trotz der grünen Färbung ein trostloses Bild.* Daran hat sich bis heute nicht viel geändert. Die steile Böschung aus gepresstem Sand macht den Marsch zur Tortur.

Doch Waimate ist alle Mühe wert. *Das unvermittelte Auftauchen eines englischen Bauernhauses mit seinen wohlbestellten Feldern, das wie durch einen Zauberstab erschien* – fast genau, wie Darwin es beschreibt. Eines von drei Häusern steht noch so da wie seit ehedem. Ein geräumiges Gebäude mit umlaufender Veranda, vollständig aus Holz erbaut und eingerichtet wie ein Landhaus daheim – heute als Museum geöffnet. *Es gab große Gärten mit jeder Frucht, jedem Gemüse, das England hervorbringt.*

Darwin erblickt eine Mustersiedlung mit Werkstätten, Wohnhütten für die *eingeborenen Arbeiter, ... eine Dreschtenne mit Schwingmaschine, eine Schmiedeesse*, eine Kornmühle sowie *eine gesunde Mischung aus Schweinen und Geflügel, die wie auf jedem englischen Bauernhof behaglich beieinanderlagen.* Heute erstrecken sich dort saftige Blumenwiesen. Am Ende des Grundstücks erhebt sich eine mächtige Eiche, mutmaßlich die älteste Neuseelands, kurz vor Darwins Besuch dort eingesetzt. Sie hat die gesamte Geschichte des jungen Landes erlebt, das erst 1947 seine volle Unabhängigkeit von Großbritannien erlangt.

Darwins Gastgeber, drei Missionare und ihre Familien, leben die Tradition des »Ora et labora« vor. Sie bauen zusammen mit Einheimischen einen paradiesischen Garten auf, unterrichten sie in Werkstätten und Schulen. Die Botschaft der Bibel tut hier tatsächlich ihren Zweck bei der Befriedung einer kriegsmüden Bevölkerung. Zu Darwins Zeiten sind mehr als die Hälfte der Bewohner der Nordinsel ohne jeden Zwang »bekehrt«. Zivilisation wird als christliches Projekt vorgeführt, dessen Erfolge unübersehbar sind. *Das alles ist ganz überraschend, wenn man bedenkt, dass noch fünf Jahre zuvor dort lediglich Farne wuchsen. ... Nie habe ich eine hübschere oder fröhlichere Gruppe gesehen, und all das im Zentrum des Landes von Kannibalismus, Mord und allen grausigen Verbrechen!*

Nach allem, was Historiker uns vermitteln, hat er hier nicht übertrieben. Doch die Missionare haben ihren Traum auf Sand gebaut. Der Boden gibt auf Dauer nicht genug her. Schon 1840, nach nur zehn Jahren, wird die visionäre Siedlung wieder aufgegeben. *Ich glaube, wir waren alle froh, Neuseeland hinter uns zu lassen,* schreibt Darwin beim Abschied. *Ich schaue auf einen Lichtblick zurück, und das ist Waimate mit seinen christlichen Bewohnern.*

Was hätte ein Darwin, wäre er als Feldforscher der kulturellen Evolution aufgebrochen, hier nicht alles sehen können. Die Szenerie im damaligen Neuseeland wirkt wie gemacht zur Fortsetzung von FitzRoys Experiment mit den Feuerländern. Innerhalb einer Generation krempeln ganze Populationen ihren Lebensstil um, verändern ihre Essgewohnheiten, vertrauen sich einem neuen Glaubensregime an und beginnen sogar die Alphabetisierung. Dabei bleiben sie biologisch so erfolgreich, dass sich ihre Bevölkerung in nur hundert Jahren verzehnfacht. Aber genetisch hat sich in den fünf Generationen nicht viel getan.

Biologisch sind die Neuseeländer den Tahitianern äußerst ähnlich; *beide gehören derselben Menschenfamilie an.* Gleichwohl haben sie sich kulturell in tausend Jahren weit auseinanderentwickelt. Die einen kriegerisch wild, die anderen friedlich zivilisiert. So zumindest in Darwins Augen. Das Prinzip Insel mit geografischer Isolation wirkt in der kulturellen Evolution wie in der biologischen, jedoch ungleich schneller. Eine Ahnung davon haben die Deutschen bekommen, als sie nach kaum zwei Generationen Teilung bemerken, wie unterschiedlich sie bereits denken, und das trotz reichlicher Kontakte untereinander. Selbst manche Wörter bedeuten nicht mehr das Gleiche.

Wird eine Population geteilt, um fortan in zwei unterschiedlichen Arealen zu leben, dann werden sich beide Gruppen selbst unter identischen Umweltbedingungen in verschiedene Richtungen entwickeln – wobei es durchaus zu Konvergenzen kommen kann. Erst auf lange Sicht machen sich die Unterschiede auch biologisch bemerkbar. Lebte die Menschheit ohne jeden Kontakt auf zwei Kontinenten, würde sie sich vermutlich irgendwann in zwei Arten aufteilen, ob in hunderttausend oder einer Million Jahren, weiß niemand.

Die kulturelle Evolution erscheint im Rahmen der biologischen wie eine fortgesetzte Revolution. Ideen und Techniken können sich auch innerhalb einer Generation horizontal ausbreiten wie eine Infektion. In der biologischen Evolution dagegen verbreiten sich erfolgreiche Varianten vertikal durch die Generationen und damit ungleich langsamer. Auch wenn sich die Phänomene gleichen und hier wie da Variation und Selektion wirken: Die Prozesse sind grundsätzlich verschieden.

Darwins blinder Fleck lässt ihn die Besonderheiten menschlicher Entwicklung über die biologische Evolution hinaus nicht erkennen. Liegt er noch goldrichtig, wenn er den Menschen als Tier unter Tieren, als Wirbeltier, Säugetier und Primaten einstuft und auch seine Herkunft aus Afrika vermutet, versagt seine Optik bei den ungleich schnelleren Abläufen der menschlichen Evolution jenseits der Biologie. Er glaubt, in heutigen Worten, dass kulturelle Unterschiede genetisch fixiert seien. *Ich bin geneigt, mit Francis Galton darin übereinzustimmen, dass Erziehung und Umgebung nur eine geringe Wirkung auf den Geist eines jeden ausüben und dass die meisten unserer Eigenschaften angeboren sind.* Ein Gedankenexperiment hätte ihm das Gegenteil klarmachen können: Könnte man die biologische Evolution komplett stoppen, würde die kulturelle weitergehen.

Was Darwin, der Sorgfältige, übersieht oder nicht sehen kann, ist seinem großen Konkurrenten, dem Überflieger Alfred Russel Wallace, nicht entgangen. Der hat im malaiischen Archipel in »primitiven« Gesellschaften gelebt und interpretiert Fürsorge und Zusammenhalt als moralische Qualitäten, die sich unter natürlicher Auslese als Überlebensmerkmale durchgesetzt haben. Doch während der menschliche Körper, so Wallace, seine Evolution weitgehend abgeschlossen hat (eine sehr moderne Auffassung), entwickelt sich der menschliche Geist weiter und erhebt sich über die biologische Selektion. Wallace begreift den entscheidenden Punkt: Kulturelle Evolution läuft nicht darwinistisch ab, sondern lamarckistisch – erworbene Eigenschaften wie Sprache oder Mythologie werden kulturell tradiert, nicht über Gene. Information fließt schneller als Blut.

Darwin hat eigentlich genügend Belege, um die *geistigen Fähigkeiten* mit Vorsicht zu behandeln. Die Unterschiede zwischen Neuseeland und Tahiti hätten ihn stutzig machen können. Doch er biologisiert sie und unterwirft sie dem Regiment seiner großen Idee: Alles, was den Menschen ausmacht, muss durch die Mühle der natürlichen Auslese gelaufen sein. Zwar steckt auch der Mensch als »nicht festgestelltes Tier« ohne Frage noch voller Triebe und Instinkte, die sich evolutionär als vorteilhaft durchgesetzt haben (auch wenn sie es heute oft nicht mehr sind) und daher genetisch vererben. Aber die meisten Fähigkeiten, vom Sammeln und Jagen bis zum Lesen und Schreiben, haben wir, auch wenn sie »in Fleisch und Blut übergegangen« sind, erlernt und geben sie auf gleichem Wege weiter.

Indem sich Darwin an die natürliche Auslese klammert, gesteht er seiner Spezies weniger Freiheiten zu, als die Evolution uns gewährt hat. In heutiger Sprechweise glaubt er, dass Gene unser Verhalten steuern und sich umgekehrt das Verhalten in den Genen niederschlägt und dadurch den Mechanismen der biologischen Evolution unterliegt. Er verhält sich in dem Punkt wie ein Herrscher, der die Größe seines Reiches verteidigt.

Indem Darwin sein Prinzip auf alle Bereiche ausdehnt und auch vor der Kultur nicht haltmacht, erlaubt er die ideologische Überspitzung seiner Theorie im Sozialdarwinismus und fordert auf der anderen Seite deren Verhöhnung als »Affentheorie« im Kreationismus heraus. Dabei begeht er keinen Flüchtigkeitsfehler, sondern leistet sich einen fundamentalen Irrtum, der bis zum heutigen Tage Verwirrung wie Verirrung stiftet.

»Darwins Bulldogge«, der Journalist und Philosoph Herbert Spencer, findet in der »Entstehung der Arten« von 1859 das gesuchte Stück Biologie für seine Weltanschauung vom »Überleben der Tüchtigsten«. Darwin wehrt sich nicht, im Gegenteil: Er übernimmt die griffige Formel in sein Werk. Denn er glaubt an das, was Spencer sagt. Der will Evolution total, vom All bis in die Seele, und vor allem in der Gesellschaft. Krankes, Schwaches und Entartetes merzt sich im Daseinskampf selber aus, das Bessere ist der Feind des Guten.

Spencer schafft mit Darwins Billigung die Voraussetzung für die um sich greifende Biologisierung aller Lebensbereiche. Der Philosoph Thomas Hobbes mit seinem »bellum omnium contra omnes« lebt wieder auf, dem Krieg aller gegen alle, der heute Konkurrenzgesellschaft heißt. Das geht schon im Kindergarten los und endet für immer weniger Menschen mit dem Erreichen der Rente. In einer Art künstlicher Selektion werden Egoismus und Eigensinn gezüchtet, um eigene Vorteile zu sichern. Historisch gesehen eine bemerkenswerte Entwicklung: Gerade in dem Augenblick, da wir uns dank Kultur immer weiter aus der Biologie verabschieden, dehnt sich ihr ideologischer Machtbereich aus. Evolution ist alles, alles ist Evolution.

In diesem Licht besehen ist Sozialdarwinismus seit Spencer nichts anderes als ein verkapptes Programm zur Abschottung der Eliten, das bis heute äußerst wirksam geblieben ist. Würden diese ihren eigenen Gedanken in seiner biologischen Tiefe ernst nehmen, die Gesellschaft durchlässiger machen, allen gleiche Chancen gewähren und echte Konkurrenz der Talente zulassen, dann könnten sie ihren Status (neben ihrem Vermögen) nicht mehr gleich Erbhöfen weiterreichen. Da das nicht geschieht, hat der Nachwuchs der Elite ungeachtet seiner biologischen Gaben ungleich höhere Startchancen, in seiner Schicht zu bleiben und sogar aufzusteigen. So gesehen müsste es eigentlich Anti-Sozialdarwinismus heißen.

Der sozialdarwinistischen Sichtweise, die Darwin nicht ablehnt, hat er es zu verdanken, dass sich Imperialisten (mit seiner Billigung), aber auch Rassenhygieniker und Tyrannen auf ihn berufen. Die Logik dreht die Schraube der Ideologie nur ein Stück weiter: Wenn die Erbkranken und Degenerierten ohnehin dem Untergang geweiht sind, dann kann man auch nachhelfen. Die Definitionshoheit über »minderwertige Rassen« oder »lebensunwertes Leben« liegt in der Hand der Mörder.

Natürlich hätte sich Darwin gegen derartige Pervertierungen seiner Theorie verwahrt. Gleichwohl hat er sich die unbeabsichtigten Folgen ein Stück weit selbst zuzuschreiben. Statt Kultur und geistige Eigenschaften außen vor zu lassen, setzt er noch eins drauf und bastelt sich 1868 eine seltsame Vererbungstheorie zusammen – drei Jahre nachdem Gregor Mendel die bis heute gültige Vererbungslehre begründet hat. Ohne jede Beobachtungsgrundlage schlägt Darwin – wie vor ihm schon Hippokrates – einen Vorgang namens *Pangenesis* vor. Er regt an, dass jedes Organ und jede einzelne Zelle des Körpers *Gemmulae* absondern, Keimchen, die auf Ei- und Samenzelle zurückwirken. Damit führt er, als habe er den Glauben an sein eigenes Werk verloren, durch die Hintertür genau das in seine Theorie ein, was er vorher ausgeschlossen hat: eine körperliche Vererbung erworbener Eigenschaften im Sinne Lamarcks.

Niemand hat diese Gemmulae je gesehen, mit denen Darwin erklären will, wie sich auch kultureller Fortschritt im Erbgut verankern könnte: Indem sie sich zu Keimzellen zusammenschließen, zu Ei und Samen, sollen Gemmulae aus allen Teilen des Körpers, auch aus dem Gehirn, dessen »Lebenserfahrung« im Sinn von Gebrauch und Nichtgebrauch weitergeben. Als junger Mann hätte Darwin solche Spekulationen kaum seinen geheimen Notizbüchern anvertraut. Mit der Autorität des berühmten Naturforschers veröffentlicht er sie sogar – und ruft unter Kollegen vor allem Kopfschütteln hervor.

Etwa um die Zeit von Darwins Tod wird einer seiner glühendsten Verehrer in Deutschland mit dieser haltlosen Pangenesis-Theorie aufräumen. Der Freiburger Zoologe August Weismann ist bis dahin selber von der biologischen Evolutionstheorie und auch von ihrer lamarckistischen Komponente überzeugt. Mit seiner Theorie der »Continuität des Keimplasma's« schafft Weismann drei Jahre nach

Darwins Tod die Grundlage des »Neodarwinismus«. Sie besagt nach heutigem Stand, dass sich bereits im Embryo die Vorläufer von Samen und Eizellen absondern und unabhängig von den restlichen Körperzellen entwickeln.

Keimzellen repräsentieren als »Genotyp« im Wesentlichen, was man von Eltern und Großeltern mitbekommen hat. Die Selektion setzt ausschließlich am »Phänotyp« an, am fertigen Organismus. Nur wer überlebt und Nachkommen hinterlässt, kann seine Gene weitergeben – wie er sie geerbt hat. Doch was immer einer erlebt und erleidet, leistet oder verbricht, so die Theorie, findet in seinen Genen keinen gezielten Widerhall. Damit wäre der Lamarckismus aus dem Spiel und mit ihm die kulturelle Evolution auf biologischem Weg. Sollte man meinen.

Doch die Entwicklung nimmt von nun an eine neue Richtung. Die Gene übernehmen die Macht, und zwar nicht nur im wissenschaftlichen, sondern auch im kulturellen Diskurs. Noch bevor überhaupt klar ist, was Gene sind und wie Mutationen zustande kommen, denken in den Dreißigerjahren des 20. Jahrhunderts Theoretiker über die Vereinigung von Evolutionstheorie und Genetik zum »Synthetischen Darwinismus« nach. Er enthält, wonach Darwin vergeblich gesucht hat: den Mechanismus der Vererbung, Mutation und Rekombination des elterlichen Erbguts als Ursache der Variabilität, und auch seine Elemente Selektion und Isolation.

Zu den Protagonisten der großen Vereinigung gehören der britische Naturforscher Julian Huxley, der deutsch-amerikanische Biologe Ernst Mayr und der russisch-amerikanische Genetiker Theodosius Dobzhansky. Von dem stammt der oft zitierte Satz: »Nichts in der Biologie ergibt einen Sinn außer im Lichte der Evolution.« Die erweiterte Evolutionstheorie umfasst in einem durchgängig erklärbaren Ganzen das Leben von seinen Anfängen bis zur heutigen Biosphäre.

Der »alte« Darwinismus, der vor allem durch die Naziverbrechen und eugenische Politik in Misskredit geraten war, ist damit tot. Doch anstatt den Sozialdarwinismus gleich mit zu begraben, darf er weiterschwelen wie der Kreationismus. Ab den Siebzigerjahren des 20. Jahrhunderts bricht er sich wieder Bahn unter dem Dach der Soziobiologie, die das Gen zum Maß aller Dinge macht und die kulturelle Evolution der biologischen unterordnet.

Doch zuvor passiert etwas, das Darwins Unsterblichkeit vom befristeten in einen unbefristeten Vertrag mit der Ewigkeit verwandelt: Am 25. April 1953, keine hundert Jahre nach der Veröffentlichung seines epochalen Werkes, publizieren James Watson und Francis Crick einen Artikel in der Zeitschrift »Nature«, der nicht nur die Wissenschaftsgeschichte, sondern die gesamte Menschheitsgeschichte verändern wird. Sie haben die chemische Struktur des Erbmoleküls Desoxyribonukleinsäure, international kurz DNA, aufgeklärt. Zwei ineinandergeschraubte, wie Positiv und Negativ zueinanderpassende Ketten, in denen mehr oder weniger die komplette Information für den Bau eines Organismus steckt.

Mendels »Elemente der Vererbung« (vereinfacht gesagt: die Gene) bestehen demnach selber aus Elementen, aus vier kettenförmig aneinandergereihten »Basen«, deren Namen mit den Buchstaben A, C, G und T abgekürzt werden. Jeweils zwei passen durch ihre chemischen Eigenschaften so zusammen, dass sie zwischen den Strängen der DNA Paare bilden, die beide Ketten zusammenhalten. Jedem A steht ein T und jedem C ein G gegenüber und umgekehrt. Durch die »komplementäre« Abfolge der Bausteine auf beiden Ketten ist der Kopiermechanismus zur Weitergabe an Tochterzellen und die nächste Generation gesichert: Wenn sich ATTGC und TAACG trennen, dann kann jede Seite durch »Basenpaarungen« die fehlende Kette wieder ergänzen.

Die Doppelhelix wird zur Ikone des beginnenden Zeitalters der Biologie, die sich im Zeichen von Computer und Kybernetik mehr und mehr zur Informationswissenschaft entwickelt. »Seit Watson und Crick« hat unter Biologen einen ähnlichen Klang wie »seit der Entdeckung Amerikas«. Die bis dahin rätselhaften Gene werden – zunächst – als Teilstücke der DNA erkannt, die nach einem simplen Code durch die biochemische Maschinerie der Zelle in Eiweißstoffe übertragen werden: Jeweils drei Basen einer Kette – ein »Triplett« – werden in eine Aminosäure übersetzt und die Aminosäuren zu Proteinen verbunden. Alle Lebewesen verwenden, wie Darwin mit der gemeinsamen Abstammung vorhergesagt hat, dasselbe Prinzip.

Mit einem Schlag lässt sich auch erklären, wie Mutationen entstehen: Gelegentlich kommt es während des Kopiervorgangs zu Fehlern, durch die statt der passenden Base eine andere in die neue Kette eingebaut wird. Dadurch verändert sich ein Triplett und mitunter auch die Aminosäure im Eiweiß. Im günstigen Fall hilft eine Mutation bei der besseren Anpassung an Umweltbedingungen, etwa wenn ein veränderter Eiweißstoff es dem Organismus erlaubt, kältere Temperaturen oder größere Trockenheit zu überstehen.

Viele Gene kommen, wie Mendel schon indirekt erkannt hat, in einer Population in mehreren Versionen vor, »Allele« genannt, mögliche Ausprägungen eines Gens durch Mutationen. Da sich im Erbgut die Gene beider Eltern mischen, tragen wir zwei Allele jedes Gens in uns, entweder identische oder unterschiedliche. (Ko-)Dominante Gene werden in einen Eiweißstoff übersetzt, rezessive bleiben stumm. Dadurch kann eine Spezies viele durch Mutationen entstandene Allele anhäufen und in jeder Generation neu mischen. Sie sorgen für Variabilität und helfen einer Art, sich an veränderte Verhältnisse anzupassen.

Manche Allele sind unmittelbar tödlich, weil der Eiweißstoff seine Funktion nicht mehr erfüllen kann. Andere Mutationen rufen Krankheiten wie die Mukoviszidose hervor. Vier- bis fünftausend dieser Erbkrankheiten sind bekannt. Meist ist es nur der Austausch eines entscheidenden Bausteins (einer Aminosäure im Eiweiß), der fatale biochemische Folgen hat.

Durch Analyse und Vergleich des Erbguts unterschiedlicher Organismen kann der Weg der Evolution bis an die Anfänge zurückverfolgt werden. Im Großen und Ganzen bilden die genetischen Verwandtschaften Darwins Lebensbaum ab. Evolution lässt sich beobachten, demonstrieren und in gewisser Weise sogar beweisen. Sie ist im Wesentlichen, wenn auch mit gewichtigen Ausnahmen, genauso abgelaufen, wie Darwin es vorgeschlagen hat.

Doch sein später Triumph geht beinahe unter neben den neuen grandiosen Träumereien, von Menschenhand in den mehr als 3,7 Milliarden Jahre alten Prozess einzugreifen und die Evolution ingenieurmäßig zu verbessern. Die Natur bedient sich eines so genial einfachen Mechanismus, dass die neue »Gentechnologie« sich innerhalb eines Vierteljahrhunderts fast alle wichtigen Werkzeuge verschafft, um das Erbgut beinahe nach Belieben zu entschlüsseln und zu verändern. Über die Keimbahn findet sie das Einfallstor in das Wesen der Arten und schließlich auch in die Natur des Menschen.

Auch wenn die christliche Religion weiter an der Doktrin ihres

Kirchenvaters Augustinus festhält, dass es nur ein »Buch des Lebens« geben kann, und das ist die Bibel, sprechen Biologen mit dem gleichen Begriff das Genom an. Das Gen mit seinem einfachen Aufbau aus den immer gleichen vier Bausteinen wird wie das Wort in der Sprache zum Element des Lebens, zum Paradigma der Biowissenschaften, zur Metapher im gesellschaftlichen Diskurs. Als Alleskönner sollen Gene bestimmen, woher wir kommen, wer wir sind und wie wir uns verhalten. Doch damit wird ihre Rolle, wie sich immer klarer herausstellt, weit überschätzt.

Nebenbei versetzt die moderne Genforschung dem Lamarckismus scheinbar den endgültigen Todesstoß: Information bewegt sich nach dem »Dogma der Molekularbiologie« auch molekular auf einer Einbahnstraße. Sie kann nur von der DNA über deren Schwestermolekül RNA (Ribonukleinsäure) zum Protein übersetzt werden, nicht in die andere Richtung: Die Gene in der Keimbahn bleiben somit nach der damaligen Vorstellung vor den Willfährigkeiten des Lebens geschützt – es gibt keinen Weg vom Giraffenhals zurück zum Giraffensperma oder -ei.

So schön das Bild von der Doppelhelix als unendlich verschlungenem Schlangenpaar ist, so fatal sind die Missverständnisse aus der Buchmetapher. Die »Schrift« aus den vier »Buchstaben« A, T, C und G ist in Wahrheit nur eine Vorstufe, die erst nach einer Dekodierung gelesen werden kann – wie die digitale Spur auf einer Compact Disc. Erst das Programm des Dechiffriergeräts oder des biochemischen Apparats der Zelle erweckt den Inhalt zum Leben. Die Daten sind verschlüsselt wie in einer Morseschrift. Die eigentlichen »Wörter« finden sich erst auf der Ebene der Eiweiße, die ihre komplexen Funktionen dem Aufbau aus zwanzig unterschiedlichen Aminosäuren verdanken. Die Schrift hat also nicht vier, sondern zwanzig Buchstaben.

Wenn es manchmal heißt, die Wissenschaft habe »den genetischen Code geknackt«, dann beschränkt sich das allein auf diese erste Ebene: Forscher können die Morsezeichen der vier Basen lesen und in »Wörter« übersetzen. Wenn unser Genom aus gut zwanzigtausend Genen besteht, dann entspräche das im Bild des Buches einem Wortschatz, über den nur wenige Menschen verfügen. Die Vielfalt dessen, was Sprache beschreiben kann, geht gegen unendlich und bleibt gleichzeitig in engen Grenzen: Nur die wenigsten Kombinationen von Wörtern ergeben einen Sinn. So ähnlich kann man sich das auch bei den Genen vorstellen. Die Möglichkeit, sie zu kombinieren, übersteigt alles Darstellbare. Die Zahl der sinnvollen Gruppierungen, aus denen Organismen hervorgehen, ist dagegen beinahe überschaubar.

Genau an dieser Stelle bricht das Bild auseinander. Ab hier beginnen Missverständnis und Missbrauch, sobald es um die Ideologisierung der Biologie geht. Denn so einfach das »Buch des Lebens« anfangs erschien, so unendlich viel komplizierter ist es mittlerweile geworden. Das fängt schon damit an, dass von keinem einzigen Gen irgendeines Lebewesens die Gesamtheit aller seiner Funktionen bekannt ist. Ein und derselbe Eiweißstoff kann zudem in unterschiedlichen Zusammenhängen viele verschiedene Funktionen haben – etwa so, wie sich der Sinn eines Wortes oft nur aus dem Zusammenhang ergibt: Ob ein Tennisspieler einen Satz nach vorn macht, ob er einen Satz gewinnt oder einen Satz neuer Bälle verlangt, ob er einen Satz sagt oder mit dem Satz seiner Steuer zufrieden ist – was mit »Satz« gemeint ist, bestimmt der Satz, in dem das Wort »Satz« erscheint. Die Listen, die allein die bekannten Funktionen des Eiweißstoffs Insulin aufzählen, reichen bereits über Seiten. Und immer wieder kommen neue hinzu.

Offenbar können aus einem Gen auch unterschiedliche Eiweiße hervorgehen. Außerdem können sich Gene aus DNA-Abschnitten zusammensetzen, die aus unterschiedlichen Regionen des Genoms stammen. Sie können unterbrochen sein, im Genom hin und her springen, durch chemische Anhängsel kurzzeitig oder dauerhaft aktiviert oder deaktiviert werden.

Sogenannte Knock-out-Mäuse, bei denen gezielt bestimmte Erbanlagen ausgeschaltet wurden, offenbaren darüber hinaus eine verblüffende Plastizität biologischer Abläufe: In vielen Fällen kann der Organismus den kompletten Ausfall eines Gens kompensieren – aber wie, weiß niemand. Wir wissen ebenfalls nicht, warum die Erbsubstanz des Huhnes mehr DNA-Bausteine enthält als die des Menschen, warum Karpfen 104 Chromosomen haben, Hunde 78, wir aber »nur« 46. Das Genom entpuppt sich mehr und mehr als dynamischer, multidimensionaler Kosmos, der wie ein perfektes, äußerst störsicheres Uhrwerk nach Regeln läuft, die noch niemand kennt.

So wie sich der Sinn von Wörtern aus dem Zusammenhang ergibt, so entsteht sinnvolle Sprache erst aus der grammatikalischen Abfolge der Wörter. Sätze bilden die nächsthöhere Informationsebene. Sie wiederum lassen sich nur in bestimmten Reihenfolgen aneinanderfügen, wenn sie zusammen einen sinnvollen Text ergeben sollen. Die Grammatik der Sprache mit Wortbedeutung und Satzbau hat jeder so im Kopf, dass wir nicht darüber nachdenken müssen. Wer kann schon für alles, was er von sich gibt, die Regeln benennen?

Von der Grammatik des Lebens haben auch die größten Experten noch keine Ahnung. Wir wissen nicht einmal, was genau die nächsthöhere Ebene ist, was die Sätze der Genetik sein könnten. Was wir aber wissen (und deshalb ist das Bild vom Buch des Lebens ebenfalls falsch): Die »Wörter« reihen sich nicht wie in Texten einander. Vielmehr bewegen sich Eiweiße, niemand weiß genau, wie, als räumliche Strukturen im Zellplasma und erfüllen dort unterschiedlichste Funktionen.

Das raumzeitliche Zusammenspiel dieser Proteine mit RNA und DNA macht im Wesentlichen das aus, was wir Leben nennen – winzige dreidimensionale Körper im Zellsaft, die sich gegenseitig auf- oder abbauen, die sich umarmen oder verbinden, um gemeinsam neue Funktionen zu übernehmen. Von alledem versteht die Wissenschaft so viel, als ob sie vor einem Haufen Wörter säße, die noch kein Kopf zu einem Buch geordnet hat.

Der Code der Gene ist noch lange nicht »geknackt«. Das Buch des Lebens trägt nach wie vor die meisten seiner sieben Siegel. Angesichts dieser Ignoranz erscheint es daher ziemlich vermessen, welche Zukunftsvisionen von manchen Bioforschern gehandelt werden. Sie wollen ein Buch umschreiben, dessen Sprache sie nicht verstehen. Sie kennen allein die Bedeutung und übliche Schreibweise einiger Wörter.

Aus dem Sonderfall »monogenetischer«, durch fehlerhafte Allele hervorgerufener Krankheiten leiten sich im Grunde alle ernst zu nehmenden Versprechungen der Gendoktoren ab. Prinzipiell bieten sich ihnen zwei Wege an, solche »Fehler« zu korrigieren. Der eine wird bereits beschritten, wenn die vorgeburtliche genetische Analyse eine schädliche Mutation aufspürt und deshalb ein Kind nicht ausgetragen wird. Neben dieser künstlichen Selektion versprechen sich Bioforscher von der Manipulation des Erbguts eine »Gentherapie«.

Würde es technisch gelingen, ein fehlerhaftes Gen durch ein gesundes Allel zu ersetzen und damit eine Krankheit zu verhindern, dann hätte das ungefähr den gleichen Effekt, wie wenn in allen Maschinen einer Serie ein schadhaftes Teil ausgetauscht würde, das immer wieder zu Problemen geführt hat. Gelänge dies nicht nur in den Körperzellen, sondern auch in der Keimbahn, also in der Produktionskette, dann ließe sich das Ersatzgen auf alle Nachkommen übertragen. Das unerwünschte Allel könnte sich ganz aus einer Linie entfernen lassen. Andrerseits denken Forscher auch bereits darüber nach, fremde Gene in ein Genom einzuführen, etwa um das Gedächtnis eines Menschen zu verbessern.

Solch ein Austausch und Einbau von Genen markiert einen Wendepunkt in der Menschheitsgeschichte. Die Spezies griffe durch kulturelle Mittel in ihre eigene biologische Evolution ein. Wie im Bild von M. C. Escher, wo sich ein Bleistift selber zeichnet, werden die Macher zugleich die Gemachten. Womöglich erstmals in der Geschichte des Universums greifen Produkte »intelligent« in den Prozess ihrer eigenen Erzeugung ein. Aus kreationistischer Sicht verändern Genforscher – was sie an Pflanzen, Tieren und Mikroorganismen längst tun – die Pläne des Großen Designers und »spielen Gott«.

Gene enthalten nicht einzeln, sondern gemeinsam die Information für den Bau des Körpers, für Reflexe und Instinkte, die zum Körper gehören, als wären sie ein Stück von uns. Selbst wenn wir noch so viel Grips dagegensetzen, so lösen bestimmte Situationen doch Reaktionen wie Angst oder Erregung aus. Aber auch ein Verkehrsschild kann lebensrettend sein, weil wir seine Bedeutung kennen, die in einem kulturellen Akt entstanden ist. Wenn es dann noch mit seiner roten Farbe unsere Aufmerksamkeit erhöht, verdanken wir das tatsächlich der Biologie.

Richard Dawkins hat diesen Unterschied deutlich erkannt. Entsprechend dem Gen in der Biologie erfindet er als kleinste Einheit in der Kultur das »Mem«. Es soll uns ebenso eigensüchtig seinem Diktat unterwerfen wie das »Egoistische Gen«: Meme sind Ideen, Schlagwörter, Melodien, Glaubensrichtungen, Weltanschauungen. Mit seinen Memen kommt Dawkins einem darwinistischen Nihilismus ziemlich nahe: Nicht kreative Denker stehen im Wettstreit der Ideen, sondern ihre Gedanken wie kalte körperlose Gestalten.

Das wäre nichts als ein hübscher Einfall, würde nicht auf dem Umweg des Mems das Gen in den Bereich der Kultur geschmuggelt. Denn nach Dawkins züchten die Meme sich genau jene Menschen heran, die am besten zu ihrer Weiterverbreitung taugen. Wer demnach die schlechteren Meme aufweist, geht im Kampf ums Dasein unter. Doch was auf der Gen-Ebene als interessante Perspektive zumindest neuartige Forschungsfragen aufgeworfen hat, ist bei den Memen folgenlos geblieben. Denn sie widersprechen einem grundlegenden Prinzip Darwin'scher Evolution: Sie hat kein Ziel. Kultur kann sich jedoch Ziele setzen und sie erreichen.

Eine Theorie der kulturellen Evolution als Untereinheit der biologischen hat Dawkins mitnichten geliefert. Denn unabhängig von der Ausstattung mit Genen, die jeder von den Eltern ohne deren Einfluss auf den »Inhalt« mitbekommt, bestimmen Erziehung, Bildung und Umfeld darüber, welche kulturellen Ideen den Lebensweg prägen. Damit funktioniert kulturelle Evolution eindeutig lamarckistisch: Erlerntes, also »erworbene Eigenschaften«, wird weitergegeben und prägt den Einzelnen über sein biologisches Erbe hinaus. Das kann sich seinerseits bis hinunter auf die Ebene der Gene auswirken, wie neueste Forschungen zu ihrer Regulation zeigen. Der gesamte Stoffwechsel – und damit der biologische Kern unseres Seins – hängt davon ab, ob sie »ein-« oder »ausgeschaltet« sind.

Die Rolle solch »epigenetischer« Mechanismen wird sofort deutlich, wenn man sich die verschiedenen Körpergewebe und -organe wie Muskeln, Leber oder Gehirn anschaut: Alle Zellen besitzen dasselbe Genom. Ihre Funktion wird dadurch bestimmt, welche Gene aktiv sind und welche nicht. Forscher sprechen auch von »geprägten« Genen. Die Aktivierungen und Deaktivierungen finden nach einem festgelegten Plan bereits bei der Entwicklung des Embryos statt und bleiben uns lebenslang erhalten: Aus einer Darm- wird keine Herzzelle. Embryonale Stammzellen dagegen können sich, je nachdem, welche Gene während der Entwicklung aktiviert oder deaktiviert werden, noch in alle Richtungen entwickeln. Sie sind »pluripotent«.

Ein dramatischer epigenetischer Effekt ist bei Bienen bekannt: Nur die eine Larve, die mit dem Gelee Royal gefüttert wurde, wächst zur fortpflanzungsfähigen Königin heran. Die anderen werden Arbeiterinnen ohne Chance, sich zu vermehren. Im März 2008 konnten australische Forscher zeigen, dass es auch ohne Gelee geht: Als sie einen Mechanismus zum Ein- und Ausschalten von Genen (über »Methylierungen«) unterbrachen, entwickelten sich die meisten Bienenlarven bei normaler Ernährung zu Königinnen. In einem anderen Fall haben Wissenschafter in den USA die Wirkung eines dick machenden, Diabetes und Krebs fördernden Gens in Mäusen in der nächsten Generation neutralisieren können, indem sie den Müttern viel Nährmaterial (Methylgruppen) für epigenetische Aktivierungen fütterten: Sobald mehr aktivierendes Material zur Verfügung steht, kann sich der Organismus vor der Gefahr schützen, die den Eltern drohte – die individuelle Zaubermedizin von morgen, ohne direkte Eingriffe ins Genom.

In jüngster Zeit mehren sich Forschungsresultate, die einen viel größeren Zusammenhang vermuten lassen: Epigenetische Muster können sich offenbar auf Kinder und über mehrere Generationen auf deren Nachkommen übertragen – also lamarckistisch, was lange Zeit unmöglich schien. Werden männliche Ratten mit einem bestimmten Fungizid vergiftet, sind ihre männlichen Nachkommen noch in der vierten Generation weniger fruchtbar und anfälliger für Krebs als andere. Weibchen meiden diese Männchen, als würden sie die Gefahr riechen. Mäuse, die Kokain inhaliert haben, vererben ihre Gedächtnisprobleme.

Doch auch an Menschen sind epigenetische und sogar lamarckistische Muster dingfest gemacht worden. Gesunde Ernährung oder Umgang mit Giften reichen aus, Gene dauerhaft anzuschalten oder stillzulegen. Während unseres ganzen Lebens können wir unser Genom durch epigenetische Einflüsse an äußere Verhältnisse anpassen. Deshalb weisen eineiige Zwillinge unterschiedlichere »Epigenome« auf, je verschiedener und länger getrennt voneinander sie leben.

Eine Form von Darmkrebs kann dadurch zustande kommen, dass das Gen für die Bildung eines bestimmten Enzyms abgeschaltet ist. Bei den Nachkommen einer Mutter mit dieser Krankheit fanden Forscher im Jahr 2007 zwei Kinder mit normal aktiviertem Gen, aber einen Sohn mit der gleichen Deaktivierung wie bei der Mutter: Offenbar hat sie ihm das Krebsrisiko epigenetisch vererbt. Für eine Reihe weiterer Krankheiten wie multiple Sklerose oder Alzheimer werden ebenfalls epigenetische Ursachen diskutiert – auch ein Grund, warum moderne Therapieforscher ihr Augenmerk wieder mehr auf die Umwelt lenken. Womöglich beruht auch die derzeitige Typ-II-Diabetes- und Fettsuchtepidemie in der westlichen Welt auf solch einem Phänomen. Niederländische Männer, deren Mütter in der Hungerzeit der Jahre 1944 und 1945 das erste Drittel ihrer Schwangerschaft verbrachten, sind überdurchschnittlich häufig fettleibig: Das Hungersignal während ihrer frühen Entwicklung könnte sie zu Vielfraßen und besseren Futterverwertern gemacht haben, wie es in Notzeiten sinnvoll ist.

Ein erster echter Hinweis auf einen lamarckistischen Vorgang auch in der biologischen Evolution: Offenbar verfügen Arten über die rein genetische Variabilität hinaus über Möglichkeiten, sich relativ schnell neuen Verhältnissen anzupassen. Wenn man bedenkt, dass auch die Hauptunterschiede zwischen Individuen einer Spezies im Muster der ein- und ausgeschalteten Gene liegen, ist das ein nicht unbedeutender Tatbestand. Er besagt, dass ein Organismus ohne jede genetische Veränderung oder Mutation sein Genom auf eine Umwelt einstellen kann – was die Macht der Gene weiter beschneidet. Er besagt aber auch, dass der Lebensstil der Eltern weitaus mehr Einfluss auf das Gedeihen ihres Nachwuchses hat als bis vor Kurzem angenommen.

Durch diesen Umwelt-Lamarckismus bekommt Darwin mit seiner Pangenesis-Theorie auf eine seltsame Weise wieder ein Stück weit recht. Auch ohne dass es dazu seine »Gemmulae« bräuchte, und ohne jede unmittelbare Veränderung der Gene können sich Erfahrungen – epigenetisch – vererben.

Ich hätte nie geglaubt, so etwas mit einem Maori-Haudegen im fernen Neuseeland erörtern zu können. George Wells ist so einer, den alles interessiert, vor allem Zusammenhänge. Auf dem Rückweg von der ehemaligen Missionsstation in Waimate bin ich noch einmal bei den Kawitis mit ihrer Glühwürmchenhöhle vorbeigefahren. Dort könnte eine Reise zum Mittelpunkt der Erde beginnen. Wenn alles Licht gelöscht ist, spannt sich tief im Innern der schwarzen Höhle ein Himmel aus lebendigen Glitzerpunkten. Erst allmählich beginnt das Auge zu begreifen. Die leuchtenden Insekten verteilen sich nicht zufällig, sondern zeichnen zerklüftete Konturen der Höhlendecke nach. Dann springt das Bild, ich meine, auf den nächtlichen Planeten mit seinen flackernden Lebenszeichen zu blicken, die sich manchmal zu Siedlungen verdichten. Und wenn ich den Atem anhalte, dann höre ich die Stille des Alls.

Als ich wieder ins Freie trete, weiß ich, was Hundertwasser und Bill Gates hierhergelockt hat. George steigt vom Traktor und streckt mir wie eine Drohung seine Hand entgegen. Der gleiche Blaumann, derselbe offenherzige Blick und immer neue Fragen. »Was, denkst du, sind die zwei wichtigsten kulturellen Errungenschaften unserer Zeit?« – »Das Internet?« – »Das Fernsehen.« – »Da kenne ich andere Meinungen.« – »Ich habe fast alles, was ich weiß, durch fernsehen gelernt.« – »Das hättest du auch aus Büchern holen können.« – »Aber im Fernsehen wird es mir erzählt. Ich kann auf meiner Couch sitzen und mir die Welt erklären lassen.« – »Die meisten lassen sich eher das Gehirn vollmüllen.« – »Trotzdem erreicht viel nützliches Wissen sehr viele Leute.« – »Was soll an einer Soap nützlich sein außer der Unterhaltung?« – »Wir sehen andere Kulturen, erfahren, wie andere Menschen leben.« – »Als Kunstprodukt.« – »Auch das öffnet den Horizont.« – »Und macht ihn gleichzeitig klein.« – »Das ist der Preis für das Beste am Fernsehen.« – »Und das wäre?« – »Es schafft Weltöffentlichkeit.«

Tochter Manuwai hat ihren Höhlendienst beendet und wieder hinter dem Schalter Platz genommen. Sie hilft nur während der Ferien im Familienbetrieb aus. Ansonsten studiert die junge Mutter in Auckland Psychologie. »Das ist die zweite kulturelle Errungenschaft unserer Zeit«, sagt George. »Die Emanzipation der Frau. Ich habe sehr, sehr lange gebraucht, um das zu kapieren. Gib Mädchen die gleiche Bildung wie Jungen, und sie sind nicht nur genauso gut, sondern besser.«

In der Mythologie der Maori haben die Götter Kinder. Am Anfang stehen der Himmel als Vater und die Erde als Mutter. Von ihnen stammen alle weiteren Linien ab. Wie in jedem Stammbaum spalten sie sich in immer neuen Verzweigungen auf. Alle Wesen gehen auf einen Ursprung zurück und sind miteinander verwandt. »Kommt dir das bekannt vor?« – »Darwin nennt es Lebensbaum.« – »Darauf kommt man auch, wenn man sich durch alle Vorfahren bis an den Anfang der Zeit zurückdenkt. Es gibt mehrere Wege zum selben Ziel.« – »In der Evolution heißt so etwas Konvergenz.« – »Zwei Kulturen, eine Wahrheit. Deshalb können wir in beiden leben, als wären sie eins.« Tochter Manuwai hat ihren Sohn »Temaunga Haruru« getauft, »brüllender Berg«, weil bei seiner Geburt ein Vulkan ausbrach. Ihr eigener Name bedeutet »Wasservogel«. Ihrer akademischen Karriere hat das nicht geschadet.

Zum Abschied reicht mir George wieder seine Pranke. Gedankenverloren schlage ich ein. Doch er packt nicht zu, sondern zieht mich sanft zu sich heran und setzt seine Nase fest auf meine. *Dies dauerte erheblich länger als ein herzlicher Händedruck bei uns, und so wie wir dabei die Kraft des Handgriffs variieren, drücken auch sie ganz unterschiedlich stark.* Manuwai tut es ihrem Vater gleich. »Hast du verstanden?«, fragt sie, als sich unsere Nasen wieder voneinander lösen. »Wir haben gerade zum ersten Mal unseren Atem zusammengebracht.«

20
Sydney und Blue Mountains

Gewaltige Canyons · Wallerawang · Der zweite Schöpfer · Das älteste Kulturvolk der Welt · Traumpfade · Die Entschuldigung

Wo beginnt bei einer Erdumrundung eigentlich der Heimweg? *Seit einem Jahr habe ich mir gewünscht, heimzukehren und meine Wünsche in nicht gerade freundlichem Murmeln geäußert,* schreibt Darwin seiner Schwester Caroline vor der Abreise von Neuseeland nach Australien. *Du wirst sehen, dass wir den Meridian der Antipoden passiert haben und nun auf der rechten Seite der Welt sind.* Die Datumsgrenze ist überschritten, ein Tag im Kalender verloren, die Zahlen auf den Kilometertafeln nehmen ab. Im Geiste fährt er über eine Karte, die Erde ausgebreitet, rechts unten wie ein fetter Bumerang der fünfte Kontinent. Im Zentrum Greenwich, London, Mittelpunkt der Welt. Die Zeit von dort trägt die Beagle in ihrem Bauch. Zweiundzwanzig Chronometer, um die Vermessung des Planeten ein weiteres Stück voranzubringen. Sydney, Hobart in Tasmanien und das heutige Albany an der Westküste – wichtige Referenzorte in der globalen Kette der Längengrade.

Ich zähle und zähle wieder jeden Punkt auf der Reise heimwärts. Eine verlorene Stunde erscheint folgenreicher als vorher eine Woche. Die Luft scheint raus, die Tour wird zur Tortur. *Keine Geologie mehr, aber reichlich Seekrankheit; bis hierher haben sich Freud und Leid die Waage gehalten; jetzt gibt es Letzteres im Übermaß.* Der Heimweg beginnt, wenn das Heimweh das Fernweh überwältigt.

Das Leben birgt die schönsten Momente, wo man sie am wenigsten erwartet. Auch das letzte Drittel hält seine Höhepunkte bereit. Zunächst aber wartet ein kleiner Schock. *Als wir vor Anker gingen, war ich noch voller Erwartungen; doch bald legte sich ein Dämpfer auf die ganze Szene durch die Neuigkeit, dass es nicht einen einzigen Brief für die Beagle gab. … Ich fühlte mich sehr geneigt, mich hinzusetzen und ordentlich zu weinen.* So ähnlich geht es mir bei meiner Ankunft. Mein Laptop ist erblindet, der Monitor komplett gerissen. Bis Sydney hat er durchgehalten wie ein Schwerverletzter, als ob er wüsste, dass hier Rettung naht.

»O ja, das Ersatzteil haben wir da«, sagt der Verkäufer. Der Preis, den er nennt, entspricht dem für ein neues Gerät. Doch dann passiert erneut ein kleines Wunder. Ein junger Australier indischer Abstammung kommt von hinten aus der Werkstatt. »Kann ich Ihren Rechner mal sehen? Wie ist das passiert? Kaffeetasse? Ist doch seltsam, letzte Woche hat mir ein Kunde seinen nagelneuen Laptop gleichen Typs gebracht, dem ist das Gleiche passiert. Bei ihm ist der Kaffee in die Tastatur geflossen. Sein Rechner ist tot. Aber wissen Sie was? Der Bildschirm müsste noch funktionieren.« In wenigen Minuten hat er ihn ausgetauscht. Für einen Bruchteil des Preises. Das Fenster in meine Reisebibliothek ist wiederhergestellt. Man kann so etwas Zufall nennen. Allein, es fühlt sich an wie Fügung.

Australien steht unter einem guten Stern. Das hat sich schon im fernen Chile angekündigt, in Puerto Williams auf Jemmy Buttons Insel Navarino, bei strömenden Regen im »Angelus«, dem einzigen geöffneten Café. Dort war ich mit einem deutsch sprechenden Briten und seiner Münchner Freundin ins Gespräch gekommen, die in Sydney leben. Ich erkundigte mich bei ihnen nach dortigen Unterkünften, da brachte Steve seinen Campingbus ins Spiel. »Wenn du willst, kannst du ihn haben und mir später nach Melbourne bringen.« Nichts lieber als das. Der Camper von Volkswagen gehört zu den schönsten deutschen Erfindungen des 20. Jahrhunderts. Eine ganze Generation hat damit friedlich Kontinente erobert. Ein rollendes Zuhause zum Gernhaben, auch wenn es klappert, kaum hundert fährt, nach Benzin stinkt, seine Fenster sich nur mit einer Rohrzange kurbeln lassen und sein Alter das seines Besitzers übertrifft. My car is my castle.

Ich breche auf Darwins Spur von Sydney in die Blue Mountains auf. *Der erste Abschnitt führte uns nach Paramatta, eine kleine Stadt, in der Bedeutung Sydney nachgeordnet.* Hier schlägt die Normuhr für FitzRoys chronometrische Messungen. Offenbar geht bei seinem Besuch im Hause des Uhrenbeauftragten sein Temperament wieder mit ihm durch. »Könnte Ihr guter Vater dazu bewegt werden, mir meine jüngsten Beleidigungen zu vergeben?«, schreibt er dem Sohn seines Gastgebers. *Ich frage mich oft, welches Ende es mit ihm nehmen wird,* vertraut

Darwin seiner Schwester Susan an. *Unter vielen Umständen bin ich sicher, dass es brillant sein wird, unter anderen fürchte ich ein sehr unglückliches.*
Der VW-Bus kommt kaum schneller voran als ein gutmütiger Gaul. Dafür hat er Persönlichkeit. Und Musik. Darwin *mietete einen Mann und zwei Pferde* und macht sich mit ihnen auf den Weg. *Dadurch hoffte ich, einen allgemeinen Eindruck vom Gepräge der Landschaft zu erhalten.* Er führt mich zu den schönsten Aussichten des Gebirges, nicht einmal drei Stunden von Sydney entfernt. Das ist kein Zufall. Er reist damals schon mit gedrucktem Reiseführer. So erzählt es Frank Nicholas, ein emeritierter Genetikprofessor aus Sydney, der als Laienhistoriker ein Büchlein über Darwins Tage in Australien geschrieben hat. Der Mann kennt jeden Meter, den Darwin gegangen ist. Wir treffen uns am Bahnhof von Wentworth Falls am Great Western Highway. Der »Charles Darwin Walk« kündigt sich weithin sichtbar durch eine Tafel am Eingangstor an.

Wir erreichen den Wasserfall, wo eine Plakette auf den Fels geschraubt ist: »Charles Darwin passed this way 1836. Remembered by his friends 1986.« Der Hobbyautor – weißer Frotteehut, verwaschenes Polohemd, halb lange Hose, kurze Socken in ausgelatschten Landarbeiterstiefeln – nimmt sein Buch aus der ökologisch korrekten Stofftasche und rezitiert unseren Helden. *Zur Mitte des Tages hin fütterten und tränkten wir unsere Pferde bei einer kleinen Herberge mit Namen Wheatherbord. ... Wanderer bleiben stehen und lauschen Darwins Worten. Ungefähr anderthalb Meilen von dort bietet sich ein höchst lohnenswerter Blick. Folgt man einem kleinen Tal mit seinem winzigen Wasserlauf, öffnet sich durch die Bäume, die den Weg säumen, unvermittelt ein gewaltiger Schlund, der vielleicht 1500 Fuß tief ist.* Ein Rentnerehepaar ist begeistert. »Look, honey, it's the same, it's all the same!« Die Freude, wenn sich ein Stück Welt in hundertfünfzig Jahren kaum verändert hat. Der Ausblick über den gewaltigen Einschnitt des St. Regent's Glen gehört bislang zu den grandiosesten der Reise.

Doch Darwins Reiseführer kennt noch einen großartigeren. Etwa eine Stunde weiter westlich in die Berge hinein erreichen wir ein Gasthaus, das sich »Gardner's Inn« nennt und damit brüstet, schon 1832 eine Schanklizenz besessen zu haben. *Ein sehr behagliches Wirtshaus; es erinnerte mich an die kleinen Wirtshäuser in Nordwales.* Heute ist es groß, aber nicht minder gemütlich. Wir trinken dunkles Bier vom Fass.

»Resch's Refreshes!« steht auf dem Glas. Zungenbrecher für Zechgesellen. Wer das nicht mehr flüssig rausbringt, muss sein Auto stehen lassen. 1986 haben sie hier ein Darwin-Dinner veranstaltet.

Vor der Wirtschaft trennen wir uns. Nicholas muss zurück nach Sydney, gibt mir noch genaue Anweisungen für meinen Weg auf Darwins Spuren. Ich fahre *ungefähr drei Meilen zum Govett's Leap: Ein Blick von ähnlicher Art wie der beim Weatherbord, aber vielleicht noch eindrucksvoller.* Ein mächtiger Canyon, an den Hängen bewaldet, die Wände darüber sandsteingelb. *Große, armartige Buchten, die sich an ihrem oberen Ende ausdehnen, zweigen oft vom Haupttal ab und dringen in die Sandsteinebene ein; die Plattform reckt ihrerseits oftmals Vorgebirge in die Täler und lässt sogar große, nahezu freistehende Massen darin zurück.* Schon ist Charles Lyell wieder präsent, schon *stellt man sich die Frage, ob diese Räume sich nicht vielleicht abgesenkt haben.* Inzwischen wissen wir, dass allein Erosion die gewaltige Leistung vollbracht hat.

Hinter den Blauen Bergen führt die Straße in steilen Kurven gut dreihundert Höhenmeter *von der Sandsteinebene über den Pass des Mount Victoria hinab. Um diesen Pass zu bauen, musste eine gewaltige Steinmenge durchschnitten werden.* Die Straße folgt bis heute dem alten Profil, das damals *Sträflingsknechte* in den Sandstein schlugen. Der Untergrund der Ebene besteht aus Granit. *Mit dem Wechsel der Gesteinsart verbesserte sich auch die Vegetation. Die Bäume waren schöner und standen weiter auseinander.* Sanfte Hügel, Weiden, Wälder und kleine Ortschaften. Die Landschaft könnte irgendwo in Mitteleuropa sein. Ich will *zu einem Gut namens Walerawang* – heute ein Städtchen, das sich mit zwei »l« schreibt. Dort, am Cox's River, hat Darwin etwas in sein Tagebuch geschrieben, das als Schlüssel zu seinem frühen evolutionären Denken gilt.

Ein gewisser James Walker aus Schottland hat sich hier seit 1823 für zehn Pfund Gebühr insgesamt 155000 Hektar Land zu eigen gemacht. Zu dem Anwesen, ein *Beispiel für die großen Landbau- oder vielmehr Schafzuchtbetriebe der Kolonie,* gehört eine stattliche Villa. Dort trifft Darwin den Verwalter des Gutes. *Mr. Browne* erklärt ihm, wie hier mit Strafgefangenen gearbeitet wird. Sosehr Darwin *die leuchtendsten Tönungen der umliegenden Wälder* im Sonnenuntergang gefallen, er kann *nicht vergessen, dass vierzig verhärtete, ruchlose Männer gleich Sklaven aus Afrika, doch ohne deren heiligen Anspruch auf Mitgefühl, ihr Tagewerk beendeten.* Ohne die Delinquenten aus England hätte die Strafkolonie nicht die schwungvolle Entwicklung nehmen können, deren Zeuge Darwin wird. *Du bist ein wachsendes Kind,* wird er zum Abschied über Australien schreiben. *Doch du bist zu groß und zu ehrgeizig für Zuneigung, aber nicht groß genug für Respekt.*

Die Villa als einzige Attraktion der Ortschaft versinkt 1979 in einem kleinen Stausee. Der liefert Kühlwasser für das Kraftwerk, das seither mit seinen Schloten und Kühltürmen den Ort überschattet. An dem See liegt ein »Charles Darwin Park«, kein Naturareal, sondern Freizeitfläche mit Liegewiesen und Badestrand. An einem Findling soll eine Messingplakette angebracht sein, die an seinen Besuch erinnert. Seit Neuseeland kann ich Darwin mit dem Reiseführer folgen. Überall Gedenktafeln, Wanderwege und Experten.

Hier hätte ich mir die Suche nach der Denkmarke ersparen und gleich den »Lithgow Mercury« kaufen sollen, das Lokalblatt. Die gesamte Titelseite widmet sich dem Skandal, der die Leute aufbringt: »Metal thieves«, Metalldiebe, haben die Platte gestohlen, bereits der dritte Fall in kurzer Zeit. Was auf den ersten Blick wie ein Jungenstreich zur Aufbesserung des Taschengelds wirkt, erscheint den Leuten wie ein Menetekel des Abstiegs. Seit das Kraftwerk und die nahen Kohleminen Jobs abbauen, nehmen Arbeitslosigkeit und Verwahrlosung zu.

Sue Neudeck, die Leiterin der kleinen Gemeindebibliothek, kann einfach nicht glauben, dass wieder ein »Verbrechen« ihren Ort in die Schlagzeilen gebracht hat. Sie hat das Titelblatt schon für den Schaukasten im Eingangsbereich beiseitegelegt. Auf der Glasscheibe fordert ein angenagter Aufkleber: »Keep Australia beautiful«. Dahinter dokumentieren Amateurfotos und Kopien alter Zeitungsausschnitte die »Changes in Wallerawang«. Nur zwei Veränderungen erscheinen den Leuten erwähnenswert. Beide haben mit dem Gut zu tun, das Darwin besucht hat: die versunkene Villa und ein Doppelmord, der dort passiert ist.

Jedes Kind im Ort kennt die Story, die im Herbst 1948 die Titelseiten nicht nur des »Lithgow Mercury« beherrschte. Ein siebzehnjähriger Angestellter hat den Nachfahren von James Parker und dessen Schwester kaltblütig erschossen. Das ganze Land zeigt auf Wallerawang. Die Zeitung tröstet ihre Leser damit, dass der Mörder »keine

Verbindung zu den freundlich eingestellten Leuten« des Distrikts habe. »Mörder und Diebe, das sind unsere Helden«, klagt die Bibliothekarin.

Unweit des Kraftwerks, wo es nach faulen Eiern riecht, finde ich endlich »Cox's River«. Hier hat Darwin eine Larve beobachtet, die ihn zu einer bemerkenswerten Notiz bewegt. *Früher am Abend lag ich auf einer sonnigen Uferböschung und dachte über den seltsamen Charakter der Tiere dieses Landes nach, verglichen mit dem Rest der Welt. Ein Ungläubiger, in allen Dingen jenseits seiner Vernunft, könnte ausrufen, »da müssen sicher zwei verschiedene Schöpfer am Werk gewesen sein; ihr Objekt war jedoch dasselbe, und gewiss ist in jedem Fall das Erreichte vollständig«.*

Darwin erfindet eine anonyme Kunstfigur. Ein *Ungläubiger* soll seine Zweifel transportieren und den Schöpfer herausfordern. Da er aber die Tagebücher nach Hause schickt, wo sie von der gläubigen Familie gelesen werden, muss er verklausulieren, statt Klartext schreiben zu können. Auf seinem Ritt hat er Vögel gesehen, die denen daheim gleichen und genauso heißen, aber offenbar andere Arten repräsentieren. Er hat eine *Kängururatte* gesehen, *das Tier ist groß wie ein Kaninchen, aber von der Gestalt eines Kängurus*. Und er bekommt *etliche der berühmten* ORNITHORHYNCHUS PARADOXUS zu sehen, Schnabeltiere – eine Mischung aus Vogel, Reptil und Säugetier. Es legt Eier wie eine Echse, nährt seine Brut und besitzt ein Fell wie ein Säugetier, hat den Körperbau eines Bibers, aber den Schnabel einer Ente. Männchen können überdies wie kein anderes Säugetier über einen Sporn an ihrem Hinterbein Gift ausstoßen.

Was Darwin nicht wissen kann: Hier hat er einen Organismus vor Augen, der sich im Lebensbaum als »missing link« in der Nähe einer Astgabel ansiedeln lässt. Zwei Hauptstränge der Evolution gehen auseinander. Im Mai 2008 ist die Analyse des ORNITHORHYNCHUS-Genoms veröffentlicht worden. Säuge- und Schnabeltiere haben sich demnach vor 166 Millionen Jahren getrennt. Vor 170 Millionen Jahren hatten wir gemeinsame Vorfahren mit den eigenartigen Mischwesen. Das heißt, Säugetiere haben ursprünglich Eier gelegt, ausgebrütet und ihre Jungen mit Muttermilch gesäugt.

Doch statt der Divergenz, also der Aufspaltung von Spezies, die er nicht erkennen kann, sieht Darwin einleuchtende Beispiele von Konvergenz, wie er sie schon auf Galápagos beobachtet hat: Unterschiedliche Entwicklungswege führen zu gleichen Resultaten. Auch Australien ist eine Insel, wenngleich eine sehr große. Während alle anderen Kontinente immer wieder durch Landbrücken verbunden waren, hat dieser nach der Abspaltung vom südlichen Urkontinent Gondwana vor etwa fünfundvierzig Millionen Jahren keinen direkten Kontakt mehr zu anderen Lebensgemeinschaften gehabt. Nach der geografischen Trennung nimmt er seine eigene Entwicklung. Tiere und Pflanzen, die sich später im Rest der Welt gebildet haben, kommen hier nicht vor. Ihre Plätze in der Natur nehmen andere ein – wie auf Galápagos die Finken die Rollen von Specht oder Sperling. So wird auf seine Weise auch der fünfte Kontinent zum einzigartigen Labor der Evolution.

Hier lässt sich beeindruckend das Phänomen der »Radiation« beobachten, der Entstehung unterschiedlicher Arten durch »Ausstrahlung« von einem Ursprung. Wo Darwin *die extreme Einförmigkeit der Vegetation* beklagt – *die Bäume gehören nahezu sämtlich einer Familie an* –, breitet sich vor dem Experten ein faszinierendes Spektrum aus. Woanders teilen sich, jeder mit eigener Spezialisierung, Dutzende oder Hunderte unterschiedlicher Arten von Laub- und Nadelhölzern einen Wald. Dafür gibt es jeweils nur wenige Arten von Eiche, Palme oder Teak. In Australien hat sich vor allem eine Linie durchgesetzt, die mit der unerbittlichen Sonne und Dürre zurechtkommt. Und von diesem Erfolgstyp ausstrahlend, hat sich Eukalyptus in über siebenhundert Arten verzweigt – nach dem gleichen Prinzip wie die Finken auf Galápagos.

Was so eintönig wirkt, verbirgt in Wirklichkeit große Vielfalt. Das Gleiche gilt für Beuteltiere. Es gibt Dutzende Arten, von winzigen Beutelmäusen bis zu menschengroßen Kängurus. Diese Säuger haben sich auf große Entfernungen eingestellt, die sich energieeffizienter durch Hüpfen als durch Laufen zurücklegen lassen. Der Nachwuchs geht im Beutel mit auf Reisen.

Da es für bestimmte Probleme nur bestimmte Lösungen gibt, entwickeln Beuteltiere in Australien und Plazentatiere im Rest der Welt die gleichen Formen und Strategien, um vergleichbare Plätze im Haushalt der Natur zu besetzen. Von einem Grundmodell ausgehend, verbreiten sie sich in alle möglichen Nischen. Am Cox's River, wo es heute nach Schwefelwasserstoff stinkt und Kaminschlote in den Himmel ragen, hat Darwin einen besonders bizarren Fall von Konvergenz vor sich.

Wie in Europa leben auch in Australien Ameisenlöwen. Hier wie da bauen diese Larven von Netzflüglern kraterförmige Fallgruben, in denen sie Insekten fangen. *Eine Fliege fiel hinein und verschwand sofort. ... Ohne Zweifel gehört diese räuberische Larve demselben Geschlecht, aber einer anderen Art an als die europäische. – Nun, was würde der Ungläubige dazu sagen? Könnten zwei Kunstwerker jemals auf eine so schöne, so einfache und doch so künstliche Erfindung kommen? Ich kann mir das nicht vorstellen. – Die eine Hand hat über die ganze Welt gewirkt.*

Was soll *die eine Hand* anderes sein als ein und dasselbe Gesetz, das für die gesamte Schöpfung gilt? Flackert hier bereits die Idee auf, dass es einen Vorgang gibt, dem alle Lebewesen ihre Form verdanken? Jedenfalls glaubwürdiger, als dass ein Designer die gleichen Typen für die gleichen Nischen auf unterschiedliche Weise zweimal erfindet oder zwei Designer unabhängig voneinander immer wieder auf dieselben Ideen kommen. Dann setzt Darwin noch einen drauf. *Ein Geologe würde vielleicht vorschlagen, dass die Schöpfungsperioden verschieden und getrennt voneinander gewesen sind; dass der Schöpfer in seiner Arbeit geruht habe.*

Zwischen den Zeilen verulkt er hier die Bibel. Gott müsste zuerst die Flora und Fauna in einem Teil der Welt geschaffen, dann sich ausgeruht haben wie ein gewöhnlicher Arbeiter, um sich in der nächsten Arbeitsschicht mit Australien zu befassen und dort noch einmal ganz von vorn anzufangen. *Ich kann mir das nicht vorstellen.* Womöglich hat der Ameisenlöwe am Cox's River eine Idee in Darwins Vorbewusstes gepflanzt und seinen späteren Gedanken die entscheidende Fährte gewiesen.

Bis auf den letzten Satz mit dem Geologen, der ihm offenbar zu heikel erscheint, verwendet Darwin die gesamte Passage aus seinem Tagebuch fast wörtlich in der ersten Ausgabe seines Reisejournals. Als er es veröffentlicht, hat er die natürliche Auslese bereits entdeckt. Startet er hier einen weiteren Versuchsballon, mit dem er die Wirkung seiner Ideen testet? Reaktionen sind nicht bekannt. Aber scheinbar wird ihm die Sache zu brenzlig. In der zweiten Auflage ist der Abschnitt ersatzlos gestrichen. Der Sachverhalt taucht erst wieder in der »Entstehung der Arten« auf, wenn er Fakten um Fakten aufzählt, *die unter Annahme unabhängiger Schöpfungsakte ganz unverständlich* sein müssen.

Australien hält für Darwins spätere Theorie indes noch mehr bereit. *Bei Sonnenuntergang kam uns eine Gruppe von rund zwanzig Aborigines entgegen. Für einen Shilling führen sie zu meiner Belustigung ihre Künste vor. Eine Mütze, in dreißig Yard Entfernung angebracht, durchbohrten sie mit dem Speer, vom Wurfstock mit der Schnelligkeit eines Pfeils vom Bogen eines geübten Schützen abgeschossen.* Er scheint die australischen Ureinwohner regelrecht ins Herz geschlossen zu haben. *Ihre Gesichter waren gutmütig und angenehm, und sie erschienen mir keineswegs als jene zutiefst entwürdigten Wesen, als die sie immer dargestellt werden. In ihren Künsten leisten sie Hervorragendes.* Während die Beagle chronometrisch Längenmaße ermittelt, findet er einen weiteren Messpunkt auf seiner Menschheitsskala. *Im Ganzen scheinen sie mir auf der Zivilisationsleiter einige Stufen höher zu stehen als die Feuerländer.*

Darwin macht sich über den Rückgang der Urbevölkerung Gedanken. Auf der einen Seite sei er sicher *der Einführung des Branntweins geschuldet*, der das Volk bis heute fest im Griff hat. Doch dann stellt er Überlegungen an, die fast malthusische Anklänge haben: *Es heißt, zahlreiche Kinder gingen unweigerlich schon in frühem Alter an den Folgen ihres Wanderlebens zugrunde, und da die Schwierigkeiten der Nahrungsbeschaffung zunähmen, müssten sie auch mehr umherziehen, weswegen die Bevölkerung … äußerst rapide dezimiert wird, und das ohne ersichtliche Hungertote.*

In seinem Reisejournal macht er eine erschütternde Feststellung – ein weiterer, wenn auch sehr verkappter Versuchsballon: *Die Varietäten des Menschen scheinen genauso wie verschiedene Tiere aufeinander einzuwirken – wobei der Stärkere den Schwächeren ausrottet.* Das ist nichts anderes als *Survival of the fittest*, ein Vierteljahrhundert bevor Herbert Spencer den Slogan erfindet. Schließlich führt Darwin *auch europäische Krankheiten* als Ursache an und vermutet *eine noch rätselhaftere Kraft am Werk. Wo sich der Europäer auch hinwendet, scheint der Tod die Eingeborenen zu verfolgen, … Dies wird dadurch bemerkenswert, dass sich die Krankheit bei der Mannschaft jenes Schiffs, das den zerstörerischen Importartikel gebracht hat, nicht bemerkbar macht.* Er hätte auch das Zeug gehabt, die Mikroorganismen zu entdecken. Beinahe hellseherisch schließt er: *Danach möchte es fast scheinen, dass die Ausdünstungen einer Gruppe Menschen, die einige Zeit lang zusammen eingeschlossen waren, giftig sind, wenn sie von anderen eingeatmet werden, und möglicherweise desto giftiger, wenn die Männer verschiedenen Rassen angehören.*

Verblüffend, wie aktuell seine Einsichten immer wieder daherkommen. Er zeichnet die dramatische Szene einer paralysierten Parallelgesellschaft, in der Ureinwohner und Einwanderer wie zwei Spezies ohne innere Verbindung nebeneinanderher leben: *Es ist eigenartig, inmitten eines zivilisierten Volkes Gruppen harmloser Wilder so herumziehen zu sehen, ohne dass sie wissen, wo sie nachts schlafen werden.* Die Siedler geben ihnen Schlachtabfälle und etwas Milch, während sie *immer weiter ins Landesinnere vorstoßen. Der gedankenlose Eingeborene … freut sich über das Nahen des weißen Mannes, der ausersehen scheint, das Land seiner Kinder zu erben.*

Die Stämme führen, unberührt von den Einwanderern, weiter Kriege gegeneinander. Es kommt sogar vor, dass sie *als Schlachtfeld … den Mittelpunkt {eines} Dorfes* wählen. Welch bizarre Vorstellung, dass Europäer, befreite Häftlinge wie freie Siedler, dem Krieg der Ureinwohner zusehen wie heute Touristen den Aufführungen in Bühnenshows.

Mit solchen Bildern und der frischen Erinnerung an die selbstbewussten Maori reise ich in einem Land, das in diesen Tagen fast nur ein Thema kennt: »Sorry«. Die neue Mitte-links-Regierung unter Kevin Rudd hat ihren Wahlkampf mit dem Versprechen gewonnen, sich bei den Ureinwohnern zu entschuldigen. Rudds konservativer Vorgänger John Howard hat das stets abgelehnt und eine Mehrheit hinter sich gewusst. In den Zeitungen wird die Debatte mit einer Heftigkeit ausgetragen, als stritten sie darum, das Land seinen vormaligen Besitzern wieder auszuhändigen.

Dabei geht es nicht einmal darum, das Kulturvolk für den Raub seines Landes um Verzeihung zu bitten. Dafür wäre »sorry« ein viel zu kleines Wort. Der Papst hat es bei seinem Besuch im Juli 2008 ausgesprochen, Großbritannien bislang noch nicht. So gesehen müsste sich Europa bei der halben Welt entschuldigen. Nein, hier geht es um die »gestohlenen Kinder«, einen rassistischen Schandfleck in der Geschichte Australiens. Zwischen 1910, kein Jahrzehnt nach der Gründung der Föderation, und 1971 hat die Regierung Ureinwohnereltern über fünfzigtausend Kinder weggenommen und sie in Heimen und bei Adoptiveltern aufwachsen lassen. Ein Verbrechen gegen die Menschlichkeit, für das es eigentlich keine Entschuldigung gibt. Oder doch?

Für viele unterdrückte Völker fühlt sich das, was ihnen durch

Europäer passiert ist, nicht viel anders an als für die Aborigines. Sie sehen sich gezwungen, nach den Spielregeln der neuen Herrscher zu leben und deren Lebensweise, deren Werte wie deren Drogen, in ihre Gemeinschaft einbrechen zu lassen. Würden wir zum Beispiel unseren Eigentumsbegriff aufgeben, weil andere keinen haben? Die Demokratie, den Sozialstaat, die Schulpflicht, die Gleichberechtigung der Geschlechter? Wohl kaum.

In Australien wurden Aborigines noch vor zwei Generationen nicht als Menschen gleichen Entwicklungsstands betrachtet. Da war längst klar, dass sie nach Zehntausenden Jahren eigener Entwicklung bei Weitem die älteste noch existierende Menschheitskultur repräsentieren. Und nicht nur das. Dass sie zur selben Spezies gehören, mussten sie in aller Regel unfreiwillig beweisen. *Obgleich das Gut mit allem Nötigen reichlich versehen war,* notiert Darwin in Wallerawang, *fehlte es doch offenkundig an Behaglichkeit, auch lebte dort keine einzige Frau.*

Der Männerüberschuss bei den Siedlern entlädt sich in Vergewaltigungen und Zwangsehen. Die Mehrheit derer, die sich heute Aborigines nennen, hat deshalb Europäer unter ihren Vorfahren. Vor allem solche »Gemischtrassigen« fielen der Kinderverschleppung zum Opfer – mit der unterschwellig rassistischen Begründung: Wer unser Blut hat, soll auch unsere Kultur leben, von der Religion einmal ganz abgesehen. Ziel der verfehlten Politik war es, die Ureinwohner durch »Herausbrüten der Farbe« allmählich zum Aussterben zu bringen.

Meine Nächte in der Region von Sydney verbringe ich im fahrbaren Heim am Strand von Whale Beach – eng wie auf der Beagle, aber vor mir die Weite der Tasmanischen See. Den Hang hinauf ziehen sich die Villen der Millionäre, die morgens zum Schwimmen im Meerwasserbecken kommen, zum Joggen, Wellenreiten oder Gang mit dem Hund. Unter der Woche gehört mir der Strand ansonsten fast allein. Am Wochenende aber strömen sie in Scharen, bis alle Park- und Grillplätze besetzt sind, die Lust der Kinder widerhallt und die Papierkörbe sich allmählich füllen. Diese Stadt liebt das Wasser, ihre Strände, ihre Körper. Noch ein übererfülltes Klischee. Blond, Astralleib und Surfbrett sind eher die Regel als die Ausnahme. Doch wo ich hinschaue, neben »Weißen« sehe ich Inder und Südostasiaten, Chinesen, Araber und sogar eine Gruppe Maori, aber niemanden, der auch nur entfernt wie ein australischer Ureinwohner aussieht.

In der Stadt geht es mir nicht anders. Die Zeitung ist voll von der Debatte um das »Sorry«, aber selbst auf der Fress- und Vergnügungsmeile um Darling Harbour blicke ich nicht ein Mal in eines dieser dunklen Gesichter, deren Bilder die Welt kennt. Erst vor der Oper, dem Weltwunderhaus aus gebauter Musik, beobachte ich einen jungen Mann, der auf seinem Didgeridoo spielt und sich für Geld halbnackt in voller Bemalung mit Touristen fotografieren lässt. Ich frage Passanten: »Wo sind eure Ureinwohner?«, aber außer peinlichem Schweigen oder umständlichen Antworten ist nichts herauszubringen: »Die wohnen in ihren eigenen Siedlungen.« – »Die gehen nicht an den Strand.« – »Die meisten leben im Nordwesten.«

Als ich Frank Nicholas, den Hobby-Darwinforscher, in seinem stilvollen alten Stadthaus in Sydney mit meiner Suche konfrontiere, verfällt er in ein Räuspern: »Das ist eine schwierige Frage.« Da ihm die Kultur der Ureinwohner so fremd ist wie fast allen Landsleuten, vereinbaren wir, uns gemeinsam einer organisierten Wanderung auf einem »Traumpfad« anzuschließen. Eine Bahnstunde von Sydney entfernt, im Herzen der Blue Mountains, Treffpunkt Bahnhof Falconbridge, acht Teilnehmer. Dass außer Nicholas kein Australier an der Exkursion teilnimmt, überrascht unseren Führer nicht. Das weiße Australien interessiere sich nicht für die Kultur, die es verachtet, sagt Evan Yanna Muru. Fragt sich nur, was er mit dem »weißen« Australien meint.

Der schlaksige Mann, Mitte dreißig, Dreitagebart, Baseballkappe und hellblaue Augen, würde in Kiel oder Chemnitz niemandem als irgendwie »fremd« auffallen. Er ist, wenn er seine Ahnenreihe zurückverfolgt, zu einem Sechzehntel Ureinwohner. »Es kommt nicht auf das Blut an«, erklärt er den Staunenden, die auf einen »echten« Stammesangehörigen gehofft haben, »sondern auf den Spirit.« Er fühle sich als Ureinwohner, also sei er einer, und zwar aus dem hiesigen Darug-Land.

Ich ertappe mich bei einer sonderbaren Spielart von Rassismus. Wie kann sich einer, der zu über neunzig Prozent europäisches »Blut« in seinen Adern weiß und »westlich« lebt wie die meisten seiner Landsleute, auf seine fernen Ursprünge berufen? Nutzt da nicht einer nur für sein Geschäft eine Tatsache, die ihm woanders in der Welt als Betrug angelastet würde? Wie würden wir in Europa reagieren, wenn jemand, nur weil sein Urururgroßvater zufällig Japaner oder Iraner gewesen ist, als Vertreter dieser Kultur aufträte? Aber wo würden wir die Linie ziehen? Reicht uns eine Hälfte, ein Viertel? Sollen wir einen Ureinwohnernachweis verlangen? Die Regierung erkennt jeden als solchen an, den die Gemeinschaft als einen der ihren sieht. Umgekehrt verschleiern Aborigines, die in der weißen Gesellschaft »angekommen« sind, mitunter ihre Herkunft.

Die dunkle Hautfarbe und andere afrikanisch anmutende Merkmale »verdünnen« sich genetisch so schnell, dass die Abstammung nach wenigen Generationen nicht mehr ins Auge fällt. Die Grenze verwischt sich. Womöglich habe ich in Sydney »Ureinwohnern« ins Gesicht geblickt, ohne es zu merken, oder sogar ohne dass sie es selbst noch wüssten. Die Zahlen über den Anteil an der australischen Bevölkerung – genannt wird eine halbe Million von gut zwanzig Millionen – besitzen also keine große Aussagekraft. In ein paar Generationen wird außer frisch Zugewanderten ohnehin kaum noch ein Australier leben, der keinen Ureinwohner unter seinen Vorfahren weiß.

Der »weiße Ureinwohner« erteilt uns eine Lektion. Ob er damit seinen Lebensunterhalt verdient oder nicht – es sind auch Leute wie er, die eine der bedeutsamsten weltkulturellen Erbschaften am Leben erhalten. »Quai da ngalaringi nangami«, sagt er, als wir in den dichten Wald vordringen, und es wird das Einzige bleiben, was er im Dialekt »seines« Volkes äußert. »Willkommen in unserer Traumzeit.« Am Ende unserer Tagestour muss auch Frank Nicholas als skeptischer Genetiker beschämt gestehen, dass es hier nicht auf biologisches Erbe ankommt, sondern auf kulturelles. Freimütig räumt er die »Schande« ein, dass er wie fast alle seine Landsleute, auch seines Bildungsstands, so erschreckend wenig über die Kultur seiner angestammten Mitbewohner weiß.

Der Kontinent ist, wie neue genetische Analysen zeigen, vor rund fünfzigtausend Jahren nach langer Wanderung von Afrika aus in einer Welle besiedelt worden, als zwischen Asien und Australien eine Landbrücke bestand. Seither hat sich die Population nicht mehr mit anderen Menschenvölkern vermischt, sondern nur irgendwann in zwei Gruppen geteilt, die offenbar keinen Kontakt miteinander hatten.

Kulturell haben sich die Einwanderer, während sie sich über den Kontinent verteilten, in eine Vielzahl von Völkern aufgespalten, die schließlich in 153 unterschiedlichen Sprachen aus 62 Sprachfamilien miteinander redeten.

Der Traumpfad, ein uralter Lehrweg der Aborigines, hat uns im dichten Eukalyptuswald an einen heiligen Ort geführt. Grillen veranstalten ein ohrenbetäubendes Zirpkonzert. Rund zwanzig Spezies dieser Insekten verteilen sich auf die verschiedenen Nischen. Zu unseren Füßen hebt sich ein gewaltiger, liegender Monolith aus dem Waldboden. Die scheinbar glatte Oberfläche verrät ihr Geheimnis zunächst nicht. Als Evan den Fels mit Wasser benetzt, öffnet er uns buchstäblich die Augen für ein Stück Kultur, das es so nirgendwo sonst auf der Welt gibt. Tiere werden sichtbar, Känguru und Schlange erscheinen und andere geheimnisvolle Symbole.

»Was ihr hier seht, ist zugleich Kunst und eine uralte Bildungseinrichtung.« Das Alter des Reliefs wird auf 22 000 Jahre geschätzt. In der Mythologie haben Geisterwesen in Menschengestalt auf ihren Wanderungen hier ihre rätselhaften Botschaften hinterlassen. Der weiße Ureinwohner weckt die Szene zum Leben. Clans von vielleicht fünfzig Leuten folgen auf ihren Wanderungen den Traumpfaden der Ahnenwesen. Sie suchen diesen Ort wie Abertausende andere solcher Plätze in Australien für ein paar Stunden auf.

Die Abbildungen entlang der »Songlines« funktionieren nur zusammen mit gesungenen, sich ständig weiterentwickelnden Geschichten, die ein hochdifferenziertes Bild vom Leben, von der Natur und der Welt ergeben. Da geht es um spirituelle Erfahrungen ebenso wie um handfeste Ausbildung. Und natürlich um das »Träumen«, eine uralte Meditationstechnik, die zu Trancezuständen führen, aber auch während des bewussten Sprechens gleichsam auf einer halbbewussten Nebenschiene weiterlaufen kann. Mit ihrer Traumzeit gelten die Aborigines als Meister dieser Technik.

Eine kulturelle Errungenschaft, die sich nicht nur über das Bewahren und Weitererzählen der Geschichten zu den Bildern fortpflanzt. Die Aborigines haben als stabile Gesellschaften im Einklang mit der Natur gelebt. Sie verstanden sich selber und ihre Körper in einem Maß als Teil der Biosphäre, wie es die expansive abendländische Kultur nie gekannt hat. Nicht nur antike Tempel, Städte und Landschaf-

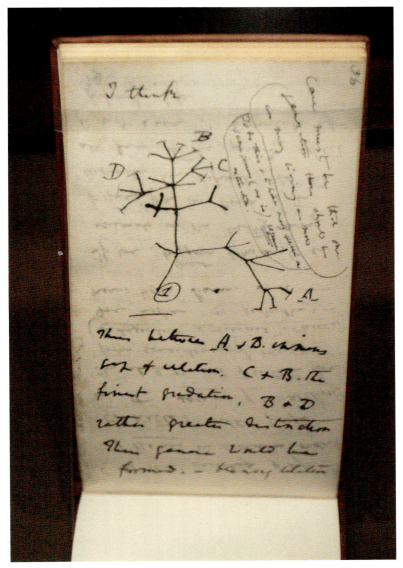

41 Der Baum des Lebens in Darwins »Rotem Notizbuch« (1837)

42 Darwin mit Sohn
William Erasmus, 1842

43 Emma Darwin
mit Sohn Leonard, 1854

44 »Down House«,
Darwins Wohnsitz in
Downe, Kent

45 *Darwins Arbeitszimmer in »Down House«*

46 *Das »Rote Notizbuch«, in dem Darwin die Anfänge der Evolutionstheorie skizzierte*

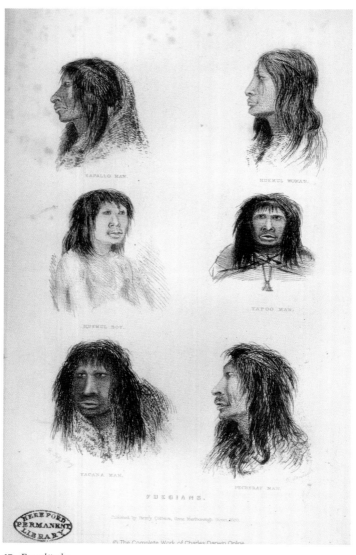

47 *Feuerländer, gezeichnet von Kapitän FitzRoy*

48 »Darwinfinken« – aus »Die Fahrt der Beagle« 1845

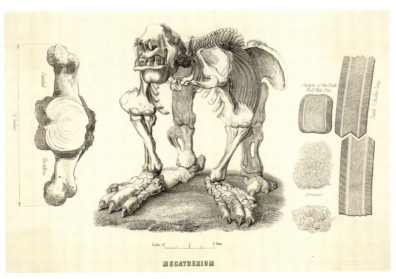

49 Skelett des Riesenfaultiers Megatherium

50 *Zeitgenössische Karikatur*, 1874

51 *Galápagos: Forscherin Birgit Fessl und Assistent beim Bau künstlicher Nester in der Charles-Darwin-Forschungsstation*

52 *Galápagos: Touristen und Tölpel auf der Insel Española*

53 *Osterinsel: Steinbruch
von Rano Raraku*

54 *Tahiti:
Die Hauptstadt Papeete*

55 *Neuseeland:*
Landschaft bei Waiomio

56 *Neuseeland:*
Bay of Islands

57 Neuseeland:
Nasengruß mit
Manuwai Kawiti

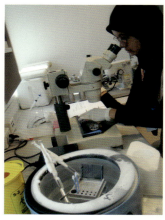

58 Australien:
Kurs zur Vitrifikation von
Embryonen an der Monash
University in Melbourne

59 Australien:
Käferforscher
Rolf Oberprieler im
Wald bei Canberra

60 *Australien: Cocos-Inseln mit Korallenriff vor West Island*

61 *Mauritius: Die Reste des Urwalds am Berg La Pouce*

62 *Südafrika: Hominiden-Knochen im Transvaal-Museum (Northern Flagstaff Institution) von Pretoria*

63 *Südafrika: Nachbildung von* AUSTRALOPITHECUS AFRICANUS *im Besucherzentrum der »Wiege der Menschheit«*

64 *St. Helena: Grabstätte Napoleons*

65 *Rezalia Gouvias, Zweite Offizierin auf der RMS St. Helena*

66 *St. Helena: Abfahrt von Jamestown*

67 *Südgeorgien: See-Elefant mit Königspinguinen in Gold Harbour*

68 *Galápagos: Landleguane auf Santa Cruz*

69 *Australien: Landkrebs auf Home Island, Cocos-Inseln*

70 *Ascension Island: Suppenschildkröte nach Eiablage*

71 *Australien: Tasmanischer Teufel in der »Natureworld«*

ten verdienen Schutz als kulturelles Erbe, sondern auch gelebte Kultur, die uns Zusammenhänge für das Überleben der Spezies lehren kann. Doch selbst wenn sie ohne jeden sofortigen Nutzen bliebe für unsere herrschende, gebrauchs- und marktorientierte Zivilisation – den Erfahrungsschatz dieser Menschenrasse aussterben zu lassen käme auf der biologischen Seite dem Abtöten ganzer Äste der Evolution wie etwa der Wale oder Orchideen gleich.

Darwin erkennt durch seine biologische Brille nicht den wahren kulturellen Reichtum vor sich. Ein paar Wochen später, am *King George's Sound nahe der Südwestspitze Australiens,* wo heute die Stadt Albany liegt, hat er das Glück, *ein »corrobery« zu erleben, also einen großen Tanz. ... Die Kakadu- und die King-George-Männer bildeten zwei eigenständige Gruppen und tanzten allgemein in Antwort zueinander.* Darwin und seine Gefährten sehen *ein äußerst derbes, barbarisches Schauspiel und für unser Empfinden ohne jegliche Bedeutung.* Die Art, wie *sich alle im Schein des prasselnden Feuers in grausiger Harmonie bewegten, war die vollendete Darstellung einer Festlichkeit unter den niedersten Barbaren.*

Genau hier in Albany, beim kurzen Zwischenhalt an der Westküste, treffe ich mit Vernice Gillies endlich eine »echte« Nachfahrin der Ureinwohner. Die Sozialarbeiterin im Gemeindezentrum hat sichtbar mehr Aborigine-Blut in den Adern als europäisches. Sie hat sich angeboten, mir aus zweiter Hand von den »gestohlenen Kindern« zu berichten. Ihre Mutter wurde mit neun gewaltsam aus der Familie gerissen und in eine Missionsschule gesteckt.

»Die Jungen wurden zu Landarbeitern, die Mädchen zu Hausangestellten erzogen. Die Ausbildung zielte allein auf Indoktrination. Die Kinder durften ihre Muttersprache nicht sprechen. Sie wurden wie in kultureller Quarantäne gehalten.« Der Corroboree, ihr Tanz, sei als heidnische Praxis verboten worden, der letzte fand 1923 statt. »Es ging darum, die Tradition innerhalb der Familienlinie zu brechen.« Man dürfe ja solche Worte nicht in den Mund nehmen, aber was seien das anderes gewesen als totalitäre Akte hinter den Kulissen einer Zivilgesellschaft? »Sie haben die Kinder gezwungen, jemand anderes zu werden.«

In den Zeitungen ist während der Debatte um die offizielle Entschuldigung für die »Kulturverbrechen« viel davon die Rede, dass vor allem aufopferungsvolle Adoptiveltern es mit den Aborigines doch »gut gemeint« und deren Kindern eine zukunftstaugliche Ausbildung gegeben hätten. »Nicht einmal das ist wahr«, sagt Vernice. »Alle Untersuchungen zeigen, dass die zwangserzogenen Kinder später einen weitaus schlechteren sozialen Status hatten als die zu Hause aufgewachsenen.«

Auch Kindesmissbrauch, eines der häufigsten Verbrechen unter heutigen Ureinwohnern, vor allem in den Ghettos im Nordwesten, sei nie Teil ihrer Kultur gewesen. Vielmehr sei er durch die Eindringlinge in ihre Gemeinschaften gebracht worden, genau wie Alkohol und in dessen Folge die hohe Zahl an Selbstmorden, vor allem von jungen Männern. Ihre Mutter habe alles getan, ihren sechs Kindern die eigenen Erfahrungen zu ersparen und allen eine Ausbildung bis zum Collegeabschluss ermöglicht.

»Was geschehen ist, lässt sich nicht mehr rückgängig machen. Aber wir haben das Recht, nach vorn zu schauen.« Während sich andere die Köpfe heißredeten, ob man sich für die Vergehen der Vorfahren entschuldigen müsse, hätten sie eine doppelte Last zu schultern: die eigene Kultur bewahren und dabei in der westlichen Gesellschaft überleben. Deshalb sei das »Sorry« des Premierministers so bedeutsam als Quelle für die wichtigste Kraft im Kampf um den eigenen Weg – den Stolz. Wer das nicht verstehe, sei blind geworden gegenüber der Macht der Symbole.

Ich bin bereits in Mauritius, als die Zeitungen berichten, dass die erste Etappe auf dem neuen Traumpfad beschritten worden ist. Kevin Rudd hat sein Versprechen wahr gemacht und die Entschuldigung der australischen Regierung im Unterhaus zur Abstimmung gestellt.

»Heute ehren wir die einheimischen Völker dieses Landes, die ältesten fortlebenden Kulturen in der Menschengeschichte. ... Wir entschuldigen uns für die Gesetze und die Politik aufeinanderfolgender Parlamente. ... Wir entschuldigen uns besonders für die Entfernung von ... Kindern aus ihren Familien, ihren Gemeinschaften und ihrem Land. ... Heute unternehmen wir den ersten Schritt, indem wir die Vergangenheit anerkennen und Anspruch auf eine Zukunft erheben, die alle Australier einschließt. ... Eine Zukunft, in der alle Australier, welchen Ursprungs auch immer, wahrhaftig gleiche Partner sind mit gleichen Chancen und mit gleichem Anteil, das nächste Kapitel zu formen in der Geschichte dieses großartigen Landes, Australien.«

Tausende Ureinwohner sind in die Hauptstadt Canberra gereist. Sie kampieren auf den Wiesen vor dem Parlamentsgebäude und verfolgen den bewegenden Moment in ihrer Geschichte über Großbildleinwände. Für sie gilt nach wie vor das gesprochene Wort. Die Abgeordneten stimmen mit überwältigender Mehrheit zu. Im Parlament und davor fallen sich Menschen in die Arme. Überall im Land habe man Tränen der Freude gesehen, berichtet die Weltpresse. Sie seien nicht nur bei denen geflossen, die sich Aborigines nennen.

21
Canberra und Melbourne

Die Welt der Käfer · Genetische Drift · Neutrale Theorie · Retortenbabys, Gentests und Klone · Der nächste Rubikon

Familie Oberprieler wohnt in einem der austauschbaren Vororte der australischen Hauptstadt Canberra in einem freundlichen Bungalow. Ein offenes Haus, wo man zusammenrückt, wenn Gäste kommen, und angesichts meiner VW-Büchse eine Tochter ausquartiert, damit ich in ihrem Zimmer nächtigen kann. Der Tag beginnt mit Müsli und Obstsalat und endet beim Barbecue. Auf dem Grill unter der Weinlaube brät Kängurufleisch. Kakadus klauen Nüsse vom Walnussbaum.

Hier mache ich eine Erfahrung, wie Darwin sie ständig macht, wenn er überall in der Welt auf britische Auswanderer und deren Nachfahren stößt. Ich treffe deutsch aussehende, deutsch sprechende, denkende, kochende und feiernde Deutschstämmige, die mit Deutschland über Gene und Kultur verbunden sind, aber nicht über ein Heimatgefühl. Die bei Überlegungen, wo sie ihr Alter verbringen wollen, Deutschland nicht einmal nennen. Eine Spur vom Zipfelchen deutscher Kolonialgeschichte, die Südwestafrika hieß. Mit Fotos von Familienfesten in Wohnzimmern, wie sie auch in Wuppertal oder Weimar zu finden waren. Mit Kaffee und Kuchen und Bierflasche zum Abendbrot.

Rolf Oberprieler, gebürtiger Hamburger, in Namibia aufgewachsen, wo auch seine Frau Beate geboren ist, hat siebzehn Jahre lang an der Nationalen Insektensammlung Südafrikas in Pretoria die Rüsselkäfer unter sich gehabt. Seit gut zehn Jahren arbeitet er in gleicher Funktion in Australien – einer der weltweit führenden Experten, der Darwins jugendliche Leidenschaft für die fantastische Welt der Käfer teilt. *Ich bin überrascht*, schreibt Darwin gegen Ende seines Lebens, *was für einen unauslöschlichen Eindruck viele von den Käfern, die ich in Cam-*

bridge gefangen habe, in meinem Gedächtnis hinterlassen haben. Deshalb habe ich den Landweg von Sydney nach Melbourne über Canberra gewählt – die Beagle nimmt direkt Kurs auf Tasmanien.

Die australische Hauptstadt erfüllt meine Erwartungen. Sauber, ordentlich, gleichförmig, steril, statt Zentrum Zersiedlung, statt Lebendigkeit Langeweile. Das Wort Urbanität muss anderswo erfunden worden sein. Zwischen sehenswerten Museen, besonders der feinen Nationalgalerie, Botschaften und dem futuristischen Parlament herrscht die schöne Öde der Trennung von Staat und Land. Das kleine Bonn als Hauptstadt war dagegen eine pulsierende Metropole.

In einem Eimer auf Oberprielers Terrasse steckt ein Büschel grüner Eukalyptuszweige. Auf denen wie auch auf den Zimmerpflanzen im Haus winden sich fette grüne Raupen. In seiner Freizeit züchtet der Käferforscher auch noch Nachtschmetterlinge. »Entspannender Ausgleich« für die taxonomische Schwerarbeit, die er in seinem Institut zu leisten hat. Die beiden Töchter, kurz vor dem Flüggewerden, unterstützen den Vater bei seinem Hobby. Ein Entomologenhaushalt.

Als ich in Deutschland einem befreundeten Käfersammler erzählte, ich wolle einen Experten für Rüsselkäfer treffen, hat er nur gesagt: »Das sind die ganz Irren.« Rolf Oberprieler, ansonsten die Bescheidenheit in Person, klingt wie ein Besessener, wenn er sein Spezialgebiet vorstellt, die Curculioniden oder Rüsselkäfer. Diese größte Familie der Käfer allein umfasst unvorstellbare 62 000 bekannte Spezies. Fast dreimal so viele sollen noch unentdeckt sein. Die Gesamtzahl wird auf 220 000 Arten geschätzt. Und das in der einen Familie. Entsprechend könnte die Zahl der Käferarten von heute bekannten 400 000 auf zwei Millionen anwachsen. Man muss einen starken Charakter haben, um bei solchen Dimensionen die Ruhe zu bewahren.

Der Biologe hat ausgerechnet, dass mit derselben Rate wie in den vergangenen zweihundertfünfzig Jahren die Bestimmung aller noch fehlenden Arten seiner »Rüssler« sechshundertfünfzig Jahre dauern Erstbeschreibung neuer Spezies immer als feierlichen Akt vorgestellt mit Taufe und ewig verbürgter Urheberschaft. Für Entomologen gehört so etwas zum alltäglichen Geschäft.

Wir fahren in ein nahe gelegenes Naturschutzgebiet. Für Laien ein langweiliges Gehölz aus immer gleichem Eukalyptus, für Biologen ein reiches Biotop. Käferforscher erkennt man am aufgespannten weißen Schirm und dem Knüppel, mit dem sie dem Wald auf den Busch klopfen. Schon was ohne weitere Mühen mit jedem Stockschlag am Wegesrand in die Schirmfalle gerät, genügt für eine ansehnliche Anfängersammlung. Mit Blick und Geschick lassen sich in wenigen Stunden Dutzende oder gar Hunderte unterschiedlicher Spezies einsammeln. Aber warum in aller Welt gibt es von diesen Kerbtieren so irrsinnig viele Arten?

Die Antwort heißt natürlich Evolution, im Fall der Käfer so erfolgreich wie an keinem anderen Ast am Lebensbaum. Keiner hat sich so weit aufgefächert, das Grundmodell so unglaublich variiert wie die COLEOPTERA. Sie laufen, fliegen, schwimmen und graben. Sie fressen alles vom Dung bis einander. Rüsselkäfer haben sich auf Pflanzen spezialisiert. Sie bilden die größte Gruppe im gesamten Tierreich. Sie können so klein sein wie ein Stecknadelkopf und so groß wie eine Faust. Sie haben jedes bewohnbare Land erobert, von arktischen Gebieten über Wüsten und selbst entlegensten Inseln bis zu den Wipfelregionen tropischer Wälder, wo ihre Vielfalt alle Vorstellungen übersteigt.

Gäbe es nur Pflanzen und außer ihnen keine anderen Tiere auf der Welt, die Rüssler allein könnten den Naturhaushalt aufrechterhalten. Sie verarbeiten jeden Bestandteil der Vegetation, Wurzeln, Rinde und alle Arten von Holz, Zweige, Knospen, Blüten, Blätter, Pollen, Früchte und natürlich zerfallendes und totes Pflanzenmaterial. Keine Blütenpflanze, die nicht einen Rüsselkäfer mit sich brächte. Höhere Arten leben mit einer ganzen Reihe spezialisierter Rüssler, viele brauchen sie als Bestäuber. Im Kleinformat bilden sie gemeinsam ein komplettes evolutionäres Geschehen ab, bei dem hochgradige Arbeitsteilung zusammenwirkt – wenn man das vegetarische Verwerten pflanzlicher Erzeugnisse als Arbeit betrachten kann. Da wird gerieben, geschnitten und gesägt, zermalmt, verdaut und verwertet, was oftmals kein anderes Tier nutzen kann.

Die Rüssler haben allen Krisen des Lebens getrotzt, auch den katastrophalen Massensterben, weil sie praktisch unter allen Bedingungen existieren können. Ihre Vielfalt demonstriert nicht nur ihr evolutionäres Alter, sie hat umgekehrt ihren Erfolg erst ermöglicht. Eine tödliche Ursache lässt bei ihnen im Lebensbaum ein Zweigchen unter vielen absterben, wo es bei anderen, siehe Dinosaurier, das Ende einer kompletten Linie bedeutet. Ihre Anpassungsfähigkeit erlaubt es ihnen, sich öffnende Nischen in kürzester Zeit zu besetzen. Ihre Vermehrungsraten können sie als Schädlinge zur großen Plage der Landwirtschaft machen. Andrerseits helfen sie als Nützlinge, schädliche Pflanzen in Schach zu halten, besonders eingeschleppte Arten, die keine natürlichen Fressfeinde besitzen. Käferpopulationen reisen in versiegelten Behältnissen um die ganze Welt als biologische Bekämpfer von Unkräutern.

Bei den Käfern könnte Darwins alte Idee von der geografischen Trennung – Voraussetzung einer Aufspaltung von Arten – mehr oder weniger zutreffen. Wie die Menschen von Kontinent zu Kontinent oder Pflanzen von Insel zu Insel wandern und sich dort den Verhältnissen anpassen, kann ein neuer Wald einer Käferpopulation neue Nischen zur Verfügung stellen und sie durch klassische Selektion als neue Art von der Ursprungsspezies abtrennen. Doch auch Darwin geht davon aus, dass die natürliche Auslese nicht die einzige Ursache der Speziation ist.

In den Dreißigerjahren des letzten Jahrhunderts hat der amerikanische Biologe Sewall Wright einen Mechanismus vorgeschlagen, der in jüngster Zeit an Bedeutung gewonnen hat: Die »genetische Drift« verteilt Erbmaterial auch ohne jede natürliche Auslese unterschiedlich auf die nächste Generation. Mit seinem Konzept bringt der Amerikaner eine weitere Form des Zufalls ins Spiel, die Darwin freilich nicht kennen konnte: Populationen einer Art sind nie homogen. Unter Umständen kann es zu regelrechten genetischen Asymmetrien zwischen einzelnen Gruppen kommen. Im nächsten Schritt folgt, etwa über unterschiedliche Partnerpräferenzen oder Fressgewohnheiten, erst die ökologische, dann die sexuelle und schließlich die »echte« Trennung von zwei Arten.

Mittlerweile arbeiten Taxonomen mit Molekularbiologen zusammen, die über Genomanalysen eigene Artenbäume skizzieren. Käferexperten aus der ganzen Welt beteiligen sich am »Beetle Tree of Life«, dem Lebensbaum der Käfer, der ein hochdifferenziertes Bild von Artentstehung und Artentrennung geben soll. Schon jetzt zeichnet sich ab, dass die Evolution der Rüsselkäfer parallel zu jener der Pflanzen verlaufen ist. Ihren Ausgang nehmen sie im Zeitalter des Jura auf Nadelgewächsen. Im Kreidezeitalter breiten sie sich aus, der Körperbau auf die frühen Bedecktsamer angepasst. Im Tertiär dann explodiert ihre Vielfalt geradezu auf den zweikeimblättrigen Pflanzen. Diese Art von Ko-Evolution kommt bei vielen Insekten vor.

Oberprielers Spezialität: Er sammelt Larven und fertige Käfer, aber jeweils auch die Pflanzen, auf und von denen sie leben. Das sei nicht nur für die Landwirtschaft von Bedeutung, sondern ebenfalls für die Einschätzung der Biodiversität, erläutert er. Die Listen der bedrohten und ausgemerzten Tiere bestehen nicht hauptsächlich aus Adlern oder Bären, sondern aus unzähligem Kleingetier, das uns erst wirkliche Information über den Zustand von Lebensgemeinschaften gibt. Ohne die detailversessene Arbeit von Forschern wie dem Käfermann in Canberra, der Dutzende Spezies der Breitmaulrüsselkäfer aufsagen kann wie andere Popsongs, wüssten wir nichts über den Zustand unserer Umwelt. Wenn erst die Wirbeltiere sterben, ist ein System oft schon lange kaputt.

Im Insektarium des Instituts führt Oberprieler die Sammlung fein aufgenadelter Rüssler vor. Die einen gleichen typischen Laufkäfern, andere eher Ameisen, Fliegen oder Wanzen, die Rüssel stummelkurz bis lanzenlang, die einen glänzend und glatt, andere rau und stumpf, kleine Dicke neben großen Schlanken und umgekehrt, dazu Farben der gesamten Palette. Die Larven unterscheiden sich nicht minder. Auf der anderen Seite gibt es Reihen unterschiedlicher Arten, die dem Laienauge wie ein und dasselbe Tier erscheinen. Dann muss der Fachmann mitunter im Binokular die »Unterschiede in der Rüsselskulptur« bestimmen.

Die genetische Ausstattung für ein anderes Kauwerkzeug oder ein verbessertes Geruchsorgan schlummert bereits im Erbmaterial der Art und kann bei veränderten Umweltsituationen abgerufen werden. Mit dieser Einsicht hat 1968 Motoo Kimura die Fachwelt aufgerüttelt. In seiner »Neutralen Theorie der molekularen Evolution« schlägt der Japaner vor, dass sich mehr oder weniger »neutrale« Mutationen im Erbgut ansammeln. Neutral heißt, dass sie auf Überleben und Fortpflanzung im Moment ihrer Entstehung keinen schädlichen Einfluss haben. Deshalb bleiben sie erhalten und breiten sich in einem gewissen Maße in einer Population sogar aus. Man kann auch sagen, dass die Evolution alle möglichen Varianten bereithält, mit denen eine Spezies auf veränderte Umweltbedingungen reagieren kann. Sie haben, wie es in der Fachsprache heißt, »potenziell selektive Bedeutung«. Das heißt, bei veränderter Umwelt bieten sie ihrem Besitzer Selektionsvorteile im Kampf ums Überleben. Mit solchen Reserven, die plötzlich zum Einsatz kommen, lassen sich auch die scheinbaren »Sprünge« in der Evolution erklären, die Kreationisten als weiteren Einwand gegen Darwin anführen.

So wird nachvollziehbar, wie sich Lebewesen ausbreiten und neuen Habitaten anpassen können. Angenommen, eine Waldpflanze entwickelt durch eine Mutation die Fähigkeit, kälteren Temperaturen zu trotzen. Diese Eigenschaft bleibt »neutral«, solange es warm genug für alle ist. Wird es aber kälter, breitet sie sich in der Population aus, bis im Extremfall nach vielen Jahren alle Pflanzen dieses Merkmal tragen. Dann hat, ein evolutionärer Normalfall, eine Art ihren Vorgänger ersetzt. Oder aber sie erlaubt ihren Trägern, Areale in kälteren Gefilden zu besiedeln, in denen ihre Verwandten ohne die Mutation keine Chance hätten.

Zum Abschied zeigt mir Mister Rüsselkäfer daheim im Arbeitszimmer seine Sammlung von Nachtschmetterlingen, eine Aneinanderreihung unfassbarer Preziosen. Manche Arten tragen wie von einem Maler mit farbiger Tusche gepinselt Eulenaugen auf den hinteren Flügeln. Wenn sich ein Fressfeind nähert, verschreckt ihn der Eulenblick, und er dreht ab. Dass all das durch schrittweise Evolution entstanden und perfektioniert worden sein soll, ist so unglaublich, wie es wahr ist.

Voll dieser frischen Eindrücke sitze ich in Melbourne Professor Michael Holland gegenüber, einem Direktor des Instituts für Fortpflanzungsforschung an der Monash University, der renommiertesten im Land. In seinem Institut wird Evolution nicht beobachtet, sondern gemacht. Er versteht sie als Ingenieursprojekt, seine Themen heißen In-vitro-Fertilisation, Optimierung des Erbguts und Klonen.

Zwei Tage Fahrt zwischen dem Blick in die tiefe Vergangenheit des Lebens und dem in seine nahe Zukunft. Zwei Tage Hinterland, durch märchenhaft einsame Täler, über gewundene Pässe schnaufend in die Snowy Mountains, Nächte an rauschenden Bächen mit Campingkocher und Kerzenlicht oder inmitten knisternder Trockenheit als Folge von Jahren der Dürre. Nach dem schönen, selbstverliebten Sydney mit seinen sportlich blond beherrschten Stränden wirkt das kühle, selbstbewusste Melbourne wie Hamburg gegen München. Zwei Tage von der puren Biologie zum Wendepunkt einer Kultur, die sich über ihre biologischen Ursprünge zu erheben beginnt. Und das mit der Gewissheit, wie wenig wir bisher von Eulenaugen auf Nachtfalterflügeln verstehen.

Michael Holland gibt mir recht: »Wir wissen nicht genug, um zu tun, was wir tun. Aber wir tun es trotzdem.« Sein Erweckungserlebnis hat er als junger Mann, als er mit seiner Doktorarbeit zu drei Vierteln fertig ist. »Ich habe über die Reagenzglasbefruchtung bei Mäusen geforscht. Nie hätten wir gedacht, dass die Technik zu unserer Lebzeit jemals am Menschen angewendet werden könnte. Da erreichte mich die Nachricht der Geburt von Louise Brown, und ich beschloss, das Wort ›unmöglich‹ aus meinem Wortschatz zu streichen.«

Louise Joy Brown, das erste »Retortenbaby«, kommt 1978 in England zur Welt. Seitdem hat Holland die rasante Entwicklung mitverfolgt und – an Tieren – teilweise mitgestaltet. Genau solch einen Pragmatiker habe ich gesucht, um aus berufenem Munde zu hören, was man sonst nur ungläubig in den Zeitungen liest. Von einem, der sich keine Illusionen macht über sein Tun. »Ich gebe zu, Darwin wäre nicht sehr erfreut über Leute wie mich. Dass wir ein Maß an Kontrolle über die Fortpflanzung und damit über die genetische Variation anstreben, das in Darwins Zeiten unvorstellbar war, ist zugleich faszinierend und für manche erschreckend.«

Ein gebildeter Biologe, gemütlich und spritzig in einem, der gern scherzt und mitlacht. »Sie müssen besser sein als der Rest«, sagt er. Er zeigt auf seine Krawatte. Grün gemalt huschen darüber Schwärme von Spermien, ein weißes büxt gerade aus. »Erschaffe eine Kuh, die mehr Milch gibt, schneller wächst und weniger frisst, und du gewinnst das Spiel.« Seit über zehntausend Jahren züchten Menschen Tiere. Nichts hat unsere Vorfahren dazu bewegt, ihr Wissen auch auf die eigenen Spezies anzuwenden. Systematische Menschenzucht in nennenswertem Umfang kennt die Geschichte nicht. Biologisch sind wir ein kulturell geformter Wildtyp. Die Fortpflanzung war lange Zeit wie durch ein Tabu unantastbar.

Mit Louise Brown ist ein Bann gebrochen. Durch die In-vitro-Fertilisation (IVF) ist der Zeugungsakt aus dem Körper ins Reagenzglas verlegt worden. Damit ist der menschliche Embryo ins Visier der Biotechnik geraten, die ihre Erfahrungen aus der Tierzucht auf den Menschen zu übertragen beginnt. Heute leben Zehntausende als Resultat künstlicher Befruchtung – und keiner regt sich drüber auf. Im Gegenteil. Der Kinderwunsch ist stärker als alle Bedenken. Für Holland eine symptomatische Entwicklung: Wo Bedarf und Geld im Spiel ist, lässt die Praxis die Proteste über kurz oder lang verstummen. In Deutschland wird bereits eines von achtzig Kindern mittels IVF gezeugt.

Vorreiter sind stets Experimente an Tieren. Da gibt es in der Regel keine Widerstände, sondern stilles Einverständnis. Nur bei echten Durchbrüchen, wie 1996 beim Klonschaf Dolly, heult die Meute auf, dann zieht die Forschungskarawane weiter. Dass Dolly, die mit schweren Gesundheitsproblemen frühzeitig eingeschläfert werden musste, keineswegs für eine reine Erfolgsgeschichte steht, erfahren wir meist nur im Kleingedruckten. Vermutlich sorgen bei Säugetieren epigenetische Effekte dafür, dass Klone keine reinen Klone sind, sondern sich von ihren »Muttertieren« unterscheiden.

Ethikkomitees haben dazu nichts zu sagen. Sie befinden allenfalls über Tierquälerei. Was im Reagenzglas passiert, interessiert keinen Tierschützer. Manche nutzen die neuen Techniken sogar und lassen ihre vierbeinigen Lieblinge für viel Geld klonen. So werden Technologien im veterinären Bereich immer weiter zur Routine perfektioniert, bis sich Anwendungen in der Medizin des Menschen abzeichnen.

HOMO SAPIENS als extremer K-Stratege – wenig Nachwuchs, viel Investition in jeden Nachkommen – wird auf Dauer alles zulassen, was das gesunde Überleben seiner Kinder sichert, glaubt Holland. »Was denken Sie, wer den Fortschritt vorantreibt? Wenn Sie das wissen wollen, müssen Sie nur schauen, welchen Weg das Geld nimmt.« Holland spricht Klartext, kein Pardon, kein Alibi.

»Die Investitionen in genetisch modifizierte Organismen weltweit nehmen sprunghaft zu. Welternährung verspricht hohe Verzinsung. Der Einfluss großer Unternehmen auf die Wissenschaft ist enorm. Wenn die Techniken ausgereift sind, drängen sie zum Menschen. Die Bereitschaft, alles für seine Gesundheit zu tun und das Bestmögliche für seine Kinder, schafft riesige Märkte, Lobbyisten haben leichtes Spiel. Investoren erwarten für die nächsten fünfzig Jahre auf diesem

Sektor ein rasantes Wirtschaftswachstum. Die Politik gerät unter Druck.«

Im Labor am anderen Ende des Flures läuft gerade ein Workshop: neue Gefriertechniken für menschliche Embryonen. Zur Übung werden Mäuseeier befruchtet, die Keime bei minus 196 Grad Celsius »vitrifiziert«, ohne Eiskristallbildung eingefroren. Die Teilnehmer, mehrheitlich Frauen, kommen aus Kliniken in Australien, aber auch aus dem Nachbarland Indonesien. Stille Musliminnen mit Kopftuch vor deutschen Mikroskopen. Darunter werdendes Leben als winzige Blase auf feiner Glasspitze. Latexhandschuhe, Pipetten, dampfendes Kunsteis. »Wir haben einen wachsenden Bedarf an künstlicher Befruchtung«, erklärt Novita aus Jakarta. »Unfruchtbarkeit ist ein schlimmes Problem, das sich beheben lässt.« Und woher rührt die Unfruchtbarkeit? »Von Luftverschmutzung und Pestiziden«, sagt die junge Medizintechnikerin – also von der Umwelt.

Kultur überwindet Biologie. Wo unter natürlicher Auslese die Linie ein Ende fände, weil sie mit der Umwelt nicht zurechtkommt, hilft der Mensch nach. Die Kinder aus künstlicher Befruchtung entwickeln sich nach allem, was wir wissen, normal. Aber seit befruchtete Eizellen in die Labore geraten sind, ist der nächste Dammbruch nur eine Frage der Zeit. »Man kann versuchen, die Umwelt zu verbessern oder die Gene«, sagt Holland. »Wir sind für die genetische Seite zuständig.«

Als Australier steht er fest in der utilitaristischen britischen Tradition. Solange kein bewusstes Leben beeinträchtigt wird, soll die Forschung zum möglichen Nutzen der Medizin auch menschliches Leben manipulieren dürfen. Im Frühjahr 2008 beschließt das britische Unterhaus, dass Hybride aus menschlichem Erbgut und tierischen Eizellen erzeugt werden dürfen. Außerdem wird erlaubt, dass Eltern gezielt Embryonen herstellen lassen, die – wie Ersatzteillager – einer lebensrettenden Therapie älterer Geschwister dienen könnten. Das sogenannte therapeutische Klonen ist in England schon lange zulässig.

Australien hat ähnlich liberale Bestimmungen wie Großbritannien. Was religiös- wie umweltbewegte Kritiker empört, findet bei Forschern wie Professor Holland begeisterten Beifall. Für ihn hat die Zukunft bereits begonnen, und wenn man ihn nicht stoppt, dann sprudelt seine ganz eigene Mischung aus Begeisterung und Realitätssinn nur so aus ihm heraus. »Bei Tieren erzeugen wir längst Kreaturen, die durch Evolution nie entstanden wären. Bei Menschen fangen wir damit gerade erst an. Es gibt grundsätzlich zwei Wege, die Genetik zu verbessern. Man kann das Erbgut direkt verändern. Aber noch verstehen wir zu wenig davon, wie das Genom funktioniert. Je mehr wir von der Epigenetik« – der »Prägung« von Erbanlagen – »wissen, desto gezielter können wir das Potenzial der vorhandenen Gene nutzen.« In der pharmazeutischen Industrie herrsche bereits epigenetische Goldgräberstimmung. Genetisch manipulierte Tiere produzieren längst Wirkstoffe. Demnächst wird es Milch geben, die uns jünger aussehen lässt. Oder den Blutdruck senkt. Werden wir sie trinken? »Am Ende ist alles eine Frage des Preises«, sagt Holland.

Seit die »Präimplantationsdiagnostik« (PID) im Jahr 1990 in den USA erstmals erfolgreich eingesetzt wurde, habe ihre Akzeptanz ähnlich rasch zugenommen wie seinerzeit die der künstlichen Befruchtung. Die PID sei nur der logische nächste Schritt gewesen. Embryonen werden außerhalb des Mutterleibs erzeugt und vor dem Einsetzen in die Gebärmutter auf mögliche Erbkrankheiten untersucht. Heute bieten Fortpflanzungskliniken die Tests routinemäßig auch zur Geschlechtsbestimmung an: Drei Viertel in den USA entscheiden sich für Jungen. In Ländern, die traditionell männliche Nachkommen bevorzugen, ein Riesenmarkt. In China, sagt Holland, rollen sie Experten wie ihm rote Teppiche aus. Indien mit seiner schnell wachsenden Mittelklasse meldet ebenso schnell steigenden Bedarf. Ethische Bedenken zählen wenig. Selbst das Herstellen menschlicher Klone werde mit Hinweis auf Wiedergeburt und den Lebenskreislauf eher begrüßt.

Der Institutsleiter arbeitet daran, große Mengen von Embryonen aus dem Erbgut der biologischen Eltern zu produzieren und nach ausgiebiger genetischer Analyse die »besten« auszusuchen. Noch schränkt die geringe Zahl an reifen Eizellen, die einer Mutter entnommen werden können, die Varianten ein, die getestet werden können. Sie lässt neben der Entscheidung für Jungen oder Mädchen in der Regel nur negative Selektion zu: Droht eine Erbkrankheit, wird der Embryo aussortiert.

Die Wahl des Geschlechts sieht Holland als Einfallstor in eine ungleich größere Zukunft. Der Glaube an die Macht der Gene werde weitere Türen öffnen. Wenn sich Eltern auf der einen Seite Umweltvorteile für ihren Nachwuchs leisten können, etwa durch gute Bildung und Ernährung, dann werden sie erst recht in die Genetik ihrer Kinder investieren, sobald das möglich ist. Holland und Kollegen arbeiten an einem Verfahren, die Auswahlchancen zu vervielfachen und damit auch positive Selektion zu ermöglichen – oder anders gesagt: Menschenzucht.

Dahinter steckt die Idee, dass Embryonen Stammzellen produzieren, aus denen sich noch alle Gewebe entwickeln können – Neuronen, Knochenmarks-, Haut-, aber auch Keimzellen. Wenn Stammzellen dazu gebracht werden, sich direkt zu Samen- oder Eizellen zu entwickeln, dann stünden diese plötzlich praktisch unbegrenzt zur Verfügung. Wieder ein neues Kapitel in der schönen neuen Welt der Reproduktion: Embryonen sollen, ohne auszuwachsen, neue Embryonen erzeugen. »So könnten alle möglichen Kombinationen von Ei- und Samenzellen ausprobiert werden. Wenn dann noch genetische Selektion dazu führt, dass nur die wertvollsten Embryonen ausgewählt werden, haben wir ein paar ziemlich interessante Fragen zu erörtern.« Geforscht wird an Tieren, gedacht an Menschen. Auf diese Weise könnte auf lange Sicht überdies jeder Mensch, gleich welchen Alters, Kinder bekommen – Neugeborene ebenso wie Greise.

Je gezielter biologische Eltern über die genetische Ausstattung ihres eigenen Nachwuchses bestimmen dürfen, sagt Holland, desto rascher werde wie bei der Reagenzglasbefruchtung die Akzeptanz zunehmen. »Sobald die Leute es sich leisten können«, da ist er sich sicher, »wird es kommen. Wir stehen unmittelbar davor.« Das Verfahren könnte so normal werden wie jetzt Ultraschalluntersuchungen. Der Reproduktionsbiologe gehört nicht zu den Leuten seines Fachs, die Forschungsfreiheit mit einem Freibrief für unbegrenzte Forschung verwechseln. Auch er hat seine ethischen Grenzen, die allerdings jenseits dessen liegen, was viele Moralphilosophen für hinnehmbar halten.

So glaubt er etwa, dass Manipulation menschlichen Erbguts, etwa durch den Austausch oder Einbau von Genen, viel zu riskant sei, solange das Genom so wenig verstanden sei. Und das könne noch sehr lange so sein. Solche Gentransfers jetzt zu probieren wäre fast so unverantwortlich, als ließen wir mittelalterliche Kupferschmiede an einem Düsentriebwerk basteln. Bei Tieren fallen Fehlversuche aus

Sicht der Wissenschaft nicht ins Gewicht. Experimente lassen sich fast beliebig wiederholen, Proben verwerfen. Dagegen stelle jede Manipulation an Menschen zum jetzigen Zeitpunkt nichts anderes dar als ein Experiment am lebenden Subjekt. Das schließe aber nicht aus, dass es probiert werde.

Ganz anders sieht Holland seine eigene Arbeit: »Solange wir Embryonen mit natürlichem Erbgut auswählen, wird der Natur nachgeholfen und die Erfolgschance in der Lotterie des Lebens erhöht.« – »Wird Eltern damit nicht eine unerträgliche Bürde aufgeladen?« – »Im Gegenteil: Schon bald wird es als unakzeptabel gelten, dem Nachwuchs die bestmögliche genetische Ausstattung zu verweigern.«

Der fünfundfünfzigjährige Forscher glaubt fest daran, noch zu seinen Lebzeiten die Früchte seiner Arbeit zu sehen. »Wir gestalten Evolution und manipulieren die Zukunft.« – »Damit, so heißt es, spielen Sie Gott.« – »Wir sind die Götter.« – »Und wie fühlt sich das an?« – »Wie der Blick in einen Spiegel.«

22
Tasmanien

Darwins stille Routine · Besuch von Haeckel · Treffen mit Nicholas Shakespeare · Der Tasmanische Teufel · Dynamisches Genom · Evo-Devo-Forschung · Die Sprache der Steine

Diese Insel wirkt wie die Magie des Magneten auf die kindliche Seele. Die Kraft ist da, sie lässt sich nur so schlecht in Worte fassen. Etwas, das man mitnimmt, das einem bleibt. Eine kalte Anziehung, wie zwischen den geladenen Polen des Eisens. Ein Stück Reserve für ein anderes Leben. *Sähe ich mich genötigt auszuwandern, würde ich mich gewiss für diesen Ort entscheiden: Klima und Erscheinungsbild des Landes wären allein schon Grund genug.* Am Ende der Welt wartet ein Stück Erde, das nach Heimat riecht. Noch achtzehn Jahre später schreibt Darwin an Hooker: *Ich errichte ständig veritable Luftschlösser in Sachen Auswandern, und Tasmanien ist in letzter Zeit mein Hauptquartier geworden.*

Ausgerechnet Darwin, der nach seiner Reise das Reisen fast vollständig einstellt. Er schafft es 1867 noch einmal auf die Isle of Wright, Zwangserholung für ein gesundheitliches Dauerwrack, ansonsten gerade mal nach London, selten genug. Die Weltumrundung reicht der Fantasie bis an sein Lebensende. Er lebt auf seinem Anwesen in Downe – inzwischen mit »e« am Ende geschrieben – in Kent, Familienoberhaupt und Forscher, Autor und Invalide, als hätte er dort Wurzeln geschlagen. Andere Wissenschaftler seines Schlages folgen Einladungen, halten Vorträge, lassen sich feiern, leiten Institute, gründen Schulen, ziehen sich ihre Nachfolger heran. Darwin bleibt seiner Routine treu, experimentiert mit Haustieren und Nutzpflanzen, korrespondiert mit der Welt und stößt ein gewichtiges Buch nach dem anderen aus. Ehrendoktortitel (meist in Abwesenheit), Medaillen, Neuauflagen, Übersetzungen in alle wichtigen Sprachen – so vergehen die Jahre.

Keine Biografie eines bedeutenden Forschers hat für die Zeit nach Durchbruch und Weltruhm so wenig Aufregendes zu bieten. Der Tod beider Schwestern, die ihm die Mutter ersetzen mussten, im Jahr 1866 und damit das Kappen aller Verbindungen zu seiner Geburtsheimat, ein Reitunfall mit schweren Quetschungen, der kurz nach dem sechzigsten Geburtstag das Ende seiner Stunden hoch zu Ross erzwingt, seine unhaltbare Pangenesis-Theorie zur Vererbung, die er Anfang 1868 in »Das Variieren der Thiere und Pflanzen im Zustande der Domestication« vorstellt, und die Begegnung mit einem Mann, der sich bald als »deutscher Darwin« einen Namen macht: Ernst Haeckel besucht ihn in der Provinz.

Als »groß und verehrungswürdig« verherrlicht Haeckel den Gastgeber, »mit den breiten Schultern eines Atlas, die eine Welt des Denkens trugen, einer jupiterähnlichen Stirn, wie wir sie bei Goethe sehen, mit einer hohen und breiten Wölbung, tief durchfurcht vom Pflug geistiger Arbeit. Die liebevollen und freundlichen Augen waren überschattet von dem großen Dach der vorstehenden Brauen. Der sanfte Mund wurde von einem langen, silberweißen Bart umrahmt.« Das Darwinbild, wie alle Welt es kennt, geschönt von Bewunderung. Andere schildern ihn als hager, grau und eingefallen.

Der Jenaer Professor, wissenschaftlich so herausragend wie weltanschaulich gefährlich, hat sich mit seinen Vergleichen von Embryonen unsterblich in den Kanon der Biologie geschrieben. Welchen besseren Beweis für die Evolution könnte es geben als die Ähnlichkeit junger Keime von so unterschiedlichen Arten wie Huhn und Fledermaus, Gibbon und Mensch? Mit seinem »Biogenetischen Grundgesetz« – heute: »Grundregel« – stellt er die vollständige und getreue Stammesgeschichte während der embryonalen Entwicklung in einen Darwin'schen Zusammenhang. Vom befruchteten Ei an durchlaufen alle Tiere noch einmal alle Stadien der Evolution. Vielfach formen sie Strukturen, die sich später wieder zurückbilden – Zähne im Embryo zahnloser Säuger wie Bartenwal oder Schnabeltier, Ansätze kiemenartiger Strukturen bei Luft atmenden Wirbeltieren, auch bei uns Menschen.

Haeckel hängt nicht nur treu an Darwins Lehre und verbreitet sie wie kaum ein anderer. Er macht die natürliche Auslese zum Teil einer »universellen Entwicklungstheorie, die in ihrer enormen Spannweite das ganze Gebiet des menschlichen Wissens umfasst«. Er legt sich offen mit der Kirche an, was Darwin wenig behagt. Doch wie kein anderer, nicht einmal Spencer, stellt er den Darwinismus auch in den Dienst politischer Ideologie, erklärt Selektion und Konkurrenz zur Grundlage gesellschaftlichen Fortschritts und versteht den deutschen Nationalstaat als darwinistisches Projekt. Und wie kein anderer verschafft er dem Rassismus ein wissenschaftliches Fundament.

Indem er »Naturvölker« zwischen Tier und Mensch ansiedelt, gibt Haeckel sie gleichsam zum Abschlachten frei, als Deutschland erstmals kolonialistisch auftritt. »Diese Naturmenschen (z. B. ... Australneger)«, schreibt er in seinen »Lebenswundern«, »stehen in psychologischer Hinsicht näher den Säugethieren (Affen, Hunden), als dem hochcivilisirten Europäer; daher ist auch ihr individueller Lebenswerth ganz verschieden zu beurteilen«. Vom »niederen Seelenleben« zum »lebensunwerten Leben« ist es da nicht mehr weit. Wenn es also heißt, die Nazis und andere Tyrannenregime beriefen sich auf Darwin, dann ist damit eigentlich Haeckel gemeint.

Der Deutsche muss den Rassismus freilich nicht neu erfinden. Vielmehr verschafft er dem Zeitgeist einen wissenschaftlichen Rahmen. »Alle Versuche, diese und viele andere Stämme der niederen Menschenarten der Kultur zugänglich zu machen, sind bisher gescheitert; es ist unmöglich, *da* menschliche Bildung pflanzen zu wollen, wo der nötige Boden dazu, die menschliche Gehirnvervollkommnung, noch fehlt.« Namentlich führt er unter anderen »Feuerländer« auf und »Australier«.

Tasmanien gefällt Darwin auch deshalb so gut, weil die Insel *den großen Vorteil genießt, von einer einheimischen Bevölkerung frei zu sein.* Damit drückt er aus, was zwischen den Zeilen steht, wenn man in Tasmanien das Problem der Aborigines anspricht. Darwin hat keine Zweifel am *schändlichen Verhalten einiger unserer Landsleute.* Er besucht das Land zur Zeit der Treibjagden auf die letzten Ureinwohner. *Eine Linie wurde gebildet, die über die ganze Insel reichte und mit der die Einheimischen in eine Sackgasse auf der Tasmanhalbinsel getrieben werden sollten.* Die letzten Ureinwohner werden auf eine kleine Insel verfrachtet, 1835 sind es noch zweihundertzehn, sieben Jahre später vierundfünfzig Personen. Die letzte »Reinblütige« stirbt 1876. *Dreißig Jahre sind eine kurze Zeit, um den letzten Ureinwohner aus seinem Heimatland vertrieben zu haben – und diese Insel ist beinahe so groß wie Irland.*

Was sonst er an Tasmanien mehr liebt als an allen anderen Orten, außer der rein europäischen Bevölkerung und dass *einige der abgeschieden liegenden Bauernhäuser ... ein sehr reizvolles Bild* abgeben, geht aus seinen Aufzeichnungen nicht hervor. Über *die Hauptstadt* Hobart schreibt er: *Der erste Eindruck des Ortes war dem Sydneys deutlich unterlegen; dies ließe sich eine Stadt nennen, jenes nur ein Dorf.* Der Hausberg der Stadt, der Mount Wellington, sei *von geringer malerischer Schönheit.*

Darwins Landsmann Nicholas Shakespeare, Autor unter anderem des erfolgreichen Tasmanienromans »Der Sturm«, hat sein Luftschloss Wirklichkeit werden lassen. Sein Haus in den Dünen des Nine-Mile Beach, unweit der Ortschaft Swansea – ein Tempel aus Zedernholz und Glas zur Anbetung von Raum und Licht. Sein Vater John Shakespeare, britischer Botschafter in Buenos Aires während des Falklandkriegs, ist aus England zu Besuch. So wie vor neun Jahren, als er eigens angereist war, um seinem Sohn die Idee auszureden, sich hier niederzulassen. Am Morgen nach seiner Ankunft stand er mit Tränen in den Augen barfuß am Wasser. »Noch nie bin ich an einem so schönen Fleck gewesen.« Wir spazieren über den menschenleeren Strand. Als Teilzeittasmanier, der den Rest des Jahres in England verbringt, schätzt Shakespeare besonders die Sicherheit und Sorglosigkeit, mit der er auf diesem Flecken Erde seiner Arbeit nachgehen kann. Seine Frau Gillian joggt vorbei, einen der beiden Söhne auf dem Fahrrad an ihrer Seite. Erst hier habe er begriffen, dass die Welt im Grunde immer die gleiche bleibe und der Literatur die Aufgabe zukomme, die Menschen das vergessen zu lassen.

Der Schriftsteller und Biograf seines Freundes Bruce Chatwin spricht von Patagonien. Ich verstehe. So wie Chatwin ein ganzes Buch gebraucht hat, um dem Nichts eine Erzählung zu entlocken, hat auch Shakespeare seine neue Heimat »In Tasmanien« fast fünfhundert Seiten lang mit Worten gemalt. Wie Patagonien, sagt er, diene Tasmanien als Sehnsuchtsort, Symbol für Entlegenheit, ein »Weltraum auf Erden«. Erst hier habe er das Gefühl entwickelt, nahezu endlos weit blicken zu können, fast bis in die Tage, als erstmals Menschen dieses Land betraten.

Seit vor gut zweihundertfünfzig Millionen Jahren der letzte Superkontinent Pangäa auseinanderzudriften begann, schiebt sich Tasmanien an der Seite Australiens in Richtung Osten – bis vor fünfundvierzig Millionen Jahren verbunden mit Antarctica. Vor fünfzigtausend Jahren kommen die ersten Ureinwohner, vor zweihundert europäische Siedler. Sie wollen hier leben und bringen den Tod. Die immer gleiche Geschichte. In den Wäldern jaulen heute die Sägen, Papier für die Welt.

Im »Tal der Giganten« fallen Königseukalypten, mit bis zu fünfundneunzig Metern Höhe und fünf Metern Dicke die größten Hartholzbäume auf der Erde. Nirgendwo sieht man so viele von Autos zerfetzte Tierkadaver auf den Straßen wie auf dieser Insel. Wallabys, Wombats, ausgewachsene Kängurus und ihre Babys. »Road killing« heißt das offiziell.

Mehr als zweihunderttausend Tiere kommen auf diese Weise jährlich um. Das Blutbad lässt die Menschen erstaunlich kalt. Das zeige doch nur, wiederholt Shakespeare scherzhaft ein beliebtes Argument, »wie gesund und zahlreich unsere Tierwelt ist«. Erst wenn die Kadaver weniger würden, werde die Sache brenzlig. Früher ist die Massenschlachtung per Stoßstange kaum aufgefallen. Etwa 150 000 Tasmanische Teufel, mopsgroße Beuteltiere, spielten Straßenreinigung, zerrten die Überreste von den Fahrbahnen und fraßen sie im Schutz der Büsche auf.

Doch damit ist es längst vorbei. Die Massen toter Tiere auf den Straßen symbolisieren nichts mehr als den dramatischen Rückgang der Beuteltiere. Seit 1995 ist ihre Zahl auf ein Fünftel gesunken. Sie sterben an einer rätselhaften Krankheit, gemeinhin »Teufelskrebs« genannt, mit nachweisbaren Veränderungen in den Chromosomen der Tumorzellen. Ihr Massentod hat die Tasmanier endlich aufgeschreckt. Mit dem Teufel würden sie vor den Augen der ganzen Welt ein zweites Mal ihr heimliches Wappentier verlieren.

Das erste war der Beutelwolf, wegen seines gestreiften Fells »Tasmanischer Tiger« genannt. Um die Viehherden zu schützen, wurde er mit Abschussprämien gezielt ausgerottet. Der letzte starb sechzig Jahre nach dem letzten menschlichen Ureinwohner. Das soll sich mit dem Teufel nun nicht wiederholen. Das Problem: Niemand kennt das merkwürdige Leiden, an dem die Tiere zugrunde gehen. Die Krankheit, offenbar ein ansteckender Krebs, beginnt im und um das Maul, oft an kleinen Läsionen. Von dort breiten sich die Tumoren übers ganze Gesicht aus, schließlich im gesamten Körper, bis die Tiere verenden. Die einen vermuten anfangs Viren als Ursache, aber es werden keine nachgewiesen, andere tippen auf Chemikalien aus den Giftködern, mit denen Baumplantagen vor dem Verbiss durch Kängurus geschützt werden. Sicher ist aber, dass die Seuche ansteckend und tödlich ist und nach und nach die gesamte Population erfasst.

Nicht weit von Shakespeares Haus entfernt die Küste hoch lebt ein Mann, der mit den Teufeln sprechen kann. Bruce Englefield, ein ehemaliger Toningenieur aus England, hat seit früher Jugend nebenher als eine Art Dompteur für schwer erziehbare Hunde gearbeitet. Als er mit seiner Frau Maureen 2001 in Tasmanien Urlaub macht, bekommt er die Teufel erstmals in einem Wildpark zu sehen – und ist fasziniert. Mit diesen wilden Räubern will er Kontakt aufnehmen.

Als sich herausstellt, dass der Wildpark zu kaufen ist, brauchen die Eheleute keine zwei Stunden, um sich für Tasmanien zu entscheiden. Mit einundsechzig in ein neues Leben. Heute betreiben sie ihre »Natureworld«, als hätten sie nie etwas anderes gemacht. Alle möglichen Arten an einheimischen Tieren in großzügigen Gehegen, Vögel, Schlangen, Beuteltiere wie Bandicoot, Potoro und Koala, dazu Wallabys, Wombats und Kängurus im Streichelzoo, auf Schautafeln alles pädagogisch sinnvoll erläutert.

Im Mittelpunkt aber stehen seine Lieblinge, mit denen sich Englefield in neunundzwanzig Lauten verständigen kann. Er schnalzt und zischt, faucht durch die Nase, bellt wie ein heiserer Hund oder knurrt. Auf »ouk« kommen sie gelaufen, wenn er ihnen wie eine knarrende Tür »ourrh« verspricht, »ich habe Fleisch«. Von ihm lassen sie sich auf den Arm nehmen und aus der Nähe betrachten. Gedrungen wie Bulldoggen, schwarzes Fell, leuchtend rote Ohren und ein Gebiss zum Fürchten. Sogar Käfigstangen haben sie damit schon verbogen, um zu entkommen. Diese einmaligen Tiere will Englefield schützen – vor sich selbst.

»Der größte Feind des Teufels ist der Teufel.« Durch gegenseitige Ansteckung, etwa bei Revierkämpfen, sei kein Tier vor der Krankheit sicher. Deshalb müssten gesunde Tiere vom Rest der Population abgetrennt werden. Der Tonmeister mit akademischem Abschluss in Tierverhalten hat eine Halbinsel neben seinem Wildpark dazugekauft und durch einen Zaun abgetrennt. Auf der wildert er eingefangene Tiere nach einer Quarantäne aus. Gefangenschaft als Rettung.

Hinter der Tragödie verbirgt sich ein wissenschaftliches Rätsel. Ursprünglich leben die Fleischfresser auch über das ganze australische Festland verteilt. Vor etwa fünftausend Jahren bekommen sie plötzlich Konkurrenz. Vermutlich auf antiken Handelsschiffen gerät ein domestizierter Hund von Malaysia nach Australien und verwildert dort. Der Dingo übernimmt die Rolle des Königs der Räuber und drängt den Teufel zurück, bis der im 14. Jahrhundert ausstirbt.

Da die Dingos nie auf die Insel Tasmanien gelangen, bleibt die dortige Teufelpopulation verschont. Sie fällt aber, wie genetische Analysen zeigen, mindestens einmal auf nur wenige Individuen zurück. Durch diesen »Flaschenhalseffekt« (bedingt durch »genetische Drift«) sind alle Tiere heute relativ nah miteinander verwandt. Dadurch könnten der gesamten Art Erbanlagen fehlen, die sie gegen Krankheiten wie das ansteckende Krebsleiden immun machen würden.

Die Menschheit ist ebenfalls durch solch einen genetischen Flaschenhals gegangen. Vor etwa 140000 Jahren, als unsere Vorfahren Afrika verließen, sollen sie auf zweihundert bis fünfhundert reduziert gewesen sein. Deshalb besitzen Schimpansen, die nicht durch ein solches genetisches Nadelöhr mussten, eine fünffach höhere Variation pro Gen als wir. Das schützt unsere nächsten genetischen Verwandten besser im Kampf gegen Mikroben. Nicht das Individuum freilich, sondern die Population. Über Generationen hinweg können sich Resistenzen über die ganze Art verteilen. Forscher in Tasmanien hoffen, dass auch der Teufel solche Reserven bereithält, sodass die Art von innen heraus gesunden kann. Bis jetzt gibt es dafür jedoch keine Anzeichen.

Womöglich haben Schimpansen durch ihre genetische Variabilität auch eine Immunität gegen Aids entwickelt. Sie können das Immunschwächevirus tragen, ohne zu erkranken. Etwa ein Prozent der Menschen besitzt ebenfalls eine Mutation, die sie vollständig immun macht gegen HIV. Solche Resistenzen treten immer wieder auf. Während der großen Pestepidemien im Europa des 14. Jahrhunderts war ein Teil der Bevölkerung geschützt. Steckte die Menschheit heute noch voll im biologischen Kampf ums Dasein mit dem Überleben der Tauglichsten und dem Tod der Infizierten, dann könnte sich die HIV-Resistenz auf Dauer über die ganze Spezies verbreiten. In einigen afrikanischen Ländern mit hohen Aids-Raten dürfte die natürliche Auslese tatsächlich teilweise am Werk sein. Biologie in ihrer rohesten Form. Mikroorganismen üben einen so starken Selektionsdruck aus, dass sie entscheidend zur Evolution der Arten beitragen.

Die »kulturelle« Antwort auf solche Herausforderungen heißt Wissenschaft. Nach Impfstoffen und Antibiotika hoffen Molekularbiologen auf Immunisierung durch Gentherapie. Gelänge es beispielsweise, das Resistenzgen gegen HIV in das Genom von Embryonen zu schleusen, wären diese zeitlebens immun. Bisher sind jedoch alle gentherapeutischen Versuche mehr oder weniger kläglich gescheitert, manche endeten mit dem Tod der Patienten. Ein Grund: Das Erbgut eines Organismus, sein Genom, ist unendlich viel komplizierter als noch vor Kurzem angenommen.

Die Entschlüsselung des menschlichen Genoms, im Jahr 2000 als Meilenstein gefeiert, war nicht mehr als ein erster Schritt auf einem Weg, dessen Länge niemand kennt. Fast wöchentlich wartet die Genforschung mit sensationellen Neuigkeiten auf. Im Jahrestakt berichten Forscher von Durchbrüchen, die der Entdeckung von Mikroben oder des Immunsystems gleichkommen. Die Biologie sammelt Daten wie in der Zeit vor Darwins Revolution. Man könnte heute ein Buch vom Umfang der »Entstehung der Arten« schreiben, um ähnlich dicht gedrängt nur die neuesten Erkenntnisse zusammenzufassen. Allein, es fehlt eine Theorie, die all die Teile des Puzzles in einem Bild zusammenführt.

Das Unternehmen erscheint ähnlich schwindelerregend wie die Erfassung und Klassifizierung aller Lebewesen seit Linné. Ganze Familien neuer Stoffgruppen tauchen auf. Das Genom entpuppt sich weniger als Datenbank denn als dynamisches Verarbeitungssystem. Mutationen von Erbanlagen, einst als Königsweg der Evolution angesehen, spielen heute nur noch eine untergeordnete Rolle. Nicht der Besitz biochemischer Werkzeuge steht an erster Stelle, sondern deren Einsatz. Der Kampf ums Dasein findet auf der Ebene regulativer Netzwerke statt. Bei allem Respekt vor Darwin sprechen Wissenschaftler bereits vom »Postdarwinismus«. Das Rad der Wissenschaftsgeschichte hat sich eine Runde weitergedreht.

Die molekulare Mikrowelt spiegelt in ihrer Vielfalt das Leben selber wider. Erste entsprechende Erkenntnisse gehen auf eine Zeit zurück, als die Doppelhelix der DNA noch nicht entdeckt war. Die amerikanische Biologin Barbara McClintock stellt 1947 eine visionäre These auf, die auf ihre genetischen Arbeiten mit Maiskolben zurückgeht. Sie erkennt allein an der Verteilung der Maiskörner am Kolben, dass sich Teile von Chromosomen aus ihrer Position im Erbgut herausschneiden und an anderer Stelle wieder einfügen. Mehr als zwei Jahrzehnte muss sie sich für die Entdeckung der »Springenden Gene« belächeln lassen. Erst sechsunddreißig Jahre nach ihrer genialen Einsicht erhält sie als alte Frau 1983 endlich den verdienten Nobelpreis.

Bis in die Sechzigerjahre des 20. Jahrhunderts herrscht das eher statische Bild von Genen vor, die wie Perlen auf Ketten hintereinander liegen. Barbara McClintock nimmt eine Entwicklung vorweg, ohne die weder Genom noch Evolution verständlich wären. Springende Gene oder »Transposons« liefern der natürlichen Auslese um Größenordnungen mehr »Spielmaterial« als Mutationen. Sie könnten, wie sich an Mäusen zeigen ließ, für die Bildung neuer Spezies entscheidend sein. Damit wird erstmals klar, dass die Evolution neben der Veränderung von Genen durch »Lesefehler« über weitere wirksame Systeme verfügt, sich an veränderte Bedingungen anzupassen. Die menschliche DNA besteht zu 45 Prozent aus »transponablen Elementen«. Wissenschaftler vermuten inzwischen, dass sich der Hauptunterschied zwischen verwandten Spezies nicht an der Größe des Genoms, sondern am Anteil dieser Elemente festmachen lässt.

Eine weitere Quelle evolutionärer Neuerung über einfache Mutationen hinaus ist die Verdopplung oder Vervielfachung von Genen. Liegt eine Erbanlage in mehreren Kopien vor, so kann sich die eine verändern, ohne den Organismus zu gefährden, solange die andere konstant bleibt und ihre Aufgabe erfüllt. Kürzlich sind Wissenschaftler auf tausendfünfhundert Abschnitte im Erbgut gestoßen, deren Kopienzahl sich von Mensch zu Mensch unterscheidet. Manche liegen auf den Chromosomen direkt hintereinander, andere an völlig unterschiedlichen Stellen im Genom. Etliche Hundert Gene sind davon betroffen. Inzwischen weisen immer mehr Daten darauf hin, dass die

Genverdopplung wesentlich zur Entwicklung des menschlichen Gehirns beigetragen hat.

Von der Anzahl der Kopien kann auch der Umgang mit Krankheitserregern abhängen. Je mehr Kopien des Gens für einen »CCL3L1« genannten Eiweißstoff eine Person besitzt, desto widerstandsfähiger ist sie gegen HIV. Manche wirkungslos gewordenen Gene, die sich nach Verdopplung gebildet haben, werden im Erbgut überdies als »Pseudogene« aufbewahrt. Ein Teil des Geruchssystems, das in Nagetieren noch arbeitet, bei uns aber nicht mehr, geht auf stillgelegte Pseudogene zurück. Was es mit diesem »dunklen Genom« genau auf sich hat, ist noch nicht ganz geklärt. Zumindest in Hefen hat sich nachweisen lassen, dass sie unter Stress Pseudogene reaktivieren können. Statt also auf Gedeih und Verderb auf das angewiesen zu sein, was sie gerade braucht, hält die Evolution sich zahlreiche Reserven bereit.

Vermutlich hat sich während der Evolution auch das gesamte Genom mehrfach verdoppelt, mindestens dreimal seit Beginn der Wirbeltiere. Dadurch lassen sich Sprünge im evolutionären Fortschritt noch besser verstehen. Doch nicht allein die Größe eines Genoms ist entscheidend, sondern die Art und Weise, wie Gene verwendet werden und zusammenarbeiten. Dank eines von Zellen eingesetzten Verfahrens, »Splicing« genannt, kann ihre Maschinerie denselben Abschnitt auf viele unterschiedliche Weisen »lesen«. Bei der Fruchtfliege sind mehrere Tausend unterschiedliche Eiweiße entdeckt worden, die alle von einem Gen stammen. Beim Menschen werden bis zu sechzig Prozent der Gene diesem Typus zugerechnet.

Nicht alle DNA stammt indes aus »eigener« Produktion. Das menschliche Genom hat Überreste sogenannter Retroviren fest integriert. Ihr evolutionäres Potenzial liegt auf der Hand. So stammt das Gen für den Eiweißstoff Syncytin, der für die Bildung der Plazenta benötigt wird, von einem endogenen Retrovirus ab. Den Beuteltieren Australiens fehlt dieser Mechanismus offenbar. Solche retroviralen Gene können durch Mutationen auch wieder zu aktiven Viren werden, die sich verbreiten und Krankheiten auslösen. Manche Forscher vermuten, dass der Krebs des Tasmanischen Teufels auf solch eine Virusaktivierung zurückgehen könnte.

Beim Vergleich menschlichen Erbguts zeigt sich zudem, dass manchen von uns Gene regelrecht fehlen, ohne dass sich Beeinträchtigungen feststellen lassen. Das Genom scheint damit ähnlich plastisch wie das Gehirn, wo gesunde Teile die Aufgabe von ausgefallenen bis zu einem gewissen Grad übernehmen. Das Konzept »Gen« verliert mehr und mehr seine Bedeutung. Nach Ansicht der amerikanischen Wissenschaftshistorikerin Evelyn Fox Keller spielen Gene heute in der Biologie eine ähnliche Rolle wie das ptolemäische Weltbild in der Astronomie vor Kopernikus.

Dazu kommt nach jüngsten Daten, dass die etwa 20 500 menschlichen Gene nur anderthalb bis zwei Prozent unserer DNA ausmachen. Der gesamte Rest galt lange Zeit als »Junk«, als unbrauchbarer Müll. Wie vermessen, etwas, das man nicht versteht, einfach zu Abfall zu erklären. Aufgeweckte Biologen haben an dieser Deutung schon immer gezweifelt. Seit wenigen Jahren wissen wir, dass auch die »nichtkodierende DNA« zwischen den Genen abgelesen wird, mehr noch, dass sie wesentlich für die Unterschiede zwischen Organismen verantwortlich ist. »It's the junk that makes us human«, titelte die Zeitschrift »Nature« Anfang 2006, der genetische Müll macht uns erst zu Menschen.

Schon 1975 haben die amerikanischen Forscher Mary-Claire King und Allan Wilson vorgeschlagen, nicht nur Mutationen in Genen seien für komplexe Anpassungen verantwortlich, sondern auch Veränderungen in der Regulation der Gen-Aktivität. Ihre Prophezeiung hat sich in jüngster Zeit in revolutionären Entdeckungen mehr als bestätigt. Dabei kommt ausgerechnet dem »Müll« eine entscheidende Rolle zu. »Extraterrestrisches Leben zu finden hätte keinen größeren Schock verursachen können«, heißt es in »Newsweek« im Oktober 2007. Der britische »Economist« spricht von einem »Urknall der Biologie«.

Der Durchbruch gelingt mit der Entdeckung eines Schlüsselmechanismus, der »RNA-Interferenz«, 2006 mit dem Medizinnobelpreis bedacht. Ein Teil der »Junk-DNA«, vermutlich der größte, wird in kleine RNA-Schnipsel übersetzt, aber nicht weiter in Eiweiße. Diese »Mikro-RNA« wird selber aktiv und steuert die Übersetzung von DNA-Abschnitten in Eiweißstoffe. Sie sorgt dafür, dass Gene ganz oder teilweise abgeschaltet werden. Da sie »bestimmt«, was aus einem Genom wird, könnte sie helfen, eines der größten Rätsel der Biologie zu lösen: Woher »weiß« eine Leberzelle eigentlich, was sie zu tun hat? Was macht eine Nervenzelle zur Nervenzelle, wo doch beide in ihrem Zellkern dasselbe Genom tragen?

Die Zahl unterschiedlicher RNA-Schnipsel dürfte die der Gene um ein Vielfaches übertreffen. In gewisser Weise »spielen« sie auf dem Genom wie ein Pianist auf einem Klavier und können ihm verschiedene Melodien entlocken. So entstehen hochkomplexe Muster aus »regulativer RNA«, deren eigene Regulation noch weitgehend unverstanden ist. Gleichwohl herrscht in der Biologie (und in der Pharmaindustrie) eine Aufbruchstimmung wie nach der Entdeckung der Doppelhelix. Mit der »RNA-Interferenz-Therapie«, so versprechen Forscher (und Investoren) uns, könnte so gezielt und individuell in zelluläre Abläufe eingegriffen werden, dass sich Krankheiten wie Alzheimer oder Parkinson verhindern oder sogar rückgängig machen ließen. Langjährige Zeitungsleser werden sich an ähnliche Versprechen erinnern. Für Vorhersagen ist die Methode noch zu jung.

Die Liste neuer Einsichten in die zellulären Abläufe ließe sich lange fortsetzen. Für das evolutionäre Geschehen haben besonders die Erkenntnisse der »Evo-Devo-Forschung«(für »evolution« und »development«) gravierende Folgen, die das Zusammenspiel genetischer Faktoren und deren evolutionäre Veränderungen bei der Entwicklung vom Ei zum fertigen Lebewesen untersucht. Dabei müssen Gene aktiviert und deaktiviert werden. Was der Niere recht ist, kann dem Herz noch lange nicht billig sein. Bei den Untersuchungen hat sich gezeigt, dass sich auch das Erbmaterial in Hierarchien einstufen lässt. Da gibt es regelrechte »Master-Gene«, die das gesamte Geschehen auf der nächsten Ebene kontrollieren. Sie hören auf Namen wie »hox« oder »pax«, aktivieren als »Kerne« ganze Regelkreise, haben sich in Hunderten Millionen Jahren während der Evolution fast unverändert erhalten und werden mitunter auch als Teil eines gemeinsamen »genetischen Werkzeugkastens« des Tierreichs betrachtet. Acht von ihnen finden sich in nahezu allen untersuchten Mehrzellern.

Ob die Flügel einer Fliege oder die Arme eines Menschen, ihr Aufbau wird eingeleitet durch die Aktivierung eines solchen Master-Gens. Um neue komplexe Formen hervorzubringen, braucht es statt Mutationen oft nur die Modifizierung vorhandener Gene und Entwicklungspläne. Galápagosfinken können deshalb relativ schnell größere, dickere und robustere Schnäbel entwickeln. So lassen sich einmal mehr auch auch jene Sprünge in der Evolution erklären, mit denen Kreationisten ihre Kritik an Darwin untermauern. Fische etwa besitzen bereits die genetischen Anlagen für Gliedmaßen, die beim Übergang auf das Land »nur« aktiviert werden müssen. Für die Steuerung der Vorgänge sind Mikro-RNA-Moleküle unverzichtbar. Wird ihre Produktion künstlich gestoppt, endet auch die Entwicklung des Organismus. Forscher sprechen in Anlehnung an Computer bereits vom »RNA-Operating-System«, das dem Genom als Programm erst seinen Sinn einhaucht wie das Betriebssystem einem Rechner. Werden diese Effekte berücksichtigt, variiert das Erbgut der Menschen im Vergleich untereinander siebenmal stärker als vor den neuen Entdeckungen vermutet.

Die neuen Steuermoleküle könnten einen weiteren Schlüssel zum Verständnis der biologischen Evolution liefern. Ihre Entwicklung spiegelt den Stammbaum aufseiten der Fauna wider. Erstmals tauchen sie vor gut fünfhundert Millionen Jahren bei komplexeren Tieren mit zwei symmetrischen Körperhälften auf. Von da an haben sie sich durch den gesamten Stammbaum erhalten und finden sich in Fliege, Wurm, Maus und Mensch. Mit jedem großen Entwicklungsschritt nimmt ihre Zahl zu. Selbst wenn sich an der genetischen Ausstattung wenig ändert, wird jede Veränderung des Bauplans von neuen Genregulatoren begleitet. Auch sie werden inzwischen in Arten und Familien eingeteilt. Mit den Wirbeltieren entstehen auf einmal mehr als fünfzig neue Familien, mit den Säugetieren erneut etwa vierzig. Sogar primatenspezifische Mikro-RNA ist mittlerweile bekannt.

Niemand weiß, wie viele Entdeckungen dieser Art noch kommen werden und wie vernetzt die Vorgänge tatsächlich sind. Doch schon jetzt zeichnet sich ab, dass es auf der Ebene unterhalb von Organismen eine Vielfalt von Akteuren und Interaktionen gibt, die sich mit denen von Ökosystemen oder Gesellschaftsgruppen vergleichen lassen. Die Ablaufpläne solch hochgeordneter Netzwerke zu beschreiben und zu verstehen, ohne im Sinne des alten Reduktionismus von den Teilen auf das Ganze schließen zu können, stellt die Biologie vor ihre nächste große Herausforderung. Bevor sie nicht besser verstanden sind, sollten sich zumindest beim Menschen jegliche Eingriffe in das Genom verbieten. Alles andere ist ein Experiment am lebenden Objekt mit ungewissem Ausgang.

Selbst der amerikanische Forscher und Unternehmer Craig Venter, der mit seiner Firma »Celera« dem öffentlich geförderten weltweiten Humangenomprojekt eine umstrittene Konkurrenz geliefert hat und heute im Rahmen der »synthetischen Biologie« mit künstlichen Viren experimentiert, räumt inzwischen ein: »Im Rückblick waren unsere damaligen Annahmen über die Funktionsweise des Genoms dermaßen naiv, dass es fast schon peinlich ist.«

Die Biologie befindet sich seit Darwin auf dem Stand der Physik zu Newtons Zeiten. Dessen Mechanik funktioniert im menschlichen Maßstab bis heute prächtig. Erst Einstein dringt weiter in Mikro- und Makrowelt vor. Er stößt die Tür zur Quantentheorie und damit auch zur heutigen Elektronik auf. Und mit seiner Relativitätstheorie begründet er die moderne Kosmologie.

Darwin hat auf der Ebene der Population ein Modell geschaffen, mit dem die Biologie bis heute gut zurechtkommt. Auf der molekularen wie auf der kulturellen Ebene wartet sie indes auf ihren Einstein (das kann ebenso gut eine Frau oder ein kreatives Team sein), der die Weltformel des Lebens zum Kleinsten und zum Größten ausdehnt. Ob sich die beiden Sphären jemals unter einem Dach zusammenführen lassen? Die Physik bemüht sich, Quantentheorie und Allgemeine Relativitätstheorie in einer »Theory of Everything« zu vereinen. Doch wenn sie das Wörtchen »alles« ernst nähme, müsste sie freilich auch das Leben erklären.

Darwins freundliche Worte über Tasmanien haben ihre Wirkung nicht verfehlt. Nirgendwo treffe ich mehr Darwin-Experten als dort. »Er war ein verdammt guter Geologe«, schwört David Leaman, der auch zu dieser Zunft gehört. Einer von denen, die Steine zum Sprechen bringen. In Tasmanien findet Darwin Gesteine und Felsformationen, wie er sie in Patagonien gesehen hat. Er vergleicht Kieselsteine und Felsen in Hobart mit solchen in Tierra del Fuego. Über fünfzig Gesteinsproben nimmt er mit nach Hause, mehr als von den meisten anderen Orten. Aus Basaltformationen am Strand, wo heute Bellerive Village liegt, schließt er, dass in grauer Vorzeit hier ein aktiver Vulkan gestanden haben muss.

Spurgenau führt mich Leaman in Darwins Fußstapfen über den felsigen Strand. Jede einzelne Felsspalte scheint er mit Namen zu kennen. Wir sehen *zahlreiche Eindrücke von Baumblättern sowie von Landmuscheln ..., die heute nicht mehr existieren,* begegnen *fossiliferen Schichten, die dem Devon oder Karbon angehören.* Leaman zeigt mir fossile Brachiopoden, kristallinen Feldspat und schwarzen Basalt.

Dann weist er auf eine Besonderheit hin, die schon Darwin aufgefallen ist: scharfkantige Felsstücke als Einschlüsse im versteinerten Sediment. Ein Musterbeispiel, wie Darwin geologische Probleme gelöst hat: Wie können Steine, manche einfamilienhausgroß, die offensichtlich nicht durch Transport in einem Flussbett rund geschliffen worden sind, auf den tiefen Meeresboden gelangt sein? Leaman strahlt. Für ihn ist Geologie spannender als jeder Thriller. »Die Felsen sind in Eis eingeschlossen gewesen. Wenn sie in Eisbergen aufs offene Meer treiben und dort auftauen, wird der völlig unversehrte, scharfkantige Stein frei und sinkt zu Boden. Darwin hat's gewusst.«

Als »Wassergeologe« – das sind Leute, die sich unter anderem mit Grundwasservorkommen befassen – hat sich Leaman vor allem mit einer Gesteinsart beschäftigt, für die es zu Darwins Zeiten noch keinen Namen gab: dem Dolerit. Darwin spricht sehr allgemein von *Grünstein.* Leaman hat ein ganzes Buch zu dem Thema geschrieben, »The Rock which Made Tasmania«. Es gibt, sagt er, keinen besseren Speicher für Wasser. Tasmanien hat, was Australien fehlt: Wasser mehr als genug. Nur nicht immer an der richtigen Stelle. An den Ortschaften stehen die Anzeigetafeln der Vorräte auf rot. Dahinter gibt es nur noch »empty«. Wenn man den Grünstein als Speicher nutzen würde, sagt Leaman, könnte man sogar Wasser aufs australische Festland exportieren.

Schließlich oben auf Mount Wellington. *Der Tag war herrlich klar, und wir genossen einen sehr weiten Blick; nach Norden hin erschien das Land als Ansammlung bewaldeter Berge ... wie der, auf dem wir standen, und mit ebenso sanften Konturen; im Süden lag das zerklüftete Land und das Wasser, das zahlreiche verschlungene Buchten bildete.* Die leicht emporsteigende Küste und die Ufer des Flusses Derwent sind von Siedlungen überzogen. Bilderbuchlandschaften, Traumlagen ohne Ende. Hier oben meint man die Anziehungskraft der Insel fast körperlich zu spüren.

Darwin trifft auf »seinen« Stein. *Der Gipfel ist breit und eben und be-*

steht aus gewaltigen kantigen Massen kahlen Grünsteins. Er packt seinen Kompass aus. Der Dolerit *wirkt stark auf die magnetische Nadel.* Offenbar sind die Felsen durch Metalleinschlüsse magnetisiert. Ich orientiere mich im Geröllfeld nach Westen. Nach ein paar Hundert Metern schaue ich auf meinen Kompass. Die Nadel spielt verrückt. Es gibt Dinge, die bleiben. Andere verändern sich. Die Aufgabe der Wissenschaft besteht darin, die Menschen daran zu erinnern.

Aber Darwin kann in seiner heimwehkranken Ungeduld den Wert seiner Beobachtungen nicht mehr schätzen. *Ich machte ein paar Skizzen über die Geologie aller Orte, denen wir nur flüchtige Besuche abstatteten; doch sie können von keinem großen Nutzen sein,* schreibt er seinem Vetter William Fox aus Tasmanien. *Indem wir {Süd-}Amerika verlassen haben, wo alles verbunden und deshalb interessant ist, hat die Serie an Beobachtungen ein Ende gefunden.* In diesem Augenblick hat er seine größte geologische Entdeckung noch vor sich: wie Korallenriffe und Atolle entstehen.

23
Cocos-Inseln

Die Natur der Korallen · Zwei Inseln, zwei Welten · Ein kurioses öffentliches Telefon · Ein einmaliges Experiment · Die Theorie der Riffe und Atolle

Die Gebrauchsanweisung für diese Welt irgendwo im Indischen Ozean passt auf ein Blatt Papier. Örtlichkeiten, Öffnungszeiten, Fahrpläne. Der »Cyclone Action Plan« füllt ein Weiteres. Stufe Blau bei achtundvierzig Stunden Vorwarnzeit, Gelb bei zwölf und Rot für unmittelbare Evakuierung. »Altitude 10 Feet«, heißt es am Flughafen auf West Island, neben Home Island die einzige bewohnte der rund dreißig Inseln und Inselchen des kleinen Cocos-Atolls. Gut drei Meter über dem Meeresspiegel. Bei Sturmfluten steht die Startbahn unter Wasser. Zwei Flüge pro Woche von Perth in einem alten vierstrahligen Jet, der zwischendurch auftanken muss. Sieben Stunden im Flugzeug, die einzige direkte Verbindung zum australischen Mutterland. Zwischendrin dient das Rollfeld als Golfplatz.

Die Hausnummern haben zwei Seiten. In ruhigen Zeiten stehen alle auf Blau. Bei Sturmwarnung dreht der Letzte, der ein Haus verlässt, von Blau auf Rot. Dann sehen die umherfahrenden Streifen, dass sich niemand mehr drinnen aufhält. José, der Koch im »Tropika«, dem einzigen Restaurant auf West Island, lebt seit achtundzwanzig Jahren hier. Siebenmal hat der Timor-Portugiese Rot gesehen und im Schutzraum der Gemeinde Zuflucht vor Wirbelstürmen suchen müssen. Bislang ist alles glimpflich verlaufen, niemand zu Schaden gekommen. Wörter wie »Klimawandel« mag man hier gar nicht erst denken.

Dass sie sich dennoch relativ sicher fühlen, die rund sechshundert Seelen von Cocos, verdanken sie einem Phänomen, das Darwin als Erster wissenschaftlich erklärt. *Der Ozean, der seine Wasser über das breite Riff wirft, erscheint als unbesiegbarer, allmächtiger Feind, doch sehen wir ihn durch Mittel, die zunächst sehr schwach und wirkungslos erscheinen, aufgehalten und gar bezwungen.* Mit seinem Buch »Über den Bau und die Verbreitung der Corallenriffe« setzt er sich fünf Jahre nach Rückkehr von der Reise als Wissenschaftler ein erstes kleines Denkmal.

Die Idee hat er dem Publikum schon in seinem Reisejournal verraten. *Die feste Korallenbank an der Außenseite bricht mittels ihrer Breite die erste Wucht der Wellen, die ansonsten diese Eilande und alle ihre Erzeugnisse an einem Tag hinwegspülen würden.* Sogar ein Tsunami mit seinen haushohen Wellen scheint ihnen nichts anhaben zu können. *Nicht, dass der Ozean das Korallengestein verschonte; die großen Brocken, die über das Riff verstreut liegen und am Strand aufgehäuft sind, verraten deutlich die unerbittliche Gewalt der Wellen ... Dennoch widerstehen diese flachen, unbedeutenden Koralleneilande und obsiegen: Denn hier beteiligt sich eine weitere Macht als Gegner an dem Kampf. Die organischen Kräfte trennen die Atome des Calciumcarbonats eines ums andere von den schäumenden Brechern und verbinden sie zu einer symmetrischen Struktur.*

Korallen gehören zum Erstaunlichsten, was die Natur sich hat einfallen lassen. Lange war nicht einmal klar, zu welchem Großreich des Lebens sie gehören. Als festsitzende Wesen, die Sonnenlicht verwerten, scheinen sie der maritimen Flora anzugehören. Sie bilden auch Knospen und verzweigen sich wie Pflanzen. Mit ihren mikroskopischen Tentakeln dagegen fangen sie Plankton und führen es in ihren Mund wie Tiere. Denen werden sie als Polypen auch zugerechnet. Während die Weichtiere wachsen, sondern sie Hüllen aus Kalk ab. Dabei bleiben sie miteinander verbunden wie ein Superorganismus und lassen als Skelett die alten Gehäuse ihrer Altvordern zurück. Mit dem Tier wächst der Stein.

Wir sind überrascht, wenn Reisende uns von den riesigen Ausmaßen der Pyramiden und anderer großer Ruinen berichten, doch wie vollkommen unbedeutend sind deren größte, verglichen mit diesen Bergen aus Stein, die vom Wirken verschiedener winziger, weicher Tiere aufgehäuft worden sind! Das ist ein Wunder, das zunächst nicht das Auge des Körpers in Erstaunen versetzt, sondern nach einigem Nachdenken das des Verstandes.

An dieser Stelle verschmelzen Darwins Leidenschaften. Biologie macht Geologie. Leben schafft Land, Raum für neues Leben. *So erhalten wir nun gleich einem Geologen, der seine zehntausend Jahre gelebt und daher über all die Veränderungen Buch geführt hat, eine Einsicht in das große*

System, wodurch die Oberfläche dieses Erdballs aufgebrochen worden ist und Land und Wasser sich ausgetauscht haben. So wird Cocos zum heimlichen Höhepunkt der Reise.

Der Verdacht, Korallen gehörten zum Pflanzenreich, war indes nicht unbegründet. Ihre Hauptnahrungsquelle stammt tatsächlich aus Photosynthese. In ihrem Gewebe leben winzige Algen, sogenannte Zooxanthellae, die wie alle Pflanzen Sonnenenergie in Zucker und Stärke speichern.

Dieser bizarren Lebensgemeinschaft zwischen Licht und Fels verdankt eine kaum minder außergewöhnliche Menschengemeinschaft ihre Existenz: West Island zählt bei meinem Besuch 121 Einwohner. Wie wir zehn Gäste sind sie durchweg europäisch-christlicher Abstammung und pflegen einen westlichen Lebensstil. Die meisten arbeiten nur auf Zeitvertrag hier und gehen nach ein paar Jahren zurück nach Australien.

Auf der anderen Seite der Lagune, auf Home Island, lebt seit Generationen die streng islamische Gemeinde der Cocos-Malaien, etwa fünfhundert, die sich selbst »Orang pulu« nennen, »Leute von den Inseln«. *Die Einheimischen gehören verschiedenen Inseln des Ostindischen Archipels an, sprechen aber alle dieselbe Sprache.* Alle können Englisch, die Älteren gebrochen, die Jugend perfekt. Umgekehrt spricht drüben im Westen kaum einer mehr als zwei Brocken ihres »Bahasa Cocos«, eines malaiischen Dialekts, den Darwin gehört hat und der nur auf dem Atoll bekannt ist. Beide Seiten haben Post und Bank, ein paar Stunden die Woche geöffnet, Gesundheitszentrum, Supermarkt, Feuerwehr und Hurrikanschutzhaus. Die Grundschule liegt auf Home Island. Die Lehrer kommen aus Australien, wie in der Highschool auf West Island, wo es neben Flughafen, Polizeistation und Kommunikationszentrum mit Internet auch die einzigen Unterkünfte für Touristen gibt.

Auf einer Seite der Lagune tragen alle Mädchen und Frauen ihren Hijab, die muslimische Kopfbedeckung. Sie dürfen allenfalls in voller Kleidung am Strand baden, und die Männer gehen in ihrem traditionellen Umhang zur Predigt. Fünfmal am Tag Gesang von den Moscheen mit Andacht und Gebet. Ein paar Familienrestaurants servieren köstliche malaiische Gerichte. Es gilt striktes Alkoholverbot.

Auf der anderen Seite herrscht tropisch leichte Kleidung vor, Badehose und Bikini am Strand, und im »Tropika«, mehr Kantine als Restaurant, bedienen sich am Abend vor allem Touristen und küchenmüde Junggesellen selbst. Danach lassen sie sich im »Cocos Club«, Gemeindezentrum und Bar in einem, von der engelhaften Emma kalt schäumende Biere und eisklingelnde Drinks servieren. Und doch gilt für die Leute von Cocos das Gleiche wie für die symbiotischen Korallen und Algen: Die einen ermöglichen die Existenz der anderen.

Die Vorgeschichte der geteilten Gemeinschaft geht ziemlich genau auf Darwins Tage zurück. *Vor ungefähr neun Jahren brachte Mr. Hare, ein wertloser Mensch, vom Ostindischen Archipel etliche malaiische Sklaven, welche nun samt ihren Kindern über hundert zählten.* Der britische Erstbesiedler muss, so wie ihn die Annalen schildern, ein übler Geselle gewesen sein. Gewalt, Ausbeutung, Vielweiberei. *Kurz darauf traf Kapitän Ross ... aus England ein und brachte seine Familie und Güter mit, um sich dort anzusiedeln. ... Die malaiischen Sklaven flüchteten bald von der Insel, auf der Mr. Hare sich niedergelassen hatte* – heute Prison Island genannt –, *und schlossen sich Kapitän Ross' Gesellschaft an. Daraufhin sah Mr. Hare sich schließlich gezwungen, die Insel zu verlassen.*

Wieder stolpert Darwin über eine Weltlinie des Schicksals, deren Ausläufer bis in unsere Tage reichen. Dazwischen liegt ein bemerkenswerter Akt britischer Kolonialgeschichte. Kapitän John Clunies-Ross, wie er mit vollem Namen heißt, nunmehr alleiniger Herrscher über das winzige Inselreich, sucht Anschluss an seine Heimat. Doch die Krone sieht nicht den Nutzen des Besitzes, gemessen an den Kosten, einer einsamen Inselgruppe im Notfall militärischen Schutz gewähren zu müssen. Da ziehen die Inselbewohner die Fahne der Holländer auf, die im nicht allzu fernen Indonesien herrschen. Doch auch die zeigen sich wenig erfreut über die freiwillige Zwangseingemeindung und zwingen Clunies-Ross mit Drohungen, die Flagge einzuholen.

Die Cocos Islands – seit 1609 nach ihrem Entdecker auch Keeling Islands genannt – bleiben staatenlos. Die Malaien vermehren sich und den Reichtum des ebenfalls wachsenden Schottenclans, auf dessen Kokosplantagen sie arbeiten. Dann passiert etwas völlig Unerwartetes: Im Jahr 1857 taucht ein Schiff der britischen Marine auf, der Kapitän rammt den Union Jack in den Korallensand und erklärt das Atoll zum Besitz der Krone. Den verdutzten Einwohnern wird als Urkunde eine

Holztafel überreicht. Unter dem weltbekannten Kürzel V. R. – für Victoria Regina – lesen sie: »Proklamation. Hiermit wird bekannt gegeben, dass diese Inselgruppe namens Cocos formell in Besitz genommen wurde im Namen Ihrer Majestät.«

Wenig später stellt sich der Staatsakt als Irrtum heraus. Der unterzeichnende Kapitän Stephen Grenville Fremantle hat sich schlicht in der Gegend vertan. Er hatte den Auftrag, eine andere Inselgruppe südlich von Indien mit gleichem Namen zu annektieren. Doch proklamiert ist proklamiert. 1886 überträgt die Königin die Besitzrechte für das gesamte Atoll unter britischem Schutz für immer an die Familie Clunies-Ross, inzwischen vertreten durch George, den Enkel von John.

Nach dessen Plänen entsteht das prächtige Oceania House, das noch immer in Nachbarschaft der malaiischen Siedlung am Ende von Home Island an der Lagune steht. Er lässt Schiffsladungen weiß glasierter Ziegel aus Britannien kommen und frische Muttererde aus Neuseeland, um seine Villa mit einem exotischen Park zu umgeben. Bis dahin wohnte die Familie *in einem großen, scheunenartigen Haus, das an beiden Enden offen und mit Matten aus gewobener Rinde ausgelegt ist.*

Unter Georges Sohn John Sydney rücken die Cocos-Inseln erstmals in den Fokus der globalen Ereignisse. Auf der heute unbewohnten Direction Island ist 1901 eine telegrafische Relaisstation eingerichtet worden, die England über Singapur mit Australien und Neuseeland verbindet. Heute verläuft auf der gleichen Trasse die Telefon- und Datenleitung zwischen Europa und den Commonwealth-Staaten.

Übergesetzt von einem Fischer, *ging ich auf der Directioninsel an Land. Der Streifen trockenen Landes ist nur wenige hundert Yard breit.* Einen Nachmittag habe ich das Eiland für mich allein. Robinsoninseltraum in Grün-Weiß-Türkis, den Internationalfarben aller Tropenparadiese. Im Innern *verbanden sich die jungen und ausgewachsenen Kokospalmen ... aufs Eleganteste zu einem Wald. Ein Strand aus glitzerndem weißen Sand bildete eine Grenze zu diesen zauberischen Orten.*

Am Anleger ein Picknickplatz mit Tischen und Bänken unter einem Blechdach. Durchfahrende Segler haben Netzbojen darunter gehängt, Fender und Holzschilder mit Jahreszahlen und den Namen von Boot und Besatzung, Flaggen von Norwegen bis Brasilien, Flaschenpostflaschen, Rettungsringe. Sogar eine Hängematte schwingt zwischen zwei Palmenstämmen. Die eigentliche Überraschung aber steckt in einem schlichten Verschlag aus Holz, auf einen Kasten aus weißem Blech geschraubt, der den Schriftzug der australischen Telefongesellschaft Telstra trägt: ein öffentlicher Fernsprechapparat.

Von Direction Island mit der Bevölkerungszahl null kann man in die ganze Welt telefonieren und sich mit etwas technischem Geschick wohl auch ins Internet einwählen. Wen soll ich anrufen? In Deutschland herrscht tiefe Nacht. Ich versuche es mit meiner eigenen Nummer. Es läutet. Ich höre den typisch deutschen Signalton, sehe meinen Schreibtisch vor mir, links das Telefon, wie es ins Dunkle klingelt, rechts das Glas mit den Stiften. So nah hat sich mein Herz auf der ganzen Reise trotz Mobil- und Satellitentelefonie nicht der Heimat gefühlt. Unter meinen Füßen sausen Wörter durch Kabel, Ferngespräche im schönen alten Sinn, aber auch elektronische Post, Börsendaten, militärische Geheimnisse, Urlaubsfotos, Warenbestellungen.

Was mit den ersten lokalen Telegrafenverbindungen in Darwins Tagen beginnt, hat sich zum globalen Nervensystem der Menscheinheit vernetzt. Damit hat HOMO SAPIENS seine kulturelle Evolution zu einem unvergleichlichen Gipfel geführt: Information kann im Prinzip in unbegrenztem Maß von jedem Punkt an jeden anderen befördert werden, die Menschheitsmaschine sich weltweit koordinieren wie ein Superorganismus. Als einzige Spezies können wir uns über den gesamten Planeten unmittelbar miteinander verständigen. Welch eine Chance für eine intelligente Art, gemeinsam Ziele zu verwirklichen, wenn sie das Zeitalter von Krieg, Gewalt und Unterdrückung hinter sich lassen könnte.

Im Mai 1914 findet draußen vor den Inseln eine der frühen Seeschlachten des Ersten Weltkriegs statt. Der deutsche Kleinkreuzer SMS Emden, der bereits Dutzende Handelsschiffe in Südostasien versenkt hat, will die Relaisstation angreifen. Die australische Marine bekommt Wind von der Sache, ist rechtzeitig zur Stelle und versenkt das Schiff des Kaisers. Die überlebende Mannschaft kann sich retten. Ein Teil tritt die viel beschriebene »Karawane der Matrosen« an und erreicht nach abenteuerlichen Monaten auf Schaluppen und Kamelen über Meere und durch Wüsten die Heimat. Die Überreste ihres Schiffes liegen in wenigen Metern Tiefe und locken Wracktaucher sowie militärhistorisch ausgerichtete »Schlachtenbummler« an.

Als John Sydney Clunies-Ross 1944 stirbt, kommt das Atoll wegen seiner zentralen Lage im Indischen Ozean unter militärische Führung. Der Flughafen entsteht, siebentausend Soldaten werden stationiert, die Bevölkerung wächst auf zehntausend Menschen an. Der Beschuss durch ein japanisches U-Boot bleibt ohne Folgen. Nach dem Krieg kehrt die Witwe mit Sohn John Cecil zurück, um ihr Land wieder in Besitz zu nehmen. Doch ihr spätkoloniales Glück findet bald ein Ende. 1955 geht die Inselgruppe in australische Verwaltung über. 1978 hat die Regierung in Canberra genug von der feudalen Herrschaft des Clans und bewegt Clunies-Ross unter Androhung der Zwangsenteignung zum Verkauf der Inseln. Nur ihr Anwesen dürfen sie behalten.

Da John, der letzte Herrscher, sein Regiment jedoch ungeniert fortsetzt, zwingt die Regierung ihn 1983, die Insel zu verlassen. Als sie überdies seiner Schifffahrtsgesellschaft alle Aufträge entzieht, geht das Unternehmen der Familie pleite und das Anwesen in staatlichen Besitz über. Doch statt es als Kulturerbe zu erhalten, verkauft die Regierung die Immobilie 2002 wie irgendeinen Resthof an den Schrotthändler Lloyd Leist aus Perth, der mit Taxilizenzen und Autokennzeichen ein Vermögen gemacht hat.

Als er mir seinen »Palast« zeigt, frage ich mich, ob Regierungen beim Veräußern ihres Tafelsilbers nicht auch ein wenig Verantwortung tragen. Als einziger Weißer lebt der unverhohlene Rassist nun (mit Unterbrechungen) neben den strenggläubigen Malaien, erklärt jedem, wie sehr er Hitler bewundert und seine Nachbarn hasst. Typ stolzer Prolet, der im Lotto gewonnen hat – kurze Hose, Halbschuhe mit Socken, nackter Bierbauch, Schnauzbart bis unter die Kinnlade, Dauerhusten von der Kette Selbstgedrehter und Millionen auf dem Konto.

»Alles Idioten«, sagt der Fünfundsechzigjährige in seinem historischen Herrenhaus, das er mit Antiquitäten vollgestellt hat. In seinem Besitz befindet sich auch das geschnitzte Annexionsdokument der Queen. Besser bei ihm als bei den anderen, findet er. »Die können alle nichts außer beten.« Das Schlimmste seien die Korangesänge. »Glauben Sie mir, das macht einen verrückt.« Jeden Morgen hofft er auf Wind aus dem Süden. Dann hört er sie nicht.

Die Muslime begegnen ihm mit freundlicher Nichtachtung. Sie leben zurückgezogen in den hundert baugleichen Bungalows ihrer streng geordneten Siedlung. *Die Häuser der Malaien stehen entlang der Küste der Lagune. Das Ganze bot ein recht trostloses Bild, denn es waren keine Gärten vorhanden, die auf Pflege und Kultivierung hindeuteten.* Kaum vorstellbar, wie hier in den Jahren nach 1950 mehr als dreitausend von ihnen Platz gehabt haben sollen. Der Großteil der damaligen Bevölkerung und ihre Familien leben seit zwei Generationen auf Borneo, wo sie Arbeit in der Holzindustrie gefunden haben. Dort hat auch Ismah Macrae seine Frau kennen gelernt, ein Angestellter der Naturparkbehörde, der mich auf Darwins Spuren durch die Korallenwelt führen will.

Die beiden leben gleichsam an der Schnittkante der Kulturen. Sie wohnen mit Sohn Ismah unter den europäischen Australiern auf West Island, wo der Vater sein Büro hat, halten aber an ihren muslimischen Gebräuchen fest. Die junge Mutter verkörpert förmlich den Spagat, wenn sie mit ihrer strengen Kopfbedeckung und MP3-Player auf der Fähre sitzt, um den Jungen drüben zur Schule zu bringen. Aus der Gegenrichtung kommen in ihren leuchtend gelben und blauen Schuluniformen die malaiischen Jugendlichen, die hier zur Oberschule gehen. In den Pausen spielen die Jungen zusammen, die Mädchen in ihren schwarzen Kopftüchern sitzen separat.

»Sie kennen ihre Rechte als Australierinnen«, sagt Emma, die an der Bar des Cocos Clubs aushilft und deren Eltern an der Highschool unterrichten, »aber sie leben nach den Regeln ihrer Gemeinschaft.« Ganz wenige erst hätten den Sprung aufs Festland gewagt, um dort zu studieren und sich eine Arbeit zu suchen. In die umgekehrte Richtung habe sich indes noch keine junge Frau bewegt. Nur ein junger Mann habe nach drüben geheiratet und versucht, nach islamischen Gesetzen zu leben. Aber er sei bald gescheitert.

Ein weltweit einmaliges Experiment der kulturellen Evolution, das sich die australische Regierung jährlich zwanzig Millionen Dollar kosten lässt, mehr als dreißigtausend für jeden Bewohner. Auch wenn die beiden Gemeinden, zur Schicksalsgemeinschaft verschweißt, ihre Ko-Existenz offensichtlich in Respekt und Herzlichkeit leben: Die halbstündige Fährfahrt trennt zwei Welten. Was geschieht unterhalb der Oberfläche? Wie beeinflussen sie einander? Was bewirkt die gemeinsame Schulerziehung? Welche Schnittmenge bilden die beiden Kulturen? Wie kann die eine sich gegen die Einflüsterungen der anderen abschotten?

Wie schwierig das Leben zwischen den Welten manchmal sein kann, davon weiß Ökologe Ismah Lieder zu singen. Wenn er mit der Familie zum Baden geht, muss er einsamste Stellen suchen, da seine Frau den Anblick fremder Männer in Badehose anstößig findet. Der Sohn mit seinen westlich geprägten Spielkameraden auf der einen und der traditionellen Erziehung auf der anderen Seite der Lagune wird wie der Vater keine Probleme haben, die Brücke zwischen den Kulturen zu schlagen. Was aber, wenn das nächste Kind ein Mädchen wird? Darauf kennt Ismah vorerst nur eine Antwort: Schulterzucken.

Wir sind nach Home Island gefahren, wo seine Eltern leben. Er hat in Perth Naturschutz studiert, den er jetzt hier vertritt. Vom Anleger gehen wir zum Nordende der Insel. Auf dem Friedhof, abseits der muslimischen Gräber, liegen unter schweren Grabsteinen die Ahnen des Clunies-Ross-Clans. Gleich hinter dem gemeinsamen Gottesacker gelangen wir zu dem steinigen Strand. *Überall trifft man auf Einsiedlerkrebse von mehr als einer Art, welche auf dem Rücken die Muscheln tragen, die sie vom benachbarten Strand gestohlen haben.* Tellergroße Landkrebse, die größten ihrer Art, huschen in ihre tiefen Erdlöcher. Mit ihren mächtigen vorderen Scheren, die eine mehr als doppelt so groß wie die andere, soll *ein Krebs eine starke, mit ihrer Hülle bedeckte Kokosnuss öffnen* können. Wer es je ohne geeignete Werkzeuge versucht hat, *würde ... es für völlig ausgeschlossen halten, ... doch {mein Begleiter} versichert mir, er habe es wiederholt gesehen.*

Lange haben die Menschen ihre Lebensgrundlage neben dem Fischfang ebenfalls auf die nahrhaften »Nüsse« eingestellt. Baumaterial, lagerbare Nahrung, Futter für die Hühner, Exportgut. Doch während die Menschen ihre Technik durch Lehren und Lernen kulturell weitergeben, ist sie dem Krebs angeboren, also biologisch vererbt. Auf eine bis heute unverstandene Weise hat sie sich so ins Erbgut geschrieben, dass ein junges Tier irgendwann einfach »weiß«, wie die Kokosnuss zu öffnen ist. *Ich finde das einen merkwürdigen Fall von Instinkt, wie ich von kaum einem gehört habe, ebenso einen der Anpassung der Strukturen zweier*

Dinge, die im Plan der Natur scheinbar so fern liegen wie ein Krebs und eine Kokosnuss. Vererbtes Verhaltensrepertoire, vom Nestbau der Spinne bis zum Mauerbau der Biber.

Vor uns liegt das Riff. Wir ziehen unsere Gummischuhe an und tasten uns über scharfkantige Felsen vorwärts. *Das Wasser war ungewöhnlich ruhig, also watete ich über die äußere Bank aus totem Gestein bis hinaus zu den lebenden Korallenwällen, an denen sich die Dünung des offenen Meeres bricht.* Man muss dem Polypenrasen sehr nahe kommen, um die einzelnen Tiere zu erkennen. Sobald man sie berührt, lösen sie ein scharfes Hautbrennen aus. *Der Reiz war so stark wie bei einer Brennnessel.* Beim Annähern unter Wasser lässt sich beobachten, wie sich die Weichtiere blitzartig in ihre Kalkfestungen zurückziehen. Die Strukturen, die sie durch Ausscheidungen bilden – Elchgeweihe, Rollkrägen, Kugeln, Gehirne, geschichtete Platten, Büsche, Bäume, Vasen, Blätter –, erinnern an immer wiederkehrende Muster, wie chaotische Prozesse sie hervorbringen. Solche Regelmäßigkeiten überall in der Natur legen tatsächlich den Verdacht nahe, der Welt liege eine schöne Formel zugrunde.

Im Wasser habe ich Darwin etwas voraus: eine Taucherbrille mit Schnorchel. Er hat vermutlich nur von der Oberfläche aus mit einer Glasbodenbox ins Wasser geschaut. Ansonsten ist nicht zu verstehen, wie er schreiben kann: *Es ist entschuldbar, sich an der unendlichen Zahl der organischen Lebewesen zu begeistern ..., allerdings finde ich, ... dass jene Naturforscher, welche die mit tausend Schönheiten gezierten Unterwassergrotten in allbekannten Worten beschreiben, doch einer recht überschwänglichen Sprache frönten.* Nein, Mr Darwin, da bin ich nicht Ihrer Meinung. Was die Unterwasserwelt dieses Atolls vor allem an der »Rip« genannten Durchlaufstelle zwischen Home und Direction Island zu bieten hat, versetzt jeden Schnorchler in Erstaunen. Vom Seegras über Seeanemonen bis zum Seestern fehlt nichts. Es gibt Quallen, Schwämme, Moränen, Tintenfische, Schildkröten, Mantas, Riffhaie und Riesenmuscheln. Evolution zum Mitschwimmen, Vielfalt und Farbenreichtum, eitelbunte Papageienfische, rostgraue Krebse, dummblaue Seegurken, weinrot gefleckte Schnecken, stahlschwarze Seeigel – irgendwann gehen die Worte für Farben aus. Dazu die Lagune und am Abend die Feuertöne des Himmels, als hinge die Sonne noch am Tag, und draußen schlägt die Brandung unablässig auf das Riff. *Was kann einzigartiger sein als solche Gebilde?*

Darwin erblickt hier eher das große Bild als die kleinen Details. *So sehen wir denn, wie der weiche, gelatinöse Leib des Polypen durch die Wirkung der Gesetze des Lebens die große mechanische Gewalt der Wellen eines Ozeans besiegt.* Über keinen anderen Ort seiner Reise schreibt er ausführlicher, poetischer, triumphaler. Vor seinem geistigen Auge erscheint ein Stück Erdgeschichte, er sieht *die vereinten Mühen von Myriaden von Architekten ..., die Nacht und Tag, Monat um Monat arbeiten.* Darwin hat sich den Lebensbaum zunächst als Korallenstock vorgestellt. Wachstum und Fortschritt auf dem gigantischen Friedhof des Lebens.

Auf Cocos zeigt sich, wie weit er die wissenschaftliche Methode bereits verinnerlicht hat: Zweifel, Fragen, Beobachtungen, Rückschlüsse. An den *umschließenden Barriereriffen* erkennt er nicht nur, wie Atolle sich schützen, sondern auch, wie sie überhaupt entstehen. Die erste Idee, sagt er später, sei ihm schon in den Anden beim Anblick fossiler Meeresbewohner gekommen. In Tahiti sieht er sich bestärkt, als er sich mit einem Kanu zwischen den Riffen herumschippern lässt. Auf dem Weg nach Neuseeland verfasst er eine erste Skizze. Doch erst die Cocos-Inseln verschaffen ihm Gewissheit.

Die gängige These zu seiner Zeit, *dass* die oft kreisrunden *Atolle* mit ihren eingeschlossenen Lagunen *auf unterseeischen Kratern gründen,* ruft seine Skepsis wach. Wie sollen Atolle entstanden sein, die mehrere Hundert Kilometer Durchmesser haben? Hat man je Krater solcher Ausmaße gesehen? Durch *zahlreiche sorgfältige Lotungen* erkennt er, *dass der präparierte Talg an der Unterseite des Bleis bis auf zehn Faden beständig mit den Abdrücken von lebenden Korallen heraufkam ...* und *dass die äußere Tiefe, in der Korallen ein Riff bauen können, zwischen 20 und 30 Faden beträgt,* 35 bis 55 Meter.

Wie kann es sein, fragt er sich, *dass die Hebekräfte ... unzählige große Gesteinsbänke bis auf 20 bis 30 Faden ... unter der Meeresoberfläche und an keiner einzigen Stelle über diese Höhe hinaus hätten anheben können ...?* Ein Gebirge aus lauter gleich hohen Bergen ist auf der Erde unbekannt. *Worauf also ... gründen sich diese Barriereriffe?*

Die Antwort findet er mit Hilfe von Charles Lyells Gradualismus, der ihn überall auf seiner Reise die Erdkruste aufsteigen oder absinken sehen lässt. Seine Lösung ist einfach genial: Man nehme eine tropische Insel, zum Beispiel Tahiti, und stelle sich vor, dass sie allmählich untergeht. Dort, wo Korallen wachsen können, haben sie ein Riff gebildet, das die Insel wie ein Ring umgibt – der somit nicht einem Kraterrand, sondern dem Meeresgrund vor der Küste aufsitzt. *Während das Barriereriff langsam absinkt, wachsen die Korallen weiterhin energisch aufwärts.* Die Polypen bauen ihre Kalkfestungen immer weiter nach oben in die Bereiche, wo sich noch leben können. Ankommende Wellen brechen Brocken heraus, die den Zwischenraum von Riff und Insel auffüllen, wo die flache Lagune entsteht. Zwischen Prison und Direction Island hat sich vor Kurzem durch Anhäufung von Korallenschutt ein weißes Inselchen aus dem grünblauen Wasser erhoben. Die ersten Palmen sind aus ihren Samen geschlüpft. Das perfekte Klischee. Zukunft zum Zugucken.

Ist die ursprüngliche Insel schließlich vollkommen versunken, sodass nur noch der sie umgebende und immer weiter wachsende Riffring aus dem Wasser schaut, *so bleibt ein Atoll, und das Land ist fort.* Der Ring wächst weiter gegen das steigende Wasser nach oben. So steht das Cocos-Atoll auf korallinem Kalk von fünfhundert bis tausend Metern Stärke. Draußen fällt es steil in unermessliche Tiefen ab. *Kapitän FitzRoy fand mit einer 7200 Fuß* (deutlich über zwei Kilometer) *langen Leine in einer Entfernung von nur 2200 Yard* (etwa zwei Kilometer) *vor der Küste keinen Grund; die Insel bildet also einen hohen Unterwasserberg, dessen Seiten noch steiler sind als der abrupteste Vulkankegel.*

Mit diesem Mechanismus lassen sich auch die gewaltigen Korallenbänke wie die vor der Ostküste Australiens erklären. Sie fußen auf versunkenen Gebirgsketten. *Die Riff bauenden Korallen haben wahrhaftig wunderbare Denkmale für die unterirdischen Niveauschwankungen errichtet und bewahrt; in jedem Barriereriff sehen wir einen Beweis dafür, dass das Land sich abgesenkt hat, und in jedem Atoll ein Monument für eine Insel, die untergegangen ist.*

Ein Kreis schließt sich. Von der weißen Schicht auf den Kapverden über Muscheln im Hochgebirge und die Wellenbrecher um Tahiti bis zum Pieksen der Polypen im Cocos-Atoll – niemand hat die Dynamik der Erdenmutter Gaia bis dahin klarer erkannt als Darwin. *Ich bin froh, dass wir diese Inseln besucht haben: Solche Formationen nehmen unter den wunderbaren Dingen dieser Welt zweifellos einen höchsten Rang ein.*

Abends auf West Island trifft sich die halbe Gemeinde im Cocos Club. Nach ein paar Tagen kennt man jeden mit Namen. Geoff, den Weltumsegler, der vor sechzehn Jahren hier hängen geblieben ist.

Seine Partnerin Pam, die Dory's Café betreibt. Shack, der mit der Nasenspitze gerade bis zur Kante der Bartheke reicht. Er besitzt eine angeborene Eigenschaft, die ihm in der ganzen Welt Zuhörer verschafft: seinen Namen. »Shackleton«, sagt er wie einer, der die Wirkung schon kennt, »Ernest Shackleton, nach einem entfernten Onkel benannt.« Neulinge verwickelt er auf diese Weise immer in ein Gespräch, mitten im Indischen Ozean Geschichten über den Antarktisforscher, die man allesamt aus Büchern kennt.

Und da ist natürlich die inoffizielle Fürstin der Insel. Catherine Clunies-Ross hat vor zwanzig Jahren aus Sydney kommend eingeheiratet in den verarmten Clan. Ehemann Johnny ist verreist. Die Frau mit der Energie für zwei macht die Nacht zum Tag, spielt Pool, trinkt Sekt und sprudelt über vor Text. Sie befreit mich von Sir Ernest, der mit jedem Bier kleiner wird. Wie zur Betonung ihrer Sonderposition lässt sie Eiswürfel in ihr Sektglas fallen.

Wie lebt es sich bei einer maximalen Erhebung von fünf Metern über Normalnull mit Treibhauseffekt und drohendem Meeresspiegelanstieg? Nach manchen Klimamodellen könnte das Atoll in fünfzig Jahren vom Globus verschwunden sein. »Wenn ich Sie richtig verstanden habe, wird unser Schutzheiliger uns davor bewahren.« – »Meinen Sie Al Gore?« – »Nein, Darwin, Ihr Held. Wenn das Wasser steigt, dann tun wir, was wir immer getan haben: Wir wachsen mit.«

24
Mauritius

*Multikultur, die funktioniert · Grüne Gentechnik · Ein sterbender Wald ·
Das Schicksal des Dodo · Schutz bedrohter Arten*

Mauritius gibt es zweimal. Beide liegen auf derselben Insel im Indischen Ozean, östlich von Madagaskar. Das eine ist das Ergebnis einer Werbekampagne und verspricht nichts weniger als »Le paradis«. Im anderen zählen sie gerade die letzten urwüchsigen Bäume. Dazwischen führt ein multireligiöses, mehrsprachiges, gemischtrassiges Volk in einem der dichtest besiedelten Länder der Erde vor, wie Menschen in geregeltem Respekt miteinander auskommen können.

Etwa eineinviertel Millionen Einwohner zählt der kleine Staat, wo mit Rupien bezahlt wird, doch nur der erste Blick an Indien erinnert. Das Bild reicht vom Trägerkleidchen bis zur Burkha, von der Baseballkappe bis zum Turban. Hindus stellen die Hälfte, Christen ein Drittel, Muslime ein Sechstel der Bewohner. Der Rest entfällt vorwiegend auf Buddhisten aus der chinesischen Gemeinde. Zu den Nationalfeiertagen zählen Weihnachten, chinesisches Neujahr, das hinduistische Shivaratri und das islamische Opferfest.

Hindi, Tamil und Chinesisch sind zu hören. Doch die meisten Bewohner verständigen sich in Morisyen, einem französischen Kreolisch. Es geht wie der dunkelhäutige Anteil der Bevölkerung auf afrikanische Arbeitssklaven zurück. Fast alle sprechen die Sprache des Landes, das bereits nach den Napoleonischen Kriegen in den »Besitz« von Großbritannien überging. *Obgleich die Insel schon so viele Jahre der englischen Regierung untersteht, ist sie doch durchaus französisch geprägt.* Englisch als offizielle Landessprache beherrschen trotz der langen britischen Herrschaft – erst seit 1968 ist Mauritius unabhängige Republik – bei Weitem nicht alle. 95 Jahre Paris haben sich tiefer in den Charakter gegraben als die nachfolgenden 158 Jahre London. Bis heute nennen die Leute ihr Eiland »Maurice« oder »Île de France«. Zeitungen drucken ohne Weiteres englische neben französischen Artikeln.

Der Reichtum an Sprachen, Speisen, Kleidungsstilen und Glaubensrichtungen hat indes noch keinen nennenswerten mauritischen Stil hervorgebracht. Das Ganze ist nicht viel mehr als die Summe seiner Teile. Die gemeinsame Identität bezieht sich auf den Staat und seine Einrichtungen. Zusammenhalt entsteht durch Toleranz. Eine multikulturelle Gesellschaft ohne eigene Kultur, ein Nebeneinander im Miteinander, wie es einmal auf der ganzen Welt Wirklichkeit werden könnte. So wie auch die hiesige Bevölkerungspyramide, die keine mehr ist, sondern ein dicker, fast senkrechter, oben spitz zulaufender Stamm. Die Geburtenrate ist so weit zurückgegangen, dass sich ein Ende des Wachstums absehen lässt. Und das in einem Entwicklungsland, das zu Afrika gehört.

Vor der Kolonialisierung lebte kein Mensch auf diesem Flecken Erde. Als Pedro Mascarenhas die Insel Anfang des 16. Jahrhunderts »entdeckt« (vorher haben arabische Kaufleute sie besucht), sieht er sie vollkommen bewaldet. »Deforestation maps« zeigen den dramatischen Rückgang ab Mitte des 18. Jahrhunderts. 1773 ist die Karte noch fast vollständig grün eingefärbt, 1835 hat sich der Anteil halbiert. Darwin hört, *dass von der ganzen Insel noch nicht mehr als die Hälfte bewirtschaftet wurde.* Im Jahr 1872 ist auf der Karte noch ein grüner Streifen zu sehen, 1935 ein paar Flecken, heute gibt es nur noch Punkte. Weniger als zwei Prozent des Waldes sind übrig geblieben. Und die befinden sich in bedauernswertem Zustand.

Ich muss an Tahiti denken, auch wenn ich hier auf eine gesündere, gebildetere und gastfreundlichere Bevölkerung treffe als dort. Doch hier wie dort straft kaputte Natur im Inselinnern die Parks und Gärten gepflegter Hotelanlagen an den Küsten Lügen. Ein zauberhaftes Ressort reiht sich ans andere. Fotogene Garten-Eden-Exotik im Überfluss. Musiker, Models und das übliche Klatschpersonal bringen die Häuser in die Prominentenpresse. In einer der erfolgreichsten Imagekampagnen des globalen Tourismus hat sich das Land zum Paradies mit Exklusivanspruch erklärt. Man bleibt unter sich.

Für die einheimische Bevölkerung bleibt der Zugang zum Strand auf kleine Areale beschränkt. Rucksacktouristen sind ausdrücklich unerwünscht, Weltreisende ohne Voranmeldung offenbar die Ausnahme. Ich hätte nie gedacht, dass es schwierig sein könnte, in einem Urlaubsland wie Mauritius spontan ein Zimmer zu bekommen – wenn man nicht im klimatisierten Hotelturm an der »Waterfront« der Hauptstadt Port Louis wohnen will, die gerade zur Shoppingpassage umgestaltet worden ist. Zwei Stunden telefoniert die junge mauritische Inderin im Reisebüro beide Küsten rauf und runter, bis sich endlich ein Club auf den Sonderfall einlässt, einen zahlenden Gast für ein paar Nächte aufzunehmen. Und dann beschert mir das Pauschalparadies eines der berührendsten Erlebnisse meiner Reise.

Mit dem Rücken zu mir in der Abteilung für Singles und kinderlose Paare sitzt bei den Mahlzeiten eine ältere Dame mit stets auffällig frisch gewickelten Locken, die zwischen den Gängen in einem dicken Buch liest und zwei komplette Menüs mit Wein und Dessert serviert bekommt, als säße ihr jemand gegenüber. Doch der andere Stuhl ist und bleibt leer. Ich bin nicht der Einzige, dem sie aufgefallen ist. Offenbar kommt die Niederländerin seit Langem jeden Winter, vor ein paar Jahren noch mit ihrem Mann. Seit er gestorben ist, bucht sie weiter für zwei, sogar im Flugzeug.

Am letzten Abend – wir haben einander zuletzt von Tisch zu Tisch gegrüßt – spreche ich sie an: »Macht Sie das nicht traurig, wenn sein Teller voll bleibt?« – »Wo denken Sie hin. Ich bin ja froh, dass er bei mir ist.« – »Aber wenn er sowieso nichts isst?« – »Die Mahlzeiten stehen ihm zu.« Ich spare mir weitere Fragen, etwa nach ihrem Gepäck oder dem zweiten Bett. Nur eines will ich noch wissen: »Ich sehe Sie nie mit ihm sprechen.« – »Wir reden die ganze Zeit.«

Bald sind, fünf Sterne als Standard, eine Million Urlauber erreicht. Darunter auch solche, die sich mit dem Helikopter vom Hotel zum Golfplatz bringen lassen. Nach den Plänen von Regierung und Wirtschaft soll die Gästezahl sich verdoppeln. Das Straßennetz ist jetzt schon hoffnungslos überlastet. Staus gehören zum Alltag. Die Regierung setzt wegen der verbreiteten Englischkenntnisse zudem auf die Strategie »Cyber Island«. In den Zeitungen tauchen Worte der Globalökonomie auf. Onlineservices und Callcenter sollen das Land für das Outsourcing von Dienstleistungen aus Hochlohnländern attraktiv machen.

Südlich von Port Louis wächst eine »Cyber City« aus dem Vulkanboden. Ein Teil der Türme und Bürokomplexe ist bereits fertig und bezogen. Verwechselbare internationale Einheitsarchitektur, wie inzwischen überall auf der Welt zu finden. Mittags treffen sich Büroangestellte zum Fast Food bei »Meals of the World«. Selfservice in allen Geschmacksrichtungen. Ein Großteil der Menschheit träumt davon, so leben zu dürfen, in der Vorhersagbarkeit der globalen Mittelklasse von Suburbia. Mit Job und Auto, Einbauküche und Home Entertainment.

Von hier sind es fünfzehn Minuten bis in die Dritte Welt. Im Landesinnern drängen sich die Leute in winzigen Unterkünften. Die Bevölkerungsdichte ist fast doppelt so hoch wie in Indien. Wer sich ein eigenes Haus leisten kann, gilt fast schon als reich. Jeder freie Quadratmeter wird landwirtschaftlich genutzt. Zuckerrohr, so weit das Auge reicht – auf neun Zehntel aller Anbauflächen. Ein Großteil wird künstlich bewässert. Die Haushalte haben nur ein paar Stunden Leitungswasser am Tag. In den Hotels ist von der Knappheit nichts zu bemerken.

Der heimwehkranke Darwin spürt erstmals wieder die Nähe der Heimat. *Auch sahen wir zu unserer Überraschung große Buchhandlungen mit gut gefüllten Regalen – Musik und Lektüre künden davon, dass wir uns der alten Welt der Zivilisation nähern.* Er vergleicht die Insel mit den *zahlreichen bekannten Beschreibungen ihrer schönen Landschaft. ... Die abfallende Ebene der* pamplemousses, *mit Häusern durchsetzt und von den großen Feldern mit Zuckerrohr hellgrün gefärbt, bildete den Vordergrund.* Dahinter zeichnen sich die gezackten Konturen der zentralen Gipfel ab. *Die ganze Insel ... war mit vollkommener Eleganz geschmückt: Die Landschaft erschien dem Blick, wenn ich einen solchen Ausdruck gebrauchen darf, harmonisch.* Auch Monokulturen haben ihre Ästhetik, wenn sie sich wie dicke grüne Teppiche über Hügel und durch Täler ziehen.

Wieder so ein Bild von der Zukunft der Menschheit, wenn sie einmal neun oder zwölf Milliarden ernähren will. Natur à la Niederlande. Das gesamte verfügbare Land wird produktiv genutzt, der Luxus unberührter Landschaften auf ein paar repräsentative Naturparks reduziert – so wie in Westeuropa oder Nordamerika seit Langem. Felder stehen indes nicht mehr automatisch für Nahrungsmittel. Mit steigenden Preisen für Rohöl lohnt sich vermehrt die Umwandlung in Biosprit. Melasse aus der Zuckerproduktion wird bereits vergoren. Biogaskraftwerke für die heimische Stromproduktion sind geplant.

Die Zuckerindustrie betreibt ein Forschungsinstitut auf einem gepflegten Campus im Landesinnern bei Réduit. Der Entwicklungsstand eines Landes zeigt sich auch darin, in welche Positionen Frauen vorgedrungen sind. Die Chefin der Abteilung Biotechnologie heißt Asha Dookun-Saumtally. Sie stammt aus einer indischen Familie, hat in England studiert und Großes im Sinn. »Diese Erntepflanze hat noch viel Potenzial.« Sie spricht von genetischer Transformation, will dem Zuckerrohr fremde Gene einpflanzen, es ergiebiger machen und beständiger gegen Trockenheit, wenn ihr die Gesetzgeber endlich grünes Licht geben. Neben künstlicher Auslese, wie Darwin sie als Vorbild der natürlichen sah, setzen Pflanzenzüchter vermehrt auf Manipulation des Erbguts ihrer Gewächse mit grüner Gentechnik.

Das Wort »Herbizidresistenz« geht Frau Dookun-Saumtally von den Lippen, als handle es sich um Pflanzenkosmetik. Dahinter steckt die knallharte Logik von Basta oder Roundup. So heißen Totalherbizide, die alles töten außer den Nutzpflanzen, die durch Gentransfer davor gefeit sind. Die perfekte Lösung aus dem Hause Homo faber. Monokultur total. Saubere Produkte von Leichenfeldern. Die DNA-Abschnitte mit der Basta-Resistenz bezieht die Biologin von Kollegen in den USA. Das Gift stammt aus den Küchen der Agrarindustrie. Für das eine zahlen die Landwirte Lizenzgebühren, für das andere Ladenpreise. Die Macht des Wissens über Patente erhält im 21. Jahrhundert das Gefälle zwischen Erster und Dritter Welt. Die Software des Lebens als Rohstoff der Zukunft.

Die Pflanzen werden so verändert, dass Bauern ihr Saatgut kaufen müssen, statt es selber von der Ernte abzuzweigen. Damit geraten sie nach Einführung von Kunstdünger und Pestiziden noch stärker in die Abhängigkeit von großen internationalen Konzernen. Und das, obwohl sich heute mit klassischer Zucht durch moderne Methoden wie dem »Marker Assisted Breeding« – da werden DNA-Daten zur Selektion genutzt – in der Regel sehr viel effektiver und vor allem ungefährlicher neue Sorten herstellen lassen.

Genmanipulierte Pflanzen, in meiner Jugend Utopie, gehören

heute zur globalen Realität. Ihre Erzeugnisse werden gegessen, verarbeitet, verfüttert, vergoren. Dieser Geist ist längst aus der Flasche. Im Bereich der Nutzpflanzen nimmt die kulturelle Evolution die biologische immer fester in den Griff. In Laboren und Gewächshäusern schafft intelligentes Biodesign optimiertes Leben. Nichts außer fehlendem Kapital kann die Forschung aufhalten. Keine Ethikkommission steht im Weg. Pflanzen erzeugen weder Mitleid noch Angst. Als lebendige Automaten ihrer Erbanlagen lassen sie sich im genetischen Baukastenverfahren umbauen. Unerwünschte Nebenwirkungen unwichtig.

Dabei haben Grundlagenforscher in den vergangenen Jahren gezeigt, wie komplex und weitgehend unverstanden die Genome von Pflanzen sind. Industriewissenschaftler, die dennoch das Erbgut von Nutzpflanzen manipulieren und ihre Erzeugnisse in die »freie« Natur bringen, wissen streng genommen nicht, was sie tun.

Hauptsache, die Leistung ist gesteigert, die Widerstandskraft gegen Pestizide, Kälte, Trockenheit und Krankheit vordergründig erhöht. Da geht es dem Getreide nicht besser als dem Vieh, das es frisst. Und am Ende auch nicht der Spitze der Nahrungspyramide: Die Menschheit wird mehr und mehr Lebensmittel zu sich nehmen, bei deren Erzeugung Genmanipulation im Spiel war. Wer sich den Luxus von Produkten aus traditionell-ökologischem Anbau nicht leisten kann, wird damit zur Versuchsperson in einem gigantischen Freilandexperiment.

Gene, auch »lebendige«, sind an sich nicht gefährlich. Als DNA-Moleküle kommen sie in allem vor, was wir zu uns nehmen. Damit haben wir und alle Mitgeschöpfe so gut zu leben gelernt, dass uns DNA in der Nahrung in der Regel nicht schadet. Doch was wir essen und trinken, gehört uns nicht allein. Wir teilen alles mit einer Gemeinschaft aus Mikroorganismen in unseren Bäuchen, der Darmflora. Sie bilden so etwas wie ein eigenes Organ, mit dem wir seit Urzeiten in Symbiose leben.

Die Darmflora ist Teil des Individuums. Jeder hat eine andere. Sie entscheidet über die Verwertung der Nahrung, über Gesundheit und Befindlichkeit. Auf jedem Evolutionsschritt hat sie uns begleitet, alle Umstellungen der Nahrung mitgemacht, teilweise auch erst ermöglicht. Aber niemand weiß, wie sie mit Genen in der Nahrung umgeht, die sie im Verlauf der Ko-Evolution nicht kennengelernt hat. Als Partner des Organismus ist sie so unerforscht wie die Tiefsee als Teil der Weltmeere.

Schätzungen sprechen von 36 000 unterschiedlichen Spezies von Bakterien, aber auch höheren Lebewesen mit echtem Zellkern im Darm. Es gibt nicht einmal ein grobes Bild der Zusammenhänge in diesem gewaltigen Ökosystem, in dem es auch zum direkten Austausch von Genen zwischen Organismen kommt. Was passiert im Darm mit Virusbestandteilen oder Resistenzgenen aus der Nahrung? Können sie das mikrobielle Gefüge stören, die Verdauung verändern, das Immunsystem schwächen? Nicht die plötzliche Katastrophe wie bei der Atomenergie wäre der GAU der grünen Gentechnik, sondern die schleichende Verbreitung, für die sich später kein Verursacher ermitteln lässt.

Dazu kommt die weitgehende Unkenntnis möglicher Auswirkungen durch genveränderte Pflanzen im Freiland. Berühmt geworden ist der Fall eines Toxins aus dem Bakterium BACILLUS THURINGIENSIS, das Nutzpflanzen gegen Schädlinge schützt. Mais, Baumwolle oder Kartoffeln mit dem zuständigen Gen werden seit Langem im großen Stil angebaut. Bis jetzt sind keine schwerwiegenden Unfälle bekannt. Gerät das Toxin jedoch mit Pollen als Überträger auf Seidenpflanzen, kann es die Raupen der Monarchfalter töten, die sich von deren Blättern ernähren. Solche an sich kleinen Ursachen können über biologische Kettenreaktionen große Auswirkungen auf ganze Ökosysteme haben. Durch Hybridbildung zwischen Nutz- und Wildpflanzen könnten aus Unkräutern zudem Superunkräuter werden, die alles andere verdrängen oder überwuchern.

Wie so etwas aussehen kann, lässt sich auf Mauritius in beeindruckender Weise betrachten. Das letzte Stück Urwald liegt im kleinen Nationalpark im Süden der Insel. Als die Botanikerin Claudia Baiter es zum ersten Mal sieht, ist sie schockiert. Die Brasilianerin, gewöhnt an komplexe, ausgewogene Ökosysteme, findet nur noch untergehende Bestände vor. Inzwischen leitet sie als Kennerin der heimischen Flora die Nationale Pflanzensammlung im Forschungsinstitut der Zuckerindustrie. Sie zeigt mir das besterhaltene Stück Wald auf der ganzen Insel.

Von Urwald kann selbst hier keine Rede mehr sein. Bis zu achtzig

Prozent der Bäume gehören eingeschleppten Arten an, fast ausschließlich Guaven. »In Brasilien sind sie nur dünn gesät«, sagt Baiter. »Hier übernehmen sie den ganzen Wald.« Ein Viertel der letzten ursprünglichen Bäume ist bereits eingegangen, seit sie hier arbeitet. Gestorben vor ihren Augen, erstickt im Dickicht der Invasoren.

Mit dem Wald verschwinden Pflanzen, die es oft nirgendwo anders auf der Welt gibt. Von über hundert Spezies existieren zudem jeweils weniger als fünfzig Exemplare. BARLERIA OBSERVATRIX mit der großen rosa Blüte schlägt auf der roten Liste noch mit achtzehn Vertretern zu Buche, EUGENIA BOJERI zählt drei Individuen, ELAEOCARPUS BOJERI zwei und die kleine ASTELIA HEMICHRYSA mit ihren hauchfeinen gelben Blütenständen ein einziges. Wenn ich je vom Totenacker der Evolution gesprochen habe, hier beschreite ich einen. Mitten auf der Insel, die sich so gut als Paradies verkauft.

Am folgenden Tag bestieg ich La Pouce, ein Berg, so benannt wegen einer daumenförmigen Ausstülpung, der sich gleich hinter der Stadt bis auf eine Höhe von 2600 Fuß erhebt. Claudia Baiter hat mir ihren Assistenten an die Seite gegeben, einen kräftig gebauten Mann, den seine Eltern Kersley getauft haben. Als ich dem Sechsunddreißigjährigen gegenüberstehe, muss ich an Bodybuilding denken. Der Sohn eines Tischlers hat nach mittlerer Schulbildung als Polizist gearbeitet. Als er seinen Job verliert, bleibt er ein paar Jahre arbeitslos. Ein Onkel vermittelt ihm schließlich eine Stelle als Laborhelfer im Zuckerforschungsinstitut. Der Beginn einer erstaunlichen Karriere. Schnell eignet Kersley sich fortgeschrittene Kenntnisse der Chemie an. Nach sechs Jahren bietet sich ihm die Chance, ins Herbarium zu wechseln. Dessen Leiter, dem Baiter nachfolgen wird, ist über achtzig. Er braucht einen Helfer und Begleiter, wenn er einmal wöchentlich ins Feld hinausfährt. Bei seinen Exkursionen verfällt der junge Mann der Flora seiner Heimat.

Innerhalb eines Jahres kennt er nicht nur deren komplette Pflanzenwelt. Er vertieft sich besonders in das Studium kleiner Blumen und Gräser und findet mit PILEA TRILOBATA ein Gewächs, das seit 156 Jahren als ausgestorben galt. Bei einem anderen, TROCHETIA PARVIFLORA, das er nach 138 Jahren wiederentdeckt, sieht er als erster Naturforscher die Blüte, die in der Erstbeschreibung fehlt. Zurzeit macht er seinen Bachelor. Als Nächstes will der Vater zweier Söhne neben seinem Job das Masterdiplom erlangen, später vielleicht promovieren und in die Forschung gehen. Alles, weil ein Onkel ihm eine Tür geöffnet hat. Ich muss wieder an Sydney auf den Kapverden denken. Würde er eine solche Chance bekommen, er würde sie genauso nutzen.

Die Inselmitte besteht aus einem großen Plateau, das von alten zerklüfteten Basaltbergen umgeben ist, deren Schichten sich zum Meer hinabneigen. Von dort geht es steil den Hang hinauf. Die Aussicht wird mit jedem Schritt grandioser. Die Insel ist ebenfalls von einem Riff umgeben. Nur deshalb gibt es Traumstrände auf allen Seiten. Für Darwin gleich nach Cocos die willkommene Bestätigung seiner neuen Atoll-Theorie. Anders als dort hat er hier das Sammeln weitgehend eingestellt. Ein paar Insekten, ein Frosch, aber keine Fische und auch keine Pflanzen.

Kersley bückt sich und nimmt eine zarte, kräftig rosa leuchtende Blüte in die Hand. »Diese Blume gibt es weltweit nur hier, am Le Puce. CYLINDROCLINE COMMERSONII.« – »Gefährdet?« – »Alle einheimischen Pflanzen auf Mauritius sind bedroht.« Er führt mir ein »Juwel der Evolution« nach dem anderen vor. Auch ROUSSEA SIMPLEX mit ihren wachsartigen orangefarbenen Glöckchenblüten, einzige Vertreterin eines ganzen Geschlechts, ist nur auf diesen Hängen zu finden. Mit seinen Kollegen hat Kersley schon versucht, sie zu verbreiten, doch ohne Erfolg.

Der Wind nimmt zu, Regen kommt auf, Requiemstimmung. Wie geht es einem Botaniker als Totengräber der heimatlichen Flora? »Schauen Sie sich um.« Der Blick reicht frei übers Land bis zum Meer. Ein paar vereinzelte knorrige Stämme stehen im Bild, manche schon nackt, andere tragen noch Reste von Grün. »Zu Darwins Zeiten war hier dichter Wald. Millionen Jahre alt. Das ist der Rest.« Dann zeigt er auf die kranken und toten Bäume und nennt ihre Namen, als streiche er einen nach dem anderen von einer Anwesenheitsliste. »CANARIUM PANICULATUM ... HELICHRYSUM YUCCIFOLIUM ... MONIMIASTRUM GLOBOSUM ...« Ich möchte mir die Ohren zuhalten.

Die Wolken ergeben sich der Schwerkraft. Peitschender Regen, Anoraks. Zyklon Ivan ist fern im Anmarsch. Alle fünf bis sechs Jahre trifft ein Wirbelsturm die Insel. Kersley ruft einen Namen gegen den Wind. »HOMALIUM INTEGRIFOLIUM. Wartet auf Ivan. Blüht und hat Früchte nur nach einem Zyklon!«

Das letzte Stück geht fast senkrecht bergauf. Wir klettern auf die Spitze des Daumens. Wie bestellt verzieht sich der Regen. *Von unserem erhabenen Standort aus genossen wir einen hervorragenden Blick über die Insel. Das Land wirkt auf dieser Seite recht gut kultiviert; es ist in Felder eingeteilt und mit Bauernhäusern gesprenkelt.*

So also könnte einmal die gesamte Erde aussehen, wenn die Menschheit sich verdoppelt. Jeder nutzbare Flecken wird gebraucht. Gegen den Hunger zieht der Artenschutz den Kürzeren. 2007 führt die Weltnaturschutzunion 41 415 Arten auf der Roten Liste der bedrohten Tiere und Pflanzen, 16 306 stehen unmittelbar vor dem Aussterben. Wer das Kleingedruckte der Liste studiert, findet siebzig Prozent aller bekannten Pflanzenarten unter den gefährdeten. Der Klimawandel verschärft den Schwund.

Der deutsche Klimaforscher und Chemie-Nobelpreisträger Paul Crutzen, berühmt durch seine Idee eines nuklearen Winters, hat bereits ein neues Erdzeitalter ausgerufen, das »Anthropozän«. Seit Beginn des 19. Jahrhunderts ist der Mensch zum entscheidenden Evolutionsfaktor geworden. Durch die Einführung fremder Arten, durch Abholzung, Ausrottung, Versiegeln und Zersiedeln hat er ein Massensterben eingeleitet, das an die Ausmaße der großen Zäsuren in der Evolution heranreicht.

Gemessen daran, wie viel der Biotechnologie ein Patent an einem einzigen Gen wert ist, geht nicht zuletzt auch ihr Rohmaterial von unschätzbarem Wert verloren. Ließen sich die Hervorbringungen der Evolution aus Jahrmillionen als intellektuelles Eigentum des Lebens erfassen, ergäbe sich ein exorbitanter Wert. Die Natur hat sich auf Eventualitäten eingestellt, von denen wir nicht einmal eine Ahnung haben. Doch all die Antibiotika, Krebsmedikamente oder Schmerzmittel, die sie noch bereithält, gehen mit den Kreaturen verloren. Die kulturelle Evolution führt zur Vernichtung kreativer Potenziale aus der biologischen, die ihr schon bald bitter fehlen könnten.

Mauritius verbinden die meisten mit einer sündhaft teuren, weil äußerst seltenen Briefmarke. Das Gleiche – quod rarum carum – gilt für ihre Natur. Vielleicht nicht ganz zufällig beginnt hier auch die offiziell dokumentierte Geschichte der Artenvernichtung durch den Menschen. Als die ersten Besucher ankommen, lebt in den Wäldern ein unförmiger Vogel mit langem gebogenem Schnabel, gekräuseltem Schwanz und Stummelflügeln: der Dodo. Da er keine Fressfeinde hat, ist ihm die Flugfähigkeit nach und nach abhandengekommen – wie dem Kiwi in Neuseeland. Das wird ihm zum Verhängnis. Eingeschleppte Ratten, eingeführte und verwilderte Haustiere, darunter auch Affen, machen Jagd auf den Vogel.

Der letzte Dodo soll 1681 von einem spanischen Seefahrer erschlagen worden sein. Die letzte glaubhafte Begegnung geht auf 1662 zurück. In die Annalen der Menschheit geht RAPHUS CUCULLATUS als erste durch Menschenhand ausgerottete Art ein. Lewis Carroll macht ihn in »Alice im Wunderland« 1865 zur ersten Ikone des Artenschutzes.

Neun Jahre später taucht unter einem Schreiben noch einmal Darwins Name in der mauritischen Geschichte auf. Zusammen mit sechs anderen – einer ist Joseph Hooker – wendet er sich im April 1874 an den Gouverneur der Insel mit einer damals höchst ungewöhnlichen Bitte: Die einheimischen Riesenschildkröten seien so gut wie ausgerottet. Nur noch auf der abgelegenen Insel Aldabra gebe es ein paar Exemplare. Gerade seien Konzessionen vergeben worden, den dortigen Wald zu fällen.

»Wenn dieses Projekt durchgeführt wird«, heißt es in dem Brief, »ist zu befürchten, nein sicher, dass alle Schildkröten, die auf diesem begrenzten Areal bleiben, zerstört werden.« Es sei daher dringend angeraten, zumindest einen Teil der Echsen nach Mauritius zu bringen und dort gezielt nachzuzüchten. »Rettung und Schutz dieser Tiere wird der Kolonialregierung jedoch weniger in Anbetracht ihrer Nutzbarkeit empfohlen«, beginnt der letzte Absatz des Schreibens, »als mit Blick auf das große wissenschaftliche Interesse, das mit ihnen verbunden ist.« Das klingt ziemlich modern. Deshalb sehen Historiker in dem Schreiben auch so etwas wie den Beginn des Artenschutzes, der sogar schon die Nachzucht in Gefangenschaft zur Rettung bedrohter Spezies empfiehlt. Der Gouverneur kommt der Bitte nach, die Aldabra-Schildkröten bleiben erhalten.

Heute stellt ihre Zukunft einer jener stillen Helden sicher, die ihre Kraft und ihr Geld in den Erhalt bedrohter Arten stecken. Dem Australier Owen Lee Griffiths ist dabei so etwas wie die Quadratur des ökologisch-ökonomischen Kreises gelungen.

Zu den größten Plagen, vor allem auch für gefährdete Pflanzen, gehören in Mauritius die Makaken. Die eingeschleppten Äffchen verbeißen junge Gewächse und richten großen Schaden auch an der kultivierten Vegetation an. Statt die Primaten sinnlos zu töten, hat Biologe Griffiths sie unter dem Beifall von Regierung, Landwirten und Naturschützern eingefangen und als Versuchstiere in alle Welt verkauft. Besonders Aidsforscher bezahlen stolze Preise. Der Australier, mit einer Mauritierin verheiratet, hat damit ein Vermögen gemacht. Gleichzeitig hat er die Zahl der Tiere so weit reduziert, dass die Schäden sich mittlerweile in Grenzen halten. Inzwischen züchtet er sie in Gefangenschaft.

Was strengen Tierschützern wie ein Sakrileg erscheinen muss, ist dem Artenschutz zugute gekommen. Zusammen mit anderen haben Griffiths und seine Frau den Wildpark »La Vanille« im Süden der Insel aufgebaut. Im Zentrum steht die Nachzucht der Aldabra-Schildkröten. Ein Bild wie in der Forschungsstation auf Galápagos: etwa tausend Tiere aller Altersstufen. Da sie auf Mauritius im Freiland keine Überlebenschancen hätten, wildert der Biologe sie auf der benachbarten Insel Rodrigues aus. Dort waren sie schon zu Darwins Zeiten ausgestorben. Jetzt gibt es wieder dreihundert gesunde Exemplare. »Ich lebe jeden Tag mit Darwin«, erklärt Griffiths, der seinen Gästen eine Abschrift des Briefes an den Gouverneur präsentiert. »Er war vernarrt in Schildkröten.«

Mauritius steht aber vor allem für die einzigartige Rettung einer anderen Spezies. Der walisische Biologe Carl Jones kann sich auf die Fahne schreiben, fast im Alleingang den Mauritiusfalken vor dem Aussterben bewahrt zu haben. Ende der Siebzigerjahre des 20. Jahrhunderts ist die Population auf vier Tiere zusammengeschrumpft. Der Untergang der Art steht unmittelbar bevor. Sie legen Eier, aber das Insektengift DDT bewirkt, dass die Eihüllen zu dünn werden und die Jungen sterben. Jones gelingt es, die Tiere in Gefangenschaft mit DDT-freier Nahrung zu vermehren und auszuwildern. Damit es ihnen im Freiland nicht so ergeht wie ihren Vorfahren, entwickelt er ein Verfahren, auch dort den Jungen im Nest giftfreies Futter zuzufüttern. Heute sieht man sie wieder kreisen. Eine stabile, wenn auch weiterhin gefährdete Population von mehr als siebenhundert Exemplaren des FALCO PUNCTATUS.

Ähnlich spektakulär, wenn auch weniger bekannt, verläuft die Rettung der einheimischen Rosa Taube. 1990 existieren noch neun Exemplare, heute sind es wieder mehr als dreihundertfünfzig. Claudia Baiter kennt einen Platz im Wald, wo sich die scheuen Vögel gelegentlich sehen lassen. Wir schlagen uns durch das Dickicht im Nationalpark, bis wir ein lichteres Waldstück erreichen, und warten. Eine ungewöhnliche Beschäftigung für Botaniker, die lieber mit wachen Augen umherstreifen, während ihre Lieblinge still stehen.

»Es reicht nicht, die Vögel aufzuziehen«, sagt Baiter, »sie brauchen auch Lebensraum.« Gemeinsam mit freiwilligen Helfern hat sie etwa ein Prozent der Waldfläche freischlagen und von den Guaven befreien können. Jeder einzelne einheimische Restbaum wird markiert, gehegt und gepflegt. Darin besteht die einzige Chance, den letzten Rest vom letzten Urwald und damit Dutzende von Arten zu retten. Doch niemand will Geld dafür ausgeben. »Das ökologische Bewusstsein auf Mauritius ist unterentwickelt. Das Einzige, was den Wald noch retten kann, ist ökonomischer Nutzen.« So ließe sich beispielsweise daran denken, Menschen den freigeschlagenen Wald zum schonenden Kaffeeanbau unter den einheimischen Bäumen zu überlassen.

»Viel Zeit bleibt uns nicht mehr. Wir sprechen über wenige Jahre.« Es gäbe eine einfachere Lösung: Eine freiwillige einprozentige Abgabe auf die Hotelkosten reichte aus, das Schlimmste zu verhindern. Kaum ein Tourist würde heute noch gegen sein Umweltgewissen »nein« ankreuzen. Doch die Hotelbetreiber wollen ihre Gäste nicht mit den Schattenseiten des Urlaubsparadieses belasten.

Claudia Baiter legt den Zeigefinger an die Lippen und deutet mit der anderen Hand nach oben. COLUMBA MAYERI – weißer Kopf und Bauch, schwarze Flügel, rosa Schwanz – landet wenige Meter vor uns auf dem Waldboden. Ein Prachtexemplar von einer Rosa Taube. Ohne den Menschen gäbe es hier Tausende, ohne menschliche Hilfe keine mehr. Die Dialektik von kultureller und biologischer Evolution. Auf einem Ast sitzt ein grüner Papagei und beobachtet die Szene. »PSITTACULA EQUES«, flüstert Claudia, »auch eine gerettete Art.« Ich schreibe den Namen in mein Notizbuch. Oben auf der Seite steht das Datum – 12. Februar 2008, Darwins 199. Geburtstag.

25
Südafrika

Evolution der Hominiden · Werkzeug und Feuer · Das Aufkommen der Sprache · Die Wiege der Menschheit · »Die Abstammung des Menschen« · Im Land der Guten Hoffnung · Nuruddin Farah · Kapstadt · Ein Ultra-Kreationist

Als ich sie endlich in Händen halte, die Prinzessin von Pretoria, blickt sie stumm aus den Schatten ihrer Augenhöhlen an mir vorbei. Ihren Kopf habe ich mir etwas größer vorgestellt, aber Brauen und Wangenknochen entsprechen den Erwartungen: vorstehend, schwer und steinkalt. Sie ist es tatsächlich, die weltberühmte »Mrs Ples«, Titelgesicht am Illustriertenstand, tausendfach gefeiert und gefilmt, so wie sie leibte und lebte vor mehr als zwei Millionen Jahren. Der Name der Dame geht auf PLESIANTHROPUS TRANSVAALENSIS zurück, den »Fastmenschen von Transvaal«. Später wird sie der Spezies AUSTRALOPITHECUS AFRICANUS zugerechnet – aufrecht gehenden Vormenschen. Neben »Lucy«, deren Skelett 1974 in Äthiopien ausgegraben wurde, gehört Mrs Ples zu den bedeutendsten Frauen der frühen Menschheitsgeschichte.

Ihre Heimat hat sie hinter Glas, im Sicherheitsraum für fossile Knochen und Zähne des Transvaal-Museums in Pretoria (heute »Northern Flagship Institute«). Eine Schatzkammer der Paläoanthropologie, der Wissenschaft von den Vorfahren der Menschen. Mehr als zweihundertfünfzig Fundstücke lagern in den Standvitrinen. Sie berichten von den letzten Etappen der biologischen Evolution, den Schritten vom Affenmenschen zum HOMO SAPIENS. Mrs Ples und ihre Gattung gehörten zu den ersten unter unseren Ahnen, die sich aufgerichtet und ihre Hände befreit haben. Ich lege meine Hand auf ihren kleinen Kopf. Ein Ziel ist erreicht. Afrika, Wiege der Menschheit.

Stephany Potze kennt jeden Quadratmillimeter des Cranialknochens bis ins Detail. Die Doktorandin versteht sich als Detektivin im Rätsel der Menschwerdung. »Drehen Sie Mrs Ples einmal herum. Lektion Nummer eins: aufrechter Gang. Sehen Sie das Foramen magnum, wo der Kopf auf der Wirbelsäule aufsitzt?« Die Siebenundzwanzigjährige zeigt mit dem kleinen Finger auf einen fast kreisrunden Ausschnitt im Schädelboden. »Das Hinterhauptsloch ist beim Zweibeiner gegenüber allen Vierbeinern versetzt. Stellen Sie sich vor, wie der Kopf beim Hund sitzt, beim Schimpansen und beim Menschen, dann erkennen Sie den Unterschied.«

Es ist ein Anatom, ihr Landsmann Raymond Arthur Dart, der 1924 erstmals eine Brücke zwischen Affen und Menschen schlägt. Mit dem »Kind von Taung«, dem Kinderschädel eines Artgenossen von Mrs Ples, beschreibt er die erste bekannte Spezies der »neuen Affenmenschen«. Seine Kollegen bleiben jedoch skeptisch. Was er gefunden habe, sei in Wahrheit ein junger Affe.

Ein Hobbyforscher und Fossilienjäger, der schottische Arzt Robert Broom, glaubt an Dart. Er besucht den Entdecker in Johannesburg und fällt in dessen Labor »zur Verehrung unseres Vorfahren« auf die Knie. Dann macht er sich selbst auf die Suche. In der zweiten Hälfte der Dreißigerjahre stößt er in den Trümmern aus einem Steinbruch auf erste Schädelstücke, ein paar Zähne und Teile eines Oberkiefers. Der Krieg zwingt ihn zu einer langen Unterbrechung.

Erst 1947, inzwischen über achtzigjährig, kehrt er an die Fundstelle zurück. Einer von denen, die bis zum letzten Atemzug an eine Idee glauben. Am 18. April wird er für seine Selbsttreue belohnt. Nach einer Dynamitsprengung findet er im Bruchstein, was mir fünfzig Jahre später in Pretoria ein Gefühl für die Geschichte unserer Spezies vermittelt: den am vollständigsten erhaltenen Schädel von AUSTRALOPITHECUS AFRICANUS.

Seither bestehen keine Zweifel mehr, dass Raymond Dart 1924 tatsächlich den ersten südafrikanischen Hominiden als Bindeglied zwischen Affen und Menschen aufgespürt hat. (Seit 2001 werden Mensch, Schimpanse und Gorilla auch als »Homininae« in einer Gruppe zusammengefasst.) Damit ist seit Darwin die erste wichtige Frage der Menschenevolution geklärt: Erst kam der aufrechte Gang, dann wuchs das Gehirn. Unsere frühen Vorfahren haben den Bipedalismus – die

Zweibeinigkeit – entwickelt, bevor unter anderem die Hände mit ihren unendlich vielen Möglichkeiten die Vergrößerung von Schädel und Inhalt gleichsam erzwangen.

Heute gehen Fachleute davon aus, dass Schimpansen und Urmenschen vor etwa sieben Millionen Jahren aus einer gemeinsamen afrikanischen Vorläuferart hervorgegangen sind. Über den weiteren Weg der Menschheitsentwicklung besteht Uneinigkeit. Als sicher gilt indes, dass auch unsere eigene Spezies, HOMO SAPIENS, in Afrika entstanden ist und von dort die Welt erobert hat.

Noch im selben Jahr, in dem er Mrs Ples gefunden hat, gelingt Robert Broom mit seinem Team eine weitere aufsehenerregende Entdeckung. Unweit des ersten Fundorts stoßen sie auf Knochenreste von PARANTHROPUS ROBUSTUS, der später als Mrs Ples gelebt haben muss. Sein Name bedeutet, dass er sich »parallel zum Menschen« entwickelt hat. Mit dem flachgesichtigen Hominiden wird klar, dass die Menschheitsevolution keineswegs geradlinig verlaufen ist. Dazwischen gab es viele Abzweigungen, immer neue Anläufe, auf zwei Beinen mit zwei Händen den afrikanischen Kontinent und später auch den Erdball zu besiedeln.

Die Zweibeinigkeit schafft eine Reihe von Vorteilen: Als Läufer ist der Vormensch zwar langsamer als vierbeinige Primaten, kann aber größere Distanzen zurücklegen und damit seinen Lebensradius entscheidend erweitern. So beginnt das Nomadentum des Menschen, das erst seit zehntausend Jahren allmählich sein Ende findet. In der Savanne hilft die aufrechte Haltung, sich einen besseren Überblick zu verschaffen. Anders als ihre vierbeinigen Vorgänger konnten sich Hominiden mit ihren langen Beinen auch in den Uferbereichen von Gewässern aufhalten. Dadurch erschlossen sich ihnen nicht nur neue Nahrungsquellen wie Fische, Muscheln oder Krebse. Auf ufernahen Bäumen im Wasser fanden sie auch sichere Schlafplätze.

Während ich die Prinzessin weiter auf Händen tragen darf, hat Stephany Potze erneut in ihre Schatzkiste gegriffen, Katalognummer SK 48. Sie reicht mir den Schädel eines PARANTHROPUS ROBUSTUS mit seinem erstaunlich flachen Gesicht, spezialisiert auf eine hauptsächlich pflanzliche Ernährung – eine weitere Sackgasse der Menschenevolution. Mit seinen kräftigen Zähnen kann er Nüsse knacken und auch Äste und Wurzeln kauen. Möglicherweise ist ihm seine Spezialisierung zum Verhängnis geworden, als es im Zuge des damaligen Klimawandels durch Versteppung immer weniger für ihn zu essen gab.

»Um unsere hominide Vergangenheit zu verstehen, ist jedes Detail wichtig«, sagt die junge Forscherin und malt mir prähistorische Szenen aus. Da stehen wir mit den beiden versteinerten Schädeln, Versuchen der Evolution, sich in höhere Sphären vorzutasten, und ich sehe umherstreifende Familien und Sippen der Flachgesichtigen vor mir, immer hungrig, stets auf der Suche nach Essbarem, doch was sie auch zermalmen, es reicht immer weniger aus. »Schauen Sie sich seine Zähne an. Völlig runtergebissen. Das spricht für extreme Nahrungsknappheit.«

Da ist aber noch ein anderer Faktor, der das Aussterben von PARANTHROPUS vor ungefähr anderthalb Millionen Jahren beschleunigt und möglicherweise auch Mrs Ples und ihre Gattung in den Untergang getrieben haben könnte: Sie sind nicht mehr allein. Zu unserem Glück hat die Evolution rechtzeitig einen neuen Zweig am Lebensbaum gebildet. Vertreter der Gattung HOMO – Urmenschen – machen den Vormenschen den Lebensraum streitig. Sie besitzen einen unübertrefflichen Vorteil: Sie nutzen Werkzeuge und stellen sie auch selber her.

Der erste bekannte Homo-Vertreter wird nach seinem Fundort am Turkanasee in Kenia, der früher Rudolfsee hieß, HOMO RUDOLFENSIS genannt. Der Frankfurter Paläanthropologe Friedemann Schrenk hat 1991 in Malawi einen zweieinhalb Millionen Jahre alten Unterkiefer dieser Art gefunden, bislang das älteste Stück. Verglichen mit Mrs Ples muss er fast schon wie ein Mensch ausgesehen haben. Während sich die hominiden Nachbarn buchstäblich die Zähne ausbeißen, gebraucht HOMO RUDOLFENSIS Steinwerkzeuge, um Nahrung aufzuspalten und zu zerkleinern. Sein Gebiss ist ähnlich klein wie unser heutiges.

Das Aufschließen von Nahrung mittels Steinen, Urtyp aller Mühlentechnik, markiert einen Wendepunkt: Offenbar gibt der Urmensch sein Wissen auch weiter, ein Ausgangsmoment der kulturellen Evolution. »Seit ungefähr zweieinhalb Millionen Jahren«, so Friedemann Schrenk, »finden sich Steinwerkzeuge an möglichen Siedlungsstätten früher Urmenschen, und zwar umso mehr, je näher wir der Jetztzeit kommen.« Er hält den Durchbruch für ähnlich bedeutsam wie die Erfindung des Computers. Durch seine technische Überlegenheit kann der frühe Homo auch dort überleben, wo seine kieferstarken Verwandten keine Chance mehr haben.

Als mit HOMO HABILIS, dem »geschickten Menschen«, vor zwei Millionen Jahren ein weiterer Urmensch auf der Bildfläche erscheint, geht es mit AUSTRALOPITHECUS zu Ende. Mrs Ples hat vor 2,1 Millionen Jahren gelebt. Vor etwa einer Million Jahren stirbt auch der Ast der Gattung PARANTHROPUS am Lebensbaum ab. Mit dem Auftauchen von HOMO ERECTUS, einem der ersten Frühmenschen, vor gut anderthalb Millionen Jahren erlebt die Gattung ihren Prometheus-Moment: Sie bändigt das Feuer.

Es mag kein Zufall sein, dass HOMO ERECTUS als erste Urmenschenspezies Afrika verlässt. Mit dem Feuer verschafft sie sich eine Wärmequelle, um neue Klimazonen zu erobern, mehr Sicherheit vor Raubtieren und die Möglichkeit, Nahrungsmittel durch Garen aufzubereiten. Damit dringt sie bis nach Europa und ins ferne Asien vor, wo sie als Nachfolger von Java- und Pekingmensch noch vor fünfzigtausend Jahren vorgekommen ist.

Schon vor einer Million Jahren hat HOMO ERECTUS zu drei Vierteln das Gehirnvolumen des modernen Menschen erreicht. Damit hat spätestens dieser Urmensch den nächsten Entwicklungsschritt eingeleitet: Da das weibliche Becken zu klein ist, müssen Mütter vollkommen hilflose Babys gebären. Erst mit zwei Jahren erreicht ein Menschenkind den körperlichen Reifegrad eines neugeborenen Schimpansenbabys. Evolutionär war es offenbar günstiger, den Nachwuchs früher zur Welt zu bringen, als den weiblichen Körper an größere Babys anzupassen. Die frühen Geburten erzwingen einen neuen Lebensstil, festere soziale Gefüge, um die Kleinen durchzubringen, und ein Lernumfeld, in dem sie durch Zeigen und Nachahmen die kulturellen Fähigkeiten der Älteren übernehmen können. Seit mehr als einer Million Jahren schreiten biologische und kulturelle Evolution gemeinsam voran.

Ob wir direkt von HOMO ERECTUS abstammen, ist unsicher. Trotz ihrer grandiosen Erfolge fehlen der Paläontologie nach wie vor die meisten Puzzlestücke für ihr großes Bild. Forscher schätzen den Anteil der »missing links« auf über neunundneunzig Prozent. Doch falls ein archaischer Vorgänger des HOMO SAPIENS aus HOMO ERECTUS hervorgegangen ist, dann wohl sicher aus seiner afrikanischen Linie, nicht etwa aus der asiatischen. Unsere ältesten Spuren reichen fast zweihunderttausend Jahre zurück auf den Schwarzen Kontinent. Schon bald beginnt unsere Spezies ihren Siegeszug um den Globus. Dabei kommt ihr vermutlich seit hunderttausend Jahren ein mentales Werkzeug zu Hilfe, mit dem kulturelle Evolution im engeren Sinne einsetzt: die Sprache. Sie ermöglicht nicht nur den Ausdruck frei kombinierbarer Silben und abstrakter Sachverhalte, womit die mündliche Tradition beginnt. Als erstes Tier entwickelt der Mensch konkrete Vorstellungen von Vergangenheit und Zukunft, die langfristig planende, abgestimmte Verhaltensweisen erlauben und an die nächsten Generationen weitergegeben werden.

Dazu müssen zwei Systeme zusammenarbeiten, das Gehirn und der Sprechapparat. Genetische Analysen lassen vermuten, dass die biologische Evolution HOMO bereits vor etwa siebenhunderttausend Jahren das erste wichtige Mittel zum Umgang mit Sprache verschafft hat. Ein seltenes Erbleiden, das zu erheblichen Sprechstörungen führt, hat britische Forscher 2001 auf die Spur eines Gens namens FOXP2 gebracht. Dieser »Transkriptionsfaktor« steuert die Aktivierung und Deaktivierung vieler anderer Gene. Offenbar haben seine Produkte eine wichtige Funktion bei der Abstimmung zwischen »denkendem« Großhirn und dem Kleinhirn, das alle Bewegungsabläufe wie auch die beim Sprechen koordiniert.

Sprachzentren im Gehirn finden sich bereits beim Vormenschen AUSTRALOPITHECUS und beim Urmenschen HOMO ERECTUS. Möglicherweise konnten sie sich über eine Art Protosprache verständigen, vermutlich noch ziemlich tierisch klingende Laute, begleitet von Mimik im nunmehr offeneren Gesicht und Gestik der freien Hände. Doch nur der Mensch besitzt die Variante von FOXP2, die mit der Steuerung der Sprachmotorik in Verbindung gebracht wird – und sein nächster menschlicher Verwandter, HOMO NEANDERTHALENSIS. Dessen Entwicklungslinie hat sich schon bei seinem Vorläufer HOMO HEIDELBERGENSIS vor etwa sechshunderttausend Jahren von unserer getrennt.

Ob Neandertaler sprechen konnten, wissen wir nicht. Immerhin haben auch sie die Trennung zwischen Atem- und Speiseweg im Rachen aufgegeben und dürften sich deshalb wie wir schon verschluckt haben. Bei Schimpansen passiert das nicht, weil ihr Kehlkopfdeckel über dem Gaumensegel liegt. Erst das Absinken des Kehlkopfes tiefer in den Rachenraum erlaubt die Produktion vielfältiger Laute mit Konsonanten und klaren Vokalen. Spätestens an dieser Stelle greifen kulturelle und biologische Evolution eng ineinander: Größere Ausdrucksfähigkeit verschafft Überlebensvorteile, indem außer Genen komplexere Inhalte an die nächste Generation weitergegeben werden.

Womöglich ist seine klar artikulierte, differenzierte Sprache der einzige Vorteil, den HOMO SAPIENS aus Afrika mitbringt – kulturelle Überlegenheit, erzeugt durch biologische Veränderungen im Zuge natürlicher Auslese. Neandertaler besitzen größere Gehirne als wir und sind unseren Vorfahren körperlich mindestens ebenbürtig. Über Zehntausende Jahre haben die beiden Gruppen sich Areale geteilt. Wie sie mit- oder gegeneinander gelebt, ob sie einander bekriegt, versklavt oder respektiert haben, ob sie sich verbal verständigen konnten und was sie voneinander gelernt haben könnten, darüber gehen die Meinungen auseinander. Im September 2008 berichtet der Anthropologe Christoph Zollikofer von der Universität Zürich, beide Homo-Spezies hätten damals bei ihrer Geburt etwa gleich große Schädel besessen. Neandertaler dürften somit ähnliche soziale Strukturen entwickelt haben, wie sie zur Aufzucht menschlicher Nachkommen unabdingbar sind, Gehirne heutiger Babys sind indes ein wenig kleiner als die unserer fernen Vorfahren. Zollikofer spekuliert, dass HOMO SAPIENS »ein Stück Intelligenz gegen kleinere, weniger aufwendige Gehirne eingetauscht haben könnte. Das würde bedeuten, dass wir uns effektiver fortpflanzen konnten«. Womöglich hat unsere Spezies die Neandertaler nicht überlebt, weil wir schlauer waren, sondern weil wir uns schneller vermehren konnten. Ein letzter Sieg der biologischen Evolution über die kulturelle? Sicher ist, dass die Linie unserer nächsten bekannten menschlichen Verwandten vor siebenundzwanzig- bis dreißigtausend Jahren endet – nachdem beide das Aussterben von HOMO ERECTUS erlebt haben. Seither sind wir allein.

Möglicherweise hat fernab eine weitere Menschenart noch etwas länger den Planeten mit uns geteilt: Auf der indonesischen Insel Flores haben Forscher im Jahr 2003 Überreste eines zwergenhaften Menschen gefunden, der noch vor dreizehntausend Jahren existiert haben soll. Ob HOMO FLORESIENSIS tatsächlich eine eigene Art repräsentiert oder nur einen zwergwüchsigen HOMO SAPIENS, ist umstritten. Doch als unsere Spezies vor zehntausend Jahren mit Ackerbau und Viehzucht die Phase der sesshaften Hochkulturen einleitet, sind alle anderen Zweige am Ast der Hominiden längst abgestorben.

Wir sind den gleichen Weg gegangen wie jede andere Art. Millionen und Abermillionen vor uns sind gestorben, damit wir leben können. Niemand weiß, wie viele Zweige sich vom Hauptstamm abgetrennt haben, wie viele Anläufe die Evolution unternommen hat, um schließlich den nackten Affen als erdbeherrschendes Erfolgsmodell durchzubringen. Als ich den Schädel mit dem Katalogkürzel STS 5 seiner treu sorgenden Kuratorin zurückgebe, empfinde ich fast ein wenig Dankbarkeit. Mrs Ples hat einem frühen Teil meiner Geschichte so etwas wie ein Gesicht gegeben. Stephany Potze legt den Star ihrer Sammlung zurück hinter die Glastür auf roten Samt. Dahinter steht der Name des Ortes, wo er vor einem halben Jahrhundert aus dem Fels gesprengt worden ist: Sterkfontein.

Der Direktor des Museums hat es sich nicht nehmen lassen, mich persönlich zu den Höhlen unweit von Pretoria zu fahren. Francis Thackeray, Autor mehrerer Artikel über Darwin, stammt selber aus einer bekannten britischen Forscherfamilie. Sein Urgroßvater, ein berühmter Fossiliensammler, hat die Eliteschule von Eton geleitet. Sein Vater hat als Astronom Anfang der Fünfzigerjahre erstmals das Alter des Universums in etwa richtig berechnet. Nun hat der Sohn seine eigene große Entdeckung gemacht.

Sterkfontein klingt in den Ohren von Paläoanthropologen wie Hollywood für Freunde der Filmgeschichte. Nirgendwo auf der Welt sind mehr Hominidenreste gefunden worden. Die UNESCO hat das Areal mit etwa einem Dutzend Dolomithöhlen 1999 als »Wiege der Menschheit« in die Liste des Weltkulturerbes aufgenommen. Wer schon ein paar Tropfsteinhöhlen in seinem Leben gesehen hat, wird hier nicht vor Ehrfurcht verstummen. Wie viele bedeutende Orte lebt auch diese Unterwelt vor allem von den Geschichten, die wir mit ihnen verbinden. An manchen Stellen fällt von oben Tageslicht durch Spalten in die feuchtkühle Finsternis. Durch solch eine Spalte könnte Mrs Ples in den Tod gestürzt sein. Nachrutschender Dreck hat ihren

Kopf bedeckt, der unter Einwirkung chemischer Verbindungen versteinerte.

»Wir haben uns immer gefragt: Wo ist der Rest von Mrs Ples?«, sagt Thackeray. »Womöglich haben Raubtiere den Körper zerfetzt und Hyänen die einzelnen Teile weggeschleppt.« Nur ein Faktum steht lange außer Frage: Dass es sich bei dem Schädel um die Überreste einer jungen Frau handelt. Sein Entdecker Broom hat den Knochenverbund mit Hammer und feinem Meißel freigelegt. Allein die Tasche eines Schneidezahns, die bei weiblichen Primaten viel kleiner sind als bei männlichen, hat ihn auf ein Mädchen tippen lassen.

Francis Thackeray hat an dieser Deutung wegen der Form von Wangen und Brauenwulst schon länger seine Zweifel gehabt. Im Jahr 2001 hat er es genau wissen wollen und Mrs Ples aus ihrer Schatzkammer entführt. In einer nahe gelegenen Klinik lässt er ihren Kopf in einem Computertomografen durchleuchten. Das Ergebnis kommt einer Sensation gleich: Die Prinzessin ist wohl eher ein Prinz. »Wahrscheinlich der erste CT-Scanner, der eine Geschlechtsumwandlung vorgenommen hat«, scherzt der Forscher. »Mrs Ples ist ein Mister. Wir haben ihn Master Ples getauft.«

»Ein wenig traurig macht es mich schon«, sagt Doktorandin Potze, »dass sie jetzt keine Frau mehr ist.« Erst kürzlich hat sie selbst mit einer raffinierten Methode das Gehirn ihres Schützlings in Augenschein nehmen können: In der Sammlung von Robert Broom lagert ein Stein, den er aus dem Innenschädel geschlagen hat. Als er »STS 5 (i)« heraustrennt, löst der Entdecker auch ein Stück von der äußersten Innenschicht des Schädelknochens. Diese weniger als ein Millimeter dünne Schicht hat Potze in Dutzenden Waschgängen mit verdünnter Essigsäure nach und nach freigelegt – bis sie schließlich ein kleines Stück von der äußeren Form des Gehirns erkennen lässt. Die Konturen verraten ihr eindeutig, dass es sich bei dem Schädel um den eines Heranwachsenden handelt. Wenn Mrs Ples ein Mann war, dann ein jugendlicher.

Der Geschlechtswandel hat weitere Spekulationen mit möglicherweise spektakulären Konsequenzen für den einsamen Schädel ausgelöst. Seit fünfzig Jahren liegt Mrs Ples – Fundstück STS 5 – Seit' an Seit' mit dem kurz nach ihr entdeckten Skelett eines jungen männlichen AUSTRALOPITHECUS AFRICANUS. Doch Nummer STS 14 fehlt der Kopf. Niemand hat wegen der unterschiedlichen Geschlechter je eine Verbindung zwischen den beiden hergestellt. Sie lagen friedlich vereint wie ein Paar, jeder auf seinem roten Samt. Erst das Tomogramm hat Thackeray auf die Idee gebracht. Er sieht sich noch einmal genau die beiden Fundstellen in Sterkfontein an. Sie liegen tatsächlich so nahe beieinander, dass der Kopf des verunglückten Jugendlichen, von Raubtieren abgetrennt, ein Stück weit vom Körper entfernt seine letzte Ruhe gefunden haben könnte. Als der Forscher dann Schädel und Knochen vergleicht, hat er kaum noch Zweifel: Diese Knochen gehören zu Master Ples.

Als sie noch Mrs Ples heißt und zum 50. Jubiläum ihrer Entdeckung im Transvaal Museum der Öffentlichkeit präsentiert wird, trifft sie zum ersten Mal auf ihren Artgenossen, das Kind von Taung. Dem hat sie in Sachen Weltruhm längst den Rang abgelaufen. Ihre große Konkurrentin unter den Hominidinnen heißt Lucy. Deren Entdecker haben den Beatles-Song »Lucy in the Sky with Diamonds« gehört, als sie die »afrikanische Eva« nach ihrem Fund in Äthiopien genauer untersuchten. Sie gehört zu der nahe verwandten Art AUSTRALOPITHECUS AFARENSIS. Etwa zwanzig Prozent des Skeletts werden geborgen, darunter der Unterkiefer und Stücke des Schädels.

Nun könnte der Pokal für die Entdeckung des vollständigsten Vormenschenskeletts von Addis Abeba nach Pretoria gehen. Wenn Thackeray recht behält, liegt es mit komplettem Cranium im Sicherheitsraum für fossile Knochen und Zähne des Transvaal Museums. Wie ein Traumpaar der Paläoanthropologen winken die reife Frau Lucy und der heranwachsende Master Ples über den Kontinent der Menschheitsentstehung hinweg einander symbolisch zu. Die Prinzessin von Pretoria hat 2004 als Mrs. Ples auf der Rangliste der berühmtesten Südafrikaner Platz fünfundneunzig erreicht. Ob sie als Master Ples bei der nächsten Umfrage auf einen höheren Platz klettern wird?

Darwin hat nie einen Hominidenknochen in der Hand gehabt. Auf seinem Schreibtisch liegt auch kein Menschenschädel, bei dessen Anblick ihm die große Idee gekommen wäre. Wie es ihm wohl mit Lucy ergangen wäre, mit Master Ples oder PARANTHROPUS, dem flachgesichtigen Wurzelnager? Immerhin hat er das Tor geöffnet zu dieser Welt der Vor- und Urmenschen. Anhand der nahe verwandten Primaten Schimpanse und Gorilla hat er, ein halbes Jahrhundert vor den ersten Knochenfunden, den Herkunftsort der Menschen richtig vorhergesagt – modern »Out-of-Africa-Theorie« genannt. In den Fossilien hätte er eine wunderbare Bestätigung seiner Vorhersage gesehen. Der Baum des Lebens macht bei der Menschheitsentwicklung keine Ausnahme.

Als Darwin sich ab 1868 an sein zweites großes Werk macht, »Die Abstammung des Menschen«, will er endlich selber die Lücke schließen, die er in der »Entstehung der Arten« bewusst offengelassen hat: *Licht wird auch fallen auf den Menschen und seine Geschichte.* Bei seinem Erscheinen Anfang 1871 kommt das Buch jedoch ein Jahrzehnt zu spät. Es verkauft sich zwar prächtig, wie auch sein im Jahr darauf publizierter Folgeband mit dem Titel »Der Ausdruck der Gemütsbewegungen bei den Menschen und den Thieren«. Es liest sich süffig und wird in der Presse in Anbetracht des großen Namens überwiegend wohlwollend besprochen. Doch über sein Thema, die Abstammung des Menschen, enthält es nichts, das nicht schon andere zu Papier gebracht hätten.

Der Band besteht aus zwei Teilen, die Darwin in einem dritten notdürftig zusammenklammert. Im ersten wendet der Autor seine natürliche Auslese auf die eigene Spezies an und macht sich am Ende Gedanken *Über die Rassen der Menschen.* Im zweiten vertieft er die sexuelle Selektion als Spezialfall der natürlichen, wie er es 1859 bereits begonnen hat. Im dritten schließlich unternimmt er den Versuch, die Auswirkung der *geschlechtlichen Zuchtwahl* auf die *sekundären Sexualcharaktere des Menschen* zu erklären – inklusive einer Theorie menschlicher Ästhetik, Betrachtungen zu Männerbart und Frauenmode sowie eine muntere Mischung Völkerkunde.

Wir lernen zum Beispiel, *dass die Glieder unserer Aristokratie, wobei ich unter diesem Ausdruck alle wohlhabenden Familien mit umfasse, in welchen Primogenitur seit Langem geherrscht hat, – weil sie viele Generationen hindurch aus allen Klassen die schöneren Mädchen sich zu ihren Frauen erwählt haben, dem europäischen Maßstabe von Schönheit zufolge schöner geworden sind als die der mittleren Klassen.*

Es ist, als schriebe hier ein veränderter Darwin. Ein Populärschriftsteller, der die gesammelten Früchte anderer in einem bunten Korb vereint und dabei seine ganz persönlichen Ansichten aus Sicht seines

Standes zur Schau stellt. Kein wirklich origineller Gedanke, stattdessen Spekulation und Plauderei, nur um einer Pflicht Genüge zu tun, die andere seit zehn Jahren erfüllen. Seit der »Entstehung der Arten« sind zahlreiche Schriften zum Ursprung des Menschen entstanden. Haeckel und Huxley haben viel besser darüber geschrieben. Die Klasse seines Hauptwerks von 1859, die Originalität, das radikal Neue, die Wahrheitstiefe wird Darwin nie wieder erreichen.

Der knallharten Argumentation in den »Origins of Species« folgt eine wachsweiche Ansammlung von Annahmen und Anekdoten. Darwins Appell, eine zivilisierte Person könne *nicht länger glauben, dass der Mensch das Werk eines besonderen Schöpfungsaktes ist,* überrascht niemanden. Das Publikum hat sich längst an den Gedanken gewöhnt – wenn es ihn nicht in Bausch und Bogen ablehnt. Er leitet sich logisch aus der Evolutionstheorie ab wie höhere von niederen Wesen.

»Vielleicht niemals in der Geschichte der Philosophie«, schreibt nach Erscheinen des Buches ein Kritiker in der hoch angesehenen »Edinburgh Review«, »sind solch weitreichende Verallgemeinerungen aus einer so schmalen Faktenbasis abgeleitet worden.« Die Grenzen zwischen Wissen, Kolportage und Spekulation lassen sich kaum erkennen. Da ist von Wilden auf der ganzen Welt die Rede, von Affen im Zoo, von *den schottischen Hirschhunden ..., deren Geschlechter mehr in der Größe voneinander verschieden sind als die irgendeiner anderen Rasse.*

Die Leser erfahren, *dass Neger und selbst Mulatten fast vollständig frei vom gelben Fieber sind ... und auch in großer Ausdehnung von den tödlichen Wechselfiebern.* Heute gehört es zum Schulwissen, dass Teilresistenz oder Immunität gegen Malaria auf eine Mutation des Gens für den roten Blutfarbstoff Hämoglobin zurückgehen, die beim Auftreten von zwei gleichen Versionen zu schweren Leiden führt. Der Selektionsdruck durch die Seuche muss so groß gewesen sein, dass selbst die damit einhergehende Sichelzellenanämie unter Afrikanischstämmigen mehr als wettgemacht wurde. Im Juli 2008 berichtet ein internationales Forscherteam, diese Art von Malariaschutz könne das Infektionsrisiko für Aids drastisch erhöhen und teilweise die höheren Ansteckungsraten in Afrika erklären.

Wenn Darwins Menschenbuch wichtig ist, dann für seine Antwort auf die nach wie vor virulente Speziesfrage. *Der Mensch ist selbst in dem robesten Zustand, in welchem er jetzt existiert, das dominierendste Tier, was je auf der Erde erschienen ist. Er hat sich weiter verbreitet als irgendeine andere hoch organisierte Form, und alle anderen sind vor ihm zurückgewichen.* Darwin stellt nicht nur klar, dass alle Menschenrassen eindeutig einer einzigen Art zuzuzählen sind. Er hebt bei allen Unterschieden zwischen ihnen besonders ihre Ähnlichkeiten hervor. *Die Eingeborenen von Amerika, die Neger und die Europäer weichen voneinander ihrem Geiste nach so weit ab, als irgend drei Rassen, die man nur nennen könnte. Und doch war ich, als ich mit den Feuerländern an Bord der Beagle zusammenlebte, unaufhörlich von vielen kleinen Charakterzügen überrascht, welche zeigten, wie ähnlich ihre geistigen Anlagen den unsrigen waren.*

Zum Schluss jedoch zieht er scharfe Linien und stellt die »Wilden« zwischen sich und die Affen. *Was mich betrifft, so möchte ich ebenso gern von jenem heroischen Affen abstammen, welcher seinem gefürchteten Feinde trotzte, um das Leben seines Wärters zu retten, ... als von einem Wilden, welcher Entzücken an den Martern seiner Feinde fühlt, blutige Opfer darbringt, Kindsmord ohne Gewissensbisse begeht, seine Frauen wie Sklaven behandelt, keine Züchtigkeit kennt und von dem gröbsten Aberglauben beherrscht wird.*

Trotz seines unvergleichlichen Anschauungsunterrichts mit Jemmy Button und den Feuerländern erkennt Darwin nicht die überwältigende Macht der Kultur. Vielmehr glaubt er, dass sich die Urvölker auf einem biologisch minderwertigen Stand befinden und genau wie die überlegene Rasse der Europäer erst alle Zwischenstufen auf der Zivilisationsleiter durchlaufen müssen.

Auf solch einer Zwischenstufe siedelt er auch die Frauen seiner eigenen Rasse an. *Es wird meist zugegeben, dass beim Weibe die Vermögen der Anschauung, der schnellen Auffassung und vielleicht der Nachahmung stärker ausgesprochen sind als beim Mann. Aber mindestens einige dieser Fähigkeiten sind für die niederen Rassen charakteristisch und daher auch für einen vergangenen und niederen Zustand der Zivilisation.*

Der Weiße als überlegene Rasse gegenüber dem Farbigen wie der Mann gegenüber der Frau. Wie viele große Männer kann auch Darwin sich nicht vom Zeitgeist lösen. *Der hauptsächlichste Unterschied in den intellektuellen Kräften der beiden Geschlechter zeigt sich darin, dass der Mann zu einer größeren Höhe in allem, was er nur immer anfängt, gelangt, als zu welcher sich die Frau erheben kann, mag es nun tiefes Nachdenken, Vernunft oder Einbildungskraft, oder bloß den Gebrauch der Sinne und der Hände er-*

fordern. Was heute in aufgeklärten Kreisen wie krudester Biologismus klingt, beherrscht nach wie vor in vielen Gesellschaften das Geschlechterverhältnis – pseudobiologisch begründet und kulturell durchgesetzt. Dabei weiß inzwischen jedes Kind, dass Mädchen nicht dümmer sind als Jungs.

Um seine Idee der natürlichen Auslese zu retten, unterwirft Darwin Geist, Moral und sogar Religiosität der biologischen Evolution. Selbst die Konfession setzt sich danach als Überlebensvorteil im Erbgut fest. Und natürlich die bedeutendste aller menschlichen Fähigkeiten: *Ein großer Schritt in der Entwicklung des Intellekts wird geschehen sein, sobald die halb als Kunst, halb als Instinkt zu betrachtende Sprache in Gebrauch kam; denn der beständige Gebrauch der Sprache wird auf das Gehirn zurückgewirkt und eine vererbte Wirkung hervorgebracht haben.*

Dass unsere Sprachfähigkeit angeboren ist, bezweifelt niemand. Ob wir mit einer im Gehirn verankerten Grundgrammatik auf die Welt kommen, ob wir etwa die Regeln des Satzbaus in die Wiege gelegt bekommen, wird unter Hirn- und Sprachforschern heftig diskutiert. Die Sprache selbst wird jedoch durch Lehren und Lernen rein kulturell weitergegeben. Jedes Neugeborene kann jede Sprache der Welt als Muttersprache erlernen.

Darwin hat mit seiner »Abstammung des Menschen« ein Kaffeetischbuch geschrieben, aus dem Leute seinesgleichen Argumente für ihre *Superiorität* beziehen können. *Der Mensch häuft Besitztum an und hinterlässt es seinen Kindern, sodass die Kinder der Reichen in dem Wettlauf nach Erfolg vor denen der Armen einen Vorteil voraushaben, unabhängig von körperlicher oder geistiger Überlegenheit.* Darwin erkennt die Ungerechtigkeit sogar an, um dann festzustellen: *Es ist indessen das Erben von Besitz und Eigentum durchaus kein Übel. ... Das Vorhandensein einer Menge gut unterrichteter Leute, welche nicht um ihr tägliches Brot zu arbeiten haben, ist in einem Grade bedeutungsvoll, welcher nicht unterschätzt werden kann.*

Da spricht einer über sich selbst, über sein Menschen- und Frauenbild. Streng betrachtet missbraucht Darwin seine Autorität als Biologe zu gesellschaftspolitischen Aussagen – ohne sich jemals öffentlich in die Politik einzumischen. Die rassistische Komponente seines Klassendenkens hat sich indes bis heute erhalten.

Kein zivilisiertes, abendländisch geprägtes Land hat Rasse und Klasse in der Neuzeit stärker gleichgesetzt und dann getrennt als Südafrika. Die Gewinner (mit Ausnahmen) weiß, die Verlierer (mit Ausnahmen) farbig oder schwarz. Sogar ein eigenes Wort haben sie dafür in die Welt gesetzt. Unter Apartheid verstehen wir bis heute die Rassentrennung am Kap. Als 1994 der Afrikanische Nationalkongress mit Nelson Mandela die Wahl gewinnt, ist das System offiziell abgeschafft. Doch unterschwellig beherrscht es die Gesellschaft noch immer. Selbst die absurde Aufteilung der Verlierer wird bis heute beibehalten: Schwarze Südafrikaner schauen auf »Coloured« herab, auf Inder und Mischlinge, obwohl diese »Farbigen« als Kaufleute und Handwerker wirtschaftlich oft viel besser dastehen als sie. Kulturelle Prägung und biologische Erbschaft haben sich tief ineinander verkeilt.

Als ich, zurückgekehrt auf Darwins Spur, Kapstadt erkunde, fällt es mir schwer, diese Rassentrennung nachzuvollziehen. Zum einen meldet sich permanent das Gewissen, das solche Unterscheidungen nicht hinnehmen will. Zum anderen wäre es einem Außenstehenden völlig unmöglich, die Grenzen zu erkennen. Das gesamte Spektrum von milchweiß über alle Gelb- und Brauntöne bis tiefschwarz ist vertreten. *Viele verschiedene Nationen sind hier ineinander gemischt.*

Darwin sieht einmal mehr einen vielversprechenden europäischen Ableger: *All die Fragmente der zivilisierten Welt, die wir in der südlichen Hemisphäre besucht haben, scheinen aufzublühen; kleine Embryo-Englande schlüpfen in allen Teilen. Die Kap-Kolonie ... erscheint in sehr wohlhabendem Zustand.* Damals sind die Weißen noch in der Überzahl. *Die Zahl der Neger ist nicht sehr groß, und die Hottentotten, die übel behandelten Ureinwohner des Landes, haben, so denke ich, immer noch den kleineren Anteil.*

All Colours – one Nation. In Südafrika soll mit dem Ende der Apartheid die Regenbogenrevolution triumphieren. Vierzehn Jahre nach dem Ende der Apartheid erlebe ich ein Land auf der Kippe. Francis Thackeray erinnert sich noch genau an die Euphorie im April 1994, als er hoffnungsfroh in einer der langen Schlangen vor den Wahllokalen stand. Sein Einsatz für Mandelas ANC und gegen die Apartheid hat ihm einen Eintrag beim Staatsschutz eingebracht. Bis jetzt hat er alle Probleme großmütig den Geburtswehen einer neuen Nation zugestanden, auch den Überfall, als ihn eine Bande schwarzer Jugendlicher aus dem Auto zerrte, zusammenschlug und ausraubte.

Doch als Ende 2007 Jacob Zuma, nach wie vor angeklagt wegen Vergewaltigung und Korruption, zum Präsidenten des ANC und damit zum potenziellen Nachfolger des jetzigen Präsidenten Mbeki gewählt wurde, sagte der Forscher zu seiner Frau: »Vielleicht müssen wir bald von hier weg.«

Eigentlich ist in Südafrika nach 1994 ein Wunder passiert. Die früher Unterdrückten übernehmen die Macht, lassen die Eigentumsverhältnisse aber durchweg unangetastet, leiten eine lange Phase wirtschaftlichen Aufschwungs ein und schaffen, was ihnen die vorher Herrschenden niemals zugetraut hätten: Sie regieren das schwer führbare Land demokratisch, ohne die faschistischen Methoden ihrer Vorgänger. Doch während sie (auch dank der überwältigenden Mehrheit des ANC) politisch auftrumpfen, profitieren ihre früheren Unterdrücker als wirtschaftliche Gewinner vom Ende der Apartheid. Nie ist in Südafrika so viel Geld verdient worden wie nach 1994, noch nie ging es den Vermögenden so gut. Ihre Immobilien stehen hoch im Kurs, Hersteller von Luxusautos machen glänzende Geschäfte. Einige Schwarze haben sich ihnen hinzugesellt. Doch wie sie nun ihrerseits auf ihre ärmeren Brüder und Schwestern herabschauen, hat sich die Grenze der Apartheid nur verschoben.

Vor den Augen der Welt und besonders von den afrikanischen Nachbarn mit Spannung verfolgt, findet am Kap der Guten Hoffnung ein beispielloses Menschheitsexperiment statt. Zweiundvierzig Millionen Andersfarbige stehen fünfeinhalb Millionen Weißen gegenüber. Deren Vorfahren aus Europa haben sich teilweise im 17. Jahrhundert hier angesiedelt. Für sie ist das Land ihre Heimat wie für das Ehepaar Clinton die USA. Sie haben es, aus ihrer Sicht, aufgebaut und zur Blüte gebracht. Weingüter, Industrie und Rohstoffförderung, Städte, Schulen und Universitäten wie in Europa. Dass sie es nur durch die Arbeitskraft von Millionen Lohnsklaven geschafft haben, sorgt in ihrer Geschichtsschreibung allenfalls für eine Fußnote.

»Europa schuldet uns einiges«, sagt Nuruddin Farah. Der somalische Schriftsteller, in seiner Heimat wegen Kritik an der diktatorischen Herrschaft zum Tode verurteilt, lebt seit 1999 in Kapstadt im Exil. Wir treffen uns in einer Shopping Mall, weil es dort am sichersten ist, und trinken Kaffee aus Bechern in einem der zugigen Durchgänge. Ein stiller, dezenter Nordafrikaner, Jahrgang 1945, eine der wichtigsten literarischen Stimmen Afrikas und für viele der nächste Kandidat des Kontinents für den Literaturnobelpreis. In seinem Werk setzt er sich, gekennzeichnet durch tiefe Solidarität, immer wieder mit den Frauen in den männlich dominierten afrikanischen Gesellschaften auseinander, öffentlich zudem mit den Folgen der Kolonialisierung seines Kontinents.

»Wenn man bedenkt, wie viele Zigmillionen aus Europa ausgewandert sind, dann müsste es eigentlich im Gegenzug ebenso viele aufnehmen.« – »Aus europäischer Sicht nicht ganz unproblematisch.« – »Sie werden die Afrikaner nicht daran hindern, nach Europa zu kommen. Das ist wie bei einer reifen Frucht.« Also sei es sinnvoll, das gegenseitige Feindbild abzubauen, Immigration zu steuern, statt sie am Ende ungeregelt und mit vielen Todesopfern doch nicht verhindern zu können. Außerdem strahle von den Auswanderern ein Stück der europäischen Kultur zurück auf die Gebliebenen. In seiner Heimat Somalia sei so die Genitalbeschneidung bei Mädchen beendet worden. »Etwas den Druck mindern, würde Afrika enorm helfen«, sagt der Zweiundsechzigjährige und presst sich seinen Unterarm, »wie bei einer Wunde. Außerdem bekommen wir auf diese Weise Verbindung zum Rest der Welt.«

In der Versuchsanordnung des Experiments Südafrika ist die frühere Trennung gleichzeitig aufgehoben und geblieben. Weiß und Reich lebt nach wie vor überwiegend abgeschottet unter sich in Villensiedlungen und Luxusapartmentkomplexen, der Rest zum größten Teil in bescheidenen Townships. Um für die Weißen Platz zu machen und auch eine Art Sicherheitsstreifen zu schaffen, sind Farbige und Schwarze an die Ränder der Städte zwangsumgesiedelt worden. Dort waren Verbrechen und Gewalt auch vor 1994 an der Tagesordnung, nur hat es die herrschende Klasse in ihrem Polizeistaat nicht weiter gekümmert. Das hat sich geändert und droht den Regenbogentraum zu zerreißen.

Ohne dass eine künstliche Schranke sie trennt, dürfen Millionen chancenloser Jugendlicher nun direkt zusehen, wie ihre wohlhabenden Altersgenossen sich weiterhin an den Schätzen des gemeinsamen Landes bereichern. Da »ihre« Regierung kaum Abhilfe schafft und sich die Klassentrennung auch nicht so einfach friedlich aufheben lässt wie die Rassentrennung, holen sie sich ihren Anteil immer häufiger mit Gewalt. Wohl in keinem Land der Welt ist die Kriminalitätsrate höher und die Aufklärungsquote geringer als in Südafrika. Hier schließt sich wieder ein Kreis: Brasilien kommt mir in den Sinn.

Da die Täter (bei mehr als drei Viertel Farbigen und Schwarzen in der Bevölkerung kein Wunder) überwiegend afrikanischen Ursprungs sind, spielt das ganze Land inzwischen »Wer hat Angst vorm schwarzen Mann?«. Als ich den Tafelberg besteigen will, rät mir die – schwarze?, farbige? – Rezeptionistin im Hotel dringend ab. Gerade in jüngster Zeit habe es immer wieder Überfälle durch Banden gegeben, die sich zwischen den Felsen versteckten. Nur die Seilbahn sei sicher. Erst als ich mich vergewissert habe, dass der Fußweg von bewaffneten Parkwächtern kontrolliert wird, wage ich mich hinauf – und werde mit einem Ausblick belohnt, wie ich ihn vorher nur in Rio hatte.

In Pretoria hatte mich Direktor Thackeray in der Gästewohnung des Museums hinter hohen Eisengittern untergebracht. Nach Einbruch der Dunkelheit das Gelände zu verlassen, warnt er, sei lebensgefährlich – im Zentrum der Hauptstadt seines Landes. Ich will nicht so denken und breche zu einem Spaziergang auf. Doch als ich am Tor Gruppen schwarzer Jugendlicher vorbeiziehen sehe, laut, lebendig und selbstbewusst, kneife ich.

»Ich kann dich verstehen«, sagt Tabo, ein schwarzer Student in Kapstadt. Er und seine weißen Freunde haben mich zum Abendessen in ihre Wohngemeinschaft eingeladen, ein Häuschen im Schatten des Tafelbergs. »Jetzt geht es den Weißen so wie uns schon immer.« – »Dieses Land trägt seinen Bürgerkrieg über Verbrechen aus«, wirft Jason ein, »wir haben keine Kontrolle mehr über die Innenstädte.« – »Darauf haben die Weißen doch nur gewartet, dass sie das jetzt den Schwarzen in die Schuhe schieben können.« – »Das ist unser größtes Problem: Wir schieben immer alles auf die anderen.« – »Das ist mir ziemlich egal!«, ruft Leo dazwischen. »Ich habe schlicht und einfach permanent Angst. Mehrmals am Tag fühle ich mein Leben bedroht.« – »Ist das jetzt nicht etwas übertrieben?«, fragt Tabo. – »Übertrieben? Drei Leute aus meinem Bekanntenkreis sind in den letzten sechs Monaten erschossen worden. Das ist die Realität.« – »Und was hast du vor?« – »Ich will weg. Nach England.« – »Wer gehen will, soll gehen«, sagt Allon, selbst ein Weißer, geboren in den USA, der lange in Jamaika gelebt hat, seit fünfundzwanzig Jahren hier wohnt und sein Haus mit Studenten teilt. »Es werden bittere Zeiten kommen, aber nur so kann Südafrika südafrikanisch werden.«

Genau das fürchten viele Weiße. Wo ich hinkomme, diskutieren sie die eine Frage: Bleiben oder gehen? Neben der Gewalt und der Angst vor Zuma als nächstem Präsidenten beherrscht ein Thema die Gespräche: »Power cut«. Kurz vor meinem Eintreffen hat es mehrere längere Stromausfälle gegeben. Die Kapazitäten der Kraftwerke sind erschöpft. Gold- und Diamantenminen mussten teilweise ihre Arbeit einstellen. In den Zeitungen ist von 27 000 verlorenen Arbeitsplätzen die Rede. Vor allem die rechten Blätter wettern gegen die Regierung, die seit 1994 nur von der Substanz lebe und es trotz Warnungen nicht geschafft habe, die verfügbare Strommenge zu erhöhen. Frühestens 2013 könnte die Lücke geschlossen werden – womöglich zu spät, um den Exodus zu verhindern. Die Regierung hat schnell für Abhilfe gesorgt und über den »Southern African Power Pool« die fehlenden Megawatt von Nachbarn hinzugekauft. Das Land ist noch immer bei Weitem das reichste in Schwarzafrika.

Die verheerende psychologische Wirkung der Stromausfälle kann indes nur erahnen, wer sich Vergleichbares in Westeuropa vorstellt. Wenn aus heiterem Himmel für ein paar Stunden die Lichter ausgehen, geht mit dem Strom plötzlich jedes Gefühl von Sicherheit verloren. Wenn man so will, hängt unsere gesamte Kultur an der Steckdose, ohne dass wir darüber allzu häufig nachzudenken.

Ich habe mich auf die Suche nach Darwin gemacht, der so wenig über seinen Aufenthalt am Kap hinterlassen hat. In seinem Reisejournal erwähnt er Kapstadt nur in einem Nebensatz, im Tagebuch notiert er: *Ich sah so wenig Sehenswertes, dass ich kaum etwas zu sagen habe.* In seinen geologischen Notizen findet sich ein Hinweis, dass er in Green Point an der Atlantikküste eine seltene Gesteinsformation gesehen hat.

Als ich die Stelle im reichen weißen Stadtteil Clifton auch mithilfe meines ortskundigen Fahrers nicht finden kann, frage ich einen drahtigen älteren Mann, der gerade vom Joggen kommt – und erlebe wieder einen der kleinen Zufälle auf meiner Reise: Genau dieser sportliche Rentner, Jeff Fisher, hat sich intensiv mit Darwin beschäftigt. Er kennt den schwarzen Sedimentstein genau, auf den sich vor fünfhundertvierzig Millionen Jahren flüssiges Magma ergoss und als heller Fels verfestigte. Deutlich heben sich die beiden Schichten voneinander ab. Der geologische Fundort liegt, über eine private Treppe zu erreichen, genau unterhalb von Jeffs lichtdurchfluteter Traumwohnung am Rand des weißen Strandes. Bis vor Kurzem wies oben an der Straße über dem Moses Beach eine Plakette auf Darwins Besuch hin. Doch sie ist – Völker, seht die Symbole – gestohlen worden wie ihr Pendant in Wallerawang hinter den Blue Mountains bei Sydney.

»Als mein Mann bei einem Stromausfall zum ersten Mal im Fahrstuhl stecken blieb«, erzählt Jeffs Frau Barbara, »brach für uns eine Welt zusammen.« Auch wenn das Problem mittlerweile behoben ist: Dass irgendwo irgendwer den Strom abdrehen könne, passt nicht in das Selbstbild von Menschen, die leben wie in Kalifornien oder an der Côte d'Azur. »Wenn Sie mich vor zwei Monaten nach der Zukunft dieses Landes gefragt hätten, wäre meine Antwort positiv gewesen. Jetzt sehe ich schwarz.« Die meisten warten nur noch auf die Fußballweltmeisterschaft 2010. »Wenn die WM schiefgeht, gibt es kein Halten mehr«, fürchtet der einundsiebzigjährige Hausherr.

Doch nicht alle Weißen sehen die Zukunft so düster. Iain Harris führt Touristen an die Kultur der Schwarzen heran, bringt sie zu Ausstellungen und Konzerten in die Townships und verschafft damit den Künstlern und Musikern dort Einkommen. »Da draußen gibt es so viele Möglichkeiten. Man muss sie nur nutzen.« Er zeigt mir Bonteheuwel, einen besonders heruntergekommenen Slum der Farbigen. Staub, Müll, schiefe Hütten aus Blech und Holz, Wäsche über Zäunen, Reihen von Toilettenkabinen, Menschen in Lumpen. Dritte Welt in Nachbarschaft zu Erster. Am Rande der Township entsteht gerade eine neue Siedlung von Einheiten mit Wohnungen mit fließend Wasser und WC. »Das alles braucht Zeit.« Iain stellt mir seinen Vater Jim vor, einen anglikanischen Pastor, der in einem bettelarmen Vorort seine Gemeinde betreut. »Jeder, den ich kenne, glaubt, dass wir es schaffen. Wir könnten Vorbild für ganz Afrika werden.«

Die weiße Mittelklasse hat, wie fast alle Schwarzen und Farbigen, auch keine andere Wahl. Da haben die wenigsten einen britischen Pass wie Francis Thackeray oder der Student Leo. Sie müssen mit der Mehrheit auskommen, auf Gedeih oder Verderb. Die Alternative hieße

Bürgerkrieg. Die erste Bewährungsprobe steht unmittelbar bevor. Die Regierung will Großgrundbesitzer zwingen, einen Teil ihrer Ländereien zum festgelegten Preis an landlose Schwarze zu verkaufen – Teil des Programms zum »Black Economic Empowerment«. Einige der durchweg weißen Eigentümer haben Widerstand angekündigt. Viele Ländereien, vor allem die herrlichen Weingüter von Franschhoek, befinden sich länger im Familienbesitz als ihre Pendants in Europa und pflegten den Rebenanbau schon vor Darwins Tagen. Einige gehören internationalen Investoren. Niemand weiß, wie der Staat das demokratisch beschlossene Gesetz durchsetzen kann.

An einem Sonntag bin ich wieder auf Darwins Spuren unterwegs. *Unser erster Tagesritt war zum Dorf Paarl, zwischen 30 und 40 Meilen nordöstlich von Kapstadt.* Der adrette Ort, der auch in New Mexico oder Südfrankreich liegen könnte, wirkt wie ausgestorben. *Alle Häuser waren ordentlich, komfortabel und weiß getüncht. ... Das ganze Dorf besaß eine Atmosphäre ruhigen und respektablen Komforts.*

Vor einer Kirche aus dem Jahr 1805 bleibe ich gewohnheitsmäßig stehen. Die müsste Darwin gesehen haben, als er *eine singuläre Gruppe gerundeter Granithügel gleich hinter dem Dorf* besteigt. *Ich genoss einen feinen Blick vom Gipfel.* Wie so viele Pfadfinderabenteuer der letzten Monate scheint auch dieses ohne Resultat zu enden. Hier gewesen, abgehakt. Auch Darwin ist nur noch schwer zu begeistern. *Ich sah nie ein uninteressanteres Land,* schreibt er auf dem Rückweg.

Da öffnet sich das Kirchentor, die Gemeinde strömt heraus, jeder Einzelne auf Afrikaans von Pastor und Küster verabschiedet. Noch einmal sage ich mein Sprüchlein auf. Man weiß ja nie. »Wussten Sie, dass Charles Darwin 1836 in Paarl war?« – »Nein«, sagt der Küster, »aber ich stelle Ihnen einen Mann vor, der sich mit Darwin bestens auskennt.« Und dann treffe ich endlich den überzeugtesten Bibelkreationisten meiner Reise, den »Evangelisten« Graham Clarke. Der Mann reist von Kirche zu Kirche, sammelt verschlissene Bibeln ein, viele seit Jahrhunderten im Familienbesitz und »Bybel« – mit y – geschrieben, bindet sie neu, bringt sie wieder zurück und darf dafür auf die Kanzel.

Wie auf Stichwort legt der Prediger los. Seine Frau mit Söhnlein und Töchterchen stehen dabei. »Ich bin ein wiedergeborenes Kind

Gottes. Er hat mich geschickt, sein Wort zu verbreiten.« – »Wie hat er denn zu Ihnen gesprochen?« – »Ich war ein Trinker und Schläger. Eines Tages 1993 hatte ich einen Kampf mit meinem eigenen Bruder. Da hörte ich Seine Stimme, fiel auf die Knie und bat um Verzeihung. Von dem Tag an habe ich keinen Alkohol mehr angerührt und mein Leben der Bibel gewidmet.« – »Gott hat ihn verwandelt«, pflichtet seine Frau bei. »Er hat aufgehört, mich zu schlagen.«

Nun ist der Fünfundvierzigjährige nicht mehr zu stoppen. Ein Schwall aus Genesis I,26, die Erde ist sechstausend Jahre alt, Psalm 138, Drogen, Pornografie und Jesu Rache, Sterne werden auf uns fallen. »Wir stehen vor dem Ende der Zeit und der Welt. Die Bibel sagt, es werden zehn Könige kommen, wenn Gott die Geduld verloren hat. Das sind die Regierungschefs in der Europäischen Union. Fehlt nur noch England. Wenn die dem Euro beitreten, kommt die Apokalypse.« – »Predigen Sie das auch in der Kirche?« – »Gott hat mich damit beauftragt.« – »Und wenn Ihre Kinder dabei sind? Keine schönen Aussichten für junge Menschen, die ihr Leben noch vor sich haben.« – »Gott hat uns sein Wort gegeben. Es nicht zu glauben ist die größte Sünde.« – »Wann genau erwarten Sie das Ende?« – »Das hat mir Gott in seiner Gnade nicht verraten. Aber ich weiß, dass er nach uns ein neues Universum und eine neue Erde erschaffen wird.« – »Was sagen Sie Ihren Kindern, wenn die in der Schule etwas anderes hören?« – »Sie gehen nicht zur Schule. Ich unterrichte sie zu Hause.« – »Sie sollten aber wissen, dass die Erde viel älter ist und dass alle Lebewesen, auch wir Menschen, durch Evolution entstanden sind.« – »Das behauptet der Antichrist.« – »Darwin hat ziemlich gute Argumente ins Feld geführt. Die Bibel bietet dagegen nur Behauptungen.« – »Darwin hat auf dem Sterbebett widerrufen.« – »Das wüsste ich.« – »Im Tod hat er Gott um Verzeihung gebeten.« – »Davon ist in der Literatur keine Rede.« – »Dann schauen Sie mal ins Internet.«

Wo jeder alles schreiben darf, findet sich natürlich auch diese Version einer Verschwörungstheorie. Plötzlich dient das Internet, Teufelszeug der »neuen Weltordnung«, wie Graham die letzte Phase vor dem Untergang nennt, als Quelle höherer Wahrheit. Darwin als Zeuge gegen sein Lebenswerk. Das haben er und Master Ples nicht verdient.

26
St. Helena und Ascension

Die Insel der Saints · Postschiff RMS St. Helena · Napoleons Grab · Der Alte von Downe · Darwins Tod · Letzte Ruhe in der Abbey · Die Zukunft der Menschheit · Das Vermächtnis der Suppenschildkröten

So sollte sie sein, die letzte Etappe, auf der Reise wie im Leben: ein Stück Wehmut, weil das Ende naht, ein wenig Stolz, es geschafft zu haben, und zum Schluss noch einmal ein lichtheller Moment. Seit ich in New York vor der Weltkarte mit Darwins Route stand, hat mich dieser Punkt elektrisiert wie nur wenige. So einsam in den Weiten des Ozeans gelegen wie die Osterinsel, erreichbar nur auf einem Gefährt, das genauso heißt wie sein Ziel: RMS St. Helena, das letzte Postschiff Ihrer Majestät. Noch einmal auf hoher See, noch einmal der weite Blick, noch einmal im Südatlantik, wo alles begonnen hat. Ich fahre wieder steuerbord, Kabine A 25, diesmal aber in nördlicher Richtung, sodass mich die Morgensonne weckt.

Als wir in Kapstadt ablegen und die 112. Fahrt des Royal Mail Ship's beginnt, hat die Nacht dem Tag sein Licht bereits geraubt. Drohend steht der Tafelberg im Schein der Stadt. Sein Tischtuch aus Wolken, oft besungen, hat sich in ein Federbett verwandelt. Das Schiff, hinten Kreuzfahrt, vorne Container, eigens für die Insel gebaut, verlässt den Schmuddelteil des Hafens, wo die schweren Laufkräne arbeiten. Voll beladen stechen wir in See. Die meisten Reisenden bleiben an Deck, bis der Kontinent als Reihe blinzelnder Lichter hinter dem Horizont versinkt.

Darwin hat am Kap jenen Mann getroffen, der ihm das Wort vom »Geheimnis aller Geheimnisse« in den Kopf gesetzt hat. Über die Begegnung mit John Herschel, immerhin *das einprägsamste Ereignis, das zu genießen ich in langer Zeit das Glück hatte,* ist nichts Näheres bekannt. Der Astronom wird später, religiös getrieben, einer der erbittertsten

Gegner von Darwins Ideen. Doch sein Credo, eine umfassende Theorie als Teil des Weltbilds kröne jede Wissenschaft, könnte Darwin zum nächsten Schritt ermutigt haben. Nur ein paar Wochen später, noch auf hoher See, vermutlich schon im Nordatlantik, äußert er erstmals Zweifel an der Stabilität der Arten.

Am Ende seines Reiseberichts spricht er vom *Bedürfnis und Sehnen, welches, wie Sir J. Herschel bemerkt, ein Mann erfährt, selbst wenn ein jeder körperliche Sinn voll befriedigt erscheint.* Längst hat er seine zweite Reise begonnen, die im Kopf. Während der insgesamt dreiwöchigen Seefahrt von Kapstadt nach St. Helena macht er, am elften Tag, die einzige Eintragung in sein Tagebuch. *Die Beagle überquerte den Wendekreis des Steinbocks zum sechsten und letzten Mal.* Kein Wort mehr von Seekrankheit, kein vorbeisegelnder Kormoran oder springender Delfin.

Wir sind vier Tage und fünf Nächte unterwegs. Die St. Helena als größter Arbeitgeber der Insel ist mehr als nur ein Schiff, so wie ihre Heimatinsel mehr ist als nur ein Eiland. Beide sind Legende, die eine wegen eines leeren Grabes (und seines früheren Bewohners), das andere als schwimmende Brücke zwischen einem einsamen Felsen im Meer und dem Rest der Welt. Es versorgt die Bewohner mit allem, was sie brauchen – Baumaterial, Lebensmittel, Autos, Bücher, Kleidung und nicht zuletzt auch mit der Post. Es fährt sie, gleich welcher Klasse oder Rasse, in die Ferien, auf Geschäftsreisen, zu Verwandtenbesuchen, zur Herzoperation oder zum Kinderkriegen in die nächste verfügbare Klinik.

Unterwegs geht es zu wie auf einem Familienausflug. Jeder kennt jeden an Bord, die Besatzung eingeschlossen. Sie sorgt dafür, dass den Passagieren nicht langweilig wird. Da gibt es einen Bridgeclub, Turniere in Scrabble, Ringwerfen, Tischtennis, Kegeln oder Kricket, jeden Tag Kreuzworträtsel, Sudoku und eine neue Runde Teamquiz. Nach ein paar Mahlzeiten und wenigen Runden Karten oder Darts sind auch die zwei Dutzend Touristen in die Gemeinschaft der »Saints« aufgenommen, der »Heiligen«. So nennen sich die Bewohner seit Generationen.

Am Ende der fünften Nacht *kamen wir vor St. Helena an. Diese Insel, deren abstoßender Anblick schon so oft beschrieben worden ist, erhob sich gleich einer riesigen schwarzen Burg jäh aus dem Ozean.* Bis heute gibt es dort weder einen geschützten Hafen noch ein größeres Kai. Wie alle Schiffe muss das Royal Mail Ship in sicheren Tiefen ankern. Jeder Passagier und alle Fracht werden wie zu Darwins Zeiten per Fährboot oder Floß zur Pier übergesetzt. Ein paar Dutzend kleine Fischkutter und eine Handvoll Segelschiffe liegen in der Bucht. *Als wir uns dem Ankerplatz näherten, bot sich uns ein eindrucksvolles Bild:* Eine bunte Schar hat sich vor Tau und Tag zum Empfang versammelt.

Rund viertausend Menschen leben auf der Insel. Sollte man ihre Herkunft nach ihrem Äußeren bestimmen, gäbe es Treffer rund um den Globus. Doch anders als in Mauritius oder anderen multikulturellen Gesellschaften hat sich europäisches, afrikanisches und ostasiatisches Blut hier so innig durchmischt und verwischt, dass nirgendwo eine Grenze zu ziehen ist. Schon Darwin beschreibt Angehörige *einer viele Male gekreuzten Rasse*. Ob eines Tages die gesamte Menschheit diesem Bild entsprechen wird?

Während mir in Südafrika jeder seine Rassenzugehörigkeit nennen kann, ist auf St. Helena dazu niemand imstande – mit Ausnahme einer Handvoll »Weißer«, die ihre Stammbäume vollständig nach Europa zurückverfolgen können. Sie waren es auch, die unter der Thatcher-Regierung britische Pässe erhielten. Den Übrigen ist das Konzept ziemlich fremd. Sie wachsen weitgehend ohne jedes Rassenbewusstsein auf, weil es sinnlos ist. »Ich habe in meiner Kindheit und Jugend nicht eine Sekunde über dieses Thema nachgedacht«, sagt Kedell Worboys, die seit einigen Jahren ihre Heimatinsel bei der britischen Regierung in London vertritt und gerade auf Dienstreise »zu Hause« weilt. »Es war ein Schock, wie wichtig es den Leuten in England ist.«

Das beherrschende Thema auf St. Helena, auf Schiff wie Insel: Per Volksabstimmung mit großer Mehrheit gebilligt, soll das Eiland ab 2011 einen Flughafen bekommen. Die britische Regierung unterstützt das Vorhaben. Die – vertraglich zugesicherte – Alternative wäre ein neues Postschiff, das der Insel alle fünfundzwanzig Jahre zusteht. Sobald der International Airport seinen Betrieb aufnimmt, kann sich London die Subvention für das unrentable Schiff ein für alle Mal sparen. Wieder steht das Ende einer Ära bevor. Die Tage der St. Helena sind gezählt.

Gouverneur Gurr, ein von England eingesetzter, vergnügter Verwaltungsaristokrat, der sich »Exzellenz« nennen lässt, sieht keine Alternative. »Der Flughafen bietet den Anschluss an die moderne Welt.« Beim Bier im »White Horse« oder im »Standard«, den beiden Pubs im Hauptstädtchen Jamestown, hier noch altmodisch »Public Houses« genannt, oder bei den Damen in der benachbarten Markthalle hört sich das anders an. »Ohne das Schiff verlieren wir unsere Einzigartigkeit«, sagt eine. »Es gehört zur Insel wie jeder Einzelne von uns«, erklärt eine andere. »Es ist Teil unserer Lebens- und Familiengeschichten.« Dafür sind demnächst schneller und preisgünstiger Flugzeuge und moderne Containerschiffe zuständig.

Gleichzeitig werden die Grundstückspreise steigen, Ferienhäuser für wohlhabende Überwinterer und ein geplantes Luxushotel mit Golfplatz den Charakter der Insel verändern – und auch den ihrer Gäste: Während heute nur kommt, wer mehrtägige, mitunter ziemlich bewegte Schiffsreisen auf sich nimmt, werden Hinz und Kunz mit dem nötigen Kleingeld einschweben wie auf Ibiza, Puerto Rico und unzähligen anderen Inseln. Ein weiterer Punkt auf dem Globus verliert ein Stück seiner Einmaligkeit.

Damit aber, und das ist ihr wahres Dilemma, büßt die Insel mit ihrer einzigartigen Menschenmischung und deren altertümlich klingender Sprache einen Teil jenes Reizes ein, der die Gäste erst herlockt. Noch haben sich die Seelen der Saints trotz Satellitenfernsehen und Internet nicht mit dem Pulsschlag der Welt verbündet. Doch wenn sie so werden wie alle anderen, wer sollte von Europa einen zehnstündigen Flug auf sich nehmen, um zu erleben, was er auch in Wales finden kann? Das Wetter ähnlich verregnet, *eine Vegetation von ausgesprochen britischem Charakter*, ein einziger winziger Strand, ein paar nette Wanderungen, eine Stadt, die man nach einem halben Tag vollständig kennt, einschließlich St. James Church, der ältesten anglikanischen Kirche in der südlichen Hemisphäre. *Was wird dann aus dem kleinen Staat St. Helena?*

St. Helenas einzige wirkliche Attraktion bleibt die letzte Lebens- und Ruhestätte von Napoleon Bonaparte. Sie liegt als französischer Besitz in der Verantwortung eines Beauftragten aus Paris wie ein Fremdkörper auf der Insel. Die Saints reden von dem prominentesten Gefangenen der Weltgeschichte eher wie über ein notwendiges Übel, ohne Begeisterung, ohne jeden Stolz. Dabei wäre St. Helena ohne den Kaiser

so unbekannt wie unbedeutend. Schon zu Darwins Zeiten sind die Bewohner bemüht, ihr Image loszuwerden. *Ein moderner Reisender belastet das arme kleine Eiland ... mit den folgenden Titeln: Es ist Grab, Grabmal, Pyramide, Friedhof, Gruft, Katakombe, Sarkophag, Minarett und Mausoleum!*
Nachdem ich Jamestown bis in die letzte Gasse erkundet habe, *wanderte ich von Morgen bis Abend über die Insel.* Gleich hinter dem Museum auf dem Hauptplatz, der »Grand Parade«, führt die »Jakobsleiter« steil den Berg hinauf. Mit ihren 699 Stufen für jeden Besucher, der es sich zutraut, ein Muss. Seltsam, dass Darwin die Treppe nicht erwähnt, die 1829 gebaut worden ist. Auf halber Strecke blicke ich fast wie aus einem Flugzeug auf das Städtchen hinab. *Die Stadt zieht sich ein flaches, schmales Tal hinauf; die Häuser wirken anständig und sind durchsetzt mit sehr wenigen grünen Bäumen.* Rechts und links Fels, Schutt und Asche, dazwischen vor allem fühlbare Enge.

Mit jedem Schritt bergauf der Inselmitte entgegen wird die Vegetation üppiger, die Luft kühl und feucht. *Das Wetter hier war kalt und stürmisch, und unablässig gingen Regenschauer nieder.* Anorak, Fleece, noch einmal Frieren in den Tropen. Von Urwüchsigkeit kaum eine Spur. *Wenn wir bedenken, dass die Zahl der heute auf dieser Insel angetroffenen Pflanzen 746 beträgt und dass von diesen allen zweiundfünfzig einheimische Arten sind und der Rest eingeführt wurde, die meisten davon aus England, so erkennen wir den Grund für das britische Gepräge der Vegetation.* Darwin wandert bereits durch ein Stück Heimat. *Nur auf den höchsten und steilsten Graten ist die heimische Flora noch bestimmend.*

Wenn sich ein Volk darauf versteht, hügelige Wildnis in dramatische Kulturlandschaften zu verwandeln, dann die Briten. Mit den Wolkenfetzen, der durchbrechenden Sonne, dem leuchtenden Grün vor schwarzem Himmel, den Kirchlein, den verfallenen Friedhöfen und den idyllisch inmitten von Weiden gelegenen Gehöften ein Königreich für Panoramenmaler. Dann plötzlich bricht das Bild, die Trikolore taucht auf, ein kleiner Park, verspielte Geometrie, Gartenstatt Landschaftskunst: Longwood House, das letzte Domizil des 1815 in Waterloo geschlagenen und ans Ende der Welt verbannten Kaisers.

Wenn es neben der Isolation eine Strafe für Napoleon gab, dann das scheußliche Klima hier oben in den Bergen. Sein bescheidenes Landhaus ist ständig klamm und kalt, die Wände so verschimmelt, dass er sich auswechselbare Stoffbahnen davorhängen lässt. Darwin ist empört. *Hinsichtlich des Hauses, in dem Napoleon starb, ist dessen Zustand skandalös; die schmutzigen und verlassenen Räume, übersät mit den Namen von Besuchern, erschienen in meinen Augen wie eine vorsätzlich entstellte antike Ruine.* Nachdem das Gebäude eine Weile dem Vieh als Stall und dann Termiten als Futterquelle diente, betreten heutige Gäste ein ordentlich wiederhergestelltes Gehäuse mit Museumsstücken aus seiner Zeit, dazu Kopien und Replikate napoleonischer Reliquien wie Mantel und Hut, Badewanne und Sterbebett. Kein Ort, der die beschwerliche Anreise rechtfertigen würde.

Und die leere Gruft? Darwin *erhielt Unterkunft ... in einem Häuschen einen Steinwurf von Napoleons Grab entfernt. Ich gebe zu, dass mich letztere Tatsache nur mit geringem Anreiz erfüllte. Zu oft ist bei diesem Thema die eine Stufe vom Erhabenen zum Lächerlichen überschritten worden.* Der Verbannte hat sich den idyllischen Platz am Ende eines geschützten Taleinschnitts selber ausgesucht. Darwin weiß unter der namenlosen Steinplatte, die vor ein paar Jahren durch kargen Beton ersetzt worden ist, noch die sterblichen Überreste des Kaisers. Doch damals wie heute *erzeugt {das Grab} keine Gefühle, die im Einklang mit der Vorstellung der Ruhestätte eines solch großartigen Geistes stehen.*

Dass Napoleon bei aller soldatischen Kunst auch ein Aggressor war, der halb Europa und Nordafrika in seiner Großmannssucht mit Krieg überzog, ist weder bei Darwin noch in Longwood House irgendwo zu lesen. Vier Jahre nach dem Besuch der Beagle und knapp zwanzig nach Napoleons Tod wird der Leichnam exhumiert, von St. Helena nach Paris überführt und dort feierlich im Invalidendom aufgebahrt. Zweiundvierzig Jahre später wird Darwin ein ähnliches Schicksal zuteil – ohne sein Wissen, wider seinen Willen, aber nicht gegen seine Prinzipien.

Darwin möchte dort beerdigt werden, wo er die letzten vierzig Jahre seines Lebens fast ausschließlich verbracht hat: in der Nähe seiner Familie, auf dem bescheidenen Friedhof neben der Marienkirche von Downe. Nach Erscheinen der »Abstammung des Menschen« 1871 und seines weiteren Bestsellers über die Gemütsbewegungen im darauffolgenden Jahr klammert er sich an seine Arbeit, folgt beharrlich seinem Trott, gibt jedes Jahr mindestens ein neues Buch oder eine Neuauflage eines alten heraus, macht über alles und jedes Eintragungen in seinen geliebten Notizbüchern. Er liest und schreibt Tausende von Briefen, untersucht »Die Wirkungen der Kreuz- und Selbstbefruchtung im Pflanzenreich«, »Die Bewegungen und Lebensweise der kletternden Pflanzen«, und, passend im Jahr vor seinem Tod, »Die Bildung der Ackererde durch die Tätigkeit der Würmer«.

Selten ist einem Lebewesen wie dem Regenwurm so viel Ehre zuteilgeworden. *Es kann bezweifelt werden, ob es viele andere Tiere gibt, die solch eine bedeutende Rolle in der Weltgeschichte gespielt haben wie diese niedrigen Kreaturen.* Darwin besucht die Monolithen von Stonehenge – aber nicht, um sich näher mit dem Menschenwerk zu befassen, sondern um die Wirkung der Würmer auf dessen Versinken näher zu untersuchen. *Ich bin zu einer Art Maschine zur Beobachtung von Fakten und zur Erzeugung von Schlussfolgerungen geworden.* Auf einem Fragebogen seines Halbcousins Francis Galton für ein Buch über englische Geistesgrößen liefert er ein aufschlussreiches Selbstporträt:

Politik? – *Liberal oder radikal.*

Gesundheit? – *Gut in der Jugend – schlecht in den letzten 33 Jahren.*

Temperament? – *Ein wenig nervös.*

Körperenergie? – *Energie durch viel Aktivität gezeigt, und während ich gesund war, Kraft, Müdigkeit zu widerstehen … Ein Frühaufsteher am Morgen.*

Geistesenergie? – *Bewiesen durch rigorose und lang anhaltende Arbeit am selben Subjekt, wie 20 Jahre am »Origin of Species« und 9 Jahre an den Cirripedia.*

Gedächtnis? – *Gedächtnis sehr schlecht für Daten und fürs Auswendiglernen; aber gut, eine allgemeine oder vage Erinnerung vieler Fakten zu bewahren.*

Fleiß? – *Sehr fleißig, aber keine großen Fertigkeiten.*

Unabhängigkeit des Urteils? – *Ich denke, ziemlich unabhängig; aber ich kann keine Beispiele geben. Ich habe den allgemeinen religiösen Glauben fast unabhängig von meinen eigenen Gedanken aufgegeben.*

Auffällige mentale Besonderheiten? – *Durchhaltevermögen, große Neugier auf Fakten und ihre Bedeutung. Ziemliche Liebe zum Neuen und Wunderbaren.*

Besondere Talente? – *Keine, außer fürs Geschäft, wie sich bei der Kontoführung zeigt, bei Antworten auf Korrespondenz und dem Investieren von Geld. Sehr methodisch in allen meinen Gewohnheiten.*

Allein mit seinen Büchern erzielt Darwin Einnahmen von umgerechnet einer Dreiviertelmillion Euro. Insgesamt hat er am Lebensende sein Vermögen auf heutige zwanzig Millionen Euro vermehrt. Auf die Frage nach seiner Religionszugehörigkeit antwortet er: *Nominell zur Kirche von England.*

Im Frühjahr 1876 kommt von Sohn Francis (»Frank«) die freudige Nachricht, Ehefrau Amy sei im fünften Monat schwanger. In Erwartung der übernächsten Generation beschließt Darwin Ende Mai, seinen Nachfahren ein schriftliches Selbstzeugnis zu hinterlassen. Rein privat natürlich. Seine Kinder haben die Autobiografie nach seinem Tod dennoch publiziert. Heute kann sie jeder frei im Internet lesen.

Ich habe versucht, die folgende Schilderung über mich so zu schreiben, als wäre ich ein Verstorbener in einer anderen Welt, der zurück auf sein eigenes Leben sähe. Als Motiv seines Schreibens nennt er, *dass es mich in hohem Grade interessiert haben würde, wenn ich auch nur eine so kurze und langweilige Skizze vom Geiste meines Großvaters, von ihm selbst geschrieben, hätte lesen können.*

Die eigene Mutter wird nur einmal in ihrem Tod erwähnt, sonst kein Wort über sie und ihre Familie. Schwester Caroline als erste Lehrerin ist in seiner Darstellung ebenso an ihm gescheitert wie Schule, Internat und zwei Universitäten. Mentor Henslow wird überschwänglich gelobt, ansonsten hat sich der Autor mehr oder weniger alles selbst zu verdanken. Nicht einmal die Hauptperson in dem Stück, sein Vater, hat ihm mehr mitgegeben als seine Gene. *Ich glaube nicht, dass ich intellektuell viel durch ihn gewonnen habe.*

Als sei er an den Erzeuger statt an die Nachfahren gerichtet, liest sich der Text als eine einzige lange Argumentation mit der Botschaft: Schau an, was ich aus mir gemacht habe. Keine Selbstzweifel oder -kritik, außer bei den Jugendsünden, kein Blick in die eigene Seele. Wie ein distanzierter Beobachter beschreibt er einen Erdenbewohner namens Charles Darwin, dessen Existenz vor allem seiner Berufung dient. *Meine hauptsächlichste Freude und meine alleinige Beschäftigung während meines ganzen Lebens ist wissenschaftliches Arbeiten gewesen. ... Aus meinem übrigen Leben habe ich daher nichts mehr zu berichten, mit Ausnahme der Veröffentlichung meiner verschiedenen Bücher.*

Einzig die eigene Familie entlockt ihm ein paar persönliche Zeilen. Emma *ist mein größtes Glück. ... Sie war mir während meines Lebens ... ein weiser Ratgeber und heiterer Tröster.* Für die inzwischen längst erwachsenen Kinder fällt er sogar in einen anderen Ton und spricht sie direkt an: *Als ihr noch ganz klein wart, spielte ich sehr gerne mit euch, und ich denke mit Wehmut daran, dass diese Tage niemals wiederkehren werden.* Als Einzige wird Annie hervorgehoben, *die gerade erst 10 Jahre alt geworden war, {als sie} starb.*

Nach seinem Tod findet Emma zwischen seinen Manuskripten zusammen mit Annies Bild jenen Brief, in dem sie ihn kurz vor der Ehe angefleht hat, sich in seiner Wissenschaft nicht ganz der Religion zu verschließen. Auf den Umschlag hat er geschrieben: *Wenn ich tot bin, dann wisse, dass ich dieses Bild oftmals geküsst und darüber geweint habe.* Vermutlich der intimste Satz, den er je zu Papier gebracht hat.

Am 7. September 1876 bringt Schwiegertochter Amy einen gesunden Jungen zur Welt, den seine Eltern Bernard taufen. Doch die Freude erhält umgehend einen schweren Dämpfer. Wenige Tage nach der Geburt stirbt die junge Mutter an einem Fieber. Das Kind wächst bei Emma auf. Sohn Frank wird zu Darwins Assistenten bei seinen Experimenten mit Pflanzen und später zu seinem ersten wissenschaftlichen Nachlassverwalter.

Darwins öffentliche Auftritte kann man an einer Hand abzählen. Der Einsiedler von Downe hat sich dem Publikum nie präsentiert und den Rummel um seine Person aus sicherer Ferne verfolgt. Die Menschen kennen ihn nur von Abbildungen, die bis heute sein Bild bestimmen: als greisen Propheten, bärtig, finster, einsam. Oder von den zahllosen Karikaturen, die er mit großer Freude sammelt, besonders jene, die ihn als Affen zeigen.

Ende November 1877 reist er an seine alte Alma Mater in Cambridge, wo ihm die Ehrendoktorwürde verliehen wird. Als er das Senatshaus betritt, lassen Studenten eine Affenpuppe von der Galerie herunter, in das gleiche Festgewand gekleidet wie der Geehrte. Wie mag er sich gefühlt haben, als er zwischen den Reihen geistlich ausgerichteter Naturforscher, alle in vollem Ornat, zur Ehrung schreitet?

Im Sommer 1881 nimmt er als Ehrengast am Internationalen Medizinerkongress in London teil, dem bis dahin größten Treffen seiner Art. Er bleibt zwar nur während des Eröffnungsempfangs und ist deshalb auf dem berühmten Foto der Kongressteilnehmer nicht zu sehen. Doch zumindest eine Zeit lang befindet er sich in einem Raum mit

Rudolf Virchow und zwei kommenden Weltstars der Biologie: Robert Koch und Louis Pasteur.

Im August 1881 stirbt sein Bruder Erasmus. Darwin verliert einen seiner engsten Vertrauten. Ironischerweise hat der Ältere, in dessen Schatten sich Charles so prächtig entwickeln konnte, genau das Leben eines bemittelten Bohemien gelebt, das der Vater dem Jüngeren wütend prophezeit hat. Erasmus' Leichnam wird auf dem Friedhof von Downe neben den Gräbern der beiden Babys beigesetzt. Darwin, der das Vermögen des Bruders erbt, macht sein Testament. Jede Tochter erhält nach heutigem Wert umgerechnet über zweieinhalb Millionen Euro, die Söhne jeder gut vier.

Im Dezember desselben Jahres wird Darwin ein zweites Mal Großvater. Sohn Horace und Frau Ida nennen den Enkel nach seinem verstorbenen Großonkel Erasmus. Im darauffolgenden Jahr spürt Darwin, wie es allmählich mit ihm zu Ende geht. Die anfallartigen heftigen Brustschmerzen lassen vermuten, dass sein Herz vor dem Infarkt steht. Beharrlich führt er Buch über den eigenen Verfall. *Starke Schmerzen ... Magen äußerst schlecht ... Anfall, leichte Schmerzen.* Gegen seine Angina pectoris bekommt er Morphium.

Anfang April sieht er die letzte Prüfung auf sich zukommen. *Ich fürchte mich nicht im Geringsten vor dem Sterben,* erklärt er seinen Liebsten. Mitte des Monats werden die Brustschmerzen unerträglich. Das dauernde Erbrechen fördert Blut zutage. Am 19. April 1882 gegen vier Uhr nachmittags, den Kopf an Emmas Brust gelehnt, löst der bewusstlose Charles Robert Darwin den Schuldschein für sein Leben ein. Das Paradies, an das er als Kind und junger Mann noch geglaubt hat und wo Emma ihn wiederzusehen hofft, hat er einer größeren Idee geopfert.

Der auf seinen Wunsch schlichte, ungehobelte Sarg ist schon gezimmert und alles für die Beisetzung neben Bruder und Kindern in Downe bereit, da ergreift jener Mann die Initiative, der heute wegen seiner Eugenik in Verruf steht: Francis Galton, selber ein hoch angesehener Wissenschaftler, findet im Parlament breite Fürsprache für eine Petition: »Es wäre im Sinne einer sehr großen Anzahl unserer Landsleute aller Klassen und Überzeugungen, dass unser hochberühmter Landsmann Mr Darwin in der Westminster Abbey beigesetzt wird.«

Kein Sir oder Professor, sondern ein schlichter Mister soll im Pantheon der Geistesgrößen seinen Platz erhalten. Die Familie stimmt, von aller Welt bedrängt, im höheren Interesse zu. Die anglikanische Kirche sieht in dem Gottesdienst in der Abbey eine Chance, Wissenschaft und Glauben wieder ein Stück weit zu versöhnen. So geschieht es, dass der geschmähte Antichrist, der die Erlösung der Menschheit durch den Gekreuzigten für ein Hirngespinst hielt, am 26. April 1882 unter Glockengeläut und dem Chorgesang »Ich bin die Auferstehung« wie in einem Staatsakt in das Haus Gottes getragen wird. Zu den Sargträgern gehören Hooker, Huxley und Wallace.

Seine letzte Ruhestätte findet er nicht, wie zunächst vorgesehen, neben Charles Lyell. Er liegt, täglich von Gästen aus aller Welt gewürdigt, neben John Herschel, zu Füßen des alle überragenden Newton. Seine Beisetzung wird zum öffentlichsten Ereignis seines Lebens. Im Tod triumphiert der Geist, der wie keiner vor ihm den Sinn des Todes verstanden hat – als Mittel biologischer Schöpferkraft. Der die Macht der Götter herausgefordert hat. Der dem Leben und der Menschheit eine Geschichte gegeben hat. Dagegen ist ein Napoleon nur eine Zeiterscheinung für ein paar Jahrhunderte. Die Londoner »Times« kommt der Tragweite des Ereignisses am nächsten: »Die Abbey benötigte ihn mehr, als er die Abbey benötigte.«

Auf St. Helena ist er mir innerlich noch einmal nahegekommen, der Abenteurer des Lebens. Auf einsamen Feldwegen, die er gegangen sein könnte, im Gestühl einer alten Kirche, im tropfnassen Wald bei Diana's Peak und auf der Hochebene am Horse Point, wo sich die Inselbewohner zur Jahrtausendwende ein Zukunftszeichen gesetzt und begonnen haben, einen Millenniumswald aus fünftausend »Gumwood«-Bäumen zu pflanzen. *Meine Wanderungen zwischen den Felsen und Bergen ... bereiteten mir so viel Freude, dass es mir beinahe leid tat, als ich ... wieder in die Stadt hinab musste.* Plötzlich der heimliche Wunsch, das Ende hinauszuzögern. Noch einmal kurz innehalten, bevor der Kreis sich schließt.

Der Reisende schwankt immer wieder zwischen der Sehnsucht zu bleiben und der Freude auf den Abschied, aufs Weiterfahren. Hier und da beneidet er Menschen um ihre Heimat, doch viel mehr beneiden sie ihn, dass er ihre enge Welt gegen die große eintauschen darf. *Noch vor Mittag war ich an Bord.* In den Augen der jungen Leute an der Pier leuchtet Fernweh. Dabei geht es nur zur Insel Ascension, die noch einsamer und ohne feste Bewohner zwei Tage weiter nordwestlich liegt. Die St. Helena lichtet ihre Anker und nimmt wieder Fahrt auf. Auf schnurgerader Linie verlässt sie ihren Heimathafen wie ein Raumschiff die Erde. Menschen winken, bis sie den Sichtkontakt verlieren. Nach wenigen Stunden lässt uns das Eiland allein in der Endlosigkeit.

»Was machen Sie, wenn ich fragen darf?« Als Passagier mit Laptop im Schatten eines Sonnenschirms errege ich immer wieder Neugier. »Ich schreibe ein Buch.« – »Worüber?« – »Über die Frage des Lebens.« – »Die kann ich Ihnen auch ohne Buch beantworten: Leben ist das, was mich davon abhält, eine Leiche zu sein.« Die Umstehenden lachen. Auch ein kulturelles Schmiermittel: geteilte Heiterkeit. Wir unterhalten uns und dabei einander. Der Saint, ein Herr im Seniorenalter, hat mir eine einleuchtende Definition von Leben geliefert. Aufstand gegen den Tod, Triumph des Willens. Das ist es. Anders gesagt: Leben will leben, um jeden Preis.

Unerschütterlich wie eine rüstige Dame kurz vor dem Ruhestand verrichtet das alte Postschiff seinen Dienst. 15 Knoten, Kurs 297 Nordwest. Zeit der Bilanz. Erinnerungen tauchen auf. *Ich habe keinen Zweifel, dass jeder Reisende sich des glühenden Glücksgefühls entsinnt, das er empfand, als er zum ersten Mal in einem fremden Klima atmete, das der zivilisierte Mensch selten oder noch nie betreten hat.* Darwin kommt gerade noch rechtzeitig, um hier und da eine Ahnung vom biologischen Urzustand des Planeten vor Erscheinen des Kulturmenschen zu erhaschen. *Die weißen Flächen auf der Weltkarte verschwinden.* Heute sind sie, abgesehen von der Tiefsee, fast ausgelöscht.

Von den Szenen, die sich tief in mir eingeprägt haben, sind keine erhabener als die von Menschenhand unberührten Urwälder, seien es jene Brasiliens, wo die Mächte des Lebens vorherrschen, oder jene Feuerlands, wo Tod und Verfall obsiegen. Von Menschenhand unberührt – schon damals ein Adelsprädikat, heute so selten wie ein Tag ohne Krieg. *Beide sind Tempel, angefüllt mit den mannigfaltigen Erzeugnissen des Gottes der Natur.*

Darwin hat die kalte Hand der Schöpfung entdeckt. Die Harmonie der Naturgesetze als göttliches Prinzip, Evolution als »Gott der Natur«. Damit hat er das Geheimnis der Kreativität des Lebens aus dem Reich der Transzendenz befreit – aber auch die Grundlage für den nächsten unvermeidlichen Schritt geschaffen: Jedes System, das sich selbst durchschaut, wird auch versuchen, seine Schwächen zu beheben und sich zu verbessern. Der Mensch will nicht nur wissen, wie der Mathematiker David Hilbert sagt, er will auch walten, (sich) selber erschaffen.

Anderthalb Jahrhunderte, nachdem Darwin die Biologie zur historischen Wissenschaft erhob und sich die Frage nach unserem evolutionären Ursprung im Bewusstsein der Menschheit einnistete, verstehen wir nicht nur besser, woher wir kommen und wie wir zu denkenden und schöpferischen Wesen wurden. Wir versuchen auch mitzuentscheiden, was aus uns wird. Das Programm der Moderne, die Konstruktion und Rekombination des menschlichen Körpers, erscheint nach einem Jahrhundert Vordenkens und -gestaltens in den Künsten wissenschaftlich realisierbar.

Als unfertiges Wesen, das sich selbst nie genügt hat, macht sich der Mensch daran, nun auch biologisch seinen alten Traum von Selbsterschaffung und -verbesserung zu verwirklichen. Durch Selektion und Manipulation seiner Erbanlagen greift er in den Prozess ein, der ihn selber hervorgebracht hat: Das Zeitalter der Menschenzucht mit HOMO SAPIENS als Züchter der eigenen Linie und Autor seiner Evolution ist angebrochen. Durch gentechnisch gestützte Eugenik geraten wir zum Subjekt und Objekt eines Experiments mit offenem Ausgang.

Darwin ist für die Folgen ebenso wenig verantwortlich wie Einstein mit seiner Formel $e=mc^2$ für Hiroshima. Aufrichtig Wahrheitssuchende genießen das Schutzrecht der Unschuld. Manche fahren in die Welt hinaus, um sie mit Schwert oder Bibel zu unterwerfen. Darwin hat sie umarmt und danach erobert – mit einer Idee, nicht mit Ideologie. Gleichwohl geht die Kränkung der Menschheit durch sein Werk so tief, dass er noch immer und sogar wieder vermehrt ideologisch bekämpft wird. Wohl kein anderer ist wegen einer wissenschaftlichen Theorie so intensiv gehasst worden wie er, der vom Glauben zum Wissen fand.

Seine Reise hat Darwin die Augen für die Vergangenheit des Lebens geöffnet. Wie ein Sehender, der hinter die Erscheinungen blickt, hat er die Herkunft des Menschen und all seiner Mitgeschöpfe als Ergebnis der biologischen Evolution beschrieben. Die kennt weder

Ziele, noch folgt sie einem göttlichen Plan. Unsere Zukunft hängt indes allenfalls noch marginal vom Prinzip der natürlichen Auslese ab. Die Menschheit hat sich im Verlauf der Zivilisation immer weiter vom biologischen Kampf ums Dasein verabschiedet. Mit jeder Generation bestimmt kulturelle Evolution zunehmend über unser Schicksal.

Ohne sie, ohne Feuer, Werkzeug oder Sprache, hätte die Weltbevölkerung vermutlich nicht einmal fünf Prozent ihres heutigen Bestands erreichen können. Gemessen an der durchschnittlichen Lebenserwartung haben wir unsere biologische Fitness in kürzester Zeit vervielfacht – und dabei unsere Spezies auf eine fantastische Zahl von Individuen gebracht. Anders gesagt verdankt die Menschheit ihre Existenz zu mehr als fünfundneunzig Prozent jenem staunenswerten Phänomen namens Kultur, von der Jagd bis zur Zucht, vom Faustkeil zur Jupitersonde, von der Keilschrift zur Internet-Suchmaschine.

Doch gerade dieser größte biologisch-kulturelle Erfolg gefährdet nun Weiterleben und Fortschritt. Die Weisung der Bibel – »Seid fruchtbar und mehret euch« – ist an ihre biologischen Grenzen gestoßen. Francis Galton regt zur Verbesserung der Rasse Zwangssterilisationen an. Vetter Charles lehnt sie ebenso ab wie Empfängnisverhütung, mit der radikale Kreise das Bevölkerungswachstum eindämmen wollen. Angesichts von Kindersterblichkeit, Seuchenopfern und Großfamilien wie der eigenen wähnt er sich noch mitten im Kampfgebiet der biologischen Evolution. *Es darf daher unser natürliches Zunahmeverhältnis, obschon es zu vielen und offenbaren Übeln führt, nicht durch irgendwelche Mittel bedeutend verringert werden.* Wie sich eine Erde mit sechs oder gar zehn Milliarden Menschen anfühlt, kann er sich nicht vorstellen.

Je mehr jedoch das gesunde Überleben neugeborener Kinder durch verbesserte Medizin das *Survival of the fittest* ersetzt, desto unverzichtbarer wird Geburtenkontrolle. Die darwinistische Lösung, deren Potenzial nach wie vor in uns steckt, schließt sich zumindest für jeden zivilisierten Menschen von gesundem Verstand als Rückfall in die Barbarei aus. Das kulturell erzeugte Problem der Überbevölkerung lässt sich nur kulturell lösen.

Mehr als alles andere hat meine Reise mich in der Ansicht bestärkt, dass ein Ende unseres Wachstums die vordringlichste Aufgabe der

Menschheit ist. Sämtliche globalen Krisen – von Nahrungs-, Energie- und Ressourcenverknappung über Klimawandel bis zu Flüchtlingsströmen, Terror und Krieg – hängen davon ab.

Darwins große Leistung war es, uns unsere (biologische) Herkunft zu erklären. Für unsere (kulturelle) *Zukunft von riesiger Dauer*, die er seiner Spezies vorhersagt, hat sein Gedankenmodell wenig oder keine Bedeutung. Wo er noch durch *natürliche Zuchtwahl ... alle körperlichen und geistigen Gaben immer mehr nach Vervollkommnung streben* sieht, also die Macht der Gene im Kampf ums Dasein favorisiert, ist längst die Umwelt der wichtigste Faktor zur Verbesserung der Conditio humana geworden. Je weiter wir unserer Biologie durch Kultur entrinnen, desto besser die Aussichten für die Menschheit.

Mit jedem neugeborenen Menschen übergibt die biologische Evolution der kulturellen ein hochempfindliches, in viele Richtungen formbares Wesen. Ob jemand sich später gut oder schlecht ernährt oder benimmt, gewalttätig wird oder friedlich, geistig wach oder träge, hängt wesentlich davon ab, welche Nahrung ihm früh zuteilgeworden ist – ob Essen oder Wissen, sozialer Umgang oder Seelenwärme. Auch wenn angeborene Begabungen mitwirken: Wir sind mit unseren Fähigkeiten und Marotten weniger Marionetten unserer Gene als vielmehr lebenslanger, vor allem kindlicher und jugendlicher Prägung. Je mehr Chancen ein Mensch früh erhält, desto mehr wird er später auch haben.

Auf Dauer werden im globalen Überlebenskampf jene Kulturen die Nase vorn haben, die ihre Talente unabhängig von Herkunft, Geschlecht oder »Rasse« am besten zu nutzen wissen. Jedenfalls lässt sich durch gute Bildung, Ernährung und ein geordnetes Umfeld im 21. Jahrhundert mit Sicherheit eher der teuflischen Dreifaltigkeit von massenhaftem Verfetten, Verblöden und Verschulden entkommen als durch Menschenzucht mit all ihren Risiken.

Francis Galton verfolgt mit seinem eugenischen Programm durch gesteuerte Heiraten innerhalb der Elite und die Förderung von deren Fortpflanzung, was Nietzsche »Übermensch« nennen wird: eine Klasse von Individuen mit herausragenden Merkmalen durch klassische Zucht. Welche nächsthöhere Stufe der Menschheitsentwicklung lässt sich in der Logik der Geschichte stattdessen vorstellen? Das eigentliche Überwesen, dessen Geburt wir gerade erleben (und bewirken), kommt weder aus Zuchtanstalten noch aus der Retorte. Es entsteht da, wo die Menschheit durch die konstruktiven Kräfte der Globalisierung zum kulturellen Superorganismus zusammenwächst, einer – wenn auch noch gespaltenen – Gemeinschaft von Geist und Seelen. Steckt in ihr die Zukunftschance unserer Spezies?

Die Entwicklung verläuft so rasant, dass wir innerhalb einer Generation einen Quantensprung vollzogen haben. Information, die Währung der kulturellen Evolution, kann praktisch in jeder beliebigen Menge leicht wie ein gesprochenes Wort vom Sender zum Empfänger ohne Zeitverlust den Globus umrunden. Das gesamte Wissen der Welt steht prinzipiell schon heute allen Menschen zur Verfügung, auch wenn (zu) viele bislang keinen Zugang haben. Der Index für das Zusammenwachsen der Menscheinheit steigt stetig an, obwohl starke nationalistisch-religiöse Kräfte dagegenarbeiten.

Die kulturelle Symbiose findet vor unseren Augen statt. Der weltweite Austausch von Waren nimmt ständig zu. Erfindungen wie Mobiltelefon oder Internet fassen innerhalb einer Generation auf dem ganzen Erdball Fuß. Globale Bedrohungen und Katastrophen erzeugen über die Medien erste Ansätze eines Menschheitsbewusstseins. Konturen einer Weltkultur zeichnen sich ab. Schritte auf dem Weg zur Weltbürgerrepublik, wie sie schon Immanuel Kant vorschwebte?

Die Menschheit hat unglaubliche Höhen erreicht und ist dabei durch unvorstellbare Tiefen gegangen. Die schlimmsten Barbareien haben bis heute dieselben Ursachen: Macht- und Habgier – und die daraus folgenden Traumata. Ihre Fortsetzung nennt der Philosoph Jürgen Habermas »sozialdarwinistisch enthemmte Weltpolitik«. Wie wäre es mit dem Gegenmodell, einem weltweit um sich greifenden sozialen Darwinismus mit gleicher werdenden Chancen für alle, auf bestmögliche Weise einer friedlichen Gemeinschaft zu dienen, die umgekehrt jedem ein Leben in Würde erlaubt? Die Mehrheit der Menschen, könnte sie frei entscheiden, würde das wohl unterschreiben.

Zu den seltsamsten Resultaten meiner Reise gehört eine optimistischere Sicht auf die Zukunft meiner Spezies als vor meiner Abfahrt. Vielleicht liegt es auch nur an einer Erfahrung, die ich mit meinem berühmten Reisebegleiter teile: *wie viele wahrhaftig gutherzige Menschen es gibt, mit denen {der Reisende} nie zuvor Kontakt hatte, auch nie mehr wieder haben wird, und die dennoch bereit sind, ihm die uneigennützigste Hilfe zu gewähren.* Die überwältigende Mehrheit dieser Gastfreunde, wo ich auch hingekommen bin, strebt in dieselbe Richtung: Gesundheit, sicherer Nachwuchs, Unversehrtheit, langes Leben. Wenn sich diese Kräfte stärker bündeln ließen, statt sie gegeneinander arbeiten zu lassen, könnte die Menschheit ungeahnte Gipfel erreichen – auch ohne Eigenzucht und Eingriff in die Gene.

So schnell, wie sich die Welt allein in meiner Lebenszeit gewandelt hat, wie die Menscheinheit zusammenwächst, wie sich kulturelle Errungenschaften durchsetzen, wie von einer Generation zur nächsten durch Bürgerrechte, Bildung und Förderung ein neuer Menschenschlag entstehen kann, wie die Zahl der Weltbürger mit globaler Perspektive wächst, so schnell kann sich auch ein planetares Bewusstsein herausbilden, das den gleichen Überlebensregeln folgt wie der Einzelne. Saubere Energie, kalte Verbrennung, Kreislaufwirtschaft – die Natur macht es uns vor.

Nur wir können uns eine ferne Zukunft ausmalen und ihr entgegengehen. Nur wir haben die Chance, kommende Katastrophen vorherzusehen und zu verhindern. Nur wir kennen Vision und Utopie – die wahren Triebkräfte der kulturellen Evolution. Wir haben gelernt, dass Horizonte erreichbar sind. Wenn man allein bedenkt, wie weit zumindest in demokratischen Gesellschaften die – kulturelle – Gleichberechtigung der Geschlechter trotz ihrer biologischen Unterschiede in wenigen Jahrzehnten gediehen ist, dann werden Utopien zu Keimen erlebbarer Wirklichkeit.

Kapitän Greentree auf der St. Helena findet mit seinen vierunddreißig Jahren nichts dabei, beim nächtlichen Schichtwechsel Steuer und Verantwortung einer zehn Jahre jüngeren Frau zu überlassen. Für die Zweite Offizierin Rezalia Gouvias war es schon völlig normal, nach der Schule auf die Kadettenanstalt zu gehen und die Kapitänslaufbahn einzuschlagen. Beim derzeitigen Bedarf an Schiffsführern kann sie wie Margrith Ettlin auf der Bremen davon ausgehen, in wenigen Jahren in eigener Verantwortung auf der Brücke das Sagen zu haben. Als sie – in Südafrika hinter den Mauern der Apartheid – auf die Welt kam, erschien das der Generation ihrer Eltern völlig utopisch. Überdies sei sie »coloured«, sagt die Uniformierte mit dem Mädchenlächeln so selbstbewusst wie selbstverständlich, irgendwo zwischen indisch und schwarzafrikanisch. »Das Leben hat mir eine Chance gegeben, und ich habe sie genutzt.«

Die Fahrt verläuft ruhig, der frische Passat steht uns im Rücken, auf der gesamten Strecke begegnen wir nur einem einzigen anderen Schiff, einem Fischtrawler in der Ferne. Ich verbringe die meiste Zeit auf dem Achterdeck und schaue der Spur nach, die unser Schiff in den Südatlantik zeichnet. Aus der Luft sieht das nicht anders aus als umgekehrt der Kondensstreifen eines Flugzeugs am Himmel. Hier unten aber, zwischen Afrika und Südamerika, ist kein einziger zu sehen.

Warum nicht hier enden, im einsamen Südmeer, wo der Mensch auf einer schwimmenden Insel über die Elemente triumphiert? Weil noch ein letzter Bezugspunkt wartet, ein Eiland wie eine Haltestelle im All. *Wer schon einmal eine Vulkaninsel in einem ariden Klima gesehen hat, wird sich das Erscheinungsbild von Ascension sogleich ausmalen können. ... Um das trostlose Bild zu vervollständigen, werden die schwarzen Felsen an der Küste von einem wilden, aufgewühlten Meer gepeitscht.*

So in etwa habe ich mir als Kind eine menschliche Siedlung auf einem fernen Planeten vorgestellt. *Die einzigen Bewohner sind Seesoldaten und einige von Sklavenschiffen befreite Neger, die von der Regierung bezahlt und mit Proviant versorgt werden. Es gibt auf der Insel keine Privatperson.* Daran hat sich nichts geändert. Das britische Militär betreibt auf Ascension den für die Saints nächsten erreichbaren Flughafen, der auch die Falklands bedient. Daneben unterhält die BBC eine gewaltige Sendestation für ihren World Service.

Alles so funktionell und schmucklos wie überall, wo Militär und Techniker das Sagen haben. Sendeanlagen, Satellitenschüsseln, Sicherheitszonen, Bunker und Wohnbaracken, ein Golfplatz im Lavafeld, dazwischen Teerstraßen und Ascheflächen, der Versuch eines Vorgartens, ein windgebeugter toter Baum. Ich marschiere auf Darwins Spuren durch die Ödnis hinter der Hauptsiedlung Georgetown. *Der Tag war klar und heiß, und ich sah die Insel nicht voller Schönheit lächeln, sondern mit nackter Scheußlichkeit glotzen.* Kein Schatten, nur Schotter, Asche und Staub unter tropischer Sonne. Leben und Tod, so nah beieinander. Kein Ort der Reise hat den Kontrast schärfer gezeichnet.

Hier also werden sich unsere Wege trennen. Ich fliege mit der

Royal Air Force zum Stützpunkt Brize Norton bei Oxford. Kapitän FitzRoy steuert noch einmal, um seine Chronometer zu kalibrieren und Vorräte zu bunkern, bekannte Ziele an: die Kapverden-Insel São Tiago und die Bucht von Bahia in Brasilien. Nach einer Stippvisite auf der Azoreninsel Terceira erreicht die Beagle mit dem glücklichen Darwin am 2. Oktober 1836 den Hafen von Falmouth im Südwesten Englands, *nachdem ich nahezu fünf Jahre an Bord des guten kleinen Schiffs gelebt habe.* Ende der ersten Etappe auf dem langen Weg zum Weltruhm.

Spät am Abend, im mondlosen Dunkel, gehen die Schwergewichte an Land. Im Schein meiner Kopflampe kann ich erkennen, wie sie sich vorwärtsarbeiten. Den ganzen Weg aus Brasilien sind sie unterwegs, um wie ihre Eltern und unzählige Vorfahren auf demselben Stück Erde den Zyklus der Fortpflanzung zu schließen: Suppenschildkröten. Zwischen drei- und fünftausend Weibchen der Spezies CHELONIA MYDAS bringen jedes Jahr ihre Eier hierher.

Der Strand ist zerpflügt von ihren Kratern. Jedes Muttertier vergräbt mit seinen Flossenfüßen innerhalb von zwei Wochen bis zu zehn Mal etwa hundertzwanzig tischtennisballgroße Eier. Alle drei bis vier Jahre zwischen Dezember und Juni sind sie zur Eiablage wieder hier. Nach fünfzig bis sechzig Tagen kommen die Schlüpflinge zur Welt und beginnen den Lauf um ihr Leben. Nur einer von tausend wird das Wasser erreichen, den Ozean überqueren, zu anderthalb bis eindreiviertel Metern Länge heranwachsen und in frühestens zwanzig Jahren, die Spermiensäcke voller Samen oder den Bauch voller Eier, zu dem winzigen wüstenhaften Punkt auf dem Globus wiederkehren.

Wie die urzeitlichen Riesen ihr Ziel finden, ist nicht genau bekannt. Womöglich weisen ihnen Geruchs- und magnetische Sinne den Weg. Jedenfalls muss ihnen die lange Anreise einen evolutionären Vorteil verschafft haben – bis der Mensch kam und sie als leichte Beute und Proviantquelle der Seeleute beinahe ihr Ende gefunden hätten.

Darwin hat die Eiablage der Suppenschildkröten offenbar um wenige Wochen verpasst. Und doch ist er dabei, als ich mit seinen heimlichen Lieblingstieren Abschied nehme von unserem Abenteuer des Lebens. Durch seine Theorie der gemeinsamen Abstammung hat er sie zu unseren Brüdern und Schwestern geadelt.

Ich habe meine Lampe gelöscht. Seit Jahrmillionen die gleiche Sinfonie. Kratzen, Scharren, geworfener Sand. Begleitet vom Rauschen auslaufender Wellen und dem Schweigen der Sterne. *Niemand kann ungerührt in dieser Einsamkeit stehen und nicht spüren, dass im Menschen mehr ist als nur der bloße Atem seines Körpers.*

Als biologische Wesen standen wir kurz davor, die schwerfälligen Reptilien auszulöschen. Als kulturelle Wesen haben wir sie in Darwins Sinn mit international gültigem Gesetz weltweit geschützt. Doch die größte vom Menschen bedrohte Spezies sind wir selbst. Wir haben in der Hand, wohin die Reise geht.

ANHANG

Zitatnachweise

5   *Wenn das Leben* ..., aus Charles Darwin, »Die Fahrt der Beagle«, Deutsch von Eike Schönfeld, Hamburg 2006, S. 651

Prolog

13 *An diesem Tag* ..., aus Richard Darwin Keynes (Hrsg.), »Charles Darwin's Beagle Diary«, Cambridge 2001, (http://darwin-online.org.uk/), 29.8.1832

   Während der vergangenen ..., aus »Beagle Diary«, 29.8.1832

14 *Die Reise der* ..., aus Charles Darwin, »Erinnerungen an die Entwicklung meines Geistes und Charakters«, Deutsch von Ilse Jahn, Leipzig 1982, S. 95

16 *Sollte mich jemand* ..., aus »Die Fahrt der Beagle«, S. 650

18 *Als ich mich* ..., aus Charles Darwin, »Die Entstehung der Arten«, Deutsch von Carl Wilhelm Neumann, Stuttgart 1963, S. 24

   Der Mann, der ..., zitiert nach Adrian Desmond und James Moore, »Darwin«, Deutsch von Brigitte Stein, München 1992, S. 99

   Man hat mich ..., zitiert nach Cyril Aydon, »Charles Darwin«, London 2002, S. 39

   Die Reise wird ..., zitiert nach Cyril Aydon, »Charles Darwin«, London 2002, S. 40

19 *Kapitän FitzRoy ist* ..., zitiert nach Cyril Aydon, »Charles Darwin«, London 2002, S. 39

39 *Wenn du irgendeinen* ..., zitiert nach Janet Browne, »Charles Darwin. Voyaging«, London 1995, S. 153

20 *Du interessierst dich* ..., aus »Erinnerungen an die Entwicklung meines Geistes und Charakters«, S. 34

22 *Mittags befanden wir uns* ..., aus »Beagle Diary«, 12.12.1832

   Es blies weiterhin ..., aus »Beagle Diary«, 12.12.1832

Kapitel 1

25 *Nach angenehmer Fahrt ...*, aus »Beagle Diary«, 24.10.1831
mehr einem Wrack ..., aus »Beagle Diary«, 25.10.1831
in einem Zustand ..., aus »Beagle Diary«, 25.10.1831
Meine private Ecke ..., aus »Beagle Diary«, 26.10.1831

26 *Was für ein ...*, zitiert nach Janet Browne, »Charles Darwin. Voyaging«, London 1995, S. 169
Die Männer waren ..., aus »Beagle Diary«, 12.11.1831
Brachte alle meine ..., aus »Beagle Diary«, 21.11.1831
Dies war ein ..., aus »Beagle Diary«, 23.11.1831

27 *Alle meine Gedanken ...*, aus »Beagle Diary«, 30.11.1831

28 *Ich schreibe dies ...*, aus »Beagle Diary«, 4.12.1831
Seit Mittag bläst ..., aus »Beagle Diary«, 5.12.1831
Es wird von ..., aus »Beagle Diary«, 7.12.1831
Um 9 Uhr ..., aus »Beagle Diary«, 10.12.1831
Es ging so ..., aus »Beagle Diary«, 11.12.1831
Nachdem ich nun ..., aus »Beagle Diary«, 11.12.1831
Die grundsätzlichen Ziele ..., aus »Beagle Diary«, 13.12.1831

29 *Befehle werden ausgegeben ...*, aus »Beagle Diary«, 14.12.1831
Der Reiz des ..., aus »Beagle Diary«, 17.12.1831
Die Chancen stehen ..., aus »Beagle Diary«, 19.12.1831
Wir starteten um ..., aus »Beagle Diary«, 21.12.1831
Im Augenblick befindet ..., aus »Beagle Diary«, 25.12.1831
Ein schöner Tag ..., aus »Beagle Diary«, 26.12.1831

30 *Was für ein ...*, aus »Beagle Diary«, 26.12.1831
Ich werde nun ..., aus »Beagle Diary«, 27.12.1831
Es ist nun ..., aus »Beagle Diary«, 6.1.1832
Oh Elend, Elend., aus »Beagle Diary«, 6.1.1832

31 *Keine Mühen sollen ...*, aus Robert FitzRoy, »Voyages Of The Adventure And Beagle«, London 1839, S. 25
Dies war eine ..., aus Robert FitzRoy, »Voyages Of The Adventure And Beagle«, London 1839, S. 49

32 *Wir haben vielleicht ...*, aus »Beagle Diary«, 6.1.1832
Schon kann ich ..., aus »Beagle Diary«, 6.1.1832
Am Abend holte ..., aus »Beagle Diary«, 10.1.1832
Es erzeugt ein ..., aus »Beagle Diary«, 11.1.1832

Kapitel 2

33 *Die Umgebung von ...*, aus »Die Fahrt der Beagle«, S. 26
    besitzt die neuartige ..., aus »Die Fahrt der Beagle«, S. 26
    Der Horizont wird ..., aus »Die Fahrt der Beagle«, S. 26
34 *Es war ein ...*, aus »Beagle Diary«, 16.1.1832
    leicht widerlich süß ..., aus »Beagle Diary«, 18.1.1832
36 *Ich befinde mich ...*, aus »Beagle Diary«, 30.1.1832
    Der häufigste Vogel ..., aus »Die Fahrt der Beagle«, S. 31
37 *ernährt sich von ...*, aus »Die Fahrt der Beagle«, S. 32
    Diese Schnecke stößt ..., aus »Die Fahrt der Beagle«, S. 32
    erlesene Schönheit, aus »Beagle Diary«, 17.1.1832
    Niemals in den ..., aus »Beagle Diary«, 17.1.1832
    Geologie ist zurzeit ..., aus »Beagle Diary«, 21.1.1832
38 *unter keinen Umständen ...*, zitiert nach Janet Browne, »Charles Darwin. Voyaging«, London 1995, S. 187
    Für den Geologen ..., aus »Beagle Diary«, 17.1.1832
39 *Damals dämmerte zum ...*, aus »Erinnerungen an die Entwicklung meines Geistes und Charakters«, S. 100
    vollkommen horizontales weißes ..., aus »Die Fahrt der Beagle«, S. 30
41 *Bei näherer Untersuchung ...*, aus »Die Fahrt der Beagle«, S. 31
    die bröckelige Masse, aus »Die Fahrt der Beagle«, S. 31
    an manchen Stellen ..., aus »Die Fahrt der Beagle«, S. 31
42 *Ich, der Geologe.*, zitiert nach Sandra Herbert, »Charles Darwin, Geologist«, Baltimore 2005, S. 2
    Flag Staff Hill ..., aus »Beagle Diary«, 23.1.1832
    nahe dem Mittelpunkt ..., aus »Die Fahrt der Beagle«, S. 28
    Die Szenerie von ..., aus »Die Fahrt der Beagle«, S. 28
    in einer Talsohle ..., aus »Die Fahrt der Beagle«, S. 28
44 *Ihre Spitzen waren ...*, aus »Die Fahrt der Beagle«, S. 28

Kapitel 3

47 *Ich glaube, nach ...*, aus »Beagle Diary«, 28.2.1832
48 *Die Bucht ist ...*, aus »Beagle Diary«, 28.2.1832
    Gewalt des Regens, aus »Die Fahrt der Beagle«, S. 38
    elegante Erscheinung ... deren ..., aus »Beagle Diary«, 28.2.1832

Entzücken allein ist ..., aus »Die Fahrt der Beagle«, S. 38

Im Augenblick bin ..., aus »Beagle Diary«, 28.2.1832

Einem, der die ..., aus »Beagle Diary«, 29.2.1832

53 *Es war die* ..., aus »Erinnerungen an die Entwicklung meines Geistes und Charakters«, S. 78

innerlich vom Heiligen ..., zitiert nach Adrian Desmond und James Moore, »Darwin«, München 1992, S. 82

sehr lustige Feten, zitiert nach Adrian Desmond und James Moore, »Darwin«, München 1992, S. 84

Ich bin in ..., zitiert nach Adrian Desmond und James Moore, »Darwin«, München 1992, S. 86

56 *Sowohl die Geburt* ..., zitiert nach Thomas Junker und Uwe Hoßfeld, »Die Entdeckung der Evolution. Eine revolutionäre Theorie und ihre Geschichte«, Darmstadt 2001, S. 169

Er verteidigte die ..., aus »Erinnerungen an die Entwicklung meines Geistes und Charakters«, S. 92

57 *einen Offizier mit* ..., aus »Erinnerungen an die Entwicklung meines Geistes und Charakters«, S. 92

wohnte ... gegenüber einer ..., aus »Die Fahrt der Beagle«, S. 648

58 *Und die Taten* ..., aus »Die Fahrt der Beagle«, S. 650

Wenn das Elend ..., aus »Die Fahrt der Beagle«, S. 651

Gott sei Dank ..., aus »Die Fahrt der Beagle«, S. 648

59 *Die Straße ist* ..., aus »Die Fahrt der Beagle«, S. 56

höchst paradoxe Gemisch ..., aus »Die Fahrt der Beagle«, S. 38

Die Aussicht auf ..., aus »Beagle Diary«, 6.4.1832

Kapitel 4

63 *Die Gewohnheit, ein* ..., aus »Die Fahrt der Beagle«, S. 58

die kleine Beagle ..., aus »Beagle Diary«, 4.4.1832

64 *die reine Atmosphäre*, aus »Beagle Diary«, 4.6.1832

66 *Diese Form der* ..., aus »Die Entstehung der Arten«, S. 131

Die schöneren Männchen ..., aus »Die Entstehung der Arten«, S. 273

Das Schlussergebnis für ..., aus »Die Entstehung der Arten«, S. 131

68 *noch in seinem* ..., aus Charles Darwin, »Gesammelte Werke«, Deutsch von J. Victor Carus, Neu-Isenburg 2006, S. 1158

70 *dass ... Frauen ihre* ..., aus »Gesammelte Werke«, S. 1140

75 *Angesichts der gewaltigen ...*, aus »Die Fahrt der Beagle«, S. 53
   Man darf wohl ..., aus »Die Fahrt der Beagle«, S. 54
76 *Was kann man ...*, aus »Beagle Diary«, 5.4.1832
   Meinem Notizbuch entnehme ..., aus »Die Fahrt der Beagle«, S. 51
   Licht ... von einer ..., aus »Die Fahrt der Beagle«, S. 61
   dass das Tier ..., aus »Die Fahrt der Beagle«, S. 61
78 *Ich erinnere mich ...*, aus »Erinnerungen an die Entwicklung meines Geistes und Charakters«, S. 110

Kapitel 5

79 *Das ganze Land ...*, aus »Beagle Diary«, 5.–8.5.1833
   eine riesige Weite ..., aus »Die Fahrt der Beagle«, S. 201
80 *Das Erscheinungsbild des ...*, aus »Beagle Diary«, 31.7.1832
   schmutzige Stadt, aus »Beagle Diary«, 7.8.1832
   ... sie sind ein ..., aus »Beagle Diary«, 31.7.1832
   Dies war ein ..., aus »Beagle Diary«, 5.7.1832
   ob Despotismus nicht ..., aus »Beagle Diary«, 9.8.1832
81 *52 schwer bewaffneten ...*, aus »Beagle Diary«, 5.8.1832
   Die Revolutionen in ..., aus »Beagle Diary«, 26.7.1832
   großen Ball, der ..., aus »Beagle Diary«, 23.11.1832
   Deine gesamte Sicherheit ..., aus »Beagle Diary«, 26.11.1832
   Die Regenstürme hindern ..., aus »Beagle Diary«, 2./3.5.1833
   Der einzige Luxus ..., aus »Beagle Diary«, 12.9.1832
82 *Ich blieb zehn ...*, aus »Die Fahrt der Beagle«, S. 75
   Für ein paar ..., aus »Beagle Diary«, 11.–19.6.1833
   Die regelmäßige Routine ..., aus »Beagle Diary«, 11.–19.6.1833
   Beschäftigt mit dem ..., aus »Beagle Diary«, 19.6.1833
83 *einen immerwährenden und ...*, zitiert nach Thomas Junker und Uwe Hoßfeld, »Die Entdeckung der Evolution. Eine revolutionäre Theorie und ihre Geschichte«, Darmstadt 2001, S. 32
84 *dass die Natur ...*, zitiert nach Thomas Junker und Uwe Hoßfeld, »Die Entdeckung der Evolution. Eine revolutionäre Theorie und ihre Geschichte«, Darmstadt 2001, S. 50
   nicht zweifelhaft, dass ..., zitiert nach Thomas Junker und Uwe Hoßfeld, »Die Entdeckung der Evolution. Eine revolutionäre Theorie und ihre Geschichte«, Darmstadt 2001, S. 53

85	*Das Tucutuco ist* …, aus »Die Fahrt der Beagle«, S. 87	
	ganz eigenartigen Geräusch, aus »Die Fahrt der Beagle«, S. 88	
	erscheint es seltsam …, aus »Die Fahrt der Beagle«, S. 88	
	Lamarck wäre hocherfreut …, aus »Die Fahrt der Beagle«, S. 88	
86	*der Jaguar {…} schon* …, aus »Die Fahrt der Beagle«, S. 87	
	Allein an Mäusen …, aus »Die Fahrt der Beagle«, S. 86	
	schrillen und recht …, aus »Die Fahrt der Beagle«, S. 92	
	Die Spanier sagen …, aus »Die Fahrt der Beagle«, S. 92	
	Auf dem Berggipfel …, aus »Die Fahrt der Beagle«, S. 82	
	Wir sahen einen …, aus »Beagle Diary«, 13.8.1832	
87	*Die Stadt Maldonado* …, aus »Beagle Diary«, 2./3.5.1833	
88	*Bei denen, die* …, aus »Die Fahrt der Beagle«, S. 88	

Kapitel 6

- 89 *Mein Magen hat* …, aus »Beagle Diary«, 11.12.1833
- 90 *Endlich empfinde ich* …, aus »Beagle Diary«, 31.10.1832
  Wir trafen ziemlich …, aus »Beagle Diary«, 4.1.1834
  Die Spitze ist …, aus »Beagle Diary«, 4.1.1834
  Mit etwas Glück …, aus »Beagle Diary«, 4.1.1834
  Wir hatten den …, aus Robert FitzRoy, »Voyages Of The Adventure And Beagle«, London 1839, S. 317
- 90 *Bei beiden Gelegenheiten* …, aus »Beagle Diary«, 4.1.1834
- 92 *Mein Herz schwelgte* …, aus »Beagle Diary«, 10.7.1833
- 93 *Der Boden war* …, aus »Beagle Diary«, 26.8.1832
- 95 *Und was ist* …, aus »Die Fahrt der Beagle«, S. 651
- 97 *einen kleinen warmen* …, aus Charles Darwin, Brief an Joseph Hooker vom 1.2.1871 (http://bevets.com/equotesd.htm)
- 98 *dass der Schöpfer* …, aus »Die Entstehung der Arten«, S. 678
  Es ist kein …, aus »Die Entstehung der Arten«, S. 666

Kapitel 7

- 102 *Wenn ein Mann* …, aus »Beagle Diary«, 4.12.1833
- 103 *Der Gaucho ist* …, aus »Beagle Diary«, 29.11.–4.12.1833
  Sie äußerten, wie …, aus »Die Fahrt der Beagle«, S. 208
- 104 *Taschenkompass*, aus »Die Fahrt der Beagle«, S. 76

War ihre Überraschung ..., aus »Die Fahrt der Beagle«, S. 76
ihre Höflichkeit ist ..., aus »Die Fahrt der Beagle«, S. 78
... doch während sie ..., aus »Die Fahrt der Beagle«, S. 78
Es liegt ein ..., aus »Beagle Diary«, 11.8.1833

105 *Es hat den ...*, aus »Die Fahrt der Beagle«, S. 215
lag in der ..., aus »Die Fahrt der Beagle«, S. 167
Abends kam ein ..., aus »Die Fahrt der Beagle«, S. 212/213
Die Gauchos sind ..., aus »Die Fahrt der Beagle«, S. 214
Ich würde sagen ..., aus »Die Fahrt der Beagle«, S. 212/213

106 *Dieser Prozess ist ...*, aus »Die Fahrt der Beagle«, S. 214
Ein Tier zu ..., aus »Beagle Diary«, 8.8.1833
Wahrscheinlich liegt es ..., aus »Die Fahrt der Beagle«, S. 171/172

107 *schliefen wir in ...*, aus »Die Fahrt der Beagle«, S. 209
der Wind war ..., aus »Die Fahrt der Beagle«, S. 161

109 *mein Gastgeber {...}. Da ...*, aus »Die Fahrt der Beagle«, S. 166
Ich hatte Glück ..., zitiert nach Richard Darwin Keynes, »Fossils, Finches and Fuegians. Charles Darwin's Adventures and Discoveries on the Beagle, 1832–1836«, London 2002, S. 108
Nichts geht über ..., zitiert nach Janet Browne, »Charles Darwin. Voyaging«, London 1995, S. 260
Wir dürfen also ..., aus »Die Fahrt der Beagle«, S. 218

110 *Zu meiner großen ...*, aus »Beagle Diary«, 23.3.1832

112 *Gewiss ist kein ...*, aus »Die Fahrt der Beagle«, S. 242
Was aber hat ..., aus »Die Fahrt der Beagle«, S. 240

113 *Wir müssen annehmen, ...*, aus »Die Entstehung der Arten«, S. 474
Hat der Mensch ..., aus »Die Fahrt der Beagle«, S. 241

114 *»El Naturalista Don ...*, aus »Die Fahrt der Beagle«, S. 175
Was ein Naturforscher ..., aus »Die Fahrt der Beagle«, S. 175
denn es seien ..., aus »Die Fahrt der Beagle«, S. 175

115 *Ich war, wie ...*, zitiert nach Janet Browne, »Charles Darwin. Voyaging«, London 1995, S. 264
Patagones, etwa 18 Meilen ..., aus »Beagle Diary«, 5.8.1833
Die Straße ging ..., aus »Die Fahrt der Beagle«, S. 162

116 *der jungen Männer ...*, aus »Beagle Diary«, 7.8.1833
Unter den jungen ..., aus »Beagle Diary«, 14.8.1833
Vor einigen Monaten ..., aus »Beagle Diary«, 9.8.1833

Zitatnachweise

General Rosas' Plan ..., aus »Die Fahrt der Beagle«, S. 153
Der gewundene Lauf ..., aus »Beagle Diary«, 12.8.1833
Ich glaube, solch ..., aus »Beagle Diary«, 13.8.1833
Welche Truppen sonst ..., aus »Die Fahrt der Beagle«, S. 151
etwa 600 indianische Verbündete, aus »Beagle Diary«, 14.8.1833
entschieden der berühmteste ..., aus »Beagle Diary«, 16.8.1833
General Rosas ist ..., aus »Beagle Diary«, 15.8.1833

117 *ohne jedes Lächeln*, aus »Beagle Diary«, 15.8.1833
Dieser Vernichtungskrieg, obwohl ..., aus »Beagle Diary«, 16.8.1833
Wer wollte in ..., aus »Die Fahrt der Beagle«, S. 152

118 *Die unzähligen Herden* ..., aus »Die Fahrt der Beagle«, S. 174
verdient {es} kaum ..., aus »Die Fahrt der Beagle«, S. 119
... und brachen zur ..., aus »Die Fahrt der Beagle«, S. 158
Der Ritt war ..., aus »Die Fahrt der Beagle«, S. 159
Ich glaube nirgendwo ..., aus »Die Fahrt der Beagle«, S. 159
Selbst der Blick ..., aus »Die Fahrt der Beagle«, S. 161
Pampasindianer, aus »Die Fahrt der Beagle«, S. 155

119 *Mein Tier fiel* ..., aus »Beagle Diary«, 17.8.1833
Tatsächlich sieht die ..., aus »Beagle Diary«, 6.11.1832

120 *Charakter der höheren* ..., aus »Beagle Diary«, 4.12.1833

121 *Ich erhielt, was* ..., aus »Beagle Diary«, 15.8.1833

Kapitel 8

123 *Eine große Rauchwolke* ..., aus »Beagle Diary«, 20.4.1834
Die großen Wüsteneien ..., aus »Erinnerungen an die Entwicklung meines Geistes und Charakters«, S. 98/99
ich wanderte einige ..., aus »Beagle Diary«, 28.12.1833
gräuliche Fata Morgana, aus »Gesammelte Werke«, S. 104
Würde dieses große ..., aus »Die Fahrt der Beagle«, S. 237
jedes einzelne {Steinchen} ..., aus »Die Fahrt der Beagle«, S. 237/238

124 *Das Land ... ist* ..., aus »Die Fahrt der Beagle«, S. 238
Alles war Stille ..., aus »Beagle Diary«, 28.12.1833
Dennoch wecken diese ..., aus »Die Fahrt der Beagle«, S. 234
Man fragt sich ..., aus »Die Fahrt der Beagle«, S. 234
Kein Baum war ..., aus »Die Fahrt der Beagle«, S. 234
Hie und da ..., aus »Die Fahrt der Beagle«, S. 229

125 *Als wir in ...*, aus Richard Darwin Keynes, »Fossils, Finches and Fuegians. Charles Darwin's Adventures and Discoveries on the Beagle, 1832–1836«, London 2002

Das Tafelland von ..., aus »Beagle Diary«, 5.–9.1.1834

126 *Bei Port St. Julian ...*, aus »Die Fahrt der Beagle«, S. 239

Ich hatte damals ..., aus Sandra Herbert, »Charles Darwin, Geologist«, Baltimore 2005, S. 321

Diese wunderbare Verwandtschaft ..., aus »Die Fahrt der Beagle«, S. 240

129 *Spekuliere über neutralen ...*, aus Niles Eldredge, »Darwin: Discovering the Tree of Life«, New York 2005, S. 97

Dieselbe Art von ..., aus Sandra Herbert, »Charles Darwin, Geologist«, Baltimore 2005, S. 320

130 *Im Sterben einer ...*, aus Niles Eldredge, »Darwin: Discovering the Tree of Life«, New York 2005, S. 98

131 *nichts weiter ist ...*, aus »Die Entstehung der Arten«, S. 638

Warum sind keine ..., aus Niles Eldredge, »Darwin: Discovering the Tree of Life«, New York 2005, S. 106

Meiner Ansicht nach ..., aus Sandra Herbert, »Charles Darwin, Geologist«, Baltimore 2005, S. 324

I think, zitiert nach Niles Eldredge, »Darwin: Discovering the Tree of Life«, New York 2005, S. 109

Organisierte Lebewesen stellen ..., zitiert nach Niles Eldredge, »Darwin: Discovering the Tree of Life«, New York 2005, S. 103

132 *Der Himmel weiß ...*, zitiert nach David Quammen, »The Reluctant Mr. Darwin«, New York 2006, S. 29

Licht wird auch ..., aus »Die Entstehung der Arten«, S. 676

halb zivilisierte {...} die ..., aus »Beagle Diary«, 13.2.1834

133 *unmöglich, diese so ...*, aus »Die Fahrt der Beagle«, S. 314/315

134 *einer abgelegenen Insel ...*, aus Bruce Chatwin, »In Patagonien«, Deutsch von Anna Kamp, Reinbek bei Hamburg 1981

135 *Das Schiff wurde ...*, aus »Beagle Diary«, 16.4.1834

136 *Es stellte sich ...*, aus »Beagle Diary«, 16.4.1834

Wir hatten für ..., aus »Beagle Diary«, 18.4.1834

Est avis in ..., aus Richard Darwin Keynes, »Fossils, Finches and Fuegians. Charles Darwin's Adventures and Discoveries on the Beagle, 1832–1836«, London 2002

Eine Wache von ..., aus »Beagle Diary«, 19.4.1834

137	*Die Geschwindigkeit der* ..., aus »Die Fahrt der Beagle«, S. 246	
	Auf dem Land ..., aus »Die Fahrt der Beagle«, S. 248	
	So arm Patagonien ..., aus »Die Fahrt der Beagle«, S. 248	
	Die Mäuse scheinen ..., aus »Die Fahrt der Beagle«, S. 248	
138	*Ich schoss einen* ..., aus »Beagle Diary«, 27.4.1834	
	vom Schnabel zum ..., aus »Die Fahrt der Beagle«, S. 256	
	Oftmals habe ich ..., aus »Die Fahrt der Beagle«, S. 256	
	Wird ein Tier ..., aus »Die Fahrt der Beagle«, S. 256	
139	*Wir schauten zum* ..., aus »Beagle Diary«, 4.5.1834	
	So betrachteten wir ..., aus »Die Fahrt der Beagle«, S. 258/259	

Kapitel 9

141	*Wir ankerten in* ..., aus »Die Fahrt der Beagle«, S. 315	
142	*In den Tiefen* ..., aus »Die Fahrt der Beagle«, S. 317	
	das düstere und ..., aus »Die Fahrt der Beagle«, S. 318	
	So unwirtlich dieses ..., aus »Die Fahrt der Beagle«, S. 327	
146	*recht ordentlich Englisch* ..., aus »Die Fahrt der Beagle«, S. 284	
	sehr schnell darin ..., aus »Die Fahrt der Beagle«, S. 284	
	klein, dick und ..., aus »Die Fahrt der Beagle«, S. 283	
	eng verwandt mit ..., aus »Die Fahrt der Beagle«, S. 280	
	Es war ausnahmslos ..., aus »Die Fahrt der Beagle«, S. 280	
147	*Diese armen Teufel* ..., aus »Die Fahrt der Beagle«, S. 291	
	Was für eine ..., aus »Beagle Diary«, 25.2.1834	
	erbärmlichsten und elendigsten ..., aus »Die Fahrt der Beagle«, S. 290	
	ihr Erscheinungsbild war ..., aus »Beagle Diary«, 20.1.1833	
	Die Natur hat ..., aus »Die Fahrt der Beagle«, S. 295	
	geistige Eigenschaften, aus »Gesammelte Werke«, S. 809	
	Beweise, dass alle ..., aus »Gesammelte Werke«, S. 809	
	natürliche Zuchtwahl, aus »Gesammelte Werke«, S. 809	
148	*Welcher Reiz hätte* ..., aus »Die Fahrt der Beagle«, S. 294	
	sehr versucht zu ..., aus »Die Fahrt der Beagle«, S. 320	
149	*Es besteht kein* ..., aus »Die Fahrt der Beagle«, S. 295	
	sie ein hinreichendes ..., aus »Die Fahrt der Beagle«, S. 295	
	dass sie, wenn ..., aus »Die Fahrt der Beagle«, S. 292	
	Angst der alten ..., aus »Die Fahrt der Beagle«, S. 292	

auf einem niederen ..., aus »Die Fahrt der Beagle«, S. 311

Häuptling mit genügend ..., aus »Die Fahrt der Beagle«, S. 311

Nachts schlafen fünf ..., aus »Die Fahrt der Beagle«, S. 293/294

152 *Solche und viele ...*, aus »Beagle Diary«, 25.2.1834

Jemmy war nun ..., aus »Die Fahrt der Beagle«, S. 301

Jemmys Mutter und ..., aus »Die Fahrt der Beagle«, S. 301/302

153 *Es war lachhaft ...*, aus »Die Fahrt der Beagle«, S. 302

154 *Gerade in seiner ...*, aus »Frankfurter Allgemeine Zeitung«, 31. 1. 2007

dass auch die ..., aus »Frankfurter Allgemeine Zeitung«, 20.12.2006

155 *Wir sind Überlebensmaschinen ...*, aus »Frankfurter Allgemeine Zeitung«, 11.11.2000

158 *Bei unserer Rückkehr ...*, aus »Die Fahrt der Beagle«, S. 303

Jemmy hat sein ..., aus Robert FitzRoy, »Voyages Of The Adventure And Beagle«, London 1839, S. 163

um die westlichen ..., aus »Die Fahrt der Beagle«, S. 303

schlimmen Bericht, aus »Die Fahrt der Beagle«, S. 306

Gleich nach unserer ..., aus »Die Fahrt der Beagle«, S. 306

159 *Unsere drei Feuerländer ...*, aus »Die Fahrt der Beagle«, S. 307

Ich hoffte, dass ..., aus Robert FitzRoy, »Voyages Of The Adventure And Beagle«, London 1839, S. 172

Sauber und ordentlich ..., aus Robert FitzRoy, »Voyages Of The Adventure And Beagle«, London 1839, S. 172

Es war ganz ..., aus »Die Fahrt der Beagle«, S. 306

Kapitel 10

161 *Der Kanal ist ...*, aus »Beagle Diary«, 20.1.1833

Wir stachen in ..., aus »Beagle Diary«, 26.3.1833

Nachts blies es ..., aus »Beagle Diary«, 26.3.1833

162 *Wir kamen früh ...*, aus »Beagle Diary«, 1.3.1833

Das Land besteht ..., aus »Die Fahrt der Beagle«, S. 260

ausgezeichnete Anpassung {...} die ..., zitiert nach Patrick Armstrong, »Darwin's Other Islands«, New York 2004, S. 97

163 *wir sind noch ...*, aus »Beagle Diary«, 24.3.1833

Sehr verbreitet auf ..., aus »Die Fahrt der Beagle«, S. 273

So finden wir ..., aus »Die Fahrt der Beagle«, S. 273/274

Der einzige auf ..., aus »Die Fahrt der Beagle«, S. 266

nirgendwo in Südamerika, aus »Die Fahrt der Beagle«, S. 266

164 *ihrer Zahmheit und* ..., aus »Die Fahrt der Beagle«, S. 266

Binnen sehr weniger ..., aus »Die Fahrt der Beagle«, S. 266

Von den vier ..., zitiert nach Patrick Armstrong, »Darwin's Other Islands«, New York 2004, S. 104

eine vollkommene Übertragung ..., aus »Die Fahrt der Beagle«, S. 276/277

Bei kleinster Berechnung ......, zitiert nach Patrick Armstrong, »Darwin's Other Islands«, New York 2004, S. 101

168 *Die erste Neuigkeit* ..., aus »Beagle Diary«, 1.3.1833

Die gegenwärtige Bevölkerung ..., aus »Beagle Diary«, 1.3.1833

haben sich erhoben ..., aus »Beagle Diary«, 11.2.1834

169 *Das Theater ist* ..., aus »Die Fahrt der Beagle«, S. 260

170 *Meiner Meinung nach* ..., aus »Beagle Diary«, 11.2.1833

Wir dürfen uns ..., aus »Die Fahrt der Beagle«, S. 270

Gewalteinwirkung, aus »Die Fahrt der Beagle«, S. 271

eine Rüttelbewegung von ..., aus »Die Fahrt der Beagle«, S. 271

171 *Falls die Admiralität* ..., aus »Beagle Diary«, 26.3.1833

Vielleicht wird es ..., aus »Beagle Diary«, 26.3.1833

Dazu kam schwerer ..., aus »Die Fahrt der Beagle«, S. 260

Das Wetter blieb ..., aus »Beagle Diary«, 19.3.1834

Kapitel 11

173 *Eisberge mit Gesteinsbrocken*, aus »Die Fahrt der Beagle«, S. 332

Felsblöcke transportiert, aus »Die Fahrt der Beagle«, S. 332

Meeresboden ... wiederholt von ..., aus »Die Fahrt der Beagle«, S. 333

Georgia, eine 96 Meilen ..., aus »Die Fahrt der Beagle«, S. 333

174 *Was ein Eheweib* ..., zitiert nach Adrian Desmond und James Moore, »Darwin«, München 1992, S. 280

Kinder (so Gott will) ..., zitiert nach Adrian Desmond und James Moore, »Darwin«, München 1992, S. 294

175 *Mein Gott, es* ..., zitiert nach Adrian Desmond und James Moore, »Darwin«, München 1992, S. 294

Unterricht für alle ..., zitiert nach Adrian Desmond und James Moore, »Darwin«, München 1992, S. 289

177 *amüsierte {ich} mich* ..., aus »Die Fahrt der Beagle«, S. 272

179 *Der Mensch sollte ...*, zitiert nach Adrian Desmond und James Moore, »Darwin«, München 1992, S. 279/280

Wer Pavian versteht ..., zitiert nach Adrian Desmond und James Moore, »Darwin«, München 1992, S. 297

Bedenke bitte, dass ..., zitiert nach Adrian Desmond und James Moore, »Darwin«, München 1992, S. 310

Unsere Tendenz, zu ..., zitiert nach Adrian Desmond und James Moore, »Darwin«, München 1992, S. 312

Alles zeigt an ..., aus »Beagle Diary«, 13.7.1832

182 *Eimern voll Wasser*, aus »Beagle Diary«, 17.2.1832

Olympischen Spielen {...} Es ..., aus »Beagle Diary«, 25.12.1833

187 *einer der größten ...*, aus »Science« 21.7.2006, S. 307

Kapitel 12

193 *Das alte, wetterharte ...*, aus »Beagle Diary«, 22.12.1832

Eine so ruhige ..., aus »Beagle Diary«, 21.12.1832

Kap Hoorn ... verlangte ..., aus »Beagle Diary«, 22.12.1832

auf den Hügeln ..., aus »Beagle Diary«, 26.12.1833

194 *Wenn man bedenkt ...*, aus »Beagle Diary«, 26.12.1833

Nun sahen wir ..., aus »Beagle Diary«, 24.12.1832

Nun, nach vier ..., aus »Beagle Diary«, 2./3.1.1833

Während all dieser ..., aus »Beagle Diary«, 4.–9.1.1833

195 *Um eine Idee ...*, aus »Beagle Diary«, 11.1.1833

Der schlimmste Teil ..., aus »Beagle Diary«, 13.1.1833

Um Mittag brach ..., aus »Die Fahrt der Beagle«, S. 295

196 *drei riesenhaften Wogen ...*, aus Robert FitzRoy, »Voyages Of The Adventure And Beagle«, London 1839, S. 125

die Männer waren ..., aus »Die Fahrt der Beagle«, S. 296

Ich entdecke, dass ..., aus »Beagle Diary«, 14.1.1833

nichts widersteht der ..., aus »Beagle Diary«, 14.1.1833

199 *Der fast undurchdringliche ...*, aus »Beagle Diary«, 18.12.1832

Wir sahen nicht ..., aus »Die Fahrt der Beagle«, S. 307

Am 5. März ankerten ..., aus »Die Fahrt der Beagle«, S. 309

201 *Ich beschloss zu ...*, aus »Beagle Diary«, 19.12.1832

Im Wald ist ..., aus »Die Fahrt der Beagle«, S. 286

Da ich es ..., aus »Die Fahrt der Beagle«, S. 286

Ich war gezwungen ..., aus »Beagle Diary«, 20.12.1832
ein Blick, der ..., aus »Die Fahrt der Beagle«, S. 318
Mit Ausnahme einiger ..., aus »Die Fahrt der Beagle«, S. 287
Die verschlungene Masse ..., aus »Die Fahrt der Beagle«, S. 286/287
Ein kugelförmiger, hellgelber ..., aus »Die Fahrt der Beagle«, S. 318/319
Er hat einen ..., aus »Die Fahrt der Beagle«, S. 319
gehört einer neuen ..., aus »Die Fahrt der Beagle«, S. 319
202 *Kelp oder Macrocystis ...*, aus »Die Fahrt der Beagle«, S. 322
einen dicken Band ..., aus »Die Fahrt der Beagle«, S. 323
der feuerländische Wilde ..., aus »Die Fahrt der Beagle«, S. 324
203 *Ich kann nicht ...*, aus Robert FitzRoy, »Voyages Of The Adventure And Beagle«, London 1839, S. 327
204 *Sobald er aber ...*, aus »Die Fahrt der Beagle«, S. 309/310
als nämlich seine ..., aus »Die Fahrt der Beagle«, S. 310
Vielleicht {...} wird ein ..., aus Robert FitzRoy, »Voyages Of The Adventure And Beagle«, London 1839, S. 327
Ich hoffe und ..., aus »Die Fahrt der Beagle«, S. 310

Kapitel 13
207 *Unser Kurs lag ...*, aus »Beagle Diary«, 19.1.1833
für unsere Betten ..., aus »Die Fahrt der Beagle«, S. 304
208 *Niemals sonst dringt ...*, aus »Die Fahrt der Beagle«, S. 304
Die hohen Berge ..., aus »Die Fahrt der Beagle«, S. 304
des nördlichen Arms ..., aus »Die Fahrt der Beagle«, S. 305
An vielen Stellen ..., aus »Die Fahrt der Beagle«, S. 304
Die Bruchstücke, die ..., aus »Die Fahrt der Beagle«, S. 305
Vermutlich verdankt sich ..., aus »Die Fahrt der Beagle«, S. 315
Der Kanal führte ..., aus »Beagle Diary«, 31.1.1833
209 *hob sich ... allmähliche ...*, aus »Die Fahrt der Beagle«, S. 325
Diese Szenen haben ..., aus »Die Fahrt der Beagle«, S. 304
210 *den Tag der ...*, zitiert nach Janet Browne, »Charles Darwin. Voyaging«, London 1995, S. 391
Während der fünf ..., zitiert nach Janet Browne, »Charles Darwin. Voyaging«, London 1995, S. 395
Du musst nicht ..., zitiert nach Janet Browne, »Charles Darwin. Voyaging«, London 1995, S. 396

Werde also nicht ..., zitiert nach Adrian Desmond und James Moore, »Darwin«, München 1992, S. 313

211 *Furcht, dass unsere* ..., zitiert nach Adrian Desmond und James Moore, »Darwin«, München 1992, S. 309

versteht nahezu jeder ..., aus »Die Fahrt der Beagle«, S. 423

212 *das düstere und* ..., aus »Die Fahrt der Beagle«, S. 318

214 *Der Anblick einer* ..., aus »Die Fahrt der Beagle«, S. 326

Kapitel 14

219 *Hunde. Katzen. Pferde* ..., aus Charles Darwin, »Red Notebook« (http://darwin-online.org.uk), S. 133

221 *Ich habe keine* ..., zitiert nach Janet Browne, »Charles Darwin. Voyaging«, London 1995, S. 387/388

Nimm Europa im ..., zitiert nach Niles Eldredge, »Darwin: Discovering the Tree of Life«, New York 2005, S. 127

222 *Man kann sagen* ..., zitiert nach Niles Eldredge, »Darwin: Discovering the Tree of Life«, New York 2005, S. 127

Der letzte Grund ..., zitiert nach Niles Eldredge, »Darwin: Discovering the Tree of Life«, New York 2005, S. 127

Diese Erhaltung vorteilhafter ..., aus »Die Entstehung der Arten«, S. 121

Es ist ein ..., zitiert nach Janet Browne, »Charles Darwin. Voyaging«, London 1995, S. 390

223 *Aber der Mensch* ..., zitiert nach David Quammen, »The Reluctant Mr. Darwin«, New York 2006, S. 37

Er ist keine ..., zitiert nach David Quammen, »The Reluctant Mr. Darwin«, New York 2006, S. 37

Alle sollten sich ..., aus »Gesammelte Werke«, S. 1157

226 *Armut ist ein* ..., aus »Beagle Diary«, 13.7.1834

227 *Ich nehme nicht* ..., aus »Beagle Diary«, 30.6.–8.7.1834

könnte nur ein ..., aus »Beagle Diary«, 13.7.1834

Es war ein ..., aus »Die Fahrt der Beagle«, S. 392

Das wellige, teilweise ..., aus »Die Fahrt der Beagle«, S. 393

gänzlich aus Brettern ..., aus »Die Fahrt der Beagle«, S. 371

manch merkwürdige abergläubische ..., aus »Die Fahrt der Beagle«, S. 369

Castro, die alte ..., aus »Die Fahrt der Beagle«, S. 371

228 *Nie begegnete mir* ..., aus »Die Fahrt der Beagle«, S. 373
Der Bezirk Cucao ..., aus »Die Fahrt der Beagle«, S. 394
Sie sind ausreichend ..., aus »Die Fahrt der Beagle«, S. 394
Ein Klumpen weißen ..., aus »Die Fahrt der Beagle«, S. 395
sie ähnelt etwas ..., aus »Die Fahrt der Beagle«, S. 373
Dieser Fuchs, neugieriger ..., aus »Die Fahrt der Beagle«, S. 374

229 *Die Straße selbst* ..., aus »Die Fahrt der Beagle«, S. 391
welche Kette von ..., aus »Die Fahrt der Beagle«, S. 384
Wenn man, wie ..., aus »Die Fahrt der Beagle«, S. 385

231 *dass die Arten* ..., aus Thomas Junker und Uwe Hoßfeld, »Die Entdeckung der Evolution. Eine revolutionäre Theorie und ihre Geschichte«, Darmstadt 2001, S. 164

233 *mörderischen, aber lautlosen* ..., aus Adrian Desmond und James Moore, »Darwin«, München 1992, S. 323

234 *Es ist eine* ..., zitiert nach Adrian Desmond und James Moore, »Darwin«, München 1992, S. 335

235 *Down bei Bromley* ..., zitiert nach Adrian Desmond und James Moore, »Darwin«, München 1992, S. 344

236 *Am Abend ... wurde* ..., aus »Die Fahrt der Beagle«, S. 389
Am Morgen wurde ..., aus »Die Fahrt der Beagle«, S. 390
von einem Erdbeben ..., aus »Die Fahrt der Beagle«, S. 390
Dieser Tag hat ..., aus »Die Fahrt der Beagle«, S. 403

237 *Die Erde, das* ..., aus »Die Fahrt der Beagle«, S. 403
Eine Sekunde der ..., aus »Die Fahrt der Beagle«, S. 403
landete ich auf ..., aus »Die Fahrt der Beagle«, S. 404
Die ganze Küste ..., aus »Die Fahrt der Beagle«, S. 404
dass in Concepción ..., aus »Die Fahrt der Beagle«, S. 404
Auf meinem Gang ..., aus »Die Fahrt der Beagle«, S. 404
das schrecklichste und ..., aus »Die Fahrt der Beagle«, S. 405
ein riesiges Wrack ..., aus »Die Fahrt der Beagle«, S. 408
Es ist bitter ..., aus »Die Fahrt der Beagle«, S. 411/412

Kapitel 15

240 *Der Gastgeber sprach* ..., aus »Die Fahrt der Beagle«, S. 351
Ich habe mich ..., zitiert nach Adrian Desmond und James Moore, »Darwin«, München 1992, S. 359

241 *Ich glaube, ich* ..., zitiert nach Adrian Desmond und James Moore, »Darwin«, München 1992, S. 359

Ich würde mich ..., zitiert nach Adrian Desmond und James Moore, »Darwin«, München 1992, S. 360

Um eine neue ..., zitiert nach Niles Eldredge, »Darwin: Discovering the Tree of Life«, New York 2005, S. 160

durch neue Modifikation ..., zitiert nach Niles Eldredge, »Darwin: Discovering the Tree of Life«, New York 2005, S. 160

Für den Fall ..., zitiert nach David Quammen, »The Reluctant Mr. Darwin«, New York 2006, S. 76

Wenn meine Theorie ..., zitiert nach Adrian Desmond und James Moore, »Darwin«, München 1992, S. 361/362

243 *In Santiago blieb* ..., aus »Die Fahrt der Beagle«, S. 351

Über die Stadt ..., aus »Die Fahrt der Beagle«, S. 352

244 *Ein unfehlbarer Quell* ..., aus »Die Fahrt der Beagle«, S. 352

Stadt, wie sie ..., aus »Die Fahrt der Beagle«, S. 351

Chile ist, wie ..., aus »Die Fahrt der Beagle«, S. 342

Am Morgen brachen ..., aus »Die Fahrt der Beagle«, S. 343

ein deutscher Sammler ..., aus »Die Fahrt der Beagle«, S. 358

Renous fragte ihn ..., aus »Die Fahrt der Beagle«, S. 358

245 *Niemand ist so* ..., aus »Die Fahrt der Beagle«, S. 358

Es war ein ..., aus »Die Fahrt der Beagle«, S. 351

Die Kakteen ... waren ..., aus »Die Fahrt der Beagle«, S. 350

für ihre Familie ..., aus »Die Fahrt der Beagle«, S. 343

sie zu zählen ..., aus »Die Fahrt der Beagle«, S. 344

Man sah Chile ..., aus »Die Fahrt der Beagle«, S. 345

Die Freude an ..., aus »Die Fahrt der Beagle«, S. 345

Die Stadt ist ..., aus »Die Fahrt der Beagle«, S. 339

246 *Apropos Tod ...{mein}*, zitiert nach Adrian Desmond und James Moore, »Darwin«, München 1992, S. 406

247 *Gouverneur*, zitiert nach David Quammen, »The Reluctant Mr. Darwin«, New York 2006, S. 104

ohne ein Atom ..., zitiert nach Adrian Desmond und James Moore, »Darwin«, München 1992, S. 415

großartige Entdeckung, zitiert nach Adrian Desmond und James Moore, »Darwin«, München 1992, S. 417

248 *Ich finde, magenkrank* ..., zitiert nach Janet Browne, »Charles Darwin. Voyaging«, London 1995, S. 280

Der Kapitän fürchtete ..., zitiert nach Janet Browne, »Charles Darwin. Voyaging«, London 1995, S. 281

250 *Wir brachen zum* ..., aus »Die Fahrt der Beagle«, S. 418

erreichten wir eine ..., aus »Die Fahrt der Beagle«, S. 424

251 *Als wir ... zurückblickten* ..., aus »Die Fahrt der Beagle«, S. 429

Rote, purpurne, grüne ..., aus »Die Fahrt der Beagle«, S. 442

Weder Pflanze noch ..., aus »Beagle Diary«, 21.3.1835

252 *Die Kurzatmigkeit durch* ..., aus »Die Fahrt der Beagle«, S. 428

Die einzige Empfindung ..., aus »Die Fahrt der Beagle«, S. 428

Tagtäglich wird es ..., aus »Die Fahrt der Beagle«, S. 427

Sehr auffallend war ..., aus »Die Fahrt der Beagle«, S. 453

253 *Diese Berge existieren* ..., aus »Die Fahrt der Beagle«, S. 434

254 *es sei denn* ..., aus »Die Fahrt der Beagle«, S. 434

Die gesamte Argumentation ..., aus »Die Fahrt der Beagle«, S. 674

255 *Annie ist ohne* ..., zitiert nach Adrian Desmond und James Moore, »Darwin«, München 1992, S. 436

lieben Lippen, ihre ..., zitiert nach Randal Keynes, »Annies Schatulle. Charles Darwin, seine Tochter und die menschliche Evolution«, Deutsch von Elvira Willems, Berlin 2002, S. 232–34

Wir haben die ..., zitiert nach Randal Keynes, »Annies Schatulle. Charles Darwin, seine Tochter und die menschliche Evolution«, Berlin 2002, S. 234

Ein unschuldiger und ..., zitiert nach David Quammen, »The Reluctant Mr. Darwin«, New York 2006, S. 120

256 *Ich kenne keine* ..., zitiert nach Randal Keynes, »Annies Schatulle. Charles Darwin, seine Tochter und die menschliche Evolution«, Berlin 2002, S. 150

Die negativsten Geschöpfe ..., zitiert nach Adrian Desmond und James Moore, »Darwin«, München 1992, S. 461/462

durch unmerklich kleine ..., zitiert nach Randal Keynes, »Annies Schatulle. Charles Darwin, seine Tochter und die menschliche Evolution«, Berlin 2002, S. 151

Sie wünschen womöglich ..., zitiert nach Randal Keynes, »Annies Schatulle. Charles Darwin, seine Tochter und die menschliche Evolution«, Berlin 2002, S. 151

ich ungefähr zwei ..., aus »Erinnerungen an die Entwicklung meines Geistes und Charakters«, S. 138/139

257 *Ich brach zu* ..., aus »Die Reise der Beagle«, S. 447

Die Straße führte ..., aus »Die Reise der Beagle«, S. 448

258 *Ich hörte das* ..., aus »Die Reise der Beagle«, S. 454

Wir ritten den ..., aus »Die Reise der Beagle«, S. 462

dahinter dehnt sich ..., aus »Die Reise der Beagle«, S. 465

Das Erdreich war ..., aus »Die Reise der Beagle«, S. 472

Wenn man durch ..., aus »Die Reise der Beagle«, S. 460

259 *Die gesteigerte Leuchtkraft* ..., aus »Die Reise der Beagle«, S. 432

Kapitel 16

266 *Es ist immer* ..., aus »Beagle Diary«, 21.9.1835

267 *Die schwarzen Felsen* ..., aus »Beagle Diary«, 16.9.1835

Der Tag war ..., aus »Die Reise der Beagle«, S. 494

Es wird sehr ..., aus »Beagle Diary«, 26./27.9.1835

268 *Mit ihren regelmäßigen* ..., aus »Die Reise der Beagle«, S. 494

269 *Theorie, mit der ich* ..., zitiert nach Janet Browne, »Charles Darwin. Voyaging«, London 1995, S. 372

Das Wesen ist ..., aus »Die Reise der Beagle«, S. 507

Diese Reptilien, umgeben ..., aus »Die Reise der Beagle«, S. 494

Es amüsierte mich ..., aus »Die Reise der Beagle«, S. 506

270 *Einige Male setzte* ..., aus »Die Reise der Beagle«, S. 506

Daher haben wir ..., aus »Beagle Diary«, 9.10.1835

vermutlich durch Gas ..., aus »Beagle Diary«, 21.9.1835

Die Szene war ..., aus »Beagle Diary«, 21.9.1835

271 *Ich habe Exemplare* ..., zitiert nach F. Steinheimer und W. Sudhaus, »Die Speziation der Darwinfinken und der Mythos ihrer initialen Wirkung auf Charles Darwin« in »Naturwissenschaftliche Rundschau«, Ausgabe 8/06, S. 415

Wenn ich mir ..., zitiert nach Adrian Desmond und James Moore, »Darwin«, München 1992, S. 215

in ihrer Erscheinung ..., zitiert nach F. Steinheimer und W. Sudhaus, »Die Speziation der Darwinfinken und der Mythos ihrer initialen Wirkung auf Charles Darwin« in »Naturwissenschaftliche Rundschau«, Ausgabe 8/06, S. 415

Tiere auf getrennten ..., zitiert nach F. Steinheimer und W. Sudhaus, »Die Speziation der Darwinfinken und der Mythos ihrer initialen Wirkung auf Charles Darwin« in »Naturwissenschaftliche Rundschau«, Ausgabe 8/06, S. 416

Nun Galápagosschildkröten, Spottdrosseln ..., aus Charles Darwin, »Notebook B« (http://darwin-online.org.uk/), S. 7

272 *Es ist das* ..., aus »Die Fahrt der Beagle«, S. 518

Doch in diesem ..., aus Charles Darwin, »Journal And Remarks 1832–1836«, London 1839, (http://darwin-online.org.uk), S. 475

sind wir gewohnt ..., aus »Journal And Remarks 1832–1836«, S. 478

Wir können aus ..., aus »Journal And Remarks 1832–1836«, S. 478

Daher scheint es ..., aus »Die Fahrt der Beagle«, S. 498

die vollkommene Abstufung ..., aus »Die Fahrt der Beagle«, S. 500

Wenn man diese ..., aus »Die Fahrt der Beagle«, S. 500/501

273 *Ich möchte denken* ..., aus »Beagle Diary«, 3.10.1835

278 *tiefen Eindruck ... der* ..., aus »Erinnerungen an die Entwicklung meines Geistes und Charakters«, S. 139

279 *Ich kann mich* ..., aus »Erinnerungen an die Entwicklung meines Geistes und Charakters«, S. 142

Die Lösung ist ..., aus »Erinnerungen an die Entwicklung meines Geistes und Charakters«, S. 142

281 *Ich habe niemals* ..., zitiert nach Thomas Junker und Uwe Hoßfeld, »Die Entdeckung der Evolution. Eine revolutionäre Theorie und ihre Geschichte«, Darmstadt 2001, S. 85

zuvorgekommen, zitiert nach Adrian Desmond und James Moore, »Darwin«, München 1992, S. 529

283 *Benutzt mein Bild* ..., zitiert nach Adrian Desmond und James Moore, »Darwin«, München 1992, S. 496

Angefangen, Notizen für ..., zitiert nach Adrian Desmond und James Moore, »Darwin«, München 1992, S. 470

284 *Raus mit der* ..., zitiert nach Janet Browne, »Charles Darwin. Voyaging«, London 1995, S. 541

Die Vorstellung, um ..., zitiert nach Adrian Desmond und James Moore, »Darwin«, München 1992, S. 497

An Ihrem Brief ..., zitiert nach David Quammen, »The Reluctant Mr. Darwin«, New York 2006, S. 147

Dieser Sommer markiert ..., zitiert nach David Quammen, »The Reluctant Mr. Darwin«, New York 2006, S. 152

Die ganze Natur ......, zitiert nach Adrian Desmond und James Moore, »Darwin«, München 1992, S. 503

lähmende Angst, zitiert nach Adrian Desmond und James Moore, »Darwin«, München 1992, S. 498

für mehrere Jahre ..., zitiert nach David Quammen, »The Reluctant Mr. Darwin«, New York 2006, S. 150

285 *ohne sein volles* ..., zitiert nach Adrian Desmond und James Moore, »Darwin«, München 1992, S. 505

Was für ein ..., zitiert nach Adrian Desmond und James Moore, »Darwin«, München 1992, S. 508

Als ehrlicher Mensch ..., zitiert nach Adrian Desmond und James Moore, »Darwin«, München 1992, S. 518

dass Organismen nicht ..., zitiert nach Adrian Desmond und James Moore, »Darwin«, München 1992, S. 523

Ohne Spekulation gibt..., zitiert nach Adrian Desmond und James Moore, »Darwin«, München 1992, S. 525

Ich gedenke frühestens ..., zitiert nach Adrian Desmond und James Moore, »Darwin«, München 1992, S. 525

286 *Meine ganze Originalität* ..., zitiert nach Adrian Desmond und James Moore, »Darwin«, München 1992, S. 532

Ihre Worte haben ..., zitiert nach David Quammen, »The Reluctant Mr. Darwin«, New York 2006, S. 158

Lieber würde ich ..., zitiert nach Adrian Desmond und James Moore, »Darwin«, München 1992, S. 532

Ich kann nicht ..., zitiert nach Adrian Desmond und James Moore, »Darwin«, München 1992, S. 533

durch eine jener ..., zitiert nach Adrian Desmond und James Moore, »Darwin«, München 1992, S. 534

287 *dass ich keine* ..., zitiert nach Adrian Desmond und James Moore, »Darwin«, München 1992, S. 538

Resümee eines Essays ..., zitiert nach Adrian Desmond und James Moore, »Darwin«, München 1992, S. 538

Licht zu werfen ..., aus »Die Entstehung der Arten«, S. 24

288 *... habe ich mich* ..., aus »Die Entstehung der Arten«, S. 48

Abänderungen im Naturzustande, aus »Die Entstehung der Arten«, S. 83

Vor Jahren, als ..., aus »Die Entstehung der Arten«, S. 83

Der Kampf ums ..., aus »Die Entstehung der Arten«, S. 100

Das ist die ..., aus »Die Entstehung der Arten«, S. 103

Selbst der sich ..., aus »Die Entstehung der Arten«, S. 103
Natürliche Auslese., aus »Die Entstehung der Arten«, S. 120
Wenn schon der ..., aus »Die Entstehung der Arten«, S. 124
das Aussterben der ..., aus »Die Entstehung der Arten«, S. 156
die Divergenz der ..., aus »Die Entstehung der Arten«, S. 158
Das Wort »Zufall« ..., aus »Die Entstehung der Arten«, S. 188
Die geologische Aufeinanderfolge ..., aus »Die Entstehung der Arten«, S. 505
Die Bewohner der ..., aus »Die Entstehung der Arten«, S. 505
Warum sie freilich ..., aus »Die Entstehung der Arten«, S. 558

289 *Da dieses ganze ...*, aus »Die Entstehung der Arten«, S. 638
mit großem Vertrauen ..., aus »Die Entstehung der Arten«, S. 668
Unwissenheit hinter Ausdrücken ..., aus »Die Entstehung der Arten«, S. 668
Glauben sie wirklich ..., aus »Die Entstehung der Arten«, S. 669
Licht wird auch ..., aus »Die Entstehung der Arten«, S. 676
Von den heutigen ..., aus »Die Entstehung der Arten«, S. 677
eine Zukunft von ..., aus »Die Entstehung der Arten«, S. 677
Wie anziehend ist ..., aus »Die Entstehung der Arten«, S. 678
Gesetze {...} Wachstum mit ..., aus »Die Entstehung der Arten«, S. 678

290 *Aus dem Kampf ...*, aus »Die Entstehung der Arten«, S. 678
291 *Es liegt eine ...*, aus »Gesammelte Werke«, S. 491
Als ich mich ..., aus »Die Entstehung der Arten«, S. 24

Kapitel 17

294 *Wir konnten nicht ...*, aus »Die Zeit«, 12.4.2006
300 *Wenn der Mensch ...*, zitiert nach Ernst Peter Fischer und Klaus Wiegandt (Hrsg.), »Evolution – Geschichte und Zukunft des Lebens«, Frankfurt/M. 2003, S. 192
301 *Jedes Lebewesen, das ...*, aus »SZ Wissen«, Ausgabe 13/07
305 *Die Anzahl potenzieller ...*, aus Simon Conway Morris, »Jenseits des Zufalls. Wir Menschen im einsamen Universum«, Deutsch von Stefan Schneckenburger, Berlin 2008, S. 242
306 *Wir Menschen sind ...*, aus »SZ Wissen«, Ausgabe 13/07
Nichts davon setzt ..., aus Simon Conway Morris, »Jenseits des Zufalls. Wir Menschen im einsamen Universum«, Berlin 2008, S. 263

Kapitel 18

311 *Ein Insel, die ...*, aus »Die Fahrt der Beagle«, S. 530

Erste Eindrücke gründen ..., aus »Die Fahrt der Beagle«, S. 543

Ein neues Cytheraea ..., zitiert nach Janet Browne, »Charles Darwin. Voyaging«, London 1995, S. 305

Aus der Entfernung ..., aus »Die Fahrt der Beagle«, S. 530

312 *Nach dem Mahl ...*, aus »Die Fahrt der Beagle«, S. 530

Vermutlich rühren solch ..., aus »Die Fahrt der Beagle«, S. 540

sehr groß, breitschultrig ..., aus »Die Fahrt der Beagle«, S. 531/532

313 *das Haar von ...*, aus »Die Fahrt der Beagle«, S. 532

Die Frauen scheinen ..., aus »Die Fahrt der Beagle«, S. 532

Ich spürte die ..., aus »Die Fahrt der Beagle«, S. 539

314 *das Tal von ...*, aus »Die Fahrt der Beagle«, S. 535

An allen Seiten ..., aus »Die Fahrt der Beagle«, S. 539

messerscharfe Grate entlang, aus »Die Fahrt der Beagle«, S. 537

im Schatten der ..., aus »Die Fahrt der Beagle«, S. 539

Die Vielzahl von ..., aus »Die Fahrt der Beagle«, S. 534

315 *Nach einem Gang ...*, aus »Die Fahrt der Beagle«, S. 535

316 *Nichts erfreute mich ...*, aus »Die Fahrt der Beagle«, S. 531

Im Ganzen erscheint ..., aus »Die Fahrt der Beagle«, S. 544

die Tugend der ..., aus »Die Fahrt der Beagle«, S. 544

dass Unehrlichkeit, Ausschweifung ..., aus »Die Fahrt der Beagle«, S. 544

dass die Tahitianer ..., aus »Die Fahrt der Beagle«, S. 543

über die außerordentliche ..., aus »Die Fahrt der Beagle«, S. 546

317 *eine große, unbeholfene ...*, aus »Die Fahrt der Beagle«, S. 547

Das Benehmen aller ..., aus »Die Fahrt der Beagle«, S. 547

Die königliche Gesellschaft ..., aus »Die Fahrt der Beagle«, S. 547

religiösen Ansichten {...} eingesehen ..., aus »Erinnerungen an die Entwicklung meines Geistes und Charakters«, S. 104

Gott Gefühle eines ..., aus »Erinnerungen an die Entwicklung meines Geistes und Charakters«, S. 104

Ich kann es ..., aus »Erinnerungen an die Entwicklung meines Geistes und Charakters«, S. 106

nach einer ersten ..., aus »Erinnerungen an die Entwicklung meines Geistes und Charakters«, S. 111

er solch großartige ..., aus »Erinnerungen an die Entwicklung meines Geistes und Charakters«, S. 111

Das Geheimnis des ..., aus »Erinnerungen an die Entwicklung meines Geistes und Charakters«, S. 112

318 *vielfältigen Kräften, die* ..., aus »Die Entstehung der Arten«, S. 678

319 *Göttin »Natürlich Auslese«*, zitiert nach Adrian Desmond und James Moore, »Darwin«, München 1992, S. 567

mutierter Affe, zitiert nach Adrian Desmond und James Moore, »Darwin«, München 1992, S. 555

versenke die menschliche, zitiert nach Janet Browne, »Charles Darwin. The Power of Place«, Princeton 2002, S. 94

320 *Äußerst bösartig, geschickt* ..., zitiert nach Adrian Desmond und James Moore, »Darwin«, München 1992, S. 554

welchen Unterschied es ..., zitiert nach Adrian Desmond und James Moore, »Darwin«, München 1992, S. 561

einen erbärmlichen Affen ..., zitiert nach Adrian Desmond und James Moore, »Darwin«, München 1992, S. 561

oder einen von ..., zitiert nach Adrian Desmond und James Moore, »Darwin«, München 1992, S. 561

eine ernsthafte wissenschaftliche ..., zitiert nach Adrian Desmond und James Moore, »Darwin«, München 1992, S. 561

321 *ein grauhaariger, älterer* ..., aus Adrian Desmond und James Moore, »Darwin«, München 1992, S. 560

die dem ersten ..., aus Janet Browne, »Charles Darwin. The Power of Place«, Princeton 2002, S. 123

Alter 56–57. Seit ..., zitiert nach Adrian Desmond und James Moore, »Darwin«, München 1992, S. 599/600

322 *Evangelium des Teufels*, zitiert nach Adrian Desmond und James Moore, »Darwin«, München 1992, S. 554

323 *Variation an bestimmten* ..., zitiert nach Thomas Junker und Uwe Hoßfeld, »Die Entdeckung der Evolution. Eine revolutionäre Theorie und ihre Geschichte«, Darmstadt 2001, S. 147

Die Zeichen von ..., zitiert nach Francisco Ayala, »Proceedings of the National Acadamy of Science«, Ausgabe 104, 15.5.2007, S. 8567 bis 8573

325 *irgendeine Theorie zu* ..., aus Christopher Schrader, »Darwins Werk und Gottes Beitrag, Evolutionstheorie und Intelligent Design«, Stuttgart 2007, S. 39

die Schlange am ..., aus Christopher Schrader, »Darwins Werk und Gottes Beitrag, Evolutionstheorie und Intelligent Design«, Stuttgart 2007, S. 40

330 *Ich sehe keinen* ..., aus »Die Entstehung der Arten«, S. 666

Kapitel 19

331 *Zeremonie des Nasenreibens* ..., aus »Die Fahrt der Beagle«, S. 555

332 *Waiomio. Dort gibt* ..., aus »Die Fahrt der Beagle«, S. 563

Diese Felsen haben ..., aus »Die Fahrt der Beagle«, S. 563

eine ausgedehnte Diskussion ..., aus »Die Fahrt der Beagle«, S. 563

Ein alter Mann ..., aus »Die Fahrt der Beagle«, S. 563/564

336 *Es ist keine* ..., aus »Die Fahrt der Beagle«, S. 564

Bei der Betrachtung ..., aus »Die Fahrt der Beagle«, S. 552

Ich würde meinen ..., aus »Die Fahrt der Beagle«, S. 550

In einem Ort ..., aus »Die Fahrt der Beagle«, S. 553

eine Bucht hinaufzufahren ..., aus »Die Fahrt der Beagle«, S. 553

Das ganze Land ..., aus »Die Fahrt der Beagle«, S. 555

Zu unserer Rechten ..., aus »Die Fahrt der Beagle«, S. 556

Das unvermittelte Auftauchen ..., aus »Die Fahrt der Beagle«, S. 557

Es gab große ..., aus »Die Fahrt der Beagle«, S. 557

337 *eingeborenen Arbeiter*, aus »Die Fahrt der Beagle«, S. 557

eine Dreschtenne mit ..., aus »Die Fahrt der Beagle«, S. 558

Das alles ist ..., aus »Die Fahrt der Beagle«, S. 558

Nie habe ich ..., aus »Die Fahrt der Beagle«, S. 559

Ich glaube, wir ..., aus »Die Fahrt der Beagle«, S. 564

338 *beide gehören derselben* ..., aus »Die Fahrt der Beagle«, S. 552

Ich bin geneigt ..., aus »Erinnerungen an die Entwicklung meines Geistes und Charakters«, S. 54

341 »*Continuität des Keimplasma's*«, zitiert nach Thomas Junker und Uwe Hoßfeld, »Die Entdeckung der Evolution. Eine revolutionäre Theorie und ihre Geschichte«, Darmstadt 2001, S. 157

353 *Dies dauerte erheblich* ..., aus »Die Fahrt der Beagle«, S. 555

Kapitel 20

355 *Seit einem Jahr ...*, zitiert nach Frank Nicholas und Jan Nicholas, »Darwin in Australia«, Cambridge 2002, S. 16

Du wirst sehen ..., zitiert nach Frank Nicholas und Jan Nicholas, »Darwin in Australia«, Cambridge 2002, S. 16

Ich zähle und ..., zitiert nach Frank Nicholas und Jan Nicholas, »Darwin in Australia«, Cambridge 2002, S. 16

Keine Geologie mehr ..., zitiert nach Frank Nicholas und Jan Nicholas, »Darwin in Australia«, Cambridge 2002, S. 16

Als wir vor ..., zitiert nach Frank Nicholas und Jan Nicholas, »Darwin in Australia«, Cambridge 2002, S. 19

356 *Der erste Abschnitt ...*, aus »Die Fahrt der Beagle«, S. 566

Könnte ihr guter ..., zitiert nach Frank Nicholas und Jan Nicholas, »Darwin in Australia«, Cambridge 2002, S. 77

Ich frage mich ..., zitiert nach Frank Nicholas und Jan Nicholas, »Darwin in Australia«, Cambridge 2002, S. 86

357 *einen Mann und ...*, aus »Die Fahrt der Beagle«, S. 566

Dadurch hoffte ich ..., aus »Die Fahrt der Beagle«, S. 566

Zur Mitte des ..., aus »Die Fahrt der Beagle«, S. 572

Ein sehr behagliches ..., aus »Die Fahrt der Beagle«, S. 573

358 *ungefähr drei Meilen ...*, aus »Die Fahrt der Beagle«, S. 573

Große, armartige Buchten ..., aus »Die Fahrt der Beagle«, S. 573

stellt man sich ..., aus »Die Fahrt der Beagle«, S. 574

von der Sandsteinebene ..., aus »Die Fahrt der Beagle«, S. 576

Mit dem Wechsel ..., aus »Die Fahrt der Beagle«, S. 576

zu einem Gut ..., aus »Die Fahrt der Beagle«, S. 576

Beispiel für die ..., aus »Die Fahrt der Beagle«, S. 576

die leuchtendsten Tönungen ..., aus »Die Fahrt der Beagle«, S. 576

359 *Du bist ein ...*, aus »Die Fahrt der Beagle«, S. 589/590

360 *Früher am Abend ...*, zitiert nach Frank Nicholas und Jan Nicholas, »Darwin in Australia«, Cambridge 2002, S. 53/54

Kängururatte {...} das Tier ..., aus »Die Fahrt der Beagle«, S. 577

etliche der berühmten, aus »Die Fahrt der Beagle«, S. 578

361 *die extreme Einförmigkeit ...*, aus »Die Fahrt der Beagle«, S. 567

die Bäume gehören ..., aus »Die Fahrt der Beagle«, S. 567

362 *Ein Fliege fiel* ..., zitiert nach Frank Nicholas und Jan Nicholas, »Darwin in Australia«, Cambridge 2002, S. 54

Ein Geologe würde ..., zitiert nach Frank Nicholas und Jan Nicholas, »Darwin in Australia«, Cambridge 2002, S. 54

die unter Annahme ..., aus »Die Entstehung der Arten«, S. 560

363 *Bei Sonnenuntergang kam* ..., aus »Die Fahrt der Beagle«, S. 568

zu meiner Belustigung ..., aus »Die Fahrt der Beagle«, S. 568

Ihre Gesichter waren ..., aus »Die Fahrt der Beagle«, S. 568

Im Ganzen scheinen ..., aus »Die Fahrt der Beagle«, S. 569

der Einführung des ..., aus »Die Fahrt der Beagle«, S. 569

Es heißt, zahlreiche ..., aus »Die Fahrt der Beagle«, S. 569

Die Varietäten des ..., aus »Die Fahrt der Beagle«, S. 570

auch europäische Krankheiten, aus »Die Fahrt der Beagle«, S. 570

eine noch rätselhaftere ..., aus »Die Fahrt der Beagle«, S. 570

Danach möchte es ..., aus »Die Fahrt der Beagle«, S. 571

364 *Es ist eigenartig* ..., aus »Die Fahrt der Beagle«, S. 569

immer weiter ins ..., aus »Die Fahrt der Beagle«, S. 577

als Schlachtfeld ... den ..., aus »Die Fahrt der Beagle«, S. 569

365 *Obgleich das Gut* ..., aus »Die Fahrt der Beagle«, S. 576

369 *King George's Sound* ..., aus »Die Fahrt der Beagle«, S. 587

ein »corrobery«, aus »Die Fahrt der Beagle«, S. 588

also einen großen ..., aus »Die Fahrt der Beagle«, S. 589

sich alle im ..., aus »Die Fahrt der Beagle«, S. 589

Kapitel 21

373 *Ich bin überrascht* ..., aus »Erinnerungen an die Entwicklung meines Geistes und Charakters«, S. 79

Kapitel 22

385 *Sähe ich mich* ..., zitiert nach Nicholas Shakespeare, »In Tasmanien«, Deutsch von Hans M. Herzog, Hamburg 2005, S. 37

Ich errichte ständig ..., zitiert nach Nicholas Shakespeare, »In Tasmanien«, Deutsch von Hans M. Herzog, Hamburg 2005, S. 37

386 *groß und verehrungswürdig* ..., zitiert nach Adrian Desmond und James Moore, »Darwin«, München 1992, S. 609

universellen Entwicklungstheorie, die ..., aus Adrian Desmond und James Moore, »Darwin«, München 1992, S. 611

387 *Diese Naturmenschen {...} stehen* ..., zitiert nach Ernst Peter Fischer und Klaus Wiegandt (Hrsg.), »Evolution – Geschichte und Zukunft des Lebens«, Frankfurt/M. 2003, S. 182

Alle Versuche, diese ..., zitiert nach Ernst Peter Fischer und Klaus Wiegandt (Hrsg.), »Evolution – Geschichte und Zukunft des Lebens«, Frankfurt/M. 2003, S. 181/182

den großen Vorteil ..., aus »Die Fahrt der Beagle«, S. 584

schändlichen Verhalten einiger ..., aus »Die Fahrt der Beagle«, S. 584

Eine Linie wurde ..., aus »Die Fahrt der Beagle«, S. 584

Dreißig Jahre sind ..., aus »Die Fahrt der Beagle«, S. 584

388 *einige der abgeschieden* ..., aus »Die Fahrt der Beagle«, S. 586

die Hauptstadt {...} der ..., aus »Die Fahrt der Beagle«, S. 583

von geringer malerischer ..., aus »Die Fahrt der Beagle«, S. 583

396 *genetischen Werkzeugkastens*, aus Christoph Then, »Dolly ist tot. Biotechnologie am Wendepunkt«, Zürich 2008, S. 228

398 *Im Rückblick waren* ..., aus »Die Zeit«, 12.6.2008

399 *zahlreiche Eindrücke von* ..., aus »Die Fahrt der Beagle«, S. 586

Der Tag war ..., aus »Die Fahrt der Beagle«, S. 587

Der Gipfel ist ..., aus »Die Fahrt der Beagle«, S. 587

wirkt stark auf ..., aus »Die Fahrt der Beagle«, S. 587

400 *Ich machte ein* ..., zitiert nach Patrick Armstrong, »Darwin's Other Islands«, New York 2004, S. 188

Kapitel 23

401 *Der Ozean, der* ..., aus »Die Fahrt der Beagle«, S. 600

402 *Die feste Korallenbank* ..., aus »Die Fahrt der Beagle«, S. 597

Nicht, dass der ..., aus »Die Fahrt der Beagle«, S. 601

Wir sind überrascht ..., aus »Die Fahrt der Beagle«, S. 607

So erhalten wir ..., aus »Die Fahrt der Beagle«, S. 628

403 *Die Einheimischen gehören* ..., aus »Die Fahrt der Beagle«, S. 597

404 *Vor ungefähr neun* ..., aus »Die Fahrt der Beagle«, S. 591

Kurz darauf traf ..., aus »Die Fahrt der Beagle«, S. 591/592

405 *in einem großen* ..., aus »Die Fahrt der Beagle«, S. 597

ging ich auf..., aus »Die Fahrt der Beagle«, S. 593
verbanden sich die..., aus »Die Fahrt der Beagle«, S. 593
408 *Die Häuser der...*, aus »Die Fahrt der Beagle«, S. 597
409 *Überall trifft man...*, aus »Die Fahrt der Beagle«, S. 597
ein Krebs eine..., aus »Die Fahrt der Beagle«, S. 604
würde... es für..., aus »Die Fahrt der Beagle«, S. 604
Ich finde das..., aus »Die Fahrt der Beagle«, S. 604
410 *Das Wasser war...*, aus »Die Fahrt der Beagle«, S. 599
Der Reiz war..., aus »Die Fahrt der Beagle«, S. 605/606
Es ist entschuldbar..., aus »Die Fahrt der Beagle«, S. 599
Was kann einzigartiger..., aus »Die Fahrt der Beagle«, S. 612
411 *So sehen wir...*, aus »Die Fahrt der Beagle«, S. 601
die vereinten Mühen..., aus »Die Fahrt der Beagle«, S. 601
umschließenden Barriereriffen, aus »Die Fahrt der Beagle«, S. 611
dass {...} Atolle {...} auf..., aus »Die Fahrt der Beagle«, S. 608
zahlreiche sorgfältige Lotungen..., aus »Die Fahrt der Beagle«, S. 609
dass die Hebekräfte..., aus »Die Fahrt der Beagle«, S. 610
Worauf also... gründen..., aus »Die Fahrt der Beagle«, S. 615
412 *Während das Barriereriff...*, aus »Die Fahrt der Beagle«, S. 618
so bleibt ein..., aus »Die Fahrt der Beagle«, S. 619
Kapitän FitzRoy fand..., aus »Die Fahrt der Beagle«, S. 607
Die Riff bauenden..., aus »Die Fahrt der Beagle«, S. 627/628
Ich bin froh..., aus »Die Fahrt der Beagle«, S. 607

Kapitel 24
415 *Obgleich die Insel...*, aus »Die Fahrt der Beagle«, S. 630
416 *dass von der...*, aus »Die Fahrt der Beagle«, S. 631
418 *Auch sahen wir...*, aus »Die Fahrt der Beagle«, S. 630
zahlreichen bekannten Beschreibungen..., aus »Die Fahrt der Beagle«, S. 629
Die ganze Insel..., aus »Die Fahrt der Beagle«, S. 629/630
422 *Am folgenden Tag...*, aus »Die Fahrt der Beagle«, S. 631
423 *Die Inselmitte besteht...*, aus »Die Fahrt der Beagle«, S. 631
424 *Von unserem erhabenen...*, aus »Die Fahrt der Beagle«, S. 631

Kapitel 25

432 *Seit ungefähr zweieinhalb ...*, zitiert nach Johann Grolle (Hrsg.), »Evolution – Wege des Lebens«, Dresden und München 2005, S. 105

439 *Licht wird auch ...*, aus »Die Entstehung der Arten«, S. 676

439 *dass die Glieder ...*, aus »Gesammelte Werke«, S. 1132

440 *nicht länger glauben ...*, aus »Gesammelte Werke«, S. 1148

Vielleicht niemals in ..., zitiert nach Janet Browne, »Charles Darwin. The Power of Place«, Princeton 2002, S. 351

den schottischen Hirschhunden ..., aus »Gesammelte Werke«, S. 1081

dass Neger und ..., aus »Gesammelte Werke«, S. 847

Der Mensch ist ..., aus »Gesammelte Werke«, S. 737

441 *Die Eingeborenen von ...*, aus »Gesammelte Werke«, S. 836

Was mich betrifft ..., aus »Gesammelte Werke«, S. 1158

Es wird meist ..., aus »Gesammelte Werke«, S. 1114

Der hauptsächlichste Unterschied ..., aus »Gesammelte Werke«, S. 1114

442 *Ein großer Schritt ...*, aus »Gesammelte Werke«, S. 1150/1151

Superiorität, aus »Gesammelte Werke«, S. 803

Der Mensch häuft ..., aus »Gesammelte Werke«, S. 802

Es ist indessen ..., aus »Gesammelte Werke«, S. 803

443 *Viele verschiedene Nationen ...*, aus »Beagle Diary«, 2.6.1836

All die Fragmente ..., aus »Beagle Diary«, 2.6.1836

Die Zahl der ..., aus »Beagle Diary«, 2.6.1836

447 *Ich sah so ...*, aus »Beagle Diary«, 4.6.1836

449 *Unser erster Tagesritt ...*, aus »Beagle Diary«, 2.6.1836

Alle Häuser waren ..., aus »Beagle Diary«, 4.6.1836

eine singuläre Gruppe ..., aus »Beagle Diary«, 4.6.1836

Ich genoss einen ..., aus »Beagle Diary«, 4.6.1836

Ich sah nie ..., aus »Beagle Diary«, 6.6.1836

Kapitel 26

451 *das einprägsamste Ereignis ...*, aus »Beagle Diary«, 8.–15.6.1836

452 *Bedürfnis und Sehnen ...*, aus »Die Fahrt der Beagle«, S. 656/657

Die Beagle überquerte ..., aus »Beagle Diary«, 29.6.1836

kamen wir vor ..., aus »Beagle Diary«, 8.7.1836

453 *Als wir uns* ..., aus »Die Fahrt der Beagle«, S. 633
einer viele Male ..., aus »Die Fahrt der Beagle«, S. 635
454 *eine Vegetation von* ..., aus »Die Fahrt der Beagle«, S. 634
Was wird dann ..., aus »Die Fahrt der Beagle«, S. 635
455 *Ein moderner Reisender* ..., aus »Die Fahrt der Beagle«, S. 678
wanderte ich von ..., aus »Die Fahrt der Beagle«, S. 633
Die Stadt zieht ..., aus »Die Fahrt der Beagle«, S. 633
Das Wetter hier ..., aus »Die Fahrt der Beagle«, S. 633
Wenn wir bedenken ..., aus »Die Fahrt der Beagle«, S. 634
Nur auf den ..., aus »Die Fahrt der Beagle«, S. 634
456 *Hinsichtlich des Hauses* ..., aus »Beagle Diary«, 9.–13.7.1836
erhielt Unterkunft ... in ..., aus »Beagle Diary«, 9.–13.7.1836
erzeugt {das Grab} ..., aus »Beagle Diary«, 9.–13.7.1836
457 *Die Wirkungen der* ..., aus Adrian Desmond und James Moore, »Darwin«, München 1992, S. 831
Die Bewegungen und ..., aus Adrian Desmond und James Moore, »Darwin«, München 1992, S. 831
Die Bildung der ..., aus Adrian Desmond und James Moore, »Darwin«, München 1992, S. 832
Es kann bezweifelt ..., zitiert nach Janet Browne, »Charles Darwin. The Power of Place«, Princeton 2002, S. 446
Ich bin zu ..., zitiert nach Adrian Desmond und James Moore, »Darwin«, München 1992, S. 723
Politik? – Liberal ..., zitiert nach Janet Browne, »Charles Darwin. The Power of Place«, Princeton 2002, S. 399
458 *Nominell zur Kirche* ..., zitiert nach Janet Browne, »Charles Darwin. The Power of Place«, Princeton 2002, S. 399
Ich habe versucht ..., aus »Erinnerungen an die Entwicklung meines Geistes und Charakters«, S. 32
dass es mich ..., aus »Erinnerungen an die Entwicklung meines Geistes und Charakters«, S. 32
Ich glaube nicht ..., aus »Erinnerungen an die Entwicklung meines Geistes und Charakters«, S. 53
Meine hauptsächlichste Freude ..., aus »Erinnerungen an die Entwicklung meines Geistes und Charakters«, S. 136
ist mein größtes ..., aus »Erinnerungen an die Entwicklung meines Geistes und Charakters«, S. 114/115

459	*Als ihr noch* …, aus »Erinnerungen an die Entwicklung meines Geistes und Charakters«, S. 115
	die gerade erst …, aus »Erinnerungen an die Entwicklung meines Geistes und Charakters«, S. 116
	Wenn ich tot …, zitiert nach Adrian Desmond und James Moore, »Darwin«, München 1992, S. 731
460	*Starke Schmerzen … Magen* …, zitiert nach Adrian Desmond und James Moore, »Darwin«, München 1992, S. 741/742
	Ich fürchte mich …, zitiert nach Adrian Desmond und James Moore, »Darwin«, München 1992, S. 743
	Es wäre im …, zitiert nach Adrian Desmond und James Moore, »Darwin«, München 1992, S. 748
461	*Ich bin die* …, aus Adrian Desmond und James Moore, »Darwin«, München 1992, S. 754
	Meine Wanderungen zwischen …, aus »Die Fahrt der Beagle«, S. 638
	Noch vor Mittag …, aus »Die Fahrt der Beagle«, S. 638
462	*Ich habe keinen* …, aus »Die Fahrt der Beagle«, S. 655
	Die weißen Flächen …, aus »Die Fahrt der Beagle«, S. 656
	Von den Szenen …, aus »Die Fahrt der Beagle«, S. 653
	Beide sind Tempel …, aus »Die Fahrt der Beagle«, S. 653
464	*Es darf daher* …, aus »Gesammelte Werke«, S. 1157
465	*Zukunft von riesiger* …, aus »Die Entstehung der Arten«, S. 677
	natürliche Zuchtwahl … alle …, aus »Die Entstehung der Arten«, S. 677
466	*sozialdarwinistisch enthemmte Weltpolitik*, aus »Die Zeit«, 10.7.2008
	wie viele wahrhaftig …, aus »Die Fahrt der Beagle«, S. 657
468	*Wer schon einmal* …, aus »Die Fahrt der Beagle«, S. 638/639
	Die einzigen Bewohner …, aus »Die Fahrt der Beagle«, S. 639
	Der Tag war …, aus »Die Fahrt der Beagle«, S. 640
469	*nachdem ich nahezu* …, aus »Die Fahrt der Beagle«, S. 650
470	*Niemand kann ungerührt* …, aus »Die Fahrt der Beagle«, S. 653

Soweit nicht anders angegeben, wurden Zitate aus englischen Quellen vom Autor selbst übersetzt. Um der besseren Lesbarkeit willen wurde die Rechtschreibung der meisten Zitate den im vorliegenden Buch verwendeten Schreibweisen angepasst.

Quellen und Literatur

Altner, Günter, *Charles Darwin – und die Dynamik der Schöpfung*, Gütersloh 2003.

Anonymus, *Natürliche Geschichte der Schöpfung des Weltalls, der Erde und der auf ihr befindlichen Organismen begründet auf die durch die Wissenschaft errungenen Thatsachen*, Deutsch von Carl Vogt, Braunschweig 1851.

Armstrong, Patrick, *Charles Darwin in Western Australia*, Nedlands, Western Australia 1985.

–, *Darwin's Other Islands*, New York 2004.

–, *Darwin's Desolate Islands: a Naturalist in the Falklands, 1833 and 1834*, Chippenham 1992.

Axelrod, Robert, *The Evolution of Cooperation*, o. O. 1984.

Aydon, Cyril, *Charles Darwin*, London 2002.

Bauer, Joachim, *Warum ich fühle, was du fühlst*, Hamburg 2005.

Beccaci, Marcelo D., *Darwin in Patagonia/Darwin en Patagonia*, Buenos Aires 2003.

Behe, Michael, *Darwin's Black Box*, New York u. a. 1996.

Bernal, J. D., *Science in History Volume 2. The Scientific and Industrial Revolutions*, Cambridge/Massachusetts 1971.

–, *Science in History Volume 3. The Natural Sciences in Our Time*, Cambridge/Massachusetts 1971.

–, *Science in History Volume 4. The Social Sciences: Conclusion*, Cambridge/Massachusetts 1971.

Bloch, Ernst, *Das Prinzip Hoffnung*, Frankfurt/M. 1985.

Börner, Gerhard, *Schöpfung ohne Schöpfer?*, München 2006.

Bredekamp, Horst, *Darwins Korallen*, Berlin 2006.

Browne, Janet, *Charles Darwin. The Power of Place*, Princeton 2002.

–, *Charles Darwin. Voyaging*, London 1995.

Calvin, William H., *Der Strom, der bergauf fließt. Eine Reise durch die Evolution*, Deutsch von Friedrich Griese, München/Wien 1994.

Campbell, John, *In Darwin's Wake*, New York 1997.

Cathcart, Brian, *The Fly in the Cathedral*, New York 2004.

Chambers, John H., *A Traveller's History of New Zealand and the South Pacific Islands*, London 2003.

Chardin, Pierre Teilhard de, *Der Mensch im Kosmos*, Deutsch von Othon Marbach, München 1994.

—, *Die Entstehung des Menschen*, Deutsch von Günther Scheel, München 1997.

Chargaff, Erwin, *Das Feuer des Heraklit*, Stuttgart 1981.

Chatwin, Bruce, *In Patagonien*, Deutsch von Anna Kamp, Reinbek bei Hamburg 1981.

Clark, Ronald W., *Charles Darwin. Biographie eines Mannes und einer Idee*, Deutsch von Joachim A. Frank, Frankfurt/M. 1990.

Collins, Francis S., *The language of God. A Scientist Presents Evidence for Belief*, New York 2006.

Conway Morris, Simon, *Jenseits des Zufalls. Wir Menschen im einsamen Universum*, Deutsch von Stefan Schneckenburger, Berlin 2008.

Darwin, Charles, *A monograph on the fossil Balanidæ and Verrucidæ of Great Britain*, London 1854.

—, *Autobiographies*, Cambridge 1986.

—, *Das Bewegungsvermögen der Pflanzen*, Deutsch von J. Victor Carus, Stuttgart 1881.

—, *Der Ausdruck der Gemüthsbewegungen bei dem Menschen und den Thieren*, Deutsch von J. Victor Carus, Stuttgart 1877.

—, *Die Abstammung des Menschen und die geschlechtliche Zuchtwahl*, Deutsch von J. Victor Carus, Stuttgart 1875.

—, *Die Bewegungen und Lebensweise der kletternden Pflanzen*, Deutsch von J. Victor Carus, Stuttgart 1876.

—, *Die Entstehung der Arten*, Deutsch von Carl Wilhelm Neumann, Stuttgart 1963.

—, *Die Fahrt der Beagle*, Deutsch von Eike Schönfeld, Hamburg 2006.

—, *Die verschiedenen Blüthenformen an Pflanzen der nämlichen Art*, Deutsch von J. Victor Carus, Stuttgart 1877.

—, *Die verschiedenen Einrichtungen durch welche Orchideen von Insecten befruchtet werden*, Deutsch von J. Victor Carus, Stuttgart 1877.

—, *Die Wirkungen der Kreuz- und Selbst-Befruchtung im Pflanzenreich*, Deutsch von J. Victor Carus, Stuttgart 1877.

–, *Erinnerungen an die Entwicklung meines Geistes und Charakters (Autobiographie)/Tagebuch des Lebens und Schaffens*, Deutsch von Ilse Jahn, Leipzig 1982.

–, *Fossil Cirripedia of Great Britain: A monograph on the fossil Lepadidae, or pedunculated cirripedes of Great Britain*, London 1851.

–, *Gesammelte Werke*, Deutsch von J. Victor Carus, Neu-Isenburg 2006.

–, *Insectenfressende Pflanzen*, Deutsch von J. Victor Carus, Stuttgart 1876.

–, *Living Cirripedia, A monograph on the sub-class Cirripedia, with figures of all the species. The Lepadiæ; or pedunculated cirripedes*, London 1851.

–, *Living Cirripedia, The Balanidæ, (or sessile cirripedes); the Verrucidæ*, London 1854.

–, *On the origin of species by means of natural selection, or the preservation of favoured races in the struggle for life*, London 1859.

–, *The formation of vegetable mould, through the action of worms, with observations on their habits*, London 1881.

–, *The variation of animals and plants under domestication*, London 1868.

–, *Über die Entstehung der Arten im Thier- und Pflanzen-Reich durch natürliche Züchtung, oder, Erhaltung der vervollkommneten Rassen im Kampfe um's Daseyn*, Deutsch von H. G. Bronn, Stuttgart 1860.

Dawkins, Richard, *A Devil's Chaplain. Reflections on Hope, Lies, Science, and Love*, Boston 2004.

–, *Climbing Mount Improbable*, New York 1997.

–, *Das egoistische Gen*, Deutsch von Karin de Sousa Ferreira, Heidelberg/Berlin/Oxford 1994.

–, *Der Gotteswahn*, Deutsch von Sebastian Vogel, Berlin 2007.

–, *River out of Eden. A Darwinian View of Life*, London 1996.

–, *The Ancestor's Tale. A Pilgrimage to the Dawn of Evolution*, Boston 2005.

–, *The Blind Watchmaker*, New York 1986.

–, *The Extended Phenotype*, Oxford 1983.

Dennett, Daniel C., *Breaking the Spell. Religion as a Natural Phenomenon*, New York 2007.

–, *Darwin's Dangerous Idea. Evolution and the Meanings of Life*, New York 1996.

Desmond, Adrian/Moore, James, *Darwin*, Deutsch von Brigitte Stein, München 1992.

Diamond, Jared, *Guns, Germs, and Steel*, New York 1999.

–, *Kollaps. Warum Gesellschaften überleben oder untergehen*, Deutsch von Sebastian Vogel, Frankfurt/M. 2006.

Douglas, Adams/Carwardine, Mark, *Last Chance to See*, London 1990.

Dover, Gabriel, *Dear Mr Darwin. Letters on the Evolution of Life and Human Nature*, London 2002.

Drlica, Karl A., *Double-Edged Sword*, o. O. 1994.

Duve, Christian de, *Aus Staub geboren. Leben als kosmische Zwangsläufigkeit*, Deutsch von Sebastian Vogel, Heidelberg 1995.

–, *Ursprung des Lebens. Präbiotische Evolution und die Entstehung der Zelle*, Deutsch von Ingrid Hausser-Siller, Heidelberg 1994.

Dyson, George B., *Darwin among the Machines*, o. O. 1997.

Ehrlich Paul R., *Human Natures*, New York 2000.

Eigen, Manfred, *Stufen zum Leben*, München 1987.

Eldredge, Niles, *Darwin: Discovering the Tree of Life*, New York 2005.

–, *Reinventing Darwin*, London 1995.

Farah, Nuruddin, *Geheimnisse*, Deutsch von Eike Schönfeld, Frankfurt/M. 2000.

–, *Maps*, Deutsch von Inge Uffelmann, Frankfurt/M. 2004.

Fehige, Christoph/Meggle, Georg (Hrsg.), *Der Sinn des Lebens*, München 2002.

Fischer, Ernst Peter/Wiegandt, Klaus (Hrsg.), *Evolution – Geschichte und Zukunft des Lebens*, Frankfurt/M. 2003.

FitzRoy, Robert, *Voyages Of The Adventure And Beagle*, London 1839.

Fox Keller, Evelyn, *Making Sense of Life*, Harvard 2002.

Frankl, Viktor E., *Der Mensch vor der Frage nach dem Sinn*, München 1979.

Frayn, Michael, *The Human Touch*, London 2006.

Freeman, Walter J., *Societies of Brains*, Hillsdale, New Jersey 1995.

Fukuyama, Francis, *Das Ende des Menschen*, Deutsch von Klaus Kochmann, München 2004.

Ganten, Detlev/Deichmann, Thomas/Spahl, Thilo, *Leben, Natur, Wissenschaft*, Frankfurt/M. 2003.

Glaubrecht, Matthias, *Der lange Atem der Schöpfung*, Hamburg 1995.

Gould, Stephen Jay, *An Urchin in the Storm*, Frome/London 1987.

–, *Darwin nach Darwin*, Deutsch von Henriette Beese, Frankfurt/M./Berlin/Wien 1984.

–, *Die Lügensteine von Marrakesch*, Deutsch von Sebastian Vogel, Frankfurt/M. 2003.

—, *Wie das Zebra zu einem Streifen kommt*, Deutsch von Stephen Cappellari, Frankfurt/M. 1991.

—, *Zufall Mensch*, Deutsch von Friedrich Griese, München 1994.

Grolle, Johann (Hrsg.), *Evolution – Wege des Lebens*, Dresden und München 2005.

Grolle, Johann, *Darwins Finken oder Wie der Affe zum Menschen wurde*, Berlin 1999.

Habermas, Jürgen, *Die Zukunft der menschlichen Natur. Auf dem Weg zu einer liberalen Eugenik?*, Frankfurt/M. 2005.

Herbert, Sandra, *Charles Darwin, Geologist*, Baltimore 2005.

Heschl, Adolf, *Das intelligente Genom*, Berlin/Heidelberg 1998.

Hubbard, Ruth/Wald, Elijah, *Exploding the Gene Myth*, Boston 1993.

Humboldt, Alexander von, *Die Wiederentdeckung der Neuen Welt*, München/Wien 1992.

—, *Vom Orinoko zum Amazonas*, Wiesbaden 1958.

Humphrey, Nicholas, *Die Naturgeschichte des Ich*, Deutsch von Ulrich Enderwitz, Hamburg 1995.

Jacob, François, *Die Maus, die Fliege und der Mensch*, Deutsch von Gustav Roßler, Berlin 1998.

Jahn, Ilse/Schmitt, Michael, *Darwin & Co.: Eine Geschichte der Biologie in Portraits, Band I und II*, München 2001.

Jones, Steve, *Darwin's Ghost*, New York 1999.

—, *Y. The Descent of Men*, London o. J.

Judson, Horace Freeland, *The Eighth Day of Creation*, New York 1979.

Junker, Thomas/Hoßfeld, Uwe, *Die Entdeckung der Evolution. Eine revolutionäre Idee und ihre Geschichte*, Darmstadt 2001.

Kay, Lily E., *Who Wrote the Book of Life?*, o. O. 2000.

Kerrigan, Michael, *Charles Darwin's The Voyage of the Beagle*, Glasgow 2005.

Keynes, Randal, *Annies Schatulle. Charles Darwin, seine Tochter und die menschliche Evolution*, Deutsch von Elvira Willems, Berlin 2002.

Keynes, Richard (Hrsg.), *Charles Darwin's Beagle Diary*, Cambridge 2001.

Keynes, Richard, *Fossiles, Finches and Fuegians. Charles Darwin's Adventures and Discoveries on the Beagle, 1832–1836*, London 2002.

Kirschner, Marc W./Gerhart, John C., *Die Lösung von Darwins Dilemma*, Hamburg 2007.

Krohs, Ulrich/Toepfer, Georg (Hrsg.), *Philosophie der Biologie. Eine Einführung*, Frankfurt/M. 2005.

Küppers, Bernd-Olaf, *Der Ursprung biologischer Information*, München 1986.

Leaman, David, *The Rock which makes Tasmania*, Hobart 2002.

Lewens, Tim, *Darwin*, New York 2007.

Lorenz, Konrad, *Die Rückseite des Spiegels*, München 1973.

Lotzkat, Franz, *Die kurze Geschichte der Menschheit*, Hamburg 2005.

Margulis, Lynn, *Die andere Evolution*, Deutsch von Sebastian Vogel, Heidelberg/Berlin 1999.

Marks, Richard Lee, *Three Men of the Beagle*, New York 1991.

Mayr, Ernst, *... und Darwin hat doch recht*, München 1994.

–, *Das ist Evolution*, München 2001.

–, *Die Entwicklung der biologischen Gedankenwelt*, Berlin/Heidelberg/Tokyo 1984.

Mindell, David P., *The Evolving World. Evolution in Everyday Life*, Harvard 2006.

Monod, Jacques, *Zufall und Notwendigkeit*, Deutsch von Friedrich Griese, München 1975.

Moorehead, Alan, *Darwin and the Beagle*, London 1978.

Morange, Michel, *The Misunderstood Gene*, Harvard 1998.

Neffe, Jürgen, *Einstein. Eine Biographie*, Reinbek bei Hamburg 2005.

Nicholas, F. W./Nicholas, J. M., *Darwin in Australia*, Cambridge 2002.

Nichols, Peter, *Darwins Kapitän*, Deutsch von Hannes Link, Hamburg 2004.

Nietzsche, Friedrich, *Also sprach Zarathustra*, Frankfurt/M. 1976.

Nüsslein-Volhard, Christiane, *Von Genen und Embryonen*, Stuttgart 2004.

Phillips, Adam, *Darwin's Worms*, London 1999.

Porter, Roy, *The Greatest Benefit to Mankind*, New York 1997.

Quammen, David, *The Reluctant Mr. Darwin*, New York 2006.

–, *The Song of the Dodo*, New York/London/Toronto/Sydney/Tokyo/Singapore o. J.

Ralling, Christopher (Hrsg.), *The Voyage of Charles Darwin*, New York 1979.

Reichel, Norbert, *Der Traum vom höheren Leben*, Darmstadt 1994.

Reichholf, Josef H., *Was stimmt? Evolution. Die wichtigsten Antworten*, Freiburg i. Breisgau 2007.

Ridley, Mark, *The Cooperative Gene*, New York 2001.

Ridley, Matt, *Alphabet des Lebens*, Deutsch von Sebastian Vogel, München 2000.

–, *Nature via Nuture*, London 2003.

Rose, Michael R., *Darwin's Spectre. Evolutionary Biology in the Modern World*, Princeton 1998.

–, *Darwins Welt*, Deutsch von Reiner Stach, München 2003.

Rose, Steven, *Darwins gefährliche Erben*, Deutsch von Susanne Kuhlmann-Krieg, München 2000.

Rozzi, Ricardo/Heidinger, Kurt, *Patagonia, Chile*, o. O. 2006.

Ruse, Michael, *The Darwinian Paradigm*, New York 1989.

Schrader, Christopher, *Darwins Werk und Gottes Beitrag, Evolutionstheorie und Intelligent Design*, Stuttgart 2007.

Schrödiger, Erwin, *Was ist Leben?*, München 1987.

Shakespeare, Nicholas, *In Tasmanien*, Deutsch von Hans M. Herzog, Hamburg 2005.

Skármeta, Antonio, *Der Dieb und die Tänzerin*, Deutsch von Willi Zurbrüggen, München 2005.

Sobel, Dava, *Longitude*, London 1998.

Steinmüller, Angela u. Karlheinz, *Charles Darwin. Vom Käfersammler zum Naturforscher*, Berlin 1985.

Stone, Irving, *Der Schöpfung wunderbare Wege*, Deutsch von Willy Thaler, Reinbek bei Hamburg 2005.

Stott, Rebecca, *Darwin and the Barnacle*, London 2003.

Strathern, Paul, *Crick, Watson und die DNA*, Deutsch von Xenia Osthelder, Frankfurt/M. 1998.

Testart, Jacques, *Das transparente Ei*, Deutsch von Robert Detobel, Frankfurt/M./München 1988.

Then, Christoph, *Dolly ist tot. Biotechnologie am Wendepunkt*, Zürich 2008.

Theroux, Paul, *Der alte Patagonien-Express*, Deutsch von Erica Ruetz, München 2003.

Thompson, Harry, *This Thing of Darkness*, London 2005.

Thomson, Keith S., *HMS Beagle. The Ship that Changed the Course of History*, London 1995.

Tomasello, Michael, *The Cultural Origins of Human Cognition*, o. O. 1999.

Voss, Julia, *Darwins Bilder. Ansichten der Evolutionstheorie 1837 bis 1874*, Frankfurt/M. 2007.

Watson, James D., *Die Doppel-Helix*, Deutsch von Wilma Fritsch, Reinbek bei Hamburg 1973.

–, *DNA. The Secret of life*, New York 2003.

Weber, Thomas P., *Darwin und die Anstifter*, Köln 2000.

Weiner, Jonathan, *Der Schnabel des Finken*, Deutsch von Matthias Reiss, München 1994.

Weingart, Peter/Kroll, Jürgen/Bayertz, Kurt, *Rasse, Blut und Gene: Geschichte der Eugenik und Rassenhygiene in Deutschland*, Frankfurt/M. 1992.

Weingarten, Michael, *Organismen. Objekte oder Subjekte der Evolution*, Darmstadt 1993.

Wilson, David Sloan, *Evolution for Everyone*, New York 2007.

Wilson, Edward O., *Darwins Würfel*, Deutsch von Thorsten Schmidt, München 1996.

–, *Die Einheit des Wissens*, Deutsch von Yvonne Badal, Berlin 1998.

–, *Die Zukunft des Lebens*, Deutsch von Doris Gerstner, München 2002.

Wuketits, Franz M., *Darwin und der Darwinismus*, München 2005.

–, *Evolution*, München 2000.

Dank

Ich danke:
Dr. Hania Luczak, meiner Frau, ohne deren professionelle Unterstützung es dieses Buch nicht gäbe.

Dr. André Amorim, der mich in der Mata Atlantica zum seltensten Gras der Welt geführt hat,
Sibylle Auer, meiner Lektorin, für die wunderbare Zusammenarbeit,
Reinhard Babel für die Einladung zum Vortrag am Goethe-Institut in Concepçion,
Klaus Bachmann von GEO für das gewissenhafte Gegenlesen des Manuskripts und tausend gute Tipps,
Dr. Claudia Baiter vom Nationalen Herbarium in Mauritius und ihrem Assistenten Kersley, die mir die sterbenden Wälder auf der Insel gezeigt haben,
Prof. Max Banks aus Hobart für seine Einführung in die tasmanische Fossilienwelt,
Mirko Bonné, der meine Tagebücher sicher aus Feuerland nach Hamburg gebracht hat,
Henry Boy von der deutschen Botschaft in Buenos Aires für die rasche Ausstellung eines Ersatzpasses,
Peter Boyd vom Shrewsbury Museum, der mir Darwins Geburts- und Heimatstadt gezeigt hat,
Prof. Arno Brichta von der Universität von Salvador und seiner Freundin Cris für die Tage in ihrem Haus und den unvergesslichen Ausflug nach Ilhéus,
Prof. Janet Browne, Autorin der bisher umfangreichsten Darwin-Biografie, für wertvolle Tipps und Hinweise,
Carmen Butta, der weltgereisten Kollegin, für tausend Tipps und ihre wertvollen Vermittlerdienste,
Cristína Calderón, der letzten Yámana, und ihrer Familie in Feuerland für eine einzigartige Begegnung,
Jane Cameron vom Falkländer Inselarchiv für ihren Humortest und die umfassende Hilfe,

Dr. Ginette Castro von der Universität Concepçion, die 1818 Kilometer gefahren ist, um mir ihre Lieblingsinsel Chiloé zu zeigen,
Catherine Clunies-Ross, die mir ihre Wahlheimat Cocos-Inseln nähergebracht hat,
Geoffrey Cocket, der mir Darwins Wohnhaus in Downe/Kent gezeigt hat,
Prof. Simon Conway Morris von der University of Cambridge, der mich »jenseits des Zufalls« geführt hat,
Hector Dagnino, den Taubenzüchter aus dem argentinischen Mercedes, der in diesem Buch vorkommt, ohne genannt zu sein,
Uli Deupmann im Auswärtigen Amt, der mir in Freundschaft stets offen und kritisch beiseite stand,
Petra Dhein und all ihren Kolleginnen und Kollegen der Alexander-von-Humboldt-Stiftung, die Kontakte zu ehemaligen Stipendiaten hergestellt haben,
Monaya d'Oliveira, den Tauchlehrer auf den Kapverden, der mich dort in den Unterwasserwelt entführt hat,
Asha Dookun-Saumtally vom Zuckerforschungsinstitut auf Mauritius für ihre Erläuterungen zur grünen Gentechnik,
Rainer Droste, dem GEO-Kartografen, für die Weltkarte in diesem Buch,
Luis Echeverria, Lehrer an der Marineakademie auf der chilenischen Insel Quiriquina, der mir dort die Fossilien erläutert hat,
Dr. Niles Eldredge und seinen Kollegen vom Amerikanischen Museum für Naturgeschichte in New York für Tipps und Recherchemöglichkeiten,
Bruce Englefield von der Natureworld in Tasmanien, der für mich mit den Teufeln sprach,
Daniel Erman aus Montevideo für Führung und Vogelkunde während unserer Wanderung in der Sierra de las Animas,
Margrith Ettlin, Erste Offizierin auf der M.S. Bremen, für ihren kompetenten Grundkurs in nautischen Fragen,
Nuruddin Farrah für seine erhellende Worte zu Afrika und dessen Platz in der Welt,
Daniel Felgner, dem Kapitän der M.S. Bremen und seiner gesamten Crew für eine einzigartige Seefahrt in antarktischen Gewässern,
Marilén Ferndandez für ihre Recherchen in Argentinien und den Kontakt zu ihrem Onkel Marcello,
Dr. Birgit Fessl und ihren Kollegen von der Charles-Darwin-Forschungsstation auf Galápagos, die mich ins »Labor der Evolution« eingeführt haben,
Jeff Fisher und seiner Frau Barbara in Kapstadt für ihre spontane Gastfreundschaft,
Felipe Gajardo und seiner Frau Paola, die mir ein paar geheime Seiten von Santiago de Chile gezeigt haben,

Jorge Gesell, dem Goldgräber auf Tierra del Fuego, der mir das Suchen erklärt hat,

Susanne Gilges aus der GEO-Redaktion für das äußerst sorgfältige Gegenlesen des Manuskripts,

Vernice Gillies im australischen Albany, die mir das Drama um die »gestohlenen Kinder« der Aborigines aufgeschlüsselt hat,

Dr. Rebekka Göpfert von der Literaturagentur Graf & Graf, für die stets kompetente Begleitung dieses Projekts,

Andreas Görgen im Auswärtigen Amt für seine ebenso sachkundige wie freundliche Hilfe bei der Vorbereitung der Reise,

Karin Graf, meiner Agentin, für alle Türen, die sie mir geöffnet hat,

Thalia Grant, die mir die Fahrt auf der Brigantine Beagle in Galápagos vermittelt hat,

Owen Griffith vom La Vanille Crocodile & Tortoise Park auf Mauritius für die Begegnung mit Aldabra-Schildkröten,

Rezalia Gouvias, Zweite Offizierin auf der R.M.S. St. Helena und ihren Kollegen für eine einmalige Seefahrt,

der Firma Hapag Lloyd in Hamburg für die Mitfahrgelegenheit auf der M.S. Bremen,

Jutta Harb und Rüdiger Heinz aus Saalow für Nachbarschaft, stets offenes Ohr und gedeckten Tisch,

Iain Harris aus Kapstadt für den langen Abend mit seinen Freunden und alle Fahrten zu den Geheimnissen seiner Heimat,

Prof. Sandra Herbert aus Maryland für ihre Einführung in Darwins Geologie,

Dr. Martin Hevia von der Fundacion Chile, der mich mit Aquakultur und Fischzucht vertraut gemacht hat,

Prof. Michael Holland von der Monash University in Melbourne für seine offenen Worte über Fortpflanzung und Menschenzucht,

Johannes Jacob, meinem Verleger, und seinen Mitarbeitern für das große Vertrauen, das jederzeit offene Ohr und den souveränen Ritt über alle Hürden dieses Projekts,

Christian Jungblut, dem weit gereisten Kollegen, für wertvolle Tipps und die Vermittlung der Fahrt auf der Aliança Pampas,

Manuwai Kawiti im neuseeländischen Waiomio, die mir den Sinn des Nasengrußes erklärt hat,

Anke Kessler vom Goethe-Institut in Santiago de Chile für ihre freundliche Unterstützung und den schönen Abend im Haus ihrer Familie,

Randall Keynes, dem Ururenkel von Charles Darwin, für »Annies Schatulle« und das Logbuch der Beagle,

Richard Darwin Keynes, seinem Vater, für einen Nachmittag in Cambridge, der mir die Darwins besser verstehen half,

Petro Khoklov, dem Kapitän der Aliança Pampas, und seiner Crew für die kameradschaftliche Aufnahme und Versorgung,

John King für die Nacht mit den Tasmanischen Teufeln,

Meike Kirsch von GEO-special für ihre hilfreichen Tipps zu Chile und Argentinien,

Prof. David Kohn für das Interview über Darwins Welt in Cambridge,

Yuriy Kovalchuk, Dritter Offizier auf der Aliança Pampas, für sein Vertrauen,

der Firma Langenscheidt für das häufig benutzte elektronische Englisch-Lexikon,

Thomas Lauterbach für die Einblicke in die Seele der Maori – durch Gemälde und Worte,

David Leaman aus Hobart für seinen Grundkurs mit praktischer Demonstration in tasmanischer Geologie,

Harry Legg, der mir seine Heimat St. Helena gezeigt hat,

Heather Lindauer vom Russel Museum an der Bay of Islands für wertvolle Hinweise,

Mirco Lomoth für seine kreativen Recherchen,

José Louis vom Museum in Trelew für die paläontologisch-zoologische Exkursion über die Peninsula Valdes,

Dr. Colin MacCarthy vom Naturkundemuseum in London für seine Einführung in die Welt von Darwins gesammelten Proben,

Ismal Macrae, den Park Ranger auf den Cocos-Inseln, der mir die Wunderwelt der Korallen gezeigt hat,

Prof. Teresa Manera von der Universität Bahía Blanca, die steingewordene Fußspuren zum Leben erwecken kann,

Dr. Gabriela Massuh für die Möglichkeit, im Goethe-Institut von Buenos Aires Post zu empfangen,

Alan Meyerson in Kapstadt für den langen, lehrreichen Abend mit seinen Freunden,

Jörg Melander aus der GEO-Redaktion für seinen kritischen Blick auf das Manuskript,

Andreas Millies für Kost und Logis sowie für freundlichste Chauffeurdienste in und um Kapstadt,

Jane Müller aus Saalow, den guten Geist meiner Schreibwerkstatt,

Prof. Rodolfo Neumann in Concepçion für die Ausflüge und das wunderbare Dinner,

Prof. Frank Nicholas, der mich auf Darwins Spuren von Sydney in die Blue Mountains führte,

Dr. Rolf Oberprieler in Canberra für den unvergleichlichen Nachhilfekurs zur Vielfalt der Rüsselkäfer und ihm und seiner Familie für die selbstlose Gastfreundschaft,

Dr. Geoff Park aus Auckland, der mich auf Darwins Einfluss auf die Landschaften Neuseelands hinwies,

Dr. Alison Pearn und ihren Kollegen an der Universitätsbibliothek in Cambridge, die mir Respekt vor Darwins Schriften beigebracht haben,

Florian Pfeiffer und seiner Frau Andreía für eine wunderbare Woche in Rio und ihr offenes Haus,

Stephany Potze vom Transvaal Museum in Pretoria für die Begegnung mit Mrs Ples und anderen Hominiden,

Larissa Powell, der Lehrerin an der Cocos High School, und ihren Schülerinnen und Schülern für die gemeinsame Unterrichtsstunde über Darwin,

Prof. Jürgen Renn und seinen Mitarbeitern vom Max-Planck-Institut für Wissenschaftsgeschichte, die mir stets jede mögliche Form der Unterstützung und freundliches Gastrecht gewähren,

Prof. Hans-Jörg Rheinberger vom Max-Planck-Institut für Wissenschaftsgeschichte für seine Ausführungen zur Geschichte der Evolutionstheorie,

Christoph Reuter für seinen Einführungskurs in die Käferkunde,

Francine Robert, die mir in Tahiti mit Rat und Tat geholfen hat,

Veronica und Carlos Roberto, den Diensthabenden auf Kap Hoorn, und ihren Kindern für ihr offenes Haus am Ende der Welt,

Rolf Rohwedder, der mir die unvergessliche Mitfahrt auf der Aliança Pampas ermöglicht hat,

Dr. Lázaro Roque von der Darwin-Forschungsstation auf Galápagos, der mir die Augen für die Gefahren durch eingeschleppte Insekten geöffnet hat,

Rolf Ruest vom Goethe-Institut in Buenos Aires für unsere gemeinsamen Abenteuer in der Pampa,

Miguel Sanhueza auf der Insel Chiloé für seine Führung auf der »Senda Darwin«,

den Eheleuten Schellmann auf der kapverdischen Insel Praia, die mich mit Aristide bekannt gemacht haben, der seinen Schüler Sydney mitbrachte,

Alois und Otti Schmidt, ohne die ich die atemberaubenden Berglandschaften bei Santiago de Chile nie so fachkundig geführt kennengelernt hätte,

Ulrich Schreiber vom Internationalen Literaturfestival in Berlin für seine Kontakte zu Schriftstellern rund um den Globus,

Harald Schumann für die freundschaftlich-unnachgiebige Kritik,

Nicholas Shakespeare und seiner Familie für die Einladung in ihr Haus in Tasmanien und den Blick des Dichters auf seine Wahlheimat,

Prof. Lee Silver aus Princeton für seine Hinweise zur »Revolution in der Biologie«,

Antonio Skármeta und seiner Frau Nora Preperski für wunderbare Gespräche und das Dinner zur Erkundung der chilenischen Seele,

Dr. Frank Steinheimer vom Berliner Museum für Naturgeschichte, der mir Darwins Vögel vorgestellt hat,

Dr. Frank-Walter Steinmeier für sein freundliches Empfehlungsschreiben,

Dr. Michael Sterzik von der Europäischen Südsternwarte im chilenischen La Silla für die Nacht auf der Suche nach Exoplaneten,

Hella Strepp und ihren Kolleginnen bei GEO für den perfekten weltweiten Postservice,

Walter Suárez, dem Lehrer und Hobbysammler mit seinem großartigen kleinen Museum in Maldonado/Uruguay,

Prof. Frank Sulloway von der Universität Berkeley für seine Tipps zu Galápagos,

Prof. Francis Thackeray, der mich in Südafrika zur »Wiege der Menschheit« geführt hat,

Dr. Martin Thiel von der Universität in Coquimbo für seine Einführung in die Welt von Darwins Rankenfußkrebsen,

Prof. Michael Tomasello vom Max-Planck-Institut für Evolutionäre Anthropologie in Leipzig für seine Ideen zur kulturellen Evolution,

Chantal Torlaschi aus Puerto Deseado für den Ausflug durch die patagonische Kiessteppe und den Grillabend mit ihrer Familie,

Laura Ventura aus Santiago de Chile für die Vermittlung von Kontakten in Patagonien und Feuerland,

Hortensia Voelckers von der Kulturstiftung des Bundes für die Kontakte in ihrer Heimat Argentinien,

Heinrich Voss, das Genie für uns Andersreisende,

Dr. Julia Voss, Wissenschaftshistorikerin und Kollegin bei der FAZ, die mir »Darwins Bilder« entschlüsselt hat,

Steve Wakeford und seiner Freundin Tina für die Australian Open und ihren geliebten VW-Camper,

Poli Walker aus Puerto San Julián, der mich zu fossilen Schichtungen Patagoniens geführt hat, vor denen schon Darwin stand,

Dr. Graham Watkins, Direktor der Charles-Darwin-Forschungsstation auf Galápagos, für seine weltumspannende Sicht auf lokale Probleme,

Uwe und Susanne Weiland für die Wohlfühltage in ihrem Haus an der Bay of Islands,

George Wells im neuseeländischen Waiomio für seinen Händedruck und die klugen Auskünfte über das Leben der Maori,

Dr. Joachim Werner, deutscher Honorarkonsul in Mar del Plata, der mich sicher durch die argentinische Zollbürokratie geführt hat,

Dr. David White vom Darwin Correspondence Project in Cambridge für fruchtbare Diskussionen,

Kedell Worboys für ihre Einführung in das Wesen der »Saints«, der Bewohner von St. Helena,

Dr. John van Wyhe und all seinen Kollegen vom Darwin-Online-Portal in Cambridge im Namen aller Nutzer für ihren exzellenten Internet-Service,
Evan Yanna Muru für seine Führung auf einem Traumpfad in den Blue Mountains,
Captain Adrian in Plymouth, dem Jungen namens Sydney und seinem Lehrer Aristide auf den Kapverden, dem Gaucho Marcello, seiner Frau Vanessa, seinem Gefährten Bruno und seinem Vetter Jorge in der Pampa für unvergessliche Tage zu Pferd, dem Botaniker Kersley auf Mauritius, der unbekannten Dame, die mir nach einem Sturz im Stadtteil Belgrano von Buenos Aires aufhalf und mich nach Hause geleitete, dem Piloten Pablo, der mich zwei Stunden lang seine »Sniper« über die Landschaft am Beagle-Kanal fliegen ließ, Sergio, der mir zu zwei behaglichen Nächte in der Lotsenkabine der Bahía Azul verhalf, allen ungenannten Zimmermädchen, Kellnern, Reiseleitern, Fahrern, Schiffsführern, Piloten,
und allen Freunden, Verwandten und Kollegen, die geduldig zu mir gehalten haben, sowie schließlich all jenen, die ich hier versehentlich vergessen habe.

Personenregister

Kursiv gesetzte Ziffern verweisen auf die Abbildungen.

A
Allende, Salvador 239
Alonso, Mateo 252
Amorim, André 60f., *18*
Aristoteles 83, 99
Augustinus 345

B
Beaufort, Francis 36
Behm, Josefina »Pepa« 134, *27*
Bell, Thomas 128
Benedikt XVI., Papst 328, 364
Bergson, Henri 99
Bloch, Ernst 77
Boat Memory 144f.
Bonnet, Charles 83
Bork, Hans-Rudolf 300
Boy, Henry 121
Brichta, Arno 49f., 54
Broom, Robert 430f., 436f.
Brown, Louise Joy 379f.
Brown, Robert 128, 358
Brozosky, Mario 92
Bushby, James 332

C
Calderón, Cristina 151, *31*
Chambers, Robert 242
Charles II., König von England 21

Chatwin, Bruce 123, 134, 388
Christo & Jeanne-Claude 55
Clarke, Graham 449
Clinton, Bill 444
Clinton, Hillary 444
Clunies-Ross, Catherine 413
Clunies-Ross, George 405
Clunies-Ross, John 404
Clunies-Ross, John Cecil 407
Clunies-Ross, John Sydney 405, 407
Coelho, Paulo 78
Cook, James 171, 173f., 293, 311f.
Cortázar, Julio 121
Coyne, George 328
Crick, Francis 343
Crutzen, Paul 424
Cuvier, Georges 131

D
Dart, Raymond Arthur 430
Darwin (Verwandte Charles Darwins)
–, Amy (Schwiegertochter) 458
–, Annie (Tochter) 234, 254f., 459
–, Caroline (Schwester) 176, 248, 355, 458
–, Catherine (Schwester) 246, *4*
–, Charles (Onkel) 19

–, Emma (Cousine und Ehefrau, geb. Wedgwood) 127, 176, 179, 210f., 234, 236, 241, 254f., 285f., 404, 408, 458ff., *43*
–, Erasmus (Bruder) 20, 26, 52f., 128, 175, 460
–, Erasmus (Großvater) 20, 52, 287
–, Francis »Frank« (Sohn) 458
–, Horace (Sohn) 460
–, Ida (Schwiegertochter) 460
–, Leonard (Sohn) *43*
–, Mary Eleanor (Tochter) 235
–, Robert (Vater) 19, *3*
–, Susan (Schwester) 246
–, Susannah (Mutter) 20
–, William Erasmus (Sohn) 211, *42*
Dawkins, Richard 155, 306, 330, 348f.
Delfosse, Xavier 262
Dickens, Charles 128
Disraeli, Benjamin 242
Dobzhansky, Theodosius 342
Dookun-Saumtally, Asha 419

E
Eberhard, Hermann 213
Edmonstone, John 57
Eibl-Eibesfeldt, Irenäus 154
Einstein, Albert 50, 53, 185, 209, 324, 398, 463
Eldredge, Niles 231
Englefield, Bruce 390
Erman, Daniel 81
Escher, M. C. 348
Ettlin, Margrith 175, 182, 467

F
Farah, Nuruddin 444
Felgner, Daniel 182, 185, 194, 196

Fessl, Birgit 275f., *51*
Fisher, Barbara 447
Fisher, Jeff 447
FitzRoy, Robert 18f., 21, 25, 30f., 36f., 39, 56f., 81f., 90, 109f., 135f., 141, 143–146, 152, 158f., 171, 182, 194ff., 198ff., 203f., 248, 265, 269, 316f., 320, 333f., 337, 356, 412, 469, *13, 47*
Fox, William Darwin 52, 247, 400
Freeman, Walter 184
Fremantle, Stephen Grenville 405
Freud, Sigmund 78
Fuegia Basket 144, 146, 199, 203

G
Galilei, Galileo 241, 323
Galton, Francis 153, 338, 457, 460, 465
Gates, Bill 331, 352
Gesell, Jorge 211, *39*
Gillies, Vernice 369
Goethe, Johann Wolfgang von 52, 115, 386
Goodall, Jane 178
Gore, Al 413
Gould, John 125, 128, 268, 271
Gould, Stephen Jay 231, 301, 306
Gouvias, Rezalia 467, *65*
Grant, Robert Edmond 52
Grant, Peter 277
Grant, Rosemary 277
Gray, Asa 255, 285, 323
Greentree, Andrew 467
Grynko, Valerij 93
Grzimek, Bernhard 177
Guimard, Paul 193
Gully, James 247, 254
Gurr, Andrew 453

H

Habermas, Jürgen 466
Haeckel, Ernst 386f., 439
Hamilton, William 183
Hauser, Kaspar 183, 185
Henslow, John 18f., 37f., 53, 82, 109, 115, 127, 242, 319, 458, *10*
Herschel, John 53, 128, 319, 451f., 461
Hevia, Martin 215f., 218f., 221
Hilbert, David 174, 463
Hippokrates 341
Hitler, Adolf 117, 407
Hobbes, Thomas 340
Hobson, William 333
Holland, Henry 254
Holland, Michael 378f., 380–384
Hooker, Joseph 240ff., 256, 283, 284ff., 290, 320, 385, 425, 461, *11*
Hooker, William 240
Howard, John 364
Humboldt, Alexander von 17f., 31f., 34, 38, 47f., 53, 118, 122, 234, 240, 282
Hundertwasser, Friedensreich 331, 352
Huxley, Julian 342
Huxley, Thomas Henry 283, 290, 319, 320f., 323, 439, 461, *12*

J

Jemmy Button 144, 146, 149f., 203ff., 256, 441
Jenner, Edward 144f.
Johannes Paul II., Papst 43, 197
Jones, Carl 428

K

Kant, Immanuel 52, 466
Kawiti, Manuvai 332f., 352f., 57
Kawiti, Ruki 332ff.
Keller, Evelyn Fox 395
Keynes, Randal 285
Khokhlov, Petro 12, 21f., 90f., 94, *22*
King, Mary-Claire 395
Kirschner, Cristina 167
Koch, Robert 460
Kolumbus, Christoph 165
Kopernikus, Nikolaus 15, 259, 290, 323, 395
Kotzebue, Otto von 311, 316
Kovalchuk, Yuriy 12, 19f., 89, *21*

L

Lamarck, Jean Baptiste de 83ff., 283, 339, 341
Le Corbusier 119
Leaman, David 398f.
Lincoln, Abraham 56, 242
Linné, Carl, von 83, 286, 392
Lorenz, Konrad 154, 275
Lovelock, James 188
Lyell, Charles 37, 38f., 41, 85, 113, 127, 242, 282, 284, 286f., 320, 322, 358, 411, 461, *9*

M

Machiavelli, Niccolò 78
Macrae, Ismah 408
Magellan, Ferdinand 91, 133f., 142
Malthus, Thomas 220–223, 225f., 282, 288, 298, 363
Manera, Teresa 110–114, *25*
Margulis, Lynn 187
Maria-Theresia, Kaiserin von Österreich 211

Personenregister

Marinovic, Alex 134
Martineau, Henrietta 175
Mascarenhas, Pedro 416
Mayr, Ernst 253, 342
Mbeki, Thabo 443
McClintock, Barbara 393
Mendel, Gregor 229f., 341, 343f.
Meyer, Axel 253
Miller, Stanley Lloyd 97
Monod, Jaques 300
Morris, Simon Conway 293, 301–307, 323
Mozart, Wolfgang Amadeus 300
Murray, John 287
Murray, Matthew 143f.

N
Napoléon Bonaparte, Kaiser von Frankreich 145, 454ff., 461
Narvaja, Tristán 80
Newton, Isaac 99, 147, 324, 330, 398, 461
Nicholas, Frank 357f., 366f.
Nietzsche, Friedrich 78, 147, 465
Nightingale, Florence 242

O
Oberprieler, Rolf 373f., 377, 59
Ocampo, Victoria 121
Ortega y Gasset, José 119
Owen, Richard 110, 127, 162, 320, 322, 425

P
Paguirigan, Mario 93
Paley, William 53, 323, 326
Palma, Emilio Marcos 191
Parker, James 359
Pasteur, Louis 460

Pfeiffer, Florian 64, 71f., 74
Pinochet, Augusto 197, 225, 239
Pius XII., Papst 43
Planck, Max 185, 230, 253
Platon 83, 135
Pomaré IV., Königin von Tahiti 315
Pomaré V., König von Tahiti 315
Powell, Baden 242

R
Roberto, Carlos 197
Roberto, Veronica 197
Roggeveen, Jacob 294
Roque, Lázaro 275
Rosas, Juan Manuel de 116f., 121
Rudd, Kevin 364, 370
Ruest, Rolf 115

S
Sábato, Ernesto 121
Sanhueza, Miguel 228
Santos, Talmon Soares dos 60
Schmidt, Alois 249f.
Schmidt, Otti 249f.
Schönborn, Christoph Kardinal 328
Schopenhauer, Arthur 242
Scopes, John 325
Sedgwick, Adam 18, 38, 127, 319
Shackleton, Ernest 180
Shakespeare, Nicholas 388
Skármeta, Antonio 239 ff.
Skinner, Burrhus 153
Spencer, Herbert 128, 290, 340, 363, 387
Sterzik, Michael 258f., 261ff.
Stokes, Pringle 141ff., 145f.
Suárez, Walter 87

Personenregister **523**

T
Tebbich, Sabine 275f.
Temaru, Oscar Manutahi 316
Thackeray, Francis 436ff., 443, 445, 448
Thatcher, Margaret 168, 453
Thiel, Martin 257
Tomasello, Michael 185f.
Turner, Joseph Mallord William 100

V
Venter, Craig 398
Victoria, Königin von England 175, 211, 242, 254, 405
Virchow, Rudolf 460
Voland, Eckart 154
Vries, Hugo de 230f.

W
Walker, James 358
Wallace, Alfred Russel 280–287, 300, 339, 461
Waterhouse, George 128
Watson, James 148, 343
Wedgwood, John Allen 211
Wedgwood, Josiah 19, 127, 176
Wegener, Alfred 50, 187
Weismann, August 341
Wells, George 331f., 334, 351ff.
Werner, Joachim 102
Wilson, Allan 395
Wilson, Edward O. Wilson 154
Wollaston, T. Vernon 283
Worboys, Kedell 453
Wright, Sewall 376

Y
York Minister 144, 199, 203

Z
Zhytnyk, Danyl 69, 93
Zuma, Jacob 443, 446
Zweig, Stefan 75

Ortsregister

Kursiv gesetzte Ziffern verweisen auf die Abbildungen.

A

Afrika 51, 138, 169, 225, 338, 358, 367, 391, 416, 429, 431, 433, 435, 440, 444, 448, 468
Albany (Australien) 355, 369
Amazonien 50f.
Anden 15, 125, 139, 143, 244, 248, 250–253, 259, 411, *35, 36*
Antarktis 51, 150f., 161, 169, 170f., 173–191, 196, 240, 413, *32*
Antofagasta (Chile) 258
Argentinien 13, 19, 81, 101–121, 123–140, 151, 167, 169, 191, 197, 219, 240, 248, *23–31*
Ascension 16, 451–470, *69, 70*
Atacama (Chile) 15, 257ff.
Atlantik 11, 13, 25-32, 51, 79, 89–100, 161, 170, 193, 207–214, 451f., 468
Australien 15, 51, 191, 203, 225, 280, 296f., 335, 355ff., 359, 361–370, 373, 381, 389, 391, 394, 399, 403, 405, 412, *58–60, 69, 71*

B

Bahía Blanca (Argentinien) 102, 110, 115, 118
Bahía Caulín (Chile) 227
Barnett Pool (England) 27, 29
Bay of Islands (Neuseeland) 332f., 336, *56*

Beagle-Kanal 15, 143, 148f., 151, 158, 161, 197ff., 207f., *8, 28, 29*
Bellerive Village (Tasmanien) 398
Blue Mountains (Australien) 355–371, 447
Bonteheuwel (Südafrika) 448
Borneo (Indonesien) 284, 408
Brasilien 47–78, 82, 107, 115, 281, 405, 422, 445, 462, 469, *17–19*
Brown Bluff (Antarktis) 189
Buenos Aires (Argentinien) 15, 80f., 94, 101–121, 150, 167, 168f., 191, 197, 243, 388

C

Cabo Froward (Chile) 208
Caixes, Duque de (Brasilien) 78
Cambridge (England) 17ff., 28, 37, 52f., 127, 129, 142. 283, 293, 302, 322, 372, 459
Canberra (Australien) 373–384, 407, *59*
Carcass Island (Falklandinseln) 163
Carmen de Patagones (Argentinien) 115
Cerro Fitz Roy (Argentinien) 140
Chile 15, 115, 142, 151f., 161, 167, 171, 191, 197, 207, 211, 214, 293, 296, 356, *28, 34–40*

Ortsregister 525

Chiloé (Chile) 227f., 236, 271, 278, *37*
China 11, 107, 153, 217, 225f., 299, 382
Christmas Sound (Chile) 144
Cocos-Inseln 15, 401–413, *60, 69*
Concepción (Chile) 226, 237, 249, 258, *40*
Cookinseln 293
Copacabana (Brasilien) 64f.
Cordillera Darwin (Chile) 208
Cox's River (Australien) 358, 360ff.

D

Daphne Major (Galápagos) 277
Derwent (Tasmanien) 399
Devonport (England) 25, 27
Down(e) (England) 235f., 246, 254, 280, 283, 231, 385, 456, 459f., *44*

E

El Calafate (Argentinien)139, 213
El Condor (Argentinien) 115
England 12, 20, 25–32, 37, 52, 57, 82, 104, 109, 111, 114, 126, 128, 144f., 159, 167, 168ff., 175, 204, 223, 227, 234f., 242, 244, 248, 271, 279, 283, 293, 318, 332f., 335f., 359, 379, 381, 388, 390, 404f., 419, 443, 446, 449, 453, 455, 458, 469
Estancia La Maria (Argentinien) 134, *27*

F

Falklandinseln 15, 91, 114, 150, 159, 161–171, 177, 205, 278, 388, 468, *30*
Falmouth (England) 469

Feuerland 11, 15, 108, 132, 139, 141–159, 183, 193, 198, 201f., 209, 212, 214, 462, *28, 39*
Flag Staff Hill (Kapverdische Inseln) 42
Floresta da Tijuca (Brasilien) 75

G

Galápagos(-Archipel) 15, 37, 51, 164, 173, 248, 265–291, 360f., 426, *51, 52, 68*
Georgetown (Ascension) 468
Greenwich (England) 31, 355
Grytviken (Südgeorgien) 185

H

Hanga Roa (Osterinsel) 298, 308
Hiroshima (Japan) 463

I

Île de France *siehe* Mauritius
Ilha de Itaparica (Brasilien) 54
Ilhéus (Brasilien) 659f., *18*
Incahuasi (Chile) 258
Indischer Ozean 401, 407, 413, 415
Isle of Wright (England) 385

J

Jamestown (St. Helena) 454f., *66*

K

Kanarische Inseln 15, 30f.
Kap Hoorn 15, 142ff., 149, 171, 191, 193–205, 227, *33*
Kapstadt (Südafrika) 16, 442, 444, 446ff., 451f.
Kapverdische Inseln 15, 30f., 33–46, 48, 203, 278, 314, 412, 423, 469, *15, 16*

Kenia 432
Keppel Island (Falklandinseln) 150, 205

L
La Silla (Chile) 258, *36*
Le Havre (Frankreich) 11

M
Magellanstraße 15, 141, 142f., 146, 148, 207, 209, 211f., *38*
Maldonado (Uruguay) 82, 97
Mar del Plata (Argentinien) 94, 99, 102
Mata Atlantica (brasilianischer Küstenwald) 47, 49, 60
Matavai-Bucht (Tahiti) 312
Mauritius (auch »Maurice« oder »Ile de France«) 15, 370, 415–427, 453, *61*
Melbourne (Australien) 356, 373–384, *58*
Montevideo (Uruguay) 11, 15, 79ff., 88f., 94, 100, 104, 144, 146, *20*
Murray-Kanal 143, 159, 199, *8*

N
Navarino (Chile) 143, 152, 161, 198, 356, *28, 34*
Neuseeland 15, 191, 195, 296f., 300, 314, 331–353, 355, 359, 405, 411, 425, *55–57*

O
Oriente (Argentinien) 102, 109, *26*
Orongo (Osterinsel) 307
Osterinsel 51, 293–309, 451, *53*
Oxford (England) 18, 156, 320, 469

P
Paarl (Südafrika) 448f.
Papeete (Tahiti) 313, *54*
Parque Nacional los Glaciares (Argentinien) 139
Patagonien 11, 13, 15, 17, 22, 86, 89, 91, 111, 114, 123–140, 146, 169, 211f., 388, 398, *7, 24*
Pazifik 51, 139, 193, 207–214, 244, 257, 265, 293, 296f., 308, 311, 315
Pehuén-Co (Argentinien) 110, 112, 119
Pinta (Galápagos-Insel) 269
Pitcairn (pazifische Insel) 293
Plymouth (England) 12, 25, 27f., 145
Point Venus (Tahiti) 314
Port Desire *siehe* Puerto Deseado
Port Louis (Westfalkland) 162, 168ff.
Port Louis (Mauritius) 417f.
Portillo (Andenpass) 249
Portugal 45
Porvenir 211f., *39*
Praia (Kapverden – *ehemals* Porto Praya) 31ff., 32, 34, 39, 42
Pretoria (Südafrika) 373, 429f., 436, 438, 445, *62*
Puerto Ayora (Galápagos) 266f., 274
Puerto Deseado (Argentinien – *ehemals* Port Desire) 11, 22f., 89, 91f., 94, 101, 123, 125, 135, *6, 7*
Puerto Eden (Chile) 214
Puerto Hambre (Chile) 141
Puerto Montt (Chile) 213, 215, 227
Puerto Natales (Chile) 213
Puerto Navarino (Chile) 199
Puerto Punta Quilla (Argentinien) 135, *14*

Ortsregister

Puerto San Julian (Argentinien) 125f., 130
Puerto Williams (Chile) 151, 161, 198, 207, 356
Punta Alta (Argentinien) 109f., 113f., 130, 135, *25*
Punta Arenas (Chile) 142, 171, 211f.

Q
Quail Island *siehe* Santa Monica

R
Radolfzell (Deutschland) 253
Rano Kau (Osterinsel) 307
Rano Raraku (Osterinsel) 294, *53*
Ribeira da Barca (Kapverdische Inseln) 45
Río Colorado 116
Rio de Janeiro (Brasilien) 15, 63–78, 80, 114, 120f., 143, 146, 445, *17, 19*
Río de la Plata 79, 86, 89, 120, 271
Río Gallegos 139
Río Negro 114f.
Río Santa Cruz 135f., 137, 139, 142, 248, *24*
Rodrigues 426

S
São Tiago (*ehemals* St. Jago; *siehe auch dort*) 32f., 38, 45, 469
Salvador de Bahia (Brasilien) 47–62
Santa Cruz (Teneriffa) 30
Santa Monica (Kapverden, *ehemals* »Quail Island«) 39, *15*
Santiago de Chile (Chile) 240, 293, *35*
Shrewsbury (England) 17, 127f., 234f., 246, 301, *5*
Sierra de las Animas (Uruguay) 82, 86
Sierra de la Ventana (Argentinien) 118

Sowjetunion 153, 239
Stanley (Falklandinseln) 97, 166, 168, 171
St. Helena 16, 451–470, *64, 66*
St. Jago (Kapverden – *heute* São Tiago; *siehe auch dort*) 32, 36
St. Domingo (Kapverdische Inseln) 42
Stromness (Südgeorgien) 179
Südafrika 170, 317, 429–450, 453, 467, *62, 63*
Südgeorgien (Antarktis) 171, 173f., 179f., 191, *67*
Sydney (Australien) 355–371, 374, 379, 388, 413, 447

T
Tahiti 15, 293, 311–330, 336, 339, 411f., 416, *54*
Tasmanien 15, 355, 374, 385–400
Teneriffa (Kanarische Inseln) 17, 18, 25, 30ff.
Terceira (Azoren) 469
Tia-auru (Mauritius, *heute* Tuaru) 314
Tuaru *siehe* Tia-auru

U
Uruguay 79–88, 115, *20*
Ushuaia (Argentinien) 108, 150f., 161, 191, 198, *31*

V
Valparaiso (Chile) 245
Vatikan 43, 197, 214, 328

W
Waimate (Neuseeland) 336, 351
Waiomio (Neuseeland) 332, *55*
Wales 13, 17f., 38, 162, 454
Wulaia (Chile) 152, 198f., 201, 204f., *34*

Bildnachweis

AKG Images, Berlin: 8, 14, 44, 50
BPK, Berlin: 72 (Bayerische Staatsbibliothek)
Bridgeman Art Library, Berlin: 45
Corbis Images, Düsseldorf: 4, 9, 11, 12, 13, 41,
English Heritage Library, GB-Swindon: 3, 5, 42, 43, 46
Interfoto, München: 2, 10, 48, 49 (Mary Evans Picture Library)
Marinemaler Olaf Rahardt, Rudolstadt: 1
University of Cambridge: 6, 7 (Cambridge University Library),
   47 (The complete Work of Charles Darwin online)
Alle anderen Fotos: Dr. Jürgen Neffe

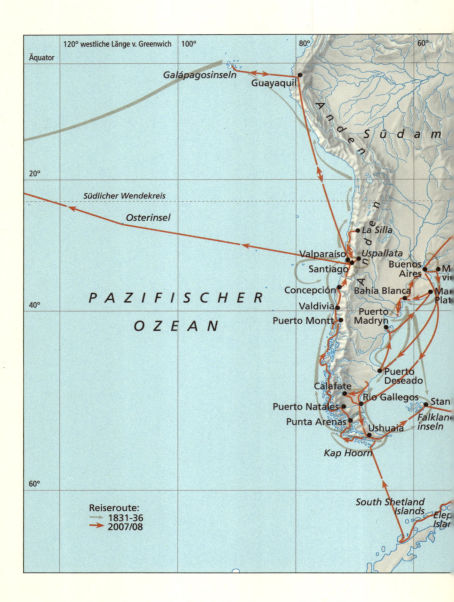